■2025年度高等学校受験用

東京学芸大学附属高等学校

収録内容一覧

JN026037

★この問題集は以下の収録内容となっています。また、編集の都合上、解説、解答用紙を省略させていただいている場合もございますのでご了承ください。

（〇印は収録、ー印は未収録）

入試問題と解説・解答の収録内容		解答用紙
2024年度	英語・数学・社会・理科・国語	〇
2023年度	英語・数学・社会・理科・国語	〇
2022年度	英語・数学・社会・理科・国語	〇
2021年度	英語・数学・社会・理科・国語	〇
2020年度	英語・数学・社会・理科・国語	〇

★当問題集のバックナンバーは在庫がございません。あらかじめご了承ください。

★本書のコピー，スキャン，デジタル化等の無断複製は著作権法上での例外を除き禁じられています。
本書を代行業者等の第三者に依頼してスキャンやデジタル化することは，たとえ個人や家庭内の利用でも，著作権法違反となるおそれがあります。

●凡例●

【英語】

≪解答≫

〔　〕　①別解
　②置き換え可能な語句（なお下線は置き換える箇所が２語以上の場合）
　（例）I am〔I'm〕glad〔happy〕to～

（　）　省略可能な言葉

≪解説≫

1, **2**…　本文の段落（ただし本文が会話文の場合は話者の１つの発言）

〔　〕　置き換え可能な語句（なお〔　〕の前の下線は置き換える箇所が２語以上の場合）

（　）　①省略が可能な言葉
　（例）「(数が) いくつかの」
　②単語・代名詞の意味
　（例）「彼（＝警察官）が叫んだ」
　③言い換え可能な言葉
　（例）「いやなにおいがするなべにはふたをするべきだ（＝くさいものにはふたをしろ）」

//　訳文と解説の区切り

cf.　比較・参照

≒　ほぼ同じ意味

【数学】

≪解答≫

〔　〕　別解

≪解説≫

（　）　補足的指示
　（例）（右図１参照）など

〔　〕　①公式の文字部分
　（例）〔長方形の面積〕＝〔縦〕×〔横〕
　②面積・体積を表す場合
　（例）〔立方体ABCDEFGH〕

∴　ゆえに

≒　約、およそ

【社会】

≪解答≫

〔　〕　別解

（　）　省略可能な語

＿＿　使用を指示された語句

≪解説≫

〔　〕　別称・略称
　（例）政府開発援助〔ODA〕

（　）　①年号
　（例）壬申の乱が起きた（672年）。
　②意味・補足的説明
　（例）資本収支（海外への投資など）

【理科】

≪解答≫

〔　〕　別解

（　）　省略可能な語

＿＿　使用を指示された語句

≪解説≫

〔　〕　公式の文字部分

（　）　①単位
　②補足的説明
　③同義・言い換え可能な言葉
　（例）カエルの子（オタマジャクシ）

≒　約、およそ

【国語】

≪解答≫

〔　〕　別解

（　）　省略してもよい言葉

＿＿　使用を指示された語句

≪解説≫

〈　〉　課題文中の空所部分（現代語訳・通釈・書き下し文）

（　）　①引用文の指示語の内容
　（例）「それ（＝過去の経験）が ～」
　②選択肢の正誤を示す場合
　（例）（ア，ウ…×）
　③現代語訳で主語などを補った部分
　（例）（女は）出てきた。

／　漢詩の書き下し文・現代語訳の改行部分

東京学芸大学附属高等学校

所在地	〒154-0002 東京都世田谷区下馬4-1-5
電　話	03-3421-5151
ホームページ	http://www.gakugei-hs.setagaya.tokyo.jp/
交通案内	東急東横線 学芸大学駅より徒歩15分 田園都市線 三軒茶屋駅より徒歩20分

普通科

男女共学

くわしい情報は
ホームページへ

応募状況

年度	募集数	受験数	合格数	倍率
2024	一般 120名	男 595名 女 428名	男 161名 女 113名	3.7倍 3.8倍
2023	一般 120名	男 534名 女 388名	男 153名 女 113名	3.5倍 3.4倍
2022	一般 120名	男 474名 女 351名	男 124名 女 116名	3.8倍 3.0倍

※募集数に附属中学校出身者は含まれていない。

試験科目 (参考用：2024年度入試)

国語・数学・英語・理科・社会

※英語はリスニングあり

教育方針

1．清純な気品の高い人間
2．大樹のように大きく伸びる自主的な人間
3．世界性の豊かな人間

教育の特色

基礎・基本を大切にし，本物に触れながら学問の深みに至る授業(本物教育)を展開している。文理分けを急がず広い教養と深い専門性を育てる教育を行い，多様な分野でイノベーションを引き起こし，国際社会に貢献する人間の育成を目指している。国際交流や研究発表などの多様な機会を設け，学校教育全般を通して高い志とチャレンジ精神を育てていく。

入学者は，東京学芸大学の附属中学校の出身者，一般中学校の出身者，帰国生から構成されており，男女同数を原則としている。1975年からタイ王国からの国費留学生も受け入れている。

授業の特質

本校の授業では，基礎・基本を大切にしつつ，すべての教科において生徒たちを学問の深みに誘うよう努めている。実験・実習を充実させるほか，野外における観察・調査，歌舞伎座での本格的な観劇，研究所や法廷の見学など多様な教科行事を取り入れ，「本物教育」を展開している。

また，日々の授業においても実験を行ってレポートを書いたり，プレゼンテーションにより成果を発表したり，討論を通じて思考を深めたりと，さまざまな形態を導入し，積極的な学びを実践している。

合格実績

◎2024年・主な大学合格者数

(既卒含む，2024年４月現在)

東京大21名，京都大５名，一橋大５名，東京工業大９名，東京農工大５名，東京外国語大４名，お茶の水女子大４名，東京都立大１名，東京学芸大11名，北海道大４名，東北大５名，筑波大10名，九州大３名，千葉大４名，横浜国立大６名，信州大３名，電気通信大２名，早稲田大97名，慶應義塾大86名，上智大43名，東京理科大67名，津田塾大10名，東京女子大８名，学習院大11名，明治大76名，青山学院大27名，立教大26名，中央大56名，法政大31名，同志社大３名，立命館大８名，海外の大学７名ほか

編集部注一本書の内容は2024年5月現在のものであり，変更されている場合があります。正確な情報は，学校のホームページ等で必ずご確認ください。

出題傾向と今後への対策　英語

出題内容

	2024	2023	2022
大問数	4	4	4
小問数	40	34	34
リスニング	○	○	○

◎大問４題の出題で，構成は長文読解問題３題，放送問題１題となっている。

2024年度の出題状況

1 放送問題

2 長文読解総合―物語

3 長文読解総合―物語

4 長文読解総合―説明文

解答形式

2024年度	記　述／マーク／併　用

出題傾向

長文の課題文は，説明文や物語が中心となっている。設問は文法知識より，内容把握力を重視している。内容一致，適語補充，英文解釈などが目立つ。その他，整序結合，適文選択も出題されている。放送問題は英問英答の記号選択式。ある程度の長さの英文を聴いて，その内容に関する質問に答える形式である。

今後への対策

内容の読解に関する問題が合否の分かれ目となる。内容を把握する力を養成するには，量もさることながら英文の吟味が必要である。意味を追いつつ，既習の表現を確実に自分のものとし，作文の応用にも広げられるように練習を繰り返すこと。リスニング対策としては，ラジオの講座などを毎日聞くことが有効だ。

◆◆◆◆◆ 英語出題分野一覧表 ◆◆◆◆◆

分野		年度	2022	2023	2024	2025予想※
音声	放送問題		●	●	●	◎
	単語の発音・アクセント					
	文の区切り・強勢・抑揚					
語彙・文法	単語の意味・綴り・関連知識					
	適語(句)選択・補充					
	書き換え・同意文完成		●			△
	語形変化					
	用法選択					
	正誤問題・誤文訂正			●		△
	その他					
作文	整序結合		●	●	●	◎
	日本語英訳	適語(句)・適文選択				
		部分・完全記述				
	条件作文			●		△
	テーマ作文					
会話文	適文選択					
	適語(句)選択・補充					
	その他					
長文読解	内容把握	主題・表題				
		内容真偽	■	■	■	◎
		内容一致・要約文完成		●		△
		文脈・要旨把握	●		●	◎
		英問英答	●		●	◎
	適語(句)選択・補充		★	■	★	◎
	適文選択・補充		■	●	●	◎
	文(章)整序				●	△
	英文・語句解釈(指示語など)		●	●	●	◎
	その他					

●印：１～５問出題，■印：６～10問出題，★印：11問以上出題。
※予想欄　◎印：出題されると思われるもの。　△印：出題されるかもしれないもの。

出題傾向と今後への対策

数学

出題内容

2024年度 ~~作~~ ~~証~~ ~~グ~~

大問５題，15問の出題。1は小問集合で，４問。数の計算，方程式，関数，確率の出題。2は数と式で，文字を使って表された関係式を，単位を変えて表すもの。3は関数で，座標平面上を線分が平行移動したときについて考えるもの。4は関数で，座標平面上にある２つの相似な三角形でつくられる図について問うもの。5は空間図形で，三角錐，四角錐について問うもの。体積比，面積比，線分の長さの比などが問われている。

2023年度 ~~作~~ ~~証~~ ~~グ~~

大問５題，18問の出題。1は小問集合で，数の計算，方程式の計算，平面図形の角度問題，カードを利用した確率の４問。2は空間図形で，正八面体について問う計量題４問。3は関数で，座標平面の直線上を点が移動したときにできる図形などについて問うもの。4は平面図形で，直角二等辺三角形を折ったときにできる折り目の線分の長さや角度などについて問うもの。5は特殊・新傾向問題で，規則的に自然数を並べたものについて問うもの。

作…作図問題　証…証明問題　グ…グラフ作成問題

解答形式

2024年度	記　述／マーク／併　用

出題傾向

1の小問集合は，各分野から出題され４問程度。やや複雑なものも含まれているが，オーソドックスな内容。2以降は，関数，図形からの出題が目立つ。特に図形は，年度により３題出題され，長さや面積を求める計量題に加えて，思考力を問うものも出題されることがある。また，非常に高い難度の問題も含まれている。

今後への対策

早い時期に基礎を完成させ，標準・発展レベルの問題集などで応用力をつけるようにしよう。問題演習の際は，すぐに諦めたりせずに，できるだけ時間をかけていろいろな角度から問題を見るように努めること。また，複雑な計算にも対応できるよう計算力も養っておこう。日々の積み重ねが大事である。

◆◆◆◆◆ 数学出題分野一覧表 ◆◆◆◆◆

分野 ＼ 年度		2022	2023	2024	2025 予想※
数と式	計算，因数分解	●	●	●	◎
	数の性質，数の表し方				
	文字式の利用，等式変形			■	
	方程式の解法，解の利用	●	●	●	◎
	方程式の応用				
関　数	比例・反比例，一次関数				
	関数 $y=ax^2$ とその他の関数	★		●	◎
	関数の利用，図形の移動と関数	★	★	★	◎
図　形	（平面）計　量	★	★		◎
	（平面）証明，作図				
	（平面）その他				
	（空間）計　量	●	★	★	◎
	（空間）頂点・辺・面，展開図				
	（空間）その他				
データの活用	場合の数，確率	●	●	●	◎
	データの分析・活用，標本調査				
その他	不 等 式				
	特殊・新傾向問題など		★		
	融合問題				

●印：１問出題，■印：２問出題，★印：３問以上出題。
※予想欄　◎印：出題されると思われるもの。　△印：出題されるかもしれないもの。

出題傾向と今後への対策 社会

出題内容

2024年度

地理・アフリカ州の気候や産業等に関する問題。
・近畿地方の気候や地形，交通等に関する問題。

歴史・古代から現代までの日本と世界の政治，文化，社会等に関する問題。図版や地図等の資料を用いた問題。

公民・政治や基本的人権，国際社会と環境問題，SDGs等に関する問題。

2023年度

地理・世界の国々の気候や産業等に関する問題。
・九州地方の気候や地形，交通等に関する問題。

歴史・古代から現代までの日本と世界の政治，文化，社会等に関する問題。写真や地図等の資料を用いた問題。

公民・政治や基本的人権，国際社会と環境問題，SDGs等に関する問題。

2022年度

地理・地図と旅行記を題材にした産業や文化等の問題。
・近畿地方を題材にした気候や産業，人口等の問題。

歴史・現代までの日本の政治や文化等に関する問題。
・近代までの世界の政治や経済等に関する問題。

公民・経済から貿易や金融，社会保障等に関する問題。
・人権や憲法，国債，地方公共団体等に関する問題。

解答形式

2024年度	記　述／マーク／併　用

出題傾向

選択問題が大半を占めるが，近年，人物名や用語の記述問題が数問出されている。
歴史や地理では，資料やグラフ，統計，地図の読み取り等，単に知識を問うだけではなく，分析力や思考力を試す問題も多い。また，公民では，日本だけでなく，国際的な分野にまたがる出題があり，時事的な事柄が問われることもある。

今後への対策

三分野とも細かな知識を必要とする。用語の暗記にたよるのではなく，背景や前後の流れをしっかりと理解しておくこと。
基本的な知識を押さえたうえで，資料・グラフ・地図等をしっかりと使いこなせるようにしておきたい。また，時事問題に備えて，日頃から新聞等で政治・経済・社会の動きを確認しておくとよい。

◆◆◆◆◆ 社会出題分野一覧表 ◆◆◆◆◆

分野	年度	2022	2023	2024	2025 予想※
地理的分野	地形図		●		△
	アジア	地　人総	地		◎
	アフリカ			地産人	△
	オセアニア		地		△
	ヨーロッパ・ロシア				△
	北アメリカ	地　人			△
	中・南アメリカ				△
	世界全般	地産	地産	地	◎
	九州・四国		地産人		△
	中国・近畿	地産人		地　人	◎
	中部・関東				△
	東北・北海道				△
	日本全般	産		産人	◎
歴史的分野	旧石器～平安	●	●	●	◎
	鎌倉	●	●	●	◎
	室町～安土桃山			●	◎
	江戸	●	●	●	◎
	明治		●	●	◎
	大正～第二次世界大戦終結	●	●	●	◎
	第二次世界大戦後	●	●	●	◎
公民的分野	生活と文化	●			△
	人権と憲法	●	●	●	◎
	政治	●	●	●	◎
	経済	●		●	◎
	労働と福祉	●			◎
	国際社会と環境問題		●	●	◎
	時事問題				△

※予想欄　◎印：出題されると思われるもの。　△印：出題されるかもしれないもの。
地理的分野については，各地域ごとに出題内容を以下の記号で分類しました。
地…地形・気候・時差，　産…産業・貿易・交通，　人…人口・文化・歴史・環境，　総…総合

出題傾向と今後への対策　理科

出題内容

2024年度

1火山，地層に関する問題。　2状態変化に関する問題。　3電流と磁界から，電流による磁界，電流が磁界から受ける力，電磁誘導に関する問題。　4自然の中での炭素の循環，植物の観察に関する問題。　5日本の気象，星の動きに関する問題。　6酸とアルカリに関する問題。塩酸と硫酸の中和などについて問われた。　7運動とエネルギーから力のつり合い，磁力に関する問題。　8消化酵素のはたらき，進化に関する問題。

	2024	2023	2022
大問数	8	8	8
作図問題	0	0	0

2023年度

1地震と惑星の見え方に関する問題。　2いろいろな化学変化での物質の質量の変化に関する問題。　3軟体動物の体のつくり，遺伝子と進化，生態系に関する問題。　4電流と回路に関する問題。　5気圧と天気の変化に関する問題。　6炭酸カルシウムに関する問題。鍾乳石が形成される反応について問われた。　7植物の蒸散と遺伝の規則性に関する問題。　8運動とエネルギーから物体にはたらく力や運動に関する問題。

作…作図・グラフ作成問題　記…文章記述問題

解答形式

2024年度	記　述／マーク／併　用

出題傾向

総小問数は50問程度で，2024年度は記述マークシートの併用になった。出題形式は年度によって変化が見られる。問題は，主にそれぞれの単元の実験・観察を中心に出され，分野の偏りは見られない。

標準的なレベルの問題がほとんどであるが，応用力・考察力を必要とする難度の高い問題も見られる。

今後への対策

まず，教科書を中心に，実験・観察の手順や結果・考察についてまとめ，正確な知識を身につけておきたい。そのうえで，発展的な問題も収録されている問題集を用いて，応用力や考察力を身につけよう。

仕上げに，本校の過去問や他の国立高校の過去問などを解いて，実践的な練習をしよう。

◆◆◆◆◆ 理科出題分野一覧表 ◆◆◆◆◆

分野	年度	2022	2023	2024	2025予想※
身近な物理現象	光と音				◎
	力のはたらき(力のつり合い)				◎
物質のすがた	気体の発生と性質	●			◎
	物質の性質と状態変化	●		●	◎
	水溶液				△
電流とその利用	電流と回路	●	●		◎
	電流と磁界(電流の正体)	●		●	◎
化学変化と原子・分子	いろいろな化学変化(化学反応式)		●		◎
	化学変化と物質の質量		●		◎
運動とエネルギー	力の合成と分解(浮力・水圧)		●	●	◎
	物体の運動	●	●	●	◎
	仕事とエネルギー				△
化学変化とイオン	水溶液とイオン(電池)	●	●		◎
	酸・アルカリとイオン			●	◎
生物の世界	植物のなかま	●		●	◎
	動物のなかま		●		◎
大地の変化	火山・地震	●	●	●	◎
	地層・大地の変動(自然の恵み)	●		●	◎
生物の体のつくりとはたらき	生物をつくる細胞				
	植物の体のつくりとはたらき	●	●		◎
	動物の体のつくりとはたらき	●		●	◎
気象と天気の変化	気象観察・気圧と風(圧力)		●		△
	天気の変化・日本の気象	●	●	●	◎
生命・自然界のつながり	生物の成長とふえ方	●			◎
	遺伝の規則性と遺伝子(進化)		●	●	◎
	生物どうしのつながり		●	●	◎
地球と宇宙	天体の動き	●	●	●	◎
	宇宙の中の地球	●			◎
自然環境・科学技術と人間					
総合	実験の操作と実験器具の使い方	●	●		◎

※予想欄　◎印：出題されると思われるもの。　△印：出題されるかもしれないもの。
分野のカッコ内は主な小項目

出題傾向と今後への対策　国語

出題内容

2024年度

説明文　小説　古文

課題文

一 市橋伯一『増えるものたちの進化生物学』
二 川上弘美『真面目な二人』
三『十訓抄』／『古今著聞集』

2023年度

論説文　小説　古文

課題文

一 菊地　暁『民俗学入門』
二 乗代雄介『フィリフヨンカのべっぴんさん』
三『一休ばなし』

2022年度

論説文　小説　古文

課題文

一 宇野重規『〈私〉時代のデモクラシー』
二 池澤夏樹『スティル・ライフ』
三 松平定信『花月草紙』

解答形式

2024年度　記　述／マーク／併　用

出題傾向

設問は，現代文に８問程度，古典に７問程度付されており，全体で25問弱となっている。解答形式は，漢字と抜き書きや語句，古文の記述など以外は記号選択式となっている。課題文の分量は，現代文は比較的多め，古文は標準的で，内容は高度なものが多い傾向にあり，かなりの読解力がないと対処できない。

今後への対策

基本的には現代文・古文ともに読解力重視の問題構成なので，問題集を数多くこなしていくのがよい。その際，トップレベルのものを選ぶこと。また，古文は，問題集だけでなく，現代語訳のついた中世の説話などを読んでみるとよい。文法など国語の知識の分野も，基本的な知識を整理しておくこと。

◆◆◆◆◆ 国語出題分野一覧表 ◆◆◆◆◆

分野			2022	2023	2024	2025 予想※
現代文	論説文 説明文	主題・要旨				
		文脈・接続語・指示語・段落関係	●		●	◎
		文章内容	●	●	●	◎
		表現	●	●		◎
	随筆 日記 手紙	主題・要旨				
		文脈・接続語・指示語・段落関係				
		文章内容				
		表現				
		心情				
	小説	主題・要旨				
		文脈・接続語・指示語・段落関係				
		文章内容	●	●	●	◎
		表現	●	●	●	◎
		心情	●	●	●	◎
		状況・情景				
韻文	詩	内容理解				
		形式・技法				
	俳句 和歌 短歌	内容理解				
		技法				
古典	古文	古語・内容理解・現代語訳	●	●	●	◎
		古典の知識・古典文法				
	漢文	(漢詩を含む)				
国語の知識	漢字 語句	漢字	●	●	●	◎
		語句・四字熟語	●	●	●	◎
		慣用句・ことわざ・故事成語				
		熟語の構成・漢字の知識				
	文法	品詞	●	●		◎
		ことばの単位・文の組み立て				
		敬語・表現技法				
	文学史					
作文・文章の構成・資料						
その他						

※予想欄　◎印：出題されると思われるもの。　△印：出題されるかもしれないもの。

2025年度 高校受験用

東京学芸大学附属高等学校　5年間スーパー過去問

をご購入の皆様へ

お詫び

本書、東京学芸大学附属高等学校の入試問題につきまして、誠に申し訳ございませんが、以下の問題文は著作権上の問題により掲載することができません。設問と解説、解答は掲載してございますので、よろしくお願い申し上げます。

記

2022年度　国語　二　の問題文

以上

株式会社　声の教育社　編集部

2024年度 東京学芸大学附属高等学校

【英　語】（50分）〈満点：100点〉

（注意）１．この問題にはマーク式解答の問いと記述式解答の問いが含まれています。

２．解答番号 1 ～ 45 の問いは，答えをマークシートの各解答番号のうちから１つ選んでマークしなさい。

３．記述 の印がある問いの解答は，マークシートの裏面の指定された解答欄に記入しなさい。

1　リスニングテスト

問いを読む時間が与えられたあと，音声が１回放送されます。１～５の問いの答えとして最も適切なものを次の①～④からそれぞれ１つ選び，その番号を答えなさい。

1　Who did Mrs. Ikeda work for ?　1

①　The supermarket near her house　②　The university in Tokyo

③　The TV broadcasting company　④　The local school

2　What type of essays did Mrs. Ikeda usually like the most ?　2

①　Essays with perfect grammar and vocabulary

②　Essays that discussed recent events in society

③　Essays that told personal stories about students

④　Essays that made people laugh

3　What did the mother of the student usually watch on TV ?　3

①　Dramas　②　Documentaries　③　Music programs　④　News

4　Why did the student in the essay wish to be a television ?　4

①　To watch more Korean drama　②　To avoid doing homework

③　To get the attention of his parents　④　To become famous

5　What did Mr. and Mrs. Ikeda like to do in their free time ?　5

①　To read their son's essay

②　To watch their own favorite programs on TV

③　To talk about other parents of their son's school

④　To be with their family in the living room

※<**リスニングテスト放送原稿**>は英語の問題の終わりに付けてあります。

2　次の英文を読んで，あとの問いに答えなさい。

Once upon a time, in a small village, there was a young girl named Lee. She liked playing the flute.

One day, Lee was walking in the woods when she found a small, injured bird. It had a broken wing and couldn't fly. Lee took the bird home and took care of it (あ) it got better. She fed it, and kept it warm for many days.

A

B

C

D

While they traveled together, the man taught Lee all about rules of music, how to write music, and how to play different instruments, such as trumpet, piano, and saxophone. Lee was a quick learner, and soon she (　い　).

One day, the man received a letter from the King. The King was holding a grand festival, and he wanted the man to perform at it. The man was honored, but he knew that he needed something special to make his performance impressive. He came up with (う)<u>an idea</u>.

He asked Lee to play her flute while the bird danced to the music. Lee hesitated at first, but the man told her that it would be an amazing sight. They practiced for weeks, and soon they had a performance that would impress the crowds.

Finally, the day of the festival arrived. Thousands of people gathered to watch the performances, and the man and Lee were nervous. They appeared on the stage, and Lee began to play her flute. The bird hopped onto her shoulder and began to dance.

The crowd was silent and was amazed by the beautiful sight before them. As the music picked up, the bird began to move its wings, as if it was flying. The crowd got excited and clapped their hands, and Lee and the man bowed to the audience.

After the performance, the King approached them. He was so impressed that he offered Lee a position in his castle as a musician. Lee was very happy and accepted the suggestion.

And so, Lee became the castle musician. She played the flute for the King and his guests at grand events and parties. She never forgot her beginnings, and she always remembered the little bird that helped her find her passion for music.

（注） honored：光栄に思う　pick up：盛り上がる　bow：おじぎをする

問１　(あ)に入る語として最も適切なものを以下から１つ選び，その番号を答えなさい。[6]

①　like　②　since　③　while　④　until

問２　[A]～[D]に入る最も適切なものを，以下からそれぞれ１つずつ選び，その番号を答えなさい。

[A]…[7]　[B]…[8]　[C]…[9]　[D]…[10]

①　Lee was excited, and she played her flute and watched the bird's dance for hours. The two became really close friends, and the villagers often saw them when they were playing together in the fields.

②　The man came up to Lee and asked her to join him on his travels. He promised to teach her everything he knew about music and to help her become a great musician like him. Lee was very happy and agreed to go with him.

③　One day, a man arrived in the village. He bought and sold goods as he traveled around the world. He was also a famous musician. He was known all over the world for his beautiful melodies. When he heard the sound of Lee's flute, he was amazed. He never heard such a beautiful sound before.

④　As the bird got better, Lee began to notice something strange. Every time she played her flute, the bird became active and listened carefully. She decided to try an experiment and played music on her flute. To her surprise, the bird began to move its wings, as if it tried to dance!

問３　(い)に入る表現として最も適切なものを以下から１つ選び，その番号を答えなさい。[11]

①　gave up her dream of getting a job in the village

②　left the village to search for the bird's original home

③ started teaching the bird how to play the flute
④ became a famous performer with the bird

問4 下線部(う)の内容として最も適切なものを以下から1つ選び，その番号を答えなさい。 12
① to perform with Lee and her bird
② to need something special
③ to ask the King for a prize
④ to have a grand festival at night

問5 What did the King want the man to do at the grand festival ? 13
① Play with colorful balls
② Perform a magic trick
③ Play a musical instrument
④ Show him the famous bird

問6 Why did Lee decide to participate in the concert ? 14
① The man said that it was the King's command.
② The man told her that it would be a fantastic sight.
③ The man said that the audience would be disappointed if she refused.
④ The man said the King would give her a job.

問7 What did the bird do to Lee's flute music during the performance ? 15
① It fell asleep on her shoulder.
② It started singing along.
③ It came onto her shoulder and danced.
④ It flew away from the stage.

問8 Why was the crowd silent at the performance ? 16
① The performance was wonderful.
② The crowd was too nervous.
③ The crowd couldn't hear anything.
④ The music was sad.

問9 What was the result of the performance at the festival ? 17
① The crowd didn't like it and left the festival.
② The man and Lee got nervous and left the stage.
③ The King liked it but the crowd got bored at it.
④ The crowd was happy and Lee received a job from the King.

問10 本文の内容と一致するものを以下から2つ選び，その番号を答えなさい。 18 19
① Lee found two birds with broken legs while she was walking in the woods.
② When Lee found the bird in the woods, both of its wings were injured.
③ The man was amazed by Lee's guitar-playing skills.
④ The man promised Lee to teach the bird everything he knew about music.
⑤ The man taught Lee how to paint.
⑥ Lee and the man practiced their performance for weeks before the festival.
⑦ The King himself also played a musical instrument.
⑧ Lee was very happy when the King asked her to perform for him in the future.

3 次の英文を読んで，あとの問いに答えなさい。

When Pamela Claypole was 56 years old, her whole life changed. She was working in her garden on a Saturday morning when suddenly she felt dizzy. That's all she remembers. Neighbors found her. She was lying on the ground. At a nearby hospital, doctors said that it was a stroke. [A] Little by little she got better. [B] [C] [D]

Pamela was not married and lived alone. She began learning to live while she couldn't see anything, but it was difficult. Sometimes, she regretted surviving the stroke. But as time went on, she began to adjust. There were just a few things she couldn't do. When something broke, for example, her friends helped her.

One morning about three years after her stroke, Pamela was washing dishes and realized that the water wasn't going out of her kitchen sink. It was probably blocked. "Call Mitch," her friend told her. Mitch was the local repair person. He fixed things for people and helped them with jobs around the house. He was about fifty years old and not married. He loved his work.

Pamela called Mitch. "I hear you are good at fixing things," she said. "I've got a problem with my kitchen sink. Can you come over ?"

"I'll be right there," Mitch told her. He fixed the sink in just a few minutes. "All done," he said.

"Thank you. How much do I have to pay ?" Pamela asked.

"Nothing," Mitch said. "But a cup of tea would be nice."

Pamela made some tea, and she and Mitch sat at her kitchen table and talked. He told her he would be happy to help her anytime.

Over the next two years, Mitch came to Pamela's house often to fix something or to work with her in the garden. But ____(E)____. He said a cup of tea and a little conversation were enough. The truth was that Mitch was in love with Pamela. He never told her, though. Mitch was not an attractive man. "If she could see me," he thought, "she [F]."

One morning Pamela woke up early. She turned her head on the pillow and saw the hands of the alarm clock next to her bed : 5:30 a.m. She could see ! She ran to the front door of her house and looked outside. She could see the flowers, the trees, and the houses across the street. She cried for joy. Then she went to the phone and called her best friend, Mitch.

"Hello. Mitch," she said. "[G]"

Mitch thought about Pamela's phone call. What kind of emergency could there be at 5:30 in the morning ? Was there water everywhere ? Was someone trying to enter her house and steal something ? He hurried to Pamela's house.

Pamela opened the front door. "[H]" Mitch said. Pamela smiled and said, "[I]"

"What ? Can you see ?"

"Yes !" Pamela said and threw her arms around Mitch. Mitch was happy for Pamela, and he was also happy for himself. "She can see me, and [J]," he thought.

A few weeks later, Mitch asked Pamela to marry him, and she said yes. He said, "I have loved you since I first came to repair your sink."

"Why didn't you ever tell me ?" Pamela asked him.

"I thought you wouldn't accept me because I'm not [K]," Mitch said.

"I don't care what you look like," Pamela told Mitch. "I've loved you for years."

"Well, why didn't you tell me ?" he asked.

"I thought you wouldn't want me," she answered, "because I was [L]."

HEYER, S; TRUE STORIES: LEVEL4 SILVER EDITION, 2022
Reprinted by permission of Pearson Education Limited

(注) stroke：脳卒中

問1 [A]～[D]には以下の英文が入る。最も適切なものをそれぞれ番号で答えなさい。[A]…[20] [B]…[21] [C]…[22] [D]…[23]

① In a few months, she was able to use the left side of her body again, and she was able to hear and speak.

② Her doctors told her she might not be able to see for the rest of her life.

③ She couldn't move the left side of her body, and she couldn't see, hear, or speak.

④ But she still couldn't see.

問2 下線部(E)には以下の英文が入る。文脈に合うよう空所に適切な1語をそれぞれ答えなさい。[記述]

he ______ accepted ______ from Pamela for the work he did

問3 [F]に入る表現として最も適切なものを以下から1つ選び，その番号を答えなさい。[24]

① loved me ② did not love me

③ would love me ④ would not love me

問4 [G]～[I]に入る表現として最も適切なものを以下から1つずつ選び，その番号を答えなさい。ただし，同じ選択肢を2度使ってはいけない。[G]…[25] [H]…[26] [I]…[27]

① Pamela, are you okay ?

② Did you do it by yourself ?

③ It's an emergency ! Come quick !

④ Your eyes are brown.

⑤ There is water everywhere !

問5 物語の流れを踏まえて，[J]にあてはまる表現として最も適切なものを以下から1つ選び，その番号を答えなさい。[28]

① she still likes me ② I have to leave her

③ now I want to get married to her ④ she still needs me to fix her things

問6 [K]には物語中に出てくる1語が入る。その語を答えなさい。[記述]

問7 物語の流れを踏まえて，[L]にあてはまる語(句)として最も適切なものを以下から1つ選び，その番号を答えなさい。[29]

① alone ② too old ③ married ④ blind ⑤ not so beautiful

問8 物語の内容と一致するものを以下から2つ選び，その番号を答えなさい。[30] [31]

① Pamela felt dizzy, lay on the ground, and was taken to the hospital when she was a child.

② When they met, Pamela was 56 years old, and Mitch was about fifty and didn't have a wife.

③ A few months after the stroke, Pamela recovered well, but not hearing.

④ The experience after the stroke was so hard that Pamela felt sad about her survival.

⑤ After the first repair, Mitch told Pamela that she could always ask him for assistance.

⑥ Sometimes Mitch washed dishes for Pamela because she couldn't do it after she lost her sight.

⑦ At 5:30 one morning, Mitch hurried to Pamela with joy that she could see again.

4 次の英文を読んで，あとの問いに答えなさい。

Do you believe that some numbers are lucky or unlucky? If you do, you are not alone. Superstitions about numbers are (あ) in many societies. For example, a lot of people in Western countries believe that the number 13 is (い). They believe that terrible things will happen on Friday the 13th. Some buildings do not even have a 13th floor. [I], in Chinese and Japanese cultures, the number 4 sounds like the word for "death" and is often considered unlucky. [II], 7 is considered a lucky number in Western countries. In China, 8 is a lucky number because it sounds like the word "rich."

In ancient times, people believed that numbers had (う). And some numbers could let you know the future or show the hidden side of a person's character. Numerology, the art of reading the power in numbers, was often used in Jewish tradition and among Greek mathematicians. Today, many people who still practice numerology use a system — each letter of the alphabet equals one of the numbers 1 through 8.

Here is one example of how this system of numerology works. In order to find the number related to a person's name, first give the correct number to each letter of the name, by using the following chart.

1＝A・I・Q・J・Y	2＝B・K・R	3＝C・G・L・S
4＝D・T・M	5＝E・H・N	6＝U・V・W・X
7＝O・Z	8＝F・P	

Then add the numbers together to get the number 1 through 9 that represents the name — for numbers larger than 9, add the two (え) numbers together.

For example, take the name James: J＝1, A＝1, M＝4, E＝5, and S＝3. Add these numbers together and you get a total of 14. Because 14 is larger than 9, add the two (え) numbers and you find 5 (1+4) is the number that represents the name James.

Each number from 1 to 9 shows a (お) type of character. One is the number of a leader, someone who is ambitious, confident, and self-sufficient, but who will probably tell other people what to do. Two represents a person who supports others, communicates well, and thinks carefully. This person makes a good partner but may feel lonely. Three is a social person who is outgoing, eager, friendly, and enjoy life. On the negative side, this person may not have self-control. Four is the number of someone who is practical, traditional, and serious. They work hard but may be uncomfortable when they don't have a routine. Five is someone who likes adventure, and a friendly person who is good at having good relationships with other people. However, they sometimes get bored easily. Six is a "happy" number. This type of person is peaceful, cares about others. On the negative side, they may sometimes feel that others have used them. Seven is the number for a person who prefers to be alone. This kind of person is a person who thinks deeply about things. On the other side, he or she may be worried about not being good enough. Eight shows a person who is good with money, and can be quite good at making decisions quickly. On the other hand, this kind of person doesn't understand other people's feelings. Nine is the number of someone who is creative and has many talents, and wants to improve the world. This person may become a good community leader but needs (か)to take care of small details as well as look at the big picture.

Is there any truth to numerology? Although it is very popular, there is no scientific proof, and skeptics doubt if it is true at all. For example, they ask, (き)"If numerology is true all over the world, then how [① an object ② does ③ explain ④ for ⑤ in ⑥ it ⑦ the differences ⑧ the number] or a person, from translating a word between different languages ?" Still, for a lot of people, numerology remains a very interesting way to get some clear understanding into your character.

Cengage Learning Inc. Reproduced by permission. www.cengage.com/permissions

(注) superstition：a strong feeling that some objects or actions are lucky or unlucky
art：a skill in a particular activity　Greek：of Greece or ancient Greece
practice：to do something according to a custom, or rules
equal：to be as good as something else
self-sufficient：to provide for all your own needs without help from other people
self-control：the ability to control your feelings and actions although you are very angry, upset, etc.
proof：a fact or a piece of information that shows something is true
skeptic：someone who doesn't easily believe in something

問１　(あ)～(お)に入る最も適切な語(句)を以下から１つずつ選び，その番号をそれぞれ答えなさい。ただし，同じ記号には，同じ語が入る。

(あ)…[32]
① strange　② difficult　③ mysterious　④ common

(い)…[33]
① natural　② unlucky　③ wild　④ lucky

(う)…[34]
① unique talent　② a magical power　③ much information　④ a long history

(え)…[35]
① magical　② single　③ double　④ meaningful

(お)…[36]
① new　② positive　③ negative　④ different

問２　[Ⅰ]，[Ⅱ]にあてはまる表現を以下からそれぞれ１つ選び，その番号を答えなさい。[Ⅰ]…[37]　[Ⅱ]…[38]
① By the way　② In a similar way　③ In addition
④ Of course　⑤ On the other hand　⑥ In short

問３　次の人名は，本文を参考にして数字で表すといくつか。その数字を答えなさい。算用数字で書くこと。[記述]
Elizabeth

問４　次の特徴をもつ人の名前の数字はいくつか。その数字を解答欄にマークしなさい。[39]
The person who follows social customs and does the things that he or she is told to do.

問５　下線部(か)はどのようなことか。以下の中から適するものを**全て**選び，その記号を答えなさい。[記述]
ア　to understand the situation well
イ　to look after the forest to preserve nature
ウ　to take a wide view without paying attention to details
エ　to see small things and have the greater point of view
オ　to pay attention to trivia and see things from a wide perspective

問6　下線部(き)が意味の通る英文になるように［　］内を並べかえ，以下の 40 ～ 43 に入るものの番号をそれぞれ答えなさい。

If numerology is true all over the world, then how [＿＿ 40 ＿＿ 41 ＿＿ 42 ＿＿ 43] or a person, from translating a word between different languages ?

① an object　② does　③ explain　④ for
⑤ in　⑥ it　⑦ the differences　⑧ the number

問7　本文の内容と一致するものを以下から２つ選び，その番号を答えなさい。 44 45

① In Japan, the number 4 is thought as unlucky while 8 is considered lucky.
② People believed that numbers were able to tell the future in the old days.
③ In the system of numerology, you first have to change each letter of the person's name into a number.
④ People representing three and seven like being with people.
⑤ A person representing the number five likes to do the same things for a long period of time.
⑥ A person who represents the number eight can take leadership and make a better world.
⑦ There are scientific facts behind numerology, so some people think it is true.

問題の作成上，原文の一部を改変したところがある

＜リスニングテスト放送原稿＞

Chihiro Ikeda was an English teacher at a junior high school in Tokyo. She was going through her students' essays. She would give them each a grade and also make corrections to the grammar and vocabulary. Usually, the essays she liked best were the ones that told her more about a student's life. The essay she was looking at now was like that, but she wasn't enjoying it at all. "Listen to this," she said to Masahiro, her husband. "This student writes that he wishes he were a television. Can you imagine why he says so ? His mother seems always busy, but when she has any free time she watches Korean dramas on the television, and at those times she looks happy.

The boy's father is the same. He works long hours, but when he gets home, he loves watching the news with a beer in front of the TV. The boy says that if he were a television his parents would pay attention to him and love him." "Oh, what terrible parents !", said Mr. Ikeda. "What an awful story ! How sad !" "Yes, it is sad," said his wife. "Sadder than you think. It was written by our son."

【数　学】（50分）〈満点：100点〉

（注意）　円周率はπを用いなさい。

1　次の各問いに答えなさい。

〔1〕　$(\sqrt{2}+\sqrt{3})(\sqrt{3}+\sqrt{5})-(\sqrt{2}-\sqrt{3})(\sqrt{3}-\sqrt{5})+(\sqrt{2}-\sqrt{5})^2$を計算しなさい。

〔2〕　次の２次方程式を解きなさい。

$$\frac{(3x+1)^2}{2}=4x^2+\frac{2+11x}{3}$$

〔3〕　関数$y=ax^2$（aは定数）について，$x=4$のとき$y=-8$である。xの値が-4から２まで増加するときの変化の割合を求めなさい。

〔4〕　右の図のように円周上に５点A，B，C，D，Eがあり，これら５つの点上で碁石《ごいし》を動かす。碁石は最初点Aの位置にある。

１個のさいころを投げて，出た目の数が奇数のときは左まわりに，出た目の数が偶数のときは右まわりに，碁石が置かれている点から出た目の数だけ点から点へ１つずつ順に動かす。

さいころを２回投げて碁石を動かしおわったとき，碁石が点Dの位置にある確率を求めなさい。ただし，さいころは１から６までのどの目が出ることも同様に確からしいものとする。

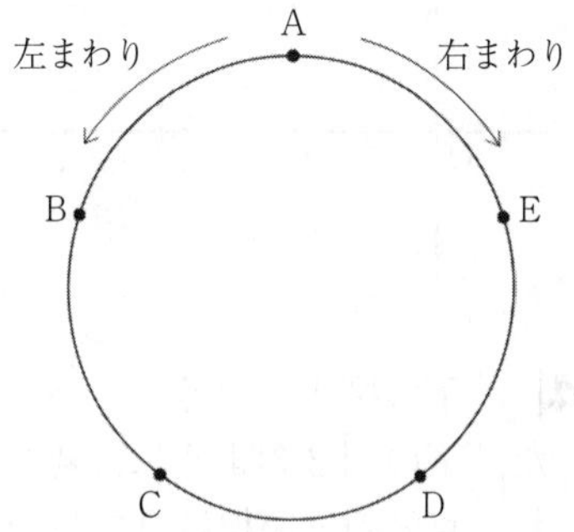

2　アメリカなどの国では日本とは異なる単位が使われることがある。これについて，次の各問いに答えなさい。

〔1〕　時速40kmで進む自動車Aがx時間進んだときの道のりを$y$kmとして，yをxの式で表すと$y=40x$である。

自動車Aと同じ速さで進む自動車Bがx時間進んだときの道のりをzマイルとして，zをxの式で表しなさい。ただし，１マイルは1.6kmであるとする。

〔2〕　右の図のようなばねについて，xgのおもりをつるしたときのばねの全長を$y$cmとして，yをxの式で表すと$y=\frac{1}{90}x+5$である。

このばねにwポンドのおもりをつるしたときのばねの全長をlインチとして，lをwの式で表しなさい。ただし，１ポンドは450g，１インチは2.5cmであるとする。

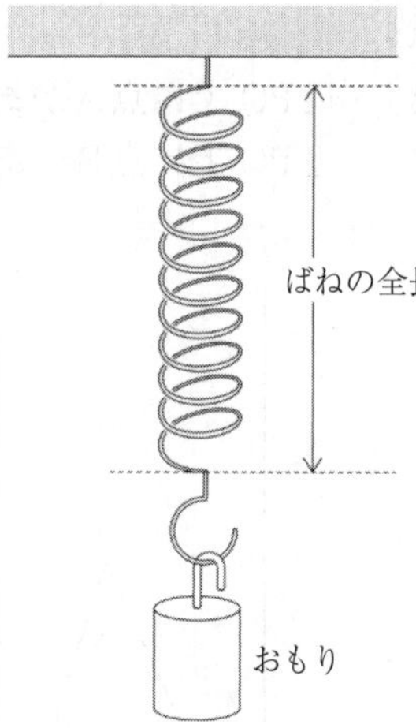

3　次のページの図のように４点O(0，0)，A(0，6)，B(0，4)，C(4，0)がある。点Oから点(1，0)までの距離，および点Oから点(0，1)までの距離をそれぞれ１cmとする。

最初，点Pは点Bに，点Qは点Cにあり，線分PQはx軸の正の向きに毎秒１cmの速さで平行移動する。このとき，点P，Qのy座標はどちらも変化しない。また，直線APとx軸の交点をRとする。

線分PQが移動し始めてからt秒後について，次の各問いに答えなさい。ただし，$t>0$とする。

〔1〕　$t=3$のときの線分QRの長さを求めなさい。

〔2〕　$t>2$において△PQRの面積が△AORの面積の$\frac{1}{5}$になるときのtの値を求めなさい。

〔3〕　∠QPR＝15°となるときのtの値をすべて求めなさい。

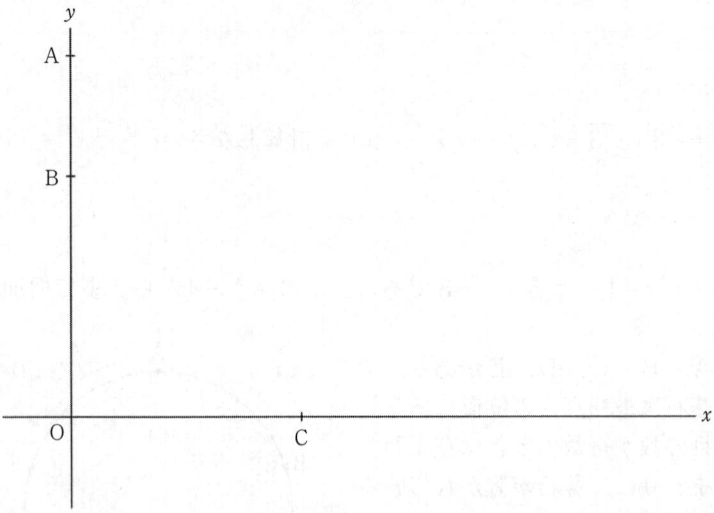

4　下の図１のように，５点O(0, 0)，A(5, 0)，B(3, 6)，C(5, 10)，D(5, −5)がある。また，下の図２のように，線分CD上を動く点Pに対し，△OAB∽△OPQとなる点Qをとる。ただし，点Pのy座標は０ではなく，点Qのy座標は点Pのy座標より大きいとする。

このとき，次の各問いに答えなさい。

〔１〕　点Oから直線ABにひいた垂線と直線ABの交点をHとするとき，線分AHの長さを求めなさい。

〔２〕　辺PQ上に点Aがあるとき，点Qの座標を求めなさい。

〔３〕　辺PQ上に点Bがあるとき，点Qの座標を求めなさい。

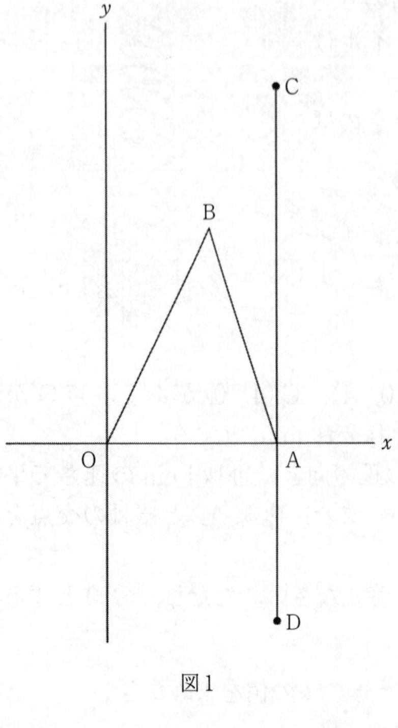

図１

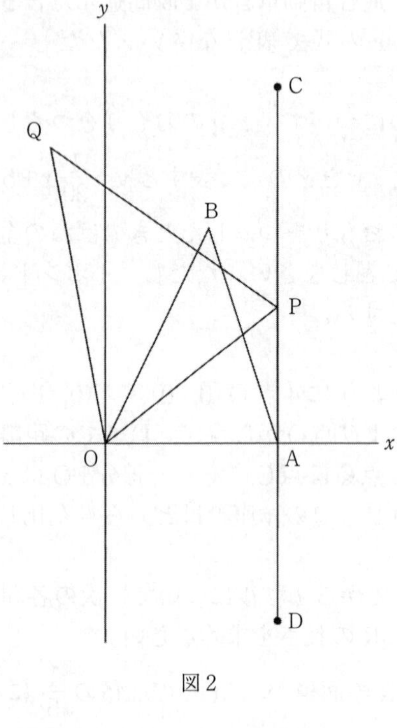

図２

5　次の各問いに答えなさい。

〔1〕 図1のように，三角錐《すい》ABCDにおいて，辺AB，AC，AD上にそれぞれ点X，Y，Zがあり，AX：AB＝1：3，AY：AC＝1：2，AZ：AD＝4：5である。

　三角錐ABCDの体積と三角錐ABCZの体積の比は ア ： イ であり，三角錐ABCZの体積と三角錐AXYZの体積の比は ウ ： エ であるから，三角錐ABCDの体積をVとするとき，三角錐AXYZの体積をVを用いて表すと オ Vとなる。

　ア から オ にあてはまる数をそれぞれ求めなさい。

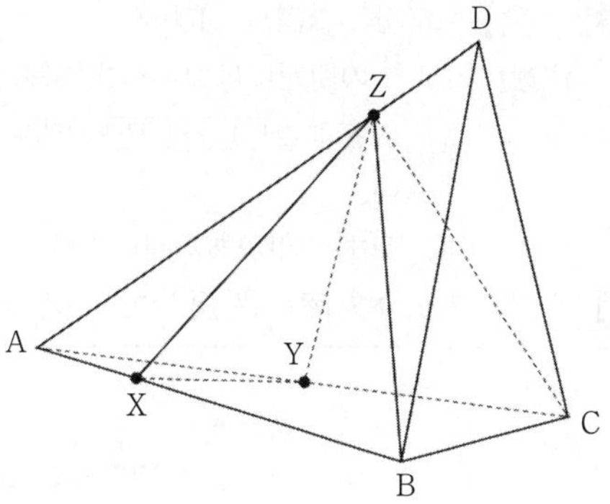

図1

〔2〕 図2のように，3つの角が30°，60°，90°である2つの合同な直角三角形を合わせて四角形EFGHを作る。このとき，△EFHの面積と△FGHの面積の比を求めなさい。

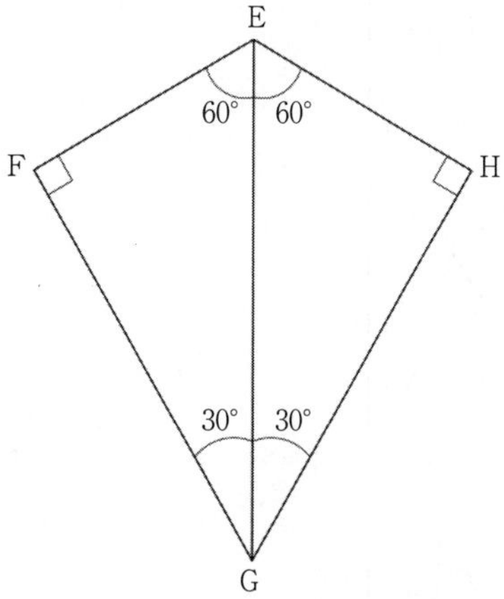

図2

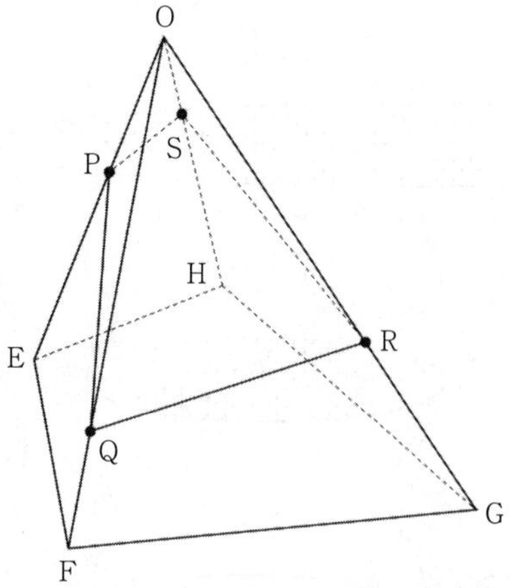

図3

〔3〕 〔2〕の四角形EFGHを底面とする，図3のような四角錐OEFGHにおいて，辺OE，OF，OG上にそれぞれ点P，Q，Rがあり，OP：OE＝2：5，OQ：OF＝3：4，OR：OG＝2：3である。また，点Sは3点P，Q，Rを通る平面と辺OHの交点である。

　OS：OH＝x：1とするとき，xの値を求めなさい。

【社　会】（50分）〈満点：100点〉

（注意）1．この問題にはマーク式解答の問いと記述式解答の問いが含まれています。

2．解答番号 1 ～ 37 の問いは，答えをマークシートの各解答番号のうちから１つ選んでマークしなさい。

3．記述 の印がある問いの解答は，マークシートの裏面の指定された解答欄に記入しなさい。

1　アフリカ大陸に関連して，後の問いに答えなさい。各略地図には省略されている部分がある。

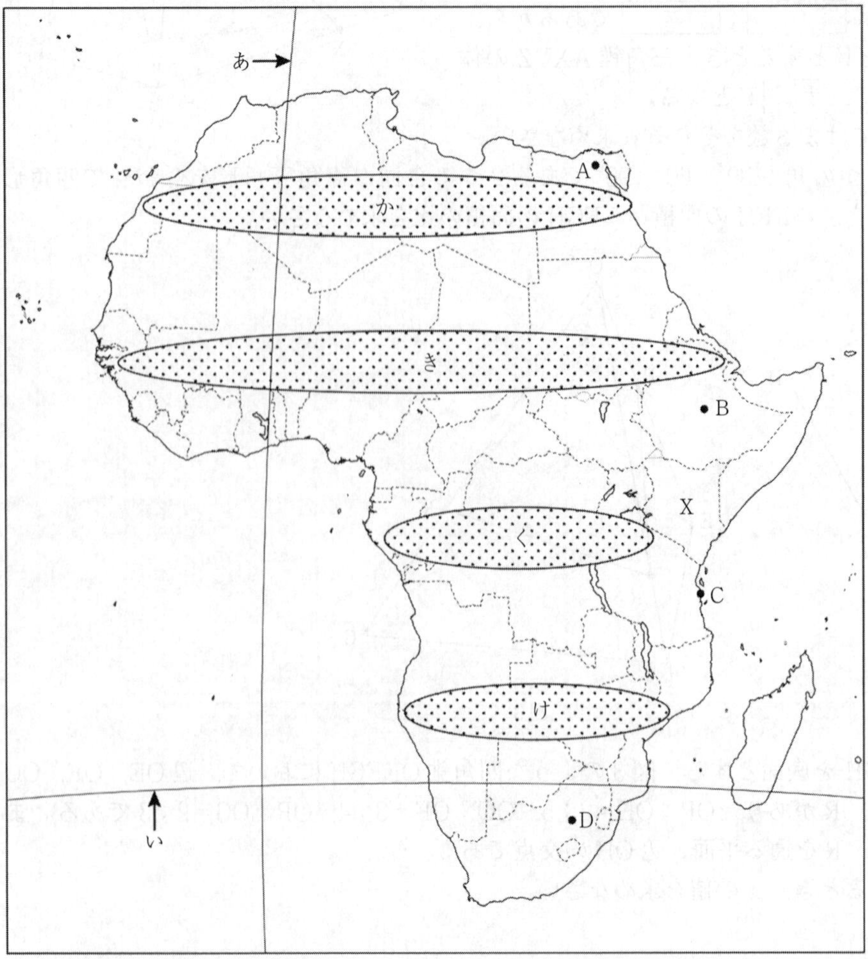

図１

問１　図１の経線あ および緯線い がそれぞれ通過する国の組合せを，次の①～④のうちから１つ選びなさい。 1

	①	②	③	④
経線あ	イタリア	スペイン	ドイツ	フランス
緯線い	インドネシア	ニュージーランド	オーストラリア	ブラジル

問2　次の雨温図は図1の都市A～Dのものである。BとCの雨温図の組合せを，下の①～④のうちから1つ選びなさい。[2]

ア

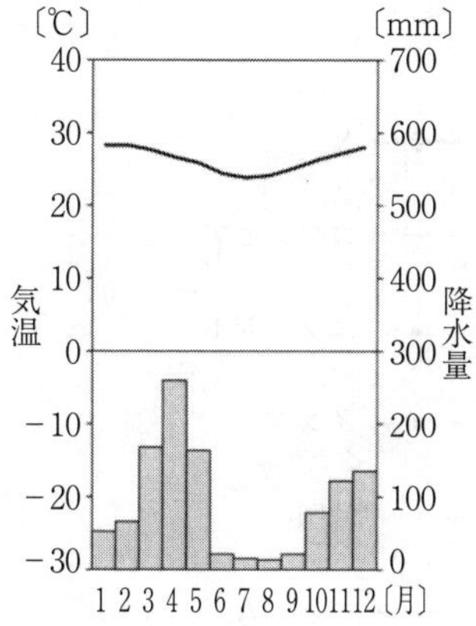

イ

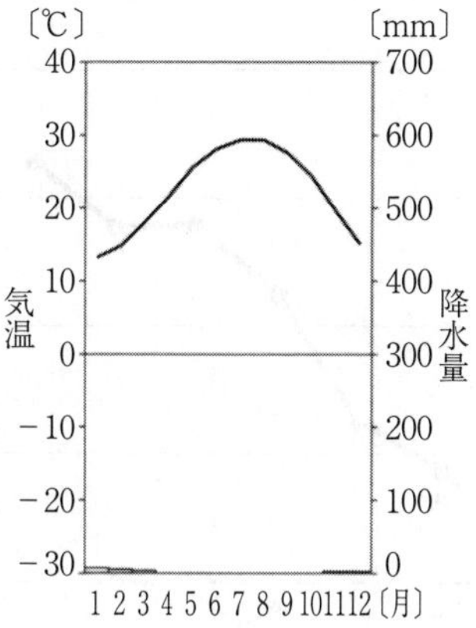

ウ

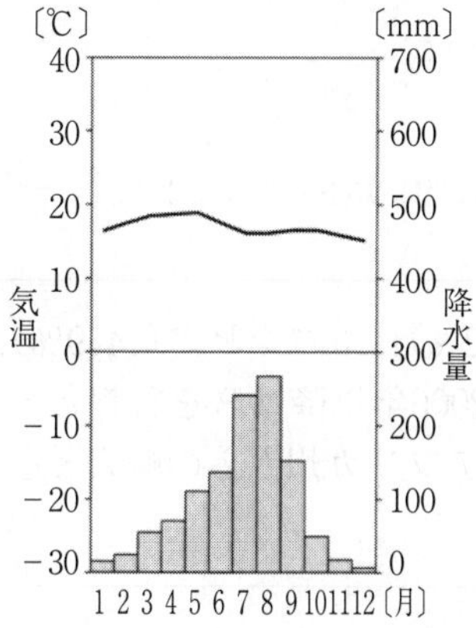

エ

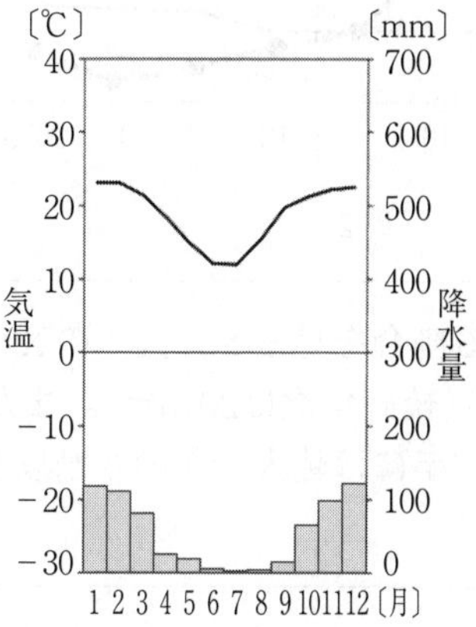

気温・降水量ともに1991～2020年の30年間のデータの平均をもとに算出。

気象庁資料ほかにより作成。

	①	②	③	④
B	イ	イ	ウ	ウ
C	ウ	エ	ア	イ

問3　図1の首都Bには，アフリカ州の54か国と1地域が加盟する国際的な地域機関の本部がある。この組織は2002年に発足し，政治・経済・教育・文化・科学・防衛などの各分野で協力することを目的としている。この組織の略称を**アルファベット2字**で書きなさい。[記述]

問4　図2と下の文章は，日本が海外から輸入しているある作物の国・地域別の輸入金額の推移について説明したものである。該当する作物と図1のXの国でその作物がさかんに栽培されている理由を説明したものとして最も適切なものを，後の①～⑥のうちから1つ選びなさい。 3

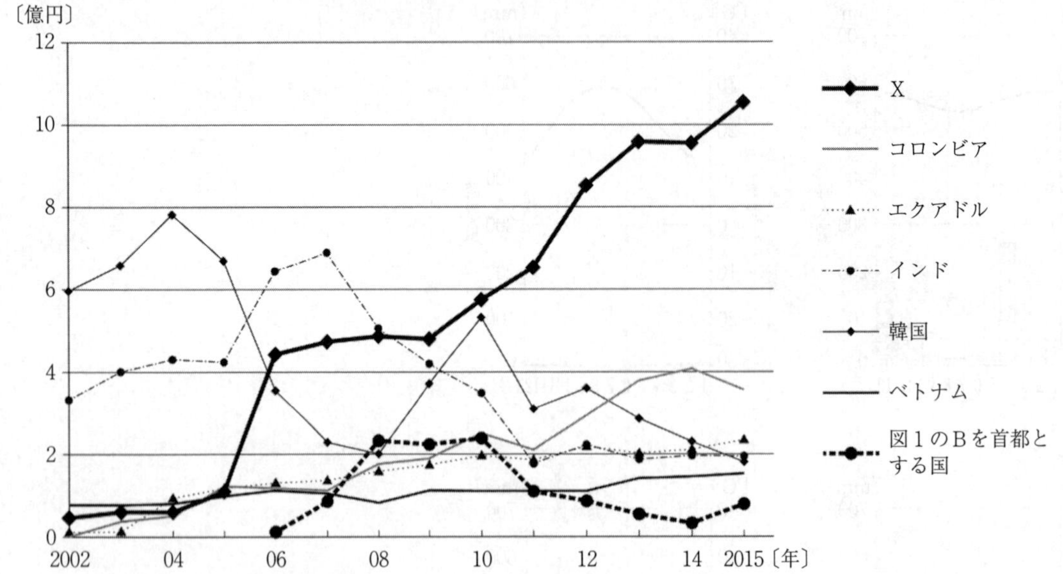

東京税関 Webページによる。

図2

> この作物の日本の輸入金額に占める割合を見ると，図1のX(44.2%)，コロンビア(14.9%)，エクアドル(9.8%)などが増えている(統計年次は2015年)。また，2006年以降はBを首都とする国からの輸入も始まっており，2019年には輸入金額の6割以上がアフリカ州からの輸入となっている。

① この作物はキャッサバであり，標高が低く，年中高温多湿であることが栽培に適している。
② この作物はバラであり，標高が高く，年中温暖であることが栽培に適している。
③ この作物はカカオであり，標高が低く，年中乾燥していることが栽培に適している。
④ この作物はコーヒーであり，標高が高く，年中温暖であることが栽培に適している。
⑤ この作物はバニラであり，標高が低く，年中高温多湿であることが栽培に適している。
⑥ この作物は茶であり，標高が高く，年中乾燥していることが栽培に適している。

問5　図3は，輸出金額1位の品目が同じ鉱産資源で，その輸出金額に占める割合が60％以上の国々を示したものである(統計年次は2018年)。その鉱産資源を，下の①～④のうちから1つ選びなさい。
[4]

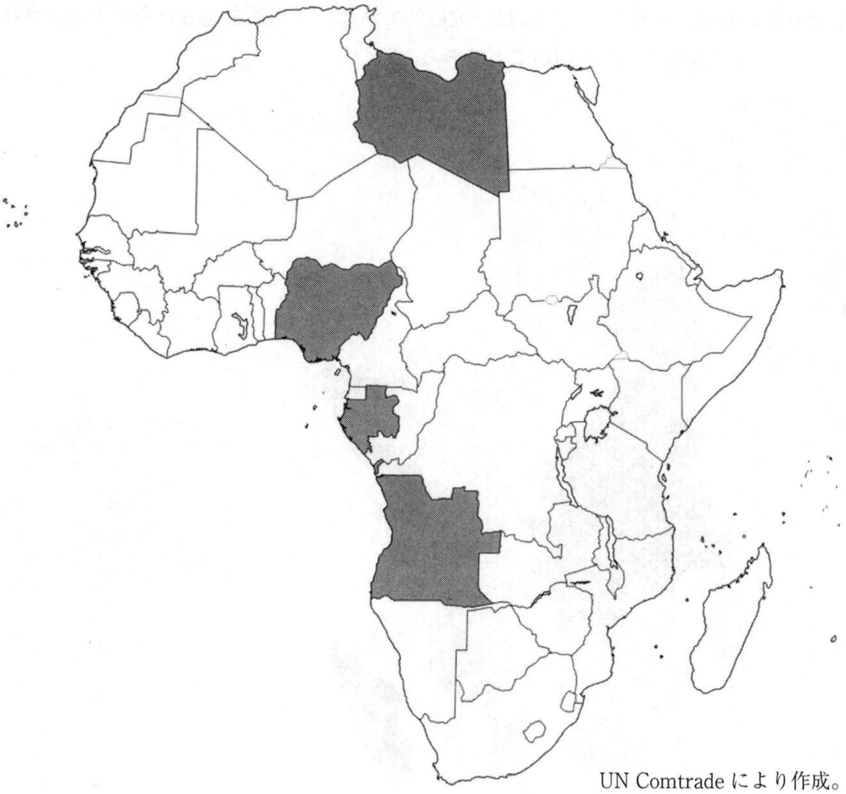

UN Comtradeにより作成。

図3

①　ダイヤモンド　　②　金　　③　原油　　④　銅

問6　図4は，アフリカの[注]栄養不足人口の割合(統計年次は2018～2020年)を示したものである。この図から読み取れることを説明したものとして最も適切なものを，下の①～④のうちから1つ選びなさい。ただし，「データなし」の地域については考えないものとする。［5］

注　国連食糧農業機関(FAO)によれば，栄養不足人口とは，健康的で活動的な生活を送るために十分な食物エネルギー量を継続的に入手することができない人口のことである。

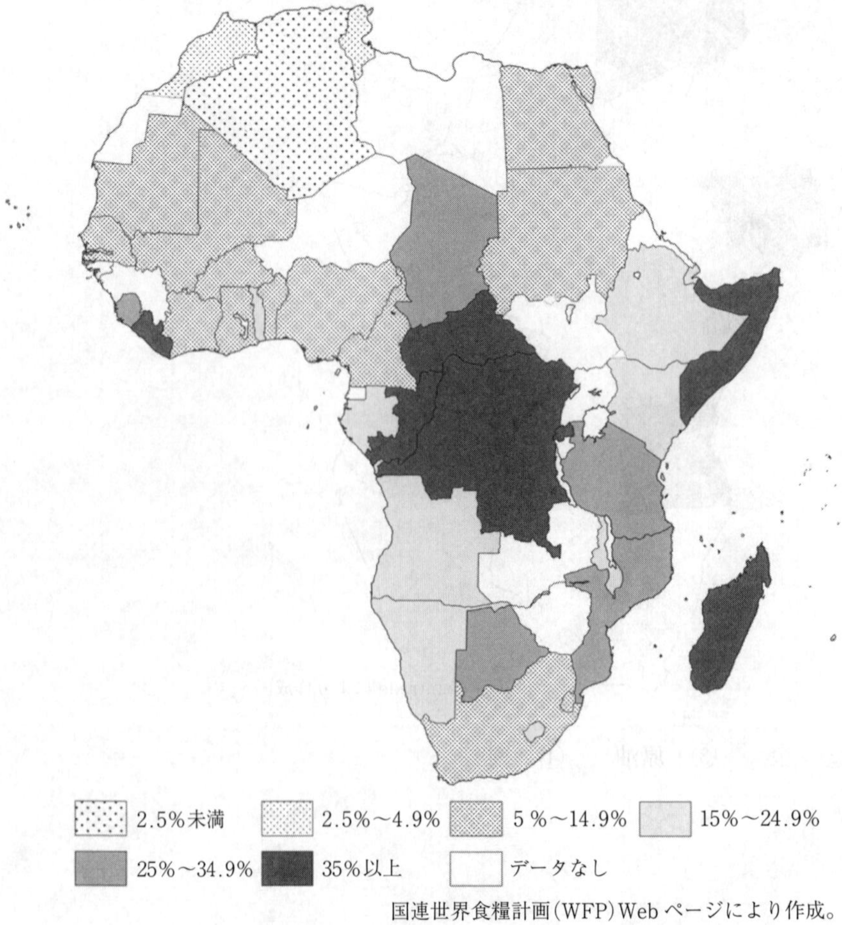

国連世界食糧計画(WFP)Webページにより作成。

図4

① サハラ砂漠が広がる地域は，栄養不足人口の割合が35％以上である。
② 熱帯雨林が広がる地域は，栄養不足人口の割合が15％～24.9％である。
③ 南半球に位置する地域は，栄養不足人口の割合が5％以上である。
④ 標高が2,000mを超える地域は，栄養不足人口の割合が2.5％未満である。

問7　次の写真と下の文章は，図1の か～け のいずれかの地域にみられるグレート・グリーン・ウォールのようすについて示したものである。グレート・グリーン・ウォールの対象となった地域を含むものとして適切なものを，後の①～④のうちから1つ選びなさい。[6]

> グレート・グリーン・ウォールとは，東西8,000キロメートルにおよぶ荒廃した地帯の緑地化計画のことである。2007年に始まったアフリカ主導の砂漠化の拡大防止のための施策であり，単に緑化するだけではなく，人々を結びつけ，荒廃した土地を回復させ，持続可能な開発を促進することを目的としている。「緑の長城」は2030年の完成を予定しており，荒廃していた1億ヘクタールの土地に植樹することで，2億5千万トンの炭素を吸収し，1千万人の新たな「緑の雇用」を創出すると推定されている。
>
> 国連砂漠化対処条約(UNCCD)Webページによる(一部改変)。

①　か　　②　き　　③　く　　④　け

2　京都府に関する次の問いに答えなさい。

問1　図1は京都府とその周辺について示したものである。Aの府県名を**漢字**で答えなさい。記述

注　一部の離島は省略してある。

図1

問2　世界遺産「古都京都の文化財」の一つである，天台宗総本山の延暦《りゃく》寺がある比叡《えい》山の位置を，図1の①～④のうちから1つ選びなさい。[7]

問3　次のページの3枚の図は，図1に示した[注]京都市左京区，木津川市，伊根町のいずれかの2020年の5歳ごとの年齢別人口構成を示したものである。図の あ～う にあてはまる市区町の組合せを，下の①～⑥のうちから1つ選びなさい。[8]

注　京都市左京区には，銀閣寺や平安神宮などの寺社のほか，京都大学や京都工芸繊維大学などの大学がある。木津川市は近年宅地開発が行われていて，大都市近郊のベッドタウンとなっている。伊根町は自然豊かな農山漁村で，舟屋の景観で広く知られている。

あ

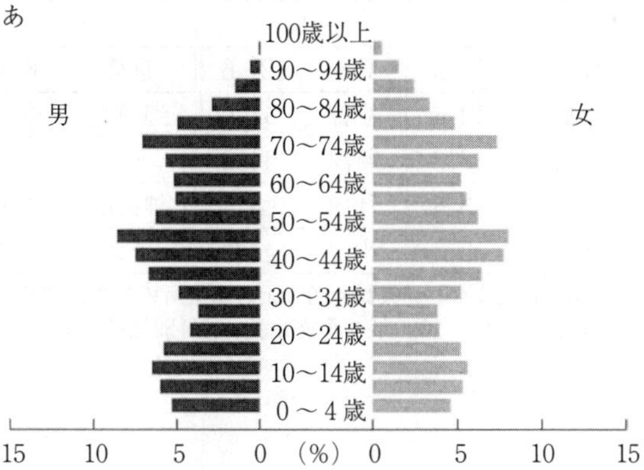

い

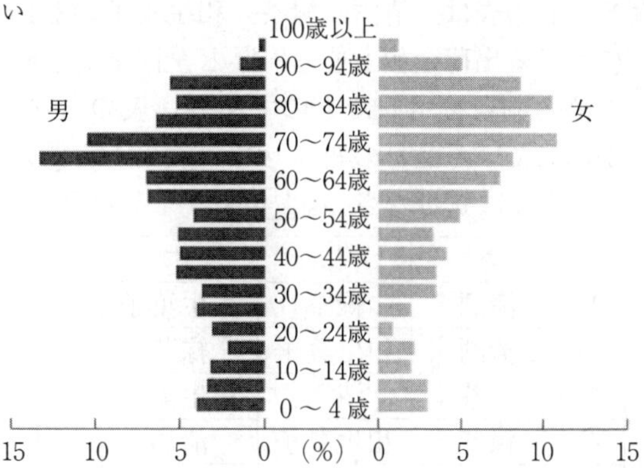

う

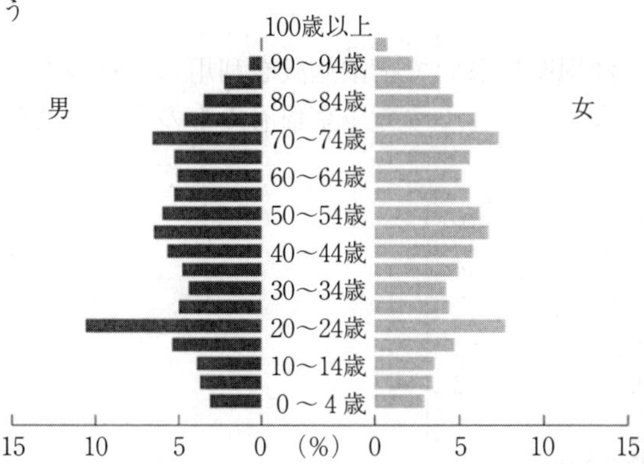

e-Statより作成。

	あ	い	う
①	京都市左京区	木津川市	伊根町
②	京都市左京区	伊根町	木津川市
③	木津川市	京都市左京区	伊根町
④	木津川市	伊根町	京都市左京区
⑤	伊根町	京都市左京区	木津川市
⑥	伊根町	木津川市	京都市左京区

問４　右の表は，2015年における京都府と図１のＢ～Ｄの府県に居住する就業者・通学者の就業先・通学先の府県別割合を示したものである。表の か～く にあてはまる府県の組合せを，次の①～⑥のうちから１つ選びなさい。 9

居住する府県	居住する府県内で就業・通学する人の割合(%)	他の府県に就業・通学する人の割合(%)			
		京都府	か	き	く
京都府	85.1		1.4	7.4	1.8
か	70.7	3.0		22.1	0.3
き	90.0	2.1	0.7		0.3
く	86.7	7.7	0.1	2.9	

e-Stat より作成。

	か	き	く
①	B	C	D
②	B	D	C
③	C	B	D
④	C	D	B
⑤	D	B	C
⑥	D	C	B

問5　右の表は，清酒，緑茶，和生菓子の2019年における出荷金額上位５府県と全国出荷金額に占める割合を示したものである。表の さ～す が示している品目の組合せを，次の①～⑥のうちから１つ選びなさい。 10

	さ	し	す
①	清酒	緑茶	和生菓子
②	清酒	和生菓子	緑茶
③	緑茶	清酒	和生菓子
④	緑茶	和生菓子	清酒
⑤	和生菓子	清酒	緑茶
⑥	和生菓子	緑茶	清酒

さ		し		す	
静岡	55.6	兵庫	21.6	京都	6.8
京都	13.4	京都	13.0	愛知	6.2
愛知	6.3	新潟	11.2	三重	4.8
福岡	3.8	秋田	4.4	神奈川	4.8
鹿児島	3.6	山口	4.2	千葉	4.7

数値の単位は％。従業員４名以上の事業所のものに限る。
経済産業省　2020年工業統計表・品目別統計表より作成。

問6　次の表は，2019年に京都府，東京都，福岡県，沖縄県において宿泊施設を利用した外国人の延べ宿泊者数を国籍(出身地)別に示したものである。表の①～④のうち，京都府のものを１つ選びなさい。 11

	韓国	中国	台湾	アメリカ合衆国
①	1,332	556	679	78
②	1,719	7,042	2,141	3,434
③	348	2,454	839	982
④	950	1,147	1,789	277

単位は千人泊。従業員10人以上の施設に限る。中国は台湾，香港を除く。
観光庁　宿泊旅行統計調査より作成。

問7　日本では，国にとって歴史上，芸術上，学術上価値の高い建造物，美術工芸品を有形文化財と呼び，そのうち重要なものを重要文化財に指定し，世界文化の見地から特に価値の高いものを国宝に指定して保護している。右の表は，2023年10月１日における京都府，東京都，大阪府，奈良県のいずれかにおける国宝および重要文化財の件数を示したものである。表の①～④のうち，京都府のものを１つ選びなさい。 12

都府県	国宝		重要文化財	
	美術工芸品	建造物	美術工芸品	建造物
①	142	64	1,067	267
②	57	5	582	101
③	289	2	2,761	88
④	185	52	1,911	301

注　重要文化財の件数には国宝の件数が含まれている。美術工芸品とは絵画，彫刻，工芸品，書跡・典籍，古文書，考古資料，歴史資料を指す。
文化庁 Webページ資料より作成。

問8　京都市の中心部では，東西方向と南北方向にのびる通りの名称を活用した住所表示が多く用いられ，それぞれの地点がわかりやすくなっている。京都の町のつくりを考慮して，右の①～④の地点のうち，住所が「烏丸《からすま》通二条上る」に該当するものを１つ選びなさい。
13

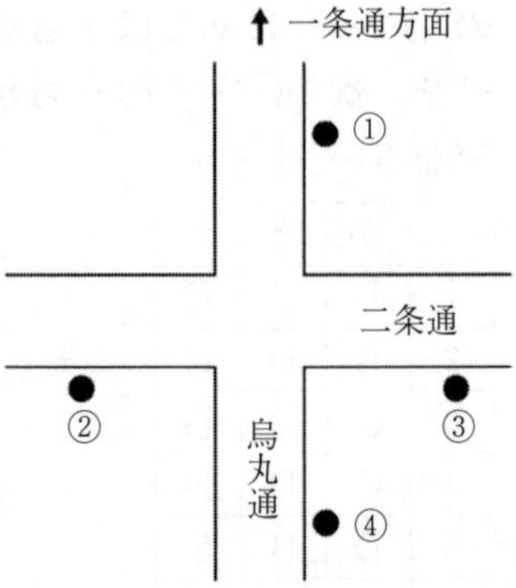

3 政党や戦後の日本の政党政治に関する次の問いに答えなさい。

問1 政党と政治制度に関する次の あ～う の説明の正誤の組合せとして適切なものを，下の①～⑧のうちから1つ選びなさい。[14]

あ 日本国憲法では，内閣総理大臣は衆議院の中で最も多くの議席を占める政党の中から選ばれると明記されている。

い 日本の衆議院で最も多くの議席を占める政党と参議院で最も多くの議席を占める政党は，異なることがあり得る。

う 大統領制のもとで，大統領が政党に所属している場合，その政党は議会で最も多くの議席を占める政党と一致するとは限らない。

	①	②	③	④	⑤	⑥	⑦	⑧
あ	正	正	正	正	誤	誤	誤	誤
い	正	正	誤	誤	正	正	誤	誤
う	正	誤	正	誤	正	誤	正	誤

問2 日本の政党に関する記述として最も適切なものを，次の①～④のうちから1つ選びなさい。
[15]

① 政党に対しては政党助成法に基づいて政党交付金が給付されていたが，その使途が問題視され，2023年に廃止された。

② 政党に対する献金は法律で禁止されているため，政治家は企業や団体から直接献金を受け取ることによって政治活動を行っている。

③ 衆議院議員選挙では，各政党は政策の目標数値や達成期限などが明示された選挙公約を選挙前に有権者に公示することが，法律で義務づけられている。

④ 参議院議員選挙の比例代表制では，政党は特定枠制度を使い優先的に当選させたい候補者を順位を決めて名簿に記載することで，特定枠の候補者を優先的に当選させることができる。

問3 次の年表のA～Cには，Ⅰ～Ⅲのいずれかが入る。この年表において，日本で自由民主党が結党された時期として適切なものを，次の①～④のうちから1つ選びなさい。[16]

年表

	⇦①
【 A 】	
⬇	⇦②
【 B 】	
⬇	⇦③
【 C 】	
	⇦④

Ⅰ サンフランシスコ平和条約が結ばれる。
Ⅱ 安保闘争が起こる。
Ⅲ 朝鮮戦争が勃発する。

問4 1993年には，戦後の日本の政党政治の大きな転換が起きた。次のページの1993年7月に日本で行われた衆議院議員選挙後の議員の所属政党の比率を示したグラフと，この選挙の結果成立した内閣の内閣総理大臣の組合せとして適切なものを，後の①～⑥のうちから1つ選びなさい。[17]

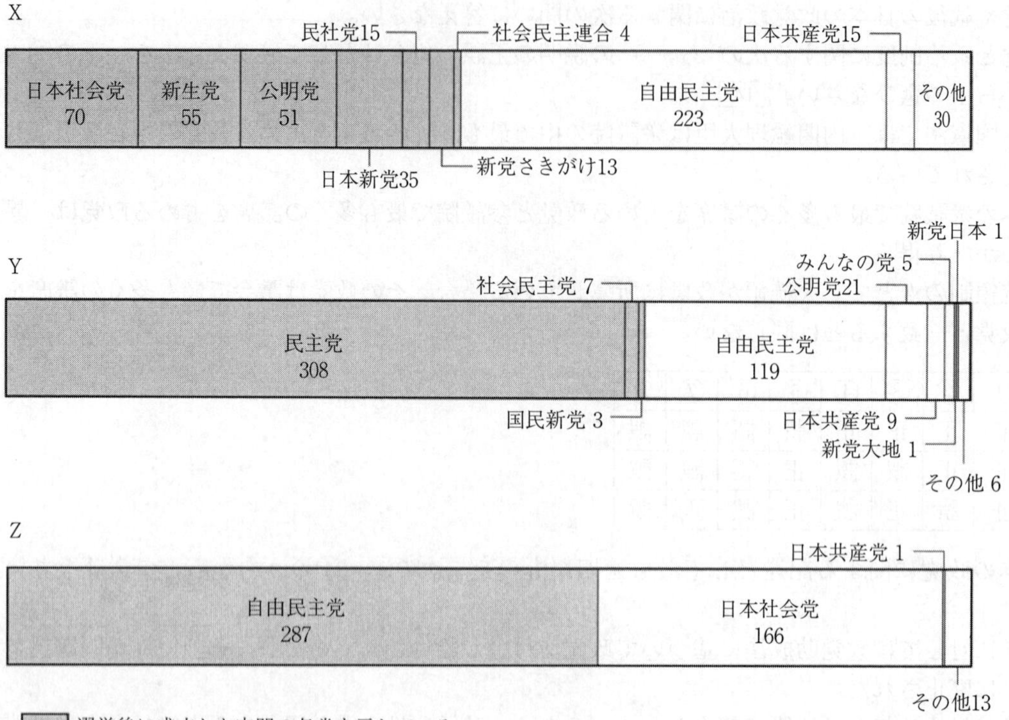

選挙後に成立した内閣の与党を示している。

注　数値は議席数を示している。　　　　総務省 Webページより作成。

	グラフ	内閣総理大臣
①	X	細川護熙《もりひろ》
②	X	鳩《はと》山由紀夫
③	Y	細川護熙
④	Y	鳩山由紀夫
⑤	Z	細川護熙
⑥	Z	鳩山由紀夫

問5　1994年に行われた選挙制度改革では，衆議院の選挙制度が小選挙区比例代表並立制へ移行した。これに関連して，大選挙区制(中選挙区制)から小選挙区制に変更するメリットと，この選挙制度改革によって期待されたことの組合せとして最も適切なものを，次の①～④のうちから1つ選びなさい。 18

	メリット	期待されたこと
①	死票が少なくなり，有権者の意見がより国会に反映されること。	政権交代可能な二大政党制を実現すること。
②	死票が少なくなり，有権者の意見がより国会に反映されること。	衆議院議員に占める女性の割合を高め，男女平等を実現すること。
③	大政党に有利に働くため，政治が安定すること。	政権交代可能な二大政党制を実現すること。
④	大政党に有利に働くため，政治が安定すること。	衆議院議員に占める女性の割合を高め，男女平等を実現すること。

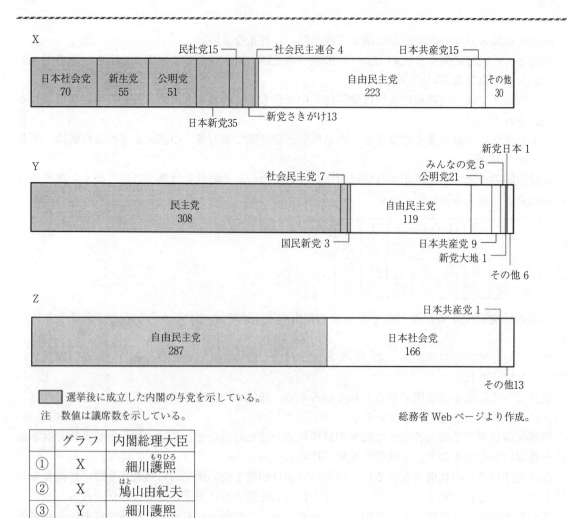

問6　選挙制度改革を背景として，小泉純一郎内閣や安倍晋《しん》三内閣は比較的長期にわたり政権を維持したといわれている。小泉内閣及び安倍内閣のときに行われた施策をまとめた次の表を見て，これらの内閣のときに起きた出来事や施策に関する説明として最も適切なものを，下の①～④のうちから1つ選びなさい。[19]

小泉内閣	歴代首相として初めて北朝鮮を訪問
	イラク人道復興支援特別措置法の制定
安倍内閣	安全保障関連法の制定
	特定秘密保護法の制定

①　小泉内閣のときに首相が自ら北朝鮮を訪問し，国交を正常化させた。

②　小泉内閣はイラク人道復興支援特別措置法を制定し，自衛隊を戦闘地域へ派遣できるように法律を変え，イラクでは自衛隊は最前線でアメリカとともに武力の行使を行った。

③　安倍内閣のもとで集団的自衛権の行使を限定的に認める閣議決定が行われ，これに伴い安全保障関連法が制定された。

④　安倍内閣のもとで特定秘密保護法が制定され，日本が有する安全保障に関する情報について国民が請求した際には，国は開示することが義務づけられた。

4　次の文章を読んで，後の問いに答えなさい。

私たちは家計としての立場から財やサービスを消費し，日々の生活を営んでいる。その際，賢い消費者として経済に関わることが大事である。1960年代，企業の経済活動によって消費者が被害を被る，いわゆる「消費者問題」が日米両国において深刻化した。アメリカでは1962年に(ア)ケネディ大統領が「消費者の四つの権利」を掲げたことにより，世界各国での消費者保護政策に影響を与えた。日本でも消費者問題は時代の変化とともに様々な形であらわれてきており，問題解決のために政府は様々な法律で(イ)消費者を守るための制度を作ってきた。もちろん私たち自身もただ保護されることだけでよしとせず，(ウ)消費者としての意識を変えていかなければならない。それこそが真の意味での賢い消費者である。また，消費者としては自分の消費行動だけではなく，購入する製品を生産している(エ)企業の活動と，それによって引き起こされる(オ)環境問題についても意識したい。

これらの意識や課題解決については(カ)持続可能な開発目標(SDGs)にも多く取り入れられている。

問1　下線部(ア)について，「消費者の四つの権利」として**不適切なもの**を，次の①～④のうちから1つ選びなさい。[20]

①　安全を求める権利　　②　消費者教育を受ける権利

③　選択する権利　　④　意見を反映させる権利

問2　下線部(イ)について，消費者問題に対応するための諸制度に関する説明として最も適切なものを，次の①～④のうちから1つ選びなさい。[21]

①　消費者契約法において，契約締結から5年以内で，違法と気づいてから1年以内であれば契約を取り消すことができる。

②　製造物責任法は，製品の欠陥によって当該の製品が故障した場合の企業の責任について定めた法律である。

③　クーリング・オフ制度とは訪問販売や電話勧誘，インターネット通販などで商品を購入した場合，購入後8日以内であれば購入者が無条件で契約を破棄できるものである。

④　消費者の権利を明確にした消費者基本法は2004年に改正され，国や地方公共団体が消費者の受けた被害を救済するという考え方に基づく消費者保護基本法になった。

問3　下線部(ウ)に関する次の あ～う の文章の正誤の組合せとして適切なものを，下の①～⑧のうちから１つ選びなさい。22

あ　エシカル消費とは，消費者それぞれが各自にとっての社会的課題の解決を考慮したり，そうした課題に取り組む事業者を応援しながら消費活動を行うことである。

い　３Rとは廃棄物を減らすための事業者及び消費者それぞれの取り組みであり，使えるものを繰り返し使うリユース(Reuse)，ゴミを資源として活用するリサイクル(Recycle)，一人ひとりが購入せずに借りることで資源使用量を控えるレンタル(Rental)の頭文字から名付けられている。

う　契約の一種である「商品を買う」という行為について，民法の改正によって成人年齢が18歳に引き下げられたことから，学生であっても18歳であれば保護者の同意がなくとも売買の契約を締結することが可能になった。

	①	②	③	④	⑤	⑥	⑦	⑧
あ	正	正	正	正	誤	誤	誤	誤
い	正	正	誤	誤	正	正	誤	誤
う	正	誤	正	誤	正	誤	正	誤

問４　下線部(エ)に関連して，企業には法令を守り必要な情報を公開することだけではなく，教育や文化的活動の支援，環境保護など社会に対して積極的に貢献することが求められている。このような企業のあり方に関する考え方を何と呼ぶか，その略称を**アルファベット３字**で答えなさい。記述

問５　下線部(オ)についての説明として最も適切なものを，次の①～④のうちから１つ選びなさい。23

①　人類の経済活動に伴い排出された二酸化炭素がオゾン層を破壊することにより地球温暖化が深刻化した。

②　温暖化による異常気象により予測できない豪雨が世界各地で増えた結果として，太平洋の島国であるツバルが雨によって水没する危険が指摘されている。

③　排出されたフロンガスが酸性雨を発生させ，ドイツなどでは大規模な森林の立ち枯れなどの問題が発生した。

④　ゴミとして排出されたプラスティックは自然界では分解されないため，特に回収が困難な直径５mm 以下のマイクロプラスティックが海洋の生態系に影響を与えている。

問６　下線部(カ)に関する次の か～く の説明の正誤の組合せとして適切なものを，下の①～⑧のうちから１つ選びなさい。24

か　SDGsは2015年の国連サミットにおいて，全ての国連加盟国が賛成して採択された。

き　SDGsは2030年までに達成することを目指した17の目標を挙げている。

く　SDGsは持続可能な開発を実現するために，先進国が途上国に対して支援すべき169のターゲットが示されている。

	①	②	③	④	⑤	⑥	⑦	⑧
か	正	正	正	正	誤	誤	誤	誤
き	正	正	誤	誤	正	正	誤	誤
く	正	誤	正	誤	正	誤	正	誤

5　次の文章を読んで，後の問いに答えなさい。

仏教をはじめとした宗教は，日本の政治や社会，文化に大きな影響を与えた。仏教の伝来については諸説あるが，現在のところ朝鮮半島から【 あ 】世紀に伝わったとの考えが有力である。その後，日本で最初の仏教文化である飛鳥《あすか》文化が栄えた。奈良時代になると，(ア)仏教は政治と密接に関わり国の政策にも大きな影響を与えた。桓《かん》武天皇は，仏教勢力の政治への介入を嫌い，平城京から長岡京，さ

らに平安京へ都を移した。

平安時代後期になると，上皇や貴族だけでなく寺社も荘園を持つようになった。荘園が増加するなかで，土地の権利や境界をめぐる争いが多発した。荘園領主となった寺社は，争いが起こると，僧兵を出動させ自らの要求を通そうとした。朝廷は(イ)武士を動員して，このような動きを抑えようとした。

鎌倉時代には，戦乱や飢饉《きん》，災害が相次いだ。そのため，救いを求める人々にこたえる新しい仏教が起こった。これらの仏教のうち禅宗は，鎌倉幕府や室町幕府の保護を受け，その結果，(ウ)禅僧は政治や外交，文化に大きな影響を与えた。応仁の乱後，浄土真宗(一向宗)が盛んだった(エ)加賀国では，信者が団結して一向一揆《き》を起こすと守護大名を倒し100年近く自治を行った。

戦国時代には，イエズス会の宣教師フランシスコ＝ザビエルが来日し，キリスト教が西日本を中心に急速に広まった。戦国大名のなかにも，貿易の利益を期待し，キリスト教の信者となるものも現れた。江戸時代になると，幕府は(オ)キリスト教を禁止し，貿易の統制を強めたりした。

明治新政府は，江戸幕府同様，キリスト教を禁止する高札を掲げた。しかし，欧米諸国との間で外交問題が起こると，政府はこの高札を撤去した。その後，(カ)大日本帝国憲法では信教の自由について規定された。

問１　【あ】にあてはまる数字を，次の①～④のうちから１つ選びなさい。 25

①　2　　②　4　　③　6　　④　8

問２　下線部(ア)に関する次の資料(部分要約)について，(1)および(2)に答えなさい。

> [注1]朕は徳の薄い身でありながら，かたじけなくも天皇の位をうけつぎ，その志は広く人民を救うことにあり，努めて人々をいつくしんできた。国土の果てまで，すでに思いやりとなさけ深さの恩恵をうけているけれども，天下のもの一切がすべて仏の法恩に浴しているとはいえない。そこで本当に仏・法・僧の威光と霊力に頼って，天地共に安泰になり，将来にわたる幸せを願う事業を行なって，生きとし生けるもの悉《ことごと》く栄えんことを望むものである。
>
> ここに……[注2]盧舎那《るしゃな》仏の金銅像一体をお造りすることとする。国中の銅を尽くして像を鋳造し，大きな山を削って仏堂を構築し，広く全世界に仏法をひろめ，人々を自分の仏道修行の同志としたい。
>
> 天下の富を所持する者は朕である。天下の権勢を所持する者も朕である。この富と権勢をもってすれば，この大仏を造ることは，大事業であっても容易になしとげることができるであろう。しかし，こうした富と勢力にまかせて造るというやり方をするならば，かえって造像の精神に沿わないものとなるであろう。……もし更に一枝の草や一握りの土のような僅かなものでもささげて，この造仏の仕事に協力したいと願う者があれば，欲するままにこれを許そう。国・郡などの役人はこの造仏のために，人民のくらしを侵し困らせ，無理に物資を取り立てたりすることがあってはならぬ。国内の遠近にかかわらず，あまねくこの詔を布告して，朕の意向を知らしめよ。
>
> 注１　天皇や国王の自称。
>
> 注２　全宇宙をあまねく照らす仏。華厳経の本尊。

(1)　資料から読み取れる内容として最も適切なものを，次の①～④のうちから１つ選びなさい。

26

①　この資料では，大仏を造ることは大事業であるが，人民のくらしを侵し困らせ，無理に物資を取り立てたりすることがあってはならないと命じている。

②　この資料には，天皇の位を受けついで人々をいつくしんできた自分の子孫が皇位につけることを願って，盧舎那仏を造りたいと記されている。

③　この資料では，国中の銅を尽くして像を鋳造しているが，銅が不足しているので，人民に一握りの土のような，わずかな銅でも探すことを命じている。

④　この資料には，天皇自身の富と権勢によって大仏を造るやり方をするならば，速やかに大仏を完成でき，造像の精神に沿うことができると記されている。

(2)　資料に記された事業に関係した人物として最も適切なものを，次の①～④のうちから１つ選びなさい。27

①　空海　　②　運慶　　③　重源　　④　行基

問３　下線部(イ)に関する説明として最も適切なものを，次の①～④のうちから１つ選びなさい。28

①　源頼朝が征夷《い》大将軍に任じられたのは，北関東で平将門が，瀬戸内地方で藤原純友が大きな反乱を起こしてから約100年後のことだった。

②　後鳥羽上皇が幕府を倒すため兵をあげたのは，源頼朝が征夷大将軍に任じられてから約50年後のことだった。

③　御家人の権利や義務，裁判の基準などをまとめた御成敗式目が定められたのは，後鳥羽上皇が幕府を倒すため兵をあげてから約10年後のことだった。

④　新田義貞・足利尊氏などによって鎌倉幕府が滅ぼされたのは，元と高麗の軍が初めて九州北部に攻め込んだ約30年後のことだった。

問４　下線部(ウ)によって次の絵画が描かれた時期に関する説明として最も適切なものを，下の①～④のうちから１つ選びなさい。29

①　この絵画が描かれた時期には，妙喜庵《あん》待庵が造られ，小さな茶室で質素な風情を工夫して楽しむわび茶が完成された。

②　この絵画が描かれた時期には，陶磁器や掛軸などをかざる床の間を設ける書院造が生まれた。

③　この絵画が描かれた時期には，浮世絵が盛んになり，ゴッホやモネなどのヨーロッパの画家に大きな影響を与えた。

④　この絵画が描かれた時期には，村や寺社などで民衆によって行われていた猿楽・田楽などをもとにした能が大成された。

問5　下線部(エ)の範囲として適切なものを，次の略地図の①～④のうちから1つ選びなさい。30

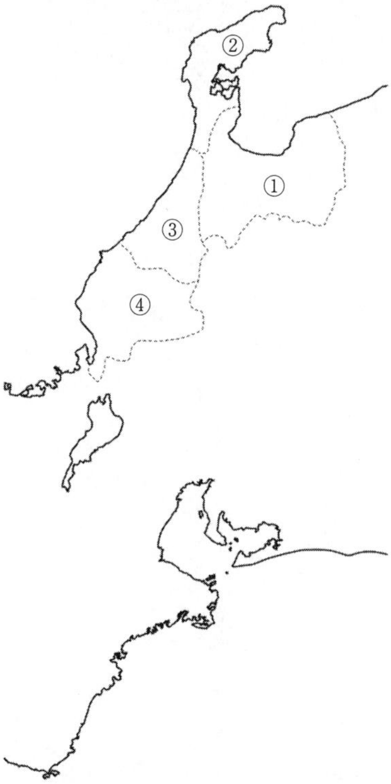

問6　下線部(オ)に関する次の(1)および(2)に答えなさい。

(1)　戦国時代から江戸時代にかけて支配者は，海外渡航や領地給付，貿易許可などのために次のような文書を発した。このような形式の文書を何とよぶか，**漢字3字**で答えなさい。記述

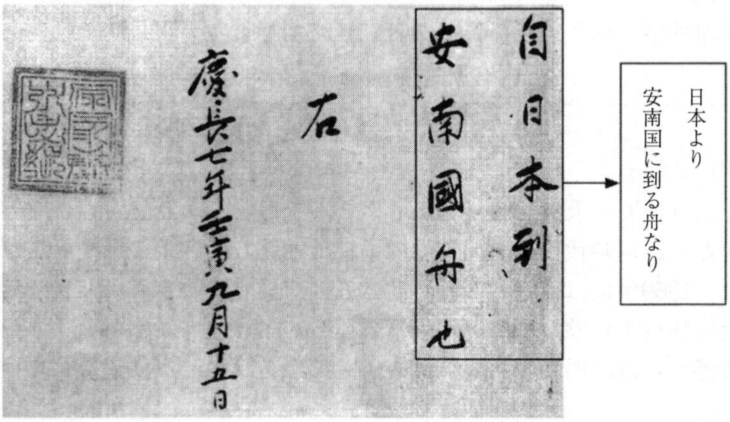

(2)　次のページの年表は，江戸時代初期の幕府の対外政策に関する出来事を古い順に並べたものである。下のⅠ～Ⅲの出来事は，年表中の【A】～【C】のいずれかにあてはまる。【A】～【C】とⅠ～Ⅲの組合せとして適切なものを，後の①～⑥のうちから1つ選びなさい。31

将軍	年号	出来事
秀忠		幕府がオランダとの貿易を許可する。
	1612	【　A　】
		幕府がイギリスとの貿易を許可する。
		ヨーロッパ船の来航地を長崎と平戸に制限する。
		イギリスが平戸の商館を閉じる。
家光		スペイン船の来航を禁止する。
		【　B　】
	1637	島原・天草一揆が起こる。
		【　C　】
		平戸のオランダ商館を出島に移す。

注　年号を一部省略してある。

Ⅰ　ポルトガル船の来航を禁止する。
Ⅱ　幕府領にキリスト教の禁教令を出す。
Ⅲ　日本人の海外渡航・帰国を禁止する。

	A	B	C
①	Ⅰ	Ⅱ	Ⅲ
②	Ⅰ	Ⅲ	Ⅱ
③	Ⅱ	Ⅰ	Ⅲ
④	Ⅱ	Ⅲ	Ⅰ
⑤	Ⅲ	Ⅰ	Ⅱ
⑥	Ⅲ	Ⅱ	Ⅰ

問7　下線部(カ)の次の条文の【X】にあてはまる語句を**漢字2字**で答えなさい。記述

第二十八条　日本【 X 】ハ安寧秩序ヲ妨ケス及【 X 】タルノ義務ニ背カサル限ニ於《おい》テ信教ノ自由ヲ有ス

6　次の文章を読んで，後の問いに答えなさい。

福井県敦《つる》賀市は，荒波の影響を受けにくい天然の良港である敦賀港を擁しており，古くからほかの地域との交流拠点として栄えてきた。江戸時代には，北前船の中継地となり，各地の米や産物が盛んに取り扱われてにぎわいを見せた。1869年には琵琶《びわ》湖・敦賀間の(ア)鉄道建設が決定され，1882年に日本海側初の線路が敦賀に敷かれた。1912年に欧亜国際連絡列車の運行が始まり，新橋(東京)・金ヶ崎(敦賀)間を直通列車が走り，敦賀港から連絡船で【 あ 】へ渡り，そこからシベリア鉄道などを経由して(イ)パリまで行く路線が確立された。

(ウ)ロシア革命の際には，混乱の中で家族を失ったポーランドの子どもたちが日本赤十字社などの活動により救済され，敦賀港に上陸した。1940～41年には，ナチス・ドイツの迫害等から逃れてきた(エ)ユダヤ人難民が(オ)リトアニアの日本領事館で領事代理を務めていた【 A 】が発給したビザを携え，リトアニアから【 あ 】を経て敦賀港に迎えられた。このような歴史をふまえて，敦賀市は「人道の港」としての観光開発に力を入れている。

問1　【あ】にあてはまる都市として適切なものを，次の①～④のうちから1つ選びなさい。32

①　上海　②　モスクワ　③　釜山　④　ウラジオストク

問2　下線部(ア)に関する次の説明文の【か】と【き】にあてはまる語句の組合せを，下の①～④のうちか

ら１つ選びなさい。[33]

> 新橋・横浜間に日本で初めて鉄道が開通すると，その後全国的に鉄道網が広がった。【 か 】後には，軍事輸送などの目的から主要な鉄道が【 き 】化された。

① か－日清戦争　き－国有　② か－日清戦争　き－民営
③ か－日露戦争　き－国有　④ か－日露戦争　き－民営

問３　下線部(イ)およびその郊外における出来事として**不適切なもの**を，次の①～④のうちから１つ選びなさい。[34]

① フランス革命の際には，圧政の象徴とされたバスチーユ牢《ろう》獄が民衆によって襲撃された。
② 国際紛争を平和的に解決する世界初の組織である国際連盟の本部が置かれた。
③ フランスに勝利したプロイセンの国王が，ベルサイユ宮殿でドイツ皇帝に即位した。
④ 第一次世界大戦終結後，戦勝国とドイツなどの敗戦国との講和条件を話し合う会議が開かれた。

問４　下線部(ウ)に関連する次の資料(一部改変)について，この資料から読み取れることとして最も適切なものを，下の①～④のうちから１つ選びなさい。[35]

> すべての交戦諸民族とその政府に対して，公正で民主的な講和についての交渉を即時に開始することを提議する。……政府がこのような講和とみなしているのは，無併合，無賠償の即時の講和である。
>
> 政府が併合または他国の土地の略奪と理解しているのは，民主主義一般，とくに勤労者階級の法意識に従って，弱小民族が同意または希望を正確に，明白に，自由意志で表明していないのに，強大な国家が弱小民族を統合することである。その際，その強制的な統合がいつ行われたか，また強制的に統合される，あるいは強国の領域内に強制的にひきとめられる民族がどれだけ発展しているか遅れているかにはかかわりない。さらに，その民族がヨーロッパに住んでいるか，遠い海外諸国に住んでいるかにもかかわりない。……
>
> 政府は秘密外交を廃止し，自らすべての交渉を全人民の前で，完全に公然と行う確固たる意向を表明し，1917年２月から10月25日までに地主と資本家の政府によって確認または締結された秘密条約の，完全な公開にただちに着手する。……

① 発展が遅れている民族は，強大な国家に併合されるべきである。
② 交戦国は一刻も早く戦争を終結させて講和を結び，敗戦国は戦勝国に対して賠償金を支払うべきである。
③ 条約を締結する際には，他国やその国の人々に公開せずに交渉するべきである。
④ ヨーロッパだけでなくその他の地域の民族も，その希望や意志が尊重されるべきである。

問５　下線部(エ)に関連して，ユダヤ教の聖地「嘆きの壁」が位置する場所を，次のページの略地図中の①～④のうちから１つ選びなさい。[36]

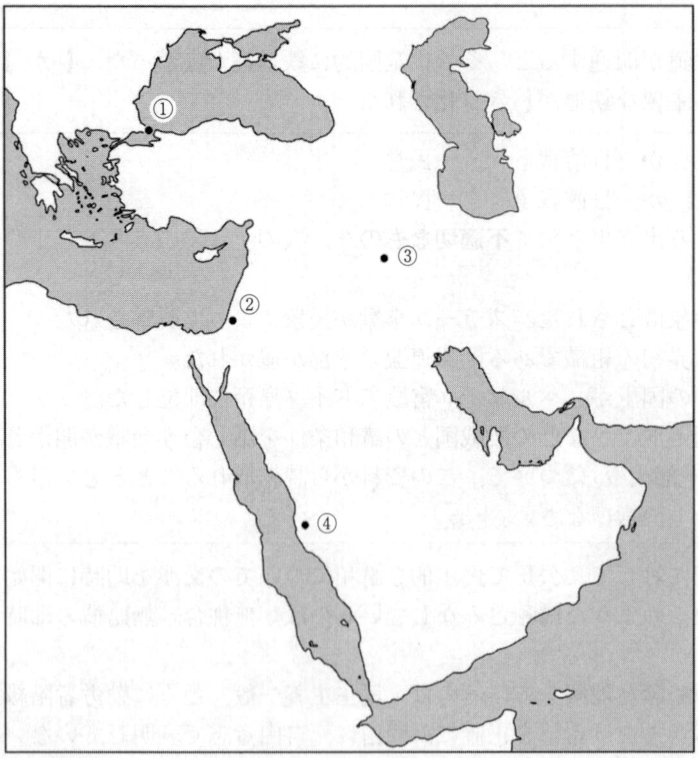

問6　【A】にあてはまる人物を**漢字4字**で答えなさい。記述

問7　下線部(オ)は，ソ連を構成していた共和国の一つである。ソ連が解体した後の出来事を次のX～Zからすべて選んだとき，その選び方として適切なものを，下の①～⑧のうちから1つ選びなさい。 37

X　地中海のマルタ島で，冷戦の終結が宣言された。

Y　ヨーロッパ連合(EU)が，東ヨーロッパに拡大した。

Z　「ベルリンの壁」が取り壊され，その後東西ドイツが統一された。

①　XとYとZ　②　XとY　③　XとZ　④　YとZ

⑤　X　⑥　Y　⑦　Z　⑧　該当するものはない

【理　科】（50分）〈満点：100点〉

（注意）　1．この問題にはマーク式解答の問いと記述式解答の問いが含まれています。

2．解答番号 1 ～ 47 の問いは，答えをマークシートの各解答番号のうちから１つ選んでマークしなさい。

3．記述の印がある問いの解答は，マークシートの裏面の指定された解答欄に記入しなさい。

1　次の〔Ⅰ〕，〔Ⅱ〕を読み，後の(1)～(5)の問いに答えなさい。

〔Ⅰ〕 太郎さんは火山について興味を持ち，マグマのねばりけが小さい火山Ｐと，マグマのねばりけが大きい火山Ｑの火山灰を観察しスケッチした。

(1) 次の図は太郎さんが観察した火山灰のスケッチである。火山Ｐの火山灰のスケッチはどちらか。また，そのように判断できる理由を選べ。さらに，火山Ｐの噴火の様子はどのようであったと考えられるか。

【スケッチ】 1

①　　　　　　　　②

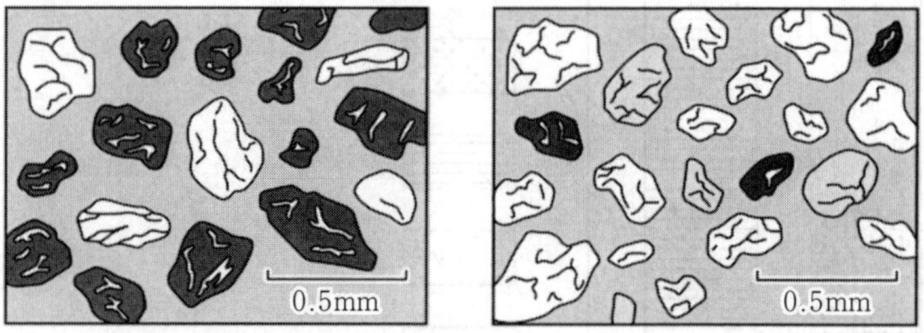

主に観察される鉱物は
長石《ちょうせき》，輝石《きせき》

主に観察される鉱物は
長石，角閃石《かくせんせき》，石英《せきえい》

【理由】 2

① 黒っぽい鉱物より白っぽい鉱物の割合が大きいため
② 白っぽい鉱物より黒っぽい鉱物の割合が大きいため
③ 鉱物に角ばっているものが多いため
④ 鉱物に丸みをおびているものが多いため

【噴火の様子】 3

① おだやかな噴火
② 爆発的な噴火

(2) 火山Ｑのようなマグマのねばりけが大きい火山が噴火し，高温の火山灰や火山ガス，火山由来の岩石などが高速で流れくだる現象を何というか。**漢字**で答えよ。記述

〔Ⅱ〕 次のページの図１はある地域の地形図である。次のページの図２は図１中の地点Ａ～Ｄにおける地層の重なりを表す柱状図である。この地域の地層にはしゅう曲や断層がなく，同じ厚さで同一方向に傾いていた。柱状図中の凝灰岩はすべて同じ時期に堆積したものである。

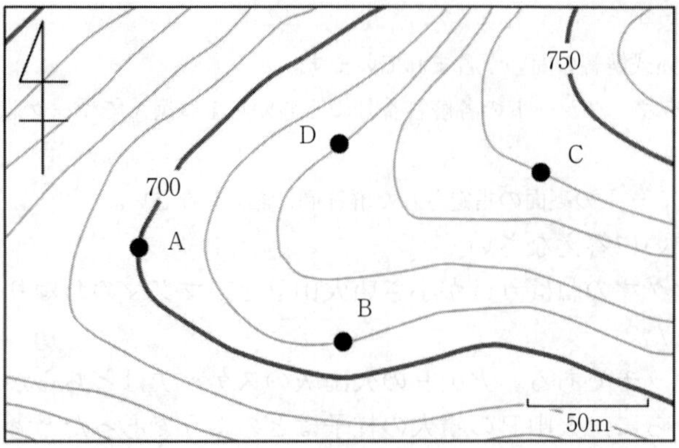

図1

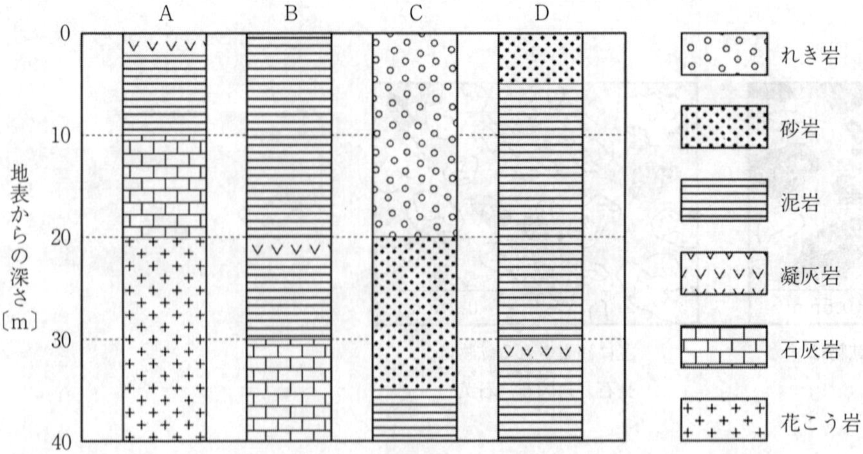

図2

(3)　この地域の地層はある方向に向かって低くなっていた。その方向はどれか。 4

①　東　　②　西　　③　南　　④　北

(4)　地点Cでは，地表から真下に何mのところで石灰岩の地層と花こう岩の地層の境界に到達するか。

5

①　40　　②　50　　③　60
④　70　　⑤　80　　⑥　90

(5)　図3は石灰岩のスケッチであり，石灰岩は生物の死がいが集まってできていた。この生物は何か。また，石灰岩が堆積した年代はどれか。

【生物】 6

①　アンモナイト　　②　サンヨウチュウ
③　フズリナ　　　　④　サンゴ
⑤　ビカリア

【年代】 7

①　古生代　　②　中生代　　③　新生代

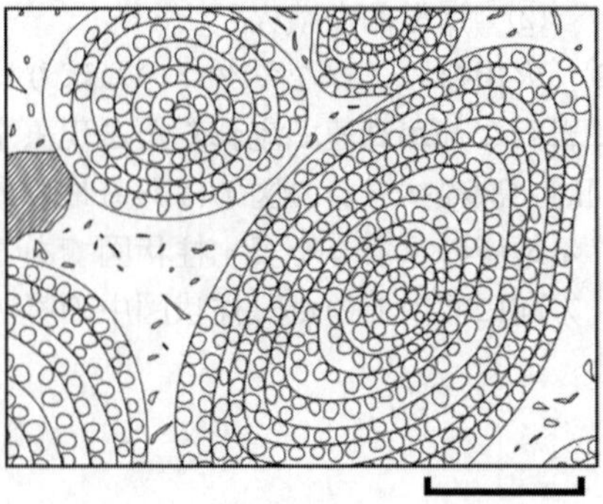

図3

2　図1のように，容積500cm^3の丸底フラスコに300ｇの砕いた氷を入れて加熱した。加熱には，時間あたりに一定の熱量を加えることができる加熱装置を用いた。

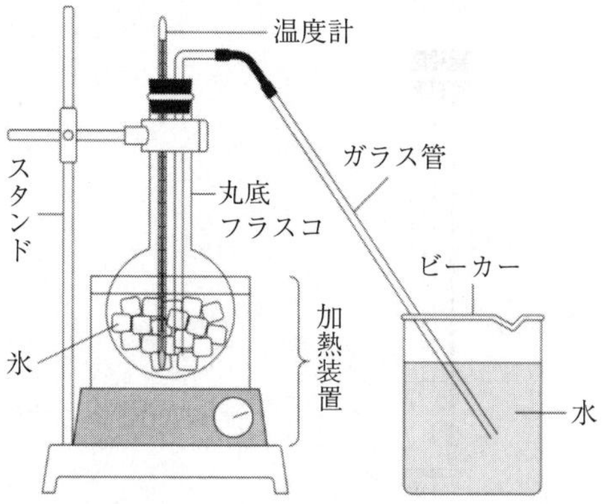

図1

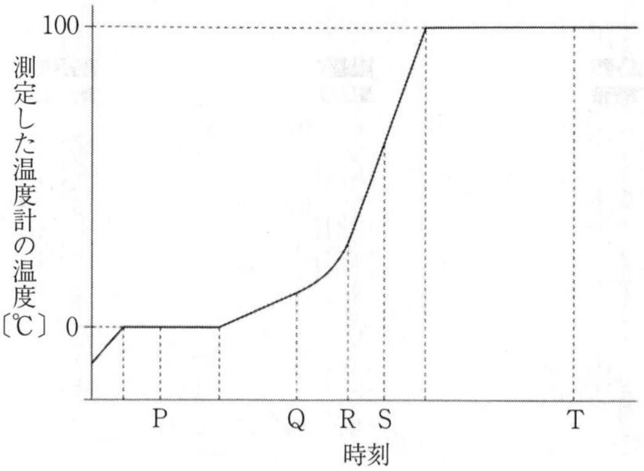

図2

図2は実験をしている際の加熱時間と温度計の温度変化の様子を示していて，図中Ｐ～Ｔは実験中の時刻を示している。

温度０℃で氷がとけはじめた。

時刻Ｑ～Ｒで，ア丸底フラスコ内の水がビーカーに流れ出た。

時刻Ｒのとき，水の移動はおさまった。

時刻Ｒ～Ｓで，イビーカーの中のガラス管の先から気泡がたくさん出てきた。ウこの間の４分間で20℃の温度上昇があった。

時刻Ｓ以降，ビーカーの中のガラス管の先から気泡はみられなくなった。しばらくすると，丸底フラスコ内の水が沸き立ってきた。

時刻Ｔのとき，ガラス管をビーカーから出すと，エガラス管の先から白い湯気が出てきた。

次の(1)～(6)の問いに答えなさい。

(1)　図3は時刻Ｐのときの丸底フラスコの様子である。このときの水面の高さをＸとする。完全に氷がとけ，０℃の水になったとき，水面の高さはどのようになるか。 8

①　Ｘより高くなる

②　Ｘと同じ高さ

③　Ｘより低くなる

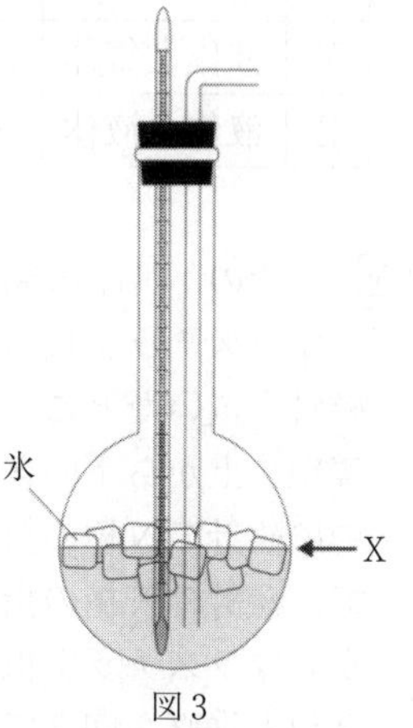

図3

(2)　下線部アについて，丸底フラスコ内の水がビーカーに流れ出た理由として正しいものを選べ。 9

①　温められた水の体積が大きくなり，水が押し出されたから。

②　丸底フラスコが温められて丸底フラスコの容積が小さくなったため，水が押し出されたから。

③　丸底フラスコ内の空気が温められて圧力が上がり，水が押し出されたから。

④　ガラス管が温められ，ガラス管が膨張することで水を吸い上げたから。

(3)　時刻Ｒで水の移動がおさまった時点でのフラスコの様子を選べ。10

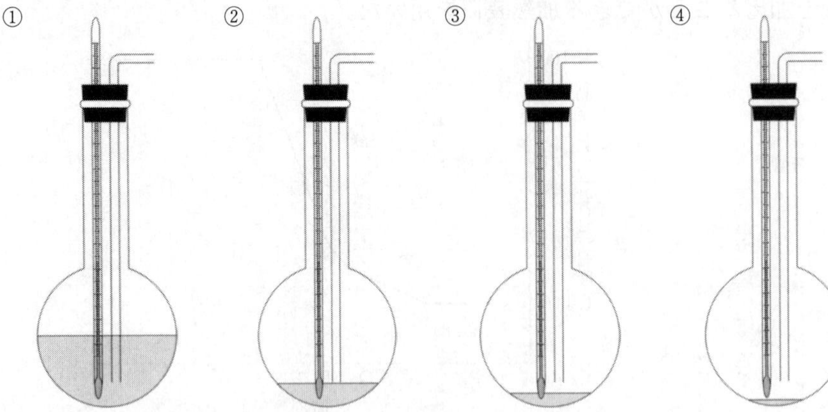

(4)　下線部イのときガラス管の先から出てきた気泡は何か。11

①　丸底フラスコの中の空気　　②　丸底フラスコの周りの空気
③　温められた水が変化した水蒸気　　④　ビーカーの中の水が変化した水蒸気

(5)　下線部ウの温度変化を参考にして，時刻Ｑ～Ｒでの水の移動がどれだけだったかを求めたい。同じ加熱装置を用いて100ｇの水を温めた。この実験では水の移動は無く，10℃から60℃の温度変化までに５分かかった。時刻Ｑ～Ｒでおこった水の移動は何ｇか。なお，水の温度上昇は，加熱した時間に比例し，水の量に反比例する。12

①　10ｇ　②　20ｇ　③　50ｇ　④　80ｇ　⑤　100ｇ

(6)　図４のＹは，下線部エでのガラス管から出た湯気の様子を示しているが，Ｚの部分に湯気はみられなかった。ＹとＺの水の状態の組合せとして正しいものはどれか。13

	①	②	③	④	⑤	⑥
Ｙ	液体	気体	液体	気体	液体	気体
Ｚ	液体	液体	気体	気体	固体	固体

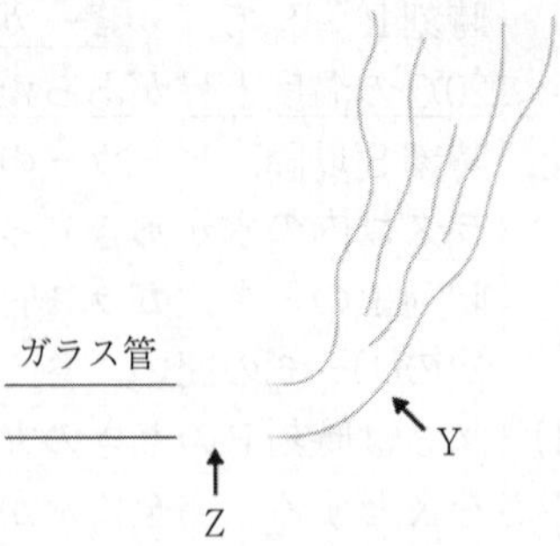

図４

3　次の(1)～(7)の問いに答えなさい。

(1)　プラスチック板の中心を通る，直線状の導線の周りに磁針を置いたところ，磁針は図１のような向きであった。導線に上から下向きに電流を流したとき，４つのうち３つの磁針でＮ極の指す向きが変わった。電流を流す前後で，磁針のＮ極の指す向きが変わらなかったものはどれか。プラスチック板は地面と平行で，導線はプラスチック板と垂直な向きであるとする。14

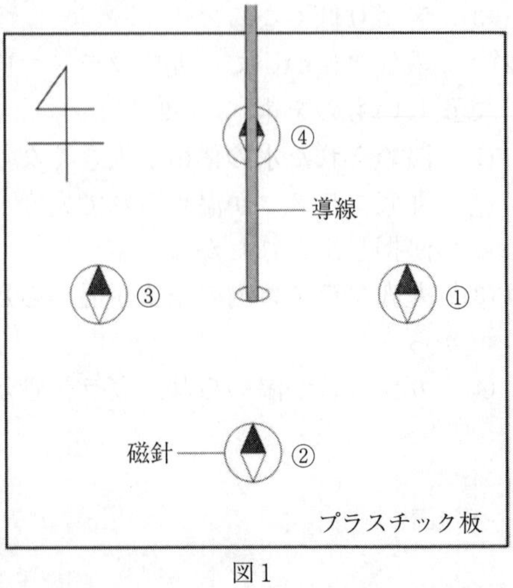

図１

(2)　導線で一巻きのコイルを作り，導線に電流を流した。次のページの図２はこれを横から見たときの様子を表している。コイルの中心に電流がつくる磁界の向きとして正しいものはどれか。15

①　右　②　左　③　上
④　下　⑤　紙面奥から手前　⑥　紙面手前から奥

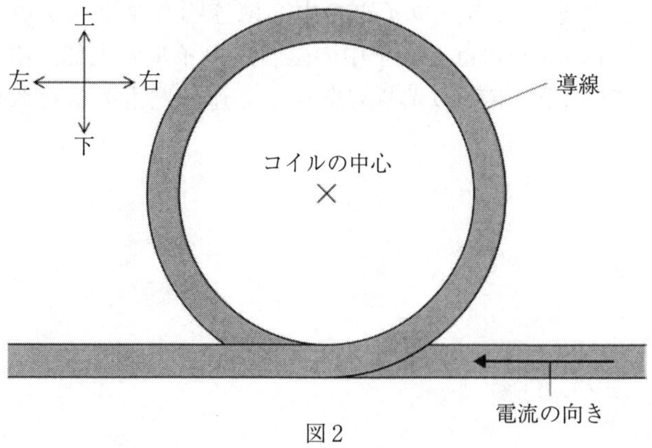

図2

(3) 図3のように，コイルに直流電源装置をつないで電流を流しながら，そのコイルの中心に向かって磁石のN極をゆっくりと近づけたところ，コイルが動いた。コイルの動いた向きとして正しいものはどれか。[16]

① 磁石に近づく向き
② 磁石から遠ざかる向き

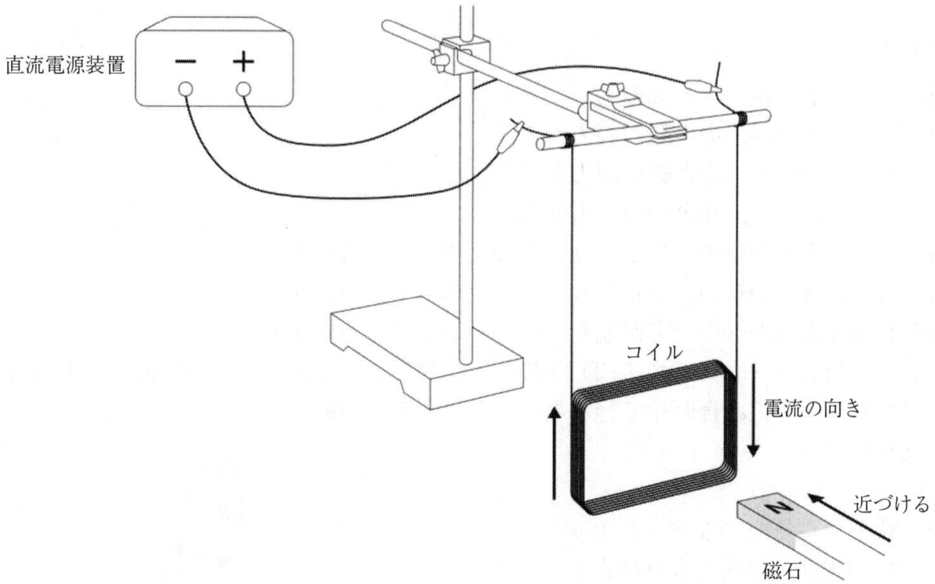

図3

(4) (3)の実験において，次のア～エのうちコイルの動く向きを反対にする操作をすべて選んだものはどれか。ただし，複数の操作を組み合わせて行わないものとする。[17]

ア 電流を大きくする
イ 電流の向きを反対にする
ウ 磁石をより強いものにする
エ 近づける磁石の極をS極にする

① アのみ　② イのみ　③ ウのみ　④ エのみ
⑤ ア，イ　⑥ ア，ウ　⑦ ア，エ　⑧ イ，ウ
⑨ イ，エ　⓪ ウ，エ

(5)　図4のように，コイルに赤色LEDと緑色LEDをつなぎ，コイルの中心に透明なプラスチックの管を通して，その中に磁石を落下させた。図5のA～Cは，落下中の磁石がコイルの上部，中心，下部それぞれの位置にあるときの様子を表している。LEDの光り方を正しく述べたものはどれか。
18

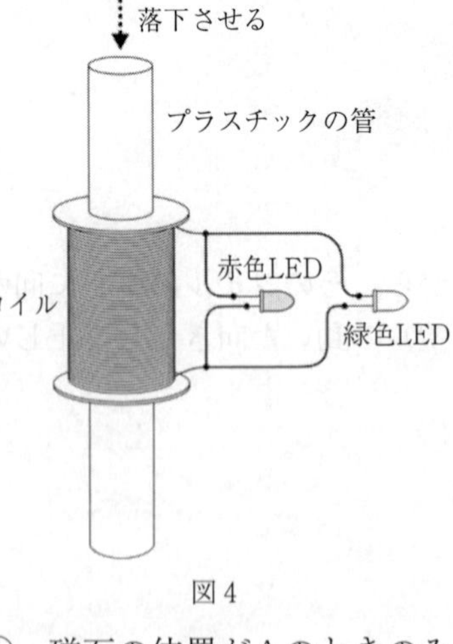

図4

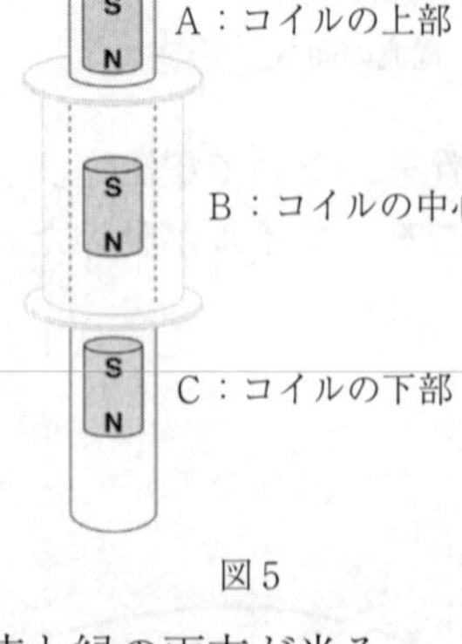

図5

①　磁石の位置がAのときのみ，赤と緑の両方が光る
②　磁石の位置がBのときのみ，赤と緑の両方が光る
③　磁石の位置がCのときのみ，赤と緑の両方が光る
④　磁石の位置がAとCのとき，赤と緑の両方が光る
⑤　磁石の位置がAのとき赤か緑の一方が光り，Bのときもう一方が光る
⑥　磁石の位置がAのとき赤か緑の一方が光り，Cのときもう一方が光る
⑦　磁石の位置がBのとき赤か緑の一方が光り，Cのときもう一方が光る

(6)　(5)の実験において，次のア～エのうちLEDの光をより明るくする操作をすべて選んだものはどれか。ただし，複数の操作を組み合わせて行わないものとする。19

ア　磁石の極を反対にする
イ　磁石をより強いものにする
ウ　コイルの巻き数をより多くする
エ　赤色LEDと緑色LEDの場所を入れ換える

①　アのみ　②　イのみ　③　ウのみ　④　エのみ
⑤　ア，イ　⑥　ア，ウ　⑦　ア，エ　⑧　イ，ウ
⑨　イ，エ　⓪　ウ，エ

(7)　(5)の実験において，LEDのつなぎ方を図6のように変えた。LEDの光り方を正しく述べたものはどれか。20

①　(5)のときと同じ光り方をする
②　赤か緑のどちらか一方のみが光る
③　(5)のときとは逆の順番で赤と緑が光る
④　どちらも光らない

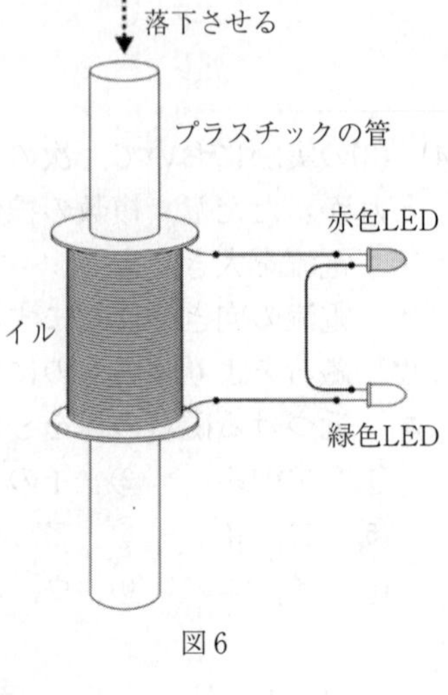

図6

4 次の〔Ⅰ〕，〔Ⅱ〕を読み，後の(1)～(5)の問いに答えなさい。

〔Ⅰ〕 図1は，自然の中での炭素の循環について示したものである。

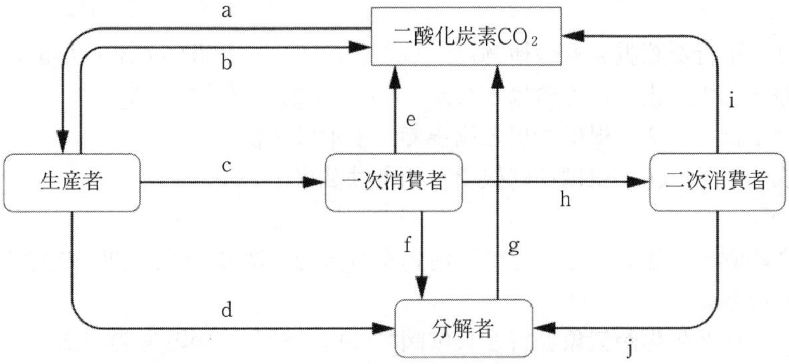

図1

(1) ある地域に生息・生育しているすべての生物と，それらを取り巻く環境を何というか。**漢字**で答えよ。記述

(2) 図1の矢印のうち，生物の行う呼吸による炭素の移動を示す組合せはどれか。21

① a，c，d　② a，c，h　③ e，i

④ b，e，i　⑤ e，g，i　⑥ b，e，g，i

(3) 次の生物のうち，生産者にふくまれるものはいくつあるか。22

・スギナ　・ゼニゴケ　・ミジンコ　・酵母　・シイタケ　・ミカヅキモ

① 1個　② 2個　③ 3個　④ 4個　⑤ 5個　⑥ 6個

(4) 人間の活動による石油や石炭などの化石燃料の使用の増加により，大気中の二酸化炭素が増加している。大気中の二酸化炭素濃度は大気中に占める二酸化炭素の体積の割合で表される。今，ある地点の二酸化炭素濃度が0.04％であったとすると，それは何ppmか。ただし，1ppmは100万分の1の意味である。23

① 40000ppm　② 4000ppm　③ 400ppm　④ 40ppm　⑤ 4ppm

⑥ 0.4ppm　⑦ 0.04ppm　⑧ 0.004ppm　⑨ 0.0004ppm

〔Ⅱ〕 図2は，4月から9月までの校庭の植物を観察した結果の一部を示した観察カードである。

ヒマワリ
・多数の花が集まっている。
・葉脈は網状である。

エンドウ
・花弁は5枚で，それぞれ離れている。
・葉脈は網状である。

ツユクサ
・花弁は3枚あり，それぞれ離れている。
・葉脈は平行である。

アサガオ
・花弁はつながっている。
・葉脈は網状である。

図2

以下は，京子さんと学さんが観察カードを確認している場面である。

京子さん：花弁や葉脈には，それぞれ特徴があるね。

学さん　：本当は根のつくりも調べたかったけれども，根を抜くことができなかったんだ。枯れてしまうといけないから。

京子さん：子葉のようすは観察できたの。

学さん　：花が咲いているときに観察したから，わからないんだ。

京子さん：葉脈のようすから根や子葉のようすがわからないかな。

（図書館にて二人で調べた後で）

学さん　：ヒマワリ，エンドウ，アサガオは，網状の葉脈をもつ植物だから，（　ア　）と本に書いてあったよ。

京子さん：ツユクサについては，平行な葉脈をもつ植物だから，（　イ　）と書いてあったよ。

(5)　(ア)と(イ)にあてはまるものとして，正しいものはどれか。(ア) [24]　(イ) [25]

①　根は主根と側根で，子葉は１枚　　②　根は主根と側根で，子葉は２枚

③　根はひげ根で，子葉は１枚　　④　根はひげ根で，子葉は２枚

5　科学部の気象観測班と天文観測班の生徒がそれぞれに活動を行った。次の〔Ⅰ〕,〔Ⅱ〕の文章を読み，後の(1)～(6)の問いに答えなさい。

〔Ⅰ〕　次の会話は，気象観測班の生徒と先生が気象災害と天気図について話しているものである。

ウミノ先生：災害が発生した際の天気図をよく見てみましょう。まず，図１の天気図は平成24年７月に起きた洪水災害のときのものです。

ソラさん　：図１の中央に見える停滞前線に沿って非常に湿った空気が流れ込み，九州北部地方を中心に記録的な大雨になったようだよ。（　X　）。

ウミノ先生：そうですね。次に，図２の天気図は平成16年８月に起きた高潮災害のときのものです。高潮災害の原理は分かりますか？

ダイチさん：図２の後に台風が瀬戸内海を通過したことで，（　Y　）ために，海水面が高くなってしまい，家屋が浸水したんですよね。

ウミノ先生：そうですね。遠浅な湾などでは高潮が起きやすい傾向があるのです。最後に，図３の天気図は令和元年８月に起きたフェーン現象により（Ａ）が高温になったときのものです。

ソラさん　：フェーン現象ってどんな現象ですか？

ダイチさん：冬に起こるフェーン現象は授業でも習ったよね。冬に湿潤な風が吹いて，（Ｂ）が豪雪になって，山脈を越えた乾燥した暖かい風が（Ｃ）に晴天をもたらすんだよね。

ウミノ先生：そうですね。図３の場合は，夏に起こったもので，風上側の（Ｄ）では雨が降り，風下側の（Ａ）では40℃を超える高温になったそうだよ。自然のことをよく学んで，自然と共に安全に生きていくことが必要ですね。

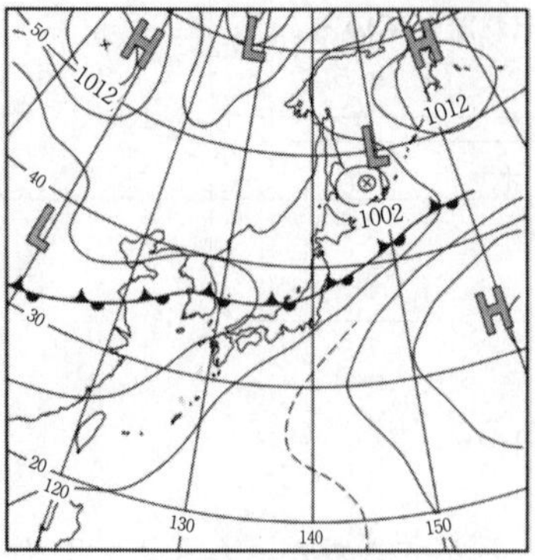

図１

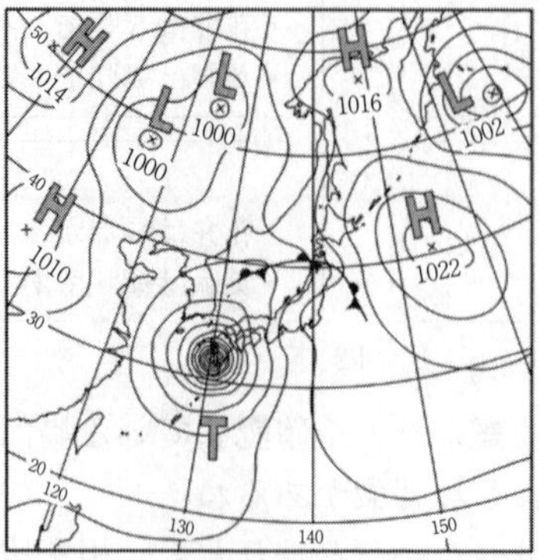

図２

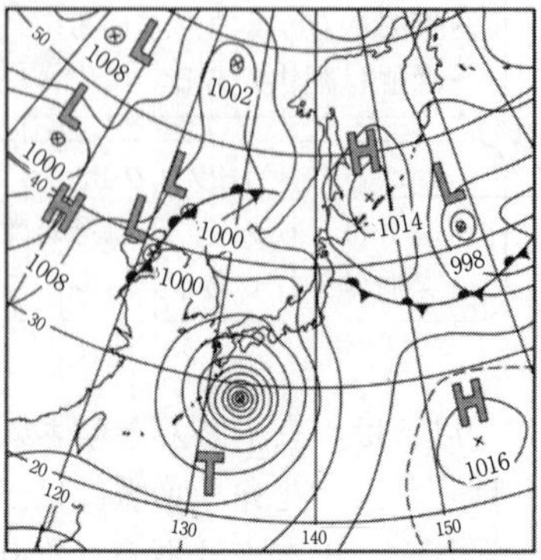

図３

※天気図中の H は高気圧，L は低気圧，T は台風の意味である。

(1)　文中の（X）には，停滞前線について説明した文が入る。文中の空欄に入る文として**誤っているもの**はどれか。[26]

① 寒気と暖気の勢力が拮抗《きっこう》すると，前線が同じところに停滞するので，長雨になるよ
② 梅雨や秋雨による長雨は停滞前線によることが多いよ
③ 温帯低気圧が消滅するときには，寒冷前線が温暖前線に追いついて停滞前線が生じるね
④ 太平洋(小笠原)高気圧の勢力が増すとともに，梅雨の停滞前線は北に追いやられて，夏が始まるね

(2) 文中の(Y)に入る理由として正しいものはどれか。 27
① 気温が高くなる　② 気圧が低くなる
③ 海水の塩分濃度が低くなる　④ 相対湿度が高くなる

(3) 文中の(A)～(D)に入る語の組合せとして正しいものはどれか。 28

	A	B	C	D
①	太平洋側	太平洋側	日本海側	日本海側
②	太平洋側	日本海側	太平洋側	日本海側
③	日本海側	太平洋側	日本海側	太平洋側
④	日本海側	日本海側	太平洋側	太平洋側

〔Ⅱ〕 次の文章は，日本のある地点で，天文観測班の生徒が夏の夜に行った観測の様子を説明したものである。

この日は月の条件が良く，夜空は暗かったので，天体観測には適していた。望遠鏡にカメラを取り付け，北極星に向けて固定した。そして連続的に夜空の写真を撮影した。夜空には天の川がきれいに見え，いくつかの惑星も観測できた。金星は日没直後から観測でき，火星も比較的長い時間，夜空に見られた。

(4) 「天の川」とはどのようなものか。説明した文として正しいものはどれか。 29
① 天の川は，火星と木星の間に多く存在する小惑星を地球から観測したものである。
② 天の川は，太陽系の外側に位置する小天体を地球から観測したものである。
③ 天の川は，銀河系に存在する恒星を地球から観測したものである。
④ 天の川は，宇宙に数多く存在する銀河の列を地球から観測したものである。

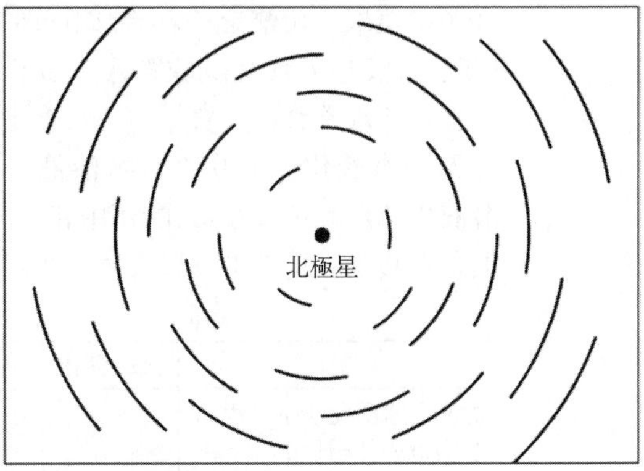

図4

(5) 文中の下線部に関連して，図4はこの夜，撮影した恒星の連続写真である。望遠鏡(カメラ)の向けている方角，望遠鏡と地面の間の角度，連続的に撮影し続けた時間の組合せとして正しいものはどれか。なお，写真は下方が地面の方向である。
30

	①	②	③	④	⑤	⑥	⑦	⑧
方角	北	北	北	北	南	南	南	南
角度	約35°	約35°	約55°	約55°	約35°	約35°	約55°	約55°
時間	1時間	2時間	1時間	2時間	1時間	2時間	1時間	2時間

(6)　この日の月の満ち欠け，金星の満ち欠け，火星の地球に対する位置関係の組合せとして正しいものはどれか。金星の図においては下方が地面の方向である。また，図は金星の明るい部分を示している。火星の図においては，地球の北極上方側から見たものである。 31

【金星】

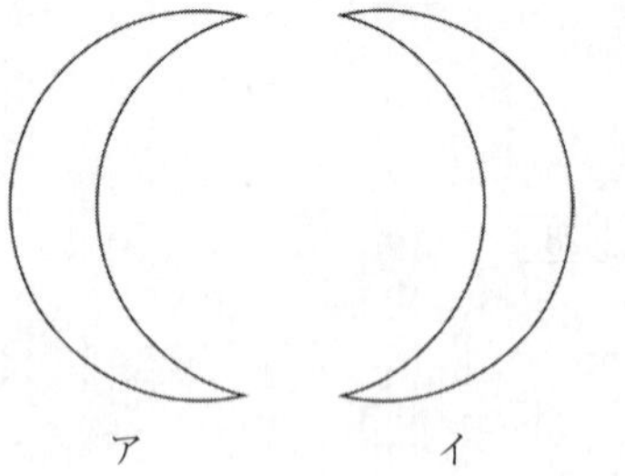

【火星】

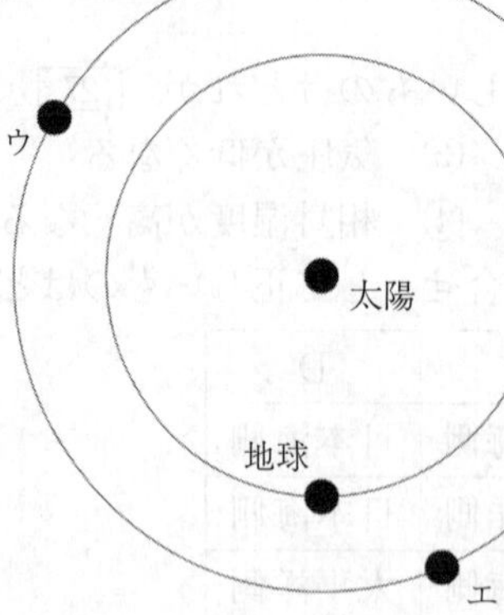

	①	②	③	④	⑤	⑥	⑦	⑧
月	満月	満月	満月	満月	新月	新月	新月	新月
金星	ア	ア	イ	イ	ア	ア	イ	イ
火星	ウ	エ	ウ	エ	ウ	エ	ウ	エ

6　酸とアルカリについて学習したジロウさんとヒカリさんは，酸とアルカリが中和反応するときの量の関係に興味を持ち，ミナミ先生と探究活動を行った。次のジロウさん，ヒカリさん，ミナミ先生の会話文を読み，後の(1)〜(5)の問いに答えなさい。

ジロウさん：図１のように，質量パーセント濃度が２％の塩酸，硫酸をそれぞれ５cm^{3}とって，BTB溶液を入れた試験管A，Bを用意したよ。それぞれに，質量パーセント濃度が２％の水酸化ナトリウム水溶液を，BTB溶液の色が緑色になる(酸が中和する)まで加えたら，表１のようになったよ。

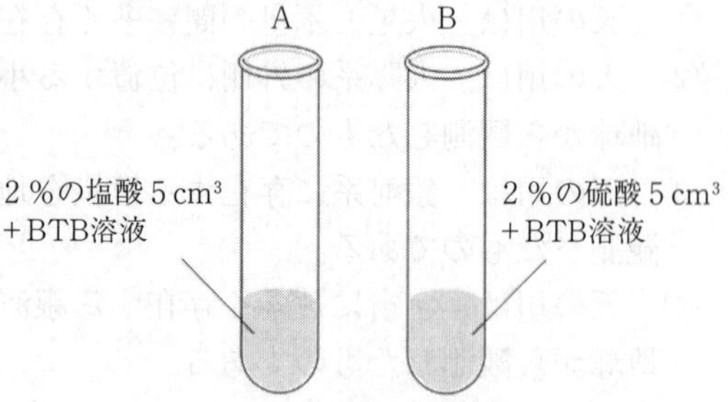

図１

表１

	試験管A	試験管B
加えた水酸化ナトリウム水溶液の体積〔cm^3〕	5.5	4.1

ヒカリさん：同じ質量パーセント濃度の塩酸と硫酸を使ったのに，酸が中和するまでに必要な水酸化ナトリウム水溶液の体積には差がでたね。同じ質量の塩化水素や硫酸が水溶液にあるはずなのになぜだろう？

ジロウさん：ミナミ先生，どうしてですか。

ミナミ先生：化学反応式を思い出してください。化学反応式は，分子やイオンが何個ずつ反応するかを示しています。例えば，中和反応は次のような反応式で書くことができます。

$$H^+ + OH^- \rightarrow H_2O$$

中和反応では，水素イオンH^+１個に対して，水酸化物イオンOH^-は何個反応しますか？

ジロウさん：H^+ 1個に対して OH^- は1個反応します。

ミナミ先生：また，分子1個は固有の質量をもつと考えることができて，塩化水素の分子1個と硫酸の分子1個の質量は異なります。塩化水素の分子1個の質量は，硫酸の分子1個の質量の $\frac{3}{8}$ 倍になります。

ヒカリさん：そうか。質量パーセント濃度が同じでも，水溶液に含まれる塩化水素や硫酸の分子の個数は同じではないんだ。だから，水溶液中の H^+ の個数が異なることで，中和するまでに必要な水酸化ナトリウムからの OH^- の個数も異なるので，必要な水酸化ナトリウム水溶液の体積が違ったんだ。

ジロウさん：けれど，質量から分子の個数がわかるのかな？

ミナミ先生：物質の質量と個数は比例関係にあります。つまり，分子1個の質量がわかると，個数を求めることができます。例えば，実験で用いた塩化水素の質量を，塩化水素の分子1個の質量で割れば，実験で用いた塩化水素の個数が求められます。

ヒカリさん：確かに～！

ミナミ先生：さらに，塩化水素や硫酸が電離して生じる H^+ の個数について考えましょう。塩化水素は電離して Cl^- を，硫酸は $SO_4{}^{2-}$ を生じるから，塩化水素は1分子あたり（ア）個，硫酸は1分子あたり（イ）個の H^+ を生じます。これも中和するまでに必要な水酸化ナトリウム水溶液の体積が異なることに関係しそうですね。

ジロウさん：よし，だったら次は，塩化水素と硫酸の分子の個数をそろえて実験してみたいね。どのような条件で実験すればよいだろう。高校に入学後に探究したいと思います。

(1) 実験後のBTB溶液の色が緑色になった水溶液に，豆電球を用いた適切な回路を組んで5Vの電圧を加えたとき，豆電球が光るものはどれか。[32]

① どちらの水溶液も光る　② 試験管Aの水溶液
③ 試験管Bの水溶液　④ どちらの水溶液も光らない

(2) 2％の塩酸と硫酸それぞれ $5\,cm^3$ に，酸からの H^+ が全て反応するために十分な質量のマグネシウムリボンを入れたとき，反応するマグネシウムの質量は，どちらが多いか。[33]

① 塩酸のほうが多い　② 硫酸のほうが多い　③ 同じ質量が反応する

(3) 会話文中の(ア)，(イ)にあてはまるものはどれか。(ア) [34]　(イ) [35]

① 0.5　② 1　③ 1.5　④ 2　⑤ 2.5　⑥ 3

(4) ジロウさんとヒカリさんは下線の実験のために，硫酸の濃度は変えずに，塩酸の濃度を変えることにした。塩化水素と硫酸の分子の個数をそろえるために，塩酸の濃度を何倍にすればよいか。
[36]

① 2倍　② $\frac{1}{2}$ 倍　③ $\frac{3}{8}$ 倍　④ $\frac{8}{3}$ 倍　⑤ $\frac{41}{55}$ 倍　⑥ $\frac{55}{41}$ 倍

(5) 下線の条件で実験を行うとき，塩酸を中和するのに必要な水酸化ナトリウム水溶液の体積は，硫酸を中和するのに必要な水酸化ナトリウム水溶液の体積の何倍になるか。[37]

① 2倍　② $\frac{1}{2}$ 倍　③ $\frac{3}{8}$ 倍　④ $\frac{8}{3}$ 倍　⑤ $\frac{41}{55}$ 倍　⑥ $\frac{55}{41}$ 倍　⑦ 1倍

7　次の(1)～(3)の問いに答えなさい。

(1)　図1と図2のように，軽く回る定滑車に軽い糸をかけ，糸におもりをつるし，おもりが静止するように，おもりの重さをそれぞれ調節した。おもりが静止しているとき，おもりを重い順に並べたものはそれぞれどれか。

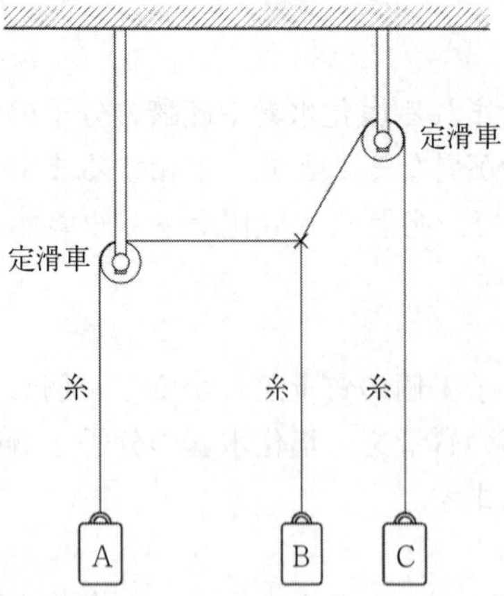

図1

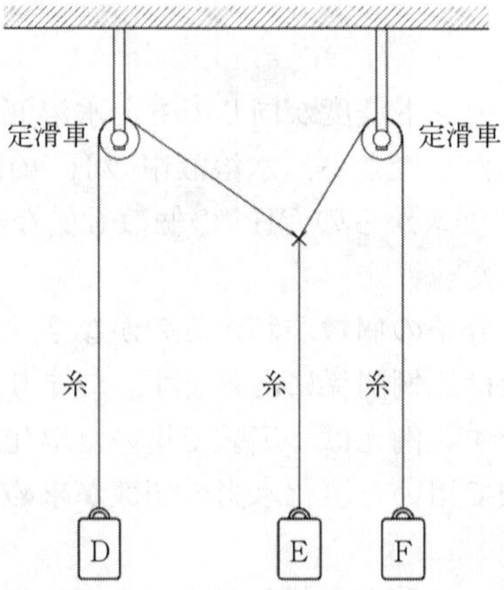

図2

図1　38

①　A，B，C　②　A，C，B　③　B，A，C
④　B，C，A　⑤　C，A，B　⑥　C，B，A

図2　39

①　D，E，F　②　D，F，E　③　E，D，F
④　E，F，D　⑤　F，D，E　⑥　F，E，D

(2)　水平な実験台上で静止している台車は，静止を続けようとする。水平な実験台上で等速直線運動をしている台車は，等速直線運動を続けようとする。全ての物体がもつこのような性質を何というか，**漢字**で答えよ。記述

(3)　なめらかに動く200 gの台車に100 gの棒磁石を取り付け，左右の2台の台車の先端をそれぞれ点aと点eに合わせ，棒磁石のN極とS極を向かい合わせにして置いてから同時に手を放した(図3)。台車は引き合って動き，aとeの中点cでぶつかって止まった(図4)。

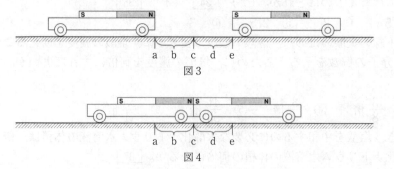

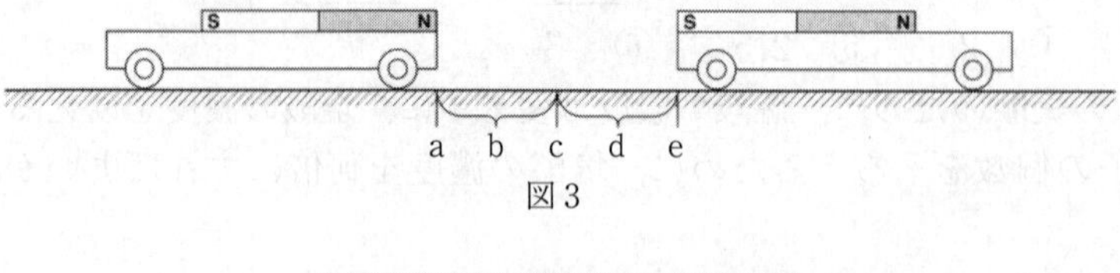

図3

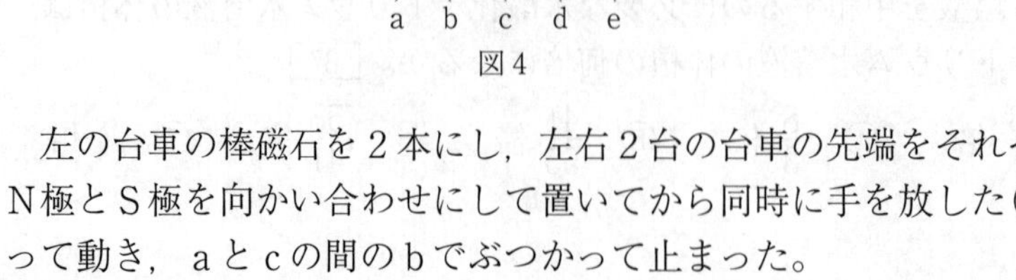

図4

左の台車の棒磁石を2本にし，左右2台の台車の先端をそれぞれ点aと点eに合わせ，棒磁石のN極とS極を向かい合わせにして置いてから同時に手を放した(次のページの図5)。台車は引き合って動き，aとcの間のbでぶつかって止まった。

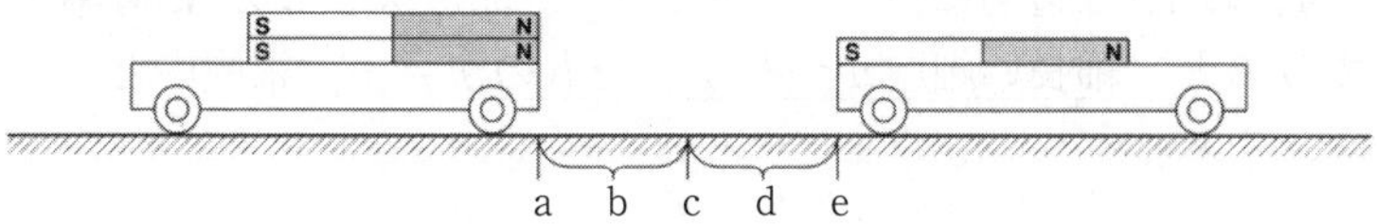

図5

同じ磁石と100 gのおもりを用いた次の実験1と実験2の場合，同時に台車から手を放すと，台車は引き合って動き，台車はぶつかって止まった。台車がぶつかったのはa～eのどこか，それぞれ答えよ。ただし，cとeの間をdとする。実験1 [40] 実験2 [41]

実験1　　100 gのおもりを1個のせる

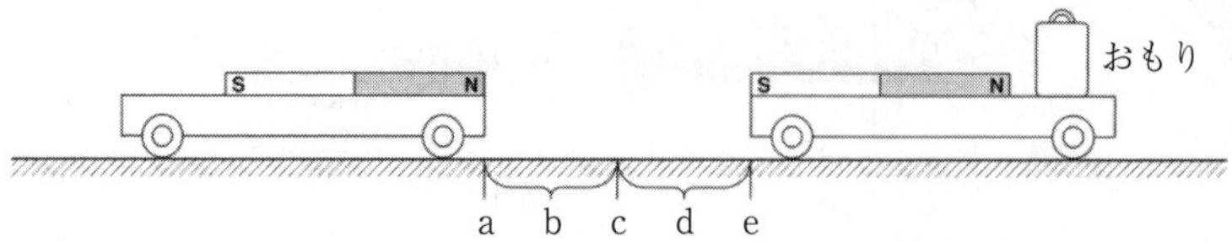

実験2　磁石を2本にする　　100 gのおもりを1個のせる

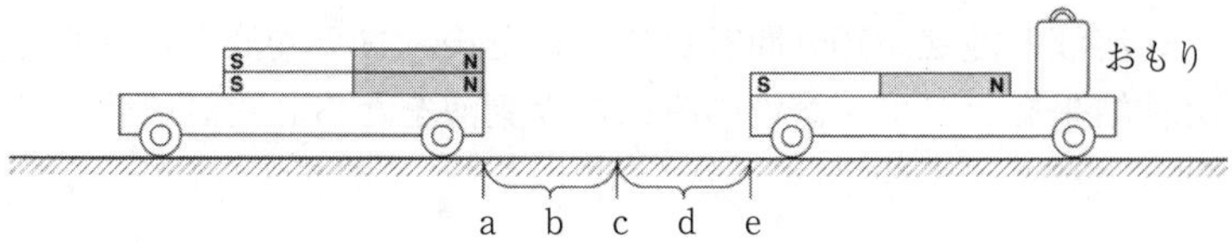

① a　② b　③ c　④ d　⑤ e

8 次の〔Ⅰ〕，〔Ⅱ〕の文を読み，後の(1)～(5)の問いに答えなさい。

〔Ⅰ〕 ヒトの消化では，消化管に消化液が出されることで物質の分解が起こる。口の中では，だ液せんから出されるアミラーゼがデンプンを分解する。アミラーゼなどの酵素のはたらきで食物中の物質が吸収されやすい状態になる。米こうじ，塩こうじなど食品に利用されるコウジカビは菌類のなかまであり，アミラーゼのほか様々な酵素をもっている。ヒトとコウジカビのアミラーゼの性質を調べるため，以下の実験1～3を行った。

実験1　デンプンを含む寒天の上に，水，だ液，コウジカビを含む液(以下，「コウジ液」とする)のそれぞれをつけた綿棒で文字を書いた。その後，ヨウ素液をたらしたところ，水の場合は文字を書いた部分も含めて全体が青紫色に変化したが，だ液，コウジ液の場合は，文字を書いた部分が透明になり，そのほかの部分は青紫色に変化した(図1)。

図1

実験2　コウジカビのアミラーゼがはたらく場所を調べるため，次の実験を行った。コウジカビをデンプンを含む寒天で2日間育てた後，ヨウ素液をたらしたところ，コウジカビの増殖した部分(図２のX)とその周り(図２のY)は透明になり，そのほかの部分(図２のZ)は青紫色に変化した。Xの縁を拡大してみると，細長い細胞がつながったものが見え，細胞内とその周囲は透明であった(図３)。

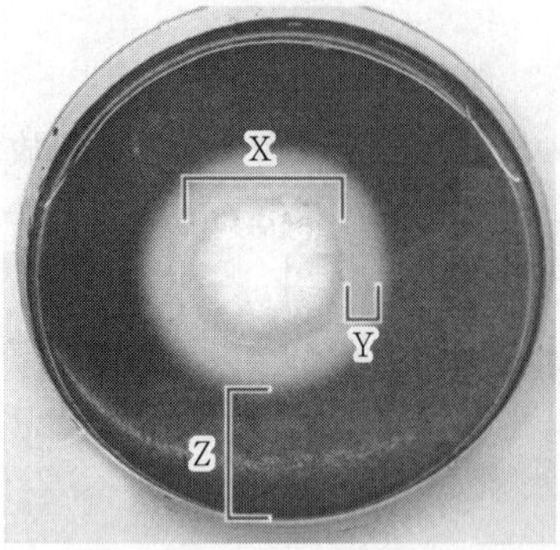

図２

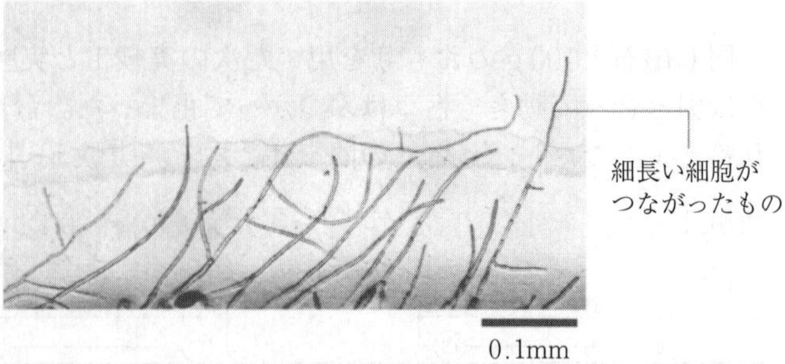

図３

実験３　ヒトとコウジカビのアミラーゼの温度による影響を調べるため，実験を行った。試験管A～Fを用意し，表１のようにだ液またはコウジ液を入れて，25℃，60℃，90℃にそれぞれ30分間保った。その後，デンプン溶液と混ぜ，10分間37℃に置いた後，ヨウ素液をたらして色の変化を調べた。そして，実験結果をデンプン溶液のみにヨウ素液をたらした試験管と比較したところ，図４のようになった。

表１

試験管	アミラーゼを含む液	30分間保つ温度〔℃〕
A	だ液	25
B	だ液	60
C	だ液	90
D	コウジ液	25
E	コウジ液	60
F	コウジ液	90

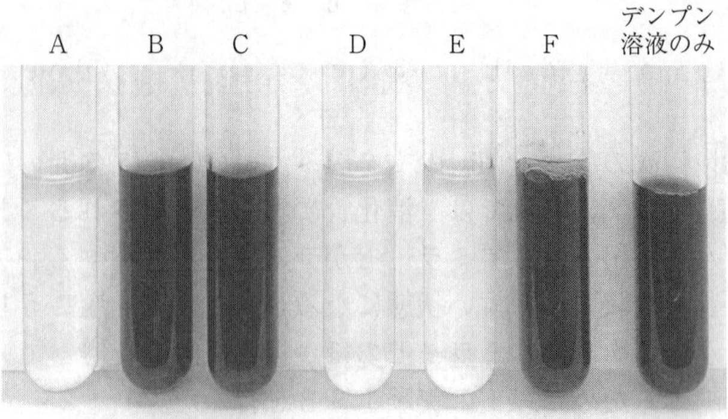

図４

(1)　実験２について，下線部の細長い細胞がつながったものを何というか。**漢字**で答えよ。記述

(2)　実験１，２の結果から，ヒトとコウジカビのアミラーゼについて述べた次の文が正しければ①を，誤りであれば②をマークしなさい。

ヒトのアミラーゼは体外に取り出すとはたらきを失う。42

コウジカビのアミラーゼは細胞外に出て，体外でデンプンを分解する。43

(3)　実験３からわかるアミラーゼがデンプンを分解する性質について，ヒトとコウジカビの場合で，正しいものはそれぞれどれか。ヒト　44　コウジカビ　45

①　温度が低ければ低いほどよくはたらく。

②　温度が高ければ高いほどよくはたらく。

③　体温付近で最もよくはたらく。

④　60℃以上に30分間保つとはたらきを失う。

⑤　60℃で30分間保ってもはたらきを失わないが，90℃で30分間保つとはたらきを失う。

〔Ⅱ〕　進化の道すじをたどる重要な証拠として，２つのなかまの中間的な特徴をもつ生物や化石がある。羽毛におおわれた恐竜の化石は，恐竜の一部が a 鳥類へと進化したことをあらわしている。カモノハシは卵をうむが，卵からかえった子には乳を飲ませる。カモノハシは骨格のつくりや体温調節が未発達であることから，ハチュウ類に似た特徴をもつ b ホニュウ類であると考えられている。

(4) 下線部ａ，ｂについて，鳥類とホニュウ類が出現したとされる時期について，正しく述べた文はどれか。[46]

① 古生代の中ごろにホニュウ類が，中生代の終わりに鳥類が出現した。
② 古生代の終わりに鳥類が，中生代の中ごろにホニュウ類が出現した。
③ 中生代のはじめにホニュウ類が，中生代の中ごろに鳥類が出現した。
④ 中生代のはじめに鳥類が，中生代の終わりにホニュウ類が出現した。

(5) 鳥類とホニュウ類の心臓はつくりが似ていて，左右の心房と心室に分かれている。ヒトの心臓について，正しく述べた文はどれか。[47]

① 心臓に血液が流れ込むときには，右心房だけが広がって血液が流れ込む。
② 肺から戻ってきた血液は，全身から戻ってきた血液と混じり合う。
③ 左右の心房が縮んで，血液が心室へ流れ込む。
④ 血液が全身に送り出されるときには，左心室だけが縮む。

である。しかし、蹴鞠をしている時は心を散らさずに済むため、成通のように蹴鞠を好むことが功徳となるのである。

② 人間は自分のことばかり考えがちであり、それは罪にあたる。しかし、自分のことよりも蹴鞠のことを優先すれば、成通のように徳が積もり積もって才能として現れるのである。

③ 人間が様々に物思いをすることは、すべて罪である。しかし、成通のように並々ならぬ思いがあればそれは徳となるため、来世でも諸芸に秀でた人物として生まれ変わるのである。

④ 人間が一つのことに執着するのは罪である。しかし、蹴鞠を好む人は庭に立てば鞠への執着も忘れ自然と功徳を積むことができるため、成通のような不思議な縁につながるのである。

⑤ 人間が抱く思いはすべて欲望であり、それは罪にあたる。しかし、蹴鞠においては自らの力量を周囲に誇示しさえしなければ、おのずと成通のような霊験あらたかな出来事も生じるのである。

問題の作成上、原文の一部を改変したところがある。

いたからだろうか。

⑤　成通卿の蹴鞠への思いや取り組みがこのうえなく素晴らしかったからだろうか。

問3　傍線部B「かやうのしるし」とはどのようなことを指すか。最も適切なものを、次の①～⑤のうちから一つ選んでマークしなさい。 23

①　美しい少年が青い装束を着て成通を迎えに来たこと。
②　春の精が蹴鞠をする成通を木の上から見ていたこと。
③　美しい少年のような姿をした鞠の精が姿を現したこと。
④　蹴鞠がうまくいかない成通を鞠の精が励ましに来たこと。
⑤　柳の木の上にたくさんの少年の姿をした鞠の精が現れたこと。

問4　傍線部C「学ぶ者は牛毛のごとし。得る者は麟角のごとし」とあるが、i「牛毛」とii「麟角」はそれぞれどのようなことを指しているか。最も適切なものを、次の①～⑥のうちからそれぞれ一つずつ選んでマークしなさい。i 24 ・ii 25

①　柔軟であること　　②　多才であること
③　怠惰であること　　④　めずらしいこと
⑤　意志が固いこと　　⑥　多数であること

問5　傍線部D「げにもとおぼゆるためしありけり。」の解釈として最も適切なものを、次の①～⑤のうちから一つ選んでマークしなさい。 26

①　なるほど確かに、その通りだと思われる例はあるものだ。
②　まったく本当に、不思議に感じられる前例があるものだ。
③　覚えておいて紹介したいと思う、優れた前例があるものだ。
④　いかにもこの例に当てはまる、巧みな言い回しがあるものだ。
⑤　まさか実際にはあり得ないだろう、と感じる例もあるものだ。

問6　この本文は、「出来事」と「筆者の感想」の大きく二つの部分から構成されている。「筆者の感想」はどこから始まるか。最初の三字を抜き出しなさい。（句読点を含む。） 記述

問7　この文章における筆者の考えに合致するものとして最も適切なものを、次の①～⑤のうちから一つ選んでマークしなさい。 27

①　成通のように信仰心や人徳を持って自分の願いや目標を貫き通すことができれば、おのずと才能や努力は認められるものである。
②　成通のように物事を徹底的にやり通すことが大切であるが、成通ほどに何かを成し遂げるのは難しく簡単にはできないことである。
③　成通のように多方面の才能を持った人物は世間にはなかなかおらず、諸芸に秀でるというのは並大抵の努力ではできないものである。
④　成通のように霊験あらたかな経験をすることは賞賛されるべきことであり、このような出来事は後世まで語り継がれるべきことである。
⑤　成通のように何事にも挑戦することで思いがけず頭角を現すこともあるが、実直に努力を重ねることで身に付くことの方が多いものである。

問8　本文と同様のエピソードが他の資料にも記されている。次に示す【資料】は、鞠の精が「蹴鞠を好むと後世への幸せにつながる」という考えを述べた部分である。この【資料】から読み取れることとして最も適切なものを、後の①～⑤のうちから一つ選んでマークしなさい。 28

【資料】
　人の身には一日の中《うち》にいくらともなきおもひ、みな罪なり。鞠を好ませ給ふ人は、庭にたたせ給ひぬれば、鞠の事より外に思《おぼ》しめす事なければ、自然に後世の縁となり、功徳《くどく》すすみ候《さぶら》へば、必ず好ませ給ふべきなり。

（『古今著聞集《ここんちよもんじふ》』による）

①　人間には数えきれないほどの欲念があり、それは罪深いこと

返し登場することによって、真面目に授業に出席する若者世代と、不真面目でも学生生活を謳歌《おうか》していた親世代との価値観の衝突が示されている。

② 「島島」という同じ漢字が連なる一風変わった主人公の名字は、上原菜野との性格の違いを表現しており、全く異なる二人の間に奇妙な友情が成り立つという小説の展開を支えている。

③ 上原菜野が左右でそれぞれ色の違う目をしていることは、主人公が、二つのカウンター機を用いて自分の感情を白と黒の二つに分類しようと思いつくことになる原因として機能している。

④ 「ばかばかばか。」など感情を露《あら》わにした独白を多用することによって、思い込みが激しく、自分の至らないところをすぐ他人のせいにしてしまう主人公の自分勝手な性格が表現されている。

⑤ 小説の冒頭と最後で「午後いちばんの授業」という同じ場面が設定されることによって、表面上の大学生活に何ら違いはないものの、主人公の内面は大きく変化しているということを際立たせている。

三

次の文章を読んで、後の問いに答えなさい。

＊成通卿《なりみちきやう》、ア年ごろ＊鞠《まり》を好み給《たま》ひけり。Aその徳やいたりにけむ、ある年の春、鞠の精、＊懸《かか》りの柳の枝にあらはれて見えけり。＊みづら結ひたる小児、十二三ばかりにて、青色の＊唐装束して、いみじくうつくしげにぞありける。

なにごとをも始むとならば、底をきはめて、Bかやうのしるしをもあらはすばかりにぞ、＊せまほしけれど、かかる＊ためし、いとイありがたし。

されば、C学ぶ者は牛毛のごとし。得る者は＊麟角《りんかく》のごとしともあり。

また、することかたきにあらず。よくすることのかたきなりともいへる。Dげにもとおぼゆるためしありけり。

（『十訓抄《じつきんせう》』による）

（注）＊成通卿＝藤原成通《ふじわらのなりみち》（一〇九七～一一五九？）。平安時代の貴族。
＊鞠＝蹴鞠《けまり》のこと。庭で鞠を蹴って勝敗を競うもの。
＊懸り＝蹴鞠の場の四隅《よすみ》に植えた木。
＊みづら＝平安時代の少年の髪型。
＊唐装束＝中国風の服装。
＊せまほしけれど＝したいものであるが。
＊ためし＝例。
＊麟＝想像上の動物の名。

問1 波線部ア「年ごろ」・イ「ありがたし」の本文中の意味として最も適切なものを、後の①～⑤のうちからそれぞれ一つずつ選んでマークしなさい。ア 20 ・イ 21

ア 年ごろ
① 時折　② 最近　③ 以前
④ 長年　⑤ 一年間

イ ありがたし
① 不思議だ　② 心ひかれる
③ めったにない　④ 驚きあきれる
⑤ あってはならない

問2 傍線部A「その徳やいたりにけむ」の解釈として最も適切なものを、次の①～⑤のうちから一つ選んでマークしなさい。22

① 成通卿の生まれ持った性格や人柄が人よりもたいそう優れていたからだろうか。
② 成通卿の神仏を信じる気持ちの強さがどれほどかを試そうとしたからだろうか。
③ 成通卿の蹴鞠の神様に会いたいという強い願いが聞き入れられたからだろうか。
④ 成通卿の蹴鞠の技術や才能が周囲であまりにも評判になって

④　ハルオを本心では嫌っていながらも、自分の存在価値を認めてもらいたいがために、無理して彼と付き合いを続けていた自分のことが打算的に思われてきて、嫌になってしまったから。

⑤　ハルオを嫌いな気持ちが大きいことがわかり自分でも驚いたが、ハルオの知らぬ間に彼を評価し別れを切り出すことで、浮気して自分を傷つけた彼を出し抜くことができると思ったから。

問5　傍線部D「照れたようにほほえんだ。」とあるが、上原菜野がここで「ほほえんだ」のはなぜか。その理由として最も適切なものを、次の①～⑤のうちから一つ選んでマークしなさい。16

①　自分の気持ちを「あたし」に正直に打ち明けてしまった気まずさを取り消すため。

②　つい真面目に自分の気持ちを仕分けようとしてしまう「あたし」に共感を示すため。

③　無理に自分の気持ちを数値化しない方が気楽に生きられると「あたし」を諭すため。

④　結局は「あたし」と同じくカウンター機で気持ちを分類してしまう自分を卑下するため。

⑤　もっと不真面目になれという母親の言葉には従わなくてよいと「あたし」を慰めるため。

問6　傍線部E「あたしは片方のカウンター機を、机の奥深くにしまった。」とあるが、なぜ「あたし」はこのような行動をとったのか。その理由として最も適切なものを、次の①～⑤のうちから一つ選んでマークしなさい。17

①　本来気持ちというものは常にぐるぐると動き続けるもので、自分でも正確に把握することが難しいため、これからはもう心の動きをいちいち数えたり、それに振り回されたりするのはやめようと決意したから。

②　自分を裏切ったハルオのことがどうしても許せなかったものの、それも愛ゆえの感情であると気づき、これからは嫌な気持ちは数えることなく、前向きな気持ちだけを大切にしていきたいと思うようになったから。

③　はじめは真面目に数を使って気持ちを分類しようとしたものの、人の感情のとらえどころのなさに気づき、今後はカウンター機の示す数字には頼らず目の前にいる人間との心のやりとりを大事にしたいと感じたから。

④　好きという気持ちと嫌いという気持ちはどちらかに仕分けられるものではなく、両方ともハルオに執着する心の表れであると言え、ハルオに対する諦めきれない気持ちを、いっそのこと封印してしまいたいと思ったから。

⑤　相反するように見える感情も、どこかでつながっているように思われてきたため、たとえ自分の気持ちを自覚することはできても、それを効率よく分類できるほど人の心というものは単純ではないのだと気づかされたから。

問7　二重傍線部X「だけど、結局あたしは、上原菜野に助けられることになる。」とあるが、この一文が本文中で果たしている役割について説明したものとして最も適切なものを、次の①～⑤のうちから一つ選んでマークしなさい。18

①　二つのカウンター機がこの後、上原菜野と本当の意味での友人になるための仲立ちとなることを象徴している。

②　上原菜野と親しくなることで、結果的にハルオと別れることに成功したことを、現在の視点から振り返っている。

③　上原菜野と同様にカウンター機を使い、恋愛の複雑さを受け止められるようになるという、後の展開を示している。

④　誰にも恋愛相談をすることができない孤独な状況から解放されたきっかけが、上原菜野にあることを示唆している。

⑤　上原菜野の真似をしたことでかえってハルオとの恋愛が失敗に終わってしまうことを、皮肉を込めて表現している。

問8　本文の内容と表現について説明したものとして最も適切なものを、次の①～⑤のうちから一つ選んでマークしなさい。19

①　小説全体を通じて「真面目」「不真面目」という言葉が繰り

問1　空欄 i ～ iv に当てはまる語句の組み合わせとして最も適切なものを、次の①～⑤のうちから一つ選んでマークしなさい。 12

① [i　ほのぼのと　ii　じっくり
　iii　ぼそりと　iv　大袈裟《おおげさ》に]

② [i　うらうらと　ii　ふつふつ
　iii　しょんぼりと　iv　悠長に]

③ [i　ぬくぬくと　ii　いらいら
　iii　しっかりと　iv　正確に]

④ [i　ぽかぽかと　ii　しみじみ
　iii　こくりと　iv　律儀《りちぎ》に]

⑤ [i　さんさんと　ii　つくづく
　iii　しんしんと　iv　静かに]

問2　傍線部A「あたしはどきどきしながら、答えた。」とあるが、この時の「あたし」の気持ちの説明として最も適切なものを、次の①～⑤のうちから一つ選んでマークしなさい。 13

① 女の子の挙動が気になるものの、授業中に関係のない話をすれば教授から注意されるのではないかと警戒する気持ち。

② 普通は交通調査員しか使用しないカウンター機を、大学の講義でいったいどのように使うのだろうかと怪しむ気持ち。

③ ぶしつけに見つめていたことを気づかれ、とっさに出た自分の言葉に対し相手がどう応えるかわからず不安な気持ち。

④ 教室で出会った個性的な女の子と友人になることで、つまらない日常を変えてくれるのではないかと期待する気持ち。

⑤ 親しい友人でもない女の子の言動を盗み見ようとしていたことを、周りから責められるのではないかと恐れる気持ち。

問3　傍線部B「新緑が、目に痛いようだった。」とあるが、この情景描写から読み取れる「あたし」の気持ちとして最も適切なものを、次の①～⑤のうちから一つ選んでマークしなさい。 14

① 一方的に話しかけてくる女の子をはじめは迷惑だと思っていたが、自分の冷たい態度のせいで女の子が離れていってしまい、友人になる好機を失ってしまったようで、寂しさを感じている。

② 真面目なところが自分と似ており、この先仲良くなれるかもしれないと期待していたにもかかわらず、突然女の子が「あたし」への関心を失い去っていってしまったことで、拍子抜けしている。

③ 気づかないうちに自分の隣に立っていたり、カウンター機で得体の知れないものを計測したりしているなど、女の子の予測不能な様子にどこか違和感を覚え、なるべく距離を置こうとしている。

④ 家庭の様子を持ち出して積極的に話しかけてくるかと思えば、途中で気分が変わり、今度は「あたし」を無視しようとしてくる女の子に振り回され、自分のペースで行動できず、不快に感じている。

⑤ それほど言葉を交わしたわけでもないのに急に友達のように振る舞う女の子に戸惑いを覚えたものの、かといって「あたし」に執着する様子も見せず自由に行動する女の子に、強烈な印象を抱いている。

問4　傍線部C「しんとした感慨深い気持ちになった。」とあるが、それはなぜか。その理由として最も適切なものを、次の①～⑤のうちから一つ選んでマークしなさい。 15

① ハルオと一緒にいることで嫌な気持ちになることの方が圧倒的に多かったということがわかり、これまでその気持ちに向き合うことをしてこなかった自分に気づかされたから。

② カウンター機を使うことで自分の気持ちが数値化され、ハルオが嫌いだということが自覚されたが、そんな自分の気持ちにハルオはまるで気づいていなかったのだとわかったから。

③ 今までは自分でも本当にハルオのことが好きなのかどうかがわからなかったが、カウンター機の数字を根拠にすることで、やっとハルオと別れる口実ができたと思い、ほっとしたから。

「うん。だって、いい気持ちがほんとうはいやな気持ちだったり、反対に、いやな気持ちが、後で考えると、楽しい気持ちとつながってたりするから、わたしは、自分の気持ちをちゃんと分類するのが、めんどくさいって思っちゃうんだ」

　気持ちを分類するのって、めんどくさい。

　上原菜野の言葉に、あたしはちょっとショックを受けた。

「でも、わたしだってやっぱり、島島さんと同じように、真面目なんだね。その証拠に、こうやって［ iv ］自分の気持ちを数えてるわけだし。なかなか母親の言うようには、不真面目になれないよね、わたしたち世代は」

　上原菜野は、なぐさめともぼやきともつかないことを言い、カウンター機を、かち、かち、かち、と押した。

「三回ぶんのカウントのうちわけ。かわいそう。でもわかる。ちょっとしょんぼり」

　上原菜野は、言った。そして、D照れたようにほほえんだ。

　五対十八。

　その数を、あたしはその夜もう一度、考えてみた。

　ハルオを嫌おうとして、あえて黒い気持ちをどんどんつのらせていったのかな。

　いやいや、やっぱりいやな感じ方面の気持ちが、ハルオと会っている間に自然にやってきたのは事実だし。

　でももしかすると、上原菜野の言うように、いやな感じ方面の気持ちが、実はハルオ大好きっていう気持ちと遠くでつながっているっていう可能性も。

　いやいやいやいや、ハルオってようするに、少しもてるからってすぐに浮気《うわき》しちゃうような男だよ。

　ああ、やっぱりあたしまだ、ハルオが好きみたい。

　ばか。

　ばかばかばか。

　もう、ほんとに、ばか。

　あたしの気持ちは、ぐるぐるとまわり、あっちへ行き、こっちへ戻り、裏も表も白も黒もごっちゃになっていった。

　なるほど。

　あたしは思った。

　気持ちは、分類できない。それなら、カウンター機を二つも持ってても、しょうがないんだな。

　Eあたしは片方のカウンター機を、机の奥深くにしまった。

　ハルオとは、今も時々会う。映画を見たり、カラオケに行ったり、たまには手をつないだりする。

「やっぱり、気持ちって、分類できないね」

　あたしは上原菜野に言った。

「ねえ、島島さん」

「なあに」

「島島っていう名字、わたしとっても、好き」

　そう言って、上原菜野はカウンター機を、かち、と鳴らした。

「うれしい」

　あたしも答え、カウンター機を、かち、と鳴らした。

　うしろの席から、顔見知りの中文の女の子が、聞いた。

「それ、何するもの。かち、かち、って、いい音だね」

　あたしと上原菜野は、しばらく顔を見合わせていた。

　それから、同時に答えた。

「ただの、おまじない」

　授業の始まりを告げる鐘が鳴った。あたしと上原菜野は、カウンター機をそれぞれのペンケースにしまった。それから、教科書とノートを、いそいでかばんから取り出し、午後いちばんの眠くてわかりにくい授業にそなえた。

（川上弘美《かわかみひろみ》「真面目な二人」による）

（注）　＊日文＝日本文学専攻の略。この後に出てくる「英文」は英米文学専攻の略、「中文」は中国文学専攻の略である。

「気持ちが動いた時に、押すの」
ふうん、と、あたしは答えた。
「今は、どんなふうに気持ちが動いたの」
そう聞くと、上原菜野は少し考えてから、こう答えた。
「うれしい、と、おいしい」

そのころあたしは、ちょっとややこしい恋愛をしていた。
ずっとつきあっていたハルオが、よその子を好きになって、別れたのはいいんだけれど、すぐにまた戻ってきてしまった、という状態だったのだ。
ごめん、許してほしい、やりなおしたい。
ハルオは拝むようにして、頼んだ。
あたしは、ふられて、ものすごく傷ついていた。ようやく忘れかけていたところだった。でも、ハルオに拝まれて、あたしは嬉《うれ》しくなってしまった。よりは戻った。
けれど、ものごとは、そううまくは運ばない。せっかくハルオとつきあっても、前とは何かが違ってしまっていた。好き。でも、もどかしい。だけど、好き。
恋愛の相談は、あたしは誰にもしない。
親しい友だちにもしないし、むろん知り合ったばかりの上原菜野にもしなかった。
Xだけど、結局あたしは、上原菜野に助けられることになる。
カウンター機方式を、あたしは試してみることにしたのである。
ハルオといる時に、どのくらい気持ちが動くか。それを、数えてみることにしたのだ。
びっくりした。
白、五。黒、十八。
それが、ハルオと過ごした五時間のあいだの結果だった。
白は、楽しい方に気持ちが動いた回数。
黒は、いやな感じ方面に気持ちが動いた回数。
あたしは、カウンター機を二つ用意したのだ。
左右の手に一つずつ握りこんで、かち、かち、と、押していった。左手は、白い気持ち。右手は、黒い気持ち。ハルオがいくら訊《たず》ねても、何を数えているのかは教えてあげなかった。
その夜、カウンター機の数字をじいっと見ながら、あたしは［ ii ］思った。
十八回も、いやな気持ちになったんだ。
あんまり黒い気持ちの方が多かったので、げんなりするよりも前に、Cしんとした感慨深い気持ちになった。
「こりゃ、だめだ」
あたしは、声に出して言ってみた。
五対十八。その数字を見た瞬間に、すでにハルオとのつきあいはやめようと思っていたけれど、こうやって声に出してみると、そのことはもう確定的になったような気がした。
あたしは翌日、静かにハルオに言った。別れよ。
うん。ハルオは答えた。そして、さみしそうに、［ iii ］頷《うなず》いた。
カウンター機を持っているあたしを見て、上原菜野は目をまるくした。
「それって」
上原菜野は言った。
「うん。上原さんの真似《まね》して、あたしも数えてみることにしたの」
「でも、二つある」
あたしは、左手の機械に白い気持ち、右手の機械に黒い気持ちを担当させていることを、告げた。上原菜野は、首をかしげた。
「島島さんは、真面目なんだね」
「えっ、どうして」
「気持ちを、ちゃんと分類しようとするなんて、真面目だよ」
「上原さんは、白黒わけないの」

女の子は聞いた。
「いや、その、銀色の」
Aあたしはどきどきしながら、答えた。
女の子の瞳は、片方が水色だった。そして、もう片方が茶色。
「これ？　カウンター機。ほら、交通調査とかに使う」
女の子は言い、それからすぐに、
「うん」
とつぶやき、カウンター機をまた一回押した。
かち。
教壇に立っている教授が、ちらりとこちらを見る。

授業が終わってから、あたしと女の子はなんとなく一緒に教室を出た。あたしは、掲示板の方へと歩いていった。休講のお知らせがないかと思って。
明日の授業は全部、変わりなく平常どおりおこなわれるようだった。
「昔は、大学って、もっとばんばん休講になってたんだって」
という声が隣から聞こえてきて、あたしはびっくりした。あの女の子だった。まだいたのだ。
「そうなんだ」
あたしは慎重に答えた。
「母親が言ってた。で、学生も、どんどんさぼったんだって。あんたは真面目すぎるって、よく言われる」
「そうなんだ」
あたしはあいまいに繰り返した。女の子は、あたりまえのようにあたしの横に立って、これから先もずっと一緒にいるのだというように、親しげにほほえんでいる。
（どうしよう、このままついてきちゃったら）
けれど、女の子はあたしの予想に反して、すぐに、
「じゃ」
と言い、あたしに背を向け、すたすたと歩いていってしまった。
途中で、かち、というカウンター機を押す音が、またした。日ざしが強かった。B新緑が、目に痛いようだった。
次の週の同じ時間、あたしはまた教室で女の子に会った。
「あっ、こんにちは」
女の子は言い、カウンター機を一回かち、と鳴らした。
「それ、何を数えてるの」
あたしが聞くと、女の子は小さく笑った。何を数えているかについては答えないまま、女の子は反対に聞き返してきた。
「わたし、＊日文の二年生。あなたは」
「英文。二年生」
あたしたちは、なんとなくほほえみあった。ほとんど意味のないほほえみ。でも、それ以来あたしたちは、授業が終わった後には、一緒に駅まで歩くようになった。
女の子の名前は、上原菜野《なの》といった。
「あなたは」
そう聞かれて、あたしは少しためらった。
「島島英世《ひでよ》」
しまじまひでよ。上原菜野は、つぶやいた。
「へんな名前でしょ」
早口で言うと、上原菜野は首をかしげ、
「でも、あたしの、違う色の両方の瞳よりは、へんじゃないよ」
と言った。
その日はじめて、あたしたちはすぐに電車に乗らないで、駅前でコーヒーを飲んだ。自動販売機で、あたしは微糖のを、上原菜野はミルクと砂糖がたくさん入ったのを、選んだ。コーヒーを飲みながら、上原菜野は二回カウンター機を押した。
「あのね、これ」
上原菜野は言った。

④ 子孫を残しやすい遺伝子を持つ種が、食物連鎖の世界で生き残っていくことでしょう。

⑤ 長い年月を経てミジンコの能力が他の種に比べて優れたものとなっているということでしょう。

問8 傍線部C「増えなかったら進化することはあり得ません。」とあるが、筆者がそのように考えるのはなぜか。その理由として最も適切なものを、次の①～⑤のうちから一つ選んでマークしなさい。 9

① 増える能力がないと、自分の力で変化していくことができず、進化に必要な多様性が生まれないから。

② 増える能力がないと、次世代へと生命が連鎖する現象が起きず、進化に特有の自然選択が生じないから。

③ 増える能力がないと、進化に必要な気が遠くなるほどの年数を経るうちに、風化して消滅してしまうから。

④ 増える能力がないと、自然選択が起きたあと特定の性質の個体ばかりが残って、多様性が回復しないから。

⑤ 増える能力がないと、環境に適した性質がその個体のみにとどまり、次の世代へ受け継がれていかないから。

問9 破線部「恐ろしい能力です。」とあるが、筆者が「増える能力」を「恐ろしい能力」だと述べるのはなぜか。本文から読み取れるその理由として適切なものを、次の①～⑥のうちから**二つ**選んでマークしなさい。（解答の順番は問わない。） 10 ・ 11

① 4～6段落にあるように、すべての生物は子孫を増やすことに必死で、環境破壊などの問題を引き起こしてしまう困った存在だが、それは生物が「増える能力」を持ったことの必然的な帰結だから。

② 7～9段落にあるように、「増える能力」は、いつどのようにして獲得されたのかは全く不明だが、原始地球の過酷な環境下でも生命をつないだ神秘的な能力であることは間違いないから。

③ 11段落にあるように、生命の成り立ちについての仮説は様々あるなかで、「増える能力」を獲得した物質が生命の元となったという説は、他の仮説を駆逐してしまうほどの絶対的なものだから。

④ 16・17段落にあるように、「増える能力」によって生物は進化することができるが、そのためには自然選択が働く必要があり、選ばれなかった生物は死滅するという悲惨な運命をたどるから。

⑤ 18・19段落にあるように、生物は「増える能力」を持ったことで進化という驚くべきプロセスをたどり、その結果、現在のように複雑で多様な生物が地球上に現れることになったから。

⑥ 21・22段落にあるように、一億年前からほとんど変わらない岩石に比べて、「増える能力」を持つ生物は環境に合わせてどんどん性質を変化させ、この先どんな存在になるか想像もつかないから。

二

次の文章を読んで、後の問いに答えなさい。

かち、かち、という音がするので見ると、隣の席に座っている女の子が、銀色の小さな機械を押しているのだった。

午後いちばんの授業でお腹《なか》はいっぱい、よく晴れていて i あたたかい五月の陽気、さっぱり理解できない講義内容、という三つがかさなって、眠さは頂点に達していた。教室のほとんどの学生が、うつらうつらしていた。教授の声が遠くのさざなみのように引いては寄せ、寄せては引いてゆく。

あ、もう眠る、と、気が遠くなりかけた瞬間に、かち、かち、という音は聞こえてきたのである。

じっと見ているあたしに気づいたのだろう、女の子はこちらを振り向いた。

「なあに」

② [i つまり ii すなわち iii ところで]
③ [i まず ii つまり iii たとえば]
④ [i すなわち ii 一方で iii そして]
⑤ [i たとえば ii むしろ iii また]

問4 傍線部A「それは人間も例外ではありません。」とあるが、「それ」はどのようなことか。その説明として最も適切なものを、次の①～⑤のうちから一つ選んでマークしなさい。[4]

① 生物は子孫を残そうとする本能を持ち、環境が許す限界まで増えてしまうものだということ。
② 生物は子孫を残したいという欲求から、とめどなく増えて最終的に自滅するものだということ。
③ 生物は子孫を残したいという欲求に歯止めが効かず、増殖と減衰の波をくり返すものだということ。
④ 生物は子孫を残したいという欲求を持つが、餌の量などの条件に生息数を限定されるものだということ。
⑤ 生物は子孫を残そうとする本能に忠実で、際限なく増殖して地球環境まで変えてしまうものだということ。

問5 [4]・[5]段落の内容として**間違っているもの**を、次の①～⑥のうちから**二つ**選んでマークしなさい。（解答の順番は問わない。）[5]・[6]

① 約27億年前、地球で最初に光合成を始めた生物はシアノバクテリアだと考えられている。
② シアノバクテリアが光合成を始める前の地球大気に、酸素はほとんど存在しなかった。
③ 栄養の乏しかった当時の地球において、光合成は光のエネルギーを使って大気中の二酸化炭素から栄養を作り出す画期的なしくみだった。
④ シアノバクテリアが大繁殖した結果、地球の二酸化炭素濃度が大幅に上昇して環境破壊につながった。
⑤ 自らが招いた環境破壊によってシアノバクテリアが数を減らし、代わって巨大な節足動物が地球上に繁栄した。
⑥ 真菌（白色腐朽菌）が繁殖して植物を分解した結果、大気中の酸素濃度が現在の水準まで下げられた。

問6 傍線部B「生命の誕生の元は、自らを増やす能力を獲得した何かだったと考えられています。」とあるが、それはなぜか。その理由として最も適切なものを、次の①～⑤のうちから一つ選んでマークしなさい。[7]

① 38億年くらい前、落雷や放射線、隕石等の要因で有機物質が一気に増え、そのごった煮の中から原始的な生命が生まれたと考えられるから。
② 生命の始まりは、原始地球において複数の物質がお互いを増やし合いながら増殖する分子の集合体になっていった現象だとする説が有力だから。
③ 複雑なしくみを持つ現在の生物の姿から、生命は進化という過程を経て今に至っていると考えられ、進化を起こすためには増える能力が不可欠だから。
④ 自らを増やす能力を持った物質でなければ、現在の地球に見られるように多様な生命が花ひらいている現象を作り出すことはできないと考えられるから。
⑤ 生命をつなぐためには環境に順応できる生物集団である必要があるが、環境に合う遺伝子を持つ個体が自らを増やすことでそのような集団が形成されるから。

問7 空欄[X]に入る文として最も適切なものを、次の①～⑤のうちから一つ選んでマークしなさい。[8]

① しだいに池に生息する生物の中でミジンコ集団の優位が確立していくことでしょう。
② 次の世代のミジンコ集団では泳ぐのが速いミジンコの割合が増えていることでしょう。
③ 餌が足りなくなってそれ以上増殖できなくなるまで際限なく増え続けることでしょう。

な変化ですが、おそらくこれを気の遠くなるほど続けた結果が、私たち人間を含む現在に生きる生物たちです。私たちの祖先は細菌のような単細胞生物だったと言われていますが、このような多様性と自然選択を気の遠くなるような数だけ繰り返して、より生き残りやすい性質を生み出し選んできました。その結果、現在の私たち人間や、現在生きているすべての生物のような複雑な生物へと進化していったと考えられています。

19 増える能力の話に戻ります。実は、進化が起こるには増える能力が前提として必要です。つまり、C増えなかったら進化することはあり得ません。

20 たとえば、増える能力を持たない岩石を考えてみましょう。岩石にも多様性があります。河原にある様々な石を思い浮かべてみてください。丸い石、ごつごつした石、平べったい石など形もいろいろですし、石のでき方によって種類も、チャート、砂岩、石灰石、蛇紋岩など様々です。この違いによって、石ごとに硬い、柔らかい、脆《もろ》いなど性質が異なります。つまり性質に多様性があります。この性質の違いにより自然選択がおこり、何年も経《た》ったあとの残りやすさに違いが生まれます。たとえば、砂岩などは比較的柔らかいので他の岩石よりも早く風化してなくなり、ほかのもっと硬い岩石はずっと形を保って残り続けることになるでしょう。

21 ここまでの現象は、必要な時間は違いますがミジンコと同じです。しかし、ミジンコとは違って岩石は自らを増やすことはありません。したがって、どんなに生き残りやすい丈夫な性質を持っていたとしても、その性質が次世代に受け継がれることはありませんし、集団内に広がることもありません。いつかは砕けてしまって、また上流から新しい石が流れてきて、元の状態に戻るだけです。

22 ここに増えるものと増えないものの違いがあります。ミジンコは増えて、どんどん性質がその環境に適したものに変化していきます。1億年前のミジンコは現在のミジンコときっと異なる性質を持っていました(少なくとも＊DNA配列は大きく異なるはずです)。一方で増えない岩石は変化することはありません。1億年前の河原にあった石の性質は、現在の河原にある石の性質と変わることはないはずです。

(市橋伯一《いちはしのりかず》『増えるものたちの進化生物学』による)

(注) ＊シアノバクテリア＝光合成を行う原核生物。ラン藻とも呼ばれる。
＊古生代ペルム紀＝古生代最後の紀。シダ植物や裸子植物が繁栄し、巨大な両生類やは虫類が生息した。
＊ダーウィン＝チャールズ・ダーウィン(一八〇九～一八八二)。イギリスの地質学者・生物学者。
＊種＝生物群の分類学上の基本単位。
＊ミジンコ＝池や沼に生息する小さな甲殻類。
＊DNA＝デオキシリボ核酸。二重らせん構造をしていて、多くの生物で遺伝情報の継承と発現を担《にな》う。

問1 二重傍線部ⓐ～ⓔのカタカナは漢字に書き改め、漢字は読みをひらがなで記しなさい。(一点一画を正確に書くこと。) 記述

問2 波線部ア「危惧される」・イ「いとわない」の本文中における意味として最も適切なものを、後の①～⑤のうちからそれぞれ一つずつ選んでマークしなさい。ア 1 ・イ 2

ア 危惧される
① 指摘される ② 心配される ③ 注目される
④ 当然視される ⑤ 重要視される

イ いとわない
① 理解しない ② 考慮しない ③ 想像できない
④ いやがらない ⑤ がまんしない

問3 空欄 i ～ iii に当てはまる語句の組み合わせとして最も適切なものを、次の①～⑤のうちから一つ選んでマークしなさい。 3

① [i そもそも ii また iii 一方で]

能力です。次にこの能力の成り立ちと影響について説明してみたいと思います。

7　この増えるという能力はいったいいつ生物に与えられたのでしょうか？　それは生命の誕生以前だと考えられています。ただし、生物に増える能力が与えられたというよりは、増える能力を持った物質が生物になったと言うほうが正しいでしょう。

8　最初の生命はおそらく38億年くらい前に生まれたと言われています。生命が生まれる前の原始地球の環境は、まだ大陸はなく、ほとんどが海で覆われているような状態だったようです。

9　そんな環境で、落雷やⓓウチュウからの放射線、隕石《いんせき》、鉱物による反応、地下からの熱水など、いろいろな過程でアミノ酸など最初の生物の材料となるような有機物質が生まれました。有機物質はそのうち地球上のどこかで濃縮されて「＊ダーウィンのスープ」と呼ばれる有機物質のごった煮のようなものが生まれました。そのごった煮の中で増える能力を持った原始的な生命の元が誕生したと想像されています。

10　しかし、それがどんな物質からできていたのかもわかっていませんし、どこでそれが起きたのかもわかっていません。一応、今のところ一番人気のある説は「リボヌクレオチド」（RNA）と呼ばれる物質が、海底の熱水噴出孔（溶岩で温められた水が噴き出しているところ、要するに海底にある温泉です）か、地上の熱水噴出孔で生まれたとする説ですが、いまだにだれも再現できていません。また、増える能力を持った物質は1種類ではなくて、複数の物質がお互いを増やしあいながら全体として増える分子の集合体だったという説もあります。

11　いずれにせよ、B生命の誕生の元は、自らを増やす能力を獲得した何かだったと考えられています。この説以外にも生命の起源の仮説は様々あるのですが、増える能力を持った物質が生命の元となっているのはほぼすべての仮説で共通するところです。

12　生命誕生がどこでどんな物質から起きたのかも分からないのに、どうして「増える能力をもっていた」なんてことが断言できるのでしょうか。それは今の生物の姿を考えると、進化というしくみなしでは達成できないはずで、そして進化を起こすためには「増える能力」がどうしても必要だからです。

13　すべての生物は進化をします。「進化」という言葉はいろいろな分野で少し違った意味で使われていますが、ここでの「進化」は生物学的な進化を指します。すなわち、ダーウィンが述べた「多様性を持つ集団が自然選択を受けることによって起こる現象」のことです。

14　この進化の原理はとても単純です。[i]、生物は同じ＊種《しゅ》であっても個体ごとに少しずつ遺伝子が違っていて、その能力にも少しだけ違いがあること、[ii]能力に多様性があることを前提とします。

15　[iii]、池の中に＊ミジンコがたくさんいて、みんな少しずつ泳ぐ速さが違うといった状況をイメージしてください。泳ぐのが速いミジンコは、泳ぐのが遅いミジンコよりもきっと餌を多く手に入れることができるでしょうし、ヤゴなどのⓔテンテキから逃げやすいので長く生き残ってたくさんの子孫を残すでしょう。そして[X]

16　この子孫を残しやすい性質が集団内で増えていく現象が「自然選択」と呼ばれます。多様性があってそこに自然選択が働くと、より子孫を残しやすい性質がその生物集団に自然に広がっていくことになります。

17　このように集団の性質がどんどん変わっていくことが生物学的な「進化」と呼ばれます。自然選択が起こると特定の性質が選ばれるので、一時的に多様性は小さくなってしまいますが、そのうち遺伝子に突然変異が起きてまたいろいろ性質の違う個体が生まれると多様性は回復します。そしてまた自然選択が起こり、進化が続いていくことになります。

18　ここで例として挙げた進化では泳ぐのが速くなるくらいの小さ

二〇二四年度 東京学芸大学附属高等学校

【国語】（五〇分）〈満点：一〇〇点〉

（注意）1．この問題にはマーク式解答の問いと記述式解答の問いが含まれています。

2．解答番号 1 ～ 28 の問いは、答えをマークシートの各解答番号のうちから一つ選んでマークしなさい。

3．記述 の印がある問いの解答は、マークシートの裏面の指定された解答欄に記入しなさい。

一 次の文章を読んで、後の問いに答えなさい。（1～22は段落番号である。）

1 生物の振る舞いを見ていると、何としても子孫を残してやろうとする恐ろしいほどの強い意志のようなものを感じます。もちろんほとんどの生物には人間のような脳はないので人間の意思とは違うでしょう。「本能」と呼んだ方が良いかもしれません。ほとんどすべての生物はこの本能に忠実で、子を残す欲求には自制が効きません。たとえばカメムシやガの大量発生のニュースを聞いたことはないでしょうか。多くの生物は増殖する環境が整えば限界まで増えてしまいます。そして餌が足りなくなったり、ウイルスにやられたりして再び減っていきます。

2 Aそれは人間も例外ではありません。たとえば、現在でこそ少子化が問題になっていますが、過去100年間で地球上の人間の数は約16億人ほどから約80億人へと約5倍に増えています。これは化学ⓐヒリョウが開発されて食料生産量が上昇したからだと言われています。そして今や人口が増加しすぎて食料不足がア危惧されるようになっています。これはつまり、知能が高いとされる人間であっても生殖に自制が働かず、食料が許す限界まで増えてしまうことを意味しています。そして増えすぎた人間は、森林を伐採し化石燃料を消費し温暖化を引き起こし、地球環境すら変えてしまっています。

3 地球環境を変えるくらい極端に増えてしまったのは人間だけではありません。最初に地球の大気を変えた生物は単細胞で光合成を行《おこ》なう＊シアノバクテリアだと言われています。

4 シアノバクテリアは約27億年前に光のエネルギーを使って大気中の二酸化炭素から酸素と糖をつくる光合成を最初に始めたと考えられています。このしくみは画期的で、光と二酸化炭素さえあればいくらでも栄養（糖）を作ることができてしまいます。そのため、栄養のⓑ乏しかった当時の地球で大繁殖し、その結果もともと地球大気にはほとんどなかった酸素の濃度が、恐竜が出てくる少し前の＊古生代ペルム紀には35％近くまで上昇してしまったとⓒスイテイされています。現在、大気中の二酸化炭素濃度が0・01％上がっただけで温暖化が問題になっていることを考えると、これは恐ろしい環境破壊です。

5 このときの酸素濃度は現在の酸素濃度（約20％）よりもずいぶん高いですが、そのおかげで巨大な節足動物が繁栄できたといわれています。さらにこの後、次に出現した植物を分解できる真菌（白色腐朽菌）が大繁殖してくれたおかげで現在の濃度にまで下げられたと言われています。生物は、増えられる環境があると後先かまわず限界まで増えてしまう性質を持っているように見えます。

6 このように私たち生物はみんな、生き残り、繁殖することに必死です。そのためには手段も選ばず、それによって大きな問題を引き起こすこともイいとわないように見えます。なぜこんな恐れを知らない困った存在が地球上に生まれたのでしょうか。これは私たちの祖先となる最初の生命（まだ生命と呼べないものだったかもしれません）が増える能力を持ったことの必然的な結果です。増えるという能力は、生物にとっては当たり前の能力ですが、生物以外ではちょっと他に例がないくらい珍しく、そして恐ろしい

2024年度／東京学芸大学附属高等学校

英語解答

1 1 ④　2 ③　3 ①　4 ③　5 ②

2 問1 ④$_{6}$

問2 A…④$_{7}$　B…①$_{8}$　C…③$_{9}$　D…②$_{10}$

問3 ④$_{11}$　問4 ①$_{12}$　問5 ③$_{13}$

問6 ②$_{14}$　問7 ③$_{15}$　問8 ①$_{16}$

問9 ④$_{17}$　問10 ⑥$_{18}$，⑧$_{19}$

3 問1 A…③$_{20}$　B…①$_{21}$　C…④$_{22}$　D…②$_{23}$

問2 never，money　問3 ④$_{24}$

問4 G…③$_{25}$　H…①$_{26}$　I…④$_{27}$

問5 ①$_{28}$　問6 attractive

問7 ④$_{29}$　問8 ④$_{30}$，⑤$_{31}$

4 問1 あ…④$_{32}$　い…②$_{33}$　う…②$_{34}$　え…②$_{35}$　お…④$_{36}$

問2 Ⅰ…②$_{37}$　Ⅱ…⑤$_{38}$　問3 6

問4 ④$_{39}$　問5 ア，エ，オ

問6 40…⑥　41…⑦　42…⑧　43…①

問7 ②$_{44}$，③$_{45}$

1〔放送問題〕解説省略

2〔長文読解総合―物語〕

≪全訳≫❶昔々，ある小さな村に，リーという名前の幼い少女がいた。彼女はフルートを吹くのが好きだった。❷ある日，リーは森の中を歩いていると，けがをした小さな鳥を見つけた。その鳥は翼が折れていて飛ぶことができなかった。リーはその鳥を家に連れて帰り，回復するまで世話をした。彼女はその鳥にエサをやり，何日も温めてやった。❸→④その鳥が回復するにつれ，リーは不思議なことに気づき始めた。彼女がフルートを吹くたびに，その鳥は活発になり耳を澄まして聴いているのだった。彼女は実験をしてみようと思い立ち，フルートで音楽を奏でた。驚いたことに，その鳥は，まるで踊ろうとしているかのように翼を動かし始めたのだ。❹→①リーは興奮して，フルートを吹いてはその鳥のダンスを何時間も眺めていた。リーと小鳥は大親友になり，村人たちはしばしば彼らが野原で一緒に遊んでいるのを見かけた。❺→③ある日，1人の男が村にやってきた。彼は世界中を旅して回りながら，品物を売り買いしていた。彼はまた有名な音楽家でもあった。彼は自作の美しいメロディーで世界中に知られていた。リーのフルートの音色を聴いたとき，彼は驚いた。こんなに美しい音色を聴いたことはそれまで一度もなかった。❻→②その男はリーの所にやってきて，自分の旅に同行してくれるよう求めた。彼は自分が音楽について知っていることを全て彼女に教え，彼女が自分のような偉大な音楽家になるために力を貸そうと約束した。リーは大変喜び，彼と一緒に行くことに同意した。❼一緒に旅をしながら，その男はリーに音楽の規則や，作曲の仕方，トランペットやピアノやサクソフォンなど，さまざまな楽器の演奏法を教えた。リーは習得が早く，まもなく鳥を連れた演奏家として有名になった。❽ある日，男は王から手紙を受け取った。王は盛大な祭りを開くつもりでおり，その祭りで男に演奏してもらうことを望んでいた。男は光栄に思ったが，自分の演奏を印象的なものにするためには何か特別なものが必要だとわかっていた。彼はあるアイデアを思いついた。❾彼はリーに，鳥を音楽に合わせて踊らせながらフルートを吹くように頼んだ。リーは最初ためらったが，男は彼女にそれはすばらしい光景になるだろうと話した。彼らは数週間練習し，そのうちに群衆が感銘を受けるような演奏ができるようになった。❿とうとう，祭りの日がやってきた。何千人もの人々が演奏を見に集まり，男とリーは緊張していた。2人は舞台に上がると，リーがフルートを吹き始めた。鳥は彼女の肩に跳び乗って，ダンスを始めた。⓫群衆は黙りこくって，自分たちの前の美しい光景に驚嘆していた。音楽が盛り上がっていくと，鳥はまるで飛んでいるかのように翼を羽ばたかせた。群衆は興奮して拍手を送り，リーと男は

観客におじぎをした。⓬演奏の後，王が彼らに近づいてきた。彼は非常に感銘を受けたため，リーに音楽家として城での役職を与えようと申し出た。リーは大変喜んでその提案を受け入れた。⓭そういうわけで，リーは宮廷音楽家となった。彼女は盛大な行事やパーティーで王やその招待客のためにフルートを演奏した。彼女は自分の出発点を決して忘れることはなく，自分が音楽への情熱を見出す助けとなってくれたあの小さな鳥のことをいつも思い出すのだった。

問１＜適語選択＞空所前後の it は the bird を指す。鳥が回復するまで世話をしたのである。until は「～するまでずっと」という‘継続’を表す。

問２＜文章整序＞けがをした鳥を保護して世話をしている場面の後に続く部分なので，その鳥が回復する過程の内容である④を最初に置く。④の最終文の，鳥がリーのフルートに合わせて踊り出したという内容に続くのは，その様子を見たリーの反応を述べた①。残りは，③の冒頭に a man「ある男」，②の冒頭に The man「その男」とある点に注目し，③→②の順で置くと，空所後の，一緒に旅をする内容につながる。

問３＜適語句選択＞リーは学ぶのが早かったという内容に続く部分。前文より，リーは音楽家の男から音楽について習っているので，それらの知識や技術を早く習得した結果，演奏家としてすぐに有名になったと考えられる。

問４＜語句解釈＞下線部は，王から演奏を頼まれた男が，自分の演奏を印象的にするために思いついたことである。この後，男はリーに，鳥を踊らせながらフルートを吹いてくれるよう頼んでいる。よって適切なのは①「リーと彼女の鳥と一緒に演奏すること」。

問５＜英問英答＞「王は盛大な祭りで男に何をしてほしかったか」―③「楽器の演奏」 第８段落第２文参照。男は有名な音楽家なので，ここでの perform は「演奏する」という意味である。musical instrument「楽器」

問６＜英問英答＞「なぜリーはコンサートに参加することに決めたのか」―②「男が彼女に，それはすばらしい光景になるだろうと言ったから」 第９段落参照。 amazing ≒ fantastic「すばらしい」 hesitate「ためらう」

問７＜英問英答＞「演奏の間，鳥はリーのフルートに合わせて何をしたか」―③「彼女の肩にとまって踊った」 第10段落終わりの２文参照。 hop onto ～「～にぴょんと跳び乗る」

問８＜英問英答＞「なぜ群衆は演奏のときに沈黙していたのか」―①「その演奏がすばらしかったから」 第11段落第１文参照。 amazed「驚嘆して」

問９＜英問英答＞「祭りでの演奏の結果，どうなったか」―④「群衆は喜び，リーは王から仕事をもらった」 第11段落最終文および第12段落参照。

問10＜内容真偽＞①「リーは森を歩いている最中に，脚の折れた２羽の鳥を見つけた」…× 第２段落第１，２文参照。見つけたのは１羽で翼にけがをしていた。 ②「リーが森で鳥を見つけたとき，鳥は両方の翼にけがをしていた」…× 第２段落第２文参照。a broken wing とある。 ③「男はリーのギター演奏の技術に驚いた」…× 第５段落後ろから２文目参照。ギターではなくフルート。 ④「男は自分が音楽について知っていること全てを鳥に教えるとリーに約束した」…× 第６段落第２文参照。鳥にではなく彼女自身に教えると約束した。 ⑤「男はリーに絵の描き方を教えた」…× 第７段落第１文参照。音楽について教えた。 ⑥「リーと男は祭りの前に数週間，演奏の練習をした」…○ 第９段落最終文に一致する。 ⑦「王自身も楽器を演奏した」…× このような記述はない。 ⑧「王がこれからは自分のために演奏してほしいとリーに頼んだとき，リーはとてもうれしかった」…○ 第12段落終わりの２文の内容に一致する。

3〔長文読解総合─物語〕

≪全訳≫❶パメラ・クレイポールが56歳のとき，彼女の生活全てが変化した。ある土曜日の朝，庭仕事をしていたとき，突然彼女はめまいを感じた。彼女が覚えているのはそれだけだった。近所の人が彼女を発見した。彼女は地面に倒れていた。近くの病院で，医師たちは脳卒中だと言った。$_A$彼女は自分の左半身を動かすことができず，見たり聞いたり話したりすることもできなかった。少しずつ，彼女は回復していった。$_B$数か月後には，再び左半身を使えるようになり，聞いたり話したりできるようになった。$_C$だが，目は見えないままだった。$_D$主治医たちは，彼女は残りの生涯，見ることができないかもしれないと言った。❷パメラは結婚しておらず，１人で暮らしていた。彼女は何も見えない中で生活できるようになってきたものの，それは困難だった。ときには，脳卒中を生き延びたのを悔やむこともあった。だが，時がたつにつれて，彼女は状況に適応できるようになってきた。彼女にできないことはほんのいくつかだけだった。例えば，何か物が壊れたときは，友人たちが彼女に手を貸してくれた。❸脳卒中を起こしてから３年ほどたったある朝，パメラは食器を洗っていて，キッチンのシンクから水が出てこないことに気がついた。おそらく詰まっているのだろう。「ミッチに電話してごらん」と友人が彼女に言った。ミッチというのは地元の修理工だった。彼は人々のために物を修理したり，家周りの作業を手伝ったりしていた。彼は50歳くらいで，結婚はしていなかった。彼は自分の仕事が大好きだった。❹パメラはミッチに電話をかけた。「あなたは物を修理するのがお得意だと伺ったのですが」と彼女は言った。「うちのキッチンのシンクが故障してしまって。こちらに来ていただけますか？」❺「すぐそちらに伺いますよ」とミッチは彼女に言った。彼はほんの数分でシンクを直した。「すっかり直りましたよ」と彼は言った。❻「ありがとうございます。おいくら支払えばいいかしら？」とパメラは尋ねた。❼「お代はけっこうですよ」とミッチは言った。「でも，お茶を１杯いただけるとありがたいな」❽パメラはお茶をいれ，彼女とミッチはキッチンのテーブルに座っておしゃべりした。彼は，いつでも喜んで彼女を手伝おうと言った。❾その後２年にわたって，ミッチはしょっちゅうパメラの家に来ては，物を修理したり一緒に庭仕事をしたりしてくれた。だが，彼は決して自分のした仕事に対してパメラからお金を受け取ることはなかった。彼は，１杯のお茶とちょっとした会話で十分だと言った。実は，彼はパメラに恋をしていたのだ。だが，決して彼女にそれを告げることはなかった。ミッチは魅力的な男性ではなかった。「もし彼女が俺を見ることができるなら」と彼は思った。「彼女は俺を愛したりしないだろうな」❿ある朝，パメラは早く目が覚めた。枕の上で頭の向きを変えると，ベッドの隣にある目覚まし時計の針が見えた──午前５時30分だった。見えたのだ！　彼女は自宅の玄関まで走っていき，外を見た。花や木や通りの向こう側にある家が見えた。彼女は喜びのあまり声を上げた。そして電話の所に行くと，一番の親友であるミッチに電話をかけた。⓫「もしもし，ミッチ」と彼女は言った。「$_G$緊急事態よ！　すぐに来て！」⓬ミッチはパメラからの電話について考えた。朝の５時30分に，いったいどんな緊急事態が起こりうるというのだろう。そこら中水浸しになったのだろうか。誰かが彼女の家に押し入って何かを盗もうとしているのだろうか。彼はパメラの家に向かって急いだ。⓭パメラは玄関を開けた。「$_H$パメラ，大丈夫かい？」とミッチは言った。パメラは笑顔でこう言った。「$_I$あなたの目って茶色いのね」⓮「なんだって？　目が見えるのかい？」⓯「そうなの！」とパメラは言い，ミッチに抱きついた。ミッチはパメラのために喜び，そしてまた自分自身もうれしかった。「彼女には俺が見えてる，$_J$それでも俺のことを好きでいてくれている」と彼は思った。⓰数週間後，ミッチはパメラに自分と結婚してほしいと頼み，彼女は承諾した。彼はこう言った。「初めて君のシンクを修理しに来たときからずっと，君のことを愛してたんだ」⓱「どうしてずっと言ってくれなかったの？」とパメラは彼に尋ねた。⓲「俺は魅力的じゃないから，君は受け入れてくれないだろうと思ってたんだ」とミッチは言った。⓳「あなたの見た目なんて気にしないのに」とパメラはミッチに言った。「何年もずっとあなたのことを愛していたのよ」⑳「じゃあ，どうしてそれを言ってくれなかったんだい？」と彼は尋ねた。㉑「あなたは私なんか求めてはいないと思ったの」と彼女は答えた。「だって私は目が見えなかったんだもの」

問１＜適文選択＞A．脳卒中を起こした直後の場面なので，その後遺症を述べた③が適する。　B．前文に she got better とあるので，具体的に回復の様子を述べる文を続ける。　C．回復を示す前文と‘逆接’となる④が入る。　D．戻らない視覚について，医師の見立てを述べた②が入る。

問２＜適語補充＞‘逆接’の But で始まる文なので，下線部は前文の内容と相反する関係になる。空所後でミッチはお茶を飲みながら会話するだけで十分だと述べていることから，ミッチは２年間ずっと仕事を請け負っているにもかかわらず，パメラから「代金を受け取っていない」ことがわかる。accepted と動詞が過去形になっていることに着目し，１つ目には「決して～ない」という意味の never を，accepted の目的語には money「お金」をそれぞれ補う。

問３＜適語句選択＞空所を含む部分は，その前にある If she could see me につながる部分である。ここで could が使われていることから，この文が‘現在または未来についての可能性の乏しい想像’を表す仮定法過去の文であることを読み取る。ミッチがパメラに愛を伝えずにいるのは，もしパメラの目が見えて自分の容姿を知れば，自分を愛してくれはしないと悲観しているためである。

問４＜適文選択＞G．突然目が見えるようになったパメラがミッチに電話で伝えた内容が入る。これを聞いたミッチは What kind of emergency ...? と考えながら慌てて駆けつけている。　H．緊急事態だとパメラに呼び出され，駆けつけたミッチが玄関に到着したときの第一声である。　I．この後ミッチが，目が見えるのかと驚いているので，ミッチの姿が見えていることを示す内容が入る。

問５＜適文選択＞目が見えるようになったパメラに抱擁されたミッチは，パメラが自分の容姿を見ても嫌ったりはせず，変わらず好意を持ってくれていることに喜んでいるのである。

問６＜適語補充＞第９段落後半参照。ミッチが自分はパメラに愛してもらえないと思い込んでいたのは，自分が attractive「魅力的」ではないと思っていたから。

問７＜適語(句)選択＞数年にわたりお互いに好意を持っていたミッチとパメラだが，それぞれ本心を打ち明けられずにいたのは，互いに引け目に感じることがあったからである。パメラにとってそれは，視覚障がいがあったことだと考えられる。　blind「盲目の，目の見えない」

問８＜内容真偽＞①「パメラは子どもの頃，めまいを感じ，地面に倒れ，病院に運ばれた」…×　第１段落第１～６文参照。56歳のときである。　②「２人が出会ったとき，パメラは56歳で，ミッチは50歳くらいで妻はいなかった」…×　第３段落参照。２人が出会ったのは，パメラが56歳で脳卒中を起こした３年後。　③「脳卒中の数か月後，パメラは回復したが，耳は聞こえなかった」…×　第１段落終わりの３文参照。視覚が回復しなかった。　④「脳卒中の後の経験がつらすぎて，パメラは自分が生き延びたことを悲しく思った」…○　第２段落第２，３文の内容に一致する。regret ～ing「～したことを残念に思う」　⑤「最初の修理の後，ミッチはパメラにいつでも自分に助けを求めてかまわないと言った」…○　第４～８段落の内容に一致する。　⑥「ときおりミッチはパメラのために食器を洗ったが，それは彼女が視覚を失った後，それをすることができなかったからである」…×　このような記述はない。　⑦「ある朝５時30分に，パメラが再び見えるようになったことを喜びながらミッチはパメラのもとに急いだ」…×　第12段落参照。パメラの家に到着するまでは目が見えるようになったことを知らなかった。

4〔長文読解総合—説明文〕

≪全訳≫❶ある数が幸運だったり不吉だったりするということをあなたは信じているだろうか。もしそうなら，それはあなただけではない。数にまつわる迷信は，多くの社会でよく見られる。例えば，欧米諸国では，13という数が不吉だと信じている人が多い。彼らは13日の金曜日には恐ろしいことが起きると信じている。13階が存在すらしない建物もある。同様に，中国や日本の文化では，数字の4は「死」を表す語と発音が似ているため，不吉と見なされることが多い。一方で，7は欧米諸国ではラッキーナンバーだと考えられている。中国では，8がラッキーナンバーとされ，それはこの数の発音が「裕福」を意味する語に似ているためである。❷古代には，数には魔力があると信じられていた。そしてある種の数は未来を予言したり，人の性格の隠された面を示したりするとされていた。数秘術とは，数の持つ力を読み解く技術であるが，これはユダヤ教の伝統やギリシアの数学者の間で頻繁に利用されていた。現代では，今なお数秘術を実践する人々の多くは，ある仕組みを使っている。それはアルファベットの文字それぞれが1から8までの数に相当するというものだ。❸この数秘術の仕組みを示す一例がある。人の名前に結びつく数を見つけるには，まず，以下の表を用いてその名前のそれぞれの文字に正しい数を割り当てる。／1＝A・I・Q・J・Y　2＝B・K・R　3＝C・G・L・S　4＝D・T・M　5＝E・H・N　6＝U・V・W・X　7＝O・Z　8＝F・P❹次に，その数をたして，その名前を表す1から9の数を求める――9より大きい数になった場合は，それぞれの桁《けた》の2つの数をたす。❺例えば，Jamesという名前を例にとってみよう――J＝1，A＝1，M＝4，E＝5，S＝3である。これらの数をたすと，合計は14となる。14は9より大きいので，それぞれの桁の2つの数をたすと，（1＋4で）5がJamesという名前を表す数ということがわかる。❻1から9の各数は，さまざまな種類の性格を表している。1はリーダーの数であり，この数の人は野心家で，自信家で，自分に満足しているが，他人に対してすべきことを命令する場合がある。2は他者をサポートし，コミュニケーション上手で，注意深くものを考える人を表す。この人はパートナーには適しているが，寂しがり屋かもしれない。3は社交的な人物で，外交的で熱意があり，親しみやすく，人生を楽しむタイプである。マイナス面として，この人物は自制がきかない場合がある。4は実践的で伝統的，そして真面目な人物の数である。彼らは働き者だが，決まった作業がないと不快になることがある。5は冒険好きで友好的な人物であり，他者と良好な関係を築くのが得意である。しかしながら，彼らは飽きっぽい場合がある。6は幸運数だ。このタイプの人物は平和主義で，他者への思いやりがある。マイナス面として，彼らはときおり他人に利用されたと感じることがあるかもしれない。7は孤独を好む人を表す数である。このタイプの人は，物事を深く考える人物である。その反面，十分に良好な状態でないことを気に病む場合がある。8は金銭の扱いに長《た》けた人物を表し，すばやく決断するのが非常に得意な可能性がある。その一方で，このタイプの人物は他人の気持ちがわからない。9は創造力に富み，さまざまな才能を持ち，世界をよりよくしようと望む人の数である。この人物は優秀なグループのリーダーとなりうるが，大まかな全体像を見るだけでなく，小さな細部にも注意を払う必要がある。❼数秘術には何かしらの真実があるのだろうか。大変人気はあるものの，科学的な証拠は何もなく，懐疑主義者たちはそれがそもそも正しいのかどうかを疑っている。例えば，彼らはこのように問いかけている。「(き)もし数秘術が世界中で通用するものだとしたら，ある単語を異なる言語間で翻訳することから生じる物や人を表す数の違いをどう説明するのか」　それでも，多くの人にとって，数秘術は依然として人の性格についてある種の明確な理解を得るためのきわめて興味深い方法なのである。

問1＜適語(句)選択＞あ．この後，世界のさまざまな地域における数にまつわる迷信の例が挙げられている。　common「共通の，よく見られる」　い．直後の2文は，13という数が不吉と考えられている例である。　う．直後の，数が未来を告げたり人の隠れた性格を明らかにしたりするという内容から，数には特別な力＝「魔力」があると考えられていたことがわかる。え．第５段落の具体例より，名前に含まれる数の合計が10以上になった場合は，一の位と十の位の２つの数をたすことがわかる。single「個別の」　お．この後，１から９のそれぞれの数が表す異なる性格が挙げられている。

問２＜適語句選択＞Ⅰ．空所の前では欧米の，後では中国や日本の不吉な数について説明している。In a similar way「同様に」　Ⅱ．不吉とされる数について述べた後，幸運とされる数について紹介している。On the other hand「一方で，その反面」は‘対比’を表す表現。

問３＜要旨把握＞Elizabethに含まれるアルファベットを第３段落の表に基づいて数字に直すと，E＝５，L＝３，I＝１，Z＝７，A＝１，B＝２，E＝５，T＝４，H＝５で，数の合計は33となる。これは９より大きいので，十の位と一の位をたすと３＋３＝６となる。

問４＜要旨把握＞「社会の慣習に従い，自分がしろと言われたことをする人」　第６段落に挙げられた性格のうち，この定義に最も近いのは，伝統に従い，真面目で，決まったルーティンワークを好むという４のタイプである(第７，８文)。

問５＜語句解釈＞下線部は‘～ as well as …’「…だけでなく～も」の形で，大きな全体像だけでなく，小さな細部にも注意を払う，という意味。これに当てはまるのは，ア．「状況をよく理解する」，エ．「細部を見て，より大きな視点を持つ」，オ．「細部に注意を払い，広い視点から物事を見る」。trivia「ささいなこと」

問６＜整序結合＞下線部は懐疑主義者たちが数秘術に持つ疑問の例となる部分。まず，itがnumerologyを指すと考えてHow does it explain「それ(数秘術)はどう説明するのか」とまとめると，数秘術に対する懐疑的な疑問を表す意味になる。explainの目的語としてthe differences「違い」を置き，残りは何における違いかを説明する語句としてin the number for an object (or a person)「物(や人)を表す数における」とまとめる。ここでのforは「～を表す，示す」の意味の前置詞。... then how does it explain the differences in the number for an object or a person ...

問７＜内容真偽＞①「日本では，数字の４は不吉だと考えられており，一方で８は幸運だと見なされている」…×　第１段落最後から３文目および最終文参照。８が幸運だと見なされているのは日本ではなく中国。　②「昔は，数が未来を予測できると信じられていた」…○　第２段落第１，２文の内容に一致する。　③「数秘術のシステムでは，まず人名のそれぞれの文字を数に変換しなければならない」…○　第３段落第２文の内容に一致する。　④「３と７に該当する人は，人と一緒にいることを好む」…×　第６段落参照。「人と一緒にいることを好む」に関して，３の特徴は合致するが，７は逆である。　⑤「数字の５に該当する人は，長時間同じことをするのを好む」…×　第６段落中盤参照。５の特徴は飽きっぽいこと。　⑥「数字の８に該当する人は，リーダシップをとって世界をよりよくすることができる」…×　第６段落後半参照。「リーダシップをとって世界をよりよくする」に関連するのは９の特徴。　⑦「数秘術の背後には科学的事実が存在するので，それが正しいと考える人もいる」…×　第７段落第２文参照。科学的な証拠はない。

数学解答

1 〔1〕 13　〔2〕 $x=\frac{2\pm\sqrt{7}}{3}$

〔3〕 1　〔4〕 $\frac{5}{36}$

2 〔1〕 $z=25x$　〔2〕 $l=2w+2$

3 〔1〕 2cm　〔2〕 $\frac{40}{11}$

〔3〕 $\frac{2\sqrt{3}}{3}$，$2\sqrt{3}$

4 〔1〕 $\frac{\sqrt{10}}{2}$　〔2〕 (5，5)

〔3〕 (−3，9)

5 〔1〕 ア…5　イ…4　ウ…6　エ…1

オ…$\frac{2}{15}$

〔2〕 1：3　〔3〕 $\frac{6}{19}$

1 〔独立小問集合題〕

〔1〕＜数の計算＞与式 $=\sqrt{6}+\sqrt{10}+3+\sqrt{15}-(\sqrt{6}-\sqrt{10}-3+\sqrt{15})+(2-2\sqrt{10}+5)=\sqrt{6}+\sqrt{10}+3+\sqrt{15}-\sqrt{6}+\sqrt{10}+3-\sqrt{15}+7-2\sqrt{10}=13$

〔2〕＜二次方程式＞両辺を6倍して，$3(3x+1)^2=24x^2+2(2+11x)$，$3(9x^2+6x+1)=24x^2+4+22x$，$27x^2+18x+3=24x^2+4+22x$，$3x^2-4x-1=0$ となるので，二次方程式の解の公式より，$x=\frac{-(-4)\pm\sqrt{(-4)^2-4\times3\times(-1)}}{2\times3}=\frac{4\pm\sqrt{28}}{6}=\frac{4\pm2\sqrt{7}}{6}=\frac{2\pm\sqrt{7}}{3}$ である。

〔3〕＜関数─変化の割合＞関数 $y=ax^2$ で，$x=4$ のとき $y=-8$ だから，$-8=a\times4^2$ が成り立ち，$a=-\frac{1}{2}$ となる。よって，関数は，$y=-\frac{1}{2}x^2$ である。$x=-4$ のとき $y=-\frac{1}{2}\times(-4)^2=-8$，$x=2$ のとき $y=-\frac{1}{2}\times2^2=-2$ だから，x の値が -4 から2まで増加するときの変化の割合は，$\frac{-2-(-8)}{2-(-4)}=1$ である。

〔4〕＜確率─さいころ＞1個のさいころを2回投げるとき，目の出方は全部で $6\times6=36$（通り）ある。このうち，動かし終わったときに碁石が点Dの位置にあるのは，1回目の出た目が1のとき，碁石は点Bの位置にあるから，2回目で点Dの位置にあることはない。1回目の出た目が2のとき，碁石は点Dの位置にあるから，2回目は5の目が出る1通りある。1回目の出た目が3のとき，碁石は点Dの位置にあるから，2回目は5の目が出る1通りある。以下同様に考えて，1回目の出た目が4のときはない。1回目の出た目が5のとき2回目は2，3の目が出る2通りあり，1回目の出た目が6のとき2回目は6の目が出る1通りある。よって，動かし終わったときに碁石が点Dの位置にある目の出方は $1+1+2+1=5$（通り）あるから，求める確率は $\frac{5}{36}$ である。

2 〔数と式〕

〔1〕＜文字式の利用＞1マイルは1.6kmだから，$1\div1.6=1\div\frac{8}{5}=\frac{5}{8}$ より，1kmは $\frac{5}{8}$ マイルである。自動車Aと自動車Bは，速さが同じなので，x 時間で進む道のりも同じである。x 時間で，自動車Aは $40x$ km進むので，自動車Bの進む道のりは $\frac{5}{8}\times40x=25x$（マイル）であり，$z=25x$ となる。

〔2〕＜文字式の利用＞1ポンドは450gだから，$1\div450=\frac{1}{450}$ より，1gは $\frac{1}{450}$ ポンドである。1インチは2.5cmだから，$1\div2.5=1\div\frac{5}{2}=\frac{2}{5}$ より，1cmは $\frac{2}{5}$ インチである。$y=\frac{1}{90}x+5$ において，変化の割合が $\frac{1}{90}$ だから，おもりの重さが1g重くなると，ばねは $\frac{1}{90}$ cm伸びる。また，$x=0$ のとき $y=5$ だから，何もつるさないときのばねの長さは5cmである。よって，ばねは，おもりの重さを $\frac{1}{450}$ ポン

ド重くすると，$\frac{2}{5}\times\frac{1}{90}=\frac{1}{225}$(インチ)伸びるので，1ポンドで$\frac{1}{225}\times450=2$(インチ)伸び，wポンドで2wインチ伸びる。何もつるさないときのばねの長さは$\frac{2}{5}\times5=2$(インチ)だから，wポンドのおもりをつるしたときのばねの全長は2w+2インチとなり，$l=2\mathrm{w}+2$となる。

3 〔関数―図形の移動と関数〕

≪基本方針の決定≫〔3〕 $0<t<2$のときと$t>2$のときで考える。

〔1〕＜長さ＞右図1で，2点P，Qは毎秒1cmで移動するから，$t=3$のとき，BP＝CQ＝3である。また，BP∥ORだから，△ABP∽△AORであり，BP：OR＝AB：AO＝(6－4)：6＝1：3となる。よって，OR＝3BP＝3×3＝9である。OC＝4なので，QR＝OR－OC－CQ＝9－4－3＝2(cm)となる。

図1

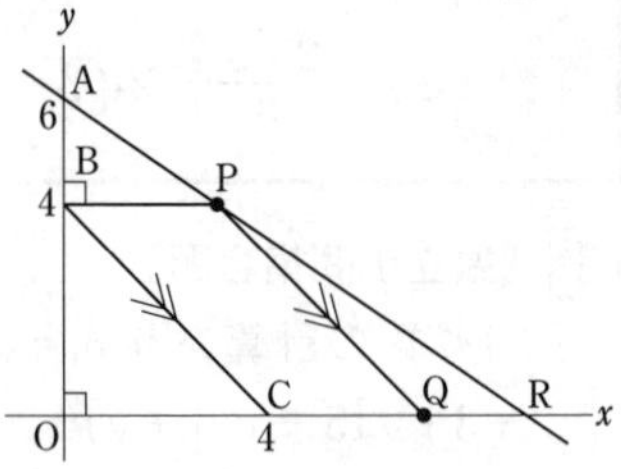

〔2〕＜時間＞右下図2で，$t=2$のとき，BP＝CQ＝1×2＝2だから，P(2, 4)であり，4＋2＝6より，Q(6, 0)となる。直線APの傾きは$\frac{4-6}{2-0}=-1$，直線AQの傾きは$\frac{0-6}{6-0}=-1$より，直線APと直線AQは傾きが等しいので，図2のように，直線APとx軸の交点Rは，点Qと一致する。よって，$t>2$のとき，右上図1のように，点Rのx座標は点Qのx座標より大きくなる。BP＝CQ＝$1\times t=t$だから，〔1〕と同様に考えると，OR＝3BP＝$3t$，QR＝OR－OC－CQ＝$3t-4-t=2t-4$である。これより，△PQR＝$\frac{1}{2}$×QR×BO＝$\frac{1}{2}\times(2t-4)\times4=4t-8$となる。また，△AOR＝$\frac{1}{2}$×OR×AO＝$\frac{1}{2}\times3t\times6=9t$である。したがって，△PQR＝$\frac{1}{5}$△AORであることより，$4t-8=\frac{1}{5}\times9t$が成り立ち，$4t-8=\frac{9}{5}t$，$\frac{11}{5}t=8$，$t=\frac{40}{11}$(秒)後となる。

図2

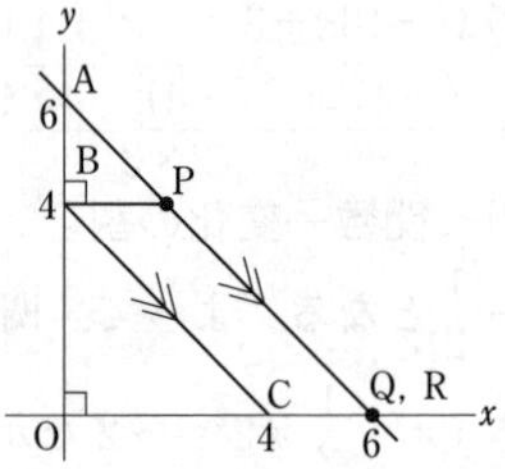

〔3〕＜時間＞〔2〕より，$0<t<2$のとき，右図3のように，点Rのx座標は点Qのx座標より小さくなる。BP＝CQ，BP∥CQより，四角形BCQPは平行四辺形だから，PQ∥BCである。また，OB＝OC＝4より，△OBCは直角二等辺三角形だから，∠BCO＝45°である。よって，∠PQC＝∠BCO＝45°だから，∠QPR＝15°のとき，△PRQで内角と外角の関係より，∠PRO＝∠QPR＋∠PQR＝15°＋45°＝60°となる。BP∥ORより，∠APB＝∠PRO＝60°となるから，△ABPは3辺の比が1：2：$\sqrt{3}$の直角三角形であり，BP＝$\frac{1}{\sqrt{3}}$AB＝$\frac{1}{\sqrt{3}}\times2=\frac{2\sqrt{3}}{3}$となる。$t=\frac{2\sqrt{3}}{3}\div1=\frac{2\sqrt{3}}{3}$となり，$0<t<2$を満たすので，適する。次に，$t>2$のとき，右上図1の△PRQで，∠PRQ＝∠PQC－∠QPR＝45°－15°＝30°である。∠APB＝∠PRQ＝30°となり，△ABPは3辺の比が1：2：$\sqrt{3}$の直角三角形だから，BP＝$\sqrt{3}$AB＝$\sqrt{3}\times2=2\sqrt{3}$となる。$t=2\sqrt{3}\div1=2\sqrt{3}$となり，$t>2$を満たすので，適する。以上より，$t=\frac{2\sqrt{3}}{3}$，$2\sqrt{3}$(秒)後である。

図3

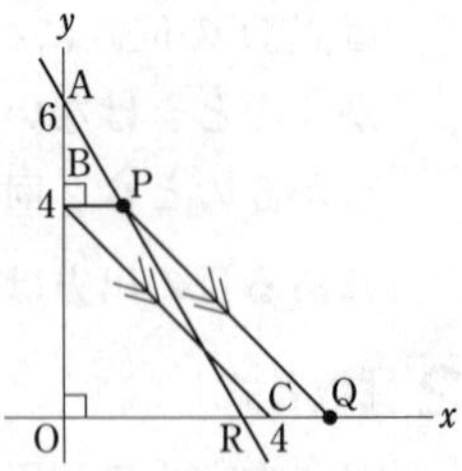

4 〔関数―座標平面上の図形〕

≪基本方針の決定≫〔3〕 4点O，A，P，Bが1つの円の周上にあることに気づきたい。

〔1〕＜長さ＞次ページの図1で，点Bからx軸に垂線BEを引く。∠OHA＝∠BEA＝90°，∠OAH＝∠BAEより，△OAH∽△BAEだから，AH：AE＝OA：BAである。A(5, 0)，B(3, 6)より，OA

=5，AE=5−3=2，BE=6であり，△BAEで三平方の定理より，BA=$\sqrt{\mathrm{BE}^2+\mathrm{AE}^2}=\sqrt{6^2+2^2}=\sqrt{40}=2\sqrt{10}$である。よって，AH：2=5：$2\sqrt{10}$が成り立ち，AH×$2\sqrt{10}$=2×5より，AH=$\frac{\sqrt{10}}{2}$となる。

図1

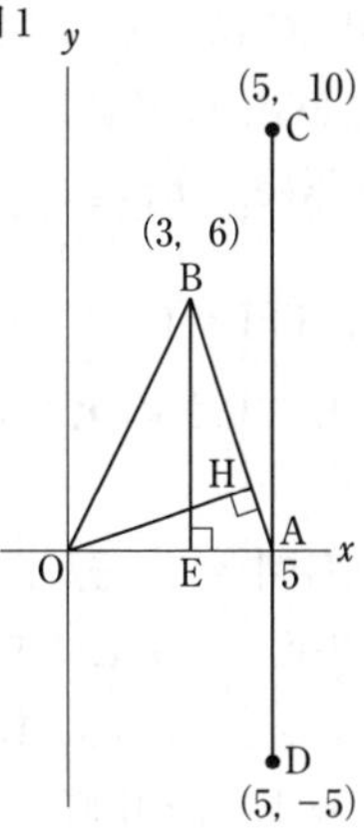

図2

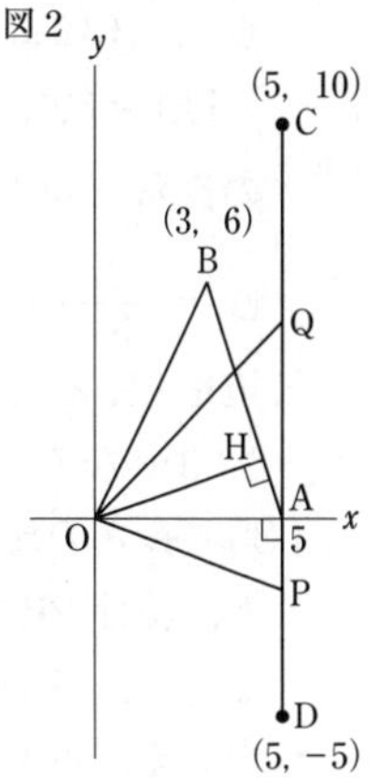

〔2〕＜座標＞右図2で，辺PQ上に点Aがあるとき，点Qは線分CD上にある。△OAB∽△OPQであり，OH⊥AB，OA⊥PQだから，点Hと点Aは対応する点である。よって，△OHB∽△OAQである。△OAHで三平方の定理より，OH=$\sqrt{\mathrm{OA}^2-\mathrm{AH}^2}=\sqrt{5^2-\left(\frac{\sqrt{10}}{2}\right)^2}=\sqrt{\frac{90}{4}}=\frac{3\sqrt{10}}{2}$であり，HB=BA−AH=$2\sqrt{10}-\frac{\sqrt{10}}{2}=\frac{3\sqrt{10}}{2}$となる。これより，HB=OHだから，AQ=OA=5となり，Q(5，5)である。

図3

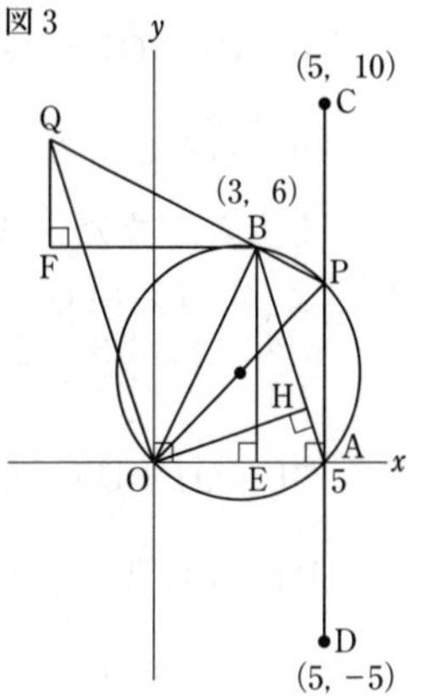

〔3〕＜座標＞右図3で，△OAB∽△OPQより，∠OAB=∠OPBだから，4点O，A，P，Bは1つの円の周上にある。∠OAP=90°だから，その円は，線分OPを直径とする円である。これより，OB⊥PQだから，点Hと点Bは，△OAB∽△OPQの対応する点である。〔2〕より，△OHBは直角二等辺三角形だから，△OBQも直角二等辺三角形であり，OB=QBである。点Bを通りx軸に平行な直線と点Qを通りy軸に平行な直線の交点をFとすると，∠OEB=∠QFB=90°である。また，∠EBF=∠OBQ=90°より，∠OBE=∠EBF−∠OBF=90°−∠OBF，∠QBF=∠OBQ−∠OBF=90°−∠OBFだから，∠OBE=∠QBFである。よって，△OBE≡△QBFである。B(3，6)より，BF=BE=6，QF=OE=3だから，点Qのx座標は3−6=−3，y座標は6+3=9となり，Q(−3，9)である。

5〔空間図形—三角錐，四角錐〕

≪基本方針の決定≫〔3〕 3点O，E，Gを通る平面と3点O，F，Hを通る平面に着目する。

図1

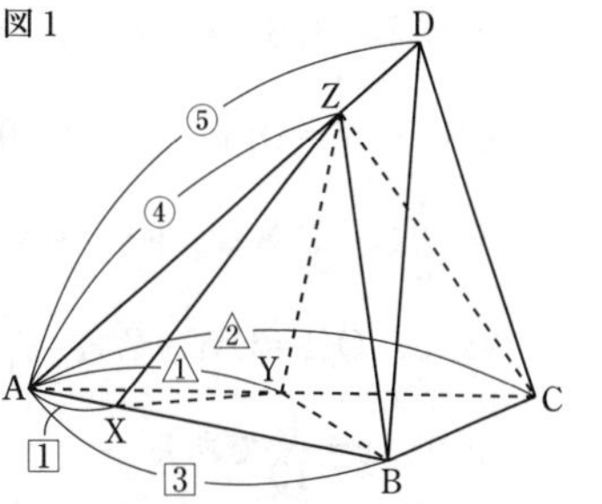

〔1〕＜体積比，体積＞右図1で，三角錐ABCDと三角錐ABCZの底面をそれぞれ△ABD，△ABZと見ると，高さが等しい三角錐だから，体積の比は底面積の比と等しくなり，〔三角錐ABCD〕：〔三角錐ABCZ〕=△ABD：△ABZとなる。△ABDと△ABZは底辺をAD，AZと見ると，高さが等しく，△ABD：△ABZ=AD：AZ=5：4だから，〔三角錐ABCD〕：〔三角錐ABCZ〕=5：4である。同様に考えて，三角錐ABCZと三角錐AXYZの底面をそれぞれ△ABC，△AXYと見ると，〔三角錐ABCZ〕：〔三角錐AXYZ〕=△ABC：△AXYである。点Bと点Yを結ぶと，△ABC：△ABY=AC：AY=2：1だから，△ABC=2△ABYとなり，△ABY：△AXY=AB：AX=3：1だから，△ABY=3△AXYである。よって，△ABC=2×3△AXY=6△AXYとなるので，△ABC：△AXY=6△AXY：△AXY=6：1であり，〔三角錐ABCZ〕：〔三角錐AXYZ〕=6：1となる。〔三角錐ABCD〕=Vとすると，〔三角錐ABCZ〕=$\frac{4}{5}$〔三角錐ABCD〕=$\frac{4}{5}V$となり，〔三角錐AXYZ〕=$\frac{1}{6}$〔三角錐ABCZ〕=$\frac{1}{6}\times\frac{4}{5}V=\frac{2}{15}V$となる。

〔2〕＜面積比＞次ページの図2で，線分FHと線分EGの交点をLとする。△EFG≡△EHGより，2

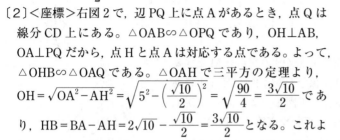

点F，Hは直線EGについて対称だから，FH⊥EG，FL＝LHである。$\angle$FEL＝60°，$\angle$FGL＝30°より，△EFL，△FGLは3辺の比が1：2：$\sqrt{3}$の直角三角形だから，EL＝$\dfrac{1}{\sqrt{3}}$FL＝$\dfrac{\sqrt{3}}{3}$FL，LG＝$\sqrt{3}$FLであり，EL：LG＝$\dfrac{\sqrt{3}}{3}$FL：$\sqrt{3}$FL＝1：3である。これより，△EFHと△FGHは，底辺をFHと見ると，高さの比がEL：LG＝1：3だから，△EFH：△FGH＝1：3となる。

図2

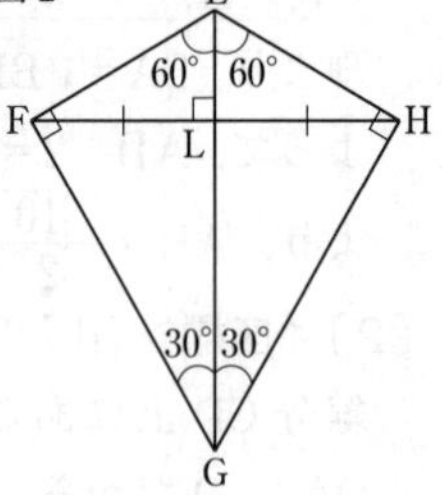

〔3〕＜長さの比＞右図3で，線分PRと線分QSの交点をMとすると，線分PRは平面OEG上にあり，線分QSは平面OFH上にあるから，点Mは線分OL上にある。右下図4のように断面OEGを考え，点G，点Lを通り直線RPに平行な直線と，辺OEとの交点をそれぞれT，Uとする。OP＝$\dfrac{2}{5}$OEであり，RP∥GTより，OP：OT＝OR：OG＝2：3だから，OT＝$\dfrac{3}{2}$OP＝$\dfrac{3}{2}\times\dfrac{2}{5}$OE＝$\dfrac{3}{5}$OEである。これより，ET＝OE－OT＝OE－$\dfrac{3}{5}$OE＝$\dfrac{2}{5}$OEとなる。また，LU∥GTより，EU：UT＝EL：LGであり，〔2〕より，EL：LG＝1：3だから，EU：UT＝1：3となり，UT＝$\dfrac{3}{1+3}$ET＝$\dfrac{3}{4}\times\dfrac{2}{5}$OE＝$\dfrac{3}{10}$OEである。よって，OU＝OT＋UT＝$\dfrac{3}{5}$OE＋$\dfrac{3}{10}$OE＝$\dfrac{9}{10}$OEとなる。RP∥LUより，OM：OL＝OP：OU＝$\dfrac{2}{5}$OE：$\dfrac{9}{10}$OE＝4：9となる。次に，右図5のように断面OFHを考え，点F，点Lを通り直線QSに平行な直線と，辺OHとの交点をそれぞれV，Wとする。QS∥FVより，OS：OV＝OQ：OF＝3：4だから，OV＝$\dfrac{4}{3}$OSである。QS∥LWより，OS：OW＝OM：OL＝4：9だから，OW＝$\dfrac{9}{4}$OSである。よって，VW＝OW－OV＝$\dfrac{9}{4}$OS－$\dfrac{4}{3}$OS＝$\dfrac{11}{12}$OSである。FV∥LW，FL＝LHより，VW＝WHなので，WH＝VW＝$\dfrac{11}{12}$OSである。したがって，OH＝OW＋WH＝$\dfrac{9}{4}$OS＋$\dfrac{11}{12}$OS＝$\dfrac{19}{6}$OSだから，OS：OH＝OS：$\dfrac{19}{6}$OS＝6：19＝$\dfrac{6}{19}$：1となり，$x=\dfrac{6}{19}$である。

図3

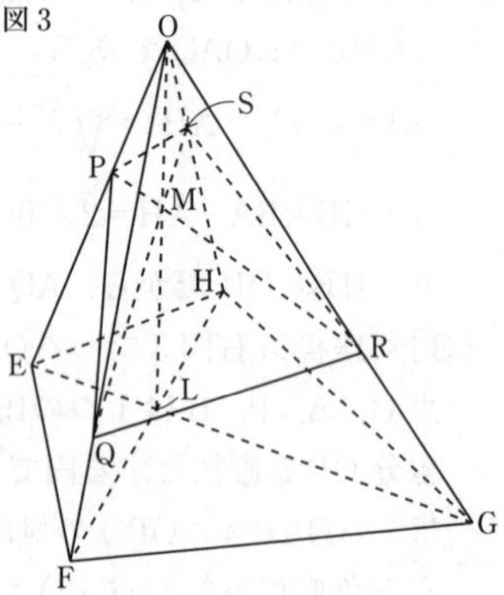

図4

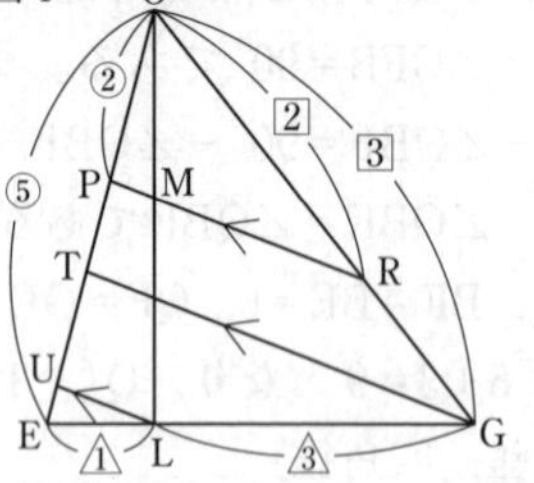

図5

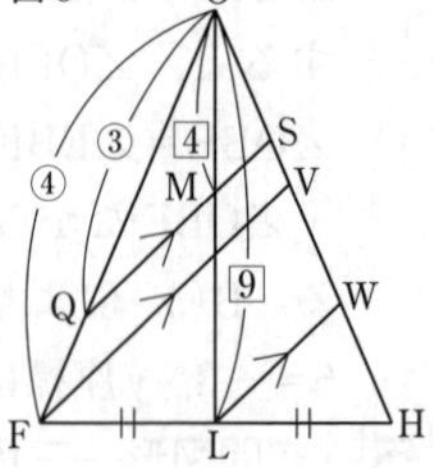

═読者へのメッセージ═

関数では座標を扱いますが，この座標を発明したのは，フランスの哲学者，数学者のルネ・デカルト(1596～1650)です。彼は，部屋にいるハエの位置を表すのに座標を思いついたといわれています。

2024年度／東京学芸大学附属高等学校

社会解答

1 問1 ④$_{1}$　問2 ③$_{2}$　問3 AU
問4 ②$_{3}$　問5 ③$_{4}$　問6 ③$_{5}$
問7 ②$_{6}$

2 問1 兵庫県　問2 ②$_{7}$
問3 ④$_{8}$　問4 ④$_{9}$　問5 ③$_{10}$
問6 ③$_{11}$　問7 ④$_{12}$　問8 ①$_{13}$

3 問1 ⑤$_{14}$　問2 ④$_{15}$　問3 ③$_{16}$
問4 ①$_{17}$　問5 ③$_{18}$　問6 ③$_{19}$

4 問1 ②$_{20}$　問2 ①$_{21}$　問3 ③$_{22}$
問4 CSR　問5 ④$_{23}$　問6 ②$_{24}$

5 問1 ③$_{25}$　問2 (1)…①$_{26}$　(2)…④$_{27}$
問3 ③$_{28}$　問4 ②$_{29}$　問5 ③$_{30}$
問6 (1)…朱印状　(2)…④$_{31}$
問7 臣民

6 問1 ④$_{32}$　問2 ③$_{33}$　問3 ②$_{34}$
問4 ④$_{35}$　問5 ②$_{36}$
問6 杉原千畝　問7 ⑥$_{37}$

1 〔世界地理—アフリカ州〕

問１＜本初子午線と南回帰線＞経線あ.は，０度の経線である本初子午線であり，ヨーロッパではイギリスのロンドンを通るほか，フランスの西部やスペインの東部を通る。緯線い.は，南緯23度26分の緯線である南回帰線であり，ブラジルの南部やオーストラリアの中部などを通る。なお，イタリアとドイツは本初子午線よりも東に位置する。また，インドネシアは南回帰線よりも北に位置し，ニュージーランドは南回帰線よりも南に位置する。

問２＜アフリカの気候＞アフリカ大陸の気候は，赤道付近の低緯度地域から南北の高緯度地域に向かって，ほぼ熱帯(熱帯雨林気候→サバナ気候)→乾燥帯(ステップ気候→砂漠気候)→温帯の順に分布しており，一部の地域に高山気候が分布している。エジプトにある都市Ａ(カイロ)は，乾燥帯の砂漠気候に属することから，１年中ほとんど降水のないイが当てはまる。エチオピアにある都市Ｂ(アディスアベバ)は，標高の高いエチオピア高原に位置することから，高山気候に属しており，低緯度地域のわりに１年を通して温暖で年間の気温差がほとんどないウが当てはまる。タンザニアにある都市Ｃ(ダルエスサラーム)は，熱帯のサバナ気候に属することから，１年中高温で雨季と乾季があるアが当てはまる。南アフリカ共和国にある都市Ｄ(プレトリア)は，温帯の温暖冬季少雨気候に属することから，１年で気温が最も低い７月を中心に降水量が少ないエが当てはまる。

問３＜AU＞AU〔アフリカ連合〕は，2002年に発足し，現在はアフリカの55の国・地域が加盟している国際機関である。本部をエチオピアのアディスアベバに置き，政治・経済などの統合や，安全保障などでの協力を目指している。

問４＜ケニアのバラ栽培＞図１のＸの国はケニアである。ケニアは赤道近くに位置するが，国土の大部分が高原であり，年間を通して温暖な気候となっている。これをふまえて図２の選択肢を見ると，標高が高いことを挙げている②，④，⑥のいずれかが該当すると考えられる。次に，②のバラ，④のコーヒー，⑥の茶について，日本の主な輸入相手国が図２中に含まれているか検討する。コーヒー(コーヒー生豆)は，図２中に見られるベトナムやコロンビア，エチオピア(図１のＢを首都とする国)からも多く輸入しているが，最大の輸入相手国であるブラジルは図２中に含まれていない。また，茶は，図２中に見られるインドやケニアからも多く輸入しているが，最大の輸入相手国は中国，２番目の輸入相手国はスリランカであり(いずれも2022年)，これらの国は図２中に含まれていない。以上から，この作物はバラであると判断できる。ケニアでは，年間を通して気温が一定であるため，１年中バラが栽培できることから，1980年代頃からバラの生産が盛んになり，主にヨーロッパへ輸出されてきた。現在は，ヨーロッパをはじめ世界各地へ輸出されており，日本も多くのバラをケニアから輸入している。

問５＜アフリカの産油国＞図３中に▒で示されているのは，リビア，ナイジェリア，ガボン，アンゴラである。これらの国々は，アフリカの中でもアルジェリアやエジプトとともに原油の生産量が多い国々であり，アンゴラを除く３か国は石油輸出国機構〔OPEC〕の加盟国でもある(アンゴラも加盟国であったが2023年12月に脱退を表明)。したがって，この鉱産資源は原油である。これらの国々は，原油の輸出に頼るモノカルチャー経済となっており，中でもナイジェリアは，輸出金額の約76％を原油が占めている(2021年)。なお，ダイヤモンドはボツワナやコンゴ民主共和国など，金は南アフリカ共和国など，銅はコンゴ民主共和国やザンビアなどが，アフリカで生産量が多い国々である。

問６＜アフリカの自然環境と資料の読み取り＞０度の緯線である赤道は，ギニア湾からアフリカ中部のガボン，コンゴ民主共和国，ビクトリア湖，ケニアなどを通っており，それより南の南半球に位置する国々は，いずれも栄養不足人口の割合が５％以上となっている(③…○)。なお，サハラ砂漠が広がるアフリカ北部の地域には，栄養不足人口の割合が35％以上の国は見られない(①…×)。熱帯雨林が広がる赤道付近のコンゴ盆地周辺やギニア湾沿岸などの地域には，栄養不足人口の割合が35％以上の国(コンゴ民主共和国やコンゴ共和国など)や５％～14.9％の国(カメルーンやナイジェリアなど)が見られる(②…×)。標高が2000ｍを超える高地のあるケニアやエチオピアなどは，栄養不足人口の割合が2.5％未満ではない(④…×)。

問７＜グレート・グリーン・ウォールの対象地域＞グレート・グリーン・ウォールは砂漠化の拡大防止のための施策であることから，砂漠化の進行が問題となっている地域が対象と考えられる。図１中のき．の地域は，サハラ砂漠の南の縁にあたり，サヘルと呼ばれる。この地域は，弱い雨季のあるステップ気候に属するが，干ばつや，人口の急増によるまきの取りすぎや過剰な放牧などにより，砂漠化が急速に進行して問題となっている。そのため，グレート・グリーン・ウォールによる植林や，生ごみや家畜のふんを利用した緑化の試みなど，砂漠化を食い止めるためのさまざまな取り組みが行われている。

2〔日本地理―京都府〕

問１＜兵庫県＞京都府の西側に位置しているのは，兵庫県である。

問２＜比叡山＞比叡山は，京都府と滋賀県(図１中のＢ)の県境に位置している。平安時代の９世紀初めに天台宗を開いた最澄が比叡山に延暦寺を建てた。

問３＜京都府内の市区町の人口ピラミッド＞人口ピラミッドの特徴と，「注」に書かれた３つの市区町の特徴を照らし合わせて考える。あ．は，30歳代～40歳代と子どもの割合が比較的高いことから，大都市へ通勤する現役世代が多く住むベッドタウンである木津川市である。い．は，65歳以上の高齢者の割合が高く少子高齢化が進んでいることから，農山漁村である伊根町である。う．は，20～24歳の割合が特に高いことから，大学があり大学生が多く住む京都市左京区である。

問４＜府県の居住者の就業先・通学先＞図１中のＢは滋賀県，Ｃは奈良県，Ｄは大阪府である。まず，京都府に居住して「他の府県に就業・通学する人の割合」を見ると，き．の割合が7.4％で最も高い。

また，き. は「居住する府県内で就業・通学する人の割合」が90.0％と最も高い。以上から，き. は企業や学校が最も多く集まる大阪府である。残るか. とく. の「他の府県に就業・通学する人の割合」を見ると，か. は大阪府(き)の割合が22.1％で最も高く，く. は京都府の割合が7.7％で最も高い。したがって，か. は大阪府に隣接する奈良県，く. は京都府に隣接する滋賀県である。

問５＜清酒・緑茶・和生菓子の出荷額が多い府県＞さ. は，静岡県の出荷金額が第１位であり，鹿児島県なども上位に見られることから，緑茶(仕上茶)である。緑茶の原料である茶の生産量は，静岡県が全国第１位，鹿児島県が第２位である(2021年)。また，京都府では宇治などで茶の生産が盛んに行われている。し. は，兵庫県，新潟県，秋田県などが上位に見られることから，清酒である。兵庫県の灘や京都府の伏見は，江戸時代から酒づくりが盛んであり，現在も酒どころとして知られている。また，新潟県や秋田県などは，酒の原料となる米の産地であることから，清酒の生産量も多い。す. は，京都府の出荷金額が第１位であることから，和生菓子である。長く都が置かれていた京都では，宮中や寺社に納めたり，年中行事や茶の湯で用いたりするための菓子の生産が盛んになった。

問６＜都府県の外国人宿泊者数＞まず，４つの国・地域からの延べ宿泊者数が最も多い②は，観光や仕事などさまざまな目的で多くの外国人が訪れる東京都である。次に，韓国からの延べ宿泊者数が他の国・地域に比べて非常に多い①は，４都府県の中で最も韓国に近い福岡県である。残る③と④のうち，台湾からの延べ宿泊者数が多い④は４都府県の中で最も台湾に近い沖縄県であり，アメリカ合衆国からの延べ宿泊者数が多い③は，アジア以外の地域からの観光客も多く訪れる京都府である。

問７＜都府県の国宝・重要文化財＞まず，美術工芸品の国宝・重要文化財の数が最も多い③は，美術館や博物館，研究施設などが多く集まり，多数の美術工芸品が所蔵されている東京都である。次に，建造物の国宝・重要文化財の数が多い①と③は，かつて都が置かれた時代の建造物が多く残り，太平洋戦争中の空襲被害も受けていない京都府と奈良県のいずれかである。このうち，美術工芸品と建造物を合計した総数がより多い④は，1000年以上にわたって都が置かれた京都府であり，①は奈良県である。また，他の３府県に比べて国宝・重要文化財の数が少ない②は大阪府である。

問８＜京都の住所＞京都市の中心部は，かつてこの場所にあった平安京の名残りにより，東西方向と南北方向に延びる直線の道路によって碁盤の目のように区画されている。そのため，これらの通りの名称と，「上《あが》る・下《さが》る」「東入《ひがしいる》・西入《にしいる》」という言葉を用いた住所表示が多く見られる。「烏丸通二条」とは烏丸通と二条通が交わる場所を表し，「上る」は北へ行くことを指す。したがって，「烏丸通二条上る」という住所は，烏丸通と二条通が交わる交差点から北へ進んだ場所であり，図中では①が該当する。なお，「下る」は南，「東入」は東，「西入」は西に行くことを指す。

３〔歴史・公民総合―戦後の日本の政党政治〕

問１＜政党と政治制度＞日本国憲法第67条では，内閣総理大臣は「国会議員の中から国会の議決で」指名されると定められており，必ずしも衆議院の中で最も多くの議席を占める政党の中から選ばれるとは限らない(あ…誤)。衆議院議員選挙と参議院議員選挙は別々に行われるため，衆議院と参議院で最も多くの議席を占める政党が異なることがある(い…正)。大統領制では，国民が大統領と議員を選挙で別々に選ぶため，大統領が所属する政党と議会で最も多くの議席を占める政党は異なることがある(う…正)。

問２＜日本の政党＞参議院議員選挙の比例代表制は，政党があらかじめ候補者の当選順位を決めず，有権者が候補者名または政党名で投票する「非拘束名簿式」で行われるが，政党が候補者を「特定枠」に入れることで，その候補者を優先的に当選させることが可能となっている(④…○)。なお，政党助成法に基づく政党交付金の給付は，現在も行われている(①…×)。政治資金規正法では，政党に対する献金は認められているが，政治家が企業や団体から献金を受け取ることは禁止されている(②…×)。選挙公約や政権公約の提示は，法律で義務づけられているものではない(③…×)。

問３＜第二次世界大戦後の出来事＞Ⅰのサンフランシスコ平和条約が結ばれたのは1951年，Ⅱの安保闘争が起こったのは1960年，Ⅲの朝鮮戦争が勃発したのは1950年である。したがって，ＡにはⅢ，BにはⅠ，CにはⅡが入る。自由民主党が結成されたのは1955年であり，ＢとＣの間の③の時期にあたる。

問４＜1993年の衆議院議員選挙＞1993年の衆議院議員総選挙では，自由民主党が過半数の議席を確保することができずに敗北した。その結果，日本新党の党首である細川護熙を内閣総理大臣とし，日本新党・新生党・新党さきがけ・日本社会党など７党(８会派)からなる非自民連立内閣が成立した。これにより，55年体制(自由民主党が与党となり，野党第一党の日本社会党と対立しながら政権を担う体制)は終結した。なお，Ｙは2009年の衆議院議員総選挙後の議席を示したものである。この選挙により，自由民主党から民主党への政権交代が行われ，鳩山由紀夫が内閣総理大臣となった。また，Ｚは55年体制下の1958年の衆議院議員総選挙後の議席を示したものである。

問５＜小選挙区制の特徴＞小選挙区制は１つの選挙区から１人の議員を選出する選挙制度，大選挙区制は１つの選挙区から２人以上の議員を選出する選挙制度である。小選挙区制では，最も得票数の多い１人のみが当選するため大政党に有利となり，１つの政党が単独で過半数の議席を得ることが多く，政治が安定しやすい。そのため，小選挙区制を導入することで，２つの大きな政党が政権を争い，選挙の結果に従って交代しながら政権を担当する二大政党制を実現することが期待されていた。実際には，現在の日本の国会は，多くの政党が存在する多党制に近い状態となっている。なお，「死票が少なくなり，有権者の意見がより国会に反映されること」は，比例代表制や大選挙区制のメリットである。

問６＜小泉内閣と安倍内閣の施策＞2002年に小泉純一郎首相が北朝鮮を訪問し，日朝首脳会談を行って平壌宣言を出したが，国交の正常化は実現していない(①…×)。イラク人道復興支援特別措置法(2003年)では，自衛隊が非戦闘地域でアメリカ軍などの後方支援にあたることを定めた(②…×)。特定秘密保護法(2013年)は，安全保障に関する重要情報を「特定秘密」とし，開示しないことを認める法律である(④…×)。

4〔公民—経済〕

問１＜消費者の四つの権利＞1962年，アメリカのケネディ大統領は「消費者の四つの権利」として，安全を求める権利，知らされる権利，選択する権利，意見を反映させる権利を掲げた。

問２＜消費者問題＞製造物責任法〔PL 法〕は，商品の欠陥によって消費者が被害を受けた場合の企業の責任について定めた法律である(②…×)。クーリング・オフ制度は，訪問販売や電話勧誘などで商品を購入した場合に適用され，インターネットによる通信販売は対象外となっている(③…×)。1968年に制定された消費者保護基本法が2004年に改正され，消費者基本法となった(④…×)。

問３＜消費者の活動＞３Ｒは，ごみを減らすリデュース(Reduce)，使える物を繰り返し使用するリユース(Reuse)，ごみを分別して資源として活用するリサイクル(Recycle)の３つからなる(い…誤)。

問４＜CSR＞CSR〔企業の社会的責任〕は，企業が利潤を得るために行う活動とは別に，社会の一員としての責任を果たすためにとるべき行動や役割のことである。CSRには，教育や文化的活動の支援，環境保護，適切な情報公開，雇用の確保などさまざまなものがある。

問５＜環境問題＞地球温暖化の原因は，地表の熱を吸収するはたらきを持つ二酸化炭素が増加していることであり，オゾン層の破壊とは関連しない(①…×)。ツバルのような標高の低い国が水没する危険を指摘されているのは，温暖化によって北極圏や南極大陸の氷が解けることで海面が上昇するためである(②…×)。酸性雨の原因となるのは，工場や自動車からの排出ガスなどに含まれる硫黄酸化物や窒素酸化物であり，フロンガスはオゾン層破壊の原因となる物質である(③…×)。

問６＜SDGs＞SDGs〔持続可能な開発目標〕は，17のゴールと169のターゲットから構成されているが，これらは国際社会が2030年までに達成することを目指した目標である(く…誤)。

5〔歴史―古代～近世の日本〕

問１＜仏教の伝来＞６世紀半ば，朝鮮半島の百済の王が欽明天皇に仏像や経典などを送ったことにより，仏教が公式に日本に伝来した。

問２＜大仏の造立事業＞⑴資料は，奈良時代の８世紀半ば，聖武天皇が大仏の造立を表明した「大仏造立の詔」の一部であり，文中の「朕」は聖武天皇を指す。自分の子孫が皇位につけることを願っているとは書かれていない(②…×)。一握りの土のようなわずかなものでもささげて造仏事業に協力したいと願う者を受け入れることが書かれているが，人民に銅を探すことを命じてはいない(③…×)。天皇自身の富と権勢をもってすれば大仏造立を容易になしとげることができるが，そのようなやり方は造像の精神に沿わないと書かれている(④…×)。　⑵行基は，奈良時代に民衆の間で布教を行った僧であり，大仏造立が行われた際，朝廷に協力した。なお，空海は平安時代初期に真言宗を開いた僧，運慶は鎌倉時代に東大寺南大門の金剛力士像などの彫刻作品を残した仏師，重源は源平の戦いによって焼けた東大寺の再興を鎌倉時代に進めた僧である。

問３＜鎌倉時代の出来事と時期＞後鳥羽上皇が倒幕を目指して承久の乱を起こしたのは1221年であり，御成敗式目が定められたのは約10年後の1232年である(③…○)。なお，平将門の乱と藤原純友の乱が起こったのは939年であり，源頼朝が征夷大将軍に任じられたのは約250年後の1192年である(①…×)。源頼朝が征夷大将軍に任じられたのは1192年であり，後鳥羽上皇が承久の乱を起こしたのは約30年後の1221年である(②…×)。元と高麗の軍が初めて九州北部に攻め込んだ文永の役が起こったのは1274年であり，鎌倉幕府が滅ぼされたのは約60年後の1333年である(④…×)。

問４＜東山文化＞この絵画は，室町時代に雪舟が描いた水墨画「秋冬山水図」である。この時期には，第８代将軍足利義政のもとで，禅宗の影響を受けた質素で気品のある文化(東山文化)が栄え，床の間や畳を備えた書院造と呼ばれる住宅様式が広まった(②…○)。なお，①は安土桃山時代の桃山文化，③は江戸時代の化政文化，④は室町時代の第３代将軍足利義満の頃に栄えた文化(北山文化)に関する説明である。

問５＜加賀国＞加賀国は，現在の石川県南部(③)にあたる。なお，①は越中国(現在の富山県)，②は能登国(現在の石川県北部)，④は越前国(現在の福井県北部)である。

問６＜江戸時代初期の対外政策＞⑴朱印状は，主に戦国時代から江戸時代に発行された，支配者(将軍や大名)の印(朱印)が押された公文書である。写真は，徳川家康が発行した朱印状で，貿易を望む大名や商人に対して安南国(ベトナム)への渡航を許可したものである。江戸時代初期には，このような朱印状を持った日本船が東南アジアの各地へ渡り，盛んに貿易(朱印船貿易)を行った。

⑵Ⅰのポルトガル船の来航を禁止したのは1639年でＣ，Ⅱの幕府領にキリスト教の禁教令を出したのは1612年でＡ，Ⅲの日本人の海外渡航・帰国を禁止したのは1635年でＢに当てはまる。

問７＜臣民＞大日本帝国憲法では，天皇が主権を持つと定められ，国民は天皇に支配される人民という意味の「臣民」とされた。

6 〔歴史―近代～現代の日本と世界〕

問１＜ウラジオストク＞ウラジオストクは，日本海に面したロシアの都市である。20世紀の初め，ロシアの国土を東西に横断するシベリア鉄道が開通し，ロシアの首都モスクワとウラジオストクを結んだ。日本の敦賀港(福井県)とウラジオストクの間には連絡船が就航したため，日本からは船でウラジオストクへ渡り，そこからシベリア鉄道などを経由して，パリなどヨーロッパの各都市まで行くことができた。

問２＜鉄道の国有化＞日露戦争(1904～05年)後の1906年，鉄道国有法が制定され，軍事輸送の強化などの目的から，全国の主要な鉄道が国有化された。

問３＜パリでの出来事＞1920年に発足した国際連盟の本部は，スイスのジュネーブに置かれた(②…×)。なお，フランス革命(1789年)の際，パリのバスチーユ牢獄は圧政の象徴と見なされ，民衆の襲撃を受けた(①…○)。多くの国が分立していたドイツで勢力を伸ばしたプロイセンは，オーストリアやフランスとの戦争に勝利して1871年にドイツを統一し，パリ郊外のベルサイユ宮殿でプロイセン国王をドイツ皇帝とする戴冠式を行った(③…○)。第一次世界大戦終結後の1919年，パリ講和会議が開かれた(④…○)。

問４＜資料の読み取り＞資料は，ロシア革命(1917年)の際，レーニンの提案に基づいて革命政府が発表した「平和に関する布告」の一部である。「すべての交戦諸民族とその政府」に対して「無併合，無賠償」の講和を求めており，強大な国家による併合や敗戦国による賠償などを否定している(①，②…×)。秘密外交を廃止し，「すべての交渉を全人民の前で，完全に公然と行う」ことを求めている(③…×)。

問５＜「嘆きの壁」の場所＞ユダヤ人の聖地となっている「嘆きの壁」は，パレスチナ地方の都市エルサレムにある神殿の遺構である。エルサレムは，パレスチナ問題(ユダヤ人国家のイスラエルとアラブ系のパレスチナ人との間で続く，パレスチナ地方の帰属を巡る問題)の中心に位置する都市であり，現在はイスラエルの実効的な支配下に置かれている。

問６＜杉原千畝＞第二次世界大戦中，リトアニアの領事代理であった杉原千畝は，ナチス・ドイツの迫害から逃れるために日本を経由してアメリカなどへ渡ろうとするユダヤ人難民に対し，日本政府の意向を無視して日本通過ビザを発行し，多数の命を救った。

問７＜ソ連解体後の出来事＞ソ連が解体したのは1991年である。マルタ島で行われた米ソ首脳会談において冷戦の終結が宣言されたのは1989年である(Ｘ…×)。ヨーロッパ連合が発足したのは1993年であり，東ヨーロッパに拡大したのは2004年以降である(Ｙ…○)。「ベルリンの壁」が取り壊されたのは1989年，東西ドイツが統一されたのは1990年である(Ｚ…×)。

理科解答

1 (1) スケッチ…①$_{1}$　理由…②$_{2}$
噴火の様子…①$_{3}$
(2) 火砕流　(3) ①$_{4}$　(4) ⑤$_{5}$
(5) 生物…③$_{6}$　年代…①$_{7}$

2 (1) ②$_{8}$　(2) ③$_{9}$　(3) ②$_{10}$
(4) ①$_{11}$　(5) ⑤$_{12}$　(6) ③$_{13}$

3 (1) ③$_{14}$　(2) ⑥$_{15}$　(3) ①$_{16}$
(4) ⑨$_{17}$　(5) ⑥$_{18}$　(6) ⑧$_{19}$
(7) ④$_{20}$

4 (1) 生態系　(2) ⑥$_{21}$　(3) ③$_{22}$
(4) ③$_{23}$　(5) ア…②$_{24}$　イ…③$_{25}$

5 (1) ③$_{26}$　(2) ②$_{27}$　(3) ④$_{28}$
(4) ③$_{29}$　(5) ②$_{30}$　(6) ⑧$_{31}$

6 (1) ①$_{32}$　(2) ①$_{33}$
(3) ア…②$_{34}$　イ…④$_{35}$　(4) ③$_{36}$
(5) ②$_{37}$

7 (1) 図１…⑥$_{38}$　図２…④$_{39}$
(2) 慣性
(3) 実験１…④$_{40}$　実験２…③$_{41}$

8 (1) 菌糸　(2) 42…②$_{42}$　43…①$_{43}$
(3) ヒト…④$_{44}$　コウジカビ…⑤$_{45}$
(4) ③$_{46}$　(5) ③$_{47}$

1〔大地の変化〕

(1)＜マグマ＞ねばりけが小さいマグマからできる火山灰は，白っぽい鉱物より黒っぽい鉱物の割合が大きい。よって，マグマのねばりけが小さい火山Ｐの火山灰のスケッチは，①である。また，マグマのねばりけが小さいと火山ガスが抜けやすいため，噴火は爆発的になりにくく，おだやかに溶岩を流し出す。なお，ねばりけが大きいマグマによって形成された火山では，火山灰は白っぽい鉱物の割合が大きく，爆発的な噴火をすることが多い。

(2)＜火砕流＞高温の火山灰や火山ガス，火山由来の岩石などが高速で山腹を流れ下る現象を火砕流という。

(3)＜地層の傾き＞この地域の地層にはしゅう曲や断層がなく，同じ厚さで同一方向に傾き，また，凝灰岩の地層は，火山灰が同じ時期に広く堆積してできたものであるから，凝灰岩の地層の標高を比べることで地層の傾き方を知ることができる。図１，図２より，凝灰岩の地層の上面の標高は，地点Ａでは地表に当たる標高700m，標高710mの地点Ｂでは地表から真下に20mだから標高690m，標高720mの地点Ｄでは地表から真下に30mだから標高690mである。よって，南北に並んだ地点Ｂと地点Ｄでは，凝灰岩の地層の標高が690mで等しいので，南北に地層の傾きはない。また，地点Ａから見て東側の地点Ｂと地点Ｄでは，凝灰岩の地層の標高は，$700-690=10$(m)低いので，この地域の地層は，西から東の方向に向かって低くなっている。

(4)＜地層の傾き＞図１より，地点Ａから地点Ｂ(Ｄ)までの距離と，地点Ｂ(Ｄ)から地点Ｃまでの距離はほぼ等しい。よって，(3)で，凝灰岩の地層は西から東に向かって低くなり，地点Ａで標高700m，地点Ｂ(Ｄ)で標高690mだから，地点Ｂ(Ｄ)は地点Ａより10m低くなっているので，凝灰岩の地層の標高は，地点Ｃでは地点Ａより20m低くなると考えられる。これより，地点Ｃでの石灰岩の地層と花こう岩の地層の境界の標高も，地点Ａより20m低くなる。したがって，図２より，石灰岩の地層と花こう岩の地層の境界の標高は，標高700mの地点Ａでは地表から真下に20mの680mだから，地点Ｃでは，$680-20=660$(m)である。以上より，標高740mの地点Ｃでは，地表から真下に，$740-660=80$(m)の所で石灰岩の地層と花こう岩の地層の境界に到達する。

(5)＜石灰岩＞図3の石灰岩に見られる生物の化石は，フズリナの化石である。フズリナは古生代に繁栄して絶滅した石灰質の殻を持つ単細胞生物である。よって，この石灰岩が堆積したのは古生代と考えられる。このように，地層が堆積した年代を知る手がかりとなる化石を示準化石という。

2〔物質のすがた〕

(1)＜状態変化＞氷の水面より下にある体積と，完全に氷がとけて水に状態変化したときの体積は等しい。よって，完全に氷がとけ，0℃の水になったとき，水面の高さは図3のXと同じになる。

(2)＜熱膨張＞空気は温度による体積の変化が非常に大きいため，時刻Q～Rのとき，丸底フラスコ内の空気が温められて膨張することで，フラスコ内の圧力が高くなる。その結果，水面が押し下げられ，ガラス管を通って，丸底フラスコ内の水がビーカーに押し出されたのである。

(3)＜熱膨張＞時刻Rで水の移動がおさまったのは，丸底フラスコ内の水面の高さがガラス管の先端の位置より低くなったためである。よって，この時点でのフラスコの様子は②のようになる。

(4)＜熱膨張＞時刻R～Sでは，フラスコ内の空気と水蒸気が押し出され，ビーカーの中のガラス管の先からは空気の気泡が出る。このとき，空気とともに押し出された水蒸気はビーカーで水に戻る。なお，時刻S以降は，フラスコ内の空気が全てフラスコの外に出て，水蒸気だけが出るようになる。水蒸気はビーカーで水に戻るので，ビーカーの中のガラス管の先から気泡は見られない。

(5)＜移動した水の質量＞同じ装置で100gの水を温めたときの温度上昇は，5分間で，60－10＝50(℃)なので，1分間当たりの温度上昇は，50÷5＝10(℃)である。また，時刻R～Sでは4分間で20℃の温度上昇があったので，1分間当たりの温度上昇は，20÷4＝5(℃)である。よって，水の温度上昇は，加熱した時間に比例し，水の量に反比例することから，同じ時間での温度上昇が，$5\div10=\frac{1}{2}$のとき，水の量は2倍である。これより，時刻R～Sでの水の量は，100×2＝200(g)である。したがって，300gの氷をとかしたので，時刻Q～Rで移動した水の量は，300－200＝100(g)である。

(6)＜状態変化＞図2で，時刻Tのとき，水の温度は100℃なので，水は沸騰している。このとき，ガラス管の先からは水蒸気が盛んに出ていて，これが冷やされて細かな水滴になったものが湯気である。よって，図4のYは液体，Zは気体である。なお，水蒸気は，目で見ることはできない。

3〔電流とその利用〕

(1)＜電流がつくる磁界＞右図のように，直線状の導線に電流を流すと，導線を中心とした同心円状の磁界が，電流が流れる向きに向かって時計回り(右回り)にできる。よって，図1で，電流を流す前後で，磁針のN極の指す向きが変わらないのは③である。

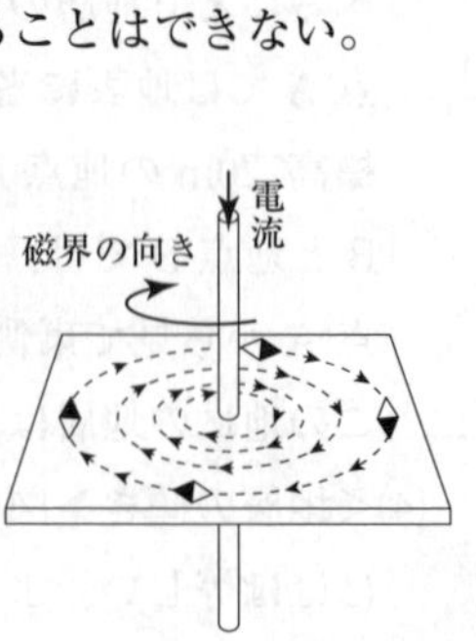

(2)＜電流がつくる磁界＞図2のような一巻きのコイルに電流を流すと，コイルの中心を通る磁界ができる。このとき，電流がつくる磁界の向きは，右手の親指以外の4本の指の先をコイルに流れる電流の向きに合わせて握ると，つき出した親指の向きと一致する。よって，図2の磁界の向きは紙面手前から奥になる。

(3)＜磁界から受ける力＞図3で，コイルに電流を流すと，コイルは電磁石になる。このとき，コイルに流れる電流の向きに右手の親指以外の4本の指の先を合わせて握ると，つき出した親指側が電磁石のN極になる。これより，図3のコイルは，紙面の奥側がN極になり，磁石のN極が近づく紙面の手前側がS極になる。よって，磁石の異なる極どうしは引き合うので，コイルは磁石に近づく。

⑷＜磁界から受ける力＞⑶の実験で，コイルの動く向きを反対にするには，コイルに流れる電流の向きを反対にして，コイルの磁石のＮ極が近づく側をＮ極にすればよい。また，電流の向きを変えずに，近づける磁石の極をＳ極に変えても，コイルの動く向きを反対にすることができる。なお，電流を大きくしても，磁石をより強いものにしても，コイルの動く大きさは大きくなるが，動く向きは変わらない。

⑸＜電磁誘導＞図４のように磁石を落下させると，コイルの中の磁界が変化するので，電磁誘導によって誘導電流が流れる。図５のＡのように，コイル上部に磁石のＮ極が近づくと，コイルの中の下向きの磁界が強まるので，コイルには上向きの磁界を発生させるように誘導電流が流れる。図５のＣのように，コイル下部から磁石のＳ極が遠ざかると，コイルの中の下向きの磁界が弱まるので，コイルには下向きの磁界を発生させるように誘導電流が流れる。つまり，ＡとＣでは，流れる誘導電流の向きは反対になる。また，LED は電流が流れる向きが決まっていて，長い方の端子に＋極，短い方の端子に－極をつなぐと光るが，逆につなぐと，LED に電流は流れず，光らない。図４で，赤色 LED と緑色 LED はそれぞれの端子が逆向きにつながれているので，磁石の位置がＡのときは赤か緑の一方が光り，Ｃのときはもう一方が光る。

⑹＜電磁誘導＞LED の光は，流れる電流が大きくなるほど明るくなる。そのため，⑸の実験で，流れる誘導電流が大きくなるように，磁石を磁力がより強いものに変えるか，コイルの巻き数を多くすればよい。なお，磁石をより高い位置から落下させて，コイルの中を通過する磁石の速さを速くしてもよい。

⑺＜LED＞LED は電流が流れる向きが決まっているため，図６のように LED のつなぎ方を直列に変えると，LED に電流は流れない。よって，どちらの LED も光らない。

4 〔生物の体のつくりとはたらき，生命・自然界のつながり〕

⑴＜生態系＞ある地域に生息・生育している全ての生物と，それらを取り巻く，水や空気，土壌などの環境を生態系という。

⑵＜呼吸＞全ての生物は，呼吸を行って二酸化炭素を放出する。そのため，図１で，生物の行う呼吸による炭素の移動を示しているのは，生産者，一次消費者，二次消費者，分解者の全ての生物から二酸化炭素 CO_2 に向かう b，e，g，i の矢印である。なお，a の矢印は光合成による二酸化炭素の移動を示し，c，d，f，h，j は有機物による炭素の移動を示している。

⑶＜生産者＞生産者は，光合成を行って，無機物から有機物をつくり出す生物である。光合成は葉緑体で行われるので，６種類の生物のうち，生産者に含まれるのは，葉緑体を持つスギナとゼニゴケ，ミカヅキモである。なお，ミジンコは消費者で，酵母とシイタケは消費者でも分解者でもある。

⑷＜ppm＞％は100分の１の意味だから，0.04％は，$0.04\times\frac{1}{100}=\frac{4}{100}\times\frac{1}{100}=\frac{4}{10000}$ である。よって，１ppm は100万分の１の意味だから，$\frac{4}{10000}=\frac{400}{1000000}$ より，0.04％は400ppm である。

⑸＜被子植物の分類＞網状の葉脈を持つ植物は，子葉が２枚の双子葉類で，根は主根と側根からなり，茎の維管束は輪状に並ぶ。また，平行な葉脈を持つ植物は，子葉が１枚の単子葉類で，根はひげ根，茎の維管束は全体に散らばっている。

5 〔気象と天気の変化，地球と宇宙〕

(1)<停滞前線>温帯低気圧で，寒冷前線が温暖前線に追いついたときに生じるのは閉そく前線である。よって，誤っているものは③である。なお，閉そく前線が生じると，やがて温帯低気圧は消滅する。

(2)<台風>高潮は，台風や発達した低気圧の影響で，海水面が高くなる現象である。台風は強い低気圧で，台風が通過する地域では気圧が低くなる。そのため，台風が海上を通過するとき，海面が吸い上げられるように上昇し，海水面が高くなる。なお，高潮は，遠浅の湾に，台風による強い風が吹きつけることによっても起こる。

(3)<フェーン現象>フェーン現象は，空気が山を越えて下り，乾燥した高温の風になる現象である。冬には，大陸上で発達したシベリア気団から寒冷で乾燥した北西の季節風が日本列島に吹く。この季節風は，日本海上で水蒸気を含んで湿潤になるため，風上側の日本海側に大雪を降らせ，山脈を越えて風下側の太平洋側に下りるとフェーン現象が起き，太平洋側は乾燥した暖かい風が吹いて晴天となる。また，図３は夏の天気図で，太平洋上で発達した小笠原気団から湿った南東の季節風が日本列島に吹く。この季節風は，風上側の太平洋側に雨を降らせ，山脈を越えて風下側の日本海側に下りるとフェーン現象が起き，日本海側に高温の風が吹いて気温が上昇する。

(4)<天の川>太陽系が属している銀河系は約２千億個の恒星の集まりといわれていて，この恒星の集まりを地球から観測したものが天の川である。

(5)<北極星>図４では，北の空にある北極星を中心に恒星が約30°動いた様子が撮影されている。北の空の星は，北極星を中心に反時計回りに１時間に15°動くので，望遠鏡(カメラ)の向けている方角は北で，撮影し続けた時間は，30°÷15°＝2(時間)である。また，北極星と地面との角度(北極星の高度)は，観測地点の北緯と等しい。北緯35°付近には東京があり，北緯55°は日本より北の地点なので，観測を行った日本のある地点の北緯は約35°である。よって，北極星の高度も約35°だから，望遠鏡と地面の間の角度は約35°である。

(6)<月，惑星>観測を行った日は，月の条件が良く，夜空は暗かったので，この日の月は新月であったと考えられる。また，この日は，金星を日没直後から観測できたことから，右図のように，西の地平線に沈んだ太陽の側が照らされて輝き，金星の明るい部分はイのようになる。火星は，この日比較的長い時間夜空に見られたことから，真夜中にも観測できたと考えられるので，火星の位置は，地球から見て太陽と反対側のエである。なお，火星がウの位置にあるときは，日没後の西の空に数時間だけ観測される。

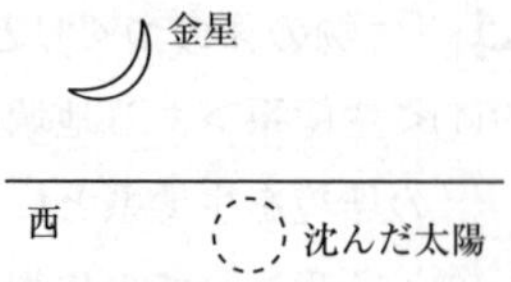

6 〔化学変化とイオン〕

(1)<中和>実験後のBTB溶液の色が緑色になった水溶液には，中和で生じた水と塩《えん》が含まれる。この実験では，塩として，試験管Ａでは塩化ナトリウム(NaCl)，試験管Ｂでは硫酸ナトリウム(Na_2SO_4)が生じていて，どちらも電離している。そのため，適切な回路を組んで５Ｖの電圧を加えると，どちらの水溶液にも電流が流れ，豆電球はともに光る。

(2)<イオンの数>表１より，酸が中和するまで加えた水酸化ナトリウム水溶液の体積は，試験管Ａの方が多いので，酸からの水素イオン(H^+)の数は，２％の塩酸５cm^3の方が２％の硫酸５cm^3よりも多い。よって，反応するマグネシウムの質量が多いのは，塩酸である。

(3)<電離>塩化水素(HCl)は，水素イオン(H^+)と塩化物イオン(Cl^-)に電離し，硫酸(H_2SO_4)は，２個のH^+と硫酸イオン(SO_4^{2-})に電離する。つまり，塩化水素は１分子当たり１個，硫酸は１分子当たり2個のH^+を生じる。

⑷＜分子数＞塩化水素の分子1個の質量は硫酸の分子1個の質量の$\frac{3}{8}$倍である。物質の質量と分子の個数は比例関係にあるので，塩化水素の質量が硫酸の質量の$\frac{3}{8}$倍のとき，塩化水素と硫酸の分子の個数が同じになる。濃度(質量パーセント濃度)は，水溶液の質量に対する溶質の質量の割合だから，塩酸の濃度が硫酸の濃度の$\frac{3}{8}$倍のとき，同じ質量の水溶液中に含まれる塩化水素の質量が硫酸の質量の$\frac{3}{8}$倍となり，分子の個数をそろえることができる。

⑸＜中和＞塩化水素と硫酸の分子の個数を同じにすると，⑶より，塩化水素からのH^+の個数は硫酸からのH^+の個数の$\frac{1}{2}$である。よって，塩酸を中和するのに必要な水酸化ナトリウム水溶液の体積は，硫酸を中和するのに必要な体積の$\frac{1}{2}$倍となる。

7 〔運動とエネルギー〕

⑴＜力のつり合い＞問題の図1のとき，右図1で，点Pを作用点として，おもりBが点Pを引く力の矢印bをかくと，この力は，おもりAが点Pを引く力とおもりCが点Pを引く力の合力とつり合う。これより，図1のように，矢印bと向きが反対で，長さが等しい矢印b′をかく。矢印b′の先端を通り，点Pからそれぞれの定滑車にかけた糸に平行な直線①，②を引き，矢印b′が対角線となる平行四辺形をつくると，矢印a，cはおもりA，Cが点Pを引く力を表す。このとき，矢印a，b，cの長さが，おもりA，B，Cの重さを表す。よって，図1で，矢印a，b，cを長い順に並べると，c>b>aとなるから，おもりを重い順に並べると，C>B>Aとなる。また，問題の図2のときも同様に，上図2のように，点Qを作用点として，おもりD，E，Fがそれぞれ点Qを引く力の矢印をかくと，矢印d，e，fとなり，e′はdとfの合力でeと等しい。したがって，上図2で，矢印d，e，fを長い順に並べると，e>f>dとなるから，おもりを重い順に並べると，E>F>Dとなる。

図1

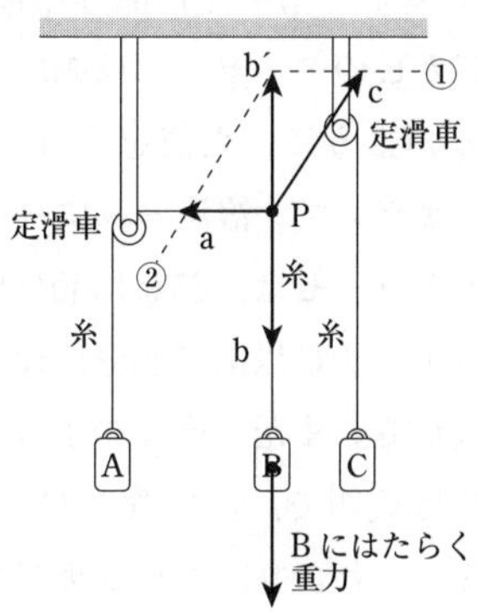

図2

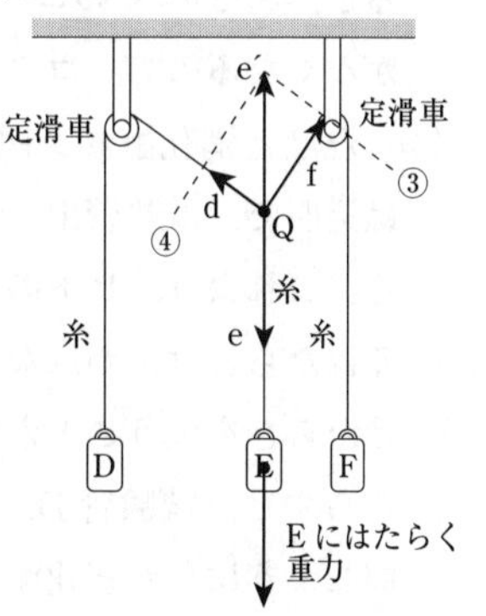

⑵＜慣性＞物体には，静止しているときは静止の状態を保とうとし，運動しているときは運動の状態(運動の速さと向き)を保とうとして等速直線運動をする性質がある。この性質を慣性という。

⑶＜力と運動＞左の棒磁石が右の棒磁石を引く力と，右の棒磁石が左の棒磁石を引く力は，作用・反作用の関係にあるから，大きさが等しい。図4のとき，2台の台車は，aとeの中点cでぶつかって止まったので，棒磁石を取り付けた台車の質量が同じとき，同じ大きさの力が加わると，棒磁石を取り付けた左右の台車の平均の速さは等しくなると考えられる。図5のとき，2台の台車はbでぶつかって止まったことから，同じ時間で，右の台車は，左の台車より長く移動したので，平均の速さも大きくなる。左の台車は棒磁石を2本にしたことで磁力が強まったが，作用・反作用の関係より，それぞれの棒磁石が引き合う力の大きさは等しい。しかし，右の台車の質量は，合計200＋100＝300(g)，左の台車の質量は，合計200＋200＝400(g)と，それぞれの台車の合計の質量が異

なることで平均の速さに違いが生じたと考えられる。よって，実験1では，左の台車の質量が合計300g，右の台車の質量が合計400g，棒磁石が引き合う力の大きさは等しいので，図5のように，左の台車の平均の速さの方が，右の台車の平均の速さより大きくなり，aとeの中点cより右のdでぶつかって止まると考えられる。実験2では，左右の台車の質量は合計400gで等しく，棒磁石が引き合う力の大きさは等しいので，図4のように，それぞれの台車の平均の速さは等しくなり，aとeの中点cでぶつかって止まると考えられる。

8〔生物の体のつくりとはたらき，生命・自然界のつながり〕

(1)＜菌糸＞図3のように，糸状の細長い細胞がつながったものを菌糸という。カビやキノコなどの菌類の体は菌糸でできている。

(2)＜アミラーゼ＞42…誤り。実験1より，デンプンを含む寒天上に，だ液で文字を書いた部分は透明になり，ヨウ素液の反応がなくなったことから，ヒトのアミラーゼは体外に取り出してもデンプンを分解するといえる。　43…正しい。実験2より，デンプンを含む寒天でコウジカビを増殖させると，図2のXのコウジカビの増殖した部分だけでなく，その周りのYの部分もヨウ素液の反応がなくなるので，コウジカビのアミラーゼは細胞外に出て，体外でデンプンを分解するといえる。

(3)＜温度と消化酵素＞図4のように，だ液を入れた試験管A～Cにヨウ素液をたらすと，試験管Aは透明で，試験管B，Cはデンプン溶液のみにヨウ素液をたらした試験管と同じように色が変化する。これより，ヒトのアミラーゼは，25℃に30分間保った後，体温付近に戻すとデンプンを分解するはたらきは失われないが，60℃以上で30分間保つと体温付近に戻したときにデンプンを分解せず，はたらきを失うことがわかる。また，図4のように，コウジ液を入れた試験管D～Fにヨウ素液をたらすと，試験管D，Eは透明で，試験管Fはデンプン溶液のみにヨウ素液をたらした試験管と同じように色が変化する。これより，コウジカビのアミラーゼは，25℃や60℃に30分間保った後，体温付近に戻してもデンプンを分解するが，90℃に30分間保つと体温付近に戻したときにデンプンを分解せず，はたらきを失うことがわかる。なお，実験3では，それぞれのアミラーゼが体温付近で最もよくはたらくかどうかはわからない。

(4)＜脊椎動物＞各地で発見される化石を調べると，中生代のはじめにホニュウ類が，中生代の中頃に鳥類が出現したと考えられる。なお，脊椎動物は，まず，古生代の初期に魚類が最初に出現し，中期に両生類が魚類の一部から出現した。そして，両生類の一部からハチュウ類やホニュウ類が出現し，ハチュウ類の一部から鳥類が出現したと考えられている。

(5)＜心臓＞血液は，左右の心房が縮むことで心室へ流れ込む。よって，正しいのは③である。なお，心臓に血液が流れ込むと，左右の両方の心房が広がり，血液が心臓から送り出されるときは，左右の両方の心室が縮む。また，鳥類とホニュウ類の心臓は，左右の心室に分かれているので，肺から戻ってきた血液と全身から戻ってきた血液は混じり合わない。肺から戻ってきた血液と全身から戻ってきた血液が混じり合うのは，心室が分かれていない心臓を持つ両生類や，心室を分ける壁が不完全な心臓を持つハチュウ類である。

国語解答

一　問1　ⓐ　肥料　ⓑ　とぼ　ⓒ　推定
　　　　ⓓ　宇宙　ⓔ　天敵

　問2　ア…②$_{1}$　イ…④$_{2}$　問3　③$_{3}$

　問4　①$_{4}$　問5　④$_{5}$, ⑤$_{6}$

　問6　③$_{7}$　問7　②$_{8}$　問8　⑤$_{9}$

　問9　①$_{10}$, ⑤$_{11}$

二　問1　④$_{12}$　問2　③$_{13}$　問3　⑤$_{14}$

　問4　①$_{15}$　問5　②$_{16}$　問6　⑤$_{17}$

　問7　③$_{18}$　問8　⑤$_{19}$

三　問1　ア…④$_{20}$　イ…③$_{21}$　問2　⑤$_{22}$

　問3　③$_{23}$　問4　ⅰ…⑥$_{24}$　ⅱ…④$_{25}$

　問5　①$_{26}$　問6　なにご

　問7　②$_{27}$　問8　①$_{28}$

一〔説明文の読解―自然科学的分野―自然〕出典：市橋伯一『増えるものたちの進化生物学』。

≪本文の概要≫人間を含む全ての生物には，生き残り，繁殖しようとする強い本能が備わっている。その増えるという能力は，ときに地球環境を変えてしまうほどの恐ろしい能力である。そもそも生命の始まりは，自ら増える能力を獲得した何らかの物質であり，生物と増える能力の関係は切っても切り離せない。そしてこの増える能力こそが，生物の進化を引き起こした要因である。生物は，同じ種であっても個体によって遺伝子が異なり，多様性を持っている。しかし環境や能力によって，しだいに子孫を増やしやすい性質を持った個体が生き残るようになり，その生物の集団に変化がもたらされていく。これが生物学的な進化であり，生物は，自然選択と遺伝子の突然変異を，長い歴史の間で繰り返していくことによって，現在の複雑で多様なあり方を手に入れたのである。そして，こうした進化には，増える能力が前提として必要なのである。増える能力のない岩石の性質は変化しないが，増える能力のある生物の性質は，変化してきているのである。

問1＜漢字＞ⓐ「肥料」は，植物を育てるために土壌に施す物質のこと。　ⓑ音読みは「欠乏」などの「ボウ」。　ⓒ「推定」は，ある事実を手がかりに推し量って決めること。　ⓓ「宇宙」は，地球の大気圏より外に広がる空間のこと。　ⓔ「天敵」は，ある生物に対して，捕食者や寄生者となる生物のこと。

問2＜語句＞ア．「危惧」は，何かについて不安や恐れを抱くこと。　イ．「いとう」は，嫌がって避ける，という意味。

問3＜接続語＞ⅰ．「進化の原理」は，第一に，同じ種の生物であっても，個体ごとに少しずつ遺伝子や能力に違いがあることを前提とする。　ⅱ．遺伝子や能力に個体差があるということは，言い換えれば，同じ種の生物の中で「能力に多様性があること」を意味する。　ⅲ．「能力に多様性があること」の例として，池の中を泳ぐミジンコが挙げられる。

問4＜指示語＞多くの生物は，子孫を残そうとする本能に忠実であるあまり，「増殖する環境が整えば限界まで増え」ようとする。人間も同様に，過去100年間で地球環境を変えるほどに人口を増やしている。

問5＜文章内容＞シアノバクテリアは，「光のエネルギーを使って大気中の二酸化炭素から酸素と糖をつくる光合成を最初に始めた」と考えられている生物である(①…○)。光合成は，光と二酸化炭素さえあれば栄養をつくることができる仕組みであったため，「栄養の乏しかった当時の地球」では画期的だった(③…○)。シアノバクテリアが大繁殖した結果，「地球大気にはほとんどなかった酸素の濃度」がかなり上昇しており，このおかげで「巨大な節足動物が繁栄」できた(②…○，④・⑤…×)。その後，「植物を分解できる真菌」の大繁殖により，地球上の酸素は「現在の濃度」

にまで下げられた(⑥…○)。

問６＜文章内容＞現在の生物の多様で複雑な姿は,「進化というしくみなしでは達成できないはず」である。そして,「進化を起こすためには『増える能力』がどうしても必要」になってくるため,増殖する力を持った物質が「生命誕生の元」になったという点は,ほとんどの「生命の起源の仮説」で共通しているのである。

問７＜文章内容＞泳ぐのが速いミジンコは,遅いミジンコよりも「きっと餌を多く手に入れることができる」うえに,捕食者から逃げやすいので「たくさんの子孫を残す」ことができるだろう。その結果,次の世代では,泳ぐのが速いミジンコの割合が増しているはずである。

問８＜文章内容＞祖先から子孫へと数を増やし,世代を経るごとに「集団の性質がどんどん変わっていくこと」が進化である。一方,岩などの物体は,増える能力を持たないため,多様性や自然選択はあるが,長い時間の中で世代を重ね,集団の性質を受け継ぎながら変化させていくことができないのである。

問９＜文章内容＞増える能力を持った物質から生命が始まっているだけでなく,その増える能力が進化を引き起こし,現在の多様で複雑な生物が存在している(⑤…○)。そのため,人間を含めたあらゆる生物が子孫を残そうとする本能に忠実で,ときには地球環境を変化させるほどにまで数を増やしてしまうのは,避けられないことなのである(①…○)。

二〔小説の読解〕出典：川上弘美『真面目な二人』。

問１＜表現＞ⅰ.「ぽかぽか」は,暖かくて気持ちがよい様子。　ⅱ.「しみじみ」は,心の底から深く感じる様子。　ⅲ.「こくり」は,首を前に傾ける様子。　ⅳ.「律儀」は,実直であること。

問２＜心情＞「あたし」は,隣の席に座っていた女の子が銀色のカウンター機を押しているのが気になり,ついそちらの方をじっと見てしまった。すると女の子が不意に振り向いて話しかけてきたため,緊張してとっさに返事をしたのである。

問３＜心情＞つい先ほど知り合ったばかりであるにもかかわらず,女の子が親しげな様子で話しかけてきたので,「あたし」はどう対応すべきかわからず困惑した。しかし,意外にもあっさりとその場を立ち去ってしまったため,その気まぐれで自由な姿が鮮やかに印象に残ったのである。

問４＜文章内容＞「あたし」は,ハルオとともに過ごしている間,白いカウンター機で楽しい気持ち,黒いカウンター機で嫌な気持ちを数えてみた。すると後者の数がとても多いことがわかり,ハルオとの付き合いの中で嫌な気持ちになることが多い自分の気持ちに気づいたのである。

問５＜文章内容＞上原菜野は,「自分の気持ちをちゃんと分類するのが,めんどくさい」と言いつつも,自分の気持ちをわざわざ分類して「あたし」に伝えた。そうすることで上原菜野は,自分も「あたし」と同じく不真面目になれない人間であることを示し,「あたし」と同類であると伝えようとしたのである。

問６＜文章内容＞「あたし」は,自分がハルオに対して多くの嫌な感情を抱いてはいながらも,心の奥底では好意も残しており,二つの相反する気持ちがつながっていると気づいた。そのため,「気持ちは,分類できない」と改めて実感したのである。

問７＜文章内容＞「あたし」は,他人に恋愛相談をしない主義であり,ハルオに関する悩みも,誰にも打ち明けていなかった。そこで,上原菜野がしている「カウンター機方式」を試して自分の気持ちを数えてみた結果,嫌な気持ちの方が多かったが,上原菜野から嫌な気持ちと楽しい気持ちがつながっていることもあると教えられた。そしてハルオに対する「いやな感じ方面の気持ち」と「ハルオ大好きっていう気持ち」の両方があることに気づいた「あたし」は,「気持ちは,分類できない」という結論に至り，そのことが，「あたし」にとっての大きな助けとなったのである。

問８＜表現＞「午後いちばんの授業」で上原菜野と出会った頃，「あたし」は，ハルオとの恋愛関係に悩んでいた。そこで，上原菜野の「カウンター機方式」で気持ちを分類してみるが，上原菜野が「気持ちを分類するのが，めんどくさい」と言ったことから，人間の感情の複雑さに気づくことになる。それをきっかけに，「あたし」は上原菜野と親しくなり，冒頭と同じ「午後いちばんの眠くてわかりにくい授業」を二人一緒に受ける場面で，物語が結ばれている。

三〔古文の読解―説話〕出典：『十訓抄』十ノ六十九／『古今著聞集』巻第十一，四一〇。

≪現代語訳≫成通卿は，長年蹴鞠を好まれていた。そのおかげがあったからだろうか，ある年の春，鞠の精が，懸りの柳の枝に現れて見えた。(鞠の精は)みずらを結った少年で，年齢は十二，三くらいであり，青色の中国風の服装をして，とても美しい見た目であった。／どんなことでも始めるのならば，神髄を極めて，このような霊験が現れるほどに，したいものであるが，このような例は，本当にめったにない。／だから，／学ぶ者は牛の毛と同じくらい大勢いる。神髄を会得する者は麒麟《きりん》の角と同じくらいめったにいない／という言葉がある。／また，／することが難しいのではない。十分にすることが難しいのだ／とも言われている。なるほど確かに，そのとおりだと思われる例はあるものだ。

問１＜古語＞ア．「年ごろ」は，長年の間，という意味。　イ．「ありがたし」は，珍しい，という意味。

問２＜古文の内容理解＞成通卿は，長年の間，蹴鞠を好んで一生懸命に努力していた。その蹴鞠へのひたむきな思いが通じ，鞠の精が成通卿の前に姿を現したのである。

問３＜古文の内容理解＞成通卿の蹴鞠への思いが通じた結果，青色の唐装束を着た美しい少年のような鞠の精が，懸りの柳の枝に現れるという神秘的な出来事が生じたのである。

問４＜古文の内容理解＞何事も取り組むのであれば，その道の神髄を極めてみたいと考えるものである。しかし，学ぶ者は牛の毛のように大勢いるが(…ⅰ)，極めることができる者は伝説上の動物である麒麟の角のように希少なのである(…ⅱ)。

問５＜現代語訳＞「げにも」は，本当に，そのとおりだ，という意味。「おぼゆ」は，思われる，感じられる，という意味。「ためし」は，例，という意味。何かをすること自体は難しくなくても，その道に熟達することは難しいと言われる。成通卿の蹴鞠の話のように，それに当てはまる例は確かに存在するのである。

問６＜古文の内容理解＞成通卿が蹴鞠を極め，美しい鞠の精に出会ったという逸話が紹介された後に，物事を極めることの難しさについての「筆者の感想」が述べられている。

問７＜古文の内容理解＞成通卿は蹴鞠を愛し，ひたむきに努力をした結果，鞠の精に出会うことができた。成通卿のように一生懸命何かに打ち込むことは重要であるが，成通卿ほどその道の神髄を会得するまでやり通せる人は，非常に珍しいのである。

問８＜古文の内容理解＞≪現代語訳≫人の身には一日の中で数えきれないほどの欲念があるが，それらは全て罪である。蹴鞠を好みなさる人は，庭にお立ちになると，蹴鞠のこと以外にお思いになることがないので，それが自然と後世の縁となり，善行を積むことになりますので，必ず好みなさるのがよい。

人間には数多くの罪深い思考や感情があるが，蹴鞠を好む人はいったん庭に立つと蹴鞠のことに専念するので，雑念を取り去ることができる。これが自然と善行を積むことにつながるため，成通卿のように蹴鞠をひたすらに好み，努力することが，来世での幸せのために重要である。

Memo

2023年度 東京学芸大学附属高等学校

【英　語】（50分）〈満点：100点〉

（注意）1．この問題にはマーク式解答の問いと記述式解答の問いが含まれています。

2．解答番号 [1] ～ [39] の問いは，答えをマークシートの各解答番号のうちから1つ選んでマークしなさい。

3．[記述] の印がある問いの解答は，マークシートの裏面の指定された解答欄に記入しなさい。

[1] [リスニングテスト]

放送を聞いて，問いに答えなさい。物語の場面が日本語で書かれています。**問いを読む時間が与えられたあと，音声が1回流れます。** 1～5の問いの答えとして最も適切なものを次の①～④からそれぞれ1つ選び，その番号を答えなさい。

ある女性が旅行に出かけた時の話です。

1　What do we know about Ms. Gunnerson's trip ? [1]

① She wanted to visit her friends in the country.
② She wanted to enjoy her time at the seaside.
③ She wanted to spend her vacation abroad.
④ She wanted to carry her old car to sell overseas.

2　Why did the man share his last cookie with Ms. Gunnerson ? [2]

① He thought she wanted some.
② She asked him to.
③ He did not like it very much.
④ They became friends with each other.

3　Why did Ms. Gunnerson throw the bag ? [3]

① The cookies were finished.
② It belonged to the man.
③ There was a bee on the man's head.
④ She was angry at the man's behavior.

4　Who made the mistake ? [4]

① Ms. Gunnerson did.
② The man did.
③ Ms. Gunnerson and the man did.
④ Neither of them did.

5　Whose cookies did they eat ? [5]

① Ms. Gunnerson's.
② The man's.
③ They ate each other's.
④ The cookies belonged to someone else.

※**＜リスニングテスト放送原稿＞**は英語の問題の終わりに付けてあります。

2 次の英文を読んで，あとの問いに答えなさい。

John and Rosie had a little cat. It was three months old, black, with eyes as green as a cucumber. It was the happiest, lovingest, and warmest little cat you can imagine, and the two children loved it with all their hearts.

It was called Fluffy, and she always came when she heard her name. She enjoyed playing tricks, and loved to hide under the beds or under the chairs and jumped to people's toes. Fluffy loved everyone and everyone loved Fluffy.

And then one day she disappeared. It was the strangest thing. She was playing with the two children in the kitchen and was gone the next minute !

Mother was busy. It was Monday morning and she had a lot to do. She did the laundry, and put the dirty sheets and towels into the big basket. Later she would give it to the laundry man. She made the beds and cut up some potatoes for dinner. And all the time Fluffy played around with the children, sometimes she jumped up at Mother, and sometimes tried to catch her apron as she moved here and there.

Then she was gone !

"Mother, where is Fluffy ?" said Rosie, and looked around.

"Hiding somewhere, I expect," said Mother. She was fastening up the laundry basket in a hurry because she saw the laundry man from the kitchen window. He was coming down the path.

"Fluffy, Fluffy !" called John, and they heard an answering mew from somewhere and it was very tiny.

"MiaOOOW !"

"She's somewhere !" said John, and the children began to look under the cabinet and under the heater. The laundry man rang the bell, and Mother gave him the laundry basket. She shut the door because [あ]. John called again.

"Fluffy, Fluffy !"

But he couldn't hear another mew even if he listened carefully. No, Fluffy didn't answer at all. Rosie hunted under the bottom shelf which the newspapers were kept on. But Fluffy wasn't anywhere !

"Oh, Mother, Fluffy has quite, quite disappeared !" said Rosie, and she was almost crying.

"[い]" said Mother. "She is somewhere around. She is hiding. Perhaps she has climbed the stairs and gone under one of the beds."

"But Mother, the kitchen door was shut all the time," said John. "She simply should be in the [う] if she is anywhere."

"Well, she'll turn up all right," said Mother. "Don't worry. I don't have time to help you hunt now, but when I've finished making this pudding for your dinner, I will have a look around. But I expect by that time that Fluffy will come and dance out from somewhere !"

But, she didn't ! So when Mother finished making the pudding and put it into the oven to cook, she had a look around for Fluffy too. She put down the dish of milk and fish for the cat, and called her.

"Fluffy, Fluffy, Fluffy ! Dinner, dinner, dinner !"

But still Fluffy didn't come out ! Rosie cried badly.

"Mother, it's magic ! Some fairy has taken Fluffy away !"

"That's impossible!" said Mother. She laughed and said, "The fairies never (1)do such an unkind thing. Fluffy may be in the garden."

So, they put on their coats and hunted all around the garden. No Fluffy. They went to the house next door, but Mrs. Brown didn't see their cat at all. They went to Mrs. White's too, but she didn't see Fluffy since the day before.

Well, the children hunted and called all morning, but Fluffy was not found. They had their dinner, and then hunted again.

"[え]" said Mother. "Fluffy will come in when she is hungry."

"Mother, I don't think she went out," said John. "I don't really. She was playing hide-and-seek with us, and the kitchen door was shut. I know she disappeared the next minute."

Although Mother put a dish of fish and milk in the garden as well as in the kitchen, Fluffy didn't come to eat it and Mother began to get worried too. She loved the little black cat and she could not think where it was. But at last she knew!

There was a ring at the kitchen door. Mother went to open it and the laundry man stood there, and was smiling all over his red cheerful face. He held a box in his hand.

"Good afternoon, Mrs. Jones," he said. "I just wanted to tell you that you sent this to the laundry, but it seems quite clean. Do you really want me to wash this?"

He opened up the little box he carried. Everybody was surprised! There was Fluffy and she was peacefully sleeping. The children shouted and danced for joy! Mother looked at Fluffy in surprise.

The man said, "Well, madam, when we opened your laundry basket at the laundry, this little black cat was sleeping inside!"

"Oh no!" said Mother. (ア)"Maybe she jumped inside when she was playing hide-and-seek with the children and (イ)I noticed her and shut down the lid! (ウ)Then you took the basket away and Fluffy was inside! (エ)We heard a small mew from somewhere. I guess she was in the basket!"

"Oh, Mother! We sent our cat to the laundry!" said Rosie. "Imagine if she was washed and ironed, I wonder what she thought!"

It's a good thing that the laundry man didn't wash and iron Fluffy, isn't it?

（注） mew：猫の鳴き声

問1　空所[あ]に入る最も適切なものを次の①～④から1つ選び，その番号を答えなさい。[6]

①　she wanted to move on to another work she had to do

②　she didn't want Fluffy to run out if she was hiding somewhere

③　she thought it was dangerous to keep the door open

④　she didn't want others to know that Fluffy was gone

問2　空所[い]に入る最も適切なものを次の①～④から1つ選び，その番号を答えなさい。[7]

①　Guess what,　②　I love it,　③　Don't be silly,　④　So far, so good,

問3　空所[う]に入る最も適切なものを次の①～④から1つ選び，その番号を答えなさい。[8]

①　bathroom　②　bedroom　③　kitchen　④　living room

問4　下線部(1)が表す最も適切な意味を次の①～④から1つ選び，その番号を答えなさい。[9]

①　fly away　②　play hide-and-seek

③　put down the saucer of milk　④　take Fluffy away

問5　空所[え]に入る最も適切なものを次の①～④から1つ選び，その番号を答えなさい。[10]

① Here she is,　　② I don't think so,
③ Never mind,　　④ My pleasure,

問6　下線部(ア)～(エ)について，内容的な誤りが一箇所ある。該当箇所を含むものを次の①～④から1つ選び，その番号を答えなさい。 11

① (ア)　② (イ)　③ (ウ)　④ (エ)

問7　本文の内容と一致するものを次の①～⑧から3つ選び，その番号を答えなさい。 12 13 14

① John and Rosie couldn't find Fluffy before the laundry man left their house in the morning.
② John thought Fluffy might be on the first floor because Fluffy cannot climb stairs.
③ Mother didn't have time to look around their house at first because she was cooking dinner.
④ Mrs. Brown and Mrs. White heard Fluffy's voice but didn't see her.
⑤ Mother put food outside for Fluffy because she thought Fluffy left their house to find something to eat.
⑥ The laundry man came back to the house because he left an important thing in the house.
⑦ Fluffy was sleeping well when she finally came back home.
⑧ Rosie was very sorry for Fluffy because Fluffy got bad treatment from others.

3　次の英文を読んで，あとの問いに答えなさい。

The Grand Tour was a long foreign trip made by English gentlemen to finish off their education. It was popular from the mid-17th century until the end of the 18th century. At that time, wars broke out and stopped foreign travel.

In the early 19th century, after peace was established after the wars in Europe, the Grand Tour became popular again. However, as travel became cheaper and easier, and in particular with the development of the railways, visiting the European continent was not limited to the elite people; the days of the Grand Tour were (あ).

The Grand Tour was something very special and only carried out by very rich men, mainly the sons of aristocrats. This was because travel was both difficult and expensive. Travelers carried little money in case of emergency. Instead, they took special letters from their London banks which (1)they then showed in major cities.

Another good point of sending young gentleman abroad was that they were able to do "bad" things somewhere else. So, the trouble they caused to their families was (い)(う) as possible. In fact, the young travelers experienced greater freedom on the continent, and also experienced their first taste of drinking, gaming and romance.

Gentlemen often traveled abroad under the care of a tutor. Georgette Heyer called the tutor a "bear-leader." In her novel, *Devil's Cub*, the Marquis of Vidal discovers an English clergyman traveling in France:

"There is a guide who lately passed through Paris and he led some groups of gentlemen. They are bound for Italy."

The clergyman goes on to describe him as "a very poor guide . . . who was lucky to be in charge of a young gentleman making the Grand Tour."

Originally, the Grand Tour was expected to last about three and a half years: six months of traveling and three years of living abroad. Gentlemen joining the Grand Tour were expected to enjoy the cultures they were visiting and improve their language skills. The period of time spent abroad gradually got (え) until most traveled for only two years.

The most popular place they visited was France as French was the most commonly spoken second language. It was also the easiest place to get to. The fastest crossing was from Dover to Calais and the roads to Paris were very good.

From Paris, travelers usually moved to the Alps and then by boat on the Mediterranean to Italy. They usually visited Rome and Venice but their tour might also include Spain, Portugal, Germany, Eastern Europe, and the Baltic.

Samuel Johnson said:

(2)A man who has not been to Italy always feels a little sad because he hasn't seen the things everyone must see.

Many people on the Grand Tour visited the great cities of the Renaissance with their remains of classical civilizations. They would often visit Herculaneum and Pompeii.

Classical statues were very popular, such as the Nile and the Tiber —— statues of river gods —— which were discovered in Rome in the 16th century and formed part of the Pope's collection. They were on display in the Museo Pio-Clementino from the 1770s.

People on the Grand Tour commonly visited the French and Italian royal families and the British envoys, such as Sir William Hamilton. He was the British ambassador from 1764 to 1800.

One of the aims of the Grand Tour was to give gentlemen (お) education. It was good to have an interest in French and Italian (お). In fact, travelers typically came home with boxes full of souvenirs that they collected, such as paintings, sculptures and fine clothes. Canaletto, Vernet and Panini all painted for the 18th century tourist market.

It was also common to ask professional painters to draw their own pictures, usually at the end of the Tour. Pompeo Batoni (1708-1787) painted over 175 paintings of travelers in Rome.

Although the Grand Tour was mostly taken by gentlemen, a lot of ladies also traveled abroad. The author Hester Piozzi was especially well-known for her travels in the 1770s and 1780s.

Women who were separated from their husbands often traveled abroad as they were welcomed on the continent. A famous aristocrat, Georgiana Cavendish, left her hometown after having a child in the early 1790s, while Caroline, Princess of Wales, traveled abroad from 1814 to 1820.

A group of women such as Jane Parminter and her cousin Mary made the Grand Tour in the 1780s. When they returned in 1795, they built the sixteen-sided house, A la Ronde, to remind them of their travels and display their collections including several Bartolozzi prints and a shell picture.

（注） elite：エリートの　aristocrat(s)：貴族　tutor：家庭教師　clergyman：牧師
Dover：ドーバー（イギリスの地名）　Calais：カレー（フランスの地名）
the Alps：アルプス山脈　the Mediterranean：地中海　Portugal：ポルトガル
the Baltic：バルト海諸国　Renaissance：ルネサンス時代（の）　civilization：文明
Herculaneum and Pompeii：古代ローマ遺跡のある地名　the Nile and the Tiber：有名な彫刻の名前
Pope：ローマ教皇　envoy：使節

問１　空所（あ）に入る最も適切なものを次の①～④から１つ選び，その番号を答えなさい。 15

①　again　②　good　③　over　④　up

問２　下線部(1)は具体的に何をすることか。次の文の空所を補う形で説明するとき，空所に入る最も適切なものをあとの①～④から１つ選び，その番号を答えなさい。 16

They showed the special letters in major cities to (　　　　).

① buy souvenirs for their families
② get money when they needed it
③ give money to people who supported the tour
④ pay money to get into the cities

問3　空所(い)(う)に入る最も適切な1語をそれぞれ答えなさい。記述

問4　空所(え)に入る最も適切なものを次の①～④から1つ選び，その番号を答えなさい。17

① longer　② later　③ shorter　④ wider

問5　下線部(2)が表す最も適切な意味を次の①～④から1つ選び，その番号を答えなさい。18

① All men should visit Italy because there are many important things to see there.
② People in Europe do not have to visit Italy because it costs a lot to visit it.
③ Italian people should know about their own country by traveling through Europe.
④ People joining the Ground Tour have visited Italy many times, so they already know too much about it.

問6　空所(お)に入る最も適切なものを次の①～④から1つ選び，その番号を答えなさい。19

① art　② food　③ nature　④ philosophy

問7　本文後半に登場する人物をまとめた次の表の 20 ～ 22 に入る人名をあとの①～⑥からそれぞれ1つずつ選び，その番号を答えなさい。

20	the British ambassador from 1764 to 1800
21	a famous painter who painted travelers
22	a female traveler and author who traveled abroad in 1770s and 1780s

① Georgiana Cavendish　② Hester Piozzi　③ Pompeo Batoni
④ Sir William Hamilton　⑤ Jane Parminter　⑥ Samuel Johnson

問8　本文の内容と一致するものを次の①～⑦から2つ選び，その番号を答えなさい。23 24

① At the end of the 18th century, people could not travel abroad because of wars.
② People joining the Grand Tour were not allowed to enjoy their freedom because their parents were worried about their young children.
③ In the novel called *Devil's Cub*, an English clergyman and his followers started to travel from Italy.
④ France was a popular place for the Grand Tour because there were many people who could speak English.
⑤ People on the Grand Tour visited many countries including Asian countries.
⑥ Young gentlemen joining the Grand Tour could not bring souvenirs of their trip back to their home countries.
⑦ A la Ronde is a special shaped house with souvenirs which Jane Parminter and Mary got from their Grand Tour.

4 次の英文を読んで，あとの問いに答えなさい。

Ryan Nicodemus was in his 20s, and very successful. He had everything: an important job that paid him well, and a large house full of expensive things. But he always felt frustrated and miserable. To cheer himself up, he kept buying more and more: a big car, new electronic devices, fashionable clothes, and beautiful items that he never used. In other words, he [あ]. All this stuff did not make things better, however; instead, it made things worse. Ryan paid for everything with his credit cards, went into debt, and this went on for many years. He was living for his material things, and his heart was empty. He had no time to think about his health, relationships, or passions. (1)In the end, [① became ② speak ③ Ryan ④ he ⑤ so ⑥ finally decided ⑦ miserable ⑧ that ⑨ to] to his also wealthy best friend, Joshua Millburn. He seemed truly happy.

Joshua told Ryan about a new movement called minimalism. "Everything I owned wasn't making me happy, and to tell the truth I began to dislike the things that once brought me happiness," Joshua said. To move beyond this materialism, he decided to set a few clear, simple goals for himself and create a meaningful new life in order to be a true minimalist.

This was difficult at first. [い] [う] Gradually, it became easier to decide which item was truly necessary for him and which was not. [え] [お]

The most important idea of minimalism is "less is more." If we have fewer things with us, we spend less time and energy to clean and organize all the things that we own, and we are no longer frustrated with them. When we make space for things that are important to us, we get more: more time, more meaningful relationships, more experiences, more personal growth, more opportunities to follow our passions.

Ryan wanted to change, so he packed everything he owned into big boxes and gave himself three weeks to check them all and make up his mind. (2)Every day, from the boxes, [① used ② like ③ removed ④ he really ⑤ he ⑥ his shoes ⑦ those items], some knives and forks, towels, his favorite clothes, and some furniture. When he threw away something, he asked himself three questions: Why does he have to keep it? Is it truly valuable for him? [か] He decided that it was better to own three sweaters that he loved, (3)[instead / a closet filled / sweaters / use]. In three weeks, 80 percent of Ryan's things were still in boxes. So he sold some, gave some to others, and threw away the rest. His house was changed into a warm home with lots of open space. For the first time, Ryan felt truly rich.

Joshua and Ryan became famous as minimalists. There is no correct way to be a minimalist. Minimalism is not against having stuff or about throwing away everything you own. It is about owning the right stuff and making your life simple. We usually do not realize the amount of time, energy, and money that is needed to [き] a big house, fashionable clothes, and all the other items that we buy. Minimalism is quite popular among people in their 20s and 30s, perhaps because they want to be different from their parents, or perhaps because they don't agree with other people in the society. But minimalism is also popular among older generations — they throw away their "stuff" in order to travel and do other exciting things.

Minimalism may clear your mind and your life! After you say goodbye to the things you do not need, your life has space for something new. Your life becomes fuller, and this is the true meaning of "[く]."

（注） credit cards：クレジットカード　went into debt：借金をかかえた　minimalism：ミニマリズム
materialism：物質主義　minimalist(s)：ミニマリスト

問1　空所 [あ] に入る最も適切なものを次の①～④から1つ選び，その番号を答えなさい。[25]

① kept buying things for other people
② tried to buy happiness with money
③ became more successful than before
④ never filled his house with his dreams

問2　下線部(1)が意味の通る英文になるように［　］内の語句を並べかえ，以下の [26] ～ [28] に入るものの番号をそれぞれ答えなさい。

In the end, [______ [26] ______ ______ [27] ______ ______ [28] ______] to his also wealthy best friend, Joshua Millburn.

① became　② speak　③ Ryan
④ he　⑤ so　⑥ finally decided
⑦ miserable　⑧ that　⑨ to

問3　空所 [い] [う] [え] [お] に入る最も適切なものをあとの①～④からそれぞれ1つずつ選び，その番号を答えなさい。

[い]…[29]
[う]…[30]
[え]…[31]
[お]…[32]

① He threw away one thing a day for a month and soon realized that he didn't need lots of things to feel happy.
② He now became more grateful for the items that remained.
③ Eventually, he was able to say goodbye to over 90 percent of everything he owned.
④ It was especially hard to separate himself from the things he owned.

問4　下線部(2)が意味の通る英文になるように［　］内の語句を並べかえ，以下の [33] ～ [35] に入るものの番号をそれぞれ答えなさい。

Every day, from the boxes, [______ [33] ______ [34] ______ [35] ______], some knives and forks, towels, his favorite clothes, and some furniture.

① used　② like　③ removed　④ he really
⑤ he　⑥ his shoes　⑦ those items

問5　空所 [か] に入る最も適切なものを次の①～④から1つ選び，その番号を答えなさい。[36]

① Do other people like to imitate him ?
② Does it bring joy to his life ?
③ Will it make him wealthy ?
④ Will his family agree with him ?

問6　下線部(3)が話の流れに合う表現になるように，［　］内の6語に4語を補いなさい。ただし，与えられた語句はそのままの形で，与えられた順にすべて用いること。[記述]

[instead / a closet filled / sweaters / use]

問7　空所 [き] に入る最も適切なものを次の①～④から1つ選び，その番号を答えなさい。[37]

① make use of　② come up with　③ take care of　④ go away with

問8　空所 [く] に入る最も適切なものを次の①～④から1つ選び，その番号を答えなさい。[38]

① less is more
② health, relationships, and passions
③ we are minimalists
④ simple and rich life

問 9　本文の内容と一致するものを次の①～⑤から１つ選び，その番号を答えなさい。 39

① It is important for minimalists to give, sell, or throw away everything you have.
② If you have more items in the house, you usually spend less time on organizing them.
③ The only way to be a minimalist is to have just enough stuff to lead a simple lifestyle.
④ Saying goodbye to some old things may make your life simple, happy, and rich.
⑤ Teenagers enjoy being minimalists as well as people among older generations.

問題の作成上，原文の一部を改変したところがある

＜リスニングテスト放送原稿＞

Kristina Gunnerson, a Swedish lady, was excited to be on holiday. She was in her car that was parked inside the bottom of a ferry on its way to Denmark. A ferry is a boat that carries cars and people across the sea. She had a magazine and a bag of cookies, and she thought she would go upstairs and relax with them in the sunshine while she was getting some fresh air.

She went up to the roof, sat on a comfortable seat and started to read her magazine.

A young man came and sat down in the seat next to her, the bag of cookies between them. She kept reading and put her hand down to take a cookie from the bag. It was delicious, but then a most awful thing happened. The man put down his hand and took a cookie for himself! How terrible for poor Ms. Gunnerson. She felt very upset. She took another cookie from the bag — the man did the same. She started to get more and more angry. When she took a cookie, the man took one too. She wanted to say something rude to him, but she still couldn't decide on what to say when they came to the last cookie in the bag.

The man picked it up, broke it in half and gave one half to Ms. Gunnerson. How rude! What an awful man. She quickly took the cookie, threw the bag into his face and went back to her car. She then started to feel better as the young man was clearly quite shocked. Ha!

Unfortunately for poor Ms. Gunnerson, when she got back to the car she found that her bag of cookies was still on the seat. She never took them out of the car.

【数　学】 (50分) 〈満点：100点〉

（注意） 円周率はπを用いなさい。

1 次の各問いに答えなさい。

〔1〕 $\dfrac{\sqrt{(-2)^2}(\sqrt{2}+\sqrt{3})^2}{\sqrt{2}}+\dfrac{(3-\sqrt{6})^2}{\sqrt{3}}$を計算しなさい。

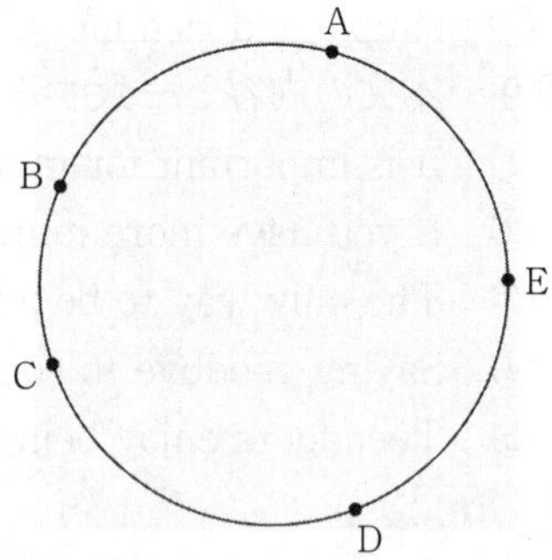

〔2〕 次の２次方程式を解きなさい。

$(x-3)^2-(3x+2)(x-2)=12+x$

〔3〕 図のように円周上に５点A，B，C，D，Eがあり，$\angle BAC=23^\circ$である。また，点Cを含む弧BDの長さと円周の長さの比は１：３である。このとき，$\angle CED$の大きさを求めなさい。

〔4〕 1，2，3，4，5，6の数が１つずつ書かれた６枚のカードが箱Aに入っており，4，5，6，7，8，9の数が１つずつ書かれた６枚のカードが箱Bに入っている。それぞれの箱からカードを１枚ずつ取り出す。箱Aから取り出したカードに書かれている数をa，箱Bから取り出したカードに書かれている数をbとする。このとき，3，6，7，a，bの５つの数の中央値が６になる確率を求めなさい。

ただし，箱Aからどのカードが取り出されることも同様に確からしく，箱Bからどのカードが取り出されることも同様に確からしいとする。

2 右の図のように，１辺の長さが2cmの正八面体ABCDEFがあり，辺BFの中点をM，辺ACの中点をNとする。

このとき，次の各問いに答えなさい。

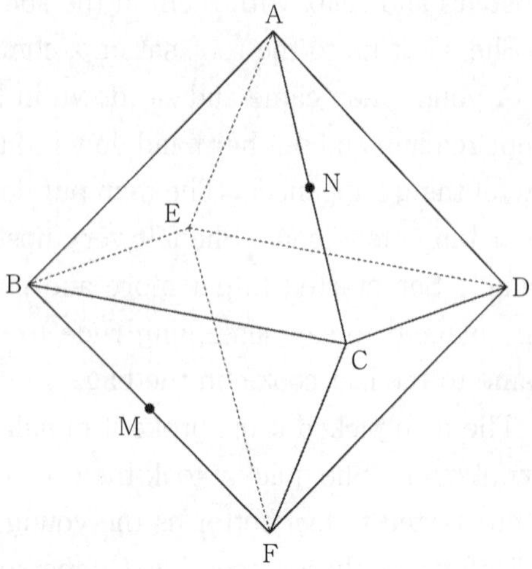

〔1〕 △ABFの面積を求めなさい。

〔2〕 線分AMの長さを求めなさい。

〔3〕 線分MNの長さを求めなさい。

〔4〕 △AMNの面積を求めなさい。

3 下の図のように，点O(0, 0)，点A(2, 0)，点B(1, 0)がある。また，直線lと直線mがあり，直線lの式は$x=2$，直線mの式は$x=1$である。点Oから点(1, 0)までの距離，および点Oから点(0, 1)までの距離をそれぞれ1cmとする。

点Pは点Oを出発し，x軸上をx座標が増加する方向に毎秒1cmの速さで動く。点Qは，点Pが出発するのと同時に点Aを出発し，直線l上をy座標が増加する方向に毎秒1cmの速さで動く。点Rは，点Pが出発してから$\dfrac{3}{10}$秒後に点Bを出発し，直線m上をy座標が増加する方向に毎秒1cmの速さで動く。

点Pが点Oを出発してからt秒後について，次の各問いに答えなさい。ただし，$\dfrac{3}{10}<t<1$とする。

〔1〕 $t=\dfrac{1}{2}$のときの直線QRの傾きを求めなさい。

〔2〕 ３点P，Q，Rが１つの直線上にあるときのtの値を求めなさい。

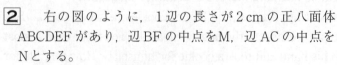

〔3〕 △PQR の面積が $\frac{1}{10}\mathrm{cm}^2$ になるときの t の値をすべて求めなさい。

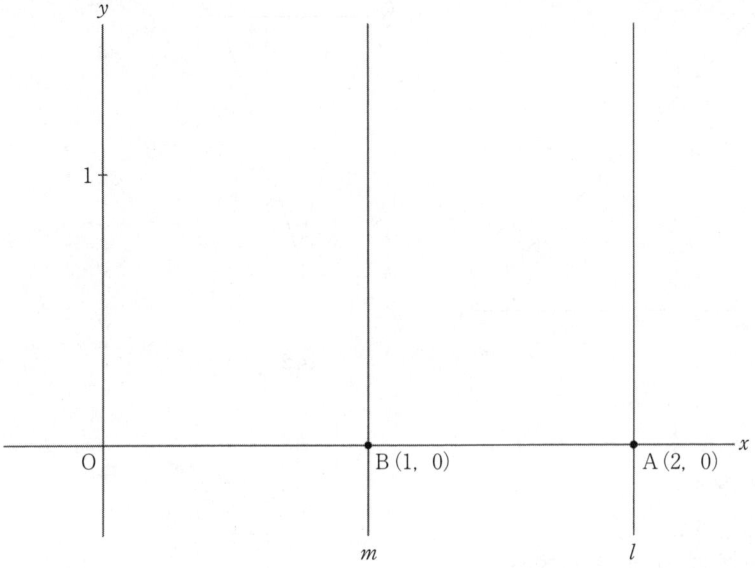

4 ∠BAC＝90° である直角二等辺三角形 ABC を次の【手順】で折り，下の図1のように折り目をつける。ただし，折り目をつけたら，そのたびに元の形に広げる。

【手順】
① 点Bが点Cに重なるように折り，できた折り目と線分 BC の交点をDとする。
② 点Aが点Dに重なるように折り，できた折り目と線分 AD の交点をEとする。
③ 点Aが点Eに重なるように折り，できた折り目と線分 AB，AC の交点をそれぞれF，Gとする。
④ 線分 DF と線分 DG に折り目をつける。
⑤ 線分 DB が直線 DF 上にくるように折り，できた折り目と線分 AB の交点をHとする。
⑥ 線分 DC が直線 DG 上にくるように折り，できた折り目と線分 AC の交点をＩとする。

ここで，∠BDH，∠HDF，∠FDG，∠GDI，∠IDC の大きさが等しいかどうかについて考える。
【手順】より，∠BDH＝∠HDF＝∠GDI＝∠IDC が成り立つ。さらに，∠BDH＝∠FDG が成り立つかどうかについて，次の【考察】のようにまとめた。

【考察】
$AB=AC=4\sqrt{2}$ cm，BC＝8cm とする。△DFG について，DF＝x cm とすると，【手順】より $x=$ [あ] である。
また，△DFG との比較のため，図2のように QR＝2cm，∠QPR＝36°，PQ＝PR である△PQR を考える。∠PQR の二等分線と辺 PR の交点を S とする。PQ＝y cm とすると，△PQR∽△QSR より $y=$ [い] である。x と y の値を比較すると，[う] $<0.1\times$ [え] $<$ [お] である。
したがって，∠BDH，∠FDG，∠QPR の大きさについて，[か] $<$ [き] $<$ [く] となるので，∠BDH＝∠FDG は成り立たない。

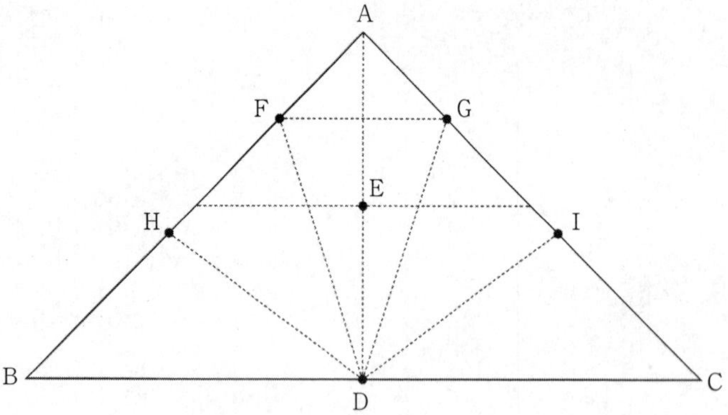

図1

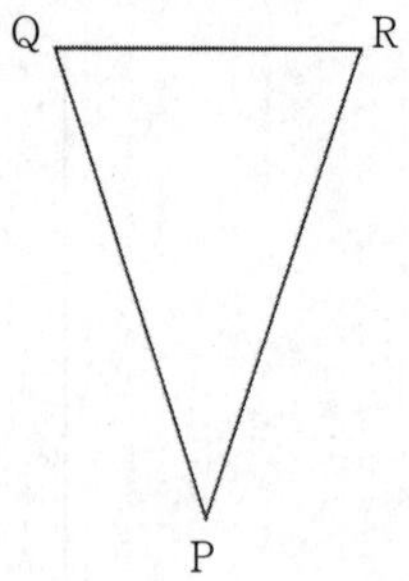

図2

このとき，次の各問いに答えなさい。

〔1〕 [あ] にあてはまる値を求めなさい。

〔2〕 [い] にあてはまる値を求めなさい。

〔3〕 [う]～[く] について，次の各問いに答えなさい。

(i) [え] にあてはまる整数を求めなさい。

(ii) [う]，[お]，[か]，[き]，[く] にあてはまる組み合わせとして最も適切なものを次のア～シから1つ選びなさい。

	[う]	[お]	[か]	[き]	[く]
ア	x	y	∠BDH	∠FDG	∠QPR
イ	x	y	∠BDH	∠QPR	∠FDG
ウ	x	y	∠FDG	∠BDH	∠QPR
エ	x	y	∠FDG	∠QPR	∠BDH
オ	x	y	∠QPR	∠BDH	∠FDG
カ	x	y	∠QPR	∠FDG	∠BDH
キ	y	x	∠BDH	∠FDG	∠QPR
ク	y	x	∠BDH	∠QPR	∠FDG
ケ	y	x	∠FDG	∠BDH	∠QPR
コ	y	x	∠FDG	∠QPR	∠BDH
サ	y	x	∠QPR	∠BDH	∠FDG
シ	y	x	∠QPR	∠FDG	∠BDH

5 右の図1は，連続する自然数をある規則にしたがって，1から小さい順に書き並べたものである。左からx番目で，下からy番目の自然数の位置を$\{x,\ y\}$と表すことにする。例えば，8の位置は$\{2,\ 3\}$である。

このとき，次の各問いに答えなさい。

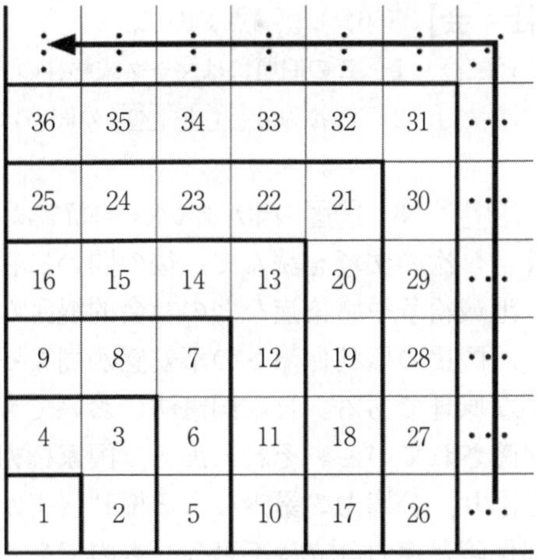

図1

〔1〕 2023の位置を求めなさい。

〔2〕 下の図2のように，

8	7
3	6

や

20	29
19	28

のような図1の中にある自然数を四角で囲んでできる4つの自然数の組

a	b
c	d

について，$a+d=b+c$が成り立つかどうかを考える。

$a+d=b+c$が成り立つとき，その値をEとする$(E=a+d=b+c)$。

例えば，

8	7
3	6

について，$a=8$，$b=7$，$c=3$，$d=6$であり，$a+d=14$，$b+c=10$であるから，$a+d=b+c$は成り立たない。

また，

20	29
19	28

について，$a=20$，$b=29$，$c=19$，$d=28$であり，$a+d=48$，$b+c=48$であるから，$a+d=b+c$が成り立つ。このとき，$E=48$である。

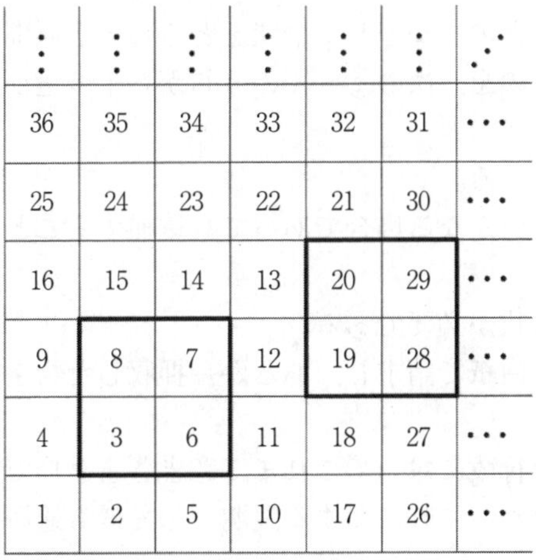

図2

(i) Eの値が50以下となるときのaの値の個数を求めなさい。

(ii) $E=1000$となるときのaの値を求めなさい。

【社　会】（50分）〈満点：100点〉

（注意）　1．この問題にはマーク式解答の問いと記述式解答の問いが含まれています。

2．解答番号 1 ～ 40 の問いは，答えをマークシートの各解答番号のうちから1つ選んでマークしなさい。

3． 記述 の印がある問いの解答は，マークシートの裏面の指定された解答欄に記入しなさい。

1　次の文章を読んで，後の問いに答えなさい。

地域紛争や感染症などの社会的混乱が続くなかで，公権力による私権の制限を正当化する主張もあり，国民の権利保障への不安感が高まっている。権利保障は(ア)権力分立と並んで民主政治を支える重要な原理である。日本国憲法においても(イ)自由権，社会権など侵すことのできない永久の権利として保障されている。それに加え，国家権力を立法権，(ウ)行政権，司法権と分立させ権力間の抑制と均衡を図り，公権力の暴走による権利侵害から国民を守る権力分立も採用されている。(エ)憲法において権利保障と権力分立は不可欠なものである。

また，人権保障は一つの国家の問題ではなく，国境を越えた問題も無視できない。だからこそ，多様な価値観が併存する国際社会において国際連合を中心とする諸機関は，(オ)人権を世界共通の価値として保障すべく努力を続けている。

問1　下線部(ア)について，国家権力を担う機関に対して，主権者である国民が権力の行使について監視することが大事である。この監視についての説明として最も適切なものを，次の①～④のうちから1つ選びなさい。 1

①　天皇の地位は日本国憲法第1条の規定にあるように国民の総意に基づくものなので，次の天皇を国民投票で選ぶ。

②　国会に対して，選挙に立候補することで国民の代表者としての意思を示す。

③　内閣を構成する国務大臣に対して，有権者の3分の2以上の有効署名によって解職請求を行う。

④　最高裁判所裁判官に対して，「法の番人」として適切な人物であるかどうかを国民審査で判断する。

問2　下線部(イ)について，身体の自由を守るための法定手続きの一つとして令状をとることが原則とされている。この令状についての説明として最も適切なものを，次の①～④のうちから1つ選びなさい。 2

①　令状は司法官憲，すなわち裁判官または裁判員が発行する。

②　警察官が逮捕する場合，逮捕状(逮捕令状)がなければいかなる場合であっても逮捕することができない。

③　所持品を押収せずに家宅捜索するときであっても，令状が必要である。

④　何が押収できるか分からないので，押収令状の内容は白紙で請求し，あとから押収した物を書き込むことが日本国憲法で認められている。

問3　下線部(ウ)について，国民生活への影響が非常に大きい行政に対してこれまでさまざまな形で行政改革が行われ，無駄のない効率的な行政が目指されてきた。これに関する説明として最も適切なものを，次の①～④のうちから1つ選びなさい。 3

①　効率的な仕事の実現のため国家公務員の数を増やしてきた。

②　業務の効率化のために，複数の中央省庁を統合するなどして再編し，数を減らした。

③　選挙区の区割りを見直すなどして国会議員の定数を削減した。

④　経済活動に対する規制緩和のために，中央省庁による許可権や認可権を増やした。

問4　下線部(エ)について，この思想は18世紀後半に採択された次の文書(部分要約)の第16条にも明記されており，文書を採択した国の憲法にも採用された。この文書の通称を答えなさい。 記述

第1条　人は，自由かつ諸権利において平等なものとして生まれ，そして生存する。社会的区別は，公共の利益への考慮にもとづいてしか行うことはできない。
第2条　すべての政治的結合の目的は，人の自然かつ消滅しえない諸権利の保全にある。これらは，自由，所有権，安全および圧政に対する抵抗である。
第3条　あらゆる主権の原理は本質的に国民に存する。いかなる団体，いかなる個人も，国民から明示的に発するものではない権威を行使することはできない。
第16条　諸権利の保障が確保されず，権力の分立も定められていない社会には，憲法は存在しない。

問5　下線部(オ)について，人権の国際的保障に関する次の あ～う の文章の正誤の組合せとして適切なものを，下の①～⑧のうちから1つ選びなさい。［4］
あ　世界人権宣言は条約としての効力はないが，世界各国の人権保障の模範となるものである。
い　国際人権規約は条約として締約国に対して人権保障の義務づけと，違反した場合の罰則を定めている。
う　2006年に設置されたUNHRC(国連人権理事会)は，国連加盟国の人権保障状況の調査を行い，違反があった場合に国際司法裁判所への提訴を行っている。

	①	②	③	④	⑤	⑥	⑦	⑧
あ	正	正	正	正	誤	誤	誤	誤
い	正	正	誤	誤	正	正	誤	誤
う	正	誤	正	誤	正	誤	正	誤

問6　人権に配慮し，共生を目指す活動について新たな概念を表す用語が登場してきている。次の あ～う の用語の説明の正誤の組合せとして適切なものを，下の①～⑧のうちから1つ選びなさい。
［5］
あ　フェアトレード　…公正な社会を目指すNPOやNGOなどの非経済的活動。
い　インクルージョン…さまざまな違いや障がいの有無などによって排除されることなく生活できること。
う　ダイバーシティ　…言語や性別，障がいの有無に関わらず誰もが生活しやすいように工夫された都市。

	①	②	③	④	⑤	⑥	⑦	⑧
あ	正	正	正	正	誤	誤	誤	誤
い	正	正	誤	誤	正	正	誤	誤
う	正	誤	正	誤	正	誤	正	誤

2　次の文章を読んで，後の問いに答えなさい。
人類が発展してきた背景には，エネルギーの存在がある。しかし人口増加や経済成長にともない，世界のエネルギー消費量は増加し続けている。一方で世界的な天候不順や災害，ロシアのウクライナ侵攻などの要因が重なり，近年は(ア)エネルギー供給が安定せず，(イ)歴史的なエネルギー価格の高騰も生じている。エネルギーは国民生活や(ウ)企業の生産活動に欠かせないものであり，エネルギー価格が継続的に高い水準で推移すれば，製品価格の上昇や購買力の低下などを通じて，政治や経済に悪影響を及ぼす可能性がある。
エネルギー消費の問題は，二酸化炭素などの温室効果ガスの排出量を増やし，地球温暖化をもたらすことにも繋がる。各国政府は(エ)温室効果ガスの削減のために国際協力を進めている。

日本の将来のエネルギー政策のあり方については，私たち一人一人が考えていかなければならない。その際には(オ)日本だけでなく世界全体の利益も考え，また現在の私たちの幸福だけではなく将来世代の幸福も考慮して，持続可能な社会のあり方を考えていくことが大切である。

問1　下線部(ア)に関連して，次の表は日本・ドイツ・フランス・ブラジルの発電エネルギー源別割合の内訳(統計年次は2019年)を示している。A～Dの項目はそれぞれ火力，原子力，水力，風力・太陽光・地熱等のいずれかである。A～Dの項目の組合せとして正しいものを，下の①～⑧のうちから1つ選びなさい。 6

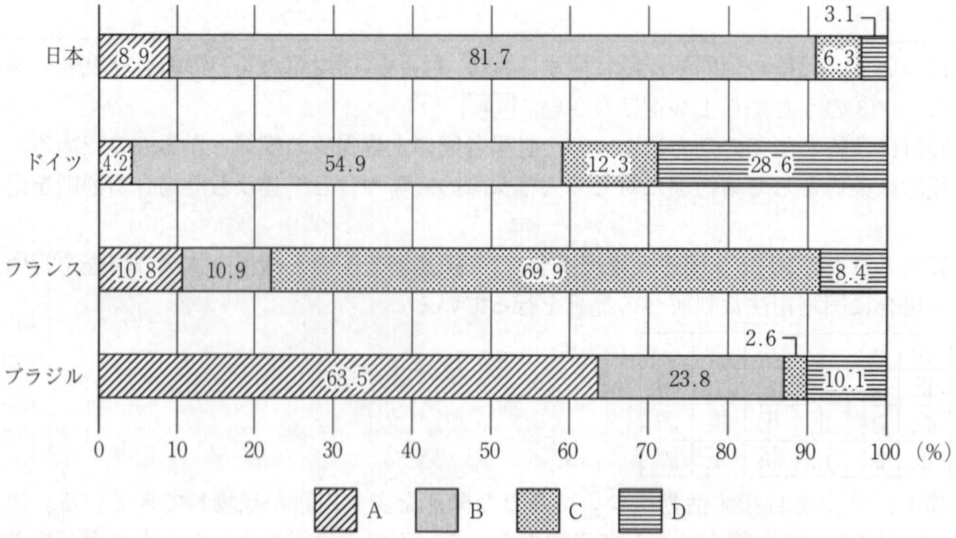

『世界国勢図会 2022/23』より作成

	A	B	C	D
①	水力	火力	原子力	風力・太陽光・地熱等
②	水力	火力	風力・太陽光・地熱等	原子力
③	水力	原子力	火力	風力・太陽光・地熱等
④	水力	原子力	風力・太陽光・地熱等	火力
⑤	火力	水力	原子力	風力・太陽光・地熱等
⑥	火力	水力	風力・太陽光・地熱等	原子力
⑦	火力	原子力	水力	風力・太陽光・地熱等
⑧	火力	原子力	風力・太陽光・地熱等	水力

問２　下線部(イ)に関連して，次のグラフは2020年を基準とした日本における消費者物価指数の前年比の推移を1960年から2020年まで示している。Ａの年にはエネルギー価格の高騰をきっかけに物価が上昇した。グラフ中のＡの年，および下のＢとＣのできごとを古いものから順に並べかえたものとして最も適切なものを，下の①～⑥のうちから１つ選びなさい。 7

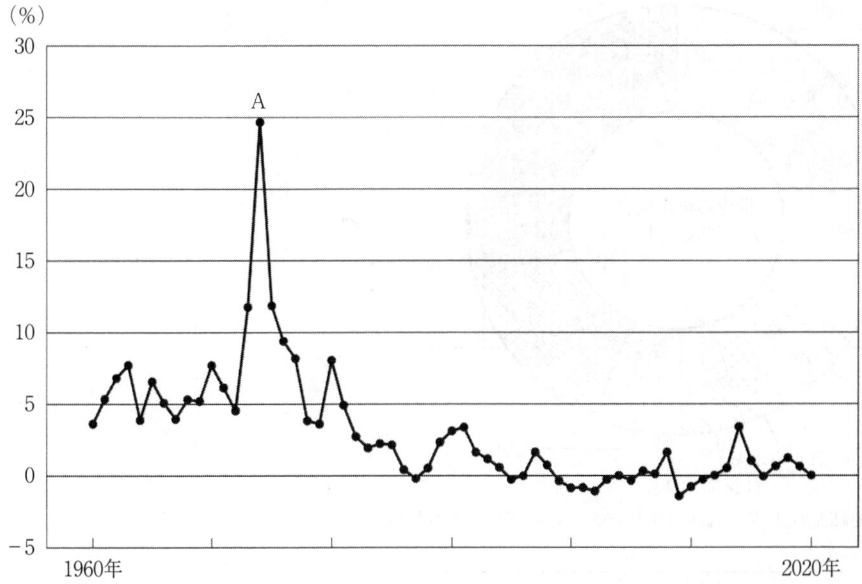

e-Stat Webページより作成

Ｂ　第１回主要国首脳会議（サミット）がはじめて開かれた。

Ｃ　第四次中東戦争が勃発した。

①　Ａ→Ｂ→Ｃ　　②　Ａ→Ｃ→Ｂ　　③　Ｂ→Ａ→Ｃ

④　Ｂ→Ｃ→Ａ　　⑤　Ｃ→Ａ→Ｂ　　⑥　Ｃ→Ｂ→Ａ

問３　下線部(ウ)と環境に関する説明として最も適切なものを，次の①～④のうちから１つ選びなさい。 8

①　民間人が環境保全などの公共の目的のために設立した企業を，公企業という。

②　製造物責任法は，公害を発生させた企業に公害防止設備の設置を義務づけている。

③　企業などの事業者が大規模な開発を行う際には，事前に環境への影響を調査し評価することが義務づけられている。

④　企業の生産活動に際して，オゾン層を破壊するフロンガスの使用を制限する法律や条約はないが，条例で規制されている。

問4　下線部(エ)に関連して，次の(1)および(2)に答えなさい。

(1)　次のグラフは2019年の世界における国別の二酸化炭素排出量の割合を示しており，A～Cはアメリカ合衆国・中国・インドのいずれかである。A～Cの組合せとして正しいものを，下の①～⑥のうちから1つ選びなさい。 9

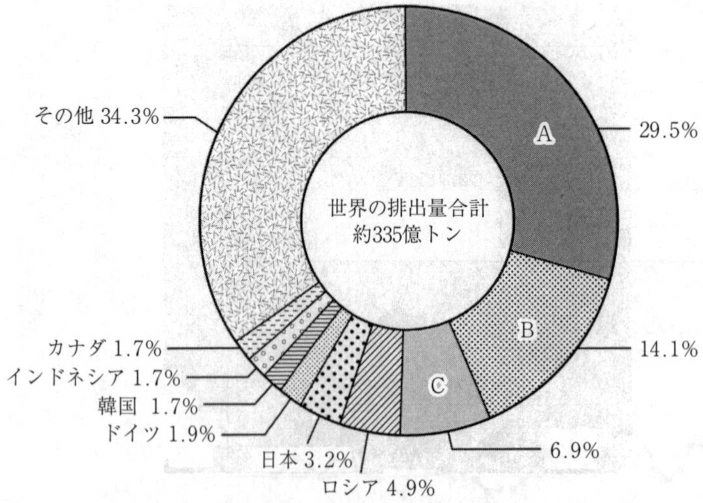

全国地球温暖化防止活動推進センターWebページより作成

	A	B	C
①	アメリカ合衆国	中国	インド
②	アメリカ合衆国	インド	中国
③	中国	アメリカ合衆国	インド
④	中国	インド	アメリカ合衆国
⑤	インド	アメリカ合衆国	中国
⑥	インド	中国	アメリカ合衆国

(2)　次の あ～う は，環境問題への取組みに関わる京都議定書やパリ協定に関する説明である。その正誤の組合せとして適切なものを，下の①～⑧のうちから1つ選びなさい。 10

あ　京都議定書では，中国・インドには温室効果ガス排出量の削減義務がなかった。

い　パリ協定では，すべての締約国に温室効果ガス排出量の削減目標の提出が義務づけられている。

う　アメリカ合衆国・中国・インドは，京都議定書からもパリ協定からも途中離脱しなかった。

	①	②	③	④	⑤	⑥	⑦	⑧
あ	正	正	正	正	誤	誤	誤	誤
い	正	正	誤	誤	正	正	誤	誤
う	正	誤	正	誤	正	誤	正	誤

問5　下線部(オ)を実現するために，2015年に国連総会では持続可能な開発のための17の国際目標である「持続可能な開発目標」(SDGs)が設定された。学芸さんは，授業の最後のまとめとしてSDGsを1つ選び調べてみることにした。すると学芸さんは，それぞれの目標が相互に結びついていることに気がついた。次の図1は，SDGsの中でも言及されている，ある資源を安全に手に入れることができる人口の割合を示したものである。また説明は，この資源について学芸さんが調べたWebページの一部であり，文章中【X】にはこの資源の名称が入る。この資源は何か，答えなさい。 記述

図1

着目したSDGs

作問の都合上，上記マークは一部改変している。

安全な【 X 】を利用できる人口の割合(2020年)

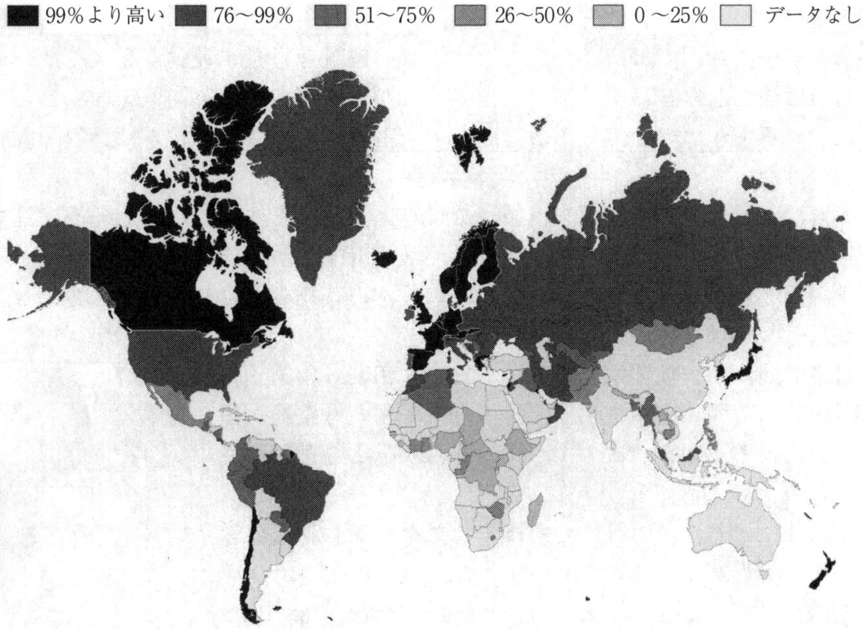

UNICEF Webページより作成

説明

着目したSDGs

【 X 】へのアクセスが，子供の就学や女性の社会進出を支える！
発展途上国では，安全な【 X 】を手に入れるというのが重労働であり，それが子供や女性の仕事とされている実情があります。いまも，【 X 】を自宅に運ぶというそれだけのために一日に何時間も費やしている人々が世界には大勢いるのです。【 X 】は生命の維持には欠かせませんし，日々の生活を文化的に暮らすにも欠かせません。そうすると，【 X 】を手に入れる労働はあらゆる活動に優先することになるわけです。その結果，【 X 】が不足した社会では，子供や女性は他の活動に関わる機会が奪われてしまいます。

JICA Web ページより作成

3　次の文章を読んで，後の問いに答えなさい。

2022年は，日本と中国が(ア)国交正常化をしてから50年の節目の年であった。しかし言うまでもなく，日中の間には古来，交流と衝突の歴史が存在する。

中国の『漢書』によると，(あ)世紀ごろの日本列島には倭人がおり，100ほどのクニに分かれていたと記されている。6世紀末に隋が，7世紀初めに唐が中国を統一すると，日本は政治のしくみや進んだ文化を取り入れるため遣隋使や(イ)遣唐使を派遣した。その後，唐が国内反乱で衰退し滅亡すると，中国は宋によって統一された。宋との貿易は民間の商人により行われた。(ウ)平清盛は日宋貿易の利益に着目し，航路や港を整えた。宋が滅亡し，元が成立した後も，民間の商人による貿易は継続した。

17世紀に明に代わり清が成立した。江戸時代には，日本と清の正式な国交は結ばれなかったが，(エ)長崎に清の商人が来航し貿易が行われ，幕府によって中国の人々の居住地区が造られた。

(オ)19世紀後半，日本で新政府が成立すると日清修好条規が結ばれ，日本と清の正式な国交が開かれた。日清戦争後，中国では清をたおし近代国家の建設を目指す運動が高まった。その結果，中華民国が成立し清は滅亡した。日本は第一次世界大戦がおこると，日英同盟を理由として連合国側で参戦し，(カ)中国におけるドイツの拠点である青島《チンタオ》などを占領した。さらに日本は，中国政府に二十一か条の要求を突きつけた。

満州事変によって中国東北部を占領した日本は満州国を建国した。その後，日本が中国の北部にも軍隊を進めると(キ)盧《ろ》溝橋《こうきょう》事件をきっかけとして日中戦争が始まり，1945年の終戦まで続いた。

問1　下線部(ア)を実現した取り決めと当時の日本の首相の組合せとして適切なものを，次の①～④のうちから1つ選びなさい。[11]

①　日中共同声明－佐藤栄作　　②　日中平和友好条約－佐藤栄作

③　日中共同声明－田中角栄　　④　日中平和友好条約－田中角栄

問2　(あ)に入る語句を，次の①～④のうちから1つ選びなさい。[12]

①　紀元前1　　②　1　　③　2　　④　3

問3　下線部(イ)にしたがい唐にわたって仏教を学び，新しい教えを日本に伝えた人物を，次の①～④のうちから1人選びなさい。[13]

①　法然　　②　鑑真　　③　行基　　④　空海

問4　下線部(ウ)があつく信仰し整備した寺社に関する図版として最も適切なものを，次の①～④のうちから1つ選びなさい。[14]

①

②

③

④

問5　下線部(エ)の居住地区の名称を**漢字**で答えなさい。記述

問6　下線部(オ)におこった あ～う のできごとについて，古いものから順に並べかえたものを，下の①～⑥のうちから１つ選びなさい。15

あ　浦賀に来航したアメリカの東インド艦隊司令長官ペリーは，日本に開国を求める大統領の国書を差し出した。

い　銀の不足やアヘンの害が深刻になった清がアヘンを厳しく取り締まると，イギリスは清と戦争を始めた。

う　明治政府の進める政策に反対する鹿児島の士族らが，西郷隆盛を指導者として蜂起した。

①　あ→い→う　②　あ→う→い　③　い→あ→う

④　い→う→あ　⑤　う→あ→い　⑥　う→い→あ

問7　下線部(カ)に関する次の資料(部分要約)について，(1)および(2)に答えなさい。

青島陥落が私の予想よりはるかに早かったのは，同時に戦争の不幸がまた意外に少なかったという意味で，国民とともに深く喜ぶところである。しかし，こうして我が軍の手に入った青島は，結局どのように処分するのがもっとも得策とすべきだろうか。これは実にもっとも熟考を必要とする問題である。この問題に対する私の立場は明白である。「アジア大陸に領土を拡張すべきではない」「満州もできるだけ早く放棄すべきである」というのは私のかねてからの持論である。さらに新たに中国の山東省の一角に領土を獲得するようなことは，害悪に害悪を重ね，危険に危険を加えるものであって，断じて反対せざるをえない。……そればかりでなく，さらに一歩を進めて考えてみると，イギリス・フランス・アメリカの諸国が，中国領土を割いて取ろうとするという野心がないことは天下の認める所であり，いや，この三国は心の奥底より，他国による，中国分割を恐れ，あれこれその防止に努力しつつある。そうして，とかく中国の領土に野心を持ち続けることを認められつつあるのは，ロシア・ドイツ・日本の三国である。この点において，我が日本は深く中国人に恐れられ，排斥を受け，さらにアメリカには危険視され，同盟国のイギリス人にすら大いに疑われている。しかるに，今もしドイツを中国の山東より追い払ったにせよ，ただそれだけでも，日本の中国における満州の領有は，著しく目立ち，その上，さらに青島を根拠として，山東の地に，領土的経営を行えば，その結果は果たしてどのように思われるだろうか。中国における日本の侵入はいよいよ明白となっており，世界列強の注目を集め，恐れおののかせるにちがいないことは言うまでもない。

(1)　資料から読み取れる内容として最も適切なものを，次の①～④のうちから１つ選びなさい。16

①　この資料で筆者は，イギリス・フランス・アメリカが中国領土を割いて取ろうという野心を持ち続けているので，日本は中国分割の防止に努力すべきと述べている。

②　この資料で筆者は，日本が青島を手に入れたことは，ドイツを危険視するアメリカや同盟国のイギリス人から大いに支持されるはずだと述べている。

③　この資料で筆者は，日本の中国における満州の領有は著しく目立っているので，その領土的経営はロシア・ドイツと共同で行うべきだと述べている。

④　この資料で筆者は，日本が中国の領土に野心を持ち続けることは，中国人に深く恐れられ，排斥を受けることになるので，青島を領有することには反対だと述べている。

(2)　上の資料中の青島の場所として最も適切なものを，次の略地図の①～④のうちから１つ選びなさい。17

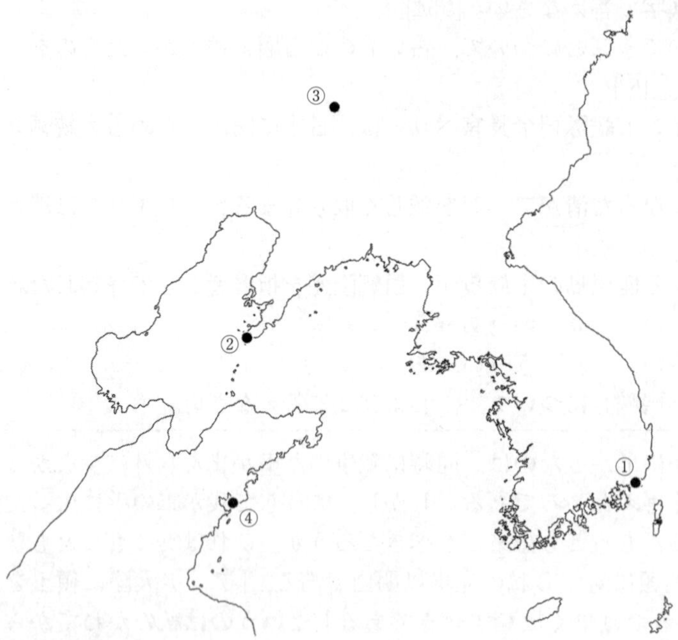

問8　下線部(キ)以前の日本のできごとの説明として適切なものを，次の①～④のうちから１つ選びなさい。18

① ほとんどの政党や政治団体は解散し，大政翼賛会に合流した。
② 陸軍の青年将校が大臣などを殺害する，二・二六事件をおこした。
③ 北方の安全を確保するため，ソ連と日ソ中立条約を結んだ。
④ ヨーロッパとアジアにおける三国の指導的地位を互いに認めた，日独伊三国同盟を結んだ。

4　次の文章を読んで，後の問いに答えなさい。

古代には，広大な地域を支配下におさめ，さまざまな人々の集団の上に君臨する帝国が世界各地に形成された。(ア)その周辺の人々は，帝国の制度や文化を選択的に導入しながら国家形成を進めた。古代帝国の存在は，遠隔地の間の交易にもつながった。古代帝国が崩壊した後，中世においても，地域間の文物の交流は盛んであり，その中で(イ)新たな政治的なまとまりや社会のあり方，信仰のかたちが形成されていった。例えば，15世紀の(ウ)沖縄島では３つの王国が統一された。近世になると，世界的な交易の網はアメリカ大陸にまでおよび，(エ)大陸をこえて求められる商品の取引が発展し，上層のみでない一般の人々の生活も国際的な商業と結びついたものになっていった。この時代には，世界のさまざまな地域で軍事技術も進歩し，経済力をのばして軍備を整えた新興政権が現れた。それらの政権の中には，(オ)独自の貿易政策をとるものもあった。近世のヨーロッパは宗教戦争の時代を迎え，(カ)諸国家の内外の争いから主権国家が並び立つ体制が形成されていくことになった。近代になると資本主義のもとで，世界的な分業のしくみが形成されていく。そこでは，欧米を中心とする(キ)帝国主義諸国による世界の一体化が進められた。(ク)20世紀の２つの世界大戦を経た後，脱植民地化が本格的に進んだが，独立が必ず経済の成長と政

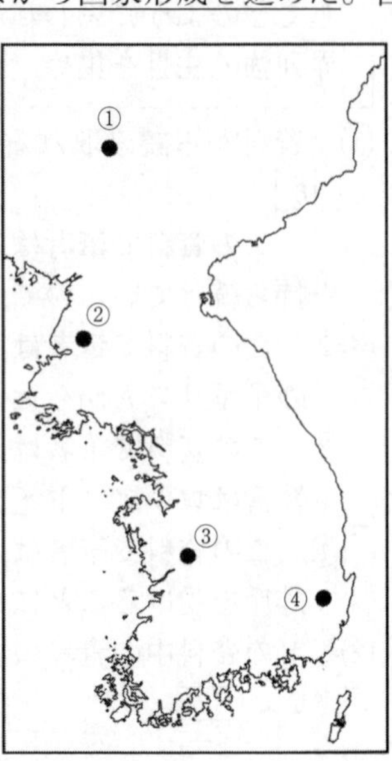

治の安定に直結したわけではない。人やモノの動きのグローバル化は一段と進む一方で，国境をこえた普遍的な人権保障の実現は人類の課題でありつづけている。

問1　下線部(ア)に関連して，新羅《しらぎ》《シルラ》では国家的に仏教が受容され首都などに寺塔が建立された。新羅の首都の位置を，上の略地図の①～④のうちから1つ選びなさい。 19

問2　下線部(イ)に関連して，アイヌ社会は中世から近世にかけて大きな文化変容を経験したといわれる。そのなかで形成された，アイヌが口伝えにしてきた神や英雄の物語のことをアイヌ語で何というか，次の①～④のうちから1つ選びなさい。 20

①　ウポポイ　　②　カムイ　　③　コタン　　④　ユカㇻ

問3　下線部(ウ)について，沖縄の歴史に関する説明として最も適切なものを，次の①～④のうちから1つ選びなさい。 21

①　3つの王国の成立前には，按司《あじ》とよばれる豪族たちが勢力争いをしていた。
②　3つの王国は，名護を最初の都とした中山王の尚氏によって統一された。
③　琉球王国の港であった那覇は，地元特産のこんぶの輸出港として繁栄した。
④　琉球王国の首都に築かれた首里城は，21世紀に初めて焼失した。

問4　下線部(エ)について，17世紀に東南アジアの交易の実権を握ったプロテスタントの多い国の名称と，その国が独占しようとした東南アジアの産品の写真の組合せとして適切なものを，下の①～⑥のうちから1つ選びなさい。 22

あ

い

う

	国名	産品の写真
①	オランダ	あ
②	オランダ	い
③	オランダ	う
④	ポルトガル	あ
⑤	ポルトガル	い
⑥	ポルトガル	う

問5　下線部(オ)について，江戸時代に田沼意次が専売制をしいて，日本から盛んに輸出された金属の名称を**漢字1字**で答えなさい。記述

問6　下線部(カ)について，次の文書(部分要約)はイギリスの名誉革命にかかわるものである。【X】にあてはまる最も適切な語句を**漢字2字**で答えなさい。記述

国王は，王権により，【 X 】の承認なしに法律を停止し，また法律の執行を停止し得る権限があると称しているが，そのようなことは違法である。……

大権に名を借り，【 X 】の承認なしに，……王の使用に供するために金銭を徴収することは，違法である。……

平時において，【 X 】の承認なくして国内で常備軍を徴集してこれを維持することは，法に反する。

問7　下線部(キ)に関連して，東南アジアでは大河川の下流部のデルタが輸出用の稲作地帯として開発されていった。その際，宗主国を同じくする植民地の中で，労働力として人々の移動がおこった。右の地図中のエーヤワディー川のデルタ開発に従事した人々の主な出身地と，その地域を植民地化した国との組合せとして適切なものを，次の①～⑥から1つ選びなさい。 23

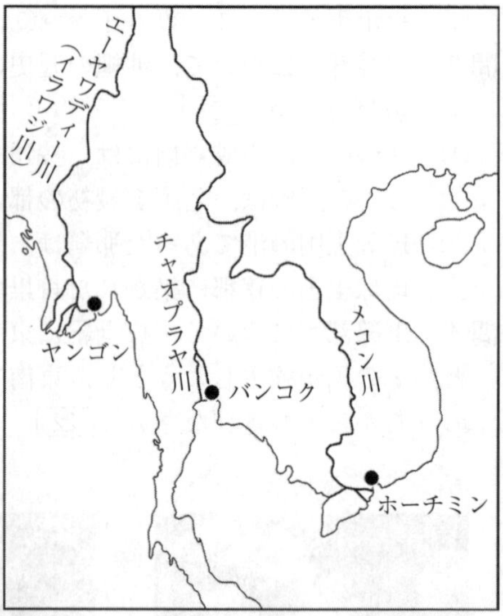

	主な出身地	植民地化した国
①	インド	イギリス
②	インド	フランス
③	タイ	イギリス
④	タイ	フランス
⑤	ベトナム	イギリス
⑥	ベトナム	フランス

問8　下線部(ク)に関連して，次の表は，州別の国際連合加盟国数の推移をあらわしたものである。か～く には，アジア，アフリカ，ヨーロッパのいずれかが入る。か～く に入る州名の組合せとして適切なものを，下の①～⑥から1つ選びなさい。 24

州	1945年	1950年	1955年	1960年	1965年	1970年	2011年
オセアニア	2	2	2	2	2	3	14
南北アメリカ	22	22	22	22	24	26	35
か	14	16	26	26	27	27	43
き	4	4	5	26	37	42	54
く	9	16	21	23	28	29	47

国際連合広報センターWebページより作成

	か	き	く
①	アジア	アフリカ	ヨーロッパ
②	アジア	ヨーロッパ	アフリカ
③	アフリカ	アジア	ヨーロッパ
④	アフリカ	ヨーロッパ	アジア
⑤	ヨーロッパ	アジア	アフリカ
⑥	ヨーロッパ	アフリカ	アジア

5 日本と世界各国の関わりについて，後の問いに答えなさい。

問1 日本を含む世界各地には，火山活動や地震が活発におきている地域が多くみられる。図1のA～Dのうち，火山活動や地震が最も少ない地域を，下の①～④のうちから1つ選びなさい。 25

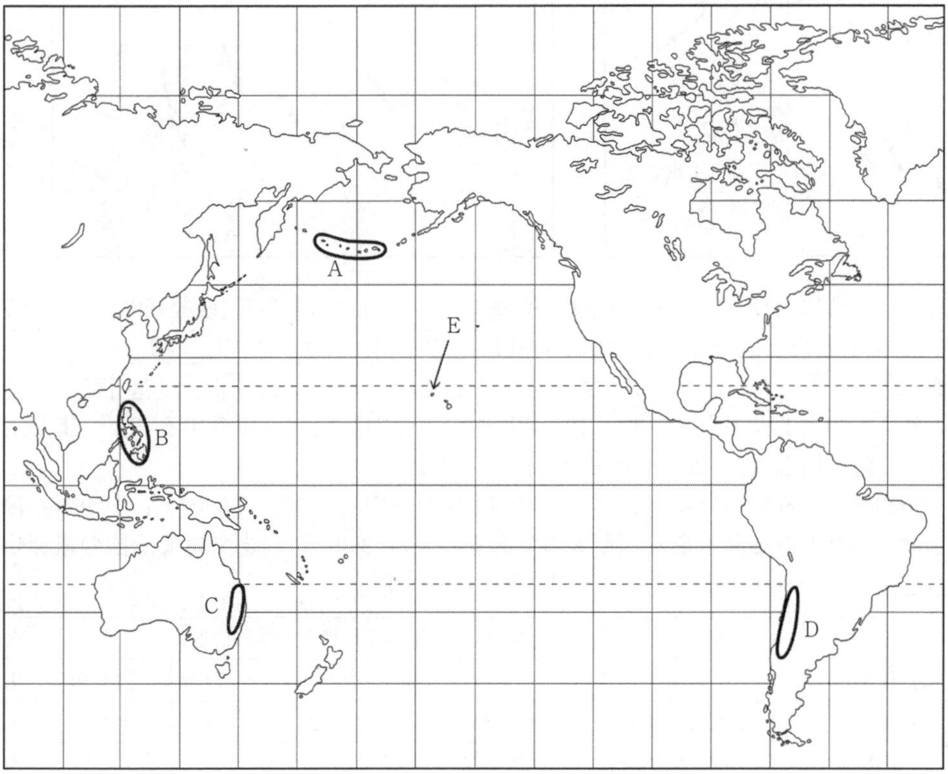

図1

① A
② B
③ C
④ D

問2 日本を含むアジア各地では季節風(モンスーン)がみられる。7月の季節風の風向として最も適切なものを，次の①～④のうちから1つ選びなさい。 26

①

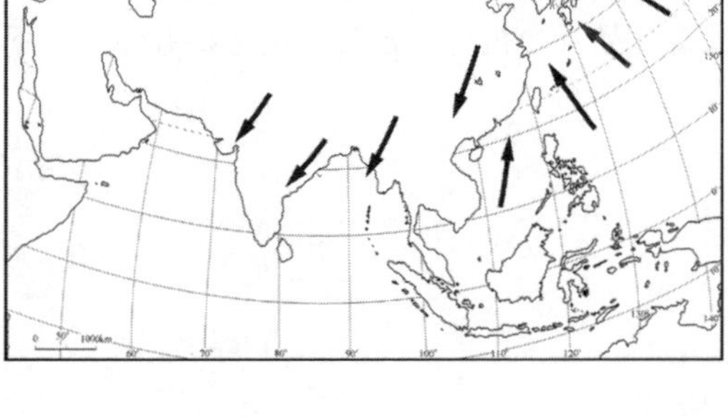

②

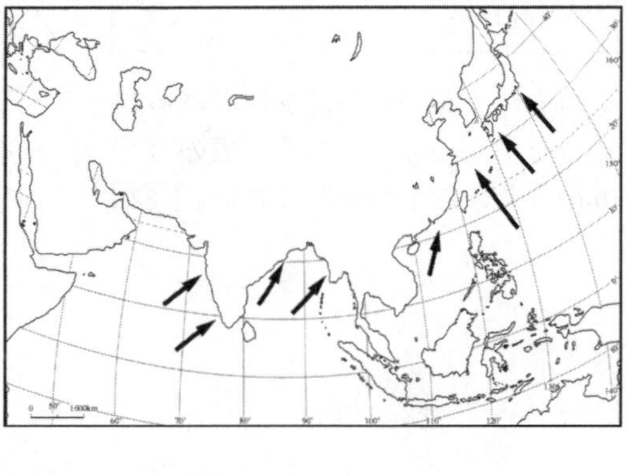

③

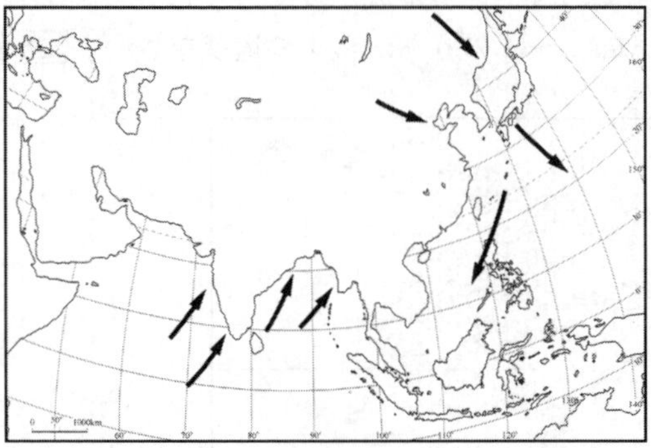

④

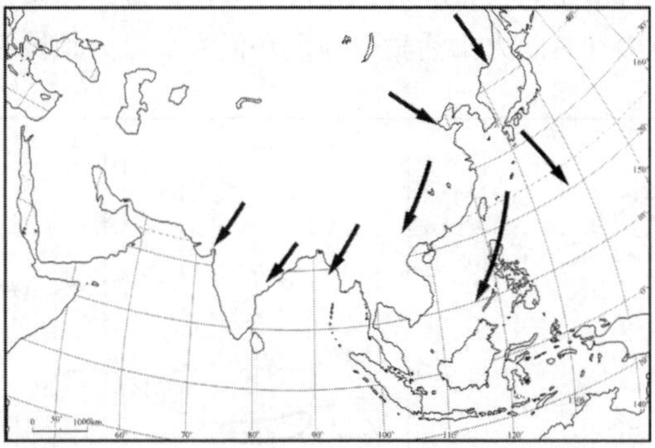

問3　東京を2月13日22時に飛び立った航空機は，所要時間7時間で図1のE（西経150度を標準時子午線としている）に到着した。到着時のEの現地時刻は [27] [28] 日の [29] [30] 時であった。空欄 [27] ～ [30] にあてはまる数字をマークしなさい。ただし，[27] ～ [30] にはすべて1桁の整数を入れるものとし，時刻の [29] [30] 時については24時間制で解答すること。また，時刻の解答が0時～9時の場合は，[29] に⓪をマークすること。

問4　次の表は，2020年の日本におけるアメリカ合衆国，マレーシア，ロシアのいずれかからの輸入額と金額による輸入品目上位5品目を示したものである。表の あ～う にあてはまる国の組合せとして正しいものを，下の①～⑥のうちから1つ選びなさい。[31]

国名	輸入額	金額による輸入品目と割合（上位5品目，割合の単位は%）				
あ	11,455	液化天然ガス 21.9	石炭 17.0	原油 16.8	注パラジウム 14.0	魚介類 9.0
い	17,005	電気機器 29.4	液化天然ガス 24.8	一般機械 4.0	衣類 3.9	木製品 3.2
う	74,369	一般機械 13.7	電気機械 12.1	医薬品 7.5	科学光学機器 5.3	液化石油ガス 3.9

輸入額の単位は億円。

注　レアメタル（希少金属）の1つで，貴金属や貨幣，電極などに利用される。

『データブック オブ・ザ・ワールド』2022年版より作成

	あ	い	う
①	アメリカ合衆国	マレーシア	ロシア
②	アメリカ合衆国	ロシア	マレーシア
③	マレーシア	アメリカ合衆国	ロシア
④	マレーシア	ロシア	アメリカ合衆国
⑤	ロシア	アメリカ合衆国	マレーシア
⑥	ロシア	マレーシア	アメリカ合衆国

問5　次の表は，2020年の日本におけるコーヒー豆，木材，鉄鉱石のいずれかの輸入額上位5か国とその割合を示したものである。表の か～く にあてはまる品目の組合せとして正しいものを，下の①～⑥のうちから1つ選びなさい。[32]

品目	輸入額	金額による輸入相手国との割合(上位5か国，割合の単位は%)				
か	1,133	ブラジル　28.6	コロンビア 19.9	ベトナム　15.5	グアテマラ　9.3	エチオピア 7.1
き	2,790	アメリカ合衆国 20.9	カナダ　19.7	ロシア　14.1	フィンランド 8.5	スウェーデン 8.4
く	10,308	オーストラリア 52.2	ブラジル　29.6	カナダ　7.2	南アフリカ共和国 3.6	インド　2.0

輸入額の単位は億円。

『データブック オブ・ザ・ワールド』2022年版より作成

	か	き	く
①	コーヒー豆	木材	鉄鉱石
②	コーヒー豆	鉄鉱石	木材
③	木材	コーヒー豆	鉄鉱石
④	木材	鉄鉱石	コーヒー豆
⑤	鉄鉱石	コーヒー豆	木材
⑥	鉄鉱石	木材	コーヒー豆

問6　次の表は，2002年，2008年，2014年，2020年のイギリス，オーストラリア，韓国，ベトナムのいずれかにおける日本企業の外国における[注1]現地法人の[注2]数について示したものである。表の①～④のうちベトナムにあてはまるものを1つ選びなさい。 33

注1　企業が海外に進出する際に，現地の法律に基づいて設立される子会社。

注2　日本企業の出資比率の合計が10%以上の現地法人の数。

国	2002年	2008年	2014年	2020年
①	880	785	871	967
②	550	701	904	976
③	452	410	510	644
④	187	358	804	1,358

『データブック オブ・ザ・ワールド』
2004年版，2010年版，2016年版，2022年版
より作成

6 九州地方について，図1をみて，あとの問いに答えなさい。

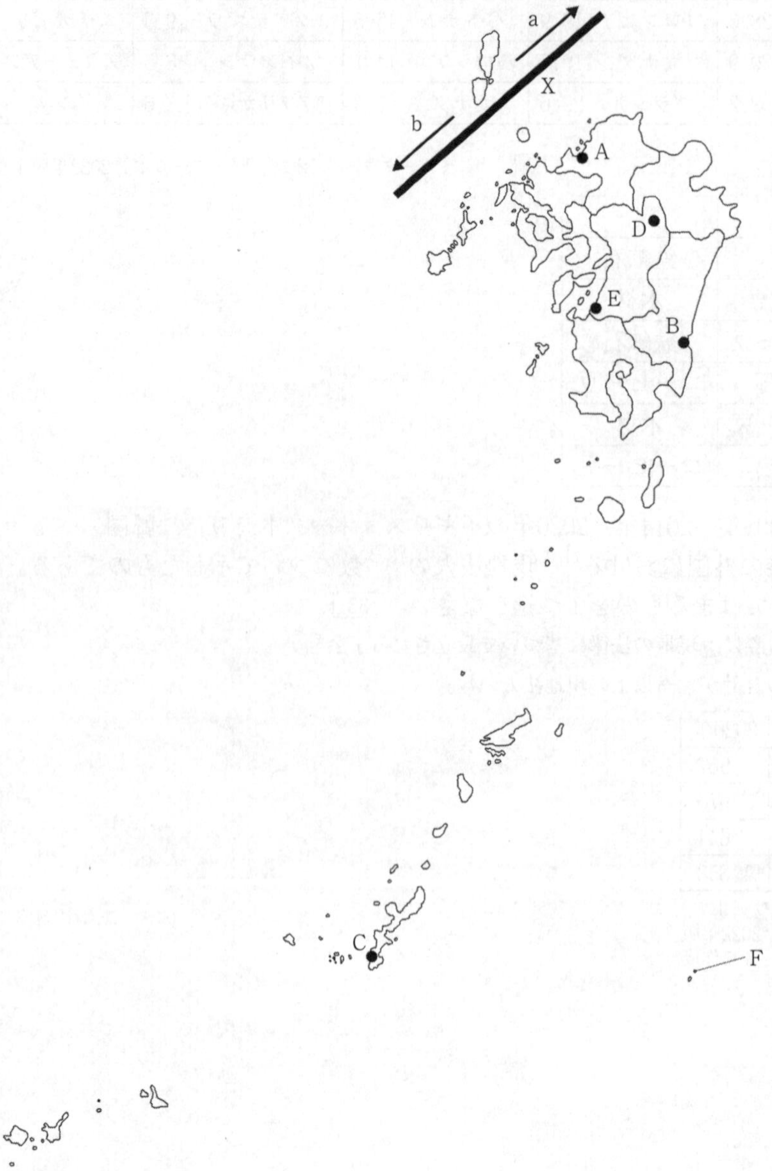

図1

問1　次の あ～う の図は，図1のA～Cのいずれかの地点の雨温図である。それぞれの図にあてはまる地点の組合せとして正しいものを，下の①～⑥のうちから1つ選びなさい。34

あ

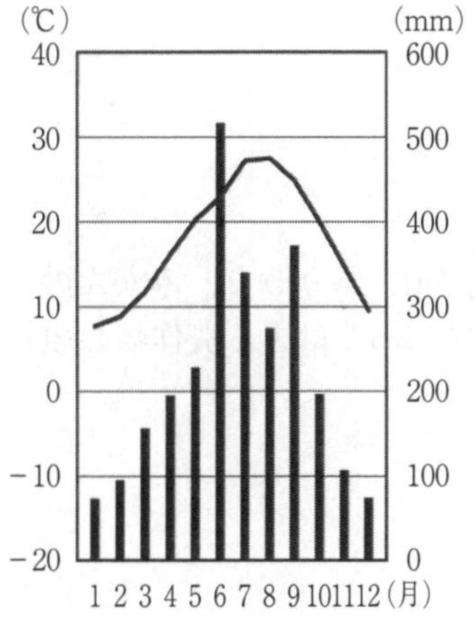

い

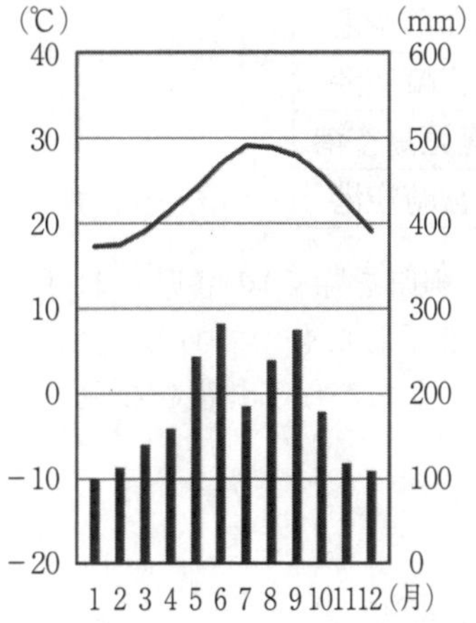

う

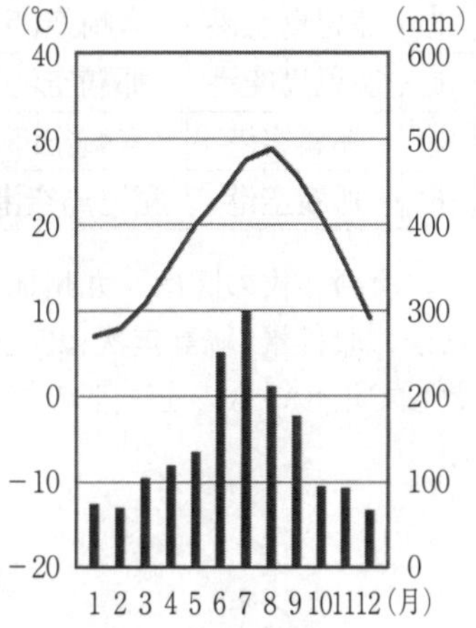

気象庁Webページより作成

	あ	い	う
①	A	B	C
②	A	C	B
③	B	A	C
④	B	C	A
⑤	C	A	B
⑥	C	B	A

問2　図1のXの海流の流れている方向と，暖流か寒流のどちらかについて，最も適切な組合せを，次の①～④のうちから1つ選びなさい。35

	流れる方向	暖流か寒流か
①	a	暖流
②	a	寒流
③	b	暖流
④	b	寒流

問3　図1のDの付近には，火山の爆発や噴火による陥没でできた大きな窪地《くぼち》がみられる。この地形の名称を答えなさい。記述

問4　右の表は，2022年3月～5月における，宮崎空港，鹿児島空港，那覇空港(沖縄県)のいずれかから，福岡県の福岡空港，大阪府の大阪空港(伊丹空港)・関西空港，東京都の羽田空港に向かう航空便の便数を示したものである。表の か～く にあてはまる空港の組合せとして正しいものを，次の①～⑥のうちから1つ選びなさい。36

	福岡空港行	大阪空港行・関西空港行	羽田空港行
か	13	13	17
き	1	18	22
く	23	22	34

単位は便。

『JTB時刻表』(2022年4月1日発行)より作成

	か	き	く
①	宮崎空港	鹿児島空港	那覇空港
②	宮崎空港	那覇空港	鹿児島空港
③	鹿児島空港	宮崎空港	那覇空港
④	鹿児島空港	那覇空港	宮崎空港
⑤	那覇空港	宮崎空港	鹿児島空港
⑥	那覇空港	鹿児島空港	宮崎空港

問5　次の３枚の図は，九州地方（沖縄県を除く）の各県における米（水稲），きゅうり，みかんのいずれかの収穫量（統計年次は2020年）を示したものである。さ～す の図にあてはまる農作物の組合せとして正しいものを，下の①～⑥のうちから１つ選びなさい。 37

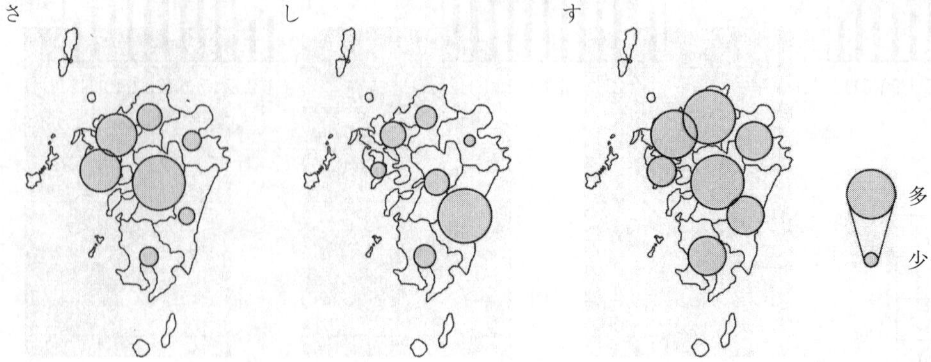

農林水産省「作物統計」より作成

	さ	し	す
①	米	きゅうり	みかん
②	米	みかん	きゅうり
③	きゅうり	米	みかん
④	きゅうり	みかん	米
⑤	みかん	米	きゅうり
⑥	みかん	きゅうり	米

問6　図１のＥの都市で1950年代以降にみられた公害について述べたものとして最も適切なものを，次の①～④のうちから１つ選びなさい。 38

①　大気汚染物質が石油化学コンビナートから出されたことにより，それを吸った周辺の住民の中で気管支炎やぜんそくなどの呼吸器系の病気にかかった人が多くみられた。

②　鉱毒を含む水が銅を産出する鉱山から河川に流されたため，その河川の下流で氾濫がおこり鉱毒が水田に流入すると，稲が育たなくなる被害が出た。

③　有機水銀を含む水が化学工場から海に排出されたため，その海でとれた魚介類を食べた沿岸住民の中で神経系の病気にかかった人が多くみられた。

④　カドミウムを含む水が鉱山から河川に流されたため，その河川の水を利用して育てた米や野菜などを食べた下流域の住民の中で中毒症状を発した人が多くみられた。

問7　次の図は，福岡県，熊本県，沖縄県における，1955年の人口を100としたときの2020年までの5年ごとの人口の比率を示したものである。図の た～つ にあてはまる県の組合せとして正しいものを，下の①～⑥のうちから1つ選びなさい。 39

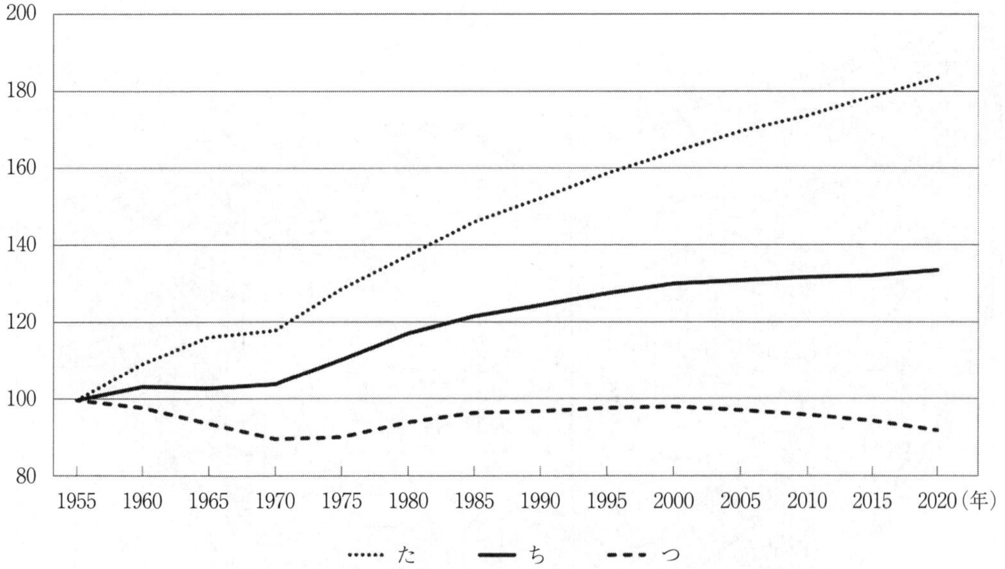

『数字でみる日本の100年』改訂第7版および『データでみる県勢』2021年版より作成

	た	ち	つ
①	福岡県	熊本県	沖縄県
②	福岡県	沖縄県	熊本県
③	熊本県	福岡県	沖縄県
④	熊本県	沖縄県	福岡県
⑤	沖縄県	福岡県	熊本県
⑥	沖縄県	熊本県	福岡県

問8　次の図は，図1のFの島の1：25000地形図(80％に縮小してある)である。地形図のP－Qを結ぶ線の断面図として最も適切なものを，下の①～④のうちから1つ選びなさい。 40

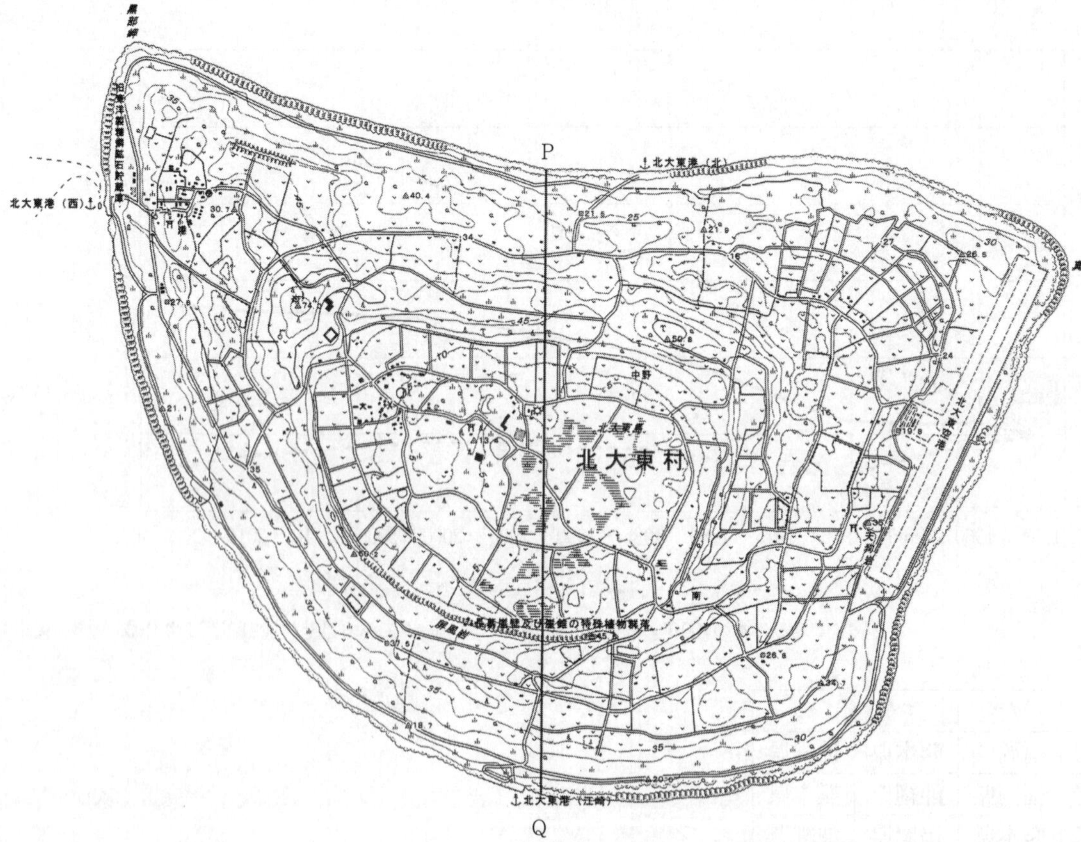

〈編集部注：編集上の都合により原図の90％に縮小してあります。〉

①

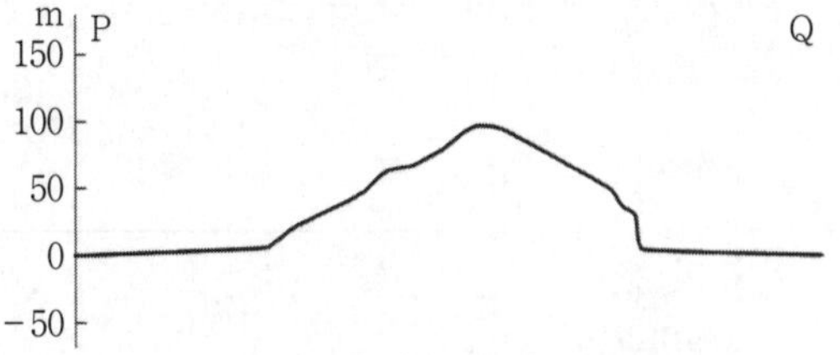

②

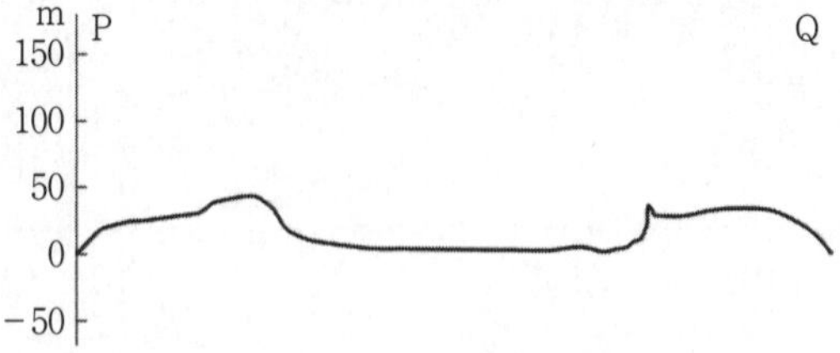

③

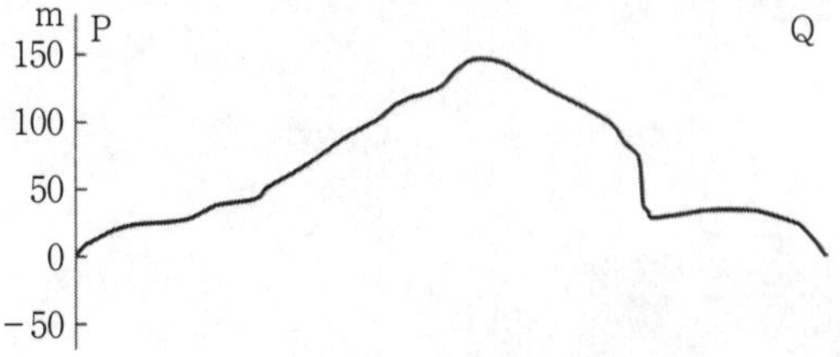

④

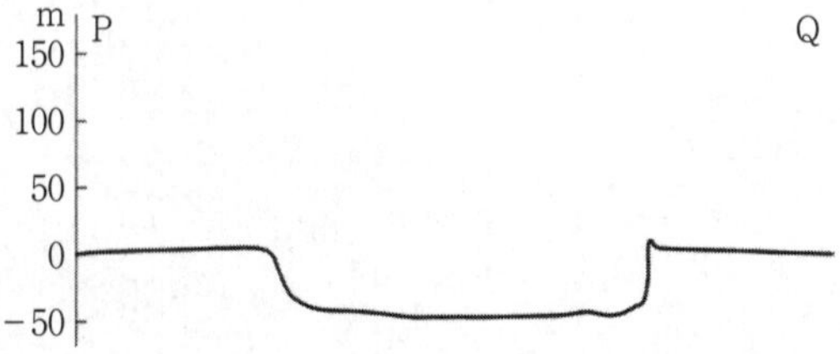

【理　科】（50分）〈満点：100点〉

（注意）　解答番号 [1]～[58] の問いは，答えをマークシートの各解答番号のうちから１つ選んでマークしなさい。

1　　タケルさんは，「火震(marsquake)」のニュースを見て，興味を持った。「火震」とは火星で起こる地震のような現象である。次の〔Ⅰ〕，〔Ⅱ〕を読み，後の(1)～(6)の問いに答えなさい。

〔Ⅰ〕　タケルさんは，火震と地球の地震とを比較して理解を深めようとした。火震の存在が明らかになったのは，地球の地震と同じような$_{\text{A}}$大地のゆれが観測されたためである。地球での地震は，プレート運動によって引き起こされるもので，$_{\text{B}}$日本の近辺でも多発している。$_{\text{C}}$火星には地球のようなプレート運動がないことは知られており，火震の原因は諸説あり，現在調査中である。

(1)　下線部Aに関連して，次の図は地球における地震計の記録を模式的に表したものである。図中で初期微動に相当するのはどの部分か。[1]

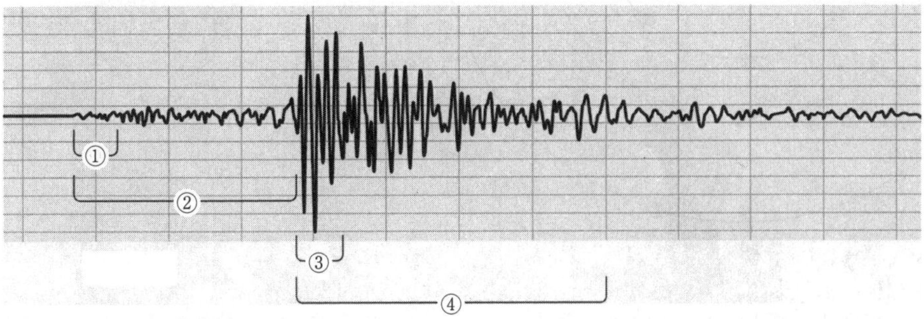

(2)　下線部Bに関連して，次の文の(ア)，(イ)にあてはまるものはそれぞれどれか。

ア [2]　イ [3]

日本列島は複数枚のプレートの境界部分に位置する。2011年に発生した東北地方太平洋沖地震は，(　ア　)が(　イ　)の下に沈み込んでいることで発生したものである。

①　北アメリカプレート

②　ユーラシアプレート

③　太平洋プレート

④　フィリピン海プレート

(3)　下線部Cに関連して，火星にプレート運動がないと考えられている根拠の一つに，標高約27kmにもなるオリンポス山の存在がある。これだけ大きな火山ができるのは，プレート運動が無く，同じ位置からマグマが供給されたためと考えられる。このオリンポス山は玄武岩質のマグマでできていることがわかっている。このような玄武岩の火山は，どのような噴火により，どのような形をしていると考えられるか。噴火の様子 [4]　火山の形 [5]

噴火の様子　①　爆発的な激しい噴火

②　おだやかに大量の溶岩を噴き出す噴火

火山の形　①　傾斜がゆるやかな形の火山

②　盛り上がったドーム状の形の火山

〔Ⅱ〕　タケルさんは，地球から火星がどのように見えるのかを知るために，金星と比較して考えることにした。図１のように，太陽から惑星までの距離に比例して地球と金星・火星の公転軌道を描いた。太陽の位置に電球を，金星(V_1～V_3)と火星(M_1～M_4)の位置にボールを置いて，地球の位置に置いたカメラから同じ倍率で写真を撮って，地球から惑星がどのように見えるのかを観察した。

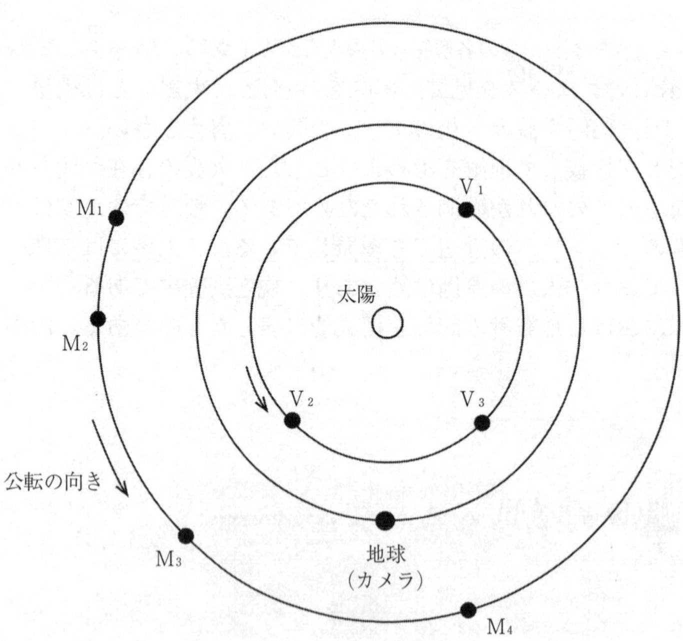

図 1

また，図 2 の 4 つの図は，順に M_1～M_4 の位置にボールがあるときのものである。以下の図ではカメラで撮影した写真をもとに，照らされた部分を白で，影の部分を黒で示している。

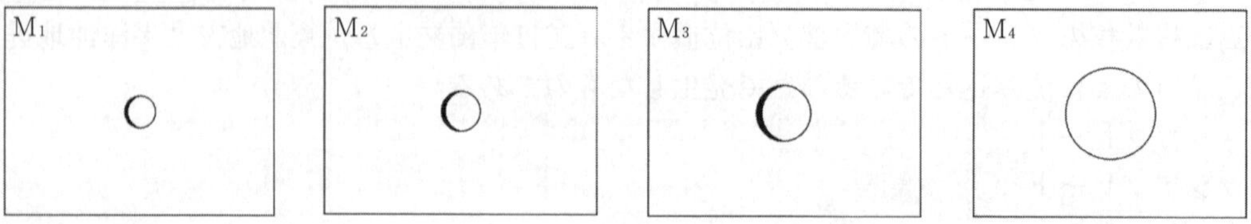

図 2

(4)　実際に V_3の位置に金星があるとき，金星はいつ，どの方角に見えるか。[6]

①　夜明け前後，東の空　　②　正午前後，南の空
③　日の入り前後，西の空　④　深夜前後，南の空

(5)　次の 3 つの図は V_1～V_3 の位置にボールがあるときのものである。ボールが V_2 の位置にあるときの図はどれか。[7]

①　　　②　　　③

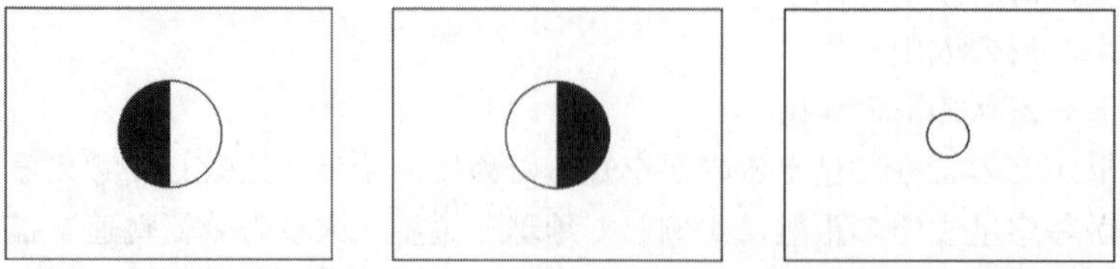

(6)　以上の結果をふまえて考えたとき，次の i ～ivの文が正しければ①を，誤っていれば②をマークせよ。

i　金星も火星も地球からの見かけの大きさは変化する。[8]

ii　金星は満ち欠けして見える形が大きく変わるが，火星は見える形がほとんど変わらない。[9]
iii　実際にM_1とM_3の位置に火星があるときを比較すると，M_1のほうが南中する時刻は遅い。[10]
iv　実際にM_4の位置に火星があるとき，真夜中に観察することができる。[11]

2　次の会話を読み，後の(1)〜(3)の問いに答えなさい。

先生　：物質が燃えるということについて先日勉強しましたね。

学さん：はい。物質が燃えるとき，空気中の酸素が用いられることを学びました。物質が酸素と結びつくことを酸化といいました。

先生　：そうですね。では，エタノールやガスバーナーのガスのような有機物が燃えると何ができましたか？

学さん：はい，二酸化炭素と水です。ということは，それぞれに炭素原子，水素原子が含まれていると考えてよいのですか？

先生　：そうですね。ア<u>それぞれに含まれている原子が，燃焼して酸素と結びついているのです。</u>

学さん：イ<u>マグネシウムや銅を燃焼させたとき，質量が変化する様子をくわしく調べる実験もしました。</u>このとき気体の発生はなかったのですが，マグネシウムや銅が別の物質に変化したと考えてよいのですか？

先生　：その通りです。マグネシウムは酸化マグネシウムに，銅は酸化銅になったのです。同じようにウ<u>マグネシウムを塩酸と反応させる実験でも，マグネシウムと塩酸はそれぞれ別の物質に変化しました。</u>では，次の授業でエ<u>酸化マグネシウムを塩酸と反応させてみましょう。酸化マグネシウムと塩酸もそれぞれ別の物質に変化します。</u>

(1)　下線部アに関連して，炭素，水素をそれぞれ燃焼させ，次のような結果となった。

・炭素３ｇを酸素８ｇと燃焼させると，二酸化炭素が11ｇ得られた。
・水素１ｇを酸素８ｇと燃焼させると，水が９ｇ得られた。

エタノールは炭素原子，水素原子，酸素原子でできている有機物である。エタノール23ｇを酸素と燃焼させると，二酸化炭素が44ｇ，水が27ｇ発生した。エタノール23ｇに含まれる酸素原子は何ｇか。[12]

①　6ｇ　②　8ｇ　③　10ｇ　④　14ｇ　⑤　16ｇ

(2)　下線部イでは，図１のような装置を用いて，いろいろな質量のマグネシウムと銅の粉末をそれぞれ完全に燃焼させたところ，表１，表２のような結果が得られた。

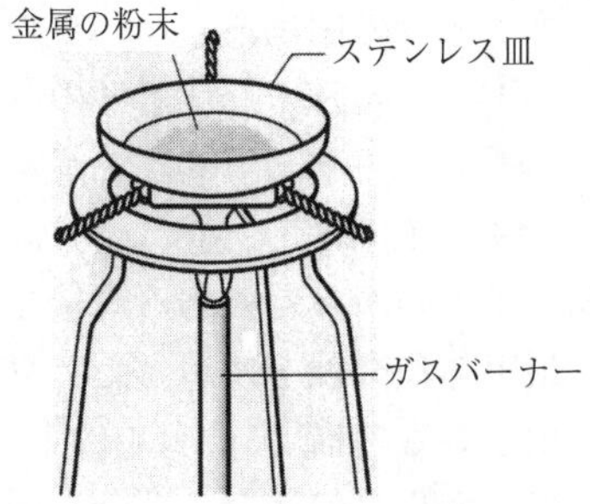

図１

表１

マグネシウムの質量〔ｇ〕	0.20	0.40	0.60	0.80	2.00
加熱後の質量〔ｇ〕	0.33	0.66	0.99	1.32	3.30

表２

銅の質量〔ｇ〕	0.20	0.40	0.60	0.80	2.00
加熱後の質量〔ｇ〕	0.25	0.50	0.75	1.00	2.50

(i)　酸化マグネシウムと酸化銅の色について，正しいものはそれぞれどれか。酸化マグネシウム　[13]　酸化銅　[14]

①　赤　②　黒　③　白　④　黄　⑤　青

(ii)　次に，マグネシウムと銅の混合物3.00ｇを完全に燃焼させると，燃焼後の質量が4.47ｇとなった。この混合物に含まれていた銅は何ｇか。[15]

①　1.00ｇ　②　1.20ｇ　③　1.40ｇ　④　1.60ｇ　⑤　1.80ｇ

(3) 下線部ウ，下線部エの反応を化学反応式で表すと次のようになる。どちらの反応でも，物質Aができる。

下線部ウ　$Mg+(\ X\ )HCl \rightarrow$ 物質A $+H_2$

下線部エ　$MgO+(\ X\ )HCl \rightarrow$ 物質A $+H_2O$

(i) (X)にあてはまる数値をマークせよ。ただし，あてはまる数値が1の場合は，省略せずに①をマークすること。16

(ii) 物質Aの成分を調べるため，反応後の溶液をビーカーに入れ，炭素電極で電気分解を行った。気体B，気体Cがそれぞれの極板から発生したが，そのうち，気体Cには色があり，刺激のあるにおいがした。気体Cの化学式と気体Cが発生する極板の組合せとして正しいものはどれか。17

	①	②	③	④	⑤	⑥	⑦	⑧
化学式	H_2	NH_3	Cl_2	O_2	H_2	NH_3	Cl_2	O_2
極板	陽極	陽極	陽極	陽極	陰極	陰極	陰極	陰極

3　次の生物に関する〔Ⅰ〕～〔Ⅲ〕の問いに答えよ。

〔Ⅰ〕 イカの解剖と観察を行った(図1)。(1)～(3)の各問いに答えよ。

(1) ピペットを使って口から色水を入れると，胃の位置を確認できた。胃の位置は図1のどこか。18

① A　② B　③ C　④ D

(2) イカのからだの構造について述べた文のうち，正しいものはどれか。19

ア 外とう膜には，頭部を包む役割がある。

イ ろうとは水をはき出すところである。

ウ 背側にあるかたくて細長い透明なものは，背骨が痕跡的に残ったものである。

エ イカの口はあし(うで)のつけ根にある。

① アのみ　② イのみ　③ ウのみ　④ エのみ
⑤ ア，イ　⑥ ア，ウ　⑦ ア，エ　⑧ イ，ウ
⑨ イ，エ　⓪ ウ，エ

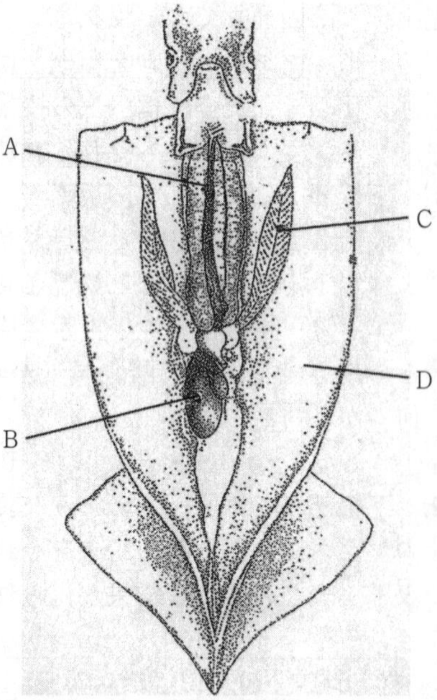

図1

(3) イカのからだのある構造をより詳しく観察するために，双眼実体顕微鏡を使用した。双眼実体顕微鏡を使う理由として，正しいものはどれか。20

ア からだの異なる部分を同時に1つの視野で観察できるため。

イ ルーペの倍率は5倍～10倍であるが，双眼実体顕微鏡の倍率は100倍～400倍であるため。

ウ うすく切ったり，表皮をはがしたりせずに，表面を拡大することができるため。

① アのみ　② イのみ　③ ウのみ　④ ア，イ
⑤ ア，ウ　⑥ イ，ウ　⑦ ア，イ，ウ

〔Ⅱ〕 遺伝子と進化に関する(4)，(5)の各問いに答えよ。

(4) 次の文のうち，下線部a～eの内容について，正しいものはいくつあるか。21

生物の種類によって染色体の数は決まっている。エンドウの染色体の数は14本であり，キイロシ

ヨウジョウバエの染色体の数は８本である。また，ヒトの染色体の数は $_{a}$44本である。

細胞が分裂する前に，それぞれの染色体と同じ染色体がもう１つずつつくられる。このことを染色体の $_{b}$複製という。体細胞分裂によって生じた２個の細胞では，それぞれの細胞がもつ染色体の数は，細胞分裂する前の細胞がもつ染色体の数の $_{c}$2倍になる。一方，生殖細胞がつくられる細胞分裂で生じた卵では，細胞分裂する前の細胞がもつ染色体の数と比べ，染色体の数が $_{d}$半減する。

染色体には親から子へと形質を伝える遺伝子が含まれている。その遺伝子の本体は $_{e}$タンパク質である。

①　1つ　②　2つ　③　3つ　④　4つ　⑤　5つ　⑥　すべて誤り

(5)　次の文のうち，進化について正しく述べたものはどれか。[22]

ア　スポーツ選手がボールの速さなどの変化にすばやく対応できるようになった。

イ　チョウが幼虫から成虫になった。

ウ　遺伝子を組換える操作によって青色のバラができた。

エ　クジラは陸上で生活していたホニュウ類から長い年月をかけて変化した。

①　アのみ　②　イのみ　③　ウのみ　④　エのみ　⑤　ア，イ

⑥　ア，ウ　⑦　イ，ウ　⑧　ウ，エ　⑨　ア，イ，ウ　⓪　イ，ウ，エ

〔Ⅲ〕　生態系に関する(6)の問いに答えよ。

(6)　生態系について述べた文のうち，正しいものはどれか。[23]

ア　菌類のなかまであるシイタケは，無機物から有機物を合成し，生産者とよばれる。

イ　生産者には，光合成と呼吸を行う生物と光合成のみを行う生物がいる。

ウ　カモメ，イワシ，植物プランクトン，小エビがいるとき，もっとも上位の消費者はカモメである。

①　アのみ　②　イのみ　③　ウのみ　④　ア，イ

⑤　ア，ウ　⑥　イ，ウ　⑦　ア，イ，ウ

4　手回し発電機を使った実験について，次の〔Ⅰ〕,〔Ⅱ〕を読み，後の(1)～(7)の問いに答えなさい。

〔Ⅰ〕　図１～図３の手回し発電機，抵抗R，電流計，電圧計は，それぞれ同じものである。どの場合も，手回し発電機のハンドルを同じ一定の速さで回すと，同じ電圧が発生するものとする。

図１のように，手回し発電機に抵抗Rと電流計をつなぎ，手回し発電機のハンドルを一定の速さで時計回りに回すと，電流計の指針は右に振れ，100mAを示した。

図２のように，手回し発電機に抵抗Rと電圧計をつなぎ，手回し発電機のハンドルを図１と同じ一定の速さで時計回りに回すと，電圧計の指針は右に振れ，2.0Vを示した。

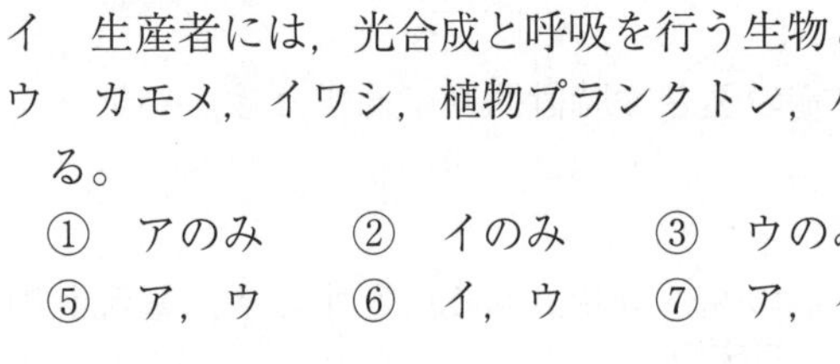

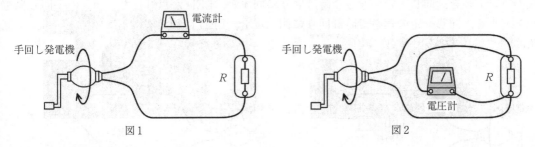

図１

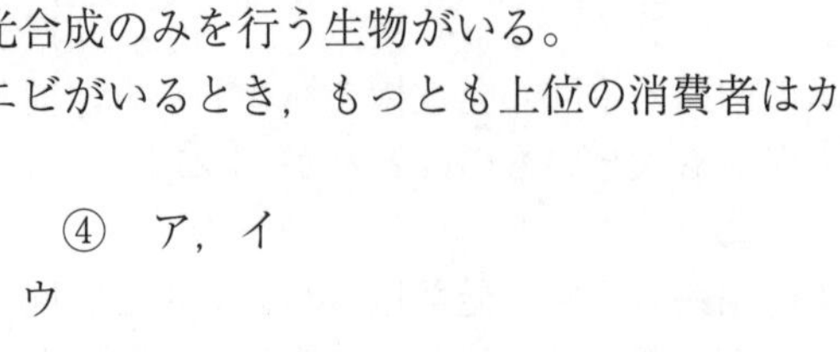

図２

(1)　抵抗Rは何Ωか。[24] Ω

①　0.05　②　0.1　③　0.2　④　0.5　⑤　1

⑥　2　⑦　5　⑧　10　⑨　20　⓪　50

(2) 図1の抵抗Rの消費電力は何Wか。[25] W

① 0.05　② 0.1　③ 0.2　④ 0.5　⑤ 1
⑥ 2　⑦ 5　⑧ 10　⑨ 20　⓪ 50

次に，手回し発電機に抵抗Rと電流計と電圧計をつなぎ，図3のア～エの回路をつくった。

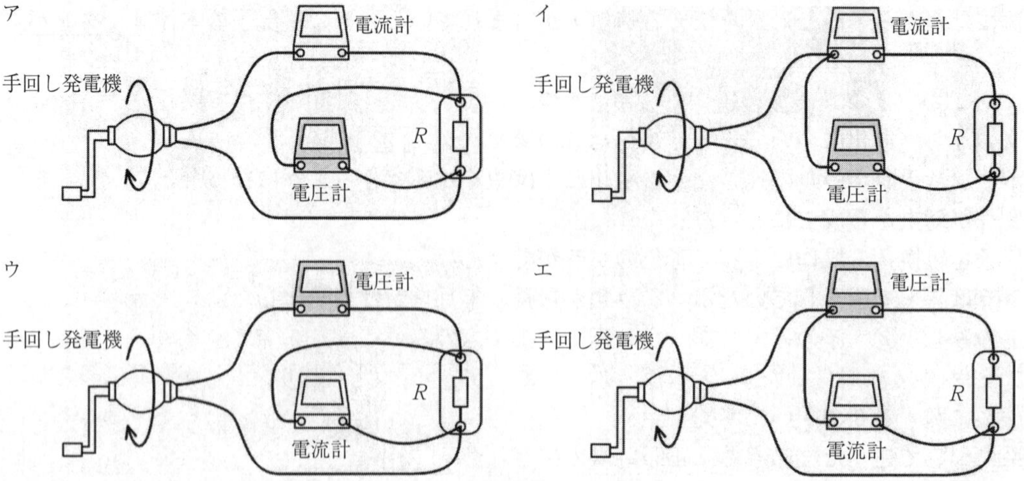

図3

(3) ア～エの回路の手回し発電機のハンドルを，同じ一定の速さで時計回りに回すとき，ハンドルの手ごたえが最も大きいものはどれか。[26]

① ア　② イ　③ ウ　④ エ

(4) ア～エの回路の手回し発電機のハンドルを，同じ一定の速さで時計回りに回すとき，電流計の示す値が，図1の電流計の値とほぼ等しい回路はどれか。[27]

① ア，イ　② ア，ウ　③ ア，エ　④ イ，ウ　⑤ イ，エ
⑥ ウ，エ　⑦ ア，イ，ウ　⑧ ア，イ，エ　⑨ ア，ウ，エ　⓪ イ，ウ，エ

(5) ア～エの回路の手回し発電機のハンドルを，同じ一定の速さで時計回りに回すとき，電圧計の示す値が，図2の電圧計の値とほぼ等しい回路はどれか。[28]

① ア，イ　② ア，ウ　③ ア，エ　④ イ，ウ　⑤ イ，エ
⑥ ウ，エ　⑦ ア，イ，ウ　⑧ ア，イ，エ　⑨ ア，ウ，エ　⓪ イ，ウ，エ

〔Ⅱ〕 図4と図5のように手回し発電機にLED(発光ダイオード)と電流計をつなぎ，図4の手回し発電機のハンドルを，同じ一定の速さで時計回りに回すと，LEDが点灯した。図5の手回し発電機のハンドルを，同じ一定の速さで時計回りに回す場合，LEDに加わる電圧は(　オ　)，電流計の値は(　カ　)なる。

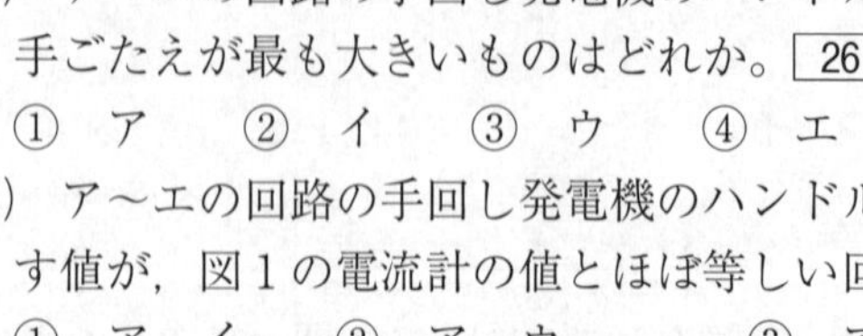

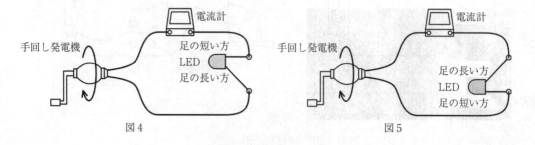

図4

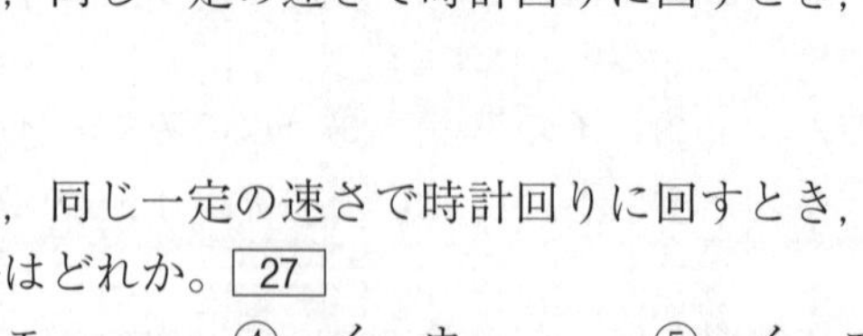

図5

(6) (オ)にあてはまるものはどれか。[29]

① 図4のときと比べて大きくなり　② 図4のときと比べて小さくなり

③ 図4のときとほぼ同じで

(7) (カ)にあてはまるものはどれか。[30]

① 図4のときと比べて大きく　② 図4のときと比べて小さく

③ 図4のときとほぼ同じに　④ ほぼゼロに

5 京子さんたちは昨年の夏に，富士山に登った。そのときのようすを述べた次の文章を読み，後の(1)〜(5)の問いに答えなさい。

京子さんは，山に詳しい両親，兄とともに，富士山の山頂を目指した。登り始めて1時間ほどで，A地点に着いたとき，父が高度計を見せてくれた。2400mであった。その後の地点と高度は，表1の通りであった。途中の山小屋で宿泊し，翌朝，山頂につくことができた。

表1

地点	高度
A地点	2400m
B地点	2700m
C地点	3100m
D地点	3400m
山頂	3776m

山頂に着いたとき，持っていた未開封のポテトチップスの袋は，ふもとの時と比べて(　a　)。その理由を父に聞いたところ，山頂とふもととの(b)の違いが理由だと教えてくれた。しかも，(b)の違いを使って測定する高度計もあるという。

また，山頂で飲み終えてしまったペットボトルのキャップをきつくしめて，ふもとに持っていったところ，ペットボトルは(　c　)。

(1) 文中の(a)〜(c)にあてはまるものの組合せとして正しいものはどれか。[31]

	①	②	③	④
a	ふくらんでいた	ふくらんでいた	ふくらんでいた	ふくらんでいた
b	気温	気温	気圧	気圧
c	ふくらんでいた	つぶれていた	ふくらんでいた	つぶれていた

	⑤	⑥	⑦	⑧
a	つぶれていた	つぶれていた	つぶれていた	つぶれていた
b	気温	気温	気圧	気圧
c	ふくらんでいた	つぶれていた	ふくらんでいた	つぶれていた

(2) 同じ時刻に気温を測定したら，A地点が16℃，D地点が10℃であった。この割合で気温が変化するとしたら，海面の高さでは何℃であると考えられるか。小数第一位まで求めよ。なお，十の位の値は[32]に，一の位の値は[33]に，小数第一位の値は[34]にマークせよ。十の位がない場合は⓪をマークせよ。

(3) 富士山の山頂の気圧を測定したら640hPaであった。気圧について述べた次の文で正しいものを2つ選べ。ただし，解答の順序は問わない。[35]，[36]

① 富士山の山頂は，海面と同じ高さの地点と比べると，上に積み重なっている空気の量が少ないので，気圧が低い。

② 富士山の山頂では，640hPaが1気圧に相当する。

③ 一般的に，気圧は晴れのときには低く，雨のときには高い。

④ 高気圧とは，中心の気圧が1013hPaより高い場合をいう。

⑤ 気圧の同じ地点をなめらかな線でつないだものを等圧線という。

⑥ 風は気圧の低いところから高いところへ向かって吹く。

(4) 天気について述べた次の文で正しいものはどれか。[37]

ア　くもりは多少の降水をともなうことがある。

イ　快晴とは空全体に雲がまったくないことをいう。

ウ　くもりは空全体で９割以上雲がおおっている場合をいう。

エ　太陽が雲でかくれている場合は，雲量が空全体の５割くらいでもくもりとする。

①　アのみ　②　イのみ　③　ウのみ　④　エのみ　⑤　ア，イ

⑥　ア，ウ　⑦　ア，エ　⑧　イ，ウ　⑨　イ，エ　⓪　ウ，エ

(5) 冷たい水をコップに入れると，コップの表面がくもり，しばらくすると，くもっていた部分が次第に大きな水滴になった。コップの表面がくもった理由を正しく説明したものはどれか。[38]

①　コップの表面付近の空気の温度が露点に達したから。

②　コップの中の水とコップの表面付近の空気との間に密度の差があったから。

③　冷たい水がコップのすきまをしみ出したから。

④　冷たい水がコップの表面付近の空気を冷やし，湿度をほぼ０％にしてしまったから。

6　炭酸カルシウム($CaCO_3$)は石灰岩(石灰石)の主成分で，白色の固体である。〔Ⅰ〕，〔Ⅱ〕の文章を読み，後の(1)～(4)の問いに答えなさい。

〔Ⅰ〕　炭酸カルシウムを用いた以下の実験１～５を行い，結果１～５をそれぞれ得た。

実験１：炭酸カルシウムを蒸発皿に入れて，十分に加熱した。

実験２：実験１で得られた白色の固体の少量を，水の入った試験管に入れてよく振った。

実験３：実験２の水溶液に，気体Ｘを少量通じた。

実験４：実験３の水溶液に，気体Ｘをさらに十分な量通じた。

実験５：実験４の水溶液が入った試験管を，ガスバーナーの炎で加熱した。

結果１：炭酸カルシウムはすべて反応し，白色の固体(物質Ａ)と気体Ｘが発生した。

結果２：白色の固体は全て水に溶けて，無色透明の水溶液となった。

結果３：すみやかに白色の沈殿が生じた。

結果４：白色の沈殿が溶けて，無色透明の水溶液となった。

結果５：気体が発生して，白色の沈殿が生じた。

(1) 実験１～実験５の化学変化を次に示すとき，気体Ｘ，物質Ａ，物質Ｂにあてはまる化学式はそれぞれどれか。

実験１：$CaCO_3$ → 物質Ａ＋気体Ｘ

実験２：物質Ａ＋H_2O → 物質Ｂ

実験３：物質Ｂ＋気体Ｘ → $CaCO_3 + H_2O$

実験４：$CaCO_3 + H_2O$＋気体Ｘ → $Ca(HCO_3)_2$

実験５：$Ca(HCO_3)_2$ → $CaCO_3 + H_2O$＋気体Ｘ

気体Ｘ [39]　物質Ａ [40]　物質Ｂ [41]

①　H_2　②　O_2　③　SO_2　④　CO_2　⑤　NH_3　⑥　H_2CO_3

⑦　$Ca(OH)_2$　⑧　CaO　⑨　$CaSO_4$

(2) 気体Ｘが溶けた水溶液の性質はどれか。[42]

①　酸性　②　中性　③　アルカリ性

(3) 実験１において，炭酸カルシウム2.00ｇを完全に反応させたとき，残った物質Ａは1.12ｇであった。炭酸カルシウムと発生した気体Ｘの質量比を表すものはどれか。[43]

①　25：11　②　50：11　③　25：22　④　25：6　⑤　50：6　⑥　50：3

〔Ⅱ〕〔Ⅰ〕における実験のいくつかの反応は，自然の中でも起きている。代表的な例は鍾乳洞《しょうにゅうどう》である。鍾乳洞の中で形成される鍾乳石《しょうにゅうせき》は，長い年月をかけて次のようにつくられる。

a　石灰岩の大地に気体Xが溶け込んだ雨が降り，石灰岩の大地の一部が溶けだす。

b　水溶液として動いている過程で，そのときに気体Xが発生して固体が再び析出し，図1の鍾乳石が形成される。

図1

(4)　a，bと同様の化学反応は，〔Ⅰ〕の実験1～実験5のそれぞれどれか。a [44]　b [45]

①　実験1　②　実験2　③　実験3　④　実験4　⑤　実験5

7　次の〔Ⅰ〕，〔Ⅱ〕の文章を読み，後の(1)～(4)の問いに答えなさい。

〔Ⅰ〕ほぼ同じ大きさのアジサイの葉を4枚使って，そのまま何もぬらないもの，おもてにワセリンをぬったもの，裏にワセリンをぬったもの，両面にワセリンをぬったものを用意した。葉の柄《え》の部分をチューブAにつなぎ，さらに，内側の直径が1 mmのチューブBにつないだ(図1)。両方のチューブ内は水を満たしておき，接続部分にも空気が入らないようにした。水の端のはじめの位置を記録しておき，時間の経過にともなって，水の端が移動する距離を調べた。経過した時間を横軸に，移動距離を縦軸にとってグラフに表すと，図2のようになった。

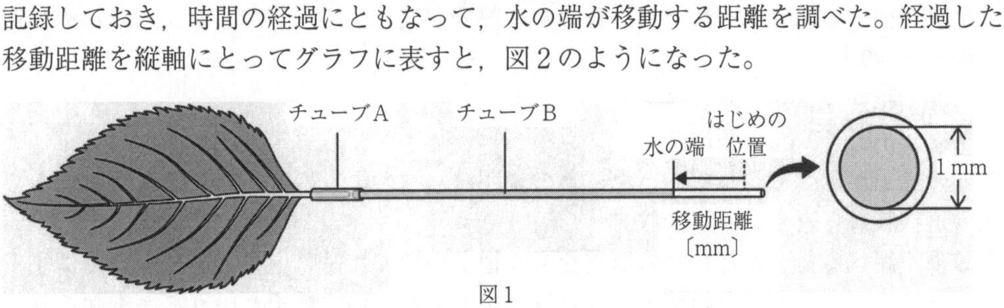

図1

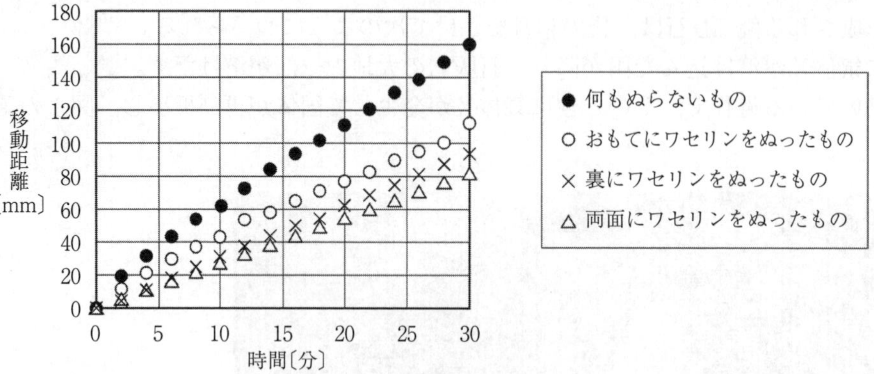

図2

(1) この実験の結果と考察についての下の文のうち，正しいものはどれか。 46

ア 何もぬらない葉での移動距離が最も大きく，両面にワセリンをぬった葉の約2倍の吸水が起こっている。

イ 葉のおもて側にワセリンをぬっても，ぬらないときと比べて水の移動距離は変わらない。

ウ 葉のおもて側よりも裏側の方がさかんに蒸散を行っている。

① アのみ　② イのみ　③ ウのみ
④ ア，イ　⑤ ア，ウ　⑥ イ，ウ
⑦ ア，イ，ウ

(2) 何もぬらない葉において，30分間にチューブから移動した水の質量はおよそ何gか。ただし，水の密度は1 g/cm^3，円周率は3.14とする。 47

① 0.013 g　② 0.026 g　③ 0.13 g　④ 0.26 g　⑤ 0.35 g
⑥ 0.45 g　⑦ 0.5 g　⑧ 1.3 g　⑨ 2.6 g

〔Ⅱ〕 エンドウの種子の形質では，丸が顕性《けんせい》形質，しわが潜性《せんせい》形質である。丸としわのエンドウを親として交配したところ，a生じた種子(子にあたる個体)はすべて丸であった。この丸の種子を育てて，自家受粉させたところ，b生じた種子(孫にあたる個体)には丸としわの両方があった。しかし，1つの果実内の種子で見ると，すべてしわのものもあった(図3)。

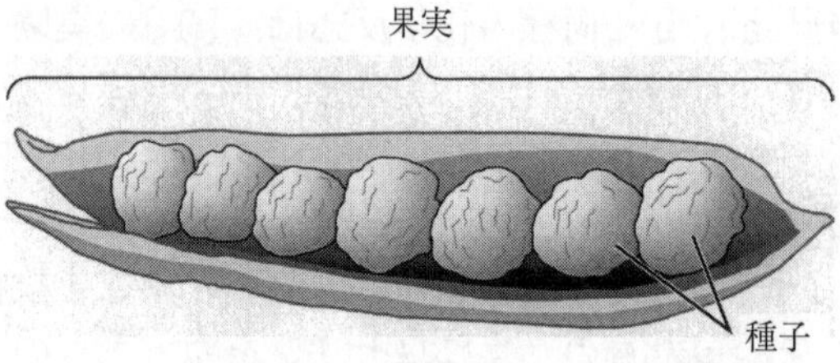

図3

(3) エンドウの果実と種子の部分はそれぞれ，花のどの部分が変化してできたものか。それぞれ選べ。
果実 48　種子 49

① がく片　② 花弁　③ おしべ
④ 柱頭　⑤ 子房　⑥ 胚珠

(4) 図3の果実内の種子がすべてしわであったことの説明は，次のように考えられる。空欄にあてはまるものを後の選択肢から選べ。

下線部bを数多く調べると，丸としわの形質をもつ種子の数の比は(　キ　)に近づくはずであるが，図3のように7個という少数の種子で見れば，すべてがしわの種子ということも起こりうる。しわの種子は，下線部aの(　ク　)をもつ個体の細胞が減数分裂して生じた生殖細胞のうち，(　ケ　)をもつ卵細胞と精細胞が受精したものである。

(i) (キ)の選択肢 50

① 1：1　② 1：0　③ 0：1　④ 3：1　⑤ 1：3

(ii) (ク)・(ケ)にあてはまる語の組合せの選択肢 51

	ク	ケ
①	丸・しわ両方の遺伝子	丸・しわ両方の遺伝子
②	丸・しわ両方の遺伝子	しわの遺伝子のみ
③	しわの遺伝子のみ	丸・しわ両方の遺伝子
④	しわの遺伝子のみ	しわの遺伝子のみ

8 図1はそれぞれ一定の規則性で右向きに運動しているブロックA～Cの様子を，0.2秒ごとに表したものである。図1の横軸は，測定開始点のブロックAの場所を原点として，そこからの距離(単位はcm)を示している。ブロックAが原点にあったとき，同じ瞬間，ブロックBとブロックCはそれぞれ原点から右向きに2cm，5cmの場所にあった。ブロックAが原点にあった瞬間を0秒として，その瞬間から0.8秒間の運動について，後の(1)～(7)の問いに答えなさい。

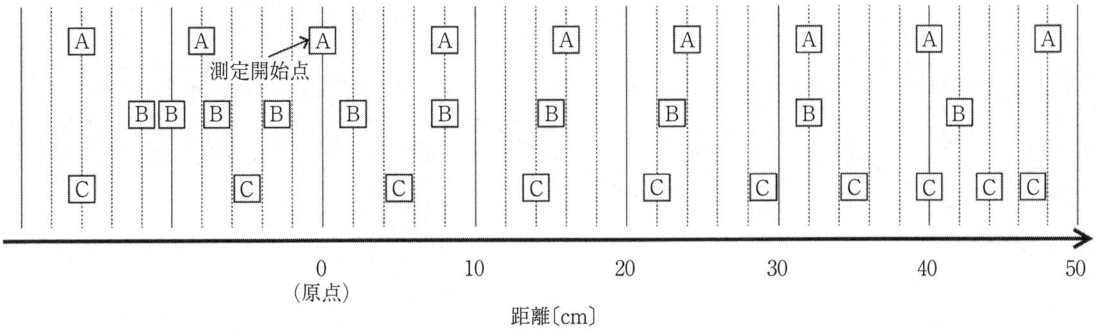

図1

(1) 0秒からの0.8秒間でブロックA～Cが移動した距離の大小関係として正しいものはどれか。 52

① C＜B，B＝A　② B＜C，C＝A

③ C＝B，B＜A　④ A＝B，B＜C

(2) ブロックAについて，時間と速さの関係を表すグラフとして正しいものはどれか。 53

①

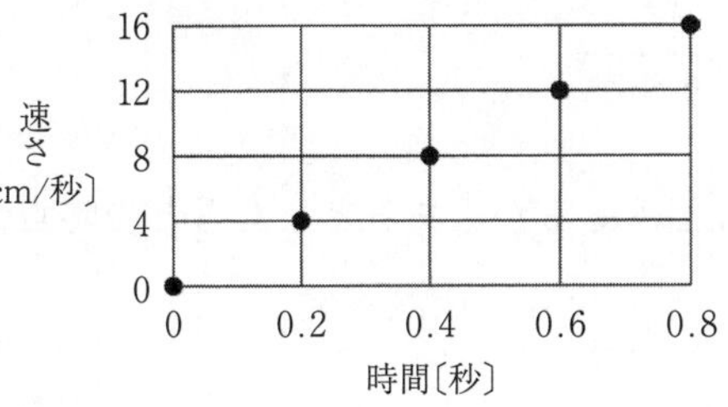

②

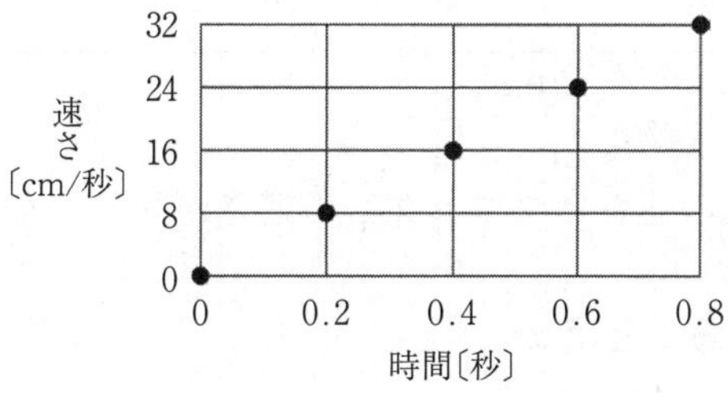

③

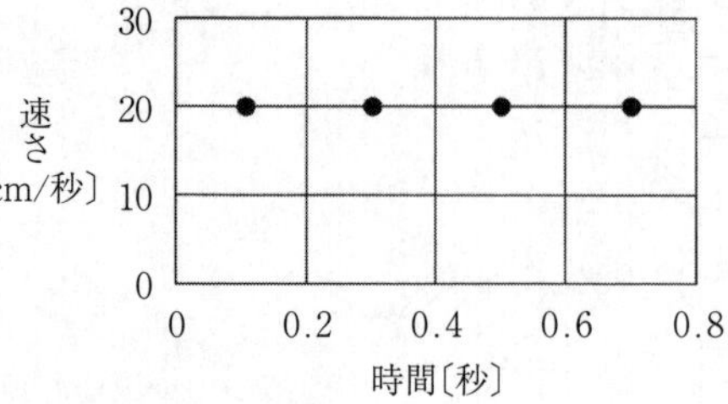

④

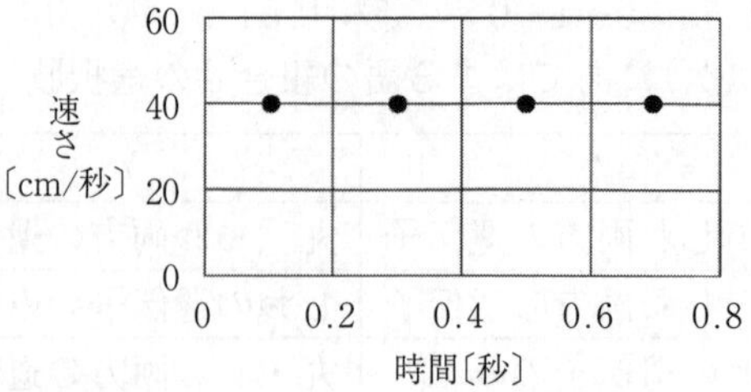

(3) ブロックAが受けている力の合力について正しく述べたものはどれか。 54

① ブロックAに加わる力の合力はゼロである。
② ブロックAに加わる力の合力は，右向きに一定の大きさである。
③ ブロックAに加わる力の合力は，右向きにだんだん大きくなる。
④ ブロックAに加わる力の合力は，左向きに一定の大きさである。
⑤ ブロックAに加わる力の合力は，左向きにだんだん大きくなる。

(4) ブロックBについて，時間と速さの関係を表すグラフのおおよその形として，正しいものはどれか。 55

①

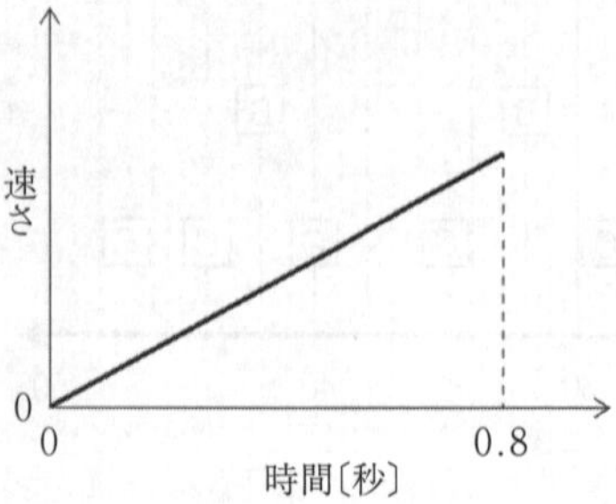

②

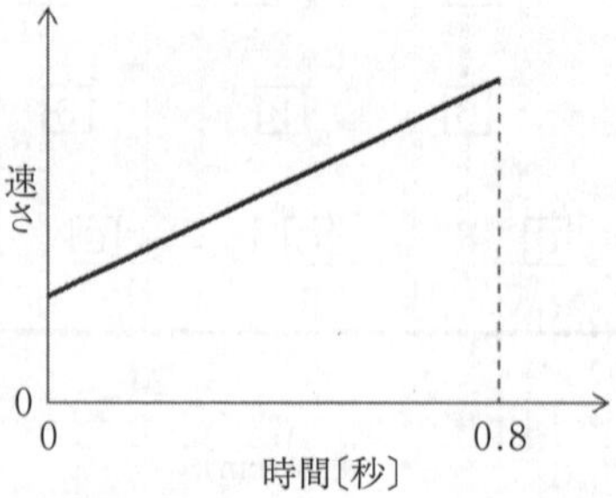

③

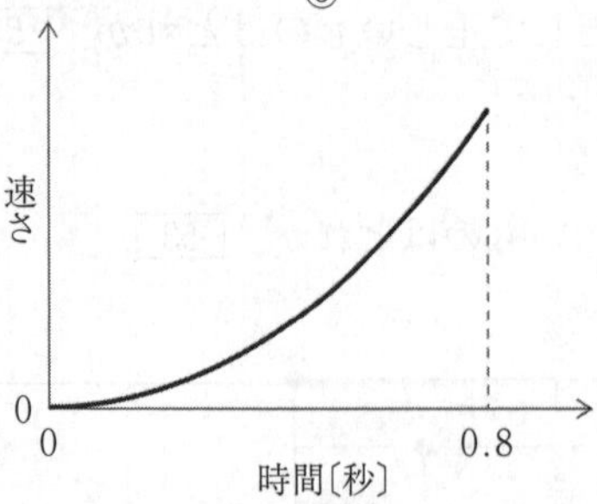

④

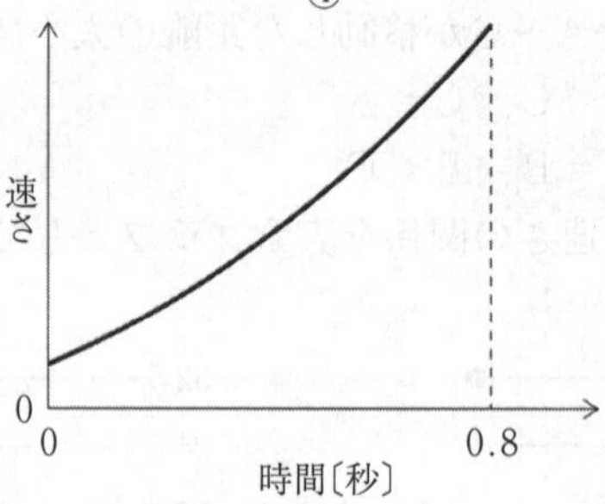

(5) ブロックAの速さとブロックBの速さが同じになることはあるか。あるとしたらどの時点か。
56

① 同じになることはない
② 0.2秒経過した時点
③ 0.8秒経過した時点
④ 0.2秒経過した時点と0.8秒経過した時点
⑤ 0.4秒経過した時点から0.6秒経過した時点の間のどこか

(6) ブロックCが受けている力の合力について正しく述べたものはどれか。 57

① ブロックCに加わる力の合力はゼロである。

② ブロックCに加わる力の合力は，右向きに一定の大きさである。

③ ブロックCに加わる力の合力は，右向きにだんだん大きくなる。

④ ブロックCに加わる力の合力は，左向きに一定の大きさである。

⑤ ブロックCに加わる力の合力は，左向きにだんだん大きくなる。

(7) ブロックCについて，時間と原点からの距離の関係を表すグラフのおおよその形として，正しいものはどれか。 58

①

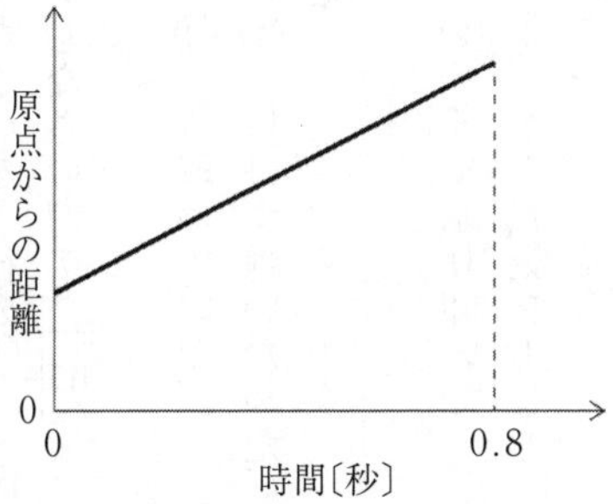

②

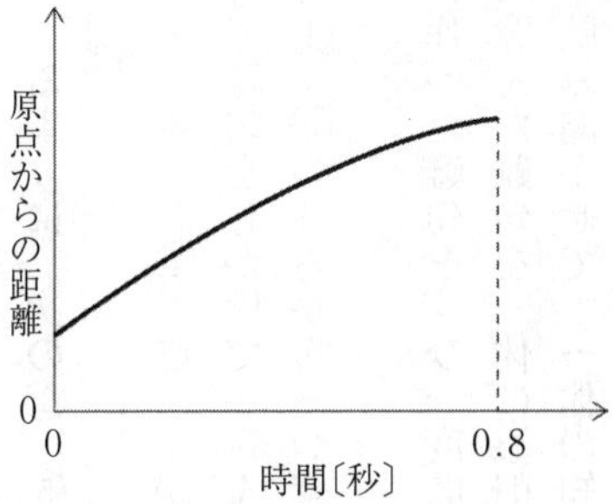

③

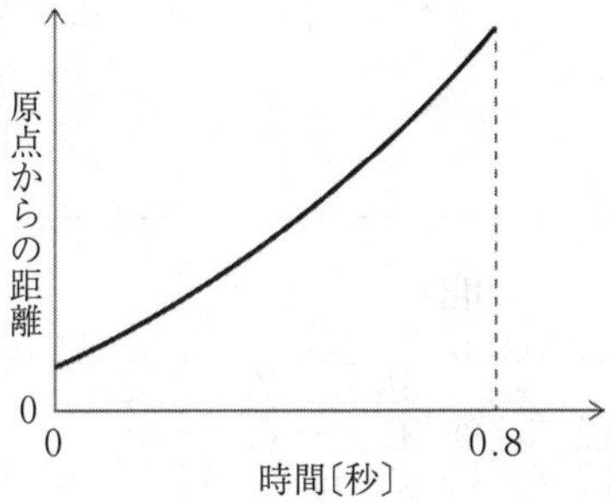

④

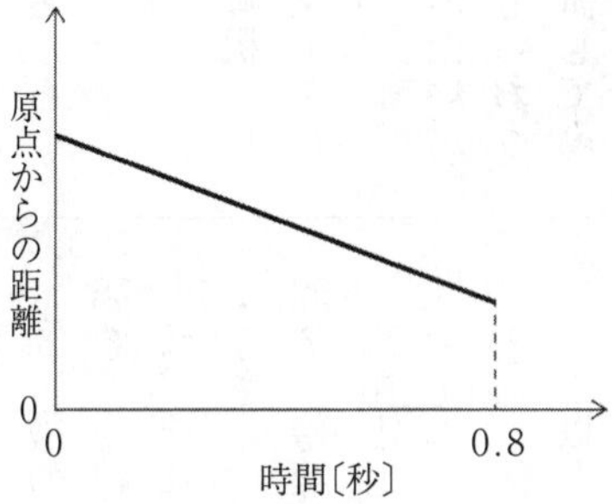

おける意味として最も適切なものを、後の①〜⑤のうちからそれぞれ一つずつ選んでマークしなさい。ア 17・イ 18

ア　すまゐしける

① 住んでいた　② 気取っていた
③ 心の澄んでいた　④ 負けず嫌いだった
⑤ 熱心に修行していた

イ　空うそぶひて

① うそをついて　② 天をふり仰いで
③ 泣くまねをして　④ から元気を出して
⑤ 何気ないふりをして

問2　空欄 X に入る語として最も適切なものを、「早々に逃げ出す」という意味の慣用句となるように、次の①〜⑤のうちから一つ選んでマークしなさい。19

① へそ　② すね　③ 鼻　④ 首　⑤ 尻

問3　傍線部A「いつぞは行て難句をしかけて心みん」の解釈として最も適切なものを、次の①〜⑤のうちから一つ選んでマークしなさい。20

① いつかは行って一休の作った難句をぜひ一度聞いてみたい。
② いつかは行って自分の詠んだ難句を一休に添削してもらおう。
③ いつかは行って難句を詠み聞かせて、一休の知恵を試してみよう。
④ いつかは行って難句を一緒に作ってみようと、一休に呼びかけよう。
⑤ いつかは行って一休の作った難句の意味するところを解き明かそう。

問4　傍線部B「ふと思ひあたりたるしゆかう有ければ」について、「しゆかう」とは「趣向」のことである。どのような趣向を「ふと思ひあたりたる」のか。その説明として最も適切なものを、次の①〜⑤のうちから一つ選んでマークしなさい。21

① 一句の中に、二つの色名と二つの地名を詠み込むこと。
② 一句の中に、息もつけないほどの早口言葉を入れ込むこと。
③ 一句の中に、田舎の風物と都会の風景を違和感なく配置すること。
④ 一句の中に、亭主が先に詠みたくなるようなテーマを設定すること。
⑤ 一句の中に、「へうたん」や「あま」などの言葉遊びを盛り込むこと。

問5　空欄 I に当てはまる語句として最も適切なものを、次の①〜⑤のうちから一つ選んでマークしなさい。22

① 軽口の人侍り　② 一休も庵にまし〳〵
③ 御しる人になり　④ 内々たくみ
⑤ 彼僧申され

問6　傍線部C「此所は何と申す」、D「そなたはいづくの人ぞ」は、それぞれ誰の発言か。僧ならば①、一休ならば②をマークしなさい。C 23・D 24

問7　傍線部E「彼僧肝をつぶし」とあるが、それはなぜか。その理由として最も適切なものを、次の①〜⑤のうちから一つ選んでマークしなさい。25

① 一休は軽口の名人だという噂《うわさ》を聞いていたのに、実際は思った以上に下手だったため。
② 自分が先に詠もうと思っていたのに、一休が間髪を入れずに先に詠んでしまったため。
③ 自分がどこから来たのか一休は知らないはずなのに、正確に出身地を言い当てたため。
④ せっかく一休を打ち負かせると思ったのに、返された句があまりにも難しすぎたため。
⑤ 自分が仕掛けた知恵試しに対し、一休が少しも渋るところを見せず見事に応えたため。

（問題の作成上、原文の一部を改変したところがある。）

⑤「私」は「ゆき江ちゃん」の死を悲しんではいるけれども、動揺しすぎないようにしており、楽しかったころの過去のことだけを思い浮かべようとしている。しかし、「私はそれから一年ほど、『違国日記』を読むことができなかった。」と予想とは違う未来の「私」の語りが差し込まれることによって、「私」自身が思っている以上に、深い悲しみにとらわれていることを示している。

問9　二重傍線部ⓐ〜ⓕの「に」のうち、文法的に同じものの組み合わせとして適切なものを、後の①〜⑤のうちから一つ選んでマークしなさい。［16］

ⓐ　祖父は、ずっと自分の傍にいた叔母にだけは甘かったように思う。
ⓑ　ある種の礼儀として作品とともに流通している
ⓒ　私がそれをほとんど完璧に身につけた後だった。
ⓓ　そう言いたげに黙っている。
ⓔ　姪っ子に日記書いたらとか言うのは同じだ。
ⓕ　新刊が出るたびにこの家へ持って来て、

①　ⓐⓑ　②　ⓐⓒ　③　ⓒⓓ　④　ⓓⓔ　⑤　ⓓⓕ

三

次の文章を読んで、後の問いに答えなさい。

＊白河の辺《あたり》にアすまゐしける＊桑門《よすてびと》に、名誉なる軽口の人侍《はべ》りけるが、＊一休の軽口なることを聞及《ききおよ》びて、「Aいつぞは行《いき》て＊難句をしかけて心みん」と、常々心がけられけるが、Bふと思ひあたりたるしゆかう有《あり》ければ、「さらば一休へ参りて、御知人《しるひと》にもなり、扨《さて》一句してみん」と、はる〴〵と白河＊辺土《へんど》より＊紫野《むらさきの》へとぞ、いそがれける。

折節一休も庵《いほり》にまし〳〵て、御しる人になり、とかくふるほどに、内々たくみし一句の句作も出来《いでき》ければ、彼《かの》僧申されけるは、「うけ給《たまは》り及びし御軽口を、何にても一句あそばせかし。何とぞ付《つけ》て見侍らん」と申されければ、一休仰《おほせ》らるるは、「＊客発句に亭主脇とこそ申せ。先其方《まづその》あそばせ」とありしかば、［　Ｉ　］をきしことなれば、「さらば申《まうし》て見ん」とて、難句をこそは出《いだ》されけるが、

「C此所《この》は何と申す」。「むらさき野」と仰《おほせ》られければ、

紫野《むらさきの》＊丹波近《たんばにちかし》

とせられければ、いまだ息もひき入《いら》ぬに、はやつけられけるが、

「Dそなたはいづくの人ぞ」。「白河の者也《なり》」と申されければ、

白河黒谷《しらかわくろだにの》　隣《となり》

とあそばしければ、E彼僧肝をつぶし、「さしもむつかしき＊章句なり。一句の内に二つの色字、二つの所の名、いかなる＊へうたんの川ながれなる軽口も、少《すこし》は＊しぶりこぶりし給ふべしと思ひしに、貝とる＊あまならで、息もつぎあへず付給ふ。かかる名対《めいつい》ある上は、＊はちやこはし」とて、イ空うそぶひて、［　Ｘ　］をからげてにげられけると也《や》。

（『一休《いっきゅう》ばなし』による）

（注）＊白河＝京都市左京区の地名。
＊桑門＝僧侶。
＊一休＝室町中期の、とんちで有名な僧。
＊難句＝詩文や連歌などでつけにくい句。
＊辺土＝片田舎。
＊紫野＝京都市北区の地名。
＊客発句に亭主脇とこそ申せ＝連歌で、客に発句を作らせ亭主が脇をつけて、客に花を持たせる。
＊丹波＝現在の京都府と兵庫県にまたがる地名。「丹」は赤色を意味する。
＊章句＝連句の第一句目。
＊へうたん＝瓢箪《ひょうたん》。軽いさまのたとえ。
＊しぶりこぶりし給ふ＝渋りなさる。
＊あま＝海に潜って漁をする海女《あま》。「息もつぎあへず」にかかる。
＊はちやこはし＝蜂《はち》だ、怖いよ。

問1　波線部ア「すまゐしける」・イ「空うそぶひて」の本文中に

はないはずだったから。

④　叔母が「良き日」に喋らないはずはないのに沈黙している様子を想像してしまったが、そもそも叔母がどのような感想を持ったかわからなかったから。

⑤　叔母と自分が「良き日」を迎えることを近い将来のこととして想像してしまったが、それは何冊も新刊が出るような遠い未来に起こることだったから。

問7　傍線部E「こそ泥みたいに階段を下りていった」とあるが、それはなぜか。理由の説明として最も適切なものを、次の①～⑤のうちから一つ選んでマークしなさい。［14］

①　とっつきにくいところのあった叔母とは、読書を通しての「良き日」にだけうまくつながることができた。それ以外の時には言葉を使わない関係で、本を貸してほしいと言い出しづらかったから。

②　「私」と叔母はお互いの読書体験が重なってくる「良き日」を迎えることができる特別な関係だった。それでも叔母が大切にしている本を勝手に持ち出していくことに罪の意識を覚えていたから。

③　お互いが何を読んでいるかわからないからこそ、ふとした会話から相手と同じものを読んでいる「良き日」を迎えることができる。そのために本を持っていったことを知られないようにしたかったから。

④　叔母と「私」とは読書に関しての感想を言いあったりしない関係を築いてきた。しかし、「良き日」の素晴らしさがわかっていても、一人きりで読み、一人きりで考えることへの疑念と後ろめたさを感じていたから。

⑤　愛書気質を持っている叔母と「良き日」を迎えて誇らしい気分に浸るためには、「私」のほうがたくさんの本を読まなければならない。「私」は叔母にあきれられないためにも、焦って本を読み続ける必要があったから。

問8　この文章の表現について説明したものとして最も適切なものを、次の①～⑤のうちから一つ選んでマークしなさい。［15］

①　登場人物はみなそれぞれに「ゆき江ちゃん」と関係を持ち、その関係に基づいて「ゆき江ちゃん」の死を受け止めようとしており、「私」だけが悲しんでいるわけではない。「ゆき江ちゃん、どれがほしかったんだろ?」という言葉に対して「母」が返したはずの返事が描写されないことによって、「母」と「私」が「ゆき江ちゃん」の死について違う受け止め方をしていることを示している。

②　「ゆき江ちゃん」が亡くなってもいつも通りの診療を続けたい「祖父」と通夜や告別式があっても仕事をできるだけ休みたくない「父」を、「私」は似たもの同士だと感じながら、「ゆき江ちゃん」のことを思って不満も抱えている。「わからん」という言葉を繰り返す「祖父」とのやり取りは、「私」が感じている不満が「祖父」のかたくなさを一層強めていることを示している。

③　「ゆき江ちゃん」と「私」はふとしたことで得られる同じ本を読んでいたという共感を通して密接な関係を作り上げており、叔母と姪という関係をきっかけにしながら、血縁を越えて互いに理解しあっていた。同じ叔母と姪の話でありながら共通するところがあまりない『違国日記』をたびたび持ち出して比較することによって、「ゆき江ちゃん」と「私」の関係がいかに特別であったかを示している。

④　本を介して行われる「私」と「ゆき江ちゃん」の静かな交流は、「ゆき江ちゃん」の考え方とともに「私」の心の中に深く刻み込まれている。「私たちは、どうしてそうなのだろう。」とかいう問いが「私たちは、どうしてそうだったのだろう。」とかたちを変えたことは、「ゆき江ちゃん」の死をきっかけにして二人の交流をふり返って問い直そうとしていることを示している。

② この家での日常を思い出し改めて叔母の死という事実を実感しているが、亡くなった直後に受けた衝撃は弱くなってきたということ。

③ もしも叔母が生きていたら自分の失敗を笑ったかもしれないと思い、皮肉屋だった叔母の性格を懐かしく思い出しているということ。

④ 仲良くしていた叔母がシールを集めて何を安く買おうとしていたのか予想できず、申しわけない気持ちにとらわれているということ。

⑤ 叔母が亡くなったことに悲しみを示さず、葬式の準備についてだけ考えている母親へのいらだちをおさえようとしているということ。

問4 傍線部B「まともな答えを期待していたわけではない。」とあるが、それはなぜか。その理由として最も適切なものを、次の①〜⑤のうちから一つ選んでマークしなさい。 11

① 「私」は祖父に気に入られているつもりでいたけれどもそうではなく、叔母を甘やかす延長線上に「私」との関係があったことは否定できない事実だったから。

② 叔母と似て読書好きな「私」は弟よりは祖父に気に入られていたけれども、関係をつなげてくれるはずの叔母が亡くなり祖父の気持ちがわからなくなっていたから。

③ 近寄りがたいところのある祖父と「私」との関係は叔母を間に置くことでつながりがある気がしていたが、祖父がやはり素っ気ない態度を取ることが予想されたから。

④ 本を通して「私」とつながっていた叔母とは違って「私」と祖父が本の話をすることはなく、祖父に本の話を訊いたとしても何も把握はしていないだろうと思っていたから。

⑤ 祖父は病院での自分の仕事にだけ強いこだわりを示す人物であり、叔母がどんな本を読んでいたかや「私」との読書を軸にした関係について理解しようとしていなかったから。

問5 傍線部C「返さなきゃとか言ってたの？ おじいちゃんに？」とあるが、この時の「私」の心情の説明として最も適切なものを、次の①〜⑤のうちから一つ選んでマークしなさい。 12

① 叔母が本の貸し借りについて何か言っていたとしたら非常に珍しいことであり、そのことに死ぬことを自覚した叔母の特別な思いを感じて、確かめずにはいられなかった。

② 叔母と無言で本のやりとりをすることについて完全に納得してはいなかったため、叔母が自らルールを破って本についての発言をした意図がわからず、確かめずにはいられなかった。

③ 死ぬ間際になって急に借りたものを返すことに気を遣っており、作品の感想を言わないという不作法を平気で実践していた叔母らしくない発言だと感じ、確かめずにはいられなかった。

④ 叔母が末期ガンであると告げられて強く死を意識し、普段言うはずがない感想を祖父に漏らしたのかもしれず、聞くことができなくなった感想について、確かめずにはいられなかった。

⑤ 本やマンガの貸し借りの際には一切の感想を言わない叔母が、祖父にはずっと何かしらの発言をしていたということがわかり、叔母の新たな一面を初めて知り、確かめずにはいられなかった。

問6 傍線部D「だらだら思い浮かべたやり取りは、私しか喋ってないし、リアリティがなくてちょっと笑えた。」とあるが、なぜ「リアリティがな」かったのか。理由の説明として最も適切なものを、次の①〜⑤のうちから一つ選んでマークしなさい。 13

① あり得たはずの「良き日」のやり取りを想像してしまったけれど、叔母が亡くなった今、このマンガの内容はもはや語り合えるはずはないから。

② とりとめのない自分の思考をそのまま叔母とのやり取りとして想像してしまったが、それは「良き日」にさえするはずがないやり取りだったから。

③ マンガについての感想をお互いに言い合う様子を想像してしまったが、叔母と自分が交わす「良き日」のやり取りには言葉

とか言うのは同じだ。訳わかんないこと言って考えさせるのも一緒。だいたい、叔母って無責任なんだよね。

　Dだらだら思い浮かべたやり取りは、私しか喋《しゃべ》ってないし、リアリティがなくてちょっと笑えた。叔母が生きていたら、私は今も『違国日記』の新刊が出るたびⓕにこの家へ持って来て、良き日を迎えるまで、互いに何にも話さなかったに決まっている。

　私たちは、どうしてそうだったのだろう。

　一人きりで読み、一人きりで考える、それだけのためなのか。もちろん私は、その良き日がどんなに素晴らしくて誇らしいものかを知っている。たくさんの良き日を夢見て何度もこの部屋を訪れては、リュックいっぱいに本を詰め、Eこそ泥みたいに階段を下りていったのだから。そして良き日は、叔母との日々のうちに、神経衰弱のカードがめくられるように次々と訪れたのだから。

　その到来を、私はもう信じることができない。閉じたマンガを虚空に振って、なんとなく上の方を見た。

「返してもらったからね」

にしても、返さなきゃって思ってるもんをなんでこんなとこに置くの。連載してるマンガは続きが出るから早めに返してって、大昔に言ったことあるよね。『違国日記』もさ、2巻が五月に出るんだよ。読んだら貸してあげようか。でもゆき江ちゃん、死んじゃったからもう読めないね。

　頭にせり出したおふざけとはイ裏腹に、私はそれから一年ほど、『違国日記』を読むことができなかった。露《あら》わになった『身近な人が亡くなった後の手続のすべて』の表紙を再び目に入れながら、私は書庫を出た。

（乗代雄介《のりしろゆうすけ》「フィリフョンカのべっぴんさん」による）

（注）＊ターミナルケア＝余命わずかとなった患者に対し平穏に過ごせるように行われる医療のこと。終末期医療。
＊いなげや＝食品スーパーマーケット。
＊ヤマシタトモコの『違国日記』の1巻＝祥伝社、二〇一七年十一月。
＊朝＝『違国日記』の登場人物。
＊叔母＝『違国日記』の登場人物。槙生。
＊『ひばりの朝』＝ヤマシタトモコ、祥伝社、二〇一二年～二〇一三年。

問1 波線部ア「通りがよい」・イ「裏腹」の文中での意味として最も適切なものを、後の①～⑤からそれぞれ一つずつ選んでマークしなさい。ア 7 ・イ 8

ア「通りがよい」

① 正確である　② なじみがある
③ おもむき深い　④ 了解されやすい
⑤ 内実と合っている

イ「裏腹」

① 深く考えていないこと
② 心に秘めたものがあること
③ 本来のあり方と逆であること
④ 感情を押さえこんでいること
⑤ ものごと同士に関係が無いこと

問2 空欄 i ～ iii に当てはまる語の組み合わせとして最も適切なものを、次の①～⑤のうちから一つ選んでマークしなさい。 9

① ［i せっせ　ii さくさく　iii のびのび］
② ［i こつこつ　ii ぼんやり　iii てきぱき］
③ ［i ばたばた　ii こつこつ　iii とぼとぼ］
④ ［i きびきび　ii てきぱき　iii おずおず］
⑤ ［i てきぱき　ii せっせ　iii さっさ］

問3 傍線部A「免震構造のようにゆっくり揺らぐ気分をやり過ごしつつ」とあるが、どういうことか。その説明として最も適切なものを、次の①～⑤のうちから一つ選んでマークしなさい。 10

① ふとしたことに叔母のことが思い出され悲しみが押し寄せてくるが、悲しみが激しくならないようなんとかしのいでいるということ。

ないのだから。「ゆき江ちゃんの部屋にはなかったけど、本の部屋かな?」

「わからん」

三階にある十五畳の書庫は、家族の間では「本の部屋」と言った方がア通りがよい。その部屋は、祖父が、叔母つまり娘のために、部屋の間の壁をぶち抜いて造ったものだ。一方はもともと父の部屋だった。

「さがしてみろ」

祖父は、ずっと自分の傍にいた叔母にだけは甘かったようⓐに思う。そのため、誰がどう見ても叔母に懐《なつ》いていた私との繋《つな》がりは、祖父と孫というより、ゆき江ちゃんを信頼する同志のような妙な感じがある。叔母の愛書気質を受け継いだのも私だけだったから、弟より目をかけられているという気もしていた。それだって、気がするという程度のものなのだけれど。

「ゆき江ちゃん、あのマンガ読んでた?」

「わからん」

だから、そんなことも念のために訊いてみただけで、Bまともな答えを期待していたわけではない。［iii］と書庫へと向かおうとしたけれど、一つ、どうしても気になることがあった。

「C返さなきゃとか言ってたの? おじいちゃんに?」

「ああ」と祖父は頷《うなず》いた。

＊

叔母と私は、本やマンガの貸し借りをしながら、いつしか一切の感想を言い合わなくなった。時間をおいた会話の弾みで、登場人物の名前が出たり台詞《せりふ》が差し挟まれたりして、きっちり読んだことが知れるだけ。そういう日のことを、叔母は良き日と言ったことがある。まだこの秘匿の作法に納得のいっていなかった私に向かって「良き日が来るから」と、はぐらかすように。

なんであれ作品の感想を口にしないというのは、それがある種の礼儀として作品とともⓑに流通しているこの世間を生きる上では不作法にあたるのだと知ったのは、私がそれをほとんど完璧ⓒに身につけた後だった。おかげで、叔母のいない世界で余計な口を利いて失望するという愚かな真似《まね》をせずに済んでいるのだけれど。

貸し借りの手順は単純明快だ。叔母の方では貸すという意識もなく、私が書庫から勝手に借りて勝手に戻す。私は叔母が持っていない最近のマンガや何かを一言もなく貸し、一言もなく返される。いつしか、催促さえしなくなった。

だから、「返さなきゃ」の一言が祖父に洩《も》らされただけでも、なんだか貴重なことのように思われた。もちろんそれは貸した後に発覚した病のせいで、あと数ヶ月の命と言われなければ、叔母からそういう台詞は出てこないのだった。

いつも寝静まっているような書庫に入ってすぐ、一番手近に置きましたといった感じで、探していたものはあっさり見つかった。高さが微妙に違う単行本が並んだ上に『身近な人が亡くなった後の手《て》続《つづき》のすべて』という本と一緒に横にされて重なっている、*ヤマシタトモコの『違国日記』の1巻。

手に取ってぱらぱら開く。両親を交通事故で亡くした中学三年生の*朝《あさ》は、同居することになった*叔母に悲しいか訊かれてもわからない。そのうつろな目の泳ぐ訳が、今なら少しわかる気がした。わかるならやっぱり感想なんていらないじゃないと、ゆき江ちゃんなら言うだろうか。いや、言いさえしない。そう言いたげⓓに黙っている。

私たちは、どうしてそうなのだろう。

叔母と姪《めい》っ子の話なんだよ。前に貸した*『ひばりの朝』と同じ雑誌で連載始まって、今月に単行本が出たばっか。槙生《まきお》ちゃんとゆき江ちゃんって、ちょっと似てない? でも身長がぜんぜん違うね。そんで、ちゃんと友達がいるね。あと、槙生ちゃんは小説家だけど、ゆき江ちゃんは絶対書かないでしょ。でも姪っ子ⓔに日記書いたらいくにあたって、人間がより安定して交通できるシステムは何なのか模索していく必要があるから。

二 次の文章を読んで、後の問いに答えなさい。

「ゆき江ちゃん」

私がそう呼んでいた叔母の末期ガンがわかり、＊ターミナルケアの末にそう呼ばれながら息を引き取った次の日、私は祖父の家にいた。一階はその祖父が営む眼科医院で、二階と三階に、叔母は祖父と二人で住んでいた。

喪主である祖父の裏で細々した準備に奔走する母に代わって、夕飯は私が買いに行くことになった。この頃の私はけっこう動けて頭も回って、大学が春休みだったこともあり、［ i ］と雑事を手伝っていたのだった。

「＊いなげやでいいの？」

テーブルに置かれた三千円を取りながら訊《き》くと、階段を上がろうとしていた母はスリッパを鳴らしながらリビングダイニングに戻ってきて、キッチンを指さした。

「いなげやなら、あれ、持ってって」

「あれって？」

「冷蔵庫の」

私に向かわせ、自分は戻って行きながら声を張り上げる。

「なんか、集めてたみたい」

冷蔵庫の扉には、誰かのオーストラリア土産だろう、カモノハシのマグネットでとめられたキャンペーンのシール台紙があった。ムーミンの仲間たちのシールが、二十枚のうちの五枚まできれいに貼り進められている。十枚以上ためれば、その数に応じて、ムーミンたちの大小のタオルとかエプロンとかが、もらえるわけではなく安く買えるらしい。十一月から始まった三ヶ月ほどの期間は、あと二週間ほどでおしまいだった。

二千円ちょっとの弁当やサラダを買ってシールを二枚もらい、帰って貼った。慎重にやったつもりのスナフキンが斜めになって、叔母の小さな笑い声が耳の後ろを走った気がする。A免震構造のようにゆっくり揺らぐ気分をやり過ごしつつ冷蔵庫に台紙を戻して、フエイスタオルやバスタオル、エプロンの見本が色とりどり並んでいるのを眺める。

三階から降りてくる母の足音が聞こえて、そこに向けて発した声は、そのまま慌ただしく一階へ降りていった母の耳には届かなかったから、独り言となって私の中に長く残った。

「ゆき江ちゃん、どれがほしかったんだろ？」

＊

七十を過ぎても現役の祖父はどうしても診療を休みたくないらしく、通夜と告別式は午後の休診と休診日が続く水曜と木曜になった。ゆき江ちゃんが冷やされておく期間は少しだけ延びたけれど、それがいいことなのか悪いことなのか私にはよくわからなかった。

その間、父は仕事で遅いから、母と私とたまに塾のない日は弟が、祖父の家で夜を過ごすことが多くなった。血筋なのか一日しか忌引き休暇を取らなかった父が不満で、私はなるべく母を助けようと勇ましい気分でいた。母にとっては義父にあたる祖父はとっつきにくいタイプだったから、こんな娘でもいるだけでありがたかっただろう。

私はお使いを買って出て、弟がいる時は無理やり連れ出して要らない物を買い足したりしながら、［ ii ］とシールを集めていった。

通夜の前日、夕食を終えた祖父が私をじっと見つめてきた。祖父は家族の誰かに話しかける時はいつもそうする。柔《やわらか》く開けた目鼻を向けて促すと、初めて口を開く。

「ゆき江に、マンガ返してもらったか？」

「ううん」

まだ——と言いそうになって止める。もう、まだもへったくれも

いた質が変容してしまったということ。

② 近代以降、共通の運行時間を守って列車が動くようになったことで、地域や生活様式の違いに関わらず、日本全国で同じ時間感覚が共有されるようになったということ。

③ 鉄道が衝突などの事故を避けるために、正確なダイヤに基づき運行するようになったことで、近代の巨大な交通システムが出来上がり、時間に追われる都市的な感覚が誕生したということ。

④ 近代以前は各々の交通形態に応じて輸送を行えばよかったが、近代化に伴い鉄道が一つに結ばれたことで、可能な限り所用時間を短縮した正確な運行が目指されるようになったということ。

⑤ 鉄道が全国を繋ぐネットワークと化したことで、地方と都市部では求められる役割が異なることが明らかになったにも関わらず、各々の地域で独立した時間感覚が失われていったということ。

問7 傍線部D「『近代』に飼育され、飼いならされている」とは、どういうことか。その説明として最も適切なものを、次の①～⑤のうちから一つ選んでマークしなさい。 5

① 近代という時代は私たちが作ろうとしてきたものだが、自然に存在するべき中間領域が排除されており、非人間的な状況が生まれているということ。

② 快適さを追求するためのものであったはずの近代化が結果として余裕のない人々を生み出してしまうという、矛盾した状況が生まれているということ。

③ 本来人間が作り出したものである近代の制度や構造に縛られてしまい、それ以外の生き方が不可能になるという、逆説的な状況が生まれているということ。

④ 海外からの圧力に抵抗するために日本は近代化したはずだが、それにより近代化の意義が希薄化してしまうという本末転倒な状況が生まれているということ。

⑤ 自由に行動しているように見えても、近代以前から持ち越しているものがある以上、自由を享受することはかなわないという皮肉な状況が生まれているということ。

問8 傍線部E「自らが二足歩行する生き物であることを、あらためて考え直しても良いのかもしれない。」とあるが、なぜか。その理由として最も適切なものを、次の①～⑤のうちから一つ選んでマークしなさい。 6

① 機械文明は一たび不備が発生すれば容易に人間の生命や自由を脅かすものへと変貌するが、わたしたちはその危うさに気づかず生活を送っている。現代の生活を見直すためにも、人間として命や自由を守ることの大切さを改めて考えていく必要があるから。

② 機械文明は人間の生活を効率化したが、大規模な地域を統一的に管理するシステムである以上、一度不具合に見舞われれば全生活が影響を受ける危険性がある。危機を回避するためにも、人間にはもともと自律的に行動する力があることを再認識する必要があるから。

③ 機械文明は生活の利便性向上に貢献したものの、急なシステム停止に見舞われた場合に甚大な被害をもたらすことから、交通媒体に対する信用を低下させた。原始的な交通手段に今一度立ち返ることで、無限の可能性をもつ人間本来の力を取り戻していく必要があるから。

④ 機械文明は人間の生活経験をさまざまな点で刷新したものの、その代償としてわたしたちの自由に対する認識を大きく変質させてしまった。化石燃料が登場する近代以前の生活に戻ることによって、人間がかつて持っていたはずの自由を取り戻すきっかけとしていく必要があるから。

⑤ 機械文明は確かに脆弱な側面も持ち合わせているが、実のところ、機械に頼らない生活と比較したとき、安全性の面ではどちらもさほど変わらない。これから近代化の意義を問い直して

彼はそれを信頼しない。極寒の極地で一たびⓔコショウすると、生命の危機に直結するからだ。翻《ひるがえ》って犬ぞりは、適切なペースで休息を取り、漁の獲物を食べさせている限り、無限に走行可能な、きわめて安定した移動手段となる。極限の自然環境のなかでは、人と犬が一体となった犬ぞりのほうが圧倒的に安全なのだ。

　便利だが脆弱《ぜいじゃく》な巨大交通システムを手に入れた私たちは、E自らが二足歩行する生き物であることを、あらためて考え直しても良いのかもしれない。

（菊地《きくち》　暁《あきら》『民俗学入門』による）

（注）＊テーゼ＝ある問題について提出された命題。

＊民俗学＝民間の習俗を、庶民の生活感情や伝承を通して研究する学問。

＊柳田國男＝日本民俗学の樹立者。一八七五年～一九六二年。

＊疎開学童＝第二次世界大戦末期の日本で、戦火を逃れるため都市から農村に移住させられた児童たちのこと。

＊跋渉＝山をこえ川をわたること。

＊エスキモー＝主としてグリーンランドからアラスカの極寒地方に居住し、狩猟・漁業生活を営む民族。この呼称は民族差別を反映しているとして、カナダでは「イヌイット」を公称として使用している。

＊スノーモービル＝小型の雪上車。

問1　二重傍線部ⓐ～ⓔのカタカナは漢字に書き改め、漢字は読みをひらがなで記しなさい。（一点一画を正確に書くこと。）記述

問2　空欄 X に入る語として最も適切なものを、次の①～⑤のうちから一つ選んでマークしなさい。 1

①　行雲流水　②　我田引水　③　明鏡止水

④　南船北馬　⑤　呉越同舟

問3　空欄 Y に当てはまる語を考えてカタカナ三字で書きなさい。記述

問4　傍線部A「自然に制約された『はこぶ』に飛躍的な革新をもたらした。」とは、どういうことか。その説明として最も適切なものを、次の①～⑤のうちから一つ選んでマークしなさい。 2

①　近代以前は人の身体的限界が交通の限界に直結していたが、近代以降は動力機構の開発により、人の力に依存しない運送が可能になったということ。

②　もともと食料を得るために行われていた旅が、労苦を伴うものではなく、食事の充実を実現するために行われる「観光」へと変わっていったということ。

③　高速で多くの人を輸送することが可能な蒸気機関が登場し、観光業が世界中に広まったことで、旅の本質が人間の快楽を追求するものに変化したということ。

④　前近代において移動は身体的苦痛を伴うものであったが、近代化とともに、猛スピードで全国を快適に移動するという新たな身体感覚が誕生したということ。

⑤　かつて移動は、身体が大地から切り離された状態で行うものであったが、蒸気機関の発明によって、地面と密接に関係しながら行う「観光」に変わったということ。

問5　傍線部B「そのような近代固有の認識力」とは、どのようなものか。その説明として最も適切なものを、次の①～⑤のうちから一つ選んでマークしなさい。 3

①　圧縮された風景を瞬時に閲覧し地域の特色を探求する力。

②　見知らぬ他人と一定時間密着しながら人間関係を作る力。

③　地域間の景観の違いを巨視的に分析することのできる力。

④　遠距離を高速で移動し広範囲の風景を一挙にとらえる力。

⑤　身体を大地から切り離し移り変わる近景に没入させる力。

問6　傍線部C「日本の列車運行は、時間の均質化を推し進める一因となった」とは、どういうことか。その説明として最も適切なものを、次の①～⑤のうちから一つ選んでマークしなさい。 4

①　鉄道が近代化したことで、人々は見知らぬ他人とともに時間を共有する苦痛を味わうようになり、時間というものが持って

の共有は必須なのだ。こうして、ときに「時計より正確」とも称されるC日本の列車運行は、時間の均質化を推し進める一因となった（三戸《みと》祐子《ゆうこ》『定刻発車――日本の鉄道はなぜ世界で最も正確なのか？』）。

　空間の変容も重要である。当初、蒸気機関車が出す煙や火の粉の危険性から、鉄道は都市部への乗り入れを忌避されたが、やがて、その輸送力が都市を支えるインフラとなるに従い、駅は都市の玄関口として都市の中心に位置付けられる。また、列車という運動体の性質から可能なかぎり直線的に敷設されることを良しとする鉄道は、都会と田舎とを問わず、その景観に直線的な構造物を出現させることとなった。

　そして、鉄路で結ばれた地域のネットワークは、国土の一体性をより ⓑキョウコに実体化させることとなった。個人的な体験で恐縮だが、思い起こすのは、一九八八年、青函《せいかん》トンネルが開業した時のこと。このとき初めて、札幌《さっぽろ》駅に「上野」や「大阪」といった駅名が表示されるようになった。じっさいに列車に乗れたわけではないにもかかわらず、この地がそれらの地と確かに結ばれているのだと感慨ひとしおだった。鉄路はそのような国土の想像を可能にするものでもある（原武史《はらたけし》『「民都」大阪対「帝都」東京――思想としての関西私鉄』）。

　ミクロな身体から［ Y ］な国土まで、鉄道は私たちの生活経験を様々な ⓒジゲンで刷新した、きわめてパワフルなメディアだったのだ。

　化石燃料が切り拓《ひら》いた「はこぶ」の革新は、その後も続く自動車、飛行機の発明改良とともにますます高速大量化し、交通ネットワークの網の目は地球全体を覆うこととなった。その気になれば一日程度で地球の反対側にまで到達可能な手段を、私たちは手に入れたのだ。グローバリゼーションの一面である。

　ただ、それが何と引き換えに達成されたのかを、あらためて確認しておくべきだろう。

民俗学者・高取正男《たかとりまさお》は「中間をカットした交通形態」を指摘した（『民俗のこころ』）。交通機関が高速化するのと反比例して、「途中」に対する私たちの認識はいよいよ希薄化したのだ。特急の止まらない駅、新幹線の止まらない地域に対する認識のあやふやさを思うと、私たちの頭の中は確実に「中間をカット」されてしまっている。

　それ以上に悩ましいのは、現代の巨大交通システムが、実のところどこまで私たちを自由にしたのか、という点だ。高取はいう。

> 現代のドライバーは、いくら一匹オオカミを自認して旅に出ても、馬に乗って山野を*跋渉《ばっしょう》するようなわけには行かない。通れる道は限られているし、高速道路に入れば、一定の速度で道路標識の指示するまま、次のインターチェンジまで、ひたすら走らなければならない。自動車に乗るということは、一見して自由な選択のようでありながら、結果的には近代の機械文明の一環に、より強く繋《つな》がれることをも意味している。おなじように、私たちは明治以来、外圧に抗して自ら近代をつくりだし、あるいはつくりだそうとつねに努力してきたと自負している。だが、私たちのなかには近代以前から持《もち》越してきたものがいっぱいあるうえ、自身でつくりだしたつもりのD「近代」に飼育され、飼いならされていることも、率直に認めねばならない。

　高速、大量、安全、快適な移動を実現した現代の交通システムは、確かに便利なものだ。にもかかわらず、私たちは獲得した利便性によって、かえってその巨大なシステムに強く拘束されてもいる。そしてそのシステムは、自然災害等の要因により、唐突に大規模に停止しかねない ⓓ代物なのだ。そのことは、東日本大震災で証明されたばかりである。

　ここで、「*エスキモーになった日本人」と称される大島育雄《おおしまいくお》（一九四七〜）の移動術を紹介してみたい（『エスキモーになった日本人』）。探検家だった大島は、グリーンランドに暮らす狩猟採集民イヌイット（エスキモー）に感銘を受け、犬ぞりを操ってアザラシを獲《と》るようになる。*スノーモービルなどの現代的な移動手段もあるが、

二〇二三年度 東京学芸大学附属高等学校

【国語】（五〇分）〈満点：一〇〇点〉

（注意） 1．この問題にはマーク式解答の問いと記述式解答の問いが含まれています。

2．解答番号 1 ～ 25 の問いは、答えをマークシートの各解答番号のうちから一つ選んでマークしなさい。

3．記述 の印がある問いの解答は、マークシートの裏面の指定された解答欄に記入しなさい。

一 次の文章を読んで、後の問いに答えなさい。

石炭を燃料とした動力機構、すなわち蒸気機関の発明は、A自然に制約された「はこぶ」に飛躍的な革新をもたらした。一九世紀初頭、イギリスのスティーブンソンにより蒸気機関車が実用化されると、高速大量輸送を可能にする鉄道は世界中に広がり、日本では一八七二年、新橋―横浜間に最初の鉄道が開業した。

化石燃料がもたらした交通の革新は「travel から tour へ」という＊テーゼに要約できる。「たび（旅）」の語源が「たべ（給べ）」すなわち食べ物を乞うことに由来し、「travel（旅）」が「trouble（厄介）」と同根とされることからも推察されるように、前近代、交通運輸はヒトが自らの身体的労苦をもって行う「厄介ごと」にほかならなかった。これを蒸気機関は、ヒトの労苦を必要としない快適な移動＝「tour（旅行）」に変えたのだ（「turn（回転）」と語源を同じくすると考えられる tour には「労苦」の意味は含まれない）。そうした中から現在の意味での「観光 tourism」も成立するわけで、世界的に有名な観光ガイドブックのミシュランが、自動車タイヤメーカーであることも、その端的な現れといって良いだろう。

ここで、鉄道がもたらすものをあらためて整理してみたい。

鉄道という近代交通システムは、輸送力の大量化・高速化をもたらしたのみならず、移動する身体を大地から切断し、その近くのめまぐるしく移り変わる風景に投入したことで、「パノラマ的」と称すべき新たな身体感覚を発生させた（W・シベルブシュ『鉄道旅行の歴史――一九世紀における空間と時間の工業化』加藤二郎《かとうじろう》訳）。馬の走りや河の流れでは体験しえない猛スピードを、人類は初めて経験したのだ。

この新知覚を、旅行者と大地の間の決定的な乖離《かいり》として捉えることも可能だが、反面、圧縮された風景を瞬時に閲覧する体験は、大地や風景に対する新たな認識を可能にした。地域間の ⓐイドウを発見し、その要因を探求する＊民俗学も、Bそのような近代固有の認識力をドライブに飛躍したといってよい。＊柳田國男《やなぎたくにお》は＊疎開学童に向けて書いた『村と学童』において、「汽車の窓から見ていれば、誰にでもすぐわかるように、屋根の三角の角度は行く先々でかわっているが、それはたいていは屋根を葺《ふ》く材料のちがいに伴《とも》なうもの……」と、学童が見聞するであろう車窓の変化を手がかりに郷土研究のポイントを説いている。車窓は、民俗学のファースト・レッスンとなるのだ。

一方、高速移動する密閉空間で乗客たちが一定時間密着する、という新たな対人関係も鉄道がもたらしたものだった。たとえば前近代の船旅なら、「 X 」の故事のように、船客は運命共同体であり、見知らぬ相手と相応の時間をかけて親交を結んでいくことが可能だった。ところが、鉄道の乗客は、そのような時間もないままに目的地に到着し、にもかかわらず、その間は密着を余儀なくされるという厄介な距離感にさいなまれることとなる。（中略）

それだけではない。時間感覚も大きく更新された。前近代、旅する人や牛馬は、各々のペースで進めば良かった。ところが、鉄道はそうはいかない。開業当時は単線だった新橋―横浜間で、新橋を出る下り列車と、横浜を出る上り列車が同じ時間を共有しないことには、衝突などの事故を避けられない。鉄道は、すべての列車とレールが一つに結ばれた巨大なシステムであり、安全運行にとって時間

英語解答

1 1 ③　2 ①　3 ④　4 ①
5 ②

2 問1 ②$_{6}$　問2 ③$_{7}$　問3 ③$_{8}$
問4 ④$_{9}$　問5 ③$_{10}$　問6 ②$_{11}$
問7 ①$_{12}$, ③$_{13}$, ⑦$_{14}$

3 問1 ③$_{15}$　問2 ②$_{16}$
問3 (い)…as　(う)…little
問4 ③$_{17}$　問5 ①$_{18}$　問6 ①$_{19}$
問7 20…④　21…③　22…②
問8 ①$_{23}$, ⑦$_{24}$

4 問1 ②$_{25}$
問2 26…①　27…⑧　28…⑨
問3 い…④$_{29}$　う…①$_{30}$　え…③$_{31}$
お…②$_{32}$
問4 33…③　34…④　35…②
問5 ②$_{36}$
問6 instead of a closet filled with sweaters he didn't use
問7 ③$_{37}$　問8 ①$_{38}$　問9 ④$_{39}$

1〔放送問題〕解説省略

2〔長文読解総合―物語〕

≪全訳≫❶ジョンとロージーは小さな猫を飼っていた。それは生後3か月の黒猫で，目はキュウリのように緑色だった。その猫は考えられる中で最も幸せで，かわいく，温かく，2人の子どもはその猫を心から愛していた。❷その猫はフラッフィーと呼ばれ，自分の名前を聞くと必ずやってきた。いたずらするのを楽しみ，ベッドの下や椅子の下に隠れるのを好み，人の爪先に飛び乗った。フラッフィーはみんなを愛し，みんなもフラッフィーを愛していた。❸そしてある日，フラッフィーは消えてしまった。それは最も奇妙なことだった。フラッフィーは2人の子どもと台所で遊んでいて，次の瞬間にはいなくなっていたのだ！❹母親は忙しかった。月曜日の朝で，やることがたくさんあった。洗濯をして，汚れたシーツやタオルを大きなかごに入れた。後でそのかごを洗濯屋さんに渡す予定だった。母親はベッドを整え，昼食用にジャガイモを切った。そして，フラッフィーはずっと子どもたちと遊び回り，ときには母親に飛びつき，またあるときにはあちこち移動しながら，母親のエプロンにつかまろうとした。❺そして，フラッフィーはいなくなったのだ！❻「お母さん，フラッフィーはどこ？」とロージーは言って，周囲を見回した。❼「どこかに隠れているんじゃない」と母親は言った。母親は台所の窓から洗濯屋さんが見えたので，急いで洗濯かごの蓋をとめていた。洗濯屋さんが小道を下ってきていた。❽「フラッフィー，フラッフィー！」とジョンが呼ぶと，どこからかそれに答える鳴き声が聞こえてきたが，それはとても小さかった。❾「ニャー！」❿「フラッフィーはどこかにいる！」とジョンが言い，子どもたちはキャビネットやヒーターの下を捜し始めた。洗濯屋さんがベルを鳴らし，母親は彼に洗濯かごを渡した。あもしフラッフィーがどこかに隠れていたら，外に走り出てほしくなかったので，母親はドアを閉めた。ジョンがまた呼んだ。⓫「フラッフィー！　フラッフィー！」⓬しかし，注意して聞いても，もう鳴き声は聞こえなかった。そう，フラッフィーは全く返事をしなかった。ロージーは新聞が置かれている棚の最下段を捜した。しかし，フラッフィーはどこにもいなかった。⓭「ねえ，お母さん，フラッフィーが本当に，本当に消えちゃった！」とロージーは言い，ほとんど泣きそうだった。⓮「いばかなことを言わないの」と母親は言った。「フラッフィーはこの辺にいるわよ。隠れているのよ。ひょっとすると，階段を上って，誰かのベッドの下に行ったのかも」15「でもお母さん，台所のドアはずっと閉まっていたよ」とジョンは言った。「フラッフィーがどこかにいるなら，絶対に台所にいるはずだよ」16「まあ，フラッフィーは無事に出てくるわよ」と母親は言った。「心配しなくていいわ。今は捜すのを手伝う時間はないけど，このプリンをあなたたちの昼食用につくり終えたら，私も辺りを捜してみるわ。でも，その頃までには，フラッフィーがどこからか出てきて，飛び跳ねていると思うわよ」17しかし，フラッフィーは出てこなかった。それで，プリンをつくり終えて，焼くためにオーブンに入れると，母親もフラッフィーを捜し回った。母親はミルクと魚の皿をフラッフィーのために置いて，フラッフィーを呼んだ。18「フラッフィー，フラッフィー，フラッフィー！　お昼ごはん，お昼ごはん，お昼ごはんよ！」19しかし，それでもフラッフィーは出てこなかった。ロージーはひどく泣いた。20「お母さん，魔法だわ。妖精がフラッフィーを連れていっちゃったのよ！」21「そんなことありえないわ！」と母親は言った。母親は笑って，こう言った。「妖精はそんな意地悪なことは絶対にしないわよ。フラッフィーは庭にいるかもしれないわね」22そこで，彼女たちはコートを着て，庭中を捜した。フラッフィーはいなかった。隣の家にも行ってみたが，ブラウン夫人はフラッフィーを全く見ていなかった。ホワイト夫人の家にも行ったが，彼女は前の日からフラッフィーを見ていなかった。23さて，子どもたちは午前中ずっと捜したり呼んだりしていたが，フラッフィーは見つからなかった。子どもたちは昼食を食べ，それからまた捜した。24「え気にすることないわ」と母親は言った。「フラッフィーはおなかがすいたら入ってくるわよ」25「お母さん，フラッフィーは外に出ていないと思うよ」とジョンが言った。「本当にそう思うんだ。フラッフィーは僕たちとかくれんぼをしていて，台所のドアは閉まっていたんだ。次の瞬間にフラッフィーは消えたんだ」26魚とミルクの皿を庭と台所の両方に置いたが，フラッフィーは食べに来なかったので，母親も心配し始めた。母親はその小さな黒猫が大好きだったが，フラッフィーがどこに行ったのか思いつかなかった。しかし，ついにわかったのだ！27台所のドアのベルが鳴った。母親がドアを開けに行くと，洗濯屋さんがそこには立っていて，赤く陽気な顔に満面の笑みを浮かべていた。彼は手に箱を持っていた。28「こんにちは，ジョーンズさん」と彼は言った。「奥さんがこれを洗濯屋に渡したことをお伝えしたかっただけなんですが，これはかなりきれいなようです。本当にこれを洗ってほしいんですか？」29彼は持っている小さな箱を開けた。全員が驚いた！　そこにはフラッフィーがいて，穏やかに眠っていたのだ。子どもたちは大きな声を上げ，喜んで踊った。母親は驚いてフラッフィーを見ていた。30洗濯屋さんは言った。「ええと，奥さん，奥さんの洗濯かごを洗濯屋で開けたら，この小さな黒猫が中で眠っていたんですよ！」31「なんてことかしら！」と母親は言った。「たぶん，フラッフィーは子どもたちとかくれんぼをしていたときに中に飛び込んで，私は気づかずに蓋を閉めたんだわ！　そして，洗濯屋さんがかごを持っていって，フラッフィーはその中にいたのね！　どこからか小さな鳴き声が聞こえたもの。フラッフィーはかごの中にいたのね！」32「まあ，お母さん！　私たちはフラッフィーを洗濯に出したのね！」とロージーは言った。「フラッフィーが洗濯されてアイロンがけされていたらと想像してみて，フラッフィーはどう思ったのかしら！」33洗濯屋さんがフラッフィーを洗ったりアイロンをかけたりしなくて，よかったのだった。

問１＜適文選択＞猫が見当たらない状況において，母親がドアを閉めた理由を考える。２文前の She's somewhere！を②の if she was hiding somewhere が受けている。

問２＜適文選択＞猫が見つからず泣きそうな娘にかけた母親の言葉。この後母親は，「フラッフィーはこの辺にいる」と楽観的な発言をしていることから，娘をなだめる発言が入るとわかる。silly は「愚かな，ばかげた」という意味(≒ stupid/foolish)。Don’t be silly. は「ばかなこと言わないの」といった意味。

問３＜適語(句)選択＞台所で遊んでいたフラッフィーが突然いなくなったが(第３～５段落)，台所のドアはずっと閉まっていた(前文)という状況から判断できる。

問４＜指示語＞この前でロージーが Some fairy has taken Fluffy away! と言ったのを受けて，母親は The fairies never do such an unkind thing. と答えているのである。 unkind「不親切な」 take ～ away〔take away ～〕「～を連れ去る」

問５＜適文選択＞なかなか猫が見つからない状況での母親の言葉。ここも直後で「おなかがすいたら入ってくる」と楽観的な発言をしていることから，子どもたちを安心させる言葉が入るとわかる。Never mind.「気にしないで」

問６＜誤文訂正＞母親(＝I)が，洗濯屋さん(＝you)に，飼い猫のフラッフィー(＝she/her)について説明している場面。フラッフィーがどこにいたのか誰もわからなかったのだから，(イ)I noticed her「私は彼女に気づいて」は誤り。I didn’t notice her「私は彼女に気づかずに」が正しい。

問７＜内容真偽＞①「洗濯屋さんが彼らの家を朝に去る前に，ジョンとロージーはフラッフィーを見つけられなかった」…○ 第10段落で洗濯屋さんに洗濯かごを渡した後も，フラッフィーを捜し続けている。 ②「フラッフィーが階段を上れないので，ジョンはフラッフィーが１階にいるかもしれないと思った」…× そのような記述はない。 ③「母親は昼食をつくっていたので，最初は家の中を捜す時間がなかった」…○ 第16段落第３文に一致する。 ④「ブラウン夫人とホワイト夫人はフラッフィーの声を聞いたが，フラッフィーを見なかった」…× 第22段落第３，４文参照。「声を聞いた」に該当する記述はない。 ⑤「母親は，フラッフィーが何か食べる物を探しに家を出たと思ったので，フラッフィーのために食べ物を外に置いた」…× 「何か食べる物を探しに家を出たと思った」に該当する記述はない。 ⑥「洗濯屋さんが大事な物を忘れてきたので，家に戻ってきた」…× 第28～30段落参照。洗濯かごに入っていたフラッフィーを返すために戻ってきた。 ⑦「フラッフィーはようやく家に戻ってきたとき，よく眠っていた」…○ 第29段落第３文に一致する。 ⑧「ロージーはフラッフィーが他の人からひどい扱いを受けていたので，フラッフィーをとても気の毒に思った」…× そのような記述はない。

3 〔長文読解総合—説明文〕

≪全訳≫❶グランドツアーとは，イギリス紳士が教育を仕上げるために行っていた長期の海外旅行だ。それは17世紀半ばから18世紀末にかけて人気があった。そのとき戦争が起こり，海外旅行は中止された。❷19世紀初頭，ヨーロッパでの戦争後に平和が確立された後，グランドツアーは再び人気になった。しかし，旅行がもっと安価で簡単になるにつれ，特に鉄道の発達とともに，ヨーロッパ大陸訪問はエリートの人々に限ったことではなくなった。グランドツアーの時代は終わったのだ。❸グランドツアーは非常に特別なものであり，非常に裕福な男性，主に貴族の子息によってのみ行われた。この理由は，旅が困難かつ高価だったからだ。旅行者たちは緊急事態に備えて，現金をほとんど持ち歩かなかった。その代わり，ロンドンの銀行から特別な手紙を受け取り，そして，それを主要都市で見せた。❹若い紳士を海外に送り出すことのもう１つの利点は，彼らがどこか他の場所で「悪い」ことをできるということだ。

そのため，彼らが家族にもたらす迷惑は可能なかぎり少なかった。実際，若き旅行者たちはヨーロッパ大陸でより大きな自由を経験し，酒やギャンブル，恋愛も初めてたしなんだ。❺紳士たちは家庭教師の世話のもと，海外旅行することが多かった。ジョージェット・ヘイヤーは家庭教師を「ベアリーダー」と呼んだ。彼女の小説『悪魔公爵の子』の中で，ヴィダル侯爵はフランスを旅行中のイギリス人牧師を発見する。❻「最近パリを通過した案内人がおり，彼は何人かの紳士たちを率いていた。彼らはイタリアへ向かっている」❼この牧師は続けて彼を「非常に下手な案内人で(中略)幸運にもグランドツアーをする若い紳士たちを担当していた」と評している。❽もともと，グランドツアーは約３年半続くものとされていた。６か月の旅行と３年間の海外生活である。グランドツアーに参加する紳士たちは，訪問している文化を楽しみ，語学力を向上させることが見込まれていた。海外で過ごす期間はしだいに短くなり，ついには，大半の人がわずか２年しか旅行しなくなった。❾フランス語が最も一般的に話される第二言語だったので，彼らが訪問した最も人気の場所はフランスだった。フランスは最も行きやすい場所でもあった。最速の渡航はドーバーからカレーへ行くルートであり，パリまでの道路は整備されていた。❿旅行者たちはたいてい，パリからアルプス山脈へ行き，それから，地中海を船で渡りイタリアに行った。たいていはローマやベニスを訪れたが，ツアーの中には，スペインやポルトガル，ドイツ，東欧，バルト海諸国が含まれることもあった。⓫サミュエル・ジョンソンはこう言った。⓬イタリアに行ったことのない人は，誰もが見るべきものを見ていないので，いつも少し悲しく感じている。⓭グランドツアーの参加者の多くは，古典文明の遺跡があるルネサンス時代の大都市を訪れた。彼らはヘルクラネウムやポンペイを訪れることが多かった。⓮古典的な彫像はとても人気があり，例えば，ナイル川とテベレ川の神々の彫像は，16世紀にローマで発見され，ローマ教皇のコレクションの一部を形成した。これらは1770年代以降，ピオ・クレメンティーノ美術館に展示された。⓯グランドツアーの参加者たちは通例，フランスやイタリアの王室や，ウィリアム・ハミルトン卿のようなイギリスの使節を訪れた。彼は1764年から1800年にかけてイギリス大使だった。⓰グランドツアーの目的の１つは，紳士に美術教育を施すことだった。フランスやイタリアの美術に興味を持つことは良いことだった。実際，旅行者たちは通例，絵画や彫刻，高級衣服など，収集した土産物を何箱もいっぱいにして帰国した。カナレット，ヴェルネ，パニーニは皆，18世紀の観光客市場に向けて絵を描いていた。⓱また，通常はツアーの終わりに，プロの画家に自分たちの絵を描いてもらうことも一般的だった。ポンペオ・バトーニ(1708～1787年)は，ローマで旅行者の絵を175枚以上描いた。⓲グランドツアーは主に紳士によって行われたが，多くの婦人もまた，海外に旅行していた。作家のヘスター・ピオッツィは，1770年代と1780年代の旅行で特に有名だった。⓳夫と別れた女性たちは，ヨーロッパ大陸で歓迎されるので，よく海外旅行をした。有名な貴族のジョージアナ・キャベンディッシュは，1790年代前半に出産後に故郷を離れ，また，ウェールズの王女キャロラインは1814年から1820年に海外旅行をした。⓴ジェーン・パーミンターやいとこのメアリーなどの女性のグループが，1780年代にグランドツアーを行った。彼女たちは1795年に帰国すると，16面体の家，ア・ラ・ロンドを建てて，旅を思い出すとともに，バルトロッツィの版画数点や貝の絵を含むコレクションを展示した。

問１＜適語選択＞前後の内容から判断できる。旅行がより安価で簡単なものになり，エリートの特権ではなくなったということは，グランドツアーの終焉《しゅうえん》を意味している。　be over「終わった」

問２＜英文解釈＞「彼らは(　　)ために主要都市で特別な手紙を見せた」―②「必要とするときに現

金を手にする」　下線を含む文の文頭Instead「その代わりに」に注目し，特別な手紙を見せるという行動は，前文にある現金をほとんど持ち歩かないということの代わりになるものであることを読み取る。

問3＜適語補充＞海外で「悪い」ことができるのは家族に与える迷惑が「少ない」からだと考えられる。　as ～ as possible「できるかぎり～」

問4＜適語選択＞もともと約3年半だったグランドツアーの期間は，わずか2年へと「短く」なった。

問5＜英文解釈＞主語はA man who has not been to Italyで，「イタリアに行ったことがない男性は」という意味。because以下はfeels a little sad「少し悲しい気がする」の理由になっている。イタリアに行ったことがないと見るべきものを見ていないので悲しい，という文意。①「イタリアには見るべき重要な多くのものがあるので，全ての男性はイタリアを訪れるべきだ」は，これを言い換えた内容になっている。

問6＜適語選択＞同じ段落の第3文以降で，グランドツアーの旅行者がpaintings「絵画」やsculptures「彫刻」に興味を示すことが述べられている。

問7＜内容一致＞20.「1764～1800年のイギリス大使」―④「ウィリアム・ハミルトン卿」　第15段落参照。　21.「旅行者たちを描いた有名な画家」―③「ポンペオ・バトーニ」　第17段落第2文参照。　22.「1770年代と1780年代に海外旅行した女性旅行者であり作家」―②「ヘスター・ピオッツィ」　第18段落参照。

問8＜内容真偽＞①「18世紀末，人々は戦争のせいで海外に旅行できなかった」…○　第1段落最終文に一致する。　②「グランドツアー参加者たちは，両親に心配されたので，自由を満喫することを許されなかった」…×　第4段落最終文参照。旅先で自由を謳歌《おうか》した。　③「『悪魔公爵の子』という小説で，イギリス人の牧師とその信者たちはイタリアから旅行を始めた」…×　そのような記述はない。　④「英語を話せる人が多かったので，フランスはグランドツアーで人気の場所だった」…×　第9段落参照。フランス語が最も一般的な第二言語であったことと，行きやすかったことが人気の理由。　⑤「グランドツアー参加者たちは，アジア諸国を含む多くの国々を訪れた」…×　第10段落参照。「アジア諸国」は含まれていない。　⑥「グランドツアーに参加した若い紳士たちは，旅の土産物を自国に持ち帰れなかった」…×　第16段落第3文参照。souvenir「記念品，土産」　⑦「ア・ラ・ロンドは，ジェーン・パルミンターとメアリーがグランドツアーで手に入れた土産物がある，特別な形の家だ」…○　最終段落に一致する。

4〔長文読解総合―説明文〕

≪全訳≫❶ライアン・ニコデモは20代で，大成功していた。彼は全てを持っていた。給料が良くて重要な仕事，高価な物でいっぱいの大きな家。しかし，彼はいつもいらいらし，惨めな気持ちだった。彼は自分を励ますために，さらに多くの物を買い続けた。大きな車，新しい電子機器，おしゃれな服，一度も使うことのない美しい物たち。言い換えれば，彼は金で幸せを買おうとしていた。しかし，こうした全ての物は事態を改善しなかった。むしろ，事態を悪化させた。ライアンは，全てをクレジットカードで支払い，借金を抱え，それが何年間も続いた。彼は物のために生きていて，心は空虚だった。健康や人間関係や情熱について考える時間がなかった。(1)結局，ライアンはとても惨めな気持ちになったので，同じく裕福な親友のジョシュア・ミルバーンにようやく話してみることに決めた。彼は本当に幸せそうだった。❷ジョシュアはライアンに，ミニマリズムと呼ばれる新たな動きを教えた。「持っている物全てが僕を幸せにしていたのではなくて，実を言うと，かつて僕に幸せをもたらした物を僕は嫌いになり始めたんだ」とジョシュアは言った。この物質主義を超えるために，彼は２，３の明確でシンプルな目標を自分に対して設定し，真のミニマリストになるために，有意義な新しい人生をつくることにした。❸最初，これは難しかった。い自分の持っている物と自分を切り離すことが，特に難しかった。う彼は１か月の間，１日に１つ物を捨て，まもなく，幸せを感じるためには多くの物は必要ないと気づいた。しだいに，自分に本当に必要な物とそうでない物を判断するのが簡単になった。え最終的に，彼は持っている物全体の90パーセント以上を手放すことができた。お今では彼は，残った物への感謝が強まった。❹ミニマリズムの最も重要な考え方は「減らせば増える」だ。持っている物が減れば，その全てをきれいにしたり整理したりするのに費やす時間やエネルギーが減り，それらにいらいらしなくなる。自分に大切な物のために空間をつくると，手に入るものが増える。時間，有意義な人間関係，経験，自己成長，情熱に従う機会が増えるのだ。❺ライアンは変わりたかったので，自分の持ち物全てを大きな箱に詰め，３週間かけてその全てを確認し，決心した。(2)毎日，箱から彼は靴やナイフ，フォーク，タオル，お気に入りの服，家具といった自分が本当に使う物を取り出した。彼は物を捨てるとき，自分に３つの質問をした。なぜそれを持っていなければならないのか。それは自分にとって本当に貴重なのか。かそれは自分の人生に喜びをもたらすか。彼は自分が使わなかったセーターでいっぱいのクローゼットの代わりに，本当に好きなセーター３枚を持っている方が良いと判断した。３週間後，ライアンの物の80パーセントはまだ箱の中だった。かくして，彼は一部を売り，一部を人にあげ，残りを捨てた。彼の家は，広々とした空間がたくさんある温かい家へと変わった。ライアンは初めて，本当に豊かだと感じた。❻ジョシュアとライアンは，ミニマリストとして有名になった。ミニマリストになる正しい方法はない。ミニマリズムは，物を持つことへの反対でも，持っている物全てを捨てることでもない。適切な物を持ち，人生をシンプルにすることなのだ。私たちはふだん，大きな家，おしゃれな服，その他全ての買う物の手入れをするために必要な時間やエネルギー，お金の量に気づいていない。ミニマリズムは20代と30代の人たちにかなり人気があり，それはひょっとすると彼らが親と違うことをしたいからかもしれないし，社会の他の人たちに賛同していないからかもしれない。しかし，ミニマリズムは年配世代にも人気がある。彼らは旅行や他の刺激的なことをするために自分の「物」を捨てるのだ。❼ミニマリズムは，心も人生もすっきりさせるかもしれない。不要な物にお別れした後，あなたの人生には新しいものの空間がある。人生がさらに充実し，これが「減らせば増える」の真の意味である。

問１＜適語句選択＞直前にIn other words「言い換えれば」とあるので，前にある内容を言い表しているものを選ぶ。前文の「自分を励ますために，さらに多くの物を買い続けた」は，お金で心を満たそうとする行為といえる。

問２＜整序結合＞語群から，‘so ～ that …’「とても～なので…」の構文を予想する。前の内容から，物に頼り続けた結果，ライアンはどんどん惨めになったと判断できるので前半をhe became so miserableとまとめる。残りはdecidedやspeakから，「だから友人に話すことに決めた」という流れになると考えられる。　miserable「惨めな」　decide to ～「～しようと決める」　speak to ～「～に話しかける」　In the end, Ryan became so miserable that he finally decided to speak to his also wealthy best friend, Joshua Millburn.

問３＜適文選択＞い．④は，直前のThis was difficultを受けて，その内容をより具体的に説明する内容になっている。　う．前文の状態から，なんとか物を捨て始めた最初の段階。　え・お．必要な物とそうでない物の判断がつくようになり(前文)→Eventually,「最終的に」大半の物を捨てられた→物を捨て終え，now「今では…」という流れである。　be grateful for ～「～に感謝している」≒ be thankful for ～

問４＜整序結合＞前後の文脈から，箱に入れた物の中から必要な物を取り出したという文意になると考えられる。‘remove *A* from *B*’で「*A*を*B*から取り除く」。ここでは‘from *B*’が先に出た形になっている。removedの目的語をthose itemsとし，これを修飾する語句として関係代名詞の目的格が省略された形を考え，those items he really usedとまとめる。残りはlikeを「～のような」という前置詞として用いればthose itemsの具体例を示す語句ができる。　… he removed those items he really used like his shoes …

問５＜適文選択＞ライアンが物を捨てる際に自分にした質問の３つ目。物を捨てる目的は幸せになるためなので，bring joy to his life「喜びを自分の人生にもたらす」かどうかは判断基準になる。

問６＜条件作文＞instead of ～で「～の代わりに」。「セーターでいっぱいのクローゼット」と考え，be filled with ～「～でいっぱいだ」を使って，a closet filled with sweatersとする(‘名詞＋過去分詞＋その他の語句’の形)。さらに，それらのセーターの代わりにお気に入りの３枚のセーターを選んだのだから，クローゼットのセーターはhe didn't use「彼が使わなかった」物となる。sweatersとheの間には関係代名詞の目的格が省略されている。

問７＜適語句選択＞大きな家やおしゃれな洋服など，物を多く持っていればそれだけ「手入れ」に時間もエネルギーもお金もかかる。第４段落第２文でも同様のことが述べられている。　make use of ～「～を使う，利用する」　come up with ～「～(考えなど)を思いつく」

問８＜適語句選択＞結論部分。第４段落第１文のThe most important idea of minimalism「ミニマリズムの最も重要な考え方」をもう一度繰り返している。

問９＜内容真偽＞①「ミニマリストにとって，持っている物全てをあげたり，売ったり，捨てたりすることは大切だ」…×　第６段落第３文参照。全ての物を手放す必要はない。　②「家の中の物が多ければ，その整理にかける時間は普通，短くなる」…×　第４段落第２文参照。かかる時間もより多くなる。　③「ミニマリストになる唯一の方法は，シンプルなライフスタイルを送るのに十分な物だけを持つことだ」…×　第６段落第２文参照。ミニマリストになる正しい方法は存在しない。　④「古い物の一部にお別れすることは，人生をシンプルで楽しく，豊かにするかもしれない」…○　最終段落の内容に一致する。　⑤「10代の若者たち，さらには年配世代の人たちが，ミニマリストであることを楽しんでいる」…×　第６段落後半参照。10代ではなく20代と30代の間で人気がある。

数学解答

1 〔1〕 $-\sqrt{2}+9\sqrt{3}$

〔2〕 $x=\dfrac{-3\pm\sqrt{17}}{4}$ 〔3〕 37°

〔4〕 $\dfrac{13}{18}$

2 〔1〕 $2\mathrm{cm}^2$ 〔2〕 $\sqrt{5}$ cm

〔3〕 $\sqrt{3}$ cm 〔4〕 $\dfrac{\sqrt{11}}{4}\mathrm{cm}^2$

3 〔1〕 $\dfrac{3}{10}$ 〔2〕 $\dfrac{6}{13}$

〔3〕 $\dfrac{4}{13}$, $\dfrac{8}{13}$

4 〔1〕 $\sqrt{10}$ 〔2〕 $1+\sqrt{5}$

〔3〕 (i) 32 (ii) イ

5 〔1〕 {3, 45}

〔2〕 (i) 16個 (ii) 523

1 〔独立小問集合題〕

〔1〕＜数の計算＞与式 $=\dfrac{\sqrt{4}(2+2\sqrt{6}+3)}{\sqrt{2}}+\dfrac{9-6\sqrt{6}+6}{\sqrt{3}}=\sqrt{2}(5+2\sqrt{6})+\dfrac{15-6\sqrt{6}}{\sqrt{3}}=5\sqrt{2}+2\sqrt{2\times6}+\dfrac{15}{\sqrt{3}}-\dfrac{6\sqrt{6}}{\sqrt{3}}=5\sqrt{2}+2\times2\sqrt{3}+\dfrac{15\times\sqrt{3}}{\sqrt{3}\times\sqrt{3}}-6\sqrt{2}=5\sqrt{2}+4\sqrt{3}+\dfrac{15\sqrt{3}}{3}-6\sqrt{2}=5\sqrt{2}+4\sqrt{3}+5\sqrt{3}-6\sqrt{2}=-\sqrt{2}+9\sqrt{3}$

〔2〕＜二次方程式＞$x^2-6x+9-(3x^2-6x+2x-4)=12+x$, $x^2-6x+9-(3x^2-4x-4)=12+x$, $x^2-6x+9-3x^2+4x+4=12+x$, $-2x^2-3x+1=0$, $2x^2+3x-1=0$ となるので，解の公式を用いて，$x=\dfrac{-3\pm\sqrt{3^2-4\times2\times(-1)}}{2\times2}=\dfrac{-3\pm\sqrt{17}}{4}$ である。

〔3〕＜平面図形―角度＞右図で，円の中心をOとし，点Oと3点B，C，Dを結ぶ。$\overset{\frown}{BD}$ の長さと円Oの周の長さの比が1：3だから，∠BOD $=\dfrac{1}{3}\times360°=120°$ となる。$\overset{\frown}{BC}$ に対する円周角と中心角の関係より，∠BOC＝2∠BAC＝2×23°＝46° だから，∠COD＝∠BOD－∠BOC＝120°－46°＝74° である。よって，$\overset{\frown}{CD}$ に対する円周角と中心角の関係より，∠CED $=\dfrac{1}{2}$∠COD $=\dfrac{1}{2}\times74°=37°$ となる。

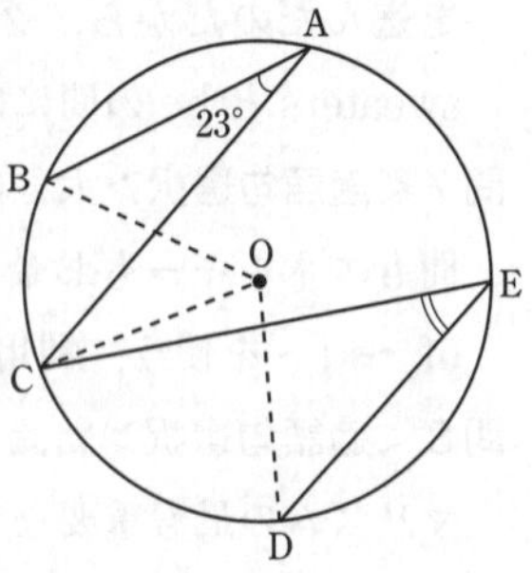

〔4〕＜確率―カード＞箱A，箱Bには6枚ずつカードが入っているので，それぞれの箱からカードを1枚ずつ取り出すとき，取り出し方は全部で6×6＝36(通り)あり，a，b の組も36通りある。3，6，7，a，b の5つの数の中央値が6になるのは，5つの数を小さい順に並べたときの3番目の値が6になるときである。$a\leqq5$ のとき，1番目と2番目は3と a であり，3番目が6だから，$b\geqq6$ であればよい。このとき，a は a＝1，2，3，4，5の5通り，b は b＝6，7，8，9の4通りより，5×4＝20(通り)ある。a＝6のとき，b 以外の4つの数は小さい順に3，6，6，7となるから，b＝4，5，6，7，8，9の6通りある。よって，5つの数の中央値が6になる a，b の組は20＋6＝26(通り)あるから，求める確率は $\dfrac{26}{36}=\dfrac{13}{18}$ である。

2 〔空間図形―正八面体〕

≪基本方針の決定≫〔1〕 四角形ABFDは正方形である。

〔4〕 CM＝MNであることに気づきたい。

〔1〕＜面積＞右図1で，立体ABCDEFが正八面体だから，四角形ABFDは正方形である。よって，△ABF $=\dfrac{1}{2}$〔正方形ABFD〕$=\dfrac{1}{2}\times2^2=2(\mathrm{cm}^2)$ である。

図1

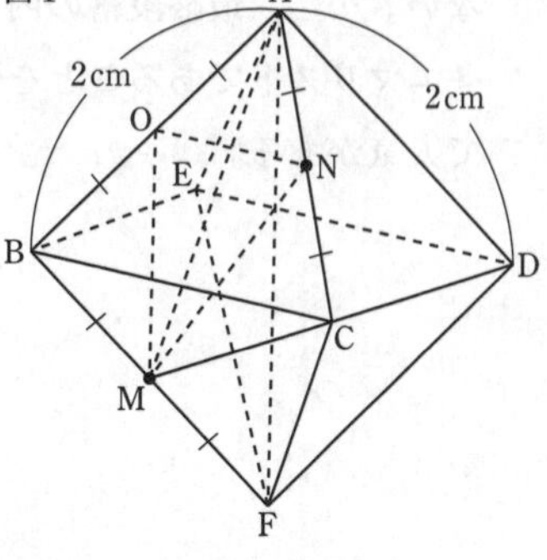

〔2〕＜長さ—三平方の定理＞前ページの図1で，四角形ABFDが正方形より，$\angle ABM=90^\circ$である。点Mは辺BFの中点だから，$BM=\frac{1}{2}BF=\frac{1}{2}\times2=1$である。よって，△ABMで三平方の定理より，$AM=\sqrt{AB^2+BM^2}=\sqrt{2^2+1^2}=\sqrt{5}$(cm)となる。

〔3〕＜長さ—三平方の定理＞前ページの図1で，辺ABの中点をOとする。2点M，Nもそれぞれ辺BF，辺ACの中点だから，△ABF，△ABCで中点連結定理より，$OM /\!/ AF$，$OM=\frac{1}{2}AF$，$ON /\!/ BC$，$ON=\frac{1}{2}BC=\frac{1}{2}\times2=1$となる。また，$AF\perp$〔平面BCDE〕だから，$OM\perp$〔平面BCDE〕となる。さらに，$ON /\!/$〔平面BCDF〕だから，$\angle NOM=90^\circ$である。よって，△OMNは直角三角形である。△ABFが直角二等辺三角形より，$AF=\sqrt{2}AB=\sqrt{2}\times2=2\sqrt{2}$となり，$OM=\frac{1}{2}\times2\sqrt{2}=\sqrt{2}$となるから，△OMNで三平方の定理より，$MN=\sqrt{OM^2+ON^2}=\sqrt{(\sqrt{2})^2+1^2}=\sqrt{3}$(cm)となる。

〔4〕＜面積＞前ページの図1で，2点C，Mを結ぶと，△BCFは正三角形だから，△BCMは3辺の比が$1:2:\sqrt{3}$の直角三角形となり，$CM=\frac{\sqrt{3}}{2}BC=\frac{\sqrt{3}}{2}\times2=\sqrt{3}$である。よって，△MCNは$CM=MN$の二等辺三角形となる。右図2で，点Mから辺ACに垂線MJを引くと，点Jは線分CNの中点となる。$AN=CN=\frac{1}{2}AC=\frac{1}{2}\times2=1$となり，$CJ=\frac{1}{2}CN=\frac{1}{2}\times1=\frac{1}{2}$となるので，△MCJで三平方の定理より，$MJ=\sqrt{CM^2-CJ^2}=\sqrt{(\sqrt{3})^2-\left(\frac{1}{2}\right)^2}=\sqrt{\frac{11}{4}}=\frac{\sqrt{11}}{2}$となる。したがって，$\triangle AMN=\frac{1}{2}\times AN\times MJ=\frac{1}{2}\times1\times\frac{\sqrt{11}}{2}=\frac{\sqrt{11}}{4}$($cm^2$)である。

図2

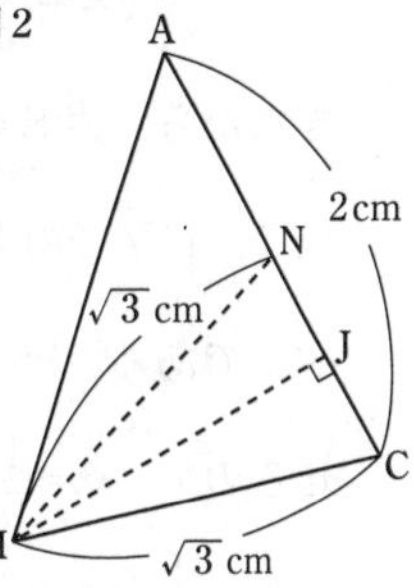

3 〔関数—図形の移動と関数〕

≪基本方針の決定≫〔2〕　直線PQと直線QRの傾きは等しい。

〔1〕＜傾き＞右図1で，点Qは点Pが出発するのと同時にA(2, 0)を出発し，毎秒1cmの速さで動くから，$t=\frac{1}{2}$のとき，$AQ=1\times\frac{1}{2}=\frac{1}{2}$であり，$Q\left(2,\ \frac{1}{2}\right)$となる。点Rは点Pが出発してから$\frac{3}{10}$秒後にB(1, 0)を出発し，毎秒1cmの速さで動くから，$t=\frac{1}{2}$のとき，$BR=1\times\left(\frac{1}{2}-\frac{3}{10}\right)=\frac{1}{5}$であり，$R\left(1,\ \frac{1}{5}\right)$となる。よって，直線QRの傾きは，$\left(\frac{1}{2}-\frac{1}{5}\right)\div(2-1)=\frac{3}{10}$である。

図1

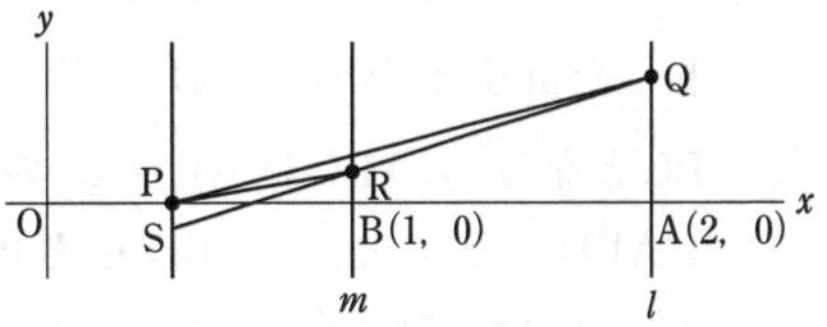

〔2〕＜時間＞右上図1で，3点P，Q，Rが1つの直線上にあるとき，直線PQと直線QRの傾きは等しくなる。点Pは点Oを出発し，毎秒1cmの速さで動くから，$OP=1\times t=t$より，$P(t,\ 0)$となる。$AQ=1\times t=t$より，$Q(2,\ t)$となるから，直線PQの傾きは$\frac{t-0}{2-t}=\frac{t}{2-t}$である。また，$BR=1\times\left(t-\frac{3}{10}\right)=t-\frac{3}{10}$より，$R\left(1,\ t-\frac{3}{10}\right)$だから，直線QRの傾きは，$\left\{t-\left(t-\frac{3}{10}\right)\right\}\div(2-1)=\frac{3}{10}$となる。よって，$\frac{t}{2-t}=\frac{3}{10}$が成り立つ。両辺に$10(2-t)$をかけてこれを解くと，$10t=3(2-t)$より，$10t=6-3t$，$13t=6$　$\therefore t=\frac{6}{13}$　$\frac{3}{10}<t<1$を満たすので，$t=\frac{6}{13}$(秒)後である。

〔3〕＜時間＞右上図1で，〔2〕より，直線QRの傾きは$\frac{3}{10}$だから，その式は$y=\frac{3}{10}x+b$とおける。

Q(2, t)を通るので，$t=\frac{3}{10}\times2+b$，$b=t-\frac{3}{5}$となり，直線QRの式は$y=\frac{3}{10}x+t-\frac{3}{5}$となる。点Pを通り$y$軸に平行な直線と直線QRの交点をSとすると，点Sのx座標はtだから，$y=\frac{3}{10}t+t-\frac{3}{5}=\frac{13}{10}t-\frac{3}{5}$より，$\mathrm{S}\left(t,\ \frac{13}{10}t-\frac{3}{5}\right)$となる。また，1×1=1より，$\frac{3}{10}<t<1$のとき，OP<1だから，点Pは線分OB上にある。PS=kとし，PSを底辺と見ると，3点P，Q，Rのx座標より，△PQSの高さは$2-t$，△PRSの高さは$1-t$となるから，△PQR=△PQS−△PRS=$\frac{1}{2}\times k\times(2-t)-\frac{1}{2}\times k\times(1-t)=\frac{1}{2}k$と表せる。△PQRの面積が$\frac{1}{10}$cm²より，$\frac{1}{2}k=\frac{1}{10}$が成り立ち，$k=\frac{1}{5}$である。図1のように，点Sの$y$座標が負のとき，PS=$k=0-\left(\frac{13}{10}t-\frac{3}{5}\right)=-\frac{13}{10}t+\frac{3}{5}$だから，$-\frac{13}{10}t+\frac{3}{5}=\frac{1}{5}$となり，$-\frac{13}{10}t=-\frac{2}{5}$，$t=\frac{4}{13}$となる。〔2〕より，3点P，Q，Rが1つの直線上にあるのは，$t=\frac{6}{13}$のときだから，点Sのy座標が負となるのは，$\frac{3}{10}<t<\frac{6}{13}$であり，$t=\frac{4}{13}$はこれを満たすので，適する。次に，右図2のように，点Sのy座標が正のとき，$\frac{6}{13}<t<1$である。PS=kとすると，同様に△PQR=$\frac{1}{2}k$と表せるので，$k=\frac{1}{5}$である。PS=$k=\frac{13}{10}t-\frac{3}{5}$だから，$\frac{13}{10}t-\frac{3}{5}=\frac{1}{5}$となり，$\frac{13}{10}t=\frac{4}{5}$，$t=\frac{8}{13}$である。これは$\frac{6}{13}<t<1$を満たすので，適する。以上より，△PQR=$\frac{1}{10}$となるのは，$t=\frac{4}{13}$，$\frac{8}{13}$(秒)後である。

図2

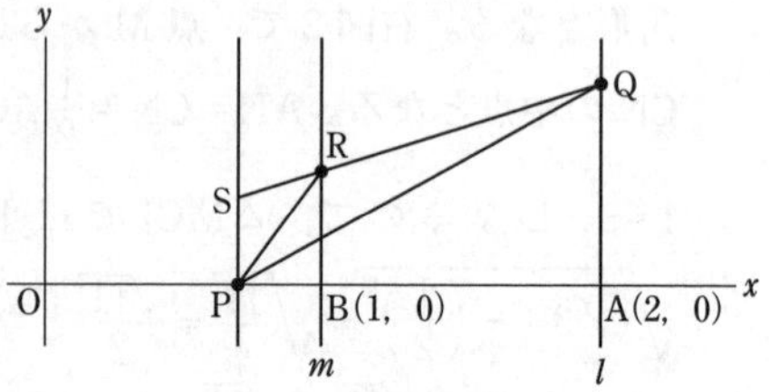

4〔平面図形—直角三角形〕

〔1〕<長さ>右図1で，ADは点Bが点Cに重なるように折った折り目だから，BD=CD=$\frac{1}{2}$BC=$\frac{1}{2}\times8=4$，AD⊥BCとなる。△ABCはAB=ACの直角二等辺三角形だから，∠ABD=45°より，△ABDも直角二等辺三角形となり，AD=BD=4である。点Eは，点Aが点Dに重なるように折った折り目と線分ADの交点だから，AE=DE=$\frac{1}{2}$AD$=\frac{1}{2}\times4=2$となる。さらに，線分FGは点Aが点Eに重なるように折った折り目だから，AEとFGの交点をJとすると，AJ=EJ=$\frac{1}{2}$AE$=\frac{1}{2}\times2=1$となり，DJ=AD−AJ=4−1=3となる。また，AD⊥FGだから，∠FAJ=45°より，△AFJは直角二等辺三角形となり，FJ=AJ=1となる。よって，△DFJで三平方の定理より，$x=\mathrm{DF}=\sqrt{\mathrm{DJ}^2+\mathrm{FJ}^2}=\sqrt{3^2+1^2}=\sqrt{10}$(cm)である。

図1

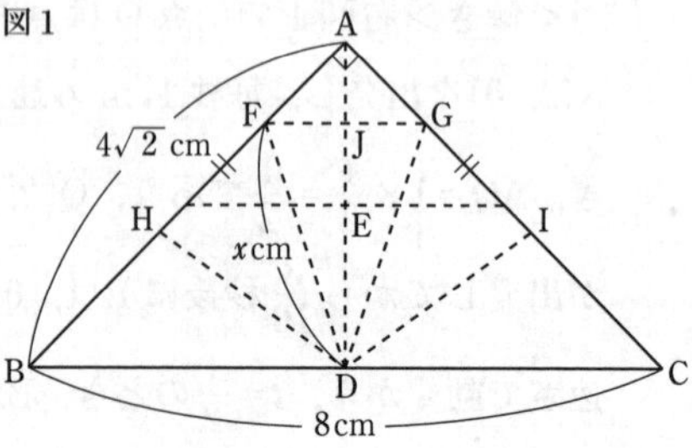

〔2〕<長さ—相似>右図2で，△PQRはPQ=PRの二等辺三角形だから，∠PQR=∠QRS=(180°−∠QPR)÷2=(180°−36°)÷2=72°となる。線分QSは∠PQRの二等分線だから，∠PQS=∠SQR=$\frac{1}{2}$∠PQR$=\frac{1}{2}\times72°=36°$である。△PQSで内角と外角の関係より，∠QSR=∠QPS+∠PQS=36°+36°=72°となる。よって，∠QPS=∠PQS=36°，∠QRS=∠QSR=72°となるので，

図2

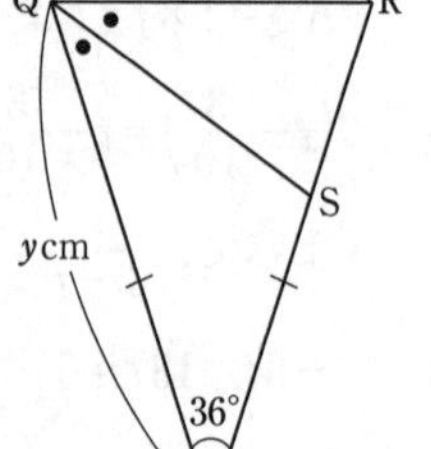

$\triangle PQS$，$\triangle QRS$は二等辺三角形となり，$PS=QS=QR=2$となる。$\triangle PQR\backsim\triangle QSR$より，$PQ:QS=QR:SR$であり，$PR=PQ=y$より，$SR=PR-PS=y-2$だから，$y:2=2:(y-2)$が成り立つ。これを解くと，$y(y-2)=2\times2$より，$y^2-2y-4=0$となり，$y=\dfrac{-(-2)\pm\sqrt{(-2)^2-4\times1\times(-4)}}{2\times1}=\dfrac{2\pm\sqrt{20}}{2}=\dfrac{2\pm2\sqrt{5}}{2}=1\pm\sqrt{5}$となる。$y>0$だから，$y=1+\sqrt{5}$(cm)である。

〔3〕＜長さ，角度＞(i)$3.1^2=9.61$，$3.2^2=10.24$だから，$\sqrt{9.61}<\sqrt{10}<\sqrt{10.24}$より，$3.1<\sqrt{10}<3.2$となる。また，$2.2^2=4.84$，$2.3^2=5.29$だから，$\sqrt{4.84}<\sqrt{5}<\sqrt{5.29}$より，$2.2<\sqrt{5}<2.3$となり，$1+2.2<1+\sqrt{5}<1+2.3$，$3.2<1+\sqrt{5}<3.3$となる。よって，$\sqrt{10}<3.2<1+\sqrt{5}$より，$\sqrt{10}<0.1\times32<1+\sqrt{5}$となる。　(ii)(i)より，$x<0.1\times32<y$となる。前ページの図1で，$\triangle DFG$は$DF=DG$の二等辺三角形となり，〔1〕より$FJ=1$だから，$FG=2FJ=2\times1=2$となる。$\triangle DFG$と前ページの図2の$\triangle PQR$は，$FG=QR$であり，$x<y$，つまり$DF<PQ$だから，$\angle FDG>\angle QPR$となる。$\angle QPR=36^\circ$だから，$\angle FDG>36^\circ$である。図1で，$\angle BDH=\angle HDF=\angle GDI=\angle IDC$であり，$180^\circ\div5=36^\circ$，$\angle FDG>36^\circ$だから，$\angle BDH$，$\angle HDF$，$\angle GDI$，$\angle IDC$は$36^\circ$よりも小さい。よって，$\angle BDH<36^\circ$だから，$\angle BDH<\angle QPR$である。以上より，$\angle BDH<\angle QPR<\angle FDG$となる。

5〔特殊・新傾向問題─規則性〕

〔1〕＜自然数の位置＞左から1番目の自然数に着目すると，{1，1}は$1=1^2$，{1，2}は$4=2^2$，{1，3}は$9=3^2$，{1，4}は$16=4^2$，……となっている。$45^2=2025$より，2025が{1，45}であるから，その右は，順に，2024，2023，……と並び，2023の位置は左から3番目となる。よって，2023の位置は{3，45}である。

〔2〕＜$\boldsymbol{a}$の値の個数，$\boldsymbol{a}$の値＞(i)4つの自然数の組は，b，aか，d，bの少なくともどちらかが連続する自然数となる。b，aが連続する自然数になるとき，$a=b+1$と表せるから，$a+d=b+c$より，$b+1+d=b+c$，$c=d+1$となり，d，cも連続する自然数となる。b，aと，d，cがそれぞれ連続する自然数となり，$E=a+d=b+c$の値が50以下となるaの値は，問題の図より，$a=9$，15，16，23，24，25の6個ある。d，bが連続する自然数になるとき，$b=d+1$と表せるから，$a+d=b+c$より，$a+d=d+1+c$，$a=c+1$となり，c，aも連続する自然数となる。d，bと，c，aがそれぞれ連続する自然数となり，Eの値が50以下となるaの値は，$a=3$，6，7，11，12，13，18，19，20，21の10個ある。よって，求めるaの値の個数は，$6+10=16$(個)となる。　(ii)b，aと，d，cがそれぞれ連続する自然数のとき，$c=d+1$だから，$a+c=a+d+1$となり，$E=1000$より，$a+d=1000$だから，$a+c=1000+1=1001$となる。そこで，左から1番目の上下に並ぶ2つの自然数の和が1001以上で最小の場合を考えると，$21^2+22^2=441+484=925$，$22^2+23^2=484+529=1013$より，下から22番目の484と23番目の529である。c，aが左からx番目で，それぞれ下から22番目，23番目とすると，$c=484-(x-1)=485-x$，$a=529-(x-1)=530-x$となるから，$a+c=(530-x)+(485-x)=1015-2x$となり，$1015-2x=1001$が成り立つ。これより，$x=7$となる。このとき，$x<22$であればよいから，適する。よって，$a=530-7=523$となる。次に，$d$，$b$と，$c$，$a$がそれぞれ連続する自然数のとき，$c=a-1$だから，$c+d=a-1+d=a+d-1=1000-1=999$となる。下から1番目の左右に並ぶ2つの自然数の和が999以下で最大の場合を考えると，$(21^2+1)+(22^2+1)=442+485=927$，$(22^2+1)+(23^2+1)=485+530=1015$より，左から22番目の442と23番目の485である。c，dがそれぞれ左から22番目，23番目で，下からy番目とすると，$c=442+(y-1)=y+441$，$d=485+(y-1)=y+484$となるから，$c+d=(y+441)+(y+484)=2y+925$となり，$2y+925=999$が成り立つ。これより，$y=37$となる。このとき，$y<22$であるから，適さない。以上より，求める$a$の値は，$a=523$である。

社会解答

1 問1 ④$_{1}$　問2 ③$_{2}$　問3 ②$_{3}$　問4 フランス人権宣言　問5 ④$_{4}$　問6 ⑥$_{5}$

2 問1 ①$_{6}$　問2 ⑤$_{7}$　問3 ③$_{8}$　問4 (1)…③$_{9}$　(2)…②$_{10}$　問5 水

3 問1 ③$_{11}$　問2 ①$_{12}$　問3 ④$_{13}$　問4 ④$_{14}$　問5 唐人屋敷　問6 ③$_{15}$　問7 (1)…④$_{16}$　(2)…④$_{17}$　問8 ②$_{18}$

4 問1 ④$_{19}$　問2 ④$_{20}$　問3 ①$_{21}$　問4 ②$_{22}$　問5 銅　問6 議会　問7 ①$_{23}$　問8 ⑥$_{24}$

5 問1 ③$_{25}$　問2 ②$_{26}$　問3 27…①$_{27}$　28…③$_{28}$　29…①$_{29}$　30…⓪$_{30}$　問4 ⑥$_{31}$　問5 ①$_{32}$　問6 ④$_{33}$

6 問1 ④$_{34}$　問2 ①$_{35}$　問3 カルデラ　問4 ①$_{36}$　問5 ⑥$_{37}$　問6 ③$_{38}$　問7 ⑤$_{39}$　問8 ②$_{40}$

1〔公民─人権〕

問1＜権力の監視＞有権者が，政治権力を持つ者を選んだり辞めさせたりする制度の１つとして，最高裁判所の裁判官がその職にふさわしいかどうかを投票によって判断する国民審査の制度がある。辞めさせたいとする票数が過半数となった場合，その裁判官は罷免される(④…○)。なお，皇位継承は，皇室典範によって定められていて，国民が決定に関与することはできない(①…×)。被選挙権は，国民が政治に参加する権利の１つである(②…×)。署名によって解職を請求できる直接請求権が認められているのは，地方自治においてである(③…×)。

問2＜身体の自由＞日本国憲法第35条は，住居や書類，所持品について捜索や押収を行う場合，裁判官が発行する令状が必要なことを定めている(③…○)。なお，裁判員は令状を発行することはできない(①…×)。現行犯として逮捕する場合には令状は必要ない(②…×)。押収令状には，押収する物を明示しなければならない(④…×)。

問3＜行政の効率化＞2001年，行政の無駄をなくし，内閣の権限を強化して効率化を進めるために，中央省庁の再編が行われた。なお，①と④は行政の効率化に逆行する。③は立法府に関することで行政改革には当たらない。

問4＜人権宣言＞この文書は，18世紀末の1789年，フランス革命において発表されたフランス人権宣言である。この宣言文には自由権・平等権や国民主権のほか，第16条においては権力分立の考え方が盛り込まれている。

問5＜人権の国際的保障＞国際人権規約は条約としての法的拘束力はあるが，罰則は定められていない(い…誤)。国際司法裁判所に提訴できるのは当事国のみである(う…誤)。

問6＜人権に関する新しい用語＞「フェアトレード」とは，発展途上国などで生産された製品を，適正な価格で輸入することによって，途上国の生産者や労働者の生活を守ろうとすることを意味する(あ…誤)。「ダイバーシティ」とは，さまざまな分野において，年齢，性別，国籍，障がいの有無などの多様性を認めようということを意味する(う…誤)。

2〔三分野総合─エネルギーと環境〕

問1＜発電エネルギー源＞各国の発電エネルギー源は，日本は火力中心，フランスは原子力中心，ブラジルは水力中心である。また，ドイツでは風力・太陽光・地熱などの再生可能エネルギーの割合が高くなっている。

問2＜石油ショック＞グラフのＡの年は，1974年である。Ｃの第四次中東戦争が1973年10月に起こったことをきっかけに，産油国が石油の輸出価格を大幅に値上げしたことにより石油価格とともに，物価も急激に上昇した。グラフのＡの年はこのことを表している。これにより世界経済全体に起こった混乱を石油ショックという。第1回主要国首脳会議〔サミット〕は，石油ショックに伴う世界的な経済危機について話し合うために，1975年にフランスで開催された。

問3＜企業活動と環境＞大規模な開発を行う前に，開発が環境に及ぼす影響を調査，評価することを環境アセスメント〔環境影響評価〕と呼び，開発を行う事業者に義務づけられている(③…○)。なお，公企業とは，国や地方公共団体が経営する企業を指す(①…×)。製造物責任法〔PL 法〕は，商品の欠陥によって生じた被害に対して賠償する責任を，製造企業の過失の有無にかかわらず，商品の製造企業に負わせることを定めた法律である(②…×)。フロン排出抑制法が2015年に施行されている(④…×)。

問4＜温室効果ガス排出の削減＞⑴二酸化炭素排出量では，近年，中国の排出量増加が著しく，世界で最も多くなっている。アメリカ合衆国がそれに次ぎ，インドも排出量を増加させている。　⑵1997年の京都議定書で温室効果ガスの排出量削減の数値目標を定めることを義務づけられたのは先進国のみで，中国やインドは発展途上国として除外されていた(あ…正)。2015年のパリ協定では，温室効果ガスの削減目標の提出は，先進国と発展途上国を含めた全ての国に義務づけられた(い…正)。アメリカ合衆国は，京都議定書からもパリ協定からも離脱した。なお，パリ協定へはその後復帰した(う…誤)。

問5＜SDGs＞図1より，発展途上国においてこの資源を安全に手に入れることができる人口の割合が低く，説明の文章より，「生命の維持に欠かせません」とあることから，この資源は，水であることがわかる。SDGs の6番目の目標は，「安全な水とトイレを世界中に」である。

3〔歴史—日中関係〕

問1＜日中共同声明＞1972年に日中共同声明を出して，中国との国交正常化を実現したのは，田中角栄首相である。なお，日中平和友好条約は，1978年に結ばれた，日中両国の平和友好関係の発展などについて確認した条約。

問2＜弥生時代の日本＞中国の歴史書である『漢書』地理志には，弥生時代に当たる紀元前1世紀の日本列島の様子について，100余りのクニに分かれていると記録されている。

問3＜遣唐使＞空海は，9世紀の初め遣唐使とともに唐に渡り，仏教を学んで新しい教えを日本に伝えた。空海は高野山金剛峯寺を建て，真言宗の開祖となった。なお，鑑真は，奈良時代に来日した唐の僧である。行基は，奈良時代の僧で，社会事業により民衆に支持されたことで知られるが，唐に渡ったことはない。法然は鎌倉時代の僧で浄土宗を開いた。

問4＜平安時代末の文化＞平清盛が厚く信仰したのは，厳島神社である。なお，①は平等院鳳凰堂，②は東大寺南大門の金剛力士像，③は中尊寺金色堂である。

問5＜鎖国体制＞江戸幕府は，外国との交流を制限して統制する鎖国体制をとった。長崎では中国(清)とオランダを相手に貿易が行われ，唐人屋敷と呼ばれる中国の人々の居住区がつくられた。

問6＜19世紀の出来事＞年代の古い順に，い(アヘン戦争—1840～42年)，あ(ペリー来航—1853年)，う（西南戦争—1877年）となる。

問７＜第一次世界大戦＞⑴史料は，石橋湛山の書いた「青島は断じて領有すべからず」と題した新聞の社説である。その内容は，青島の領有は，日本の中国に対する領土的野心を世界に示してしまうことになり，中国人により排斥を受け，アメリカに危険視され，同盟国のイギリスにも疑われることになるので反対するというものである。　⑵青島は，山東半島の南岸に位置する。なお，①は朝鮮半島の釜山，②は遼東半島の旅順，③は満州の奉天付近である。

問８＜昭和初期の出来事＞1937年の盧溝橋事件は，日中戦争のきっかけとなった出来事である。二・二六事件はその前年の1936年に起こっている（②…○）。なお，大政翼賛会は1940年に結成された（①…×）。日ソ中立条約は1941年に結ばれた（③…×）。日独伊三国同盟は1940年に結ばれた（④…×）。

4〔歴史—総合〕

問１＜古代朝鮮＞古代の朝鮮半島は，南西部の百済，南東部の新羅，北部の高句麗の三国に分かれていた。新羅の首都の金城も半島南東部に位置していた。

問２＜アイヌ文化＞アイヌ民族に口伝えで伝わる英雄物語を，アイヌ語でユカㇻと呼ぶ。なお，ウポポイは「大勢で歌うこと」を意味し，2020年に開業したアイヌ文化の復興，創造，発展のための施設「民族共生象徴空間」という施設の愛称になっている。カムイは「神」，コタンは「村，集落」の意味のアイヌ語である。

問３＜沖縄＞北山，南山，中山の３王国成立前は，按司と呼ばれる豪族たちの勢力争いが続いていた（①…○）。なお，尚氏による中山王国の首都は首里である（②…×）。那覇では，蝦夷地から昆布が輸入された（③…×）。首里城は，2019年に火災によって焼失する以前にも，琉球王国時代に３度のほか，第二次世界大戦中にも焼失している（④…×）。

問４＜東南アジアの交易＞ヨーロッパでは，地中海沿岸のスペイン，ポルトガル，イタリアなどでカトリックが多く，北西部のドイツやオランダなどでプロテスタントが多い。当時，オランダやポルトガルなどのヨーロッパ諸国は，アジア産のコショウを求めていた。なお，あ．はカカオ，う．は綿花である。

問５＜江戸時代の貿易＞田沼意次は，貨幣原料となる金銀の流出を防ぐために，銅を専売制にして輸出していた。

問６＜権利の章典＞文章は，1688年のイギリスの名誉革命の翌年に出された権利の章典である。権利の章典は，国王の権限を制限し，国王に対する議会の優位を確立させた法律である。

問７＜東南アジア＞エーヤワディー川はミャンマーを流れている。ミャンマーは，インドとともにイギリスの植民地であった。なお，ベトナムはフランスの植民地であった。タイは植民地化されず，独立を維持した。

問８＜国連加盟国＞1945年に発足した国際連合の加盟国の中心は欧米の国々であったことから，か．はヨーロッパである。また，1955年から1960年にかけて大きく増加しているき．は，1960年がアフリカで多くの国が独立した年であり「アフリカの年」と呼ばれたことからアフリカとわかる。残るく．は，1956年に加盟した日本が含まれるアジアである。

5〔地理—総合〕

問１＜環太平洋造山帯＞地球上には，火山活動や地震が活発に起きている地域がある。このような地域は造山帯と呼ばれ，その１つが太平洋の周りにある環太平洋造山帯である。A，B，Dは環太平洋造山帯に含まれるが，Cは含まれない。

問２＜季節風＞季節風は，季節によって風向きが変わる風で，夏は海洋から大陸へ，冬は大陸から海洋へと吹く。

問３＜時差＞日本の標準時子午線は東経135度の経線なので西経150度を標準時子午線とするEとの経度差は135＋150＝285より，285度である。経度差15度につき１時間の時差が生じるので，日本とEの時差は285÷15＝19より，19時間となる。また，日付変更線をまたがずに地球上の位置関係を見た場合，西へ行くほど時刻は遅れる。したがって，航空機がEに到着したのは，日本時間の２月14日午前５時なので，現地時間は19時間遅れた２月13日午前10時である。

問４＜日本の輸入相手国＞輸入額が最も多いう．はアメリカ合衆国，輸出品目のうち鉱産資源の占める割合が高いあ．はロシア，輸出品目の上位に衣類が含まれているい．がマレーシアを表している。

問５＜日本の輸入品＞ブラジルをはじめとする熱帯の地域の国が輸入先の上位となっているか．はコーヒー豆，北アメリカ大陸の国やロシア，北ヨーロッパの国が輸入先の上位となっているき．は木材を表している。オーストラリアやブラジルが輸入先の上位となっているく．は鉄鉱石を表している。

問６＜外国における日本企業数＞2002年から2020年にかけて最も増加率が高い④がベトナムを表している。なお，①はイギリス，②は韓国，③はオーストラリアを表している。

6〔日本地理―九州地方〕

問１＜九州地方の気候＞夏に降水量が多い太平洋側の気候の特色を示しているあ．は太平洋岸のB(宮崎)，冬の気温が高い南西諸島の気候の特色を示しているい．はC(沖縄県の那覇)を表している。残るう．はA(福岡)を表している。

問２＜対馬海流＞図１のXは対馬海流である。対馬海流は南西から北東に向かって流れる暖流である。

問３＜カルデラ＞図１のD付近には阿蘇山がある。阿蘇山には，火山の噴火によって火山灰や溶岩が吹き出した後に，大きく陥没して形成されたくぼ地がある。このくぼ地をカルデラという。

問４＜国内運輸＞距離が短く，新幹線も利用できる鹿児島―福岡間が航空便の便数が最も少ないので，き．が鹿児島空港である。陸路が利用できない那覇発の便数が最も多いので，く．が那覇空港である。

問５＜九州地方の農作物＞熊本県における収穫量が特に多いさ．がみかんを，野菜の促成栽培が盛んな宮崎県における収穫量が多いし．がきゅうりを，筑紫平野における収穫量が多いす．が米を表している。

問６＜水俣病＞図１のEは熊本県の水俣である。1950年代に発生した有機水銀中毒である水俣病について述べているのは，③である。なお，①は四日市ぜんそくについて，②は足尾銅山の鉱毒について，④は富山県神通川流域で発生したイタイイタイ病について述べている。

問７＜人口＞３県の中で最も人口増加率が高いた．は出生率が高い沖縄県を，人口が増加傾向にあるち．が九州の中心都市を持つ福岡県を，人口が減少しているつ．は過疎化が進んでいる熊本県を表している。

問８＜地形図の読み取り＞等高線や標高を表す数字を見ると，PとQから島の中央部に向かって徐々に標高が高くなるが，中央部には標高５mの等高線や標高13.4mの三角点(△)などがあり，周辺より低くなっていることがわかる。

理科解答

1
(1) ②$_{1}$　(2) ア…③$_{2}$　イ…①$_{3}$
(3) 噴火の様子…②$_{4}$　火山の形…①$_{5}$
(4) ①$_{6}$　(5) ①$_{7}$
(6) ⅰ…①$_{8}$　ⅱ…①$_{9}$　ⅲ…②$_{10}$
ⅳ…①$_{11}$

2
(1) ②$_{12}$
(2) (ⅰ) 酸化マグネシウム…③$_{13}$
酸化銅…②$_{14}$
(ⅱ)…②$_{15}$
(3) (ⅰ)…2$_{16}$　(ⅱ)…③$_{17}$

3
(1) ②$_{18}$　(2) ⑨$_{19}$　(3) ③$_{20}$
(4) ②$_{21}$　(5) ④$_{22}$　(6) ③$_{23}$

4
(1) ⑨$_{24}$　(2) ③$_{25}$　(3) ④$_{26}$
(4) ①$_{27}$　(5) ⑦$_{28}$　(6) ③$_{29}$
(7) ④$_{30}$

5
(1) ④$_{31}$
(2) 32…3　33…0　34…4
(3) 35・36…①・⑤　(4) ③$_{37}$
(5) ①$_{38}$

6
(1) 気体X…④$_{39}$　物質A…⑧$_{40}$
物質B…⑦$_{41}$
(2) ①$_{42}$　(3) ①$_{43}$
(4) a…④$_{44}$　b…⑤$_{45}$

7
(1) ⑤$_{46}$　(2) ③$_{47}$
(3) 果実…⑤$_{48}$　種子…⑥$_{49}$
(4) (ⅰ)…④$_{50}$　(ⅱ)…②$_{51}$

8
(1) ③$_{52}$　(2) ④$_{53}$　(3) ①$_{54}$
(4) ②$_{55}$　(5) ⑤$_{56}$　(6) ④$_{57}$
(7) ②$_{58}$

1〔大地の変化，地球と宇宙〕

⑴＜初期微動＞地震が発生すると，震源からＰ波とＳ波が同時に生じ周囲に伝わる。はじめにＰ波が届くと小さな揺れである初期微動が始まり，続いてＳ波が届くと大きな揺れである主要動が始まる。図で，初期微動に相当するのは②であり，主要動に相当するのは④である。

⑵＜海溝型地震＞2011年の東北地方太平洋沖地震は，北アメリカプレートの下に太平洋プレートが沈み込むときに，北アメリカプレートが引きずり込まれ，ひずみが大きくなって岩石が破壊されることで発生した。

⑶＜マグマ＞玄武岩の火山は，粘りけが弱いマグマによって形成される。マグマの粘りけが弱いとガスが抜けやすいため，おだやかに大量の溶岩を噴き出すように噴火し，広範囲に広がって傾斜がゆるやかな形の火山になる。

⑷＜金星の見え方＞金星は内惑星なので，常に太陽の近くにある。そのため，金星は太陽が昇る前後の東の空か，太陽が沈む前後の西の空に見ることができる。地球は北極側から見て，反時計回りに自転しているので，実際に図１のV_3の位置にある金星は，太陽が昇る前後，つまり夜明け前後の東の空に見える。なお，昼間は太陽の光が強いため，金星を見ることはできない。

⑸＜金星のかけ方＞図１のボールは太陽(電球)に面した部分だけが照らされて光って見えるので，地球(カメラ)の位置からV_2の位置にあるボールは，①のように右半分が光って見える。なお，V_1の位置にあるボールは③のように，V_3の位置にあるボールは②のように見える。

⑹＜火星と金星の見え方＞ⅰ…正しい。図２と⑸の図より，同じ倍率で撮ったボールの直径が変化するので，金星も火星も地球からの見かけの大きさは変化する。　ⅱ…正しい。⑸の図より，金星は満ち欠けして見える形が大きく変わるが，図２より，火星の形はほとんど変わらない。　ⅲ…誤り。図１の地球から見たM_1はM_3の西(右)側にある。南の空の天体は，地球から見て西側にある方が先に南中するので，M_1の位置にある火星の方が，M_3の位置にある火星より南中する時刻は早い。　ⅳ…正しい。火星がM_4の位置にあるとき，火星は地球をはさんで太陽のほぼ反対側にあ

るから，真夜中に観察することができる。

2〔化学変化と原子・分子，化学変化とイオン〕

(1)＜有機物の燃焼＞炭素３gを酸素８gと燃焼させると二酸化炭素11gが得られるから，二酸化炭素がその４倍の44g発生したとき，炭素3×4＝12(g)を酸素8×4＝32(g)と燃焼させている。また，水素１gを酸素８gと燃焼させると水９gが得られるから，水がその３倍の27g発生したとき，水素1×3＝3(g)を酸素8×3＝24(g)と燃焼させている。よって，エタノール23gには炭素原子は12g，水素原子は３g含まれているから，酸素原子は23－12－3＝8(g)含まれている。

(2)＜金属の燃焼＞(i)白銀色のマグネシウムが酸化して酸化マグネシウムになると白色になり，赤色の銅が酸化して酸化銅になると黒色になる。　(ii)マグネシウムと銅の混合物3.00gに銅がxg，マグネシウムが3.00－xg含まれているとする。これを完全に燃焼させると，表１より，マグネシウムと加熱後の酸化マグネシウムの質量の比は20：33であるから，酸化マグネシウムは$\frac{33}{20}(3.00-x)$g生じ，表２より，銅と加熱後の酸化銅の質量の比は4：5であるから，酸化銅は$\frac{5}{4}x$g生じる。よって，混合物3.00gの燃焼後の質量が4.47gとなったことから，$\frac{33}{20}(3.00-x)+\frac{5}{4}x=4.47$が成り立つ。これを解くと，$x=1.20$となるから，含まれていた銅は1.20gである。

(3)＜化学反応式，電気分解＞(i)下線部ウ，エの化学反応式は，どちらも矢印の右側に水素原子(H)が２個あり，また，矢印の左と右で原子の種類と数が等しくなるように係数をつけるので，HClの係数Xには２が入る。なお，Xに２を入れると，矢印の左側にマグネシウム原子(Mg)が１個と塩素原子(Cl)が２個になるので，物質Ａの化学式は$MgCl_2$と表され，これは塩化マグネシウムである。
(ii)下線部ウ，エの反応後の溶液中には，塩化マグネシウム($MgCl_2$)が電離してできたマグネシウムイオン(Mg^{2+})と塩化物イオン(Cl^-)が含まれる。この溶液を電気分解すると，陽極ではCl^-が電子を放出して原子になり，２つ結合して塩素(Cl_2)が発生する。塩素は黄緑色の刺激臭を持つ気体なので，気体Ｃは塩素で，発生する極板は陽極である。なお，気体Ｂは水素で，陰極から発生する。

3〔生物の体のつくりとはたらき，生命・自然界のつながり〕

(1)＜イカの解剖＞図１で，胃の位置はＢである。なお，Ａは食道，Ｃはえら，Ｄは外とう膜である。

(2)＜イカの体＞イ，エ…正しい。ろうとは頭部の２つの目の間にあり，呼吸のために取り込んだ海水をここから噴出して進み，排出物や墨もここから出す。口はあし(うで)のつけ根にある。　ア…誤り。外とう膜が包んでいるのは内臓である。　ウ…誤り。背側にあるかたくて細長い透明なつくりは，貝殻の痕跡器官で，軟甲と呼ばれる。

(3)＜双眼実体顕微鏡＞ウ…正しい。双眼実体顕微鏡は，プレパラートをつくらず物体の表面をそのまま拡大して観察することができる。　ア…誤り。両目で立体的に観察できるが，複数の部分を同時に観察することはできない。　イ…誤り。ルーペの倍率は５～10倍だが，双眼実体顕微鏡の倍率は20～40倍である。

(4)＜細胞分裂＞ｂ…正しい。　ｄ…正しい。卵などの生殖細胞は減数分裂によってつくられ，減数分裂で生じた生殖細胞の染色体数は，もとの細胞の半分になる。　ａ…誤り。ヒトの染色体の数は46本である。　ｃ…誤り。体細胞分裂のとき複製されて２本ずつになった染色体は，それぞれが等しく分かれて２個の細胞に入るので，体細胞分裂で生じた２個の細胞がそれぞれ持つ染色体の数は，どちらももとの細胞と同じである。　ｅ…誤り。遺伝子の本体はDNA(デオキシリボ核酸)という物質である。　以上より，正しいものは２つある。

(5)＜進化＞進化は，長い年月を経て代を重ねるうちに，生物の形質が変化していくことである。

(6)＜生態系＞ウ…正しい。４種類の生物のうち，生産者は植物プランクトンで，残りの小エビ，イワシ，カモメが消費者である。これらを食べられる生物から食べる生物の順に並べると，植物プランクトン→小エビ→イワシ→カモメとなる。よって，最も上位の消費者はカモメである。　ア…誤り。菌類は葉緑体を持たず，光合成をすることができないので，生産者ではない。有機物を無機物に分解するので，分解者と呼ばれる。　イ…誤り。生態系において，光合成を行って無機物から栄養となる有機物をつくり出す生物を生産者という。生物は呼吸で栄養を分解することで生活するため，光合成のみを行う生物はいない。

4〔電流とその利用〕

(1)<オームの法則>図１と図２では，手回し発電機のハンドルを同じ一定の速さで回したので，どちらの回路にも同じ電圧が加わっている。よって，図１の電流計が100mA，つまり，100÷1000＝0.1(A)を示し，図２の電圧計が2.0Vを示したので，オームの法則〔抵抗〕＝〔電圧〕÷〔電流〕より，抵抗Rは，2.0÷0.1＝20(Ω)である。

(2)<消費電力>(1)より，抵抗Rに流れた電流は0.1A，加わった電圧は2.0Vだから，〔電力(W)〕＝〔電流(A)〕×〔電圧(V)〕より，消費電力は，0.1×2.0＝0.2(W)である。

(3)～(5)<電流計のはたらき>手回し発電機のハンドルを同じ一定の速さで回すと，同じ電圧が発生する。このとき，ハンドルの手ごたえが大きいほど，流れる電流は大きくなる。よって，図３のア～エの回路で，ハンドルの手ごたえが最も大きいのは，回路に流れる電流が最も大きいものである。また，電流計の抵抗は非常に小さく，電圧計の抵抗は非常に大きい。手回し発電機のハンドルを同じ一定の速さで時計回りに回すとき，ア，イの回路は，抵抗Rに対して電流計は直列に，電圧計は並列につながれているので，電流計の示す値は図１の電流計の値とほぼ等しくなり，電圧計の示す値は図２の電圧計の値とほぼ等しくなる。ウの回路は，抵抗の非常に大きい電圧計が抵抗Rに直列につながれているので，回路に電流がほとんど流れず，ハンドルの手ごたえは小さい。このとき，電圧計は手回し発電機で発生する電圧を測定することになるため，電圧計の示す値は図２の電圧計の値とほぼ等しくなる。エの回路は，抵抗Rと電圧計が直列につながれた部分に，電流計が並列に接続されている。電流計は抵抗が非常に小さく，導線と同様に考えてよいので，電流はほとんど電流計に流れる。このとき，エの回路全体の抵抗は非常に小さいため，図１の回路より大きな電流が流れ，ハンドルの手ごたえが大きくなり，電圧計が示す値はほぼ０Vになる。以上より，ハンドルの手ごたえが最も大きいのはエの回路で，電流計の示す値が図１の電流計の値とほぼ等しいのはアとイの回路，電圧計の示す値が図２の電圧計の値とほぼ等しいのはアとイ，ウの回路である。

(6)，(7)<LED>図５の手回し発電機は，ハンドルを図４と同じ一定の速さで回したので，図４と同じ電圧が発生し，LED(発光ダイオード)に図４のときとほぼ同じ電圧が加わる。また，LEDは電流が流れる方向が決まっていて，足の長い方から電流が流れ込むと点灯する。図５では，LEDの足の向きを図４とは逆にして，電流は図４と同じ向きに流すので，回路に電流は流れない。つまり，電流計の値はほぼ０Aになる。

5〔気象と天気の変化〕

(1)<大気圧>ふもとでは菓子袋の中と外側の気圧の差はほとんどないが，山頂では気圧が低くなるため，菓子袋を外側から押す力が小さくなってふくらむ。また，山頂でペットボトルのキャップを閉めてふもとに下りると，ペットボトルの中の気圧は山頂の気圧に等しいが，外側は山頂より気圧が高いので，外側から押す力が大きくなってペットボトルはつぶれる。

(2)<気温>表１より，高度はA地点の方がD地点よりも3400－2400＝1000(m)低く，気温はA地点の方がD地点より16－10＝6(℃)高い。この割合で気温が変化すると，A地点より2400m低い海面の高さでの気温は，A地点よりも$6\times\frac{2400}{1000}=14.4$(℃)高い。よって，求める気温は，$16+14.4=30.4$(℃)となる。

⑶＜気圧＞①…正しい。富士山の山頂は，ふもとよりもその上にある空気の量が少ないので，気圧が低い。　⑤…正しい。等圧線は測定した各地の気圧を海面と同じ高さでの気圧に換算し，同じ気圧の地点をなめらかな曲線で結んだものである。　②…誤り。1気圧は約1013hPaである。　③…誤り。気圧が高くなると晴れやすく，低くなると雨やくもりになりやすい。　④…誤り。高気圧は周りより気圧が高い所である。　⑥…誤り。風は気圧の高い所から低い所に向かって吹く。

⑷＜天気＞くもりは，雨を伴わず，空全体を10としたとき雲が占める割合が9～10のときである。よって，正しいのはウである。なお，雲の占める割合が0～1は快晴，2～8は晴れである。

⑸＜露点＞冷たい水をコップに入れたとき，コップの表面がくもるのは，コップの表面付近の空気が冷えて飽和水蒸気量が下がり，露点に達して水蒸気が水滴に変化するためである。

6 〔化学変化と原子・分子，化学変化とイオン〕

⑴＜化学反応式＞化学反応では，反応の前後で原子の種類と数は変化しない。実験4の化学変化を示す式で，矢印の左側にカルシウム原子(Ca)が1個，炭素原子(C)が1個，酸素原子(O)が4個，水素原子(H)が2個あり，右側にCaが1個，Cが2個，Oが6個，Hが2個あるので，気体XはCが1個，Oが2個からなる二酸化炭素(CO_2)である。これより，実験1の化学変化を示す式は，$CaCO_3 \longrightarrow$ 物質A$+CO_2$となるから，同様に考えると，物質AはCaが1個，Oが1個からなる酸化カルシウム(CaO)である。さらに，実験2の化学変化を示す式は，$CaO+H_2O \longrightarrow$ 物質Bとなるから，物質BはCaが1個，Oが2個，Hが2個からなる水酸化カルシウム($Ca(OH)_2$)である。なお，実験2で生じた水溶液は石灰水である。

⑵＜炭酸水＞⑴より，気体Xは二酸化炭素(CO_2)である。二酸化炭素が水に溶けると弱い酸性の水溶液(炭酸水)になる。なお，水に溶けた二酸化炭素は$CO_2+H_2O \longrightarrow H^+ + HCO_3^-$と電離し，さらに，$H^+ + HCO_3^- \longrightarrow 2H^+ + CO_3^{2-}$と電離して，水素イオン($H^+$)を生じるので，酸性を示す。

⑶＜質量保存の法則＞結果1より，炭酸カルシウムが完全に反応すると，物質Aと気体Xが発生する。炭酸カルシウム2.00gを完全に反応させて物質Aが1.12g残ったとき，質量保存の法則より，発生した気体Xは$2.00-1.12=0.88$(g)である。よって，反応した炭酸カルシウムと発生した気体Xの質量比は，$2.00:0.88=25:11$となる。

⑷＜鍾乳石の形成＞石灰岩の主成分は炭酸カルシウム($CaCO_3$)で，鍾乳石は$CaCO_3$が沈殿してできたものである。石灰岩の大地の一部が溶け出したaと同様の化学反応は，$CaCO_3$が水(H_2O)と二酸化炭素(CO_2)と反応して，水に溶けやすい炭酸水素カルシウム($Ca(HCO_3)_2$)ができた実験4である。また，鍾乳石が形成されたbと同様の化学反応は，$Ca(HCO_3)_2$が分解して，CO_2とH_2Oが発生し，$CaCO_3$が再び生じる実験5である。

7 〔生物の体のつくりとはたらき，生命・自然界のつながり〕

⑴＜蒸散＞ア…正しい。図2より，水の端の移動距離は●何もぬらない葉が最大で，△両面にワセリンをぬった葉の約2倍ある。よって，何もぬらない葉では，両面にワセリンをぬった葉の約2倍の吸水が起こっているといえる。　ウ…正しい。ワセリンをぬった部分は気孔がふさがれて蒸散が行われない。図2で，水の端の移動距離は，○おもてにワセリンをぬった葉の方が，×裏にワセリンをぬった葉より大きい。蒸散は，おもてにワセリンをぬった葉ではおもて側では行われず，裏側で行われ，裏にワセリンをぬった葉では裏側では行われず，おもて側で行われる。よって，蒸散は葉のおもて側よりも裏側で盛んに行われていることがわかる。　イ…誤り。図2より，水の端の移動距離は，○おもてにワセリンをぬった葉と●何もぬらない葉では異なる。

⑵＜吸収した水の質量＞何もぬらない葉では，30分で水の端は160mm，つまり16cm 移動した。チューブの内側の直径が1mmより，移動した水の体積は半径0.5mm，つまり0.05cm，高さ16cmの円柱の体積となるから，$3.14 \times 0.05^2 \times 16 = 0.1256(cm^3)$となる。水の密度は$1 g/cm^3$だから，移動した水の質量は，0.1256×1＝0.1256より，およそ0.13gである。

⑶＜花のつくり＞果実は子房，種子は胚珠が変化したものである。

⑷＜遺伝の規則性＞(i)丸い種子をつくる遺伝子をA，しわの種子をつくる遺伝子をaとする。子の種子が全て丸になったのは，丸の親からA，しわの親からaが受け継がれたためで，子の遺伝子の組み合わせはAaとなる。子の種子を育てて自家受粉させるとき，得られる孫の種子の遺伝子の組み合わせは，右表より，AA：Aa：aa＝1：2：1である。このうち，Aを持つAAとAaは丸，Aを持たないaaはしわになるので，丸：しわ＝(1＋2)：1＝3：1になる。　(ii)子の遺伝子の組み合わせはAaなので，この個体の細胞が減数分裂するとき，Aとaの遺伝子は分かれて別々の生殖細胞に入る。しわの種子は，しわの遺伝子を持つ卵細胞と精細胞が受精することで生じる。

	A	a
A	AA	Aa
a	Aa	aa

8〔運動とエネルギー〕

⑴＜移動距離＞図1で，ブロックAは原点から0.2秒ごとに8cm移動するから，0.8秒間で8×4＝32(cm)移動している。また，ブロックBは原点から右向きに2cmの位置から，0.2秒ごとに6cm，7cm，8cm，9cmと，0.8秒間で6＋7＋8＋9＝30(cm)移動し，ブロックCは原点から右向きに5cmの位置から，0.2秒ごとに9cm，8cm，7cm，6cmと，0.8秒間で30cm移動している。よって，0.8秒間に移動した距離は，C＝B，B＜Aである。

⑵＜速さと時間の関係＞図1で，ブロックAは0.2秒ごとに8cm移動したので，ブロックAの速さは，8÷0.2＝40(cm/s)である。この速さは0.2秒間ごとの平均の速さなので，0.2秒の中央の時間での瞬間の速さになる。よって，求めるグラフは④のようになる。

⑶＜合力＞ブロックAは一直線上を一定の速さで動いたので，加わる力の合力は0である。ブロックAに加わる力の合力が，運動の向きと同じ右向きに一定の大きさになると，速さが一定の割合で増加する運動になる。

⑷＜速さと時間の関係＞ブロックBは0.2秒ごとに6cm，7cm，8cm，9cmと移動したので，各区間の平均の速さは，6÷0.2＝30(cm/s)，7÷0.2＝35(cm/s)，8÷0.2＝40(cm/s)，9÷0.2＝45(cm/s)となり，一定の割合で増えている。そのため，グラフは右上がりの直線となる。また，図1より，測定を開始した0秒のときの速さは0ではないので，求めるグラフは②のようになる。

⑸＜平均の速さ＞ブロックAは0.2秒ごとに8cm移動している。また，⑷より，ブロックBは速さが増加する運動をしている。よって，ブロックBが0.4秒経過した時点から0.6秒経過した時点までの0.2秒間の移動距離がブロックAと同じ8cmなので，この間にブロックAと同じ速さになる瞬間がある。

⑹＜力と運動＞⑷と同様にブロックCについて各区間の平均の速さを調べると，0.2秒ごとに9cm，8cm，7cm，6cmと移動するので，それぞれの平均の速さは45cm/s，40cm/s，35cm/s，30cm/sとなる。これより，ブロックCの速さは一定の割合で減少しているので，ブロックCに加わる力の合力は，運動の向きと逆の左向きに一定の大きさである。

⑺＜移動距離＞ブロックCは0秒のとき，原点から右に5cmの位置にある。0.2秒ごとに9cm，8cm，7cm，6cmと移動したので，0.2秒，0.4秒，0.6秒，0.8秒での原点からの距離は，5＋9＝14(cm)，14＋8＝22(cm)，22＋7＝29(cm)，29＋6＝35(cm)となる。よって，0.2秒ごとの原点からの距離の変化の割合はしだいに小さくなるので，グラフは②のような曲線になる。

国語解答

一　問1　ⓐ　異同　ⓑ　強固　ⓒ　次元
ⓓ　しろもの　ⓔ　故障
問2　⑤$_{1}$　問3　マクロ
問4　①$_{2}$　問5　④$_{3}$　問6　②$_{4}$
問7　③$_{5}$　問8　②$_{6}$

二　問1　ア…④$_{7}$　イ…③$_{8}$　問2　⑤$_{9}$
問3　①$_{10}$　問4　③$_{11}$　問5　①$_{12}$
問6　②$_{13}$　問7　③$_{14}$　問8　④$_{15}$
問9　③$_{16}$

三　問1　ア…①$_{17}$　イ…⑤$_{18}$　問2　⑤$_{19}$
問3　③$_{20}$　問4　①$_{21}$　問5　④$_{22}$
問6　C…①$_{23}$　D…②$_{24}$　問7　⑤$_{25}$

一〔論説文の読解—社会学的分野—現代文明〕出典；菊地暁『民俗学入門』。

≪本文の概要≫化石燃料がもたらした交通の革新は，社会のあり方や人間の価値観を大きく変化させた。その始まりが鉄道である。鉄道は，正確で安全な運行をする必要上から，移動手段や地域ごとに異なっていた時間の均質化を促し，また，鉄路のネットワークで地域を結びつけて，人々に国土の一体性をより強くさせた。そして鉄道以後，自動車や飛行機などの発明改良によってさらに発展した交通システムは，今やグローバリゼーションの一端をになっているといってよい。しかし一方で，人々は，近代的な交通システムに依存した生活を送らざるをえないようになってしまった。加えて，近代的な交通システムは，災害などに対して脆弱であり，突然機能不全になる危険性もある。私たちは，二足歩行をするという自らの身体を再認識し，今一度，近代的な交通システムの利便性と危険性をとらえ直すべきである。

問1＜漢字＞ⓐ「異同」は，比較したときに異なっているところ。　ⓑ「強固」は，強くしっかりしていて，ゆるがないさま。　ⓒ「次元」は，物事を考えたり行ったりするときの水準や程度のこと。　ⓓ「代物」は，売買する品物のこと。ここでは価値はあるが，問題も抱えている事物を表す。　ⓔ「故障」は，機械などが正常に動かなくなること。

問2＜四字熟語＞「呉越同舟」は，仲の悪い者どうしが，共通の困難を乗り越えようと協力すること。「行雲流水」は，自然の成り行きに任せて行動すること。「我田引水」は，自分に都合のよいように物事を考えたり，行ったりすること。「明鏡止水」は，澄みきって静かな心の状態のこと。「南船北馬」は，絶えず旅をしてせわしないこと。

問3＜文章内容＞「マクロ」は，巨大であることで，ごく小さいこと，という意味の「ミクロ」の対義語。鉄道は，旅をする者の身体という小さなものから国土という巨大なものまで，さまざまな次元で人々の生活経験を刷新したのである。

問4＜文章内容＞近代以前の交通においては，人の身体的な限界が，移動する際の速度や距離を限定していた。しかし蒸気機関の発明以降，燃料によって動力を得られるようになり，人の身体的な限界という「制約」に左右されない交通手段を確立することが可能になったのである。

問5＜文章内容＞鉄道という高速で移動する交通手段によって，近代以降の人々は，めまぐるしく変わる風景を「瞬時に閲覧する」という体験を得た。その結果，人々は，近代以前よりも広範囲の風景を短時間でとらえる見方で，民俗学も発展させたのである。

問6＜文章内容＞遠く離れた地域間であっても，「同じ時間を共有」して列車を動かさなければ衝突事故につながってしまうため，鉄道が全国に普及するとともに，日本全体で時間も一体化する必要が生じたのである。

問７＜表現＞人間は，生活における自由や利便性を求め，近代的な機械文明を生み出した。しかし人間は，「結果的には近代の機械文明の一環に，より強く繋がれ」て，近代的なシステムに「拘束」されて生きていかざるをえないようになってしまった。自ら生み出した機械文明によって，かえって生活を支配されるという逆説的な構図がもたらされてしまったのである。

問８＜文章内容＞人間は，近代的な機械文明を生み出し，便利な生活を手に入れることができた。しかし近代的なシステムは，自然災害などにより，「唐突に大規模に停止しかねない」危険性をはらんでもいる。人間は，自らの身体を使って自然界を生き抜いてきたという視点から，「便利だが脆弱」という近代的なシステムの長所と短所を，今一度見直すべきである。

二〔小説の読解〕出典；乗代雄介『フィリフヨンカのべっぴんさん』

問１＜語句＞ア.「通りがよい」は，理解や飲み込みが早い，という意味。　イ.「裏腹」は，相反していること。

問２＜表現＞ⅰ．この頃の「私」は，「けっこう動けて頭も回って」いて，母に代わって家の雑事を手際よくこなしていた。　ⅱ.「私」は，スーパーへの買い物に積極的に出かけ，熱心に「シールを集めて」いった。　ⅲ.「私」は，祖父に「まともな答えを期待していたわけではない」ので，すぐに書庫へと向かおうとしたが，気になることがあり，祖父に質問をした。

問３＜表現＞叔母の死は，「私」にとって衝撃であり，シールを貼ったときに不意に叔母のことを思い返して悲しみが襲ってきたが，なるべくその悲しみを意識せずにやり過ごそうと，「私」は努めたのである。

問４＜文章内容＞祖父は仕事に専念しがちで，「叔母にだけ」は甘い，近寄りにくいタイプの人であったが，叔母と親しかった「私」は，祖父とのつながりは母や弟よりよいもののような気がしていた。とはいえ，「気がするという程度のもの」なので，「私」は，質問に対して祖父からしっかりした答えが聞けるとは考えなかったのである。

問５＜心情＞叔母と「私」は，互いに一言も交わさずに本を貸し借りしていた。そのため，叔母の「返さなきゃ」は「貴重なこと」であり，叔母が自らの死期を悟っていたことを示唆する発言だと，「私」は考えたのである。

問６＜文章内容＞『違国日記』に関する叔母とのやり取りを「私」は空想したが，そもそも作品について「一切の感想を言い」合わない仲だったので，たとえ叔母が生きていても実現するはずのない会話だと思い，「私」は滑稽に感じたのである。

問７＜文章内容＞叔母と「私」は，さりげない会話の中で，互いに同じ本を読んだことがわかる瞬間を「良き日」と考えて交流していた。その「良き日」を迎えるために，事前に何を読むのかを伝えることなく，「私」はこっそりと叔母の本を借りていたのである。

問８＜表現＞書庫に入り，「私」は本を通じた叔母との交流について，はじめは「私たちは，どうしてそうなのだろう」と振り返った。しかし，『違国日記』に関する叔母とのやり取りを空想し，「叔母が生きて」いたら互いに何も話さなかっただろうと思うと叔母の死が意識されて，「私」は，改めて「私たちは，どうしてそうだったのだろう」と，叔母との関係を振り返ったのである。

問９＜品詞＞ⓐ「甘かったように」の「に」は，助動詞「ようだ」の連用形「ように」の一部。　ⓑ「ともに」の「に」は，格助詞。　ⓒ「完璧に」の「に」は，形容動詞「完璧だ」の連用形「完璧に」の一部。　ⓓ「言いたげに」の「に」は，形容動詞「言いたげだ」の連用形「言いたげに」の一部。　ⓔ「姪っ子に」の「に」は，格助詞。　ⓕ「出るたびに」の「に」は，格助詞。

三 〔古文の読解―仮名草子〕出典；『一休ばなし』巻之二ノ一。

≪現代語訳≫白河の辺りに住んでいた僧侶で，(即興でしゃれを言う)名高い軽口の人がいましたが，一休が軽口であることを聞き及んで，「いつかは(一休のところへ)行って難句をよみ聞かせて，一休の知恵を試してみよう」と，常々心がけておられたが，ふと思いついた趣向があったので，「それでは一休のところへ参って，お知り合いにもなり，それから一句を問いかけてみよう」と，はるばると白河の片田舎から紫野へと，お急ぎになられた。

ちょうど一休も庵にいらっしゃって，お知り合いになり，あれやこれやと時がたつうちに，こっそりたくらんでいた一句の句もできたので，その僧侶が「聞き及んでおります軽口を，何でもかまわないですから一句およみくださいませ。何とか(脇句を)つけてみましょう」と申し上げなさったので，一休が，「客発句に亭主脇と申します。まずはあなたからおよみなさいませ」とおっしゃったので，〈こっそりたくらんで〉おいたことなので，「それならば申してみましょう」と，(僧侶は)難句をお出しになり，「この場所は何と申す」(とおっしゃった)。(そこで一休が)「紫野」とおっしゃると，(僧侶は，)

紫野丹波に近し

と発句をおよみになったところ，(一休は僧侶が)まだ言い終わらないうちに，早くも脇句をおつけになり，「あなたはどこの人か」(と問いかけた)。(僧侶が)「白河の者です」と申し上げなさると，(一休は，)

白河黒谷の隣

と脇句をおよみになったので，僧侶は非常に驚いて，「ものすごく難しい第一句だ。一句の内に二つの色名，二つの地名(をよみ込んでおり)，どんなに瓢箪が川を流れるような軽口の上手であっても，少しは渋りなさるに違いないと思ったのに，貝をとる海女でもないのに，息もつかずに(句を)おつけなさる。このようなすばらしいつけ句がある以上，蜂だ，怖いよ」と，何げないふりをして，〈尻〉をまくって早々に逃げられたということだ。

問1＜古語＞ア.「すまゐす」は，住みつく，という意味。　イ.「空うそぶく」は，何げないふうをよそおう，という意味。

問2＜古語＞「からぐ」は，着物のすそをまくり上げ，端を帯に挟む，という意味。現代語の「尻をからげる」も同じ意味で，その走りやすい姿から，早々に逃げ出すさまを表す。

問3＜現代語訳＞「しかく」は，(行為を，他者に)及ぼす，しかける，という意味。「心みん」は，試してみる，という意味の「心みる」に，意志の助動詞「む(ん)」がついた形。僧侶は，一休も即興でしゃれを言う軽口であると聞き，難易度の高い発句をしかけて，その知恵を試そうと考えた。

問4＜古文の内容理解＞僧侶は，一休の住む紫野が丹波に近いという「紫野丹波近」の発句を思いつき，二つの地名と，「紫」と「丹」の二つの色を同時によみ込んだ。

問5＜古文の内容理解＞僧侶は，一休から発句をよむよう促され，「内々たくみし一句の句作」をよもうと，「此所は何と申す」と質問をして，紫野の地名を引き出した。そして僧侶は，一休の知恵を試すために用意していた「紫野丹波近」という発句をしかけたのである。

問6＜古文の内容理解＞C．僧侶は，「此所は何と申す」という質問をして，一休から「紫野」という地名を得ようとした。　D．一休は，「そなたはいづくの人ぞ」という質問をして，僧侶から「白河」という地名を得て，「白河黒谷隣」という脇句へとつなげた。

問7＜古文の内容理解＞僧侶は，「紫野丹波近」という二つの地名と色をよみ込んだ発句を事前に用意し，一休がどのように答えるかを試そうとした。しかし一休が，即座に「白河黒谷隣」という，二つの地名と色をよみ込んだ脇句をつけたため，僧侶は，一休の知恵に驚いたのである。

Memo

2022年度 東京学芸大学附属高等学校

【英　語】（50分）〈満点：100点〉

（注意）1．この問題にはマーク式解答の問いと記述式解答の問いが含まれています。

2．解答番号 1 ～ 33 の問いは，答えをマークシートの各解答番号のうちから１つ選んでマークしなさい。

3．記述 の印がある問いの解答は，マークシートの裏面の指定された解答欄に記入しなさい。

1　リスニングテスト

放送を聞いて，質問に答えなさい。

＊ 英文と質問は，それぞれ２回放送されます。

＊ １～５の質問の答えとして最も適切なものを，下の①～④からそれぞれ１つ選び，その番号を答えなさい。

1　1

① It was close to their homes.
② They wanted to use the computers.
③ They had rooms at the exhibition.
④ They wanted to go to an exhibition.

2　2

① Bedrooms and kitchens.
② Bathrooms and a swimming pool.
③ A swimming pool and a living room.
④ A living room and bedrooms.

3　3

① The elevators were broken.
② They wanted to do some exercise.
③ It seemed more interesting to them.
④ It was one of the hotel rules.

4　4

① He began singing.
② He finished telling jokes.
③ He listened to Scott's stories.
④ He listened to Bill's jokes.

5　5

① They went up to the top floor.
② Scott began crying because he was scared.
③ One or more of them went back down.
④ They went to the computer exhibition.

※**<リスニングテスト放送原稿>**は英語の問題の終わりに付けてあります。

2 次の英文を読んで，あとの問いに答えなさい。

Have you ever seen a wave in a sports stadium？ Or perhaps have you participated in one？ It is called a Mexican wave or simply a wave.

Do you know when waves originally started？ Many people believe they started during the 1986 World Cup in Mexico. The waves occurred in every game and were broadcast all over the world. Other people, however, believe that waves started much earlier than that.

A wave takes place in the following way. People in the stadium stand up, (あ) their arms, and then (い) them as they sit down and then their neighbors stand up to do the same. This looks like a moving wave to people who are watching it.

In scientific words, the Mexican wave is an example of a transverse wave: the people move only vertically (standing up and then sitting down again) but the wave travels horizontally around the stadium.

Scientists from the University of Budapest studied videos of this crowd phenomenon that was popular during the 1986 World Cup and built a mathematical model to describe how it works.

The scientists found three points:

1．It takes only about 30 people to start a Mexican wave in a football stadium.

2．Three out of four waves move towards the right around the stadium. This is because most people prefer to use their right hands.

3．A wave moves at a speed of about 12 meters (20 seats) per second. It is also about 6 to 12 meters wide on average (or 15 seats).

The scientists also discovered that waves occur more often when people in the stadium are not very excited—such as during a (う) in the game. They believe (1)similar studies on crowd behavior could help the managers of the stadium know when people watching the game are about to lose control.

How many people do you need to (う) the official Guinness record for the world's longest Mexican wave？ Surprisingly, until November 2002, the official record for a single line wave was only 3,276 people. However, in that month, Guinness said that 5,805 people of South Wales set a new wave record on April 14, 2002. They made a line on Aberavon Beach. The latest Guinness record for the wave that continued for the longest time was made in Hyogo by a famous Japanese rock band and their fans. This was on September 23, 2015 and just 2,115 people were able to keep moving for 17 minutes and 14 seconds.

Of course, the longest wave that keeps moving is certainly not the largest wave in the number of people. Even back in 1986, there were waves with more people (around 50,000) during the 1986 World Cup many times. Also, people say that more than 250,000 people made a wave that was 40 kilometers long along the streets of Mexico City. This was in July 2002. At that time, Pope John Paul Ⅱ visited the city and traveled along the route. This was maybe the largest and longest wave (in distance) in history. It is interesting to see that (2)Mexicans keep full control of the records related to that Mexican wave. Their record is going to stand for many years.

However, it is possible to say that the wave in their records was not made "in a stadium," as the dictionary defines. Which is more exciting, to see a Mexican wave which moves several times around an excited football stadium, or to see a wave which travels slowly along a road or an empty beach？ Certainly you can enjoy better Mexican waves in a stadium！

When you go to a soccer stadium next time, why don't you start a Mexican wave？ If you make one, it will be very cool！

（注） transverse wave：横波　vertically：垂直に　horizontally：水平に
Budapest：ブダペスト（地名）　phenomenon：現象　mathematical：数学の
Guinness：ギネス社　South Wales：サウス・ウェールズ（地名）
Aberavon Beach：アベラボン・ビーチ（地名）　Pope John Paul Ⅱ：教皇ヨハネ・パウロ２世

問１　空所（あ），（い）に入る語の組み合わせとして最も適切なものは次のうちどれか。次の①～④から１つ選び，その番号を答えなさい。［6］

（あ）―（い）
① lower―shake
② raise―lower
③ raise―shake
④ wave―lower

問２　空所（う）に共通して入る１語を答えなさい。［記述］

問３　下線部⑴とは具体的にどのような研究と考えられるか，**当てはまらないもの**を次の①～④から１つ選び，その番号を答えなさい。［7］

① Studies on when a group of people starts to work and move.
② Studies on systems of how people move their bodies together.
③ Studies on how people feel when they are in the stadium.
④ Studies on the relationship between people's minds and actions.

問４　下線部⑵が表す最も適切な意味を次の①～④から１つ選び，その番号を答えなさい。［8］

① Mexican waves are often seen in South American areas and the Mexican people start waves both in the stadium and outside of the stadium.
② It is impossible for the Mexicans to create longer Mexican waves again because they need large areas and many people.
③ The Mexicans control how many people should move in the Mexican waves to create new records and they are proud of those records.
④ The Mexicans have held on to the details of what happened when they established a new record for Mexican waves.

問５　本文で言及されているMexican waveに関する事実として正しいものは次のうちどれか。次の①～④から１つ選び，その番号を答えなさい。［9］

① The world's longest single wave observed in a stadium had more than 250,000 people.
② According to the Mexicans, the longest Mexican wave was also one of the largest waves in history and was seen when Pope John Paul Ⅱ visited Mexico City.
③ The longest Mexican wave which lasted more than 15 minutes had the largest number of people.
④ The official record of the longest single line wave until November 2002 was 3,276 people and the new record was established in the next month with 5,805 people.

問６　本文の内容と一致するものを次の①～⑤から２つ選び，その番号を答えなさい。［10］［11］

① Everyone agrees that the first Mexican wave started in the 1986 World Cup in Mexico.
② A transverse wave observed in a Mexican wave is a wave which is created by an individual's simple body movements.

③ The Mexican Wave which you can see on a road or a beach travels faster than one in a football stadium.
④ It will be more interesting to see a Mexican wave at a stadium than at a road or an empty beach.
⑤ Starting a Mexican wave in a football stadium is difficult for us and we should not do this because it is dangerous.

3 次の英文を読んで，あとの問いに答えなさい。

It was a warm spring morning. I picked up my (あ) and walked down the street. It was Wednesday, market day in our neighborhood. I moved quickly because I wanted to take some interesting pictures. There was a young man wearing a woman's dress over his pants. He was standing on a table and saying : "Ladies and gentlemen . . . Wear a new dress every day . . ." Some women were laughing.

When I was about to take his picture, he hid his painted face with his hands. "Don't take my picture," he said. "I don't want to be in the (い) . . . My dad back in the village may see the photo. I don't want him to say, 'My son went to the city . . . and now look at him !'"

It was very crowded. A woman wanted to exchange the dress that she bought there last week. It was too big for her. She wanted me to help her because her voice was too soft. The young man said, "If you really want to take a photo, you can take it from (う). Just don't show my face."

At that point, someone spoke to me from (う). I turned around; I caught the eye of a dark, tall boy who was standing (う) a table selling old things. "Are you a (え) ?" he asked. "My brother has gone to eat something. (1)<u>I'm taking his place.</u> If you have to ask any questions, ask me." Everyone in his family was selling used things. They collected used materials from the trash, workplaces, and factories.

"My brother and I are responsible for collecting old things from three streets in this neighborhood. No one else will touch our old things." "How can you make money from things which people have thrown out ?" I asked. "Some of these things are broken !" He looked surprised. "(2)<u>[① have ② out ③ what ④ no ⑤ people ⑥ you ⑦ idea ⑧ throw]</u> ! Hair driers, CD players, radios, mobile phones, lights, sofas . . . Everything you can think of . . . My father got 2,000 lira the other day. A woman's bag was stolen by bad men. They took some money from her bag and then threw it away. My dad found the bag and called the woman. She had some really important papers in her bag. She gave my dad the 2,000 lira to say (お)."

A girl wearing a dark blue hat was listening to us. She looked hot and her eyes were blue. She was selling onions, and parsley . . . When I turned to face her with my (あ), she suddenly became very shy. "Please," she said. "I've been working under the sun and have spots all over my face. Please, don't take my picture."

She hid her hard red hands in her pockets. "Cutting onions has destroyed my hands. We've lost a lot of money over the last two years on onions but this year's onion harvest is great. I'm not going to stay here and do this though. When school opens again, I'm going back to the city. Then I can forget all this."

Someone handed a cup of tea to me. It was the young man. He had a painted face and was wearing a woman's dress. "No need to pay. (3)<u>The tea's on me,</u>" he said. He bent down to speak into my ear so softly that only the two of us could hear: "Sorry for my words just now ... I've had a difficult life ... I dropped out of school when I was in the fifth grade ... My dad said I had to work with sheep during the summer holidays. I had to take care of them in the mountains alone and sleep outside at night ... The worst part came later though ... My dad came to the hill I was on one night and handed me a gun ... He wanted me to kill someone ... I ran away from home and came to this city ... I found jobs at different marketplaces ... This isn't my stand. I just work here ... I put on this show to make some money. I wear these clothes and paint my face and dance. All the time I'm scared that my dad is following me with his gun ... You understand why I'm scared, right?" He kept on talking.

I nodded my head while I was listening ... The tea was (か). The girl selling the onions waved at the boy wearing a dress and made a sign with her hands. The young man went red and quietly moved away and was too embarrassed to look at me. A huge man wearing a black jacket smiled at the boy wearing the dress. The man made the boy look nice and helped him up on to the table. He started dancing again. "That's his father," said the boy who sold used things. "They walk around together every Sunday ... Father and son ... They do good business like this ..."

I smiled. (4)I couldn't drink my tea. I just left everything there and walked toward the park to take photos of the cats around the pool side.

(注) lira：リラ(トルコの通貨単位)

問1 本文中の2カ所ある空所(あ)に共通して入る語を次の①～⑤から1つ選び，その番号を答えなさい。[12]

① bag ② stick ③ book ④ camera ⑤ coffee

問2 空所(い)に入る最も適切な語を次の①～⑤から1つ選び，その番号を答えなさい。[13]

① pool ② village ③ market ④ city ⑤ newspapers

問3 空所(う)に共通して入る最も適切な1語を答えなさい。[記述]

問4 空所(え)に入る最も適切な語を次の①～⑤から1つ選び，その番号を答えなさい。[14]

① comedian ② journalist ③ carpenter ④ singer ⑤ painter

問5 下線部(1)はどのようなことか。以下がその答えになるよう1語を入れ，文を完成させなさい。[記述]

I'm here to sell the old things (　　) of my brother.

問6 下線部(2)が意味の通る英文になるように[ ]内の語を並べかえ，以下の[15]～[17]に入るものの番号をそれぞれ答えなさい。ただし，文頭の語も小文字で示してある。

[＿＿ [15] ＿＿ [16] ＿＿ [17] ＿＿ ＿＿]！

① have ② out ③ what ④ no

⑤ people ⑥ you ⑦ idea ⑧ throw

問7 空所(お)に入る最も適切なものを次の①～④から1つ選び，その番号を答えなさい。[18]

① sorry ② hello ③ goodbye ④ thank you

問8 下線部(3)はどのようなことか。最も意味の近いものを次の①～④から1つ選び，その番号を答えなさい。[19]

① I'll pay for the tea.

② I'll bring you the tea.

③ I'm good at making tea.

④ I have another cup of tea.

問9　空所(か)に入る最も適切な表現を次の①～④から1つ選び，その番号を答えなさい。 20

①　already gone　　②　really hot　　③　getting cold　　④　very tasty

問10　下線部(4)に関して，次の質問に対する答えとして最も適切なものを次の①～④から1つ選び，その番号を答えなさい。 21

質問

Why couldn't the writer drink his tea ?

①　Because it was not his tea.

②　Because he wanted to drink coffee.

③　Because he didn't feel like drinking it any more.

④　Because he was so excited that he forgot about the tea.

問11　本文の内容と一致するものを次の①～⑧から2つ選び，その番号を答えなさい。 22 23

①　The market opened every Wednesday and Sunday.

②　A young man in a dress was standing on the stage.

③　A woman wanted to exchange a dress, because it didn't fit her.

④　A family selling old things collected them from the market.

⑤　A boy wearing a dark blue hat was selling old things at the market.

⑥　A young woman had spots on her face and she loved them.

⑦　A big man wearing a black jacket helped his daughter who was an onion seller.

⑧　The writer wasn't able to take interesting pictures of the people in the market.

4　次の英文を読んで，あとの問いに答えなさい。

Antonio Canova was a little boy who lived in Italy. His parents were dead, and he lived with his poor grandparents. His grandmother took care of her husband and the boy, and his grandfather cut stone to make statues to sell to rich people.

Antonio was not very strong. He didn't like to play with other boys of the town, but he often went out with his grandfather to look for big pieces of stone which were strong and beautiful enough for statues. Antonio enjoyed working with his grandfather so much that he soon learned how to make a statue like his grandfather. "The boy will be a great stone artist some day," said his grandfather.

Every evening after work, Antonio's grandmother sang to him, and told him stories that filled his mind with pictures of wonderful and beautiful things. And the next day, when he went back to look for stones, Antonio tried to make some of those pictures in stone.

There was a rich man in the same town, and he was called the Count. He often had dinner parties, and his rich friends from other cities came to visit him. At these times Antonio's grandfather often helped in the kitchen because he was also a great cook.

One day Antonio went with his grandfather to the Count's great house because there was going to be another big party. The boy could not cook, and he was not old enough to serve food to the guests, but he could wash the pots and frying pans, and as he was smart and quick, he could help in many other ways.

Just before the dinner started, there was a big sound in the dining room, and a man rushed into the kitchen. He looked (あ).

"What should I do ? What should I do ?" he cried. "I have broken a statue that should stand at the center of the table. The table will not be pretty without the statue. What will the Count say ?"

And now all the other people around Antonio were troubled. Was the dinner going to be a failure ? The table had to look very nice. The Count would be very angry without the nice (い). "Oh, no ! What are we going to do ?" they all said to each other.

Then little Antonio Canova went up to the man who broke the statue.

"I can make a statue. May I make one for you ?"

"Little boy," said the man, "The new statue must be exactly the same size as the one that I broke."

"All right. That is no problem," said Antonio. "Perhaps I can make one that will be as beautiful as the broken one."

(1)The man laughed. "Who are you, young boy ? Why can you say you can make a statue in one hour ?"

"I am Antonio Canova," said the boy.

All the other people knew that the boy was good at making statues, so they all said, "[う]"

On the kitchen table, there was a huge square piece of yellow butter. It weighed almost 100 kilograms. With a kitchen knife, Antonio began to cut and carve this butter. In a few minutes, he made in into the shape of a sitting lion.

"How beautiful !" they cried. "It is much prettier than the statue that was broken."

When it was finished, the man carried it to (2)its place.

When the Count and his friends came in to dinner, the first thing they saw was the yellow lion.

"What a beautiful work of art !" they cried. "Only a very great artist can carve such a figure, but isn't it interesting to make it of butter !" And then they asked the Count to tell them the name of the artist.

"Well, to tell the truth, [え]. Who made this wonderful statue ? Does anyone know ?"

One of the kitchen boys said, "It was carved only an hour ago by a little boy in the kitchen."

This was a much more of a surprise to the guests, and the Count called the boy into the room.

"My dear boy, you have created such a wonderful piece of art," said the Count. "What is your name, and who is your teacher ?"

"My name is Antonio Canova," said the boy, "and (3)I have no teacher but I [① my grandfather ② carve ③ from ④ to ⑤ sculptures ⑥ how ⑦ learned ⑧ of ⑨ out] stone."

All the guests were delighted, and were also proud because they could meet a future fine artist at this party. They wanted the boy to have dinner with them, and Antonio was very happy to sit down at the table.

The next day, the Count asked Antonio's grandfather to send Antonio to his house, and his grandfather was very pleased because Antonio was asked to live with the Count. The best artists in the country started to live with the Count to teach Antonio the skill of carving art. He carved stone, not (お), and in a few years, Antonio Canova became one of the greatest stone carving artists in the world.

(注) Count：伯爵

問１　空所(あ)に入る最も適切な語を次の①～④から１つ選び，その番号を答えなさい。[24]

① pale　② pleased　③ smart　④ angry

問2　空所(い)に入る最も適切な語を次の①～④から1つ選び，その番号を答えなさい。[25]

① stone　② table　③ dinner　④ statue

問3　下線部(1)に関して，次の質問に対する答えとして最も適切なものをあとの①～④から1つ選び，その番号を答えなさい。[26]

質問

Why did the man laugh？

① Because the man thought it was a great idea for the boy to make a statue.

② Because the man couldn't believe that the boy would make a statue in one hour.

③ Because the man thought the boy was as beautiful as the statue.

④ Because the man was just amazed to know that the boy was so brave.

問4　空所[う]に入る最も適切な表現を次の①～④から1つ選び，その番号を答えなさい。[27]

① He can do it！ He can do it！

② Yes, we will！ Yes, we will！

③ He did it！ He did it！

④ Attention, please！ Attention, please！

問5　下線部(2)が表す具体的な場所を，本文中から5語で抜き出しなさい。[記述]

問6　空所[え]に入る最も適切な表現を次の①～④から1つ選び，その番号を答えなさい。[28]

① the broken statue has made me sad

② I am as surprised as you all

③ I know why there is butter here

④ I am shocked to see the new statue

問7　下線部(3)が意味の通る英文になるように[　]内の語(句)を並べかえ，以下の[29]～[31]に入るものの番号をそれぞれ答えなさい。

I have no teacher but I [____ [29] ____ [30] ____ ____ ____ [31] ____] stone.

① my grandfather　② carve　③ from

④ to　⑤ sculptures　⑥ how

⑦ learned　⑧ of　⑨ out

問8　空所(お)に入る最も適切な1語を答えなさい。[記述]

問9　本文の内容と一致するものを次の①～⑦から2つ選び，その番号を答えなさい。[32] [33]

① Antonio enjoyed playing outdoors with other boys, but he was not a very strong boy.

② Antonio's grandmother told stories every night, and Antonio drew their pictures on the stones.

③ Antonio and his grandparents often went to the Count's house to help in the kitchen.

④ When the statue was broken in the kitchen, the staff workers thought that the Count would be angry.

⑤ The man who broke the statue went up to Antonio and asked him to make a butter statue.

⑥ It took Antonio only a few minutes to carve a large piece of butter into the shape of a lion.

⑦ The guests at the Count's party wanted to know who made the wonderful statue of a lion.

問題の作成上，原文の一部を改変したところがある

＜リスニングテスト放送原稿＞

Bill, Jim and Scott drove to New York for a computer exhibition. They were friends and often helped each other. For this trip, they reserved a fantastic room on the top floor of the best hotel in town. Each of them didn't only have a bedroom but was also able to enjoy a large shared balcony and a living room.

They looked forward to staying at the hotel because it sounded like a very comfortable place. The bed clothes were made of fine cotton. The bath was like a swimming pool. And the view from their room was beautiful. New York can be noisy, so they thought it was a good idea to see it from the top floor.

They thought it was a good idea until they learned the elevators weren't working. After a long day of meetings, the three friends were shocked to hear that they were going to have to climb 75 floors of stairs to get to their room.

At first, they all complained and told each other how tired they were. Then Bill said to Jim and Scott, we can make this long walk more interesting. I'll tell jokes for 25 floors, Jim can sing songs for 25 floors, and after that Scott can tell sad stories the rest of the way. At the 26th floor Bill stopped telling jokes and Jim began to sing. At the 51st floor Jim stopped singing and Scott began to tell sad stories. "I will tell my saddest story first," he said. "I've left the room key in the car."

1. Why did the three friends stay in a New York hotel ?
2. What are available for the three men at the hotel ?
3. Why did the three men have to climb the stairs ?
4. On the 25th floor, what did Jim do ?
5. What probably happened right after the story ?

【数　学】（50分）〈満点：100点〉

（注意）円周率はπを用いなさい。

1　次の各問いに答えなさい。

〔1〕 $\left\{3\left(\dfrac{\sqrt{5}+\sqrt{3}}{4}\right)+\dfrac{\sqrt{5}-\sqrt{3}}{4}\right\}^2-\left\{\dfrac{\sqrt{5}+\sqrt{3}}{4}+3\left(\dfrac{\sqrt{5}-\sqrt{3}}{4}\right)\right\}^2$ を計算しなさい。

〔2〕 次の連立方程式を解きなさい。

$$\begin{cases} 6x+5y=12 \\ 4x-3y=-11 \end{cases}$$

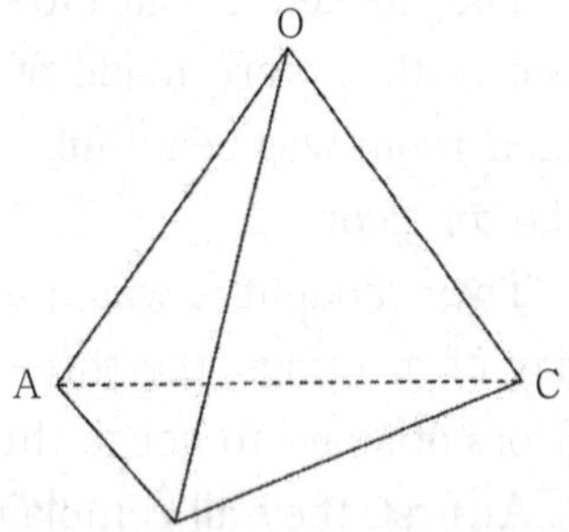

〔3〕 AB＝BC＝CA＝6cm，OA＝OB＝OC＝$6\sqrt{3}$cmの三角錐《すい》OABCがある。△ABCを底面としたとき，この三角錐の高さは$4\sqrt{6}$cmである。△OABを底面としたとき，この三角錐の高さを求めなさい。

〔4〕 大小2つのさいころを同時に1回投げるとき，大きいさいころの出た目の数をa，小さいさいころの出た目の数をbとする。原点をOとする座標平面があり，座標が$(a,\ b)$である点をP，$y=\dfrac{a}{2}x-\dfrac{10}{3}$で表される直線を$l$とする。このとき，直線$l$と線分OPが交わる確率を求めなさい。

　ただし，2つのさいころはともに1から6までのどの目が出ることも同様に確からしいとする。

2　右の図のように，7点O(0, 0)，A(−2, 8)，B(0, 2)，C(2, 6)，D(4, 6)，E(−2, 2)，F(4, 2)がある。点Pは線分AB，BC，CDからなる折れ線上にあり，点Qは線分EF上にあり，点Pと点Qはx座標が等しい。点Pと点Qのx座標をtとする。ここで，tのとりうる値の範囲は，$-2 \leqq t \leqq 4$である。△OPQの面積をSとする。ただし，$t=0$のとき$S=0$とする。

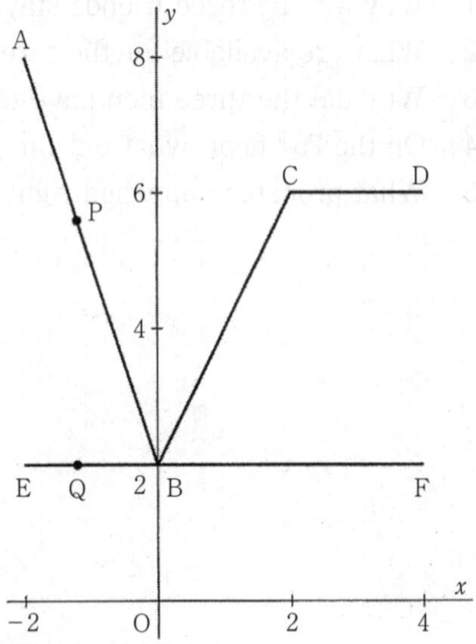

　このとき，次の各問いに答えなさい。

〔1〕 tとSの関係を表したグラフとして最も適切なものを，下の(ア)～(ク)から1つ選び記号で答えなさい。

〔2〕 $S=5$となるtの値をすべて求めなさい。

〔3〕 tの値がkから$k+1$まで増加するときのSの増加量が$\dfrac{5}{2}$となるkの値をすべて求めなさい。

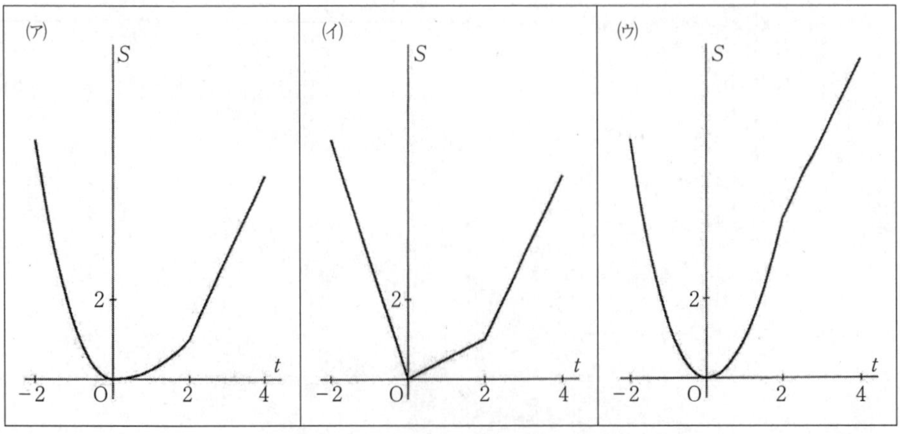

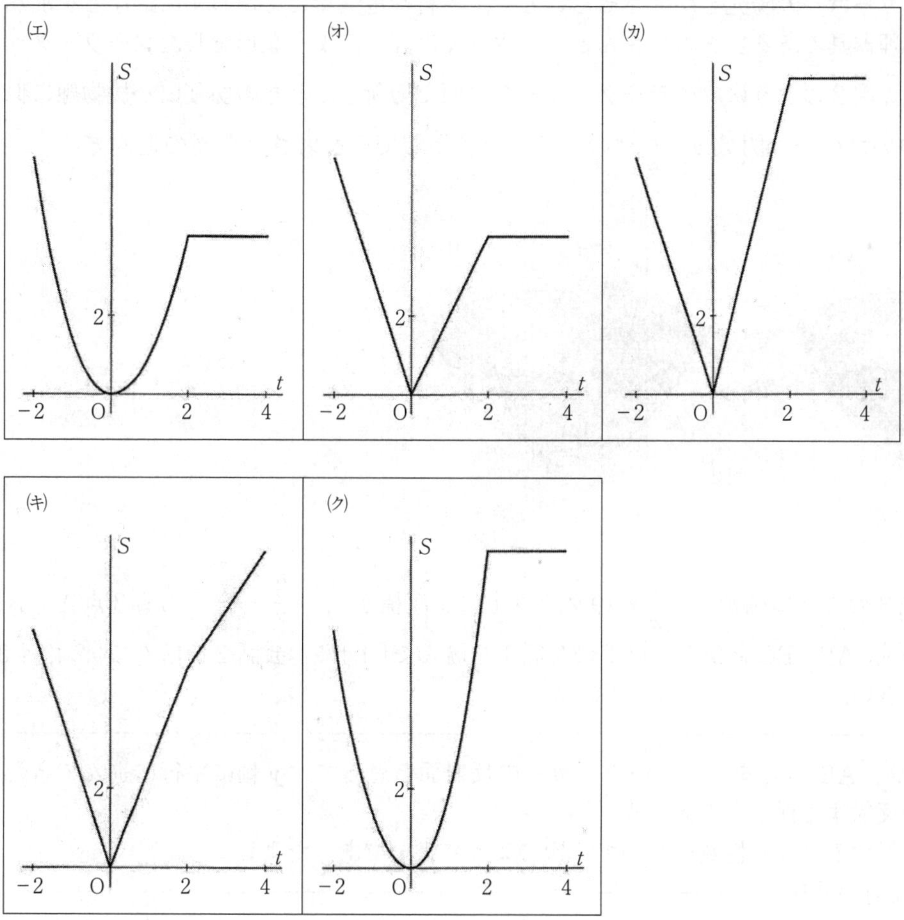

3 右の図のように中心がO，線分ABを直径とする半径3cmの円がある。直径ABに垂直な直径をCDとする。線分AEの長さが2cmとなるように円周上に点Eをとる。直線EOと円の交点のうちEでない方をF，線分BEと線分CDの交点をGとする。また，直線AGと線分EFの交点をH，直線AGと円の交点のうちAでない方をIとする。線分AFと線分CDの交点をJ，線分IJと線分BEの交点をKとする。

このとき，次の各問いに答えなさい。

〔1〕 線分OGの長さを求めなさい。

〔2〕 線分GKの長さを求めなさい。

〔3〕 △OGHの面積を求めなさい。

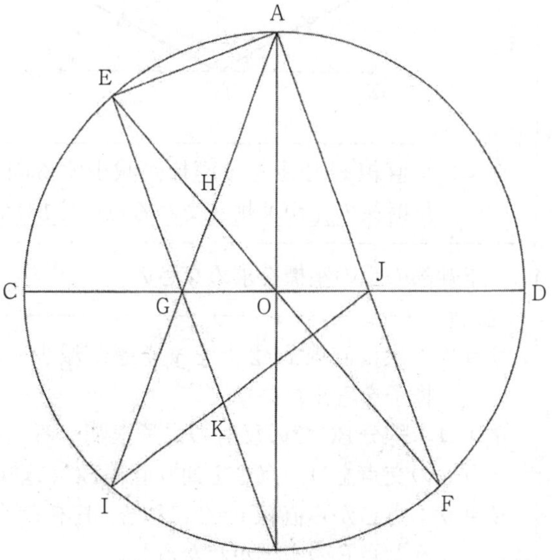

4 ソーラークッカーは，太陽光を反射させることで，燃料や電気などを使わずに鍋などを加熱することができる調理器具である。タエコさんとリョウさんは図1のような形をしたソーラークッカーに興味を持った。図2のようにソーラークッカーを平面で切断したときの切り口が放物線に似ていることに気がついたので，関数 $y=\frac{1}{2}x^2$ のグラフを利用して，反射させた光の進み方について調べようと思った。

図1

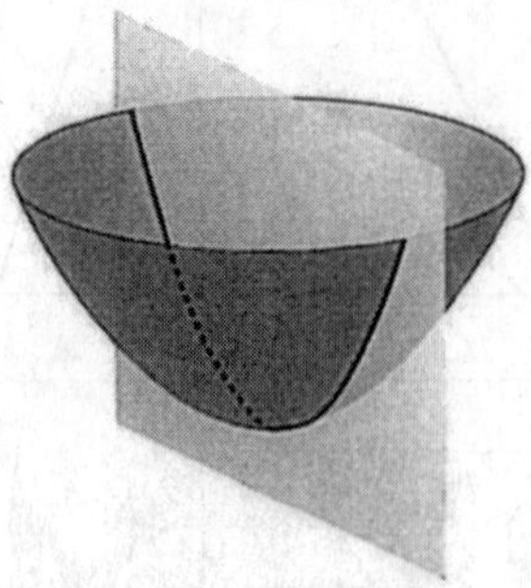
図2

次のページの図3のように関数 $y=\frac{1}{2}x^2$ のグラフ上に x 座標が $\frac{1}{2}$，$\frac{3}{2}$，$\frac{5}{2}$ である3点A，B，Cをとり，線分OA，AB，BCをひく。以下の会話1を読んで〔1〕に，会話2を読んで〔2〕，〔3〕にそれぞれ答えなさい。

会話1

タエコ：線分OA，AB，BCをソーラークッカーの反射面と思って，y 軸に平行に進んできた太陽光が反射する様子を考えよう。

リョウ：光が反射するときの性質について，次のように書いてあったよ。

光の反射の性質

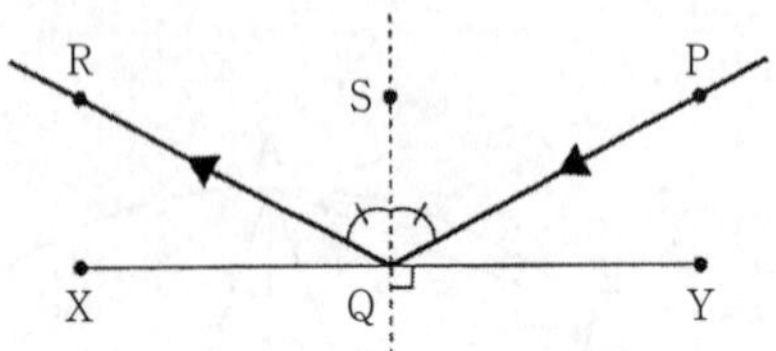

直線PQ上を点Pから点Qへ進んできた光が線分XY上の点Qで反射するとき，反射後の光は，∠PQS＝∠RQSとなる直線QR上を点Qから点Rの方へ進む。
ただし，線分XYと線分SQは垂直である。

タエコ：直線 $x=1$ 上を y 座標が減少する向きに進んできた太陽光が線分ABで反射したとき，<u>反射後の光が y 軸と交わる点の座標は求められるね。</u>

〔1〕 下線部の点の座標を求めなさい。

会話2

リョウ：次は直線 $x=2$ 上を y 座標が減少する向きに進んできた太陽光が線分BCで反射する様子を考えたいな。

タエコ：線分BCでの反射の様子を調べるために図4をかいてみたよ。直線 $x=2$ と線分BCとの交点をD，点Cを通り直線BCに垂直な直線と直線 $x=2$ との交点をEとおいたよ。

リョウ：点Cから直線 $x=2$ に垂線CHをひくと，△DHCと△CHEは相似だね。このことを使うと点Eの座標がわかるね。

タエコ：点Bを通り直線BCに垂直な直線と，点Eを通り直線CEに垂直な直線の交点をFとすると，反射後の光は直線DF上をDからFの方へ進むよ。

〔2〕 直線DFの式を求めなさい。

〔3〕 定数aの値の範囲を$\frac{3}{2}<a<\frac{5}{2}$とする。直線$x=a$上を$y$座標が減少する向きに進んできた太陽光が図3の線分BCで反射するとき，反射後の光がy軸と交わる点の座標を$(0,\ b)$とおく。このとき，bをaの式で表しなさい。

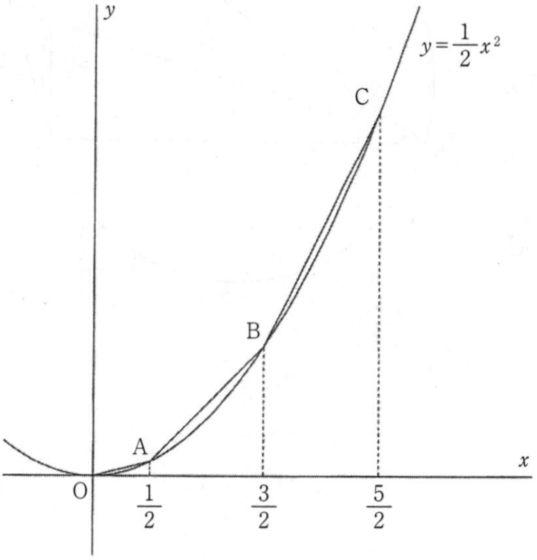

図3

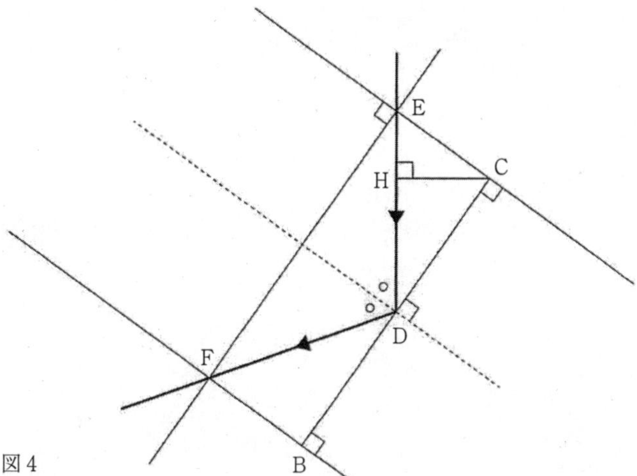

図4

5 右の図のように，円周上に3点A，B，Cがあり，AB＝24cm，BC＝7cm，CA＝25cm，∠ABC＝90°である。点Pは，点Cを含む弧AB上を動く。ただし，点Pは点A，点Bとは一致しないものとする。直線AP上に，PQ＝PBとなる点Qを，点Pに関して点Aと反対側にとる。

このとき，次の各問いに答えなさい。

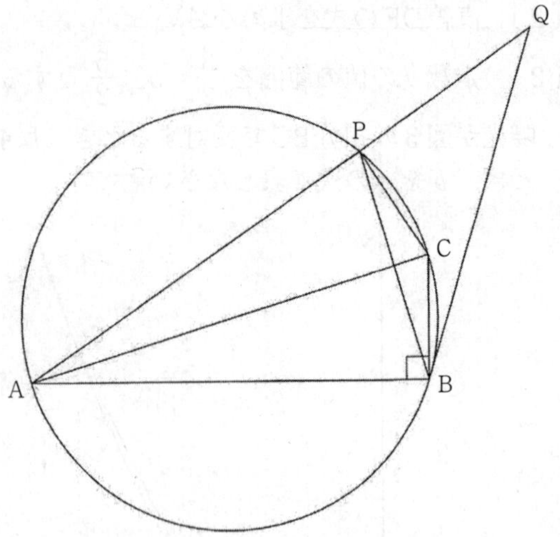

〔1〕 ∠ACB＝a°とするとき，∠AQBの大きさをaを用いて表しなさい。

〔2〕 ∠ABQ＝90°となるとき，線分AQの長さを求めなさい。

〔3〕 △ABQの面積が最大となるとき，線分APの長さを求めなさい。

【社　会】（50分）〈満点：100点〉

（注意）　1．この問題にはマーク式解答の問いと記述式解答の問いが含まれています。

2．解答番号 1 ～ 37 の問いは，答えをマークシートの各解答番号のうちから1つ選んでマークしなさい。

3．記述 の印がある問いの解答は，マークシートの裏面の指定された解答欄に記入しなさい。

1　探検や冒険について，後の問いに答えなさい。図1は正距方位図法の略地図であり，1304年にモロッコのタンジャ（現タンジール）に生まれたイブン・バットゥータの旅を記録したとされる『三大陸周遊記』による主な行程を示したものである。

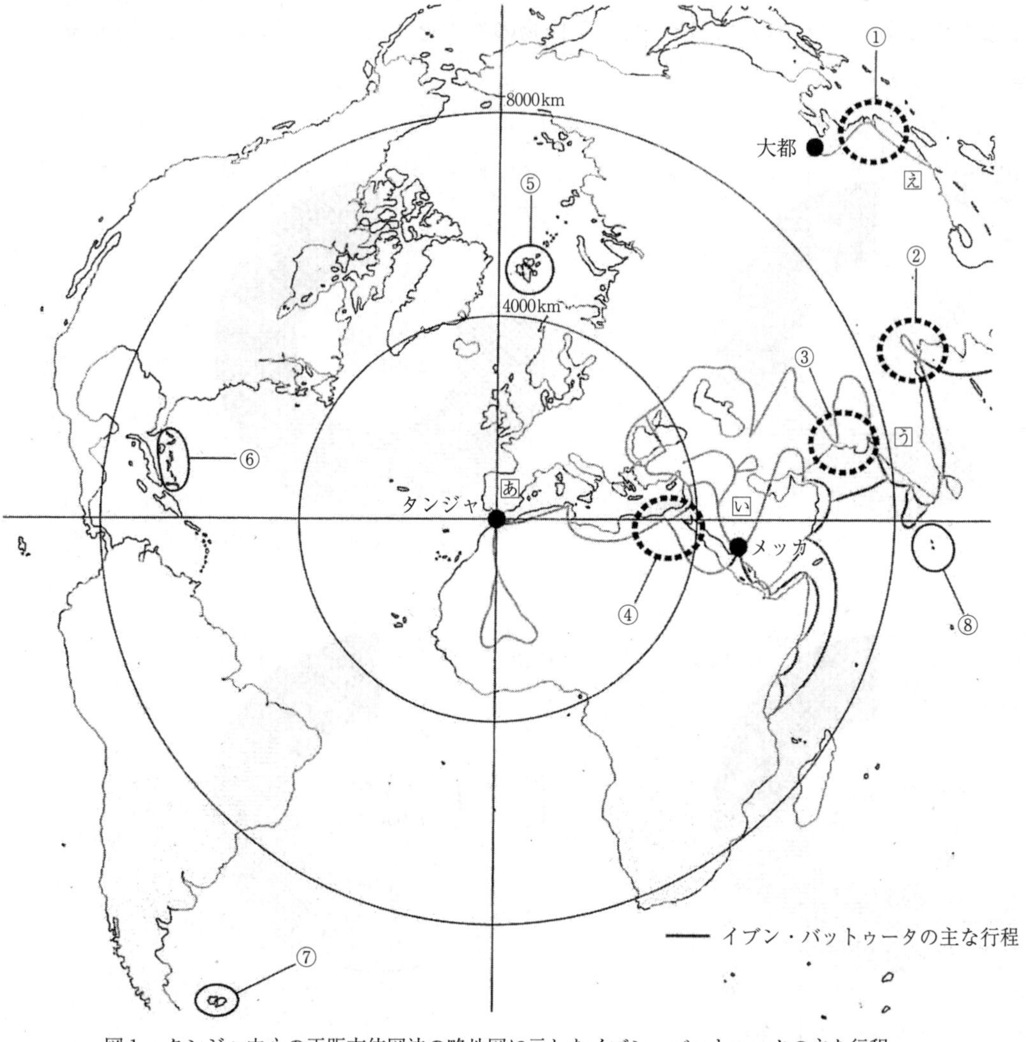

図1　タンジャ中心の正距方位図法の略地図に示したイブン・バットゥータの主な行程

バンガーラ（ベンガル）は広大で，［　A　］の産地である。世界中で，この地方ほど物価のやすいところを，わたくしは見たことがない。しかし湿気が多く，ペルシャの人々は「財宝に満ちた地獄」と呼んでいる。

最初に訪れたのは（ベンガル地方の）スドゥカーワーンという大海に臨んだ大きな港町で，ガンジスの河口に近いところにあった。

『三大陸周遊記』（前嶋信次訳，角川書店，一部改変）

問1　図1から読み取れることとして最も適切なものを，次の①～④のうちから1つ選びなさい。 1

①　タンジャから見て，メッカはおよそ東に位置し，大都は北東に位置している。
②　タンジャからメッカはおよそ5千キロ，大都はおよそ2万キロ離れている。
③　メッカから見て，タンジャはおよそ西に位置し，大都は真北に位置している。
④　メッカからタンジャはおよそ5千キロ，大都はおよそ2万キロ離れている。

問2　次のグラフは，2019年の小麦・米・トウモロコシ・大豆のいずれかの世界における生産量の割合を示したものである。文中の[A]に該当する作物のものを，次の①～④のうちから1つ選びなさい。 2

①

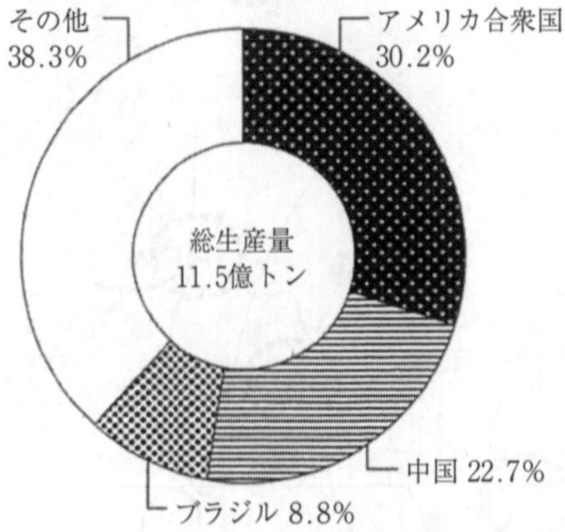

②

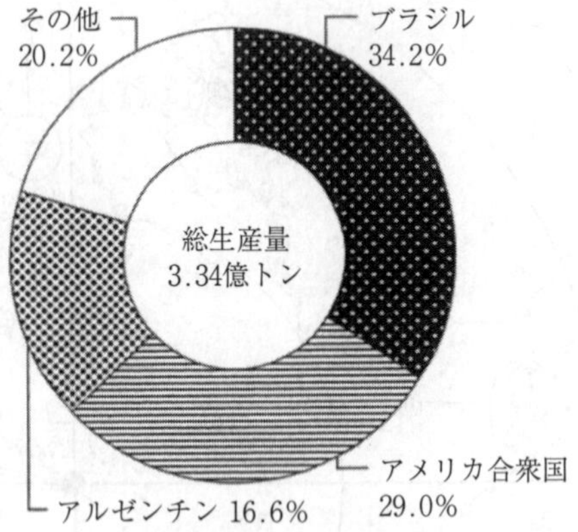

③

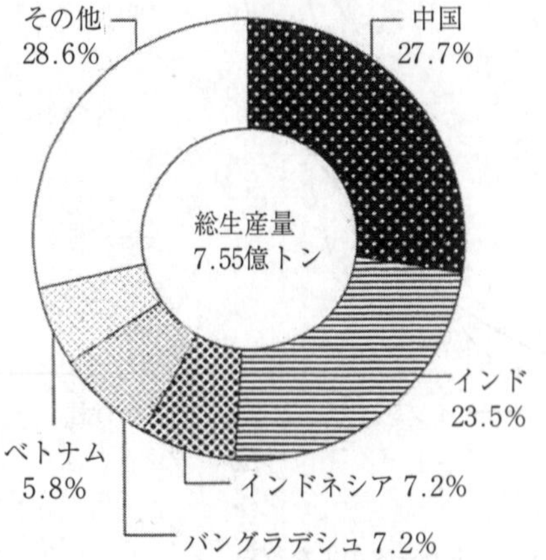

④

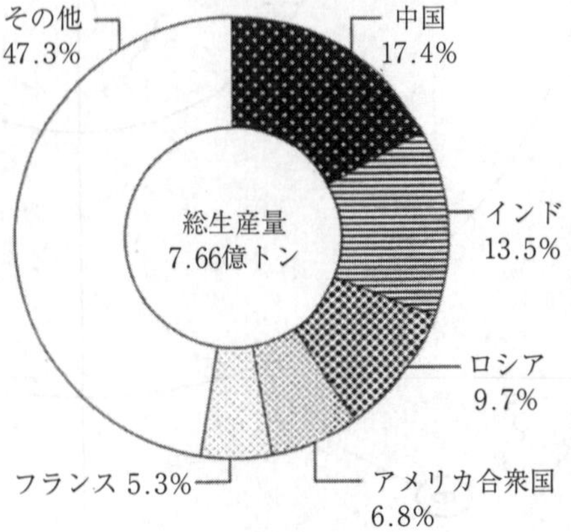

『世界国勢図会 2021/22』による

問3　文中の「スドゥカーワーン」という港町の位置として最も適切なものを，図1の ◌ の①～④のうちから1つ選びなさい。 3

問4　イブン・バットゥータがメッカを訪れた際のようすは，次のように記録されている。この土地には，ある宗教の信者のみが訪れることができた。その宗教の特徴について説明した文として最も適切なものを，下の①～④のうちから1つ選びなさい。 4

アル・マスジドル・ハラームは町のほぼ中央にあって，東西は約二百メートル，南北もほぼ同じくらいである。その中央にカーバが立っている。方形の建物で，その美しさは筆にも言葉にも尽くし得ぬのである。褐色で堅牢《けんろう》な石材を巧みに積み上げて作ったもので，多くの年月を経ても少しも変ったところが見えぬ。カーバの入口は，北東面の壁にあり，この入口と黒石との間の壁をアル・ムルタザムという。巡礼の人々は，ここに胸をあてて熱烈な祈りをささげるのである。

『三大陸周遊記』（前嶋信次訳，角川書店，一部改変）

① 復活祭（イースター）や降誕祭（クリスマス）などが主な宗教行事となっている。イエスの教えが新約聖書にまとめられ，以降，ヨーロッパ各地へ拡大し，その後，他地域にも広がった。

② ブラフマー，ヴィシュヌ，シヴァの３つの神が重要視され，信者は「聖なる川」で沐浴《もくよく》を行い，身を清めて祈りを捧《ささ》げる。牛は神聖な動物として扱われ，肉を食べない菜食主義を守っている人も多い。

③ １日に数回の礼拝や，寄付（喜捨）やラマダン（ヒジュラ暦の９月）の断食が義務付けられている。コーランという聖典に信仰に関することが記載されており，豚肉や飲酒は避けられる。

④ さとりを開くことで苦しみから解放されるという考えに基づき，さまざまな教えが派生した。慈悲の精神を重要視し，殺生を好まず，肉，魚などを避けて，精進料理といわれる食膳が準備されることがある。

問５ 次の表は，図１の［あ］～［え］に示した地域にある，現在の国々について，項目ごとにまとめたものである（統計年次は2018年／2020年）。［い］の地域にある国のものとして最も適切なものを，次の①～④のうちから１つ選びなさい。［５］

	①	②	③	④
人口密度（人/km²）（2020年）	420	16	150	92
第三次産業従事者の割合（％）（2018年）	31.7	72.7	45.7	75.5
観光客数（万人）（2018年）	1,742	1,533	6,290	8,277
観光収入（億ドル）（2018年）	291	170	404	813

『データブック オブ・ザ・ワールド 2021年版』による

問６ 1492年８月３日にスペインのパロス港付近の河口を出発したコロンブス一行の探検の成果に関する次の文章を読んで，後の(1)および(2)に答えなさい。

10月11日，木曜日

夜中の２時に陸地が見えたが，陸地からは２レグア（約12キロメートル）ほど離れていたのであろう。そこで，全部の帆を巻きあげ，ボンネットのない大四角帆《トレオ》だけを残して綱にくくりつけ，翌日を待った。そして翌金曜日，インディオの言葉でグアナハニと呼ばれる，ルカヨ諸島の一小島に到着した。

『コロンブス航海誌』（林屋永吉訳，岩波書店，一部改変）

(1) 文中の下線部は，1492年10月12日金曜日にコロンブスが到達した島のことである。この島を含む諸島は現在何と呼ばれているか。解答欄に最も適切な地名を**カタカナ３字**で書きなさい。［記述］

(2) コロンブスが到達した下線部の島を含むものとして最も適切なものを，図１の ◯ の⑤～⑧のうちから１つ選びなさい。［６］

2 近畿地方について，次の問いに答えなさい。

問1 図1は近畿地方とその周辺地域を示したものである。XとYの地域に見られる海岸地形を何とよぶか。地形の名称を答えなさい。[記述]

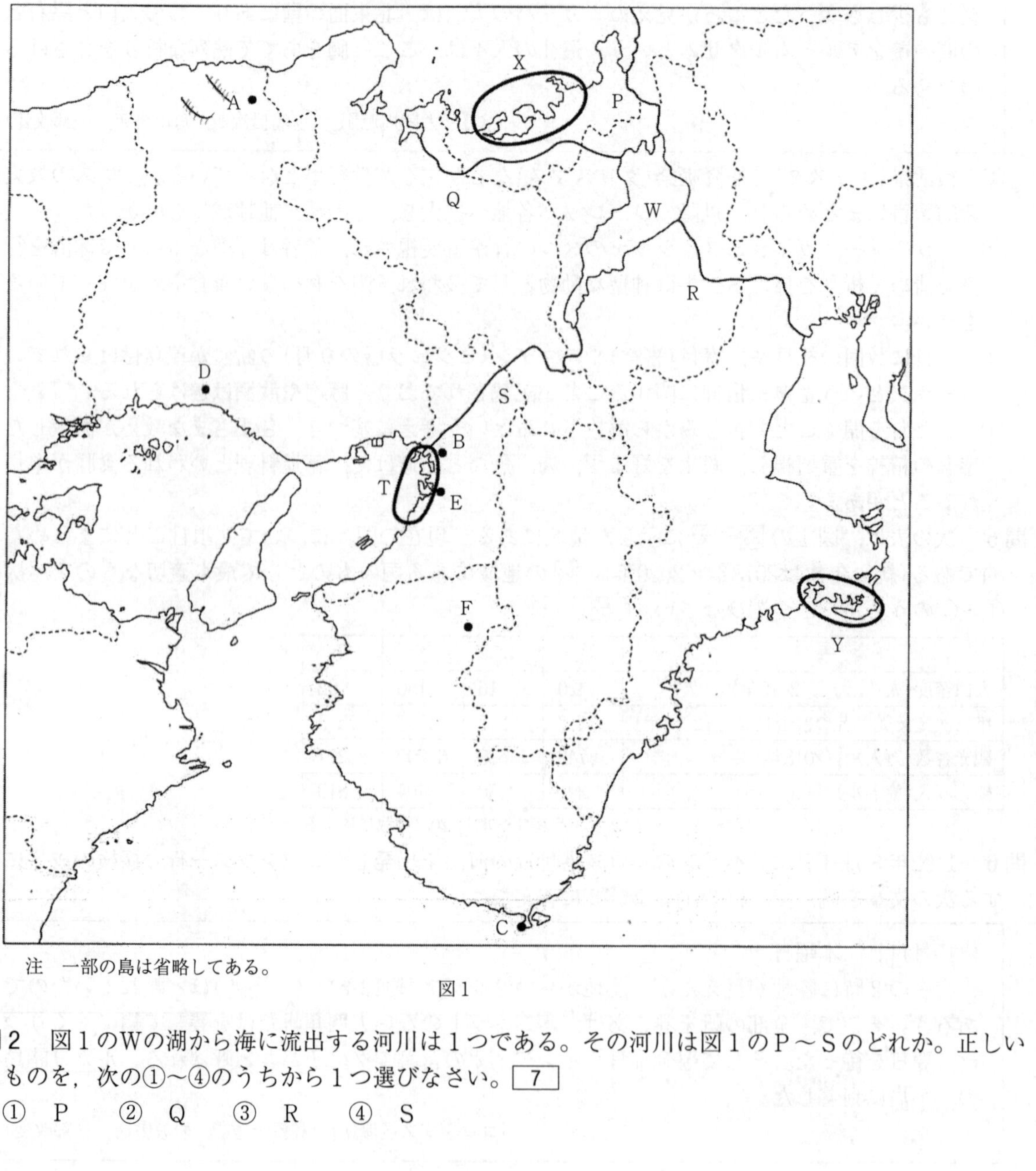

注　一部の島は省略してある。

図1

問2 図1のWの湖から海に流出する河川は1つである。その河川は図1のP～Sのどれか。正しいものを，次の①～④のうちから1つ選びなさい。[7]

①　P　　②　Q　　③　R　　④　S

問3　次の図は，図1のA～Cのいずれかの地点の雨温図である。それぞれの図にあてはまる地点の組合せを，下の①～⑥のうちから1つ選びなさい。［8］

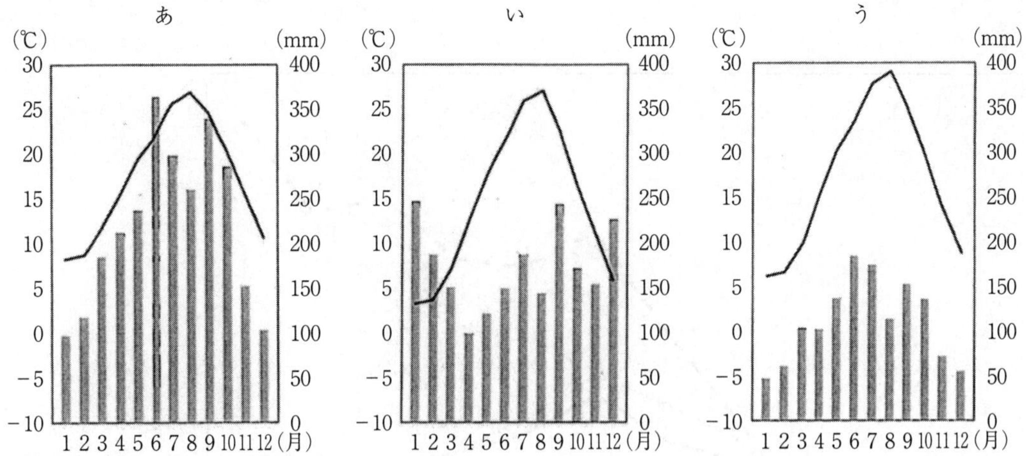

気象庁Webページより作成

	あ	い	う
①	A	B	C
②	A	C	B
③	B	A	C
④	B	C	A
⑤	C	A	B
⑥	C	B	A

問4　次のグラフは，大阪府，東京都，愛知県における1960年から2015年までの製造品出荷額等の変化を示したものである。グラフの か～く にあてはまる都府県の組合せを，下の①～⑥のうちから1つ選びなさい。[9]

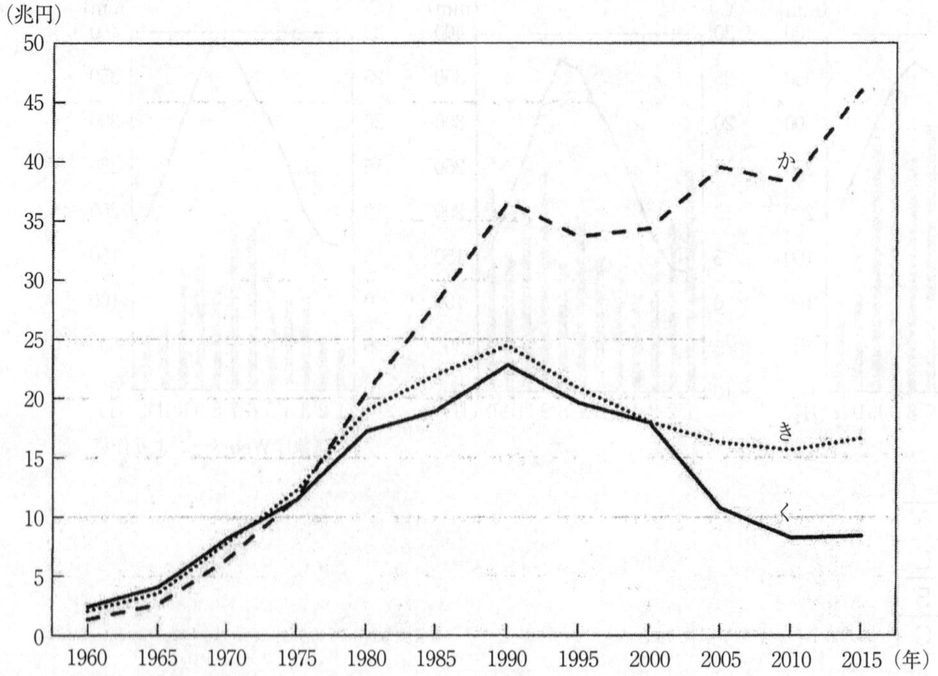

注　1985年～2015年については，従業者4人以上の事業所のみが対象となっている。

経済産業省Webページより作成

	か	き	く
①	大阪府	東京都	愛知県
②	大阪府	愛知県	東京都
③	東京都	大阪府	愛知県
④	東京都	愛知県	大阪府
⑤	愛知県	大阪府	東京都
⑥	愛知県	東京都	大阪府

問5　図1のTの地域で現在見られる発電所のうち，最も発電量の多いものを，次の①～④のうちから1つ選びなさい。[10]

①　水力発電所　　②　火力発電所　　③　原子力発電所　　④　地熱発電所

問6　右の表は，2015年における京都府，兵庫県，奈良県，和歌山県の4府県から大阪府への流入人口(常住地から通勤・通学のために流入してくる人口)と，同じ4府県の昼夜間人口比率(昼間人口を常住人口(夜間人口)で割って100をかけたもの)を示したものである。表の①～④のうち，奈良県にあてはまるものを1つ選びなさい。[11]

	大阪府への流入人口(万人)	昼夜間人口比率
①	9.7	101.8
②	15.5	90.0
③	2.9	98.2
④	33.3	95.7

『データでみる県勢 2021年版』より作成

問7　図1のD～Fは，世界文化遺産に登録されている文化財の位置を示している。次の さ～す はD～Fのいずれかにある文化財について説明したものである。さ～す とD～Fの組合せとして適

切なものを，下の①～⑥のうちから１つ選びなさい。 12

さ　平安時代初期に密教を学び，中国から帰国した空海が開いたとされる寺院がある。この寺院は現在も真言宗の総本山となっている。

し　1609年に建築された５層７階の大天守をはじめとする城郭が残されている。白壁で統一された優美な外観から白鷺《しらさぎ》城ともよばれている。

す　５世紀の中頃に築造されたとされる日本最大の前方後円墳がある。周辺には全周約2.8kmの周遊路が整備されている。

	さ	し	す
①	D	E	F
②	D	F	E
③	E	D	F
④	E	F	D
⑤	F	D	E
⑥	F	E	D

問８　次のグラフは，和歌山県における1960年から2015年までの林業就業者の年齢階層別構成比のうち，20～29歳，40～49歳，60歳以上について示したものである。グラフの た～つ にあてはまる年齢階層の組合せを，下の①～⑥のうちから１つ選びなさい。 13

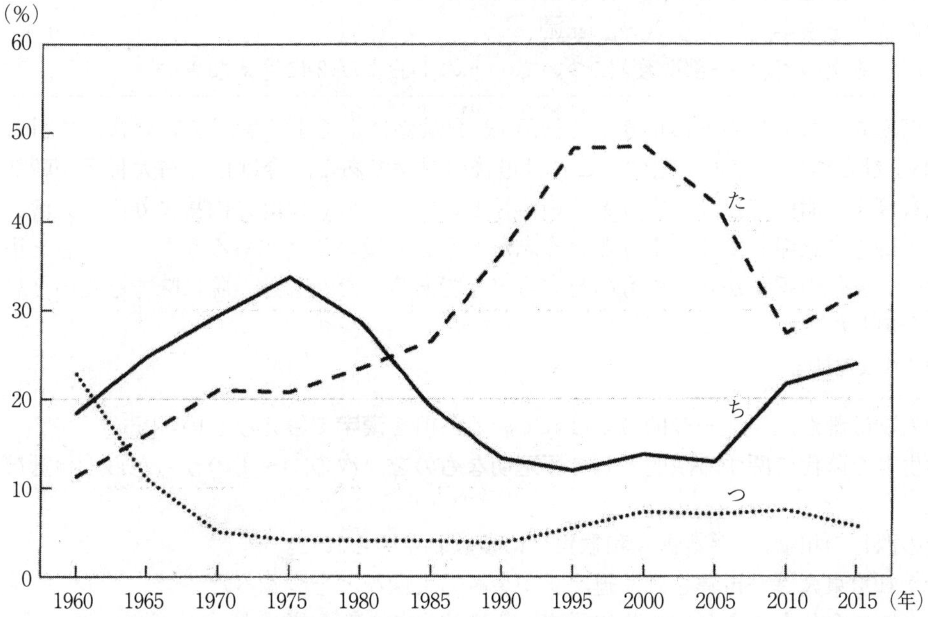

和歌山県農林水産部森林・林業局『令和３年度　森林・林業及び山村の概況』より作成

	た	ち	つ
①	20～29歳	40～49歳	60歳以上
②	20～29歳	60歳以上	40～49歳
③	40～49歳	20～29歳	60歳以上
④	40～49歳	60歳以上	20～29歳
⑤	60歳以上	20～29歳	40～49歳
⑥	60歳以上	40～49歳	20～29歳

3　次の文章を読んで，後の問いに答えなさい。

日本の歴史を振り返ると，政治の中枢に女性が深く関わっていた時代もある。たとえば，蘇我氏によって対立する大王《おおきみ》が殺害され，女性の大王が擁立されると，以後約200年の間，しばしば(ア)女性の大王や天皇が即位した。

平安時代には女性の天皇が即位することはなくなったが，『源氏物語』や(イ)『枕草子』など，女性によって書かれたかな文字を使った文学作品が多く残された。鎌倉時代には，(ウ)幕府のような公的な場でも女性が重要な役割を果たしていた。しかし，鎌倉時代の後半以降，御家人の窮乏を背景に相続のあり方などが変わり，女性の社会的地位は徐々に低下していった。

(エ)江戸時代には男性を一家の中心とする考え方が広く定着した。こうした考え方は，明治時代にも引き継がれていった。(オ)大正時代には第一次世界大戦の勃発にともなう大戦景気を背景に，女性の社会進出や生活様式の変化が進んだが，女性の政治参加への制約は大きかった。太平洋戦争の敗戦後，(カ)連合国軍による占領下でさまざまな改革が進められ，女性の政治的・社会的地位も大きく変化した。

問1　下線部(ア)のもとでのできごとについての説明として最も適切なものを，次の①～④のうちから1つ選びなさい。[14]

①　朝鮮半島から朝廷に仏像や経典がもたらされ，初めて仏教が伝えられた。

②　律令制度を実施する準備が進められ，藤原京がつくられた。

③　都に東大寺を建て，国ごとに国分寺と国分尼寺をつくることが命じられた。

④　大陸からの攻撃が心配されるなか，大津宮に都が移された。

問2　下線部(イ)の作者名を**漢字**で答えなさい。[記述]

問3　下線部(ウ)に関する次の資料(一部改変)について，下の(1)および(2)に答えなさい。

> (あ)二品《にほん》は，御家人たちを簾《すだれ》の下に招き，注秋田城介《あきたじょうのすけ》景盛によくよく意思をいい含めて言わせた。「みな心をひとつにしてよく聞け。これは最後の言葉である。今は亡き右大将軍が朝敵を征伐し，鎌倉幕府を開いて以降，官位といい俸禄《ほうろく》といい，その恩は既に山岳より高く大海よりも深い。この御恩に感謝して報いようという志がどうして浅いことがあろうか。……名を惜しむ者たちは……三代の将軍が残したものを守るべきである。ただし，(い)院に味方したいと思う者は，ただ今申し出よ。」
>
> 注　有力御家人の安達景盛

(1)　下線部(あ)の人物は誰か，現在一般的によばれている名前を**漢字**で答えなさい。[記述]

(2)　下線部(い)の生きた時代に関する説明として**不適切なもの**を，次の①～④のうちから1つ選びなさい。[15]

①　武士出身の西行の和歌が，『新古今和歌集』に多数おさめられた。

②　戦乱で焼かれた東大寺が再建され，運慶らが金剛力士像などをつくった。

③　法然が，一心に念仏を唱えれば，死後誰でも極楽往生できると説いた。

④　中国にわたって絵画技法を学んだ雪舟が，日本の水墨画を完成させた。

問4　下線部(エ)に関する説明として最も適切なものを，次の①～④のうちから1つ選びなさい。[16]

①　江戸幕府の成立から約30年後に，大阪を拠点に大名として存続していた豊臣氏が滅ぼされた。

②　江戸幕府の成立から約100年間は，平和の実現とともに商工業が発展する一方，耕地の開発は停滞した。

③　ペリー来航の約60年前にロシアの使節が来航し，通商を求めると，ロシアを警戒した幕府は蝦夷地や樺太の調査を行わせた。

④　ペリー来航の約10年前，アヘン戦争における清国の敗北の情報が伝わると，幕府は海防強化の

ために異国船打払令を出した。

問５　下線部(エ)には特徴的な文化が展開したいくつかの時期が知られている。右の作品が描かれたのと同じ頃の政治や文化に関する説明として最も適切なものを，次の①～④のうちから１つ選びなさい。 17

①　徳川家光が参勤交代を制度化し，大名の妻子の多くは江戸に滞在することになった。

②　徳川綱吉が生類憐《あわれ》みの令を定め，極端な動物愛護の政策をとった。

③　伊能忠敬が全国の海岸線を測量し，正確な日本地図を作成した。

④　小林一茶が農民の素朴な感情を俳句によみ，川柳や狂歌が流行した。

問６　次の〈人物〉Ⅰ・Ⅱと〈作品〉Ａ～Ｃについて，下線部(オ)のような時代を背景に活躍した画家とその作品の組合せとして最も適切なものを，下の①～⑥のうちから１つ選びなさい。 18

〈人物〉　Ⅰ　黒田清輝　　Ⅱ　竹久夢二

〈作品〉

A

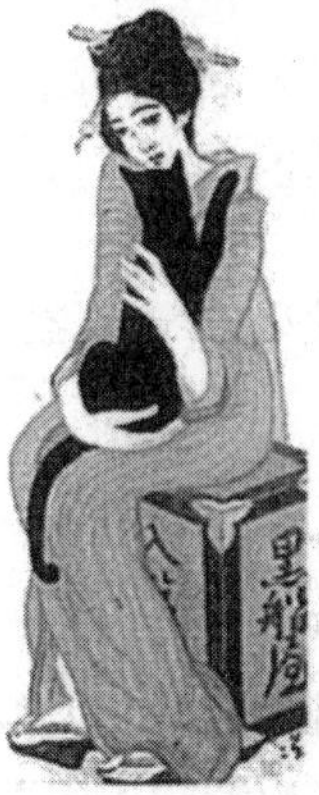

B

C

	①	②	③	④	⑤	⑥
〈人物〉	Ⅰ	Ⅰ	Ⅰ	Ⅱ	Ⅱ	Ⅱ
〈作品〉	A	B	C	A	B	C

問７　下線部(オ)に関する説明として最も適切なものを，次の①～④のうちから１つ選びなさい。 19

①　工業の発達により，従来ほとんど男性だった工場労働者にも女性が採用されるようになった。

②　男子より低かった女子の小学校就学率が高まり，第一次世界大戦後には80％をこえた。

③　バスの車掌や電話交換手などの働く女性が増加し，ほとんどの女性が日常的に洋服を着るようになった。

④　都市部の文化住宅にはガス・水道・電気などが設置され，ライスカレーやコロッケなどの洋食が広まった。

問８　下線部(カ)に関する説明として最も適切なものを，次の①～④のうちから１つ選びなさい。 20

①　新たに制定された教育基本法に，教育の機会均等，男女共学などが定められ，これに合わせて義務教育は９年間となった。

②　労働組合が数多く組織されるようになったことを背景に，働く人々の生活をありのままに描く樋口一葉などの女性の作家が登場した。

③　満20歳以上の男女に選挙権が認められ，戦後初の衆議院議員選挙では約100名の女性が当選した。

④　労働条件の最低基準を定めた労働基準法が制定され，女性が働きやすいようにするための保育所の整備の基準などが定められた。

4　次の文章を読んで，後の問いに答えなさい。

お金を意味する英語の「money」は，(ア)古代ローマで最初の硬貨がユーノー・モネータ(Juno Moneta)神殿で鋳造されたことに由来する。

(イ)メソポタミアに居住していたシュメール人は，紀元前3000年頃には独自の通貨単位を使用していた。古代ローマでは金貨が兵士への給料として使用され，英語の「soldier」という語はこの金貨の名称ソリドゥスに由来する。しかしローマ帝国の衰退と共に貨幣経済は一時廃れ，中世のヨーロッパ世界では，税は硬貨ではなく生産物や労役で支払われるようになった。一方アジアでは新たな通貨システムが生み出され，13世紀には(ウ)当時の中国の王朝を訪問し，その王朝に仕えたヨーロッパの探検家の著作によって，その新種の通貨がヨーロッパに紹介された。オランダに対抗して，(エ)アジアとの貿易に進出していったイギリスは17世紀末，国内の財政安定のためイングランド銀行を設立した。この銀行はのちに国内の手形発行を独占し，国内の(オ)金融制度の要となり，中央銀行のモデルとなっていった。

前述のユーノー・モネータ神殿の名は所持金を守るとされる女神に由来し，「忠告する者」という意味があるとされている。(カ)人間の歴史を支えてきた通貨システムは時に破綻し，経済混乱や戦争をもたらすこともあり，歴史にもさまざまな影響をもたらしてきた。

問1　下線部(ア)に関する説明として**不適切なもの**を，次の①～④のうちから1つ選びなさい。 21

①　神に捧《ささ》げる宗教的な祭典として，古代オリンピックを始めた。

②　一神教であるキリスト教を国教に定めた。

③　共和制から，皇帝を中心とする帝政になった。

④　東西に分裂し，東側の国は現在のトルコを中心とした。

問2　下線部(イ)に関連して，この地に興った各王朝は現代にもつながるさまざまな制度を残しており，刑法もその一つである。資料1は紀元前1800年頃にメソポタミアを統一した古バビロニア王国で制定された法典の一部(一部改変)である。古代メソポタミア文明とこの資料の内容についての説明として最も適切なものを，下の①～④のうちから1つ選びなさい。 22

資料1

> 第196条　もし自由人もしくは貴族階級の者が，別の自由人もしくは貴族階級の目を失明させたならば，判事たちはその者の目を失明させるべし。
>
> 第198条　もし自由人もしくは貴族階級の者が，半自由人もしくは平民階級の者の目を失明させたならば，彼は銀を賠償金として支払うべし。

①　この文明では甲骨文字が使用され，資料1では犯した罪によって刑罰には差がなかったことがうかがえる。

②　この文明では太陽神の化身とされた王による統治がなされ，資料1では王が独占的に法も管理していたことがうかがえる。

③　この文明では成人男性による民主主義が確立し，資料1でも法の下の平等が明記されている。

④　この文明では粘土板に文字が記録され，資料1では身分によって刑罰に差があったことがうかがえる。

問3　下線部(ウ)について，資料2はその記述の一部(一部改変)である。この王朝の名称と資料2で述べられた通貨の図の組合せとして適切なものを，下の①～⑥のうちから1つ選びなさい。 23

資料2

> その一枚いちまいの紙が全て，純金や純銀であるかのごとく厳かに権威を持って発行される。……誰もがそれをすぐに受け入れる。そのため大ハーンの領土内ではどこに行ってもこの紙の通貨に出会う。そして純金の硬貨と全く同じように，これであらゆる品物の売買ができる。

X

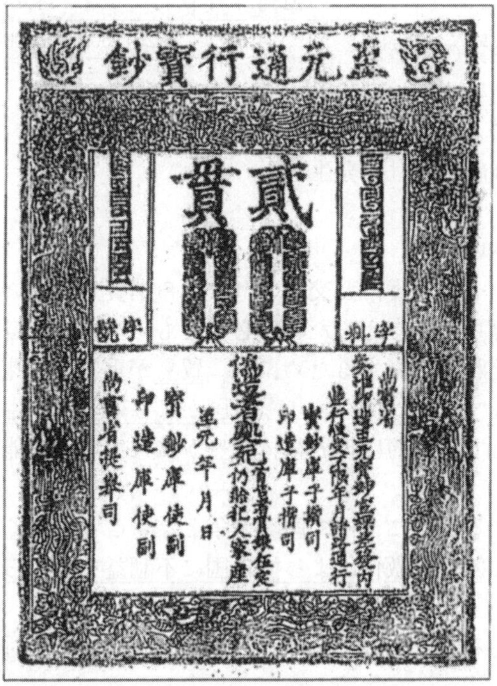

Y

	①	②	③	④	⑤	⑥
王朝の名称	唐	唐	元	元	明	明
通貨の図	X	Y	X	Y	X	Y

問4　下線部(エ)に関連して，アジアとの交易を目的にヨーロッパ各国で設立されたのが東インド会社である。この会社に関する説明として最も適切なものを，次の①～④のうちから1つ選びなさい。
24

①　スペインの東インド会社は，インド航路開拓の中心となった。

②　イギリスの東インド会社は，インドの植民地化を進めた。

③　ドイツの東インド会社は，アジアへのキリスト教布教を行った。

④　ロシアの東インド会社は，南下政策を進めた。

問5　下線部(オ)に関連して，資料3はイギリスが19世紀に始め，その後ヨーロッパに広がった通貨制度についての説明である。この制度の名称を，解答欄にあうよう**漢字**で答えなさい。 記述

資料3

> [注]オーストリア・クローネは，純金貨で流通し，それによってその不動なことを保証していた。……万事がその規範を持ち，自己の一定の度量衡を持っていた。

注　当時のオーストリアの通貨

シュテファン・ツヴァイク『昨日の世界』（原田義人訳，みすず書房，一部改変）

問6　下線部(カ)に関連して，資料4はある国の1913年の卸売物価を1とした卸売物価指数を表している。その国とこのような状況になった背景についての説明として最も適切なものを，次の①～④のうちから1つ選びなさい。[25]

資料4

時期	卸売物価指数
1913年	1
1922年1月	37
1923年1月	2,785
1923年7月	74,787
1923年12月	1,261,600,000,000

①　この国は中国であり，日清戦争の敗北によって外国勢力の進出が進んだ。
②　この国はアメリカであり，株価の大暴落により企業の倒産が相次いだ。
③　この国はドイツであり，第一次世界大戦の敗北により多額の賠償金を課せられた。
④　この国は日本であり，日露戦争後の不景気により経済混乱が発生した。

5　次のⅠ・Ⅱの文章を読んで，後の問いに答えなさい。

Ⅰ　経済において，様々なモノやサービスが生産され，それが貨幣と交換されながら消費されていくことを繰り返すことで社会は発展していく。人々の暮らしを支えるために必要なものをすべて自国で生産できることが望ましいが，現実には難しい。それを克服するために，(ア)貿易が重要な意味を持つ。国際分業において，自国で不足するものを輸入するだけでなく，(イ)自国がより効率的に生産することができる得意な商品を生産して輸出することで結果的に世界全体を豊かにしていく可能性が高まる。

一方で貿易は異なる国の企業が同種の製品を生産することによって国際競争となることも多く，健全な競争は経済の発展を促すが，場合によっては(ウ)競争の激化によって自国に不利益をもたらすこともある。

いずれにせよ貿易は相互に利益をもたらす関係であることが望ましく，貿易を行う国同士も対等かつ良好な関係を維持することが大事である。

問1　下線部(ア)に関連して，自由貿易ではそれぞれの国が得意とする商品の生産に集中したうえで，自国では生産していなかったり，効率的に生産できない製品を他国と互いに輸出入することが前提となっている。この自由貿易をよりいっそう進めるために必要な手立てとして最も適切なものを，次の①～④のうちから1つ選びなさい。[26]

①　自国の苦手な製品を生産する産業を育成するために，積極的に補助金を出す。
②　複数の国と協議しながら様々な製品に対する関税を下げ，最終的に撤廃を目指す。
③　相手国との協力関係を構築するために，国交を結び軍事同盟を締結する。
④　輸入品の安全性を確保するなどの理由で，国際標準より厳格な規準や検査を課す。

問2　下線部(イ)に関連して，次の2つの表はA国とB国の2か国が野菜と自動車を1単位生産するために必要な労働力の量および生産している労働者数を表している。なお，これ以外の産業に従事している労働者はいないものとする。ここでは，必要な労働力が少ないほうが効率的に生産できるということを意味している。

現在，A国とB国の両国はそれぞれ自国で野菜と自動車の両方を生産しているので，その生産量は両国合わせて野菜4単位，自動車4単位となる。これを，A国とB国それぞれが効率的に生産できる産業に自国の労働者すべてを投入した場合，どのような生産状況となるか。下の①～④のうちから最も適切なものを選びなさい。[27]

	A国		
	1単位生産するのに必要な労働者数	生産している労働者数	生産される量
野菜	100人	200人	2単位
自動車	140人	280人	2単位
全労働者数		480人	

	B国		
	1単位生産するのに必要な労働者数	生産している労働者数	生産される量
野菜	90人	180人	2単位
自動車	60人	120人	2単位
全労働者数		300人	

① A国は自動車生産に当てていた280人の労働力が加わり480人の労働力で野菜を生産することになり，4.8単位の野菜が生産される。

② A国はB国で野菜を作っていた180人の労働力を出稼ぎ労働者として受け入れて，380人の労働力で野菜を生産することになり，両国分の生産量の合計である4単位の野菜がA国で生産される。

③ B国は自動車生産に当てていた120人の労働力が加わり300人の労働力で野菜を生産することになり，約3.3単位の野菜が生産される。

④ B国は自動車生産に当てていた120人の労働力がA国へ出稼ぎ労働へ行くので180人の労働力のままで野菜を生産することになり，2単位の野菜が生産される。

問3 下線部(ウ)に関連して，競争の激化によって生じる産業の空洞化とはどのような問題か。最も適切なものを，次の①～④のうちから1つ選びなさい。[28]

① 人件費を抑えるために企業がリストラを進めたり採用を極端に減らした結果，その企業から特定の世代が欠けたいびつな組織構成になってしまう。

② 企業が安い人件費を求めて，工場などを海外に移転させることで，国内の雇用が減少してしまう。

③ 安い輸入品が大量に入ってくると，同種のものを生産していた国内の産業が破壊され，それを生産する企業が消滅してしまう。

④ 製品価格を抑えるために内容量を減らしたり製品のサイズを小さくすることで，パッケージの中身がすき間だらけになってしまう。

Ⅱ 2019年6月，金融庁の金融審議会「市場ワーキンググループ」報告書が出された。そこではある一つのケースとして95歳まで生きる場合，夫婦二人で老後資金として金融資産が2,000万円必要となるとの試算が示されていた。これは衝撃的な数字であったために，この部分のみが大きく報じられることとなった。その後報告書は撤回されたが，以前より(エ)老齢年金のみで豊かな老後をおくることは難しいと認識されており，また政府においても2001年に「貯蓄から投資へ」のスローガンを掲げ，国民に対して(オ)投資によって長期的に資産形成を支援するような政策が実施されている。

問4 下線部(エ)に関連して，老齢年金は日本の社会保障制度における4つの柱のどれに分類されるか。次の①～④のうちから1つ選びなさい。[29]

① 社会保険　② 公的扶助　③ 社会福祉　④ 公衆衛生

問5 下線部(オ)に関連し，この政策の背景には少子高齢社会の存在が指摘される。日本における少子高齢社会の原因についての説明として**不適切なもの**を，次の①～④のうちから1つ選びなさい。
[30]

① 共働き世帯が増加し，働くことと子育ての両立が難しいから。

② 高年齢者雇用安定法が改正され，希望すれば60歳をこえて働くことができるようになったから。
③ 結婚年齢の高まりから，特殊合計出生率が下がってきているから。
④ 平均寿命が伸び，人口全体に占める高齢者の割合が増えたから。

問6 「お金の融通」である金融において，間接金融につながっていく家計の行為として最も適切なものを，次の①～④のうちから1つ選びなさい。[31]

① 家計が，利子を期待して国が発行する国債を購入する。
② 家計が，利子を期待して銀行に預金する。
③ 家計が，利子を期待して地方公共団体が発行する地方債を購入する。
④ 家計が，配当金を期待して企業が発行する株式を購入する。

6 次の文章を読んで，後の問いに答えなさい。

コロナ禍の中で緊急事態宣言が発令され，多くの事業所が営業の自粛を求められた。要請に従わない店舗には罰則を課すことができるようになり，国民の(ア)経済活動の自由は大きく制限されることになった。感染症対策の背後で日々の生活が脅かされている人々がいるが，その補償は必ずしも充分とはいえない。一方で財政の問題は深刻であり，(イ)財政赤字は5年連続で過去最大を更新した。

感染症対策の一環として国民の権利を制限することについて，賛否の声があがっている。その背景には国家が緊急時に権力を濫用し，(ウ)国民の自由や権利を制限した歴史がある。多くの諸外国が都市封鎖(ロックダウン)を行う中で，日本政府は要請という形で対応している。

感染症対策が進められる中で，行政の【 A 】化の遅れが指摘されるようになった。保健所等では未だに紙ベースでの申請のやり取りが多い。こうした中で，2021年9月に設置された【 A 】庁が果たす役割について，注目しておく必要がある。

また国と(エ)地方公共団体の権限や役割分担が分かりにくく，調整に時間を要する事例があった。地域によって感染状況は違う。コロナ禍の中で，(オ)地方自治の重要性があらためて見直されている。

問1 文章中の【A】にあてはまる語を答えなさい。[記述]

問2 下線部(ア)に関連して，人権は本来法律によってもおかされない権利であるが，時として「公共の福祉」に照らして，人権を制限する場合がある。さらにその程度は人権の種類によっても異なる。これに関する説明を読んだ上で，(1)および(2)に答えなさい。

> 経済活動の自由は放置すると格差を生み出すことになるなどの理由から，「公共の福祉」による制限をより強く受けると考えられる。一方で(ア)の原理と直結する精神の自由が制限されると社会的な影響が大きいため，その権利を制限することについて，国家は抑制的であるべきという考え方がある。たとえば(イ)に基づくデモ活動などは精神の自由のひとつであり，「公共の福祉」による制限は慎重に行うべきであると考えられる。

(1) (ア)および(イ)に入る言葉として最も適切なものを，次の①～⑥のうちから1つ選びなさい。
[32]

	ア	イ
①	民主主義	表現の自由
②	資本主義	表現の自由
③	民主主義	身体の自由
④	資本主義	身体の自由
⑤	民主主義	参政権
⑥	資本主義	参政権

(2) 「公共の福祉」による経済活動の自由の制限の例として**不適切なもの**を，次の①～④のうちから1つ選びなさい。 33

① 公衆浴場の営業には，公衆浴場法に基づいて距離制限が設けられている。

② 企業の価格協定は独占禁止法で禁止されている。

③ 医師免許を持つ者でなければ，医師になることはできない。

④ 公務員はストライキを行うなどの団体行動権が制限されている。

問3 下線部(イ)に関連して，次のグラフは，日本の国債の保有者の内訳の推移をあらわしている。また下の説明は，国債に関する説明である。次のグラフ中の(ウ)および説明の中の(エ)に入る言葉の組合せとして最も適切なものを，下の①～⑥のうちから1つ選びなさい。 34

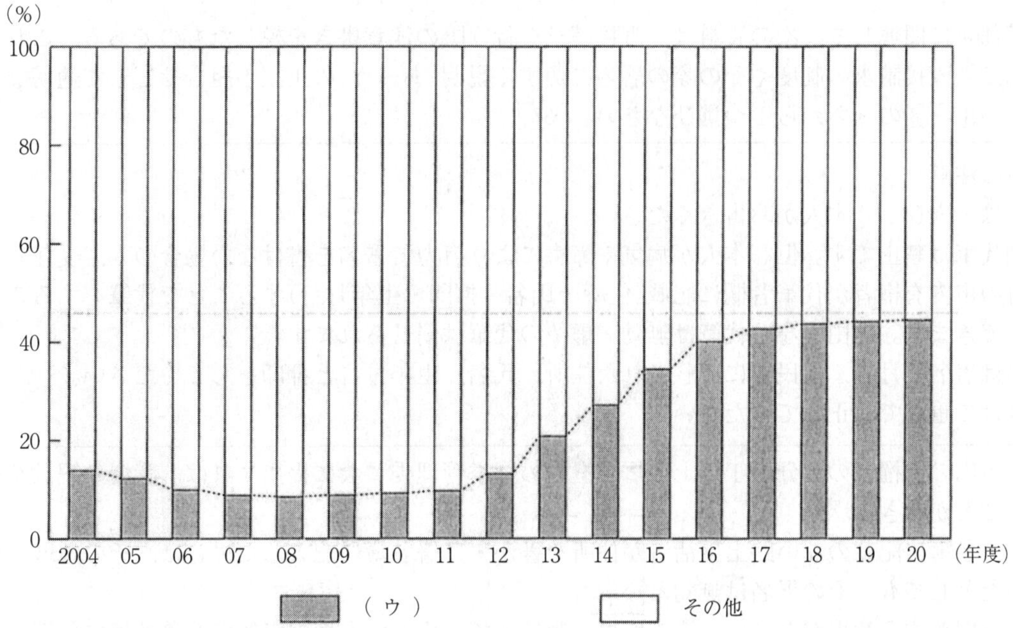

説明

財政赤字の不足分を補う国債は，(　エ　)をきっかけにはじめて発行された。

	ウ	エ
①	日本銀行	バブル崩壊後の不景気
②	日本銀行	1964年の東京オリンピック後の不景気
③	証券会社	バブル崩壊後の不景気
④	証券会社	1964年の東京オリンピック後の不景気
⑤	海外の投資家	バブル崩壊後の不景気
⑥	海外の投資家	1964年の東京オリンピック後の不景気

問4 下線部(ウ)に関連する記述として**不適切なもの**を，次の①～④のうちから1つ選びなさい。 35

① 国家総動員法が制定されると，政府は議会の議決を経ずに戦争遂行のために必要な人や物資を動員できるようになった。

② 生活に必要な物資が不足すると，政府は米や砂糖，衣料品などを配給制にして，人々はこれらを自由に購入することができなくなった。

③ 本や新聞に政府にとって都合の悪いことが書かれると，政府は伏せ字にさせたり，発禁処分に

した。

④　大日本帝国憲法下において，陸海軍に対しては議会による文民統制が敷かれていたが，その統制は次第に効かなくなった。

問5　下線部(エ)に関連して，地方公共団体の首長に関する記述として最も適切なものを，次の①～④のうちから1つ選びなさい。36

①　地方公共団体の首長は，地方公共団体の事務について条例を制定することができる。

②　有権者から直接選ばれる首長の命令は，裁判所の違憲審査の審議の対象にならない。

③　首長は，議会の同意を必要とすることなく副知事または副市町村長を選任することができる。

④　地方議会が決めた予算や条例について納得ができない場合，首長は再度審議を求めることができる。

問6　下線部(オ)に関連して，次の資料は，直接請求を行う際の注意書きを模したものである。これを参考にして，直接請求の制度やその際の署名に関する説明 あ～う の正誤の組合せとして適切なものを，下の①～⑧のうちから1つ選びなさい。37

署名時の注意
・署名は一人ひとり本人がお書きください。
・原則代筆は禁止です。但し本人が病気や障害により自力で署名を書けない場合のみ，受任者以外の市内有権者が代筆者欄に記載(住所・氏名・押印・生年月日)することで代筆をすることができます。理由のない代筆は無効・虚偽の代筆は罰せられます。
・署名は署名年月日，住民票に記載された住所，氏名，生年月日と押印をしてください。
・誤りは二重線で訂正してください。

あ　その市内の有権者の3分の1以上の署名を集め選挙管理委員会に提出すれば，議会の解散を請求することができる。

い　選挙人名簿に記載のない路上生活者が住所を書かずに署名簿に記入した場合は，その地域に住んでいたとしても，その署名は無効となる。

う　本人に同意する意思があれば，遠方に単身赴任しているという理由で他者が署名簿に代筆しても有効となる。

	①	②	③	④	⑤	⑥	⑦	⑧
あ	正	正	正	正	誤	誤	誤	誤
い	正	正	誤	誤	正	正	誤	誤
う	正	誤	正	誤	正	誤	正	誤

【理　科】（50分）〈満点：100点〉

（注意）　1．この問題にはマーク式解答の問いと記述式解答の問いが含まれています。

2．解答番号 1 ～ 46 の問いは，答えをマークシートの各解答番号のうちから1つ選んでマークしなさい。

3．記述 の印がある問いの解答は，マークシートの裏面の指定された解答欄に記入しなさい。

1　次の〔Ⅰ〕，〔Ⅱ〕の文章を読んで，後の(1)～(7)の問いに答えなさい。

〔Ⅰ〕 真理さんは，インターネットを利用して理科の調べものをしていた時に，図1のような実験装置を用いた実験の動画を見て興味を持った。

この実験では，亜鉛板と銅板を折り曲げて，うすい塩酸に浸《ひた》したキッチンペーパーを金属板の間にはさんで輪ゴムで止めたものをつくり，それをプロペラつきモーターに接続するとモーターが回転した。つまりこれは電池だというのである。

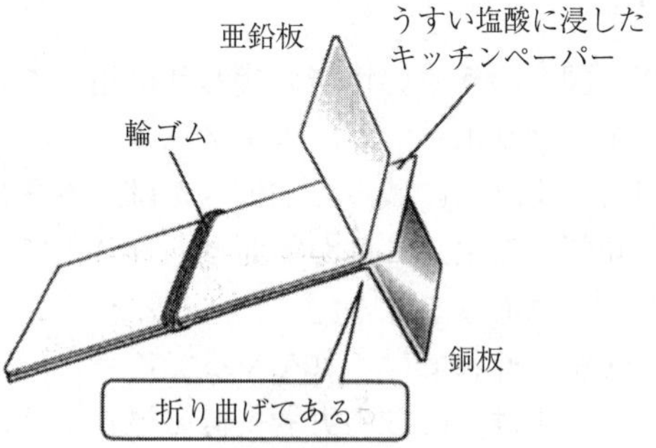

図1

早速，学校の理科の先生に同じような実験をさせてほしいとお願いした。真理さんが実験しようとしていると，知郎さんがやってきたので，3人で実験が始まった。

3人は，図2の実験装置をつくって，モーターが回転するかどうか実験した。モーターは，回転した。

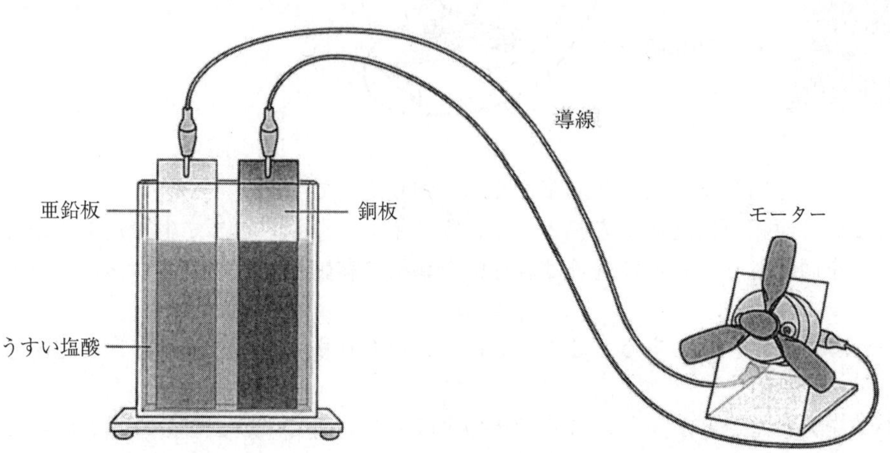

図2

真理「モーターが回ってよかった。」

先生「どんな反応が起こっているのかな？」

知郎「えーと。たしか，亜鉛と銅では亜鉛のほうがイオンになりやすいから，亜鉛が亜鉛イオンになる反応が起きるはずだ。」

真理「さすが知郎さん！　銅板側では，どんな反応が起きているの？」

先生「銅板側では，（ ア ）が（ イ ）に変化しているんだよ。」

真理「でも，こんなに簡単に電池ができるんですね。何だかうれしい！」

真理さんはとても喜んで，実験室を出ていった。

(1) 文中の(ア)，(イ)に適するものの組合せとして正しいものはどれか。[1]

	①	②	③	④
(ア)	銅	銅イオン	水素	水素イオン
(イ)	銅イオン	銅	水素イオン	水素

(2) ここでできた電池では，亜鉛板は(ウ)極としてはたらいている。(ウ)に適するものはどれか。[2]

① ＋　② －

(3) 図2のうすい塩酸の代わりに用いたとき，実験装置が電池としてはたらくものはどれか。[3]

① 砂糖水　② エタノール　③ 食塩水　④ 水

〔Ⅱ〕 実験室に残った知郎さんは，さらに知りたくなって先生にお願いした。

知郎「先生，これが電池ということですが，ほかにも，今ここで実験で確かめることができる電池はありますか。」

先生「それではこれをやってごらん。これはイギリスの(エ)という人が発明した電池です。」

先生は，図3の実験装置を運んできた。

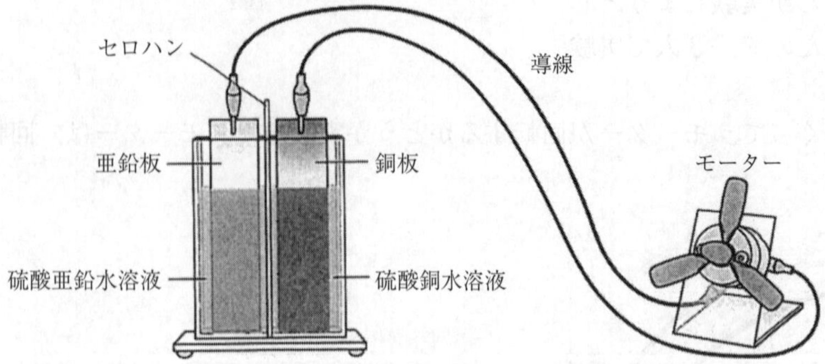

図3

知郎「先生，モーターがよく回りますね。どんなしくみか知りたいです。」

先生「はい。説明します。亜鉛板は反応して(オ)というイオンになり，ここで生じた電子が導線を通ってモーターを回転させ，さらに電子は導線中を銅板に移動して，水溶液中の(カ)と反応します。」

知郎「先生，よく分かりました。ところで，ここにセロハンがありますが，これはどうしてあるのですか。」

先生「ここにセロハンを入れたことが，(エ)の考えのすばらしい所です。このセロハンの主なはたらきとしては，(キ)ということがあります。」

知郎「そうですか。私もいつかすばらしい発明ができればいいと思います。」

先生「はい。そのためには，知ろうという探究心を高校に入っても持ち続けていってくださいね。」

知郎「わかりました。がんばります。」

(4) (エ)に適する人名はどれか。[4]

① メンデル　② ダニエル　③ ボルタ

④ ダーウィン　⑤ ニュートン　⑥ アルキメデス

(5) (オ)に適するイオンの式を書け。[記述]

(6) (カ)に適するものはどれか。[5]

① 銅イオン　② 水素イオン　③ 硫酸イオン　④ 水

(7) (キ)に適するものはどれか。[6]

① 反応させる溶液を保温する

② イオンの反応をより速くする

③ 溶液がすぐに混合するのを防ぐ

④ 長期保存する

2 次の〔Ⅰ〕,〔Ⅱ〕の文章を読み，後の(1)~(4)に答えなさい。

〔Ⅰ〕 図1～図2のように，4.5Vの電池と10Ωの抵抗，および，電流計と電圧計を導線で配線した電気回路について考える。

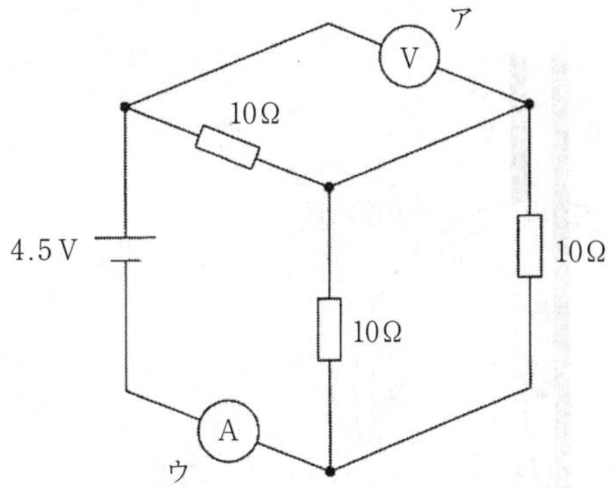

図1

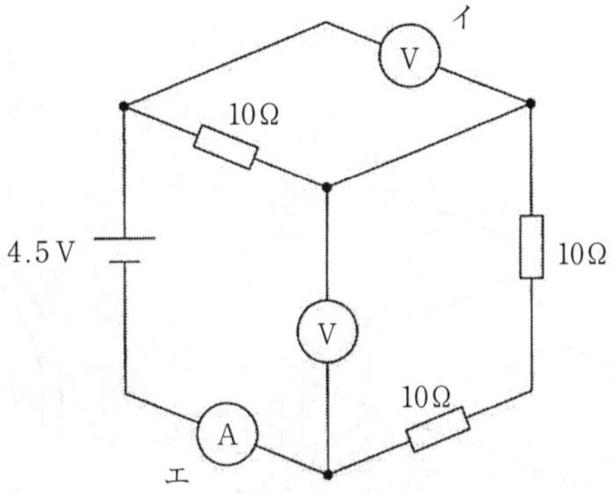

図2

(1) 電圧計ア，イの値はそれぞれ何Vか。電圧計 ア [7]V イ [8]V

① 0.5 ② 1.0 ③ 1.5 ④ 2.0 ⑤ 2.5

⑥ 3.0 ⑦ 3.5 ⑧ 4.0 ⑨ 4.5

(2) 電流計ウ，エの値はそれぞれ何Aか。電流計 ウ [9]A エ [10]A

① 0.10 ② 0.15 ③ 0.20 ④ 0.25 ⑤ 0.30

⑥ 0.45 ⑦ 0.50 ⑧ 0.60 ⑨ 0.75 ⓪ 0.90

(3) 図1と図2の抵抗の中で，消費する電力がもっとも大きい抵抗について考える。その抵抗が消費する電力の値はいくらか。[11]W

① 0.075 ② 0.15 ③ 0.20 ④ 0.225 ⑤ 0.30

⑥ 0.45 ⑦ 0.60 ⑧ 0.675 ⑨ 0.90 ⓪ 1.35

〔Ⅱ〕 図3～図5のように，正方形の板の辺に沿わせてエナメル線を巻き，辺Aに電池とスイッチを配線し，辺Bと辺Cの間に方位磁石を置いた。スイッチが切れているとき，方位磁石の磁針は，それぞれ真北を指し，方位磁石を上から見ると図6のように見えた。

(4) スイッチを入れると，方位磁石の磁針が東にもっとも大きく振れるものはどれか。[12]

① 図3 ② 図4 ③ 図5

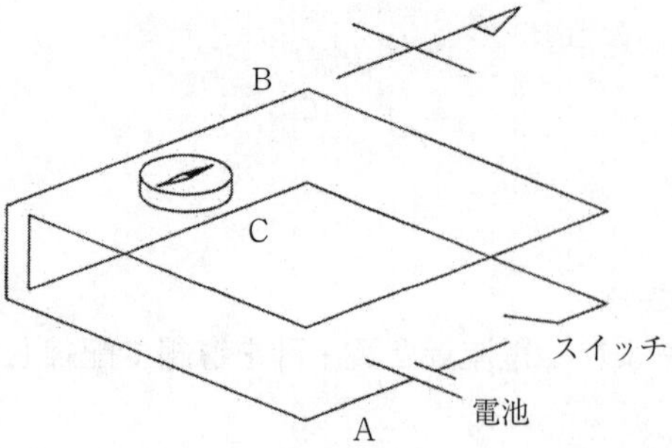

図3

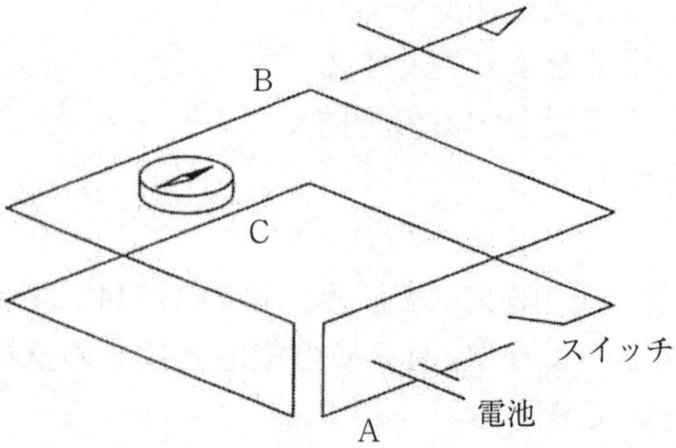

図4

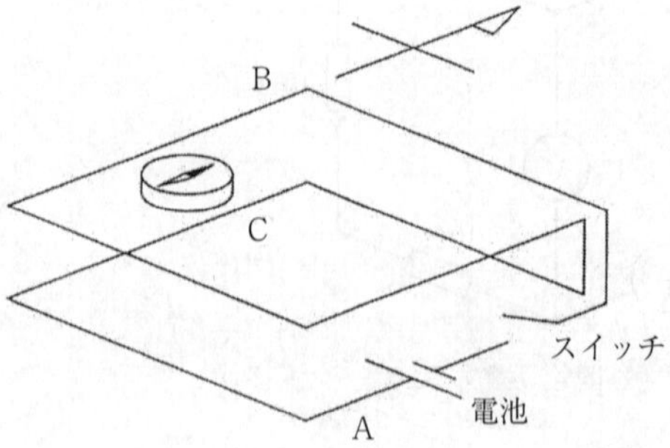

図5

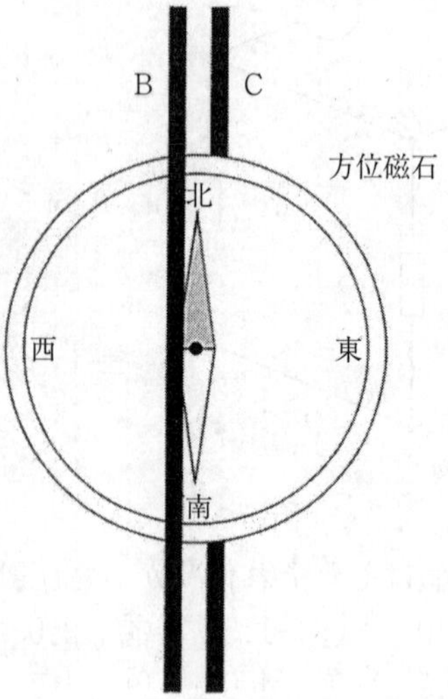

図6

3　次の〔Ⅰ〕,〔Ⅱ〕に答えなさい。

〔Ⅰ〕　次の(1)～(3)の問いに答えなさい。

(1)　図1はタンポポの花のスケッチである。花粉ができる部分はどれか。13

①　ア　②　イ　③　ウ　④　エ　⑤　オ

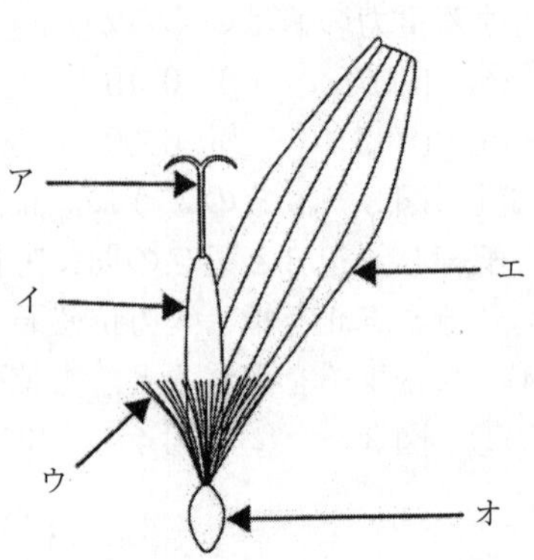

図1

(2)　次の文は，植物が受粉した後の花粉の変化を調べる実験の方法を述べたものである。(カ)～(ケ)にあてはまる語の組合せとして，正しいものはどれか。14

スライドガラスもしくはホールスライドガラスに10%に調整した(カ)を1～2滴落とす。これは花粉が受粉する(キ)に似た条件をつくるためである。ホウセンカの花粉を筆先につけて，柄つき針でゆすり，密集しないようにスライドガラス上の(カ)にまく。試料が乾かないようにし，10分後，伸びた花粉管内の(ク)を観察するために酢酸カーミン溶液で染色し，(ケ)で観察する。

	カ	キ	ク	ケ
①	食塩水	胚珠	受精卵	双眼実体顕微鏡
②	ショ糖水溶液	胚珠	精細胞	ルーペ
③	酢酸	胚珠	精子	顕微鏡
④	食塩水	卵細胞	受精卵	ルーペ
⑤	ショ糖水溶液	卵細胞	精細胞	双眼実体顕微鏡
⑥	酢酸	卵細胞	精子	顕微鏡
⑦	食塩水	柱頭	受精卵	双眼実体顕微鏡
⑧	ショ糖水溶液	柱頭	精細胞	顕微鏡
⑨	酢酸	柱頭	精子	ルーペ

(3) もやしの袋には上手な保存方法として「買って帰ったらすぐに清潔なつまようじで袋の真ん中あたりに1ヶ所穴を空けて，冷蔵庫に入れてください」と表示されているものがある。この理由として，次のように説明するとき，□にあてはまるものはどれか。15

〈説明〉 もやしは生きているので鮮度を保つためには，□が必要だから。

① 光合成のために二酸化炭素　② 光合成のために酸素

③ 呼吸のために酸素　④ 呼吸のために二酸化炭素

〔Ⅱ〕 植物を分類する際には，観点や基準が必要になる。図2は植物の分類と観点・基準を示したものである。A～Gには植物のなかまが入る。次の問いに答えなさい。

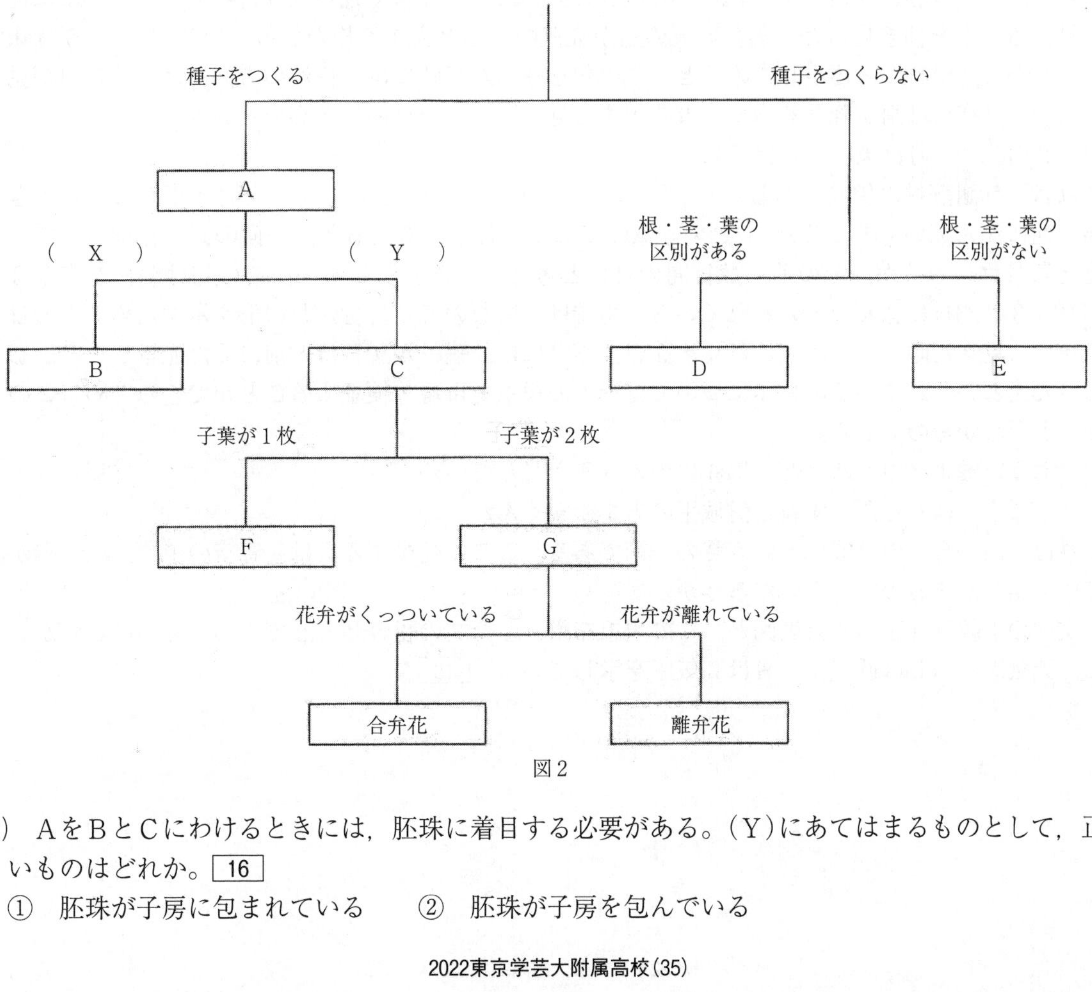

図2

(4) AをBとCにわけるときには，胚珠に着目する必要がある。(Y)にあてはまるものとして，正しいものはどれか。16

① 胚珠が子房に包まれている　② 胚珠が子房を包んでいる

③　胚珠がむき出しである　　　　④　胚珠がない

(5)　DとEに属する植物がそれぞれもつ特徴として**誤っているもの**はどれか。［17］

①　Dの植物には数メートルにおよぶ大型のものもある。

②　Dの植物は，りん片がある。

③　Dの植物も，Eの植物も胞子でふえる。

④　Eの植物は，体の表面全体で水を吸収している。

〔編集部注…問題不備があったため，受験生全員に加点する措置がとられました。〕

(6)　Dの植物のなかまを何というか。［記述］

4　次の文章を読み，後の(1)～(5)の問いに答えなさい。

「花鳥風月」という言葉がある。自然界の美しい景色のことや，詩歌を詠《よ》むなどして，自然界の風雅な趣を楽しむことを表す四字熟語である。ここでは「風月」，つまり自然の風景について考えてみよう。

〔い〕　五月雨《さみだれ》を　集めて早し　最上川《もがみがわ》

これは，『奥の細道』に載っている松尾《まつお》芭蕉《ばしょう》の俳句である。「降り続く五月雨を集めたようにすさまじく速く流れることだ，最上川よ。」という意味である。この句の五月雨とは，a梅雨の季節に降る雨のことである。

〔ろ〕　荒海や　佐渡に横とう　天の川

これも，『奥の細道』に載っている松尾芭蕉の俳句である。「暗く荒れ狂う日本海のむこうには佐渡島が見える。空を仰ぎ見ると，美しい天の川が佐渡の方へと大きく横たわっている。」という意味である。しかし，資料から再現してみると，この句を詠んだ日時には，佐渡の方向にはb天の川が見えず，しかも，夜には雨が降りそうで，天の川すら見えなかった可能性が高いという。

〔は〕　菜の花や　月は東に　日は西に

これは，与謝蕪村《よさぶそん》の俳句である。「一面，菜の花が咲いているよ。ちょうど月が東から登ってきて，太陽は西に沈んでいくところだ。」という意味である。普通に考えると，一面の菜の花畑の中で，東に見える月は（　c　）か，その前，数日間の月だと考えられる。ところが，この句は蕪村が安永3年(1774年) 3月23日に詠んだといわれている。当時は旧暦なので，日付が月の形を示すため，この日，夕日が西に見えた時に，月は東には見えない。実際には，蕪村が10日ほど前に見た光景を思い出しながら詠んだといわれている。天体については過去の現象を再現・検証することができるため，このようなことがわかるのである。

〔に〕　おうい雲よ　ゆうゆうと　馬鹿にのんきそうじゃないか

どこまでゆくんだ　ずっと磐城平《いわきだいら》の方までゆくんか

これは，山村暮鳥《やまむらぼちょう》の『雲』という詩の一節である。ここで登場する雲は，青空の中で，白い雲が流れていく感じがするのではないだろうか。

(1)　文中の下線部aを示す天気図と，この現象を説明した文の組合せとして正しいものはどれか。なお，天気図中の**L**は低気圧，**H**は高気圧を示している。［18］

〔天気図〕

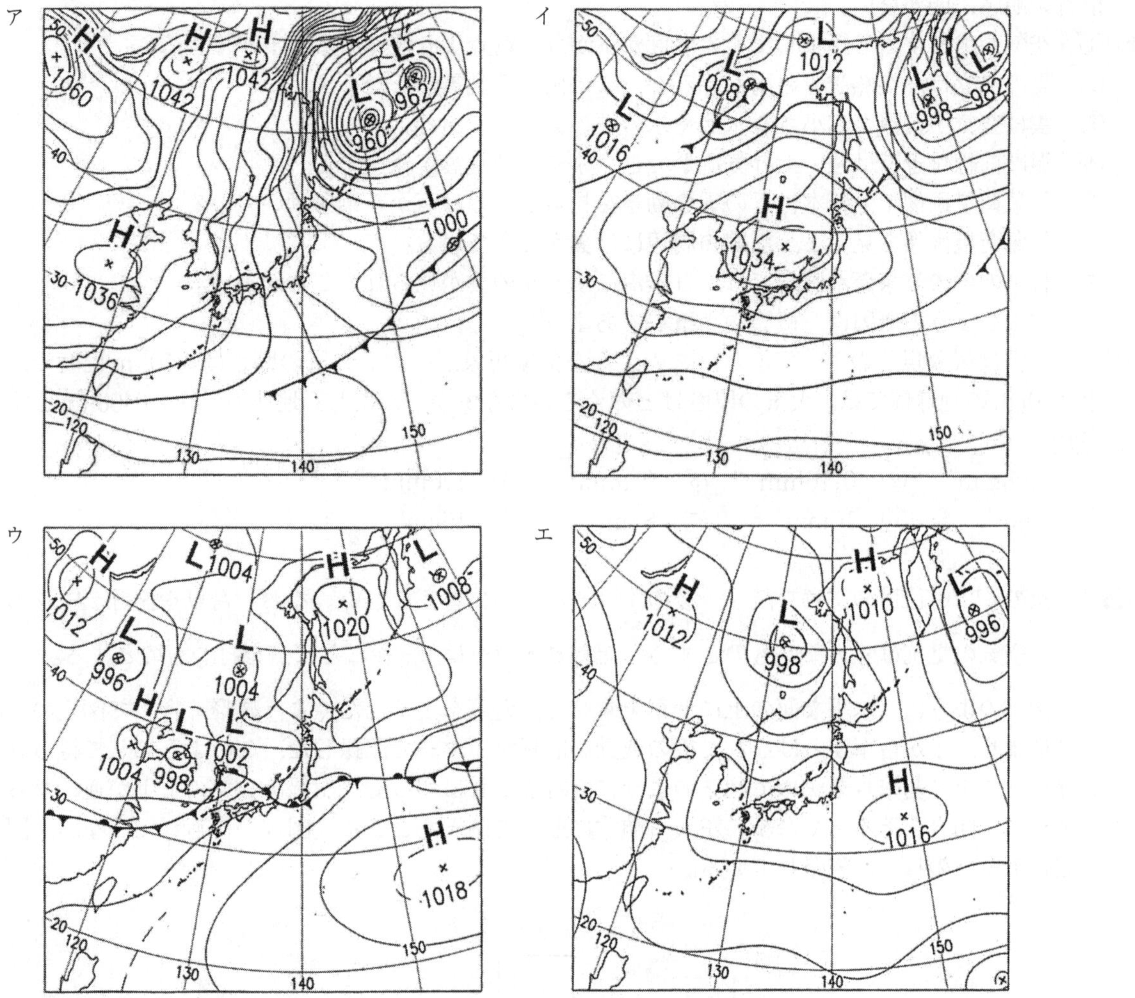

〔現象〕

W　移動性高気圧と低気圧とが日本付近を交互に通過し，天気が変わりやすい。

X　日本はあたたかく湿潤《しつじゅん》な太平洋高気圧と冷たく湿潤なオホーツク海高気圧の影響を受ける。

Y　日本はあたたかく湿潤な太平洋高気圧におおわれ，蒸し暑い日が続く。

Z　西高東低の気圧配置で，シベリア高気圧から北西の季節風が吹く。

	①	②	③	④	⑤	⑥	⑦	⑧
天気図	ア	ア	イ	イ	ウ	ウ	エ	エ
現象	Y	Z	W	Y	W	X	X	Z

(2)　文中の下線部bについて書いた次の文で**誤っているもの**はどれか。 19

①　天の川は，太陽系より遠いところにある恒星の集団を見たものである。

②　天の川は，冬より夏の方が濃く見える。

③　天の川は，われわれの銀河系に似た銀河の姿を見たものである。

④　天の川は，南半球でも見ることができる。

(3)　文中の(c)にあてはまるものはどれか。 20

①　新月　　②　三日月　　③　上弦の月　　④　満月　　⑤　下弦の月

(4) 〔に〕の詩には雲が登場するが，雲について書いた次の文で**誤っているもの**を２つ選べ。ただし，解答の順序は問わない。[21]，[22]

① 空気が上昇すると膨張し，その温度が下がり，露点より低くなると雲ができる。
② 夏の夕立は，突然激しい雨が降るが，この雨は積乱雲がもたらす。
③ 雲は空気中に浮かぶ小さな水滴や氷の粒の集まりである。
④ 温暖前線付近では強い上昇気流ができやすく，積乱雲が発達する。
⑤ 気象衛星画像で，日本付近の雲の動きを見ると，雲は西から東に動いている。
⑥ 気象衛星画像を見ると，前線の周辺には雲ができている。
⑦ 日本の冬の気象衛星画像では，日本海にすじ状の雲が見られることが多い。
⑧ 雷やひょうの原因は，積雲や高積雲である。

(5) 雨や雲は気象現象の１つである。このような気象現象が起こる大気の厚さは約10km程度である。半径50cmの地球儀では，大気の厚さはどのくらいになるか。ただし，地球の半径を6400kmとする。[23]

① 0.08mm　② 0.16mm　③ 0.8mm　④ 1.6mm
⑤ 8mm　⑥ 16mm　⑦ 8cm　⑧ 16cm

5 次の〔Ⅰ〕～〔Ⅲ〕の文章を読み，後の(1)～(6)の問いに答えなさい。なお，台車や記録テープのまさつ，空気の抵抗は考えないものとする。記録タイマーは $\frac{1}{50}$ 秒ごとに点を打つものとする。

〔Ⅰ〕 図１のように，水平な面の上に台車を乗せて，台車を手でたたくように軽く押して図１の左向きに進ませ，手が台車からはなれた後の運動を記録タイマーで記録した。このようにして得られた記録テープを，基準点を決めて図２のように５打点ごとに切って，記録テープの上下が逆にならないように，向きをそろえて台紙に左から順番に並べて貼ったところ，図３が得られた。なお，図３で記録テープの打点は省略している。

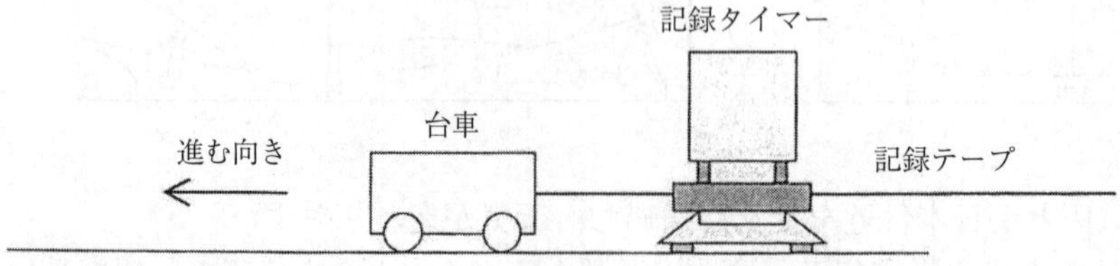

図１

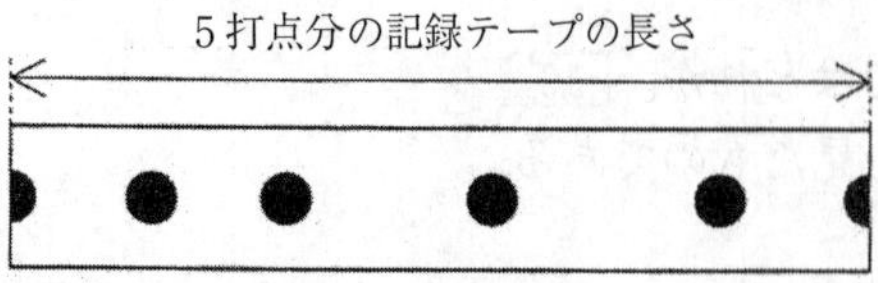

図２

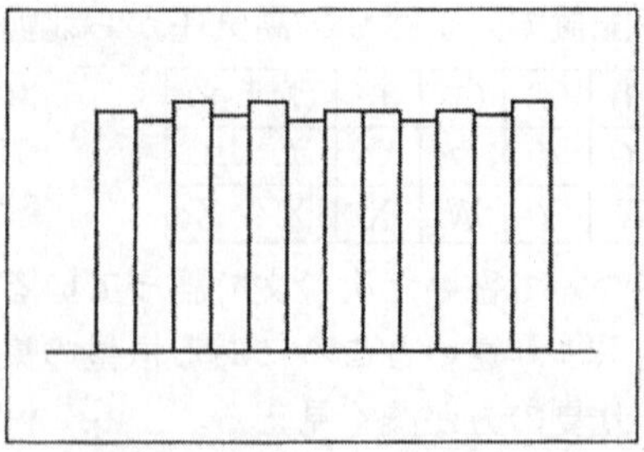

図３

(1) ５打点分の記録テープの長さは，何秒間での台車の移動距離を表しているか。[24]

① 0.01秒　② 0.02秒　③ 0.05秒　④ 0.1秒　⑤ 0.2秒

⑥　0.5秒　　⑦　1秒　　⑧　2秒　　⑨　5秒　　⓪　10秒

(2)　図3より，台車の運動について述べた文として正しいものはどれか。25

①　台車は止まっている。

②　台車はほぼ一定の速さで動いている。

③　台車はだんだん速くなっている。

④　台車はだんだん遅くなっている。

〔Ⅱ〕　図4のように，斜面を作って台車を乗せて，台車から静かに手をはなして走らせ，記録タイマーで運動を記録した。

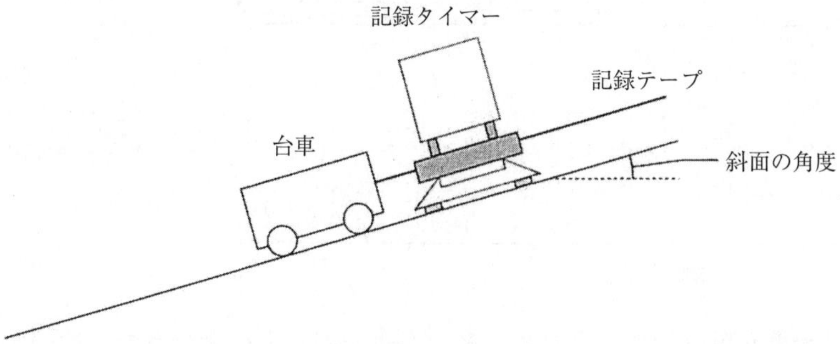

図4

(3)　図3と同様の方法で，記録テープを台紙に左から順番に並べて貼ったとき，得られる図として正しいものはどれか。26

①

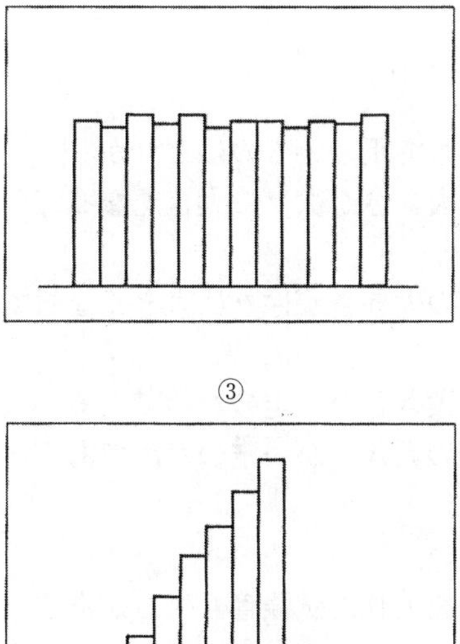

②

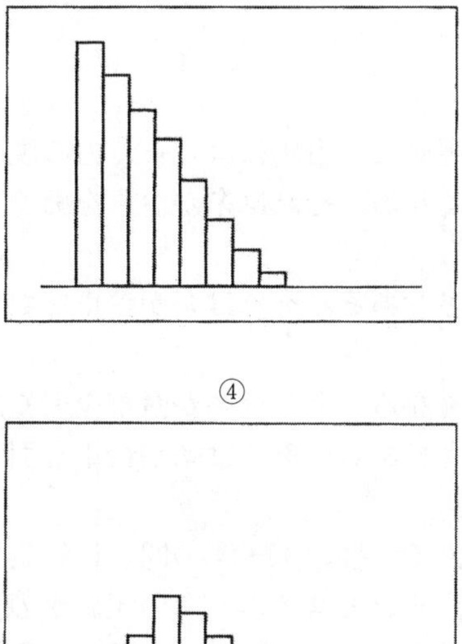

③

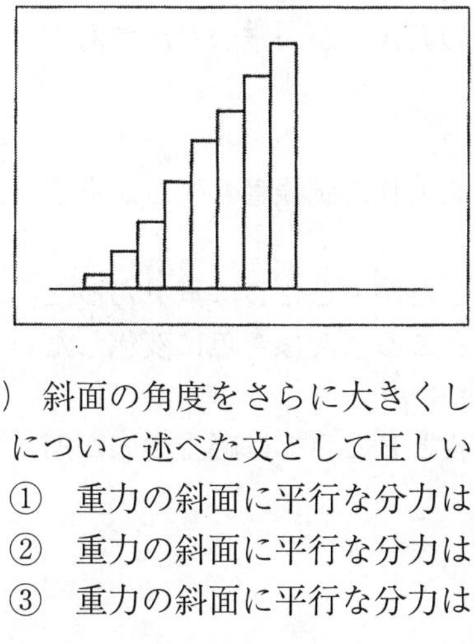

④

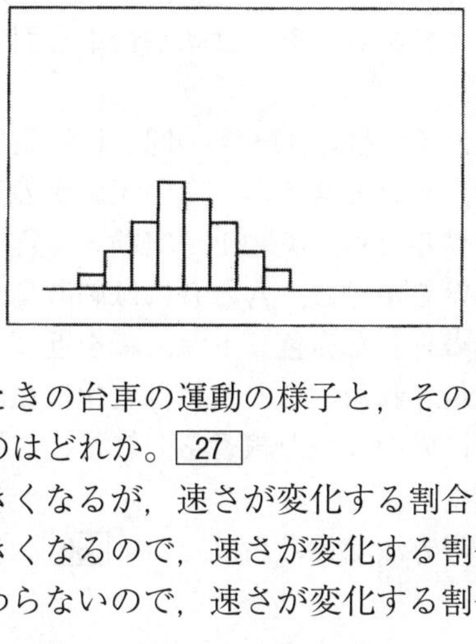

(4)　斜面の角度をさらに大きくしたときの台車の運動の様子と，そのとき台車にはたらく力の大きさについて述べた文として正しいものはどれか。27

①　重力の斜面に平行な分力は大きくなるが，速さが変化する割合は変わらない。

②　重力の斜面に平行な分力は大きくなるので，速さが変化する割合も大きくなる。

③　重力の斜面に平行な分力は変わらないので，速さが変化する割合も変わらない。

④　重力の斜面に平行な分力は変わらないが，速さが変化する割合は大きくなる。

〔Ⅲ〕　台車に記録テープと糸をつけ，図5のように，糸の先におもりをつり下げる。台車を静止させ，記録タイマーのスイッチを入れたのち，台車を支えていた手を静かにはなすと，台車は糸に引かれてまっすぐ進んだ。

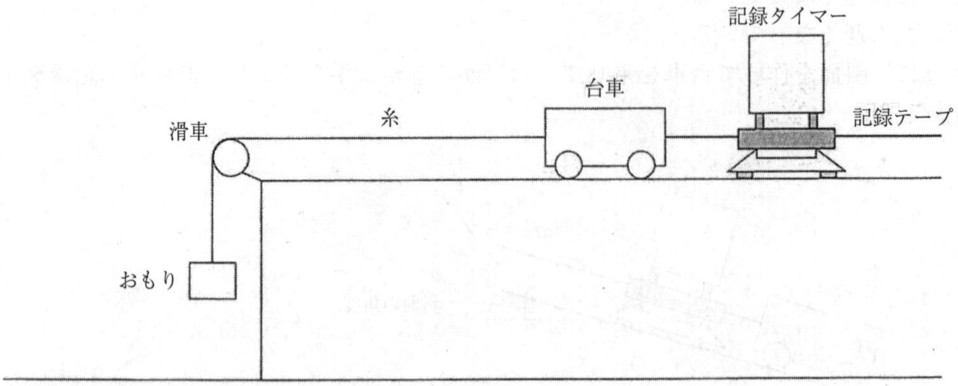

図5

(5)　台車が静止しているときと，台車が動き始めたときの，糸が台車を引く力の大きさを，次のように(X)，(Y)と呼ぶことにする。

(X)　手で支えて，台車が静止しているときに糸が台車を引く力の大きさ

(Y)　台車を支えていた手をはなした直後で，台車が動き始めたときに糸が台車を引く力の大きさ

(X)と(Y)の大小関係として，正しいものはどれか。28

①　(X)＞(Y)

②　(X)＝(Y)

③　(X)＜(Y)

(6)　手をはなしたあとの台車の運動と，台車にはたらく力の説明として正しいものはどれか。29

①　台車の速さは徐々に大きくなる。それは糸が台車を引く力の大きさが徐々に大きくなっていくためである。

②　台車の速さは一定の大きさである。それは糸が台車を引く力の大きさが徐々に大きくなっていくためである。

③　台車の速さは徐々に大きくなる。それは糸が台車を引く力の大きさが一定のためである。

④　台車の速さは一定の大きさである。それは糸が台車を引く力の大きさが一定のためである。

6　次の〔Ⅰ〕，〔Ⅱ〕の文を読んで，後の(1)～(4)の問いに答えなさい。

〔Ⅰ〕　酸素，塩素，二酸化炭素，アンモニアのうちいずれかの気体を入れた試験管Ａ～Ｄがある。試験管に入った気体の性質を調べるため，実験１～実験３を行った。

実験１　Ａ～Ｄの気体のにおいをかぐと，ＡとＢには刺激臭があったが，ＣとＤは無臭だった。

実験２　Ａ～Ｄの気体に水でぬらした赤色リトマス紙を近づけたところ，Ａは青色に変色した。Ｂはリトマス紙の色が脱色された。ＣとＤには変化はなかった。

実験３　Ａ～Ｄの試験管の中に火のついた線香を入れたところ，ＡとＢとＤでは線香の火が消えた。Ｃでは線香が激しく燃えた。

(1)　試験管Ａに入った気体はどの方法で集められたか。30

①　上方置換法

② 下方置換法

③ 水上置換法

④ どの方法でもかまわない

(2) 試験管Cに入った気体の発生方法はどれか。[31]

① うすい塩酸を電気分解し，陽極に発生する気体を集める。

② オキシドール(うすい過酸化水素水)に二酸化マンガンを加える。

③ マグネシウムにうすい塩酸を加える。

④ 塩化アンモニウムと水酸化カルシウムを混ぜ合わせて加熱する。

(3) 実験3で線香が激しく燃えた後の試験管に石灰水を加えてよく振ると白くにごった。試験管の気体に石灰水を加えたとき，同様の変化が起こる気体はどれか。[32]

① 試験管Aの気体

② 試験管Bの気体

③ 試験管Cの気体

④ 試験管Dの気体

〔Ⅱ〕 食塩，砂糖，石灰石，ガラス，プラスチックのうち，いずれか2種類の混じった白色の混合物E～Gがある。この混合物に含まれる物質を見分けるために，次の実験4～7を行った。なお，この実験に関係する物質の密度は，表1に示してある。

表1

物質	密度〔g/cm^3〕
水	1.0
食塩	2.2
砂糖	1.6
石灰石	2.7
ガラス	2.5
プラスチック	0.9

実験4 混合物に水を加えてよく振ると，Eはすべて溶けた。Fは水面と水の底に固体が残り，Gは水の底だけに固体が残った。

実験5 混合物に塩酸を加えるとGからは気体が発生したが，EとFからは気体の発生はなかった。

実験6 混合物を燃焼皿で加熱すると，EとFはけむりをあげてこげたが，Gは変化しなかった。

実験7 混合物に硝酸銀水溶液を加えると，E，Gは白色の沈殿を生じたが，Fは変化しなかった。

(4) E～Gに含まれる2種類の白色の粉末の組合せはそれぞれどれか。E：[33] F：[34] G：[35]

① 食塩，砂糖　② 食塩，石灰石　③ 食塩，ガラス

④ 食塩，プラスチック　⑤ 砂糖，石灰石　⑥ 砂糖，ガラス

⑦ 砂糖，プラスチック　⑧ 石灰石，ガラス　⑨ 石灰石，プラスチック

⓪ ガラス，プラスチック

7 大地さんとリカさんは，ある火山に興味を持ち，ふもとの博物館で火山について調べた。次の〔Ⅰ〕,〔Ⅱ〕を読み，後の(1)～(6)の問いに答えなさい。

〔Ⅰ〕 大地さんとリカさんは，博物館の実験室で研究員と共に，火山を構成する岩石の特徴を調べた。図1は大地さん，図2はリカさんが調べたもので，両方ともデイサイトという火成岩であった。デイサイトとは流紋岩と安山岩の間くらいの色みの火山岩である。次の会話は2つの火成岩について話したものである。図1・2の定規の単位はmmである。

図1

図2

リカさん：$_{\mathrm{A}}$岩石の表面を観察したら，両方ともデイサイトというものみたいだね。

大地さん：でも，僕の調べたものは$_{\mathrm{B}}$密度が2.68$\mathrm{g/cm^3}$なのに，リカさんのものは2.00$\mathrm{g/cm^3}$で，大きく違うね。

リカさん：表面に注目すると，私のものは細かな穴やくぼみがたくさんあるのに，大地さんのものはあまり穴が空いていないね。

研 究 員：そうだね。２つの岩石は(　　C　　)が違ったから，密度の値も違ったんだね。

(1)　下線部Aについて，この岩石の表面の様子を示した図として正しいものはどれか。36

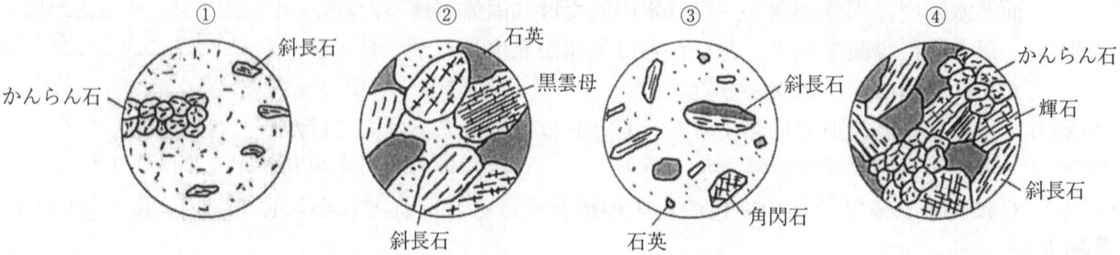

(2)　下線部Bに関連して，リカさんが調べた岩石の体積は大地さんのものの1.10倍であった。大地さんが調べた岩石の質量はリカさんのものの何倍か。小数第３位を四捨五入して，小数第２位まで答えよ。記述

(3)　(C)に入る語句として，最も適切なものはどれか。37

①　固まった地下の深さ　　②　含まれる鉱物の種類

③　火山ガスの抜け方　　④　侵食の程度

〔Ⅱ〕　大地さんとリカさんは，ふもとの博物館で火山やこの地域のことについて調べた。図３中の矢印で示した火山が，２人が調べている火山である。

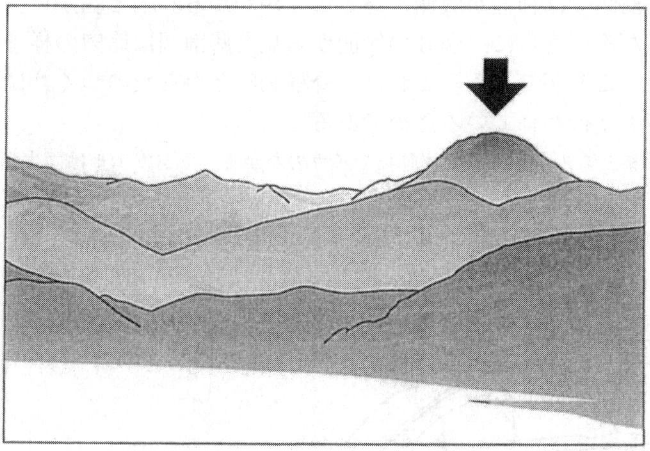

図3

(4) 博物館には，火山灰が堆積してできた岩石も展示されていた。この岩石の名称として，正しいものはどれか。 38

① チャート　② 石灰岩　③ はんれい岩　④ 凝灰岩

(5) この地域のことを調べると，「逆断層」が多くあることが分かった。逆断層とは，地層の上側の大地がずれ上がる形の断層である。大地にはたらく力の向きと大地の動きの組合せとして正しいものはどれか。 39

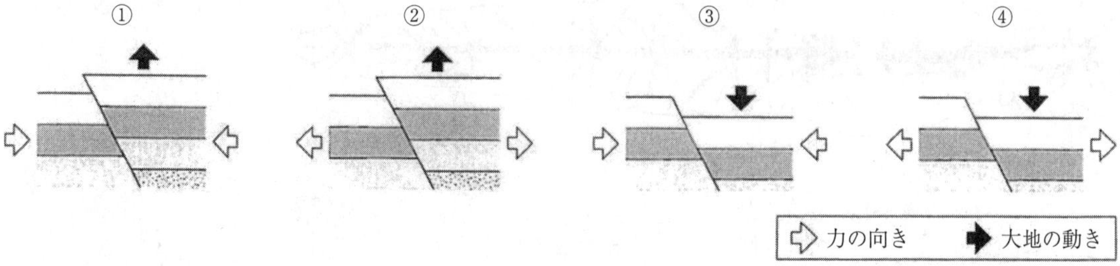

(6) 火山を構成する火成岩の特徴や図3の火山の形状から，この火山が起こす火山災害として，最も可能性が低いと考えられるのはどれか。 40

① 溶岩流　② 火砕流　③ 噴石による被害　④ 火山灰による被害

8 次の文章を読み，後の(1)～(5)の問いに答えなさい。

$_{\text{a}}$アカミミガメと$_{\text{b}}$アメリカザリガニは2021年現在，日本では特定外来生物には指定されていないものの，生態系に大きな影響を与えていることが明らかになっている。アカミミガメは，輸入されペットとして飼育されていたものが野外に放されて，全国に分布するようになった。アメリカザリガニは，もともとは$_{\text{c}}$ウシガエルの餌として日本に持ち込まれたが，雑食性で繁殖力が強いため分布が拡大した。そのため，身近な生き物として，小川やため池で$_{\text{d}}$スルメイカを餌にザリガニ釣りができるほどになっている。

小・中学校では，アメリカザリガニは行動の観察や，からだの外部のつくりの観察によく用いられる。同じ甲殻類のエビは，食用で手に入りやすく，解剖に用いられる。図1のエビの側面から見た解剖図では，腸が背側にあること，動脈が背側と腹側にあることがわかる。ヒトと異なる点として，消化管が背側にあること，動脈が枝分かれして，からだの各部に分布する A はないことが挙げられる。解剖時に赤い血が出ることはなく，ヒトの赤血球に含まれる赤い色素 B がないことも異なる点である。図２の腹側から見た解剖図では神経が腹側にあることがわかる。脳と脳から胸や腹にのびた神経の集まりが ${}_{e}$中枢神経にあたる。さらに，図３の側面から見た解剖図は筋肉の様子を示している。${}_{f}$ザリガニやエビは素早く泳ぐことができる。これは，脊椎動物とからだのつくりは異なっても，${}_{g}$細胞内の呼吸(内呼吸)は効率よく行われているためである。

（注） アカミミガメはハチュウ類でカメのなかま，スルメイカは軟体動物でイカのなかま，ウシガエルは両生類でカエルのなかまである。

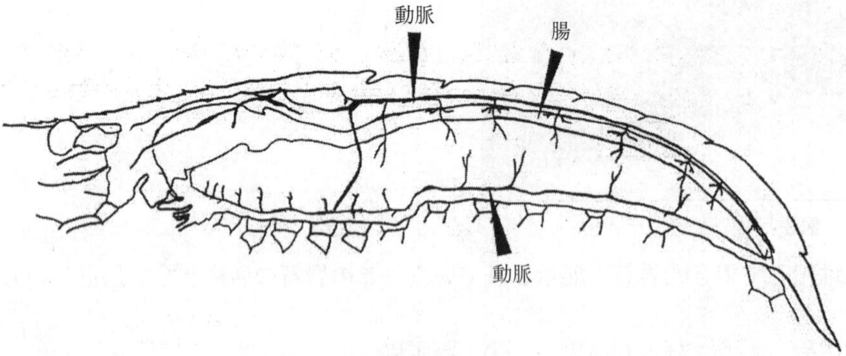

図１

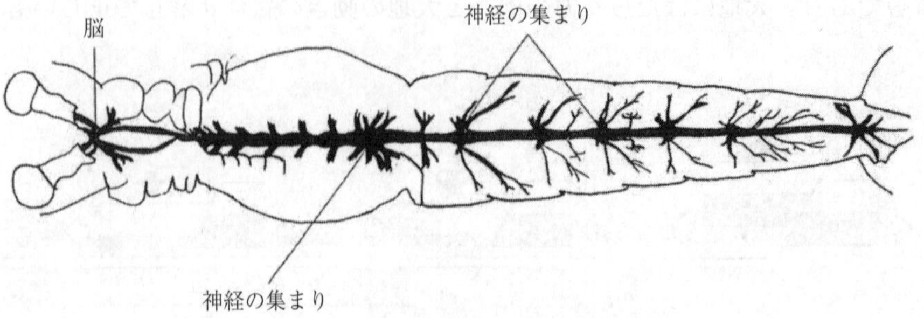

図２

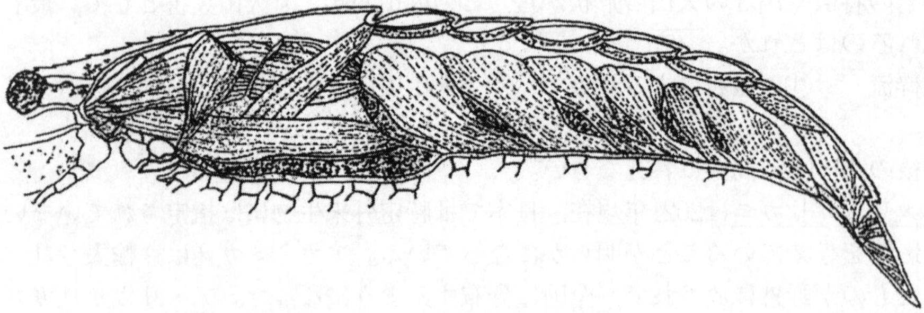

図３

(1) 空欄 A ， B にあてはまる語の組合せとして正しいものはどれか。 41

	A	B
①	静脈	オルセイン
②	静脈	ヘモグロビン
③	毛細血管	オルセイン
④	毛細血管	ヘモグロビン

(2) 下線部a～dに関連して，**誤っているもの**はどれか。[42]

① アカミミガメは，内骨格をもつ脊椎動物である。

② アメリカザリガニは，からだとあしに節があり，脱皮を繰り返して成長する。

③ スルメイカは外とう膜をもつが，アサリは外とう膜をもたない。

④ ウシガエルの幼生はえらや皮ふで呼吸し，成体は肺や皮ふで呼吸する。

(3) 下線部eに関連して，ヒトの中枢神経について述べた文のうち，**誤っているもの**はどれか。[43]

① 中枢神経は多くの神経が集まっていて，判断や命令などを行う。

② 中枢神経は意識せずに起こるからだのはたらきには関わっていない。

③ 中枢神経はヒトの場合は脳と脊髄《せきずい》からなる。

④ 中枢神経が枝分かれして全身に広がったものが末しょう神経である。

(4) 下線部fのような動物のからだの動きには筋肉が関わっている。筋肉について述べた次の文が正しい場合は①を，誤っている場合は⓪をマークせよ。

(a) ザリガニやエビは，筋肉が外骨格の内側についており，関節では外骨格を引っ張るようにしてはたらく。[44]

(b) ヒトは，筋肉の両端がけんによって骨格とつながっている。例えば，腕をのばすときには，関節をのばすための筋肉がゆるんで，曲げるための筋肉が縮んでいる。[45]

(5) 下線部gの内呼吸について述べた文として正しいものはどれか。[46]

① アメリカザリガニは，えら呼吸を行う。

② 横隔膜の上下によって気体の出入りが行われている。

③ 酸素を用いて，養分からエネルギーを取り出している。

④ 呼吸では，二酸化炭素だけができる。

内容として最も適切なものを、次の①～⑤のうちから一つ選んでマークしなさい。20

① 深い関係の友人を助けるのは当然だが、たとえ浅い関係の友であっても分け隔てなく意見すること。

② 友人から助けてもらうことを期待するだけではなく、相手を常に助けようと気にかけ行動すること。

③ 自分から友人に意見することはよくないが、友人から意見を求められたら必ず自分の考えを言うこと。

④ 普段は友人を無理に変えようとせず、友人が求めてきたときや大事なときには自分の意見を伝えること。

⑤ 日ごろは友人が望むことを行うべきだが、友人が困っているときは求められなくても自分の判断で助けること。

問5 空欄 X にあてはまる語として最も適切なものを、次の①～⑤のうちから一つ選んでマークしなさい。21

① 短　② 長　③ 徳　④ 信　⑤ 交

問6 この文章における筆者の考えに合致するものとして最も適切なものを、次の①～⑤のうちから一つ選んでマークしなさい。22

① 友と交わるときは、その人の長所と自分の長所で、互いの短所を補い合って高めていくべきだ。

② 友と交わるときは、その人の短所と関わりあうのではなく、長所を認めてつきあっていくべきだ。

③ 友と交わるときは、その人の人柄をよく見て、馴《な》れ合わないように必要なときだけ助けあうべきだ。

④ 友と交わるときは、その人の長所だけではなく、短所も積極的に受け入れて末長くつきあうべきだ。

⑤ 友と交わるときは、その人の中で自分の利益になりそうなところをよく見極めてからつきあうべきだ。

問題の作成上、原文の一部を改変したところがある。

三 次の文章は「交友」について述べたものである。これを読んで、後の問いに答えなさい。

古《いにしへ》にいふ＊管鮑《くわんぱう》の交《まじはり》といへども、Aこのふたり、おなじ徳、おなじ心なりしにもあらじかし。よの中に、同じこころの人といふものは、いとまれなる事なるべし。ただわが好める方に引きいれんとするもうるさし。このひと、＊このところは長じぬれど、ここはいとみじかし。そのみじかきところを引き延ばへんとするは、Bいとくるし。さ思ふわれもまた、そのみじかきところあるものを、ことに思ふこと、みな＊いさめものせんとするを、＊かの信と思ふはアたがへりけり。交《まじは》るがうちにも、イ知己のひとはいとまれなるものなり。＊それらよくことばを求めなば、＊もとよりいふべし。されど、しばしばすべきにはあらずかし。浅き契《ちぎ》りの友なりとても、友といふうちならば、そのひとの＊うへの存亡にかかはる＊斗《とが》のことならばいふべし。すべて＊しゐてかくせん、かく救ひてんと、まげてもと思ふは、Cみな中道には背けりといはん。ただその＊所長を友とすれば、まじはりがたき人もなく、われに益なき友もあらじ。かの友に＊よてわが方のみだれんとするは、皆その X を友とする故也《ゆゑなり》。

（『花月草紙《くわげつさうし》』による）

（注）＊管鮑の交＝昔、中国で管仲《かんちゅう》と鮑叔牙《ほうしゅくが》が生涯にわたる親交を結んだことから、友人同士の親密な交際を指す。
＊このところは長じぬれど、ここはいとみじかし＝このところは長所だが、ここは大変な短所だ。
＊いさめものせん＝意見しよう。
＊かの信＝友人に対する誠実なあり方。
＊それら＝友人たちが。
＊もとより＝もちろん。
＊うへ＝身の上。
＊斗＝あやまち。
＊しゐてかくせん＝むやみにこうしよう。
＊所長＝長所。
＊よて＝よって。

問1 波線部ア「たがへりけり」・イ「知己のひと」の意味として最も適切なものを、後の①～⑤のうちから一つ選んでマークしなさい。ア 17 ・イ 18

ア たがへりけり
① 自分勝手だなあ ② 違っているなあ
③ 奇妙なことだなあ ④ かたよっているなあ
⑤ 思い上がっているなあ

イ 知己のひと
① 自分のことを世話してくれる人
② 自分のことを知ろうと努力する人
③ 自分のことを深く理解している人
④ 自分のことを常に敬ってくれる人
⑤ 自分のことを向上させようとする人

問2 傍線部A「このふたり、おなじ徳、おなじ心なりしにもあらじかし。」の解釈として最も適切なものを、次の①～⑤のうちから一つ選んでマークしなさい。 19

① この二人が同じ道徳心や考え方であったことも意外だったよ。
② この二人が同じ道徳心や考え方であったこともすばらしいよ。
③ この二人が同じ道徳心や考え方であったことも有名なことよ。
④ この二人が同じ道徳心や考え方であったことも時々あったよ。
⑤ この二人が同じ道徳心や考え方であったこともないだろうよ。

問3 傍線部B「いとくるし。」とあるが、「くるし」とは「不快だ」という意味である。何が「いとくるし」なのか。十五字以内で説明しなさい。（句読点も字数に含む。） 記述

問4 傍線部C「みな中道には背けりといはん。」とあるが、「中道」とは「かたよらない、ちょうどよい立場」という意味である。この文章における「中道」とは具体的にどのようなことか。その

することになるのだろうかと感じている。

③　雪に降り込められてこのまま冷え切った岩の上で倒れてしまったら、これまで生きてきた人間としての記憶が、走馬灯のように脳裏に浮かぶのだろうかと感じている。

④　降りしきる雪の冷たさが均等にゆきわたり、この地域にあるものすべてが凍りついたように動きを止めたなら、時間の流れも止まってしまうのだろうかと感じている。

⑤　身体を動かしたいという衝動に耐え、自分ひとりが異物であるこの状態を維持することができたなら、太古の昔から存在し続ける岩石と同じ感覚になるのだろうかと感じている。

問7　傍線部Ｅ「見えないガラスの糸が空の上から海の底まで何億本も伸びていて」という表現は雪のどのような様子を表しているのか。その説明として最も適切なものを、次の①～⑤のうちから一つ選んでマークしなさい。14

①　重苦しい灰色の世界を、純白の雪片がきらきらと美しく輝きながら埋め尽くしていく様子。

②　辺り一面凍りつくような寒さの中、硬く凍った雪片が海の底まで消えずに落ちていく様子。

③　灰色に曇った空の上から、大きく重みのある雪片が次から次へと限りなく降ってくる様子。

④　風がなく音もない世界の中を、無数の雪片がまっすぐに落下し海に吸い込まれていく様子。

⑤　雲間から放射状にさす光の中を、透明の雪片がゆっくりと舞い落ち海面で消えていく様子。

問8　傍線部Ｆ「目の前で何かが輝いたように、ぼくははっとした。」とあるが、この時の「ぼく」についての説明として最も適切なものを、次の①～⑤のうちから一つ選んでマークしなさい。15

①　雪片に満たされた宇宙の中で、軽い雪の一片ずつに世界を静かに引き上げる神秘的な力が宿っていることを知り、人知を超えた世界の不思議に圧倒された。

②　降りしきる雪を見ているうち、動いているのは雪ではなく岩や海の方だという認識が錯覚であることに気づき、自分の感覚が一瞬で反転することに心から驚いた。

③　雪の降る世界をじっと眺めているうちに、大地は不動だというふだんの感覚はまちがっており、地球は動いているのだという当たり前の事実にふと思いあたった。

④　座っている岩が上へ上へと昇り続けており、その世界の真ん中に自分がいるのだという感覚を抱き、自分はいったいどんなところへ行き着くのだろうという恐怖を覚えた。

⑤　雪が落下していると思い込んでいたが、逆に大地や海の方が上昇しているのだということに気づき、自分が現実だと思っている世界が全てではないのだと目を見開かされた。

問9　二重傍線部ⓐ～ⓕの「ない」のうち、品詞が同じものの組み合わせとして適切なものを、後の①～⑤のうちから一つ選んでマークしなさい。16

ⓐ　雨が降っているんじゃないのかしら。
ⓑ　雨だったことは一度もない。
ⓒ　何も変わっていない。
ⓓ　何を作る畑なのかはわからない。
ⓔ　動いてはいけない。
ⓕ　雪が降るのではない。

①　ⓐⓑⓓ　②　ⓐⓒⓔ　③　ⓑⓒⓕ
④　ⓒⓓⓔ　⑤　ⓓⓔⓕ

いになっ」たのはなぜか。その理由として最も適切なものを、次の①～⑤のうちから一つ選んでマークしなさい。10

① 雨崎という地名であるにもかかわらず一度も雨の降らないその地に興味を覚え、いつかは雨が降るに違いないという根拠のない期待を抱くようになったから。

② 毎年この季節になると仕事を一日休み、速度を出して楽しげに走る電車に乗って南の海岸へ向かうことが、変化のない日常を送るなかでの心の慰めとなったから。

③ 雨崎という地図で見つけた岬を数年前に二年連続して訪れて以来、三月になるとその地のことがおのずと思い出され、気が付くと足を運んでしまうようになったから。

④ 三月になって春の訪れが感じられるころ、海岸線に沿って南へ向かう小さな電車に乗って、雨崎というのどかな場所を訪れることが、毎年のささやかな楽しみになったから。

⑤ ガールフレンドと一緒にこの電車に乗って以来、三月になると必ずその日の思い出がよみがえり、車窓から変わらぬ景色を眺めたいという思いに突き動かされるようになったから。

問4 傍線部B「長い傘まで持ってきたガールフレンドは、なんとなくがっかりした風だった。」とあるが、「ガールフレンド」が「がっかりした風だった」のはなぜだと考えられるか。その説明として最も適切なものを、次の①～⑤のうちから一つ選んでマークしなさい。11

① 東京が曇っていたのだから沿岸部は当然雨だろうと予想していたのに、あてがはずれてしまったから。

② 決して乾かない土地などあるはずがないという「ぼく」の主張を、否定することができなかったから。

③ 雨崎は雨が降っているだろうと確信して長い傘まで持ってきたのに、それがむだになってしまったから。

④ 傘をさして男友達と砂浜を歩くことを楽しみにここまでやって来たのに、岬はきれいに晴れていたから。

⑤ 常に雨が降っており乾くことのない土地だという雨崎のイメージが、簡単にくつがえされてしまったから。

問5 傍線部C「ぼくは特別に濃い冷たい空気を吸っているようだった。」とあるが、ここでの「ぼく」の心情はどのようなものか。その説明として最も適切なものを、次の①～⑤のうちから一つ選んでマークしなさい。12

① どんよりと曇った厳しい寒さの海岸に立ち、風もなく動きがまったくない灰色の景色の中で、押しつぶされそうな閉塞感を覚えている。

② 松林を抜けて海岸へ至り、広々とした空と海が視界に入ったことで、冷たく新鮮な空気を吸い込むことに言い知れぬ開放感を覚えている。

③ 空と海に挟まれた人気のない海岸で、降雪時に特有のしっとりとした寒気に包まれ、自分だけが自然と一体化したような高揚感を覚えている。

④ 季節はずれの雪が降る中、あたりには誰もいない岩のごろごろした海岸で、ただ一人で景色を眺めていることに痛いほどの孤独を感じている。

⑤ 経験したことがないほどの寒さに直面し、船すらも通らない周りの様子を見て、自分はこれからどうなるのだろうという漠然とした不安を感じている。

問6 傍線部D「一日は一秒のように感じられ、一年が一時間のように思われるのだろうか。」とあるが、この時の「ぼく」の心情の説明として最も適切なものを、次の①～⑤のうちから一つ選んでマークしなさい。13

① 厳しい寒さの中で身体が温かみを完全に失って、自分を取り囲む大地や海の一部となったなら、一瞬にして時が過ぎていくのだろうかと感じている。

② このまま身体が冷え切って周りの無機物と同化したら、限りある命を生きる人間とは異なる、悠久の時の流れのなかに存在

つけられずにいる」とあるが、どういうことか。その説明として最も適切なものを、次の①～⑤のうちから一つ選んでマークしなさい。[6]

① 現代日本社会ではこれまで見えにくかった「閉じた共同体的空間」が認識されるようになり、その身分制団体としてのあり方が問題になっている。そのため、いかにしてそのような組織を解体するのかが課題になっているが、問題を正しく捉えることができていないということ。

② 現代日本社会では想像力を拘束する「閉じた共同体的空間」の解体が進んでいるが、過去の集団内部での感覚でしか平等というものを考えていない。そのため、解体によって不平等が見えるようになっているにもかかわらず、その不平等は解決の糸口すら見いだせずにいるということ。

③ 現代日本社会では「閉じた共同体的空間」の外部にあるより大きな不平等が見えるようになり、学校、会社、業界といった近代的な組織が解体されつつある。そのため、これまでとは異なる社会構造をつくりあげなければならないが、どのような社会にすべきか問題を認識できないということ。

④ 現代日本社会ではそれなりに機能してきた「閉じた共同体的空間」が解体されることで、共同体内での適切な競争が行われなくなってきている。そのため、内部における横並び意識に関して従来の社会のほうが平等であったと感じる人が多く、教育における平等・不平等の議論は迷走しているということ。

⑤ 現代日本社会では不平等意識の爆発によって「閉じた共同体的空間」は解体されたが、個性的な主張を抑えるような結果の平等が重視されるようになった。そのため、競争という観点から離れて平等を考えなければならなくなり、社会全体の大きな不平等はかえって見えにくくなってしまっているということ。

二

次の文章を読んで、後の問いに答えなさい。

〔編集部注：課題文は著作権上の問題により掲載しておりません。作品の該当箇所につきましては次の書籍を参考にしてください〕

・池澤夏樹著『スティル・ライフ』〈中公文庫　一九九一年一二月一〇日初版発行〉二六頁一一行目～三二頁一一行目

（注）＊天幕＝雨や日光をさえぎるために張り巡らした布の幕。テント。
＊羽目板＝建物の外壁面にはめ込むように打ち付けてある板。

問1 波線部ア「むきになって」・イ「巡りあわせ」の文中での意味として最も適切なものを、後の①～⑤からそれぞれ一つずつ選んでマークしなさい。ア [7]・イ [8]

ア　むきになって
① 楽しそうに浮かれて　② 気分よく得意になって
③ 必要以上に本気を出して　④ 無理やりやる気を出して
⑤ 自由にならずやけになって

イ　巡りあわせ
① 残念な結果　② 幸運な出会い
③ 不思議な気持ち　④ 自然な成り行き
⑤ 決まりきった順番

問2 空欄 [Ⅰ]～[Ⅲ] に当てはまる語の組み合わせとして最も適切なものを、次の①～⑤から一つ選んでマークしなさい。[9]

① [Ⅰ いそいそ　Ⅱ かちかち　Ⅲ がらがら]
② [Ⅰ わいわい　Ⅱ さらさら　Ⅲ ひたひた]
③ [Ⅰ がやがや　Ⅱ ふわふわ　Ⅲ ふらふら]
④ [Ⅰ ぶらぶら　Ⅱ ぼこぼこ　Ⅲ ばたばた]
⑤ [Ⅰ どやどや　Ⅱ どろどろ　Ⅲ だんだん]

問3 傍線部A「三月の初めの頃この電車に乗るのが、ここ何年かの習慣みたいになっている。」とあるが、「ここ何年かの習慣みた問3　傍線部Ａ「古い貴族制の社会」とあるが、この社会の特徴の説明として最も適切なものを、次の①～⑤のうちから一つ選んでマークしなさい。[2]

① 平等・不平等の問題に無関心なのではなく、個人という概念が存在せず人間を集団で捉えている社会。
② 平等・不平等の問題に敏感であり、異なる身分間で生じる差別を認めながらも隠そうとしてきた社会。
③ 平等・不平等の問題に関心はあるものの、異なる身分の人間と自分を比べてみることはなかった社会。
④ 平等・不平等の問題についての想像力を働かせることができず、自分たちは平等だと信じている社会。
⑤ 平等・不平等の問題について注意をはらう一方で、同じ身分の人間は平等であると認識している社会。

問4　傍線部Ｂ「ひとたび平等化が進みだすと」とあるが、「平等化」によってどのようなことが生じてくるのか。その説明として最も適切なものを、次の①～⑤のうちから一つ選んでマークしなさい。[3]

① 狭い集団の壁を越えて想像力を働かせ、目の前にはいない多くの人間と自分を比べることで不平等があらわになり、それを気にするようになる。
② 身分という狭い枠組みで人間関係を捉えるのをやめることで、これまで認識をしていなかった壁が壊され、人々はみな平等であると考えるようになる。
③ これまで自明であった身分の間の壁を認識し、異なる集団ごとの実態を明らかにすることで社会全体が平等を期待し、それに向けて行動するようになる。
④ 想像力を閉じ込めていた集団の壁が消えるなか、急激に可視化するそれぞれの集団の実態を捉えることで、身分制社会に残る不平等への意識が鋭敏になる。
⑤ これまで現実味のなかった人々の存在を意識するなか、身分制が空洞化していくことで、自分が所属している集団の外部にいる人間との関係が希薄になる。

問5　傍線部Ｃ「苅谷の問題意識」とあるが、どのような問題意識か。それを説明した次の文の空欄［　］に当てはまる箇所を本文中から十二字以内で抜き出して答えなさい。[記述]

日本では、教育の平等に関する議論はさかんに行われているが、［　　　］がなかったのはなぜだろうか、という問題意識。

問6　空欄［X］に当てはまる語として最も適切なものを、次の①～⑤のうちから一つ選んでマークしなさい。[4]

① 多面性　② 画一性　③ 能動性
④ 主体性　⑤ 両極性

問7　傍線部Ｄ「トクヴィルが描いた不平等社会の姿に似ている」とあるが、どういうことか。その説明として最も適切なものを、次の①～⑤のうちから一つ選んでマークしなさい。[5]

① 近代的な組織が身分制団体として機能していることに気づかず、周囲の身近な人との関係が希薄になっている点が同じであるということ。
② 身分制社会の問題点を解決するために、近代社会の機能的な組織を閉ざされた競争空間として機能させている点が同じであるということ。
③ 共同体的空間の外にいる人間も自分たちの同類であると見なし、大きな不平等の存在に関心を向けようとしている点が同じであるということ。
④ 自分が所属する集団の内部の差異にばかり目を向けて、社会全体の大きな不平等については想像力を働かせていない点が同じであるということ。
⑤ 学校・会社・業界という閉じた空間の外には関心を払わず、同じ身分に属する人間との違いについてだけ考えている点が同じであるということ。

問8　傍線部Ｅ「不平等意識やその不満が、うまくその行き場を見への問題意識でした。いいかえれば、日本の平等論においては、奇妙なほどにグループ間の比較の視点が欠如していたというのです。その理由について、苅谷は興味深い指摘をしています。

その理由の一端は、同じ会社や学校、同じ業界内といった閉じた空間のなかで主たる競争が行われてきたことにある。閉じた共同体的空間のなかでの競争がメインであったことが、その共同体内部での処遇の差異への関心をⓑ育んできたといえるのである。たとえば、自分とかけ離れた人々との違いではなく、同じ集団に属する身近な人との微妙な差異が気になるのは、社会全体の不平等の実態よりも、不平等感がベースにあったからである。同じ会社内、同じ学校内、同じ業界内といった、閉じた共同体的空間のなかで競争がくり広げられたことにより、処遇の[X]に目が向けられるようになった。その結果、個々の会社や学校や業界を越えたところにある、より大きな不平等の実態を問題にするのではなく、閉ざされた競争空間のなかでの処遇の微小な差異が問題にされてきたのである。（『階層化日本と教育危機――不平等再生産から意欲格差社会（インセンティブ・ディバイド）へ』、一七五頁《ページ》）

個々の会社や学校や業界を越えたところにある、より大きな不平等の実態よりも、閉ざされた競争空間のなかでの処遇の微妙な差異が気になる……。なんとDトクヴィルが描いた不平等社会の姿に似ていることでしょうか。繰り返しになりますが、戦後日本社会において、トクヴィルがⓒネントウに置いていたような身分制団体が存在したというわけではありません。ここで論じられているのは、会社、学校、業界といった、あくまで近代社会における機能的な組織です。しかしながら、苅谷の問題意識は、このような組織が、ある意味で、人々の平等の想像力を拘束する「閉じた共同体的空間」として機能したということに向けられています。人々の想像力は、この空間を隔てる壁を越えることがなく、その内部における微妙な差異こそ気になるものの、その外については奇妙な無関心さが支配したというのです。

このような苅谷の議論を踏まえるならば、現代日本における不平等意識の爆発をどのように捉えることができるでしょうか。ある意味でいえば、現代日本で進行しているのは、いい意味でも悪い意味でも、これまでそれなりに機能してきた「閉じた共同体的空間」が解体するというⓓゲンショウなのかもしれません。結果として見えるようになってきたのは、これまで見えにくかった、「閉じた共同体的空間」の外部にあるより大きな不平等でした。にもかかわらず、議論は、かつての「閉じた共同体的空間」内部における横並び意識の批判とⓔコンドウされ、教育における平等・不平等の議論をさらに迷走させているというのが現状だと苅谷は指摘します。

現代日本社会は、突如可視化した不平等に驚きつつも、いまだそれをどう理解すべきか、迷っているように思われます。E不平等意識やその不満が、うまくその行き場を見つけられずにいるのは、その結果といえるかもしれません。

（宇野重規《うのしげき》『〈私〉時代のデモクラシー』による）

（注）＊トクヴィル＝フランスの政治思想家。一八〇五年～一八五九年。
＊苅谷剛彦＝日本の社会学者。一九五五年～。

問1 二重傍線部ⓐ～ⓔのカタカナは漢字に書き改め、漢字は読みをひらがなで記しなさい。（一点一画を正確に書くこと。）[記述]

問2 空欄[Ⅰ]～[Ⅲ]に当てはまる語句の組み合わせとして最も適切なものを、次の①～⑤のうちから一つ選んでマークしなさい。

[1]

① ［Ⅰ 一方で　Ⅱ けれども　Ⅲ おそらく］
② ［Ⅰ ですから　Ⅱ むしろ　Ⅲ たとえば］
③ ［Ⅰ すなわち　Ⅱ それによって　Ⅲ いいかえれば］
④ ［Ⅰ これに対し　Ⅱ ところが　Ⅲ もちろん］
⑤ ［Ⅰ したがって　Ⅱ しかしながら　Ⅲ たしかに］

二〇二二年度 東京学芸大学附属高等学校

【国 語】（五〇分）〈満点：一〇〇点〉

（注意）1．この問題にはマーク式解答の問いと記述式解答の問いが含まれています。

2．解答番号 1 ～ 22 の問いは、答えをマークシートの各解答番号のうちから一つ選んでマークしなさい。

3．記述 の印がある問いの解答は、マークシートの裏面の指定された解答欄に記入しなさい。

一 次の文章を読んで、後の問いに答えなさい。

*トクヴィルは、A古い貴族制の社会において、異なる身分に属する諸個人は、互いを自分と同じ人間とみなすことがなかったといいます。［Ⅰ］、それぞれの生活や境遇がどれだけ違うとしても、そもそも自分と比較してみようとさえ思いません。もちろん、貴族制社会の人間が、平等・不平等の問題にまったく無関心であったわけではありません。ただ、人々の関心はむしろ、同じ身分に属する人間に対して向けられます。同じ身分の内部における違いについては、人々は敏感です。しかしながら、その想像力は身分の壁を越えることがありません。

これに対し、Bひとたび平等化が進みだすと、人々の想像力はかつて自分を閉じ込めていた狭い集団の壁を越えるようになります。そうなると、これまでリアリティのなかった、壁の外にいる人間が急に自分の同類として浮かび上がってきます。当然、自分との違いも気になるようになります。ある意味でいえば、貴族制社会においては、自らの属する集団内部の関係はリアルであるものの、その外はぼんやりとしていました。これに対し、平等化が進むと、自分のすぐ隣にいる人との関係が希薄になるとしても、むしろ目の前にはいない大勢の人々の様子がひどく気になるようになるのです。

貴族制の社会において、身分間の壁はあまりに自明なので、その存在すら気になりません。これに対し平等社会において、身分制は空洞化するとしても、急激に可視化した残された不平等に対し、人々の意識は鋭敏になっていきます。

なぜ、このような話をするのかといえば、ここで指摘したようなメカニズムが、現在の日本にも働いているように思われるからです。もちろん、日本において、これまで身分制が存在していたといいたいわけではありません。［Ⅱ］、これまで仕切られていた人々の平等の想像力が、そのような仕切りを越えて展開するようになっているということは指摘できるのではないでしょうか。

このことを考えるために、教育社会学者の*苅谷《かりや》剛彦《たけひこ》の議論を参照してみたいと思います。C苅谷の問題意識は、教育における不平等です。といっても、いわゆる偏差値による序列化や、受験競争それ自体を問題にするわけではありません。苅谷が問題にするのはむしろ、社会・経済的な階層に基づく不平等です。さらにいえば、このような社会・経済的な階層に基づく不平等が、なぜこれまであまり注目されてこなかったのか、ということに彼の問題意識は向けられます。というのも、SSM調査（社会階層と社会移動全国調査）の結果が示すように、親の職業や学歴といった階層ⓐヨウインは、戦後一貫して子どもの教育達成に影響を及ぼし続けてきたにもかかわらず、なぜかそのことが問題とされてこなかったからです。

［Ⅲ］子どもの学力差や、学力をもとにした序列化についての議論はさかんでした。したがって学校における成績づけや受験競争についての批判が高まり、やがて「誰でもがんばればできる」という「努力の平等主義」が強調されるようになります。逆に今日では、このような趨勢《すうせい》への反動が生じ、むしろ「結果の平等が行き過ぎ、出る杭《くい》は打たれるで、個の主張が抑えられている」といった、日本的な「結果の平等」批判が噴出するようになっています。しかしながら、苅谷にいわせれば、そこに一貫して欠如していたのは、教育において階層に基づく不平等が厳然として存在するという事実

英語解答

1 1 ④　2 ④　3 ①　4 ④
5 ③

2 問1 ②$_{6}$　問2 break
問3 ③$_{7}$　問4 ④$_{8}$　問5 ②$_{9}$
問6 ②$_{10}$，④$_{11}$

3 問1 ④$_{12}$　問2 ⑤$_{13}$
問3 behind　問4 ②$_{14}$
問5 instead
問6 15…①　16…⑦　17…⑤
問7 ④$_{18}$　問8 ①$_{19}$　問9 ③$_{20}$
問10 ③$_{21}$　問11 ③$_{22}$，⑧$_{23}$

4 問1 ①$_{24}$　問2 ④$_{25}$　問3 ②$_{26}$
問4 ①$_{27}$
問5 the center of the table
問6 ②$_{28}$
問7 29…③　30…⑥　31…⑨
問8 butter　問9 ⑥$_{32}$，⑦$_{33}$

1〔放送問題〕解説省略

2〔長文読解総合―説明文〕

≪全訳≫❶あなたは今までにスタジアムでウェーブを見たことがあるだろうか。あるいは，ひょっとすると，ウェーブに参加したことがあるだろうか。これは，メキシカンウェーブ，あるいは単にウェーブと呼ばれている。❷あなたはウェーブがもともといつ始まったか知っているだろうか。ウェーブは1986年のメキシコ・ワールドカップで始まったと多くの人々は考えている。ウェーブは全ての試合で発生し，世界中に放送された。しかし，ウェーブはそれよりもかなり前から始まっていたと考えている人々もいる。❸ウェーブは以下のように発生する。スタジアムの人々が立ち上がって両腕を上げ，それから座るときに両腕を下げる。続いて，隣の人が立ち上がって同じことをする。これが，見ている人々にとっては，動いている波のように見えるのだ。❹科学用語では，メキシカンウェーブは横波の１例である。人々は縦方向にのみ動く(立ち上がって再び座る)が，ウェーブはスタジアム中を水平に移動する。❺ブダペスト大学の科学者たちは，1986年のワールドカップで人気だったこの群衆現象のビデオを研究し，その仕組みを説明する数学的モデルをつくった。❻科学者たちが発見したのは次の３点だ。／1．サッカー場でメキシカンウェーブを起こすのに必要なのはわずか30人程度である。／2．４つのウェーブのうち３つはスタジアムを右方向に動いている。これは，ほとんどの人が右手を使うことを好むからだ。／3．ウェーブは秒速約12メートル(20席)で動いている。また，その幅は平均約６～12メートル(15席)である。❼さらに，科学者たちが発見したところでは，ウェーブが起こりやすいのは，試合の中断しているときなど，スタジアムの人々があまり盛り上がっていないときである。彼らは，群衆行動に関する同様の研究は，試合を観戦している人々がいつ自制心を失いそうになるかをスタジアムの管理者が知るのに役立つ可能性があると考えている。❽世界最長のメキシカンウェーブのギネス公式記録を破るには，何人必要だろうか。驚くべきことに，2002年11月までは，一列のウェーブの公式記録はわずか3276人だった。しかし，その月，サウス・ウェールズで5805人がウェーブの新記録を2002年４月14日につくったとギネス社は発表した。アベラボン・ビーチで一列のウェーブをつくったのだ。最も長く続いたウェーブの最新のギネス世界記録は，日本のある有名なロックバンドとそのファンたちによって兵庫で生まれた。これは2015年９月23日のことで，わずか2115人が17分14秒動き続けたのだった。❾もちろん，動き続ける最も時間の長いウェーブが，人数が最も多いウェーブということでは全くない。遡れば1986年のワールドカップ中でも何度も，もっと多くの人々(約５万人)のウェーブがあった。また，25万人以上が長さ40キロメートルのウェーブをメキシコシティの通りに沿ってつくった，とも言われている。

これは2002年７月のことだ。当時，教皇ヨハネ・パウロ２世がその街を訪れ，その道を移動した。これはおそらく，歴史上(距離において)最大で最長のウェーブだろう。メキシカンウェーブに関する記録を，メキシコ人が完全に保持していることを知るのは興味深い。この記録は長年，残っていくだろう。❿しかし，メキシコ人の記録におけるウェーブは，辞書が定義しているように「スタジアムで」はつくられていないといえる。盛り上がったサッカースタジアムを何周もするメキシカンウェーブを見るのと，道路や誰もいないビーチをゆっくりと移動するウェーブを見るのとでは，どちらの方が楽しいだろうか。間違いなく，スタジアムでの方がメキシカンウェーブをより楽しめる。⓫今度，サッカースタジアムに行ったら，メキシカンウェーブを始めてみてはどうだろうか。ウェーブをつくれば，とてもかっこいいだろう。

問１＜適語選択＞ウェーブを具体的に説明している部分である。　lower「～を下げる」

問２＜適語補充＞最初の空所は「中断，休憩，合間」という意味の名詞，２つ目の空所は「(記録など)を破る」の意味の動詞である。

問３＜要旨把握＞ここでのウェーブの研究はcrowd behavior「群衆行動」に関する研究である。これに当てはまらないものを選ぶ。③「人々がスタジアムの中にいるとき，どのように感じるかについての研究」は行動に関する研究ではない。

問４＜英文解釈＞keep full control of ～は直訳すれば「～を完全に管理し続けている」といった意味。ここでは記録を「維持し続けている」といった意味に解釈できる。これと同様の意味を表すのは，④「メキシコ人は，メキシカンウェーブの新記録を樹立したときに起きたことの内容を保持している」。　hold on to ～「～を保持する，～を手放さない」　①「メキシカンウェーブは南米地域でよく見られ，メキシコ人はスタジアム内外の両方でウェーブを始める」　②「広い面積と多くの人が必要なので，メキシコ人が再び長いメキシカンウェーブを起こすのは不可能だ」

③「メキシコ人は，新記録をつくるにはどれくらい多くの人がメキシカンウェーブで動くべきかを把握しており，その記録に誇りを持っている」

問５＜内容真偽＞①「スタジアムで観測された世界最長の一列のウェーブには25万人以上がいた」…×　②「メキシコ人によれば，最長のメキシカンウェーブは史上最大のウェーブでもあり，教皇ヨハネ・パウロ２世がメキシコシティを訪れたときに見られた」…○　第９段落第３～６文に一致する。　③「15分以上続いた最長のメキシカンウェーブは人数も最大だった」…×　第８段落第５文～第９段落第１文参照。　④「2002年11月までの最長の一列のウェーブの公式記録は3276人で，新記録が翌月に5805人でつくられた」…×　第８段落第２，３文参照。2002年11月時点での記録が，同月に４月のものに訂正された。

問６＜内容真偽＞①「最初のメキシカンウェーブは1986年のメキシコ・ワールドカップで始まったことは，全員が認めている」…×　第２段落第２，４文参照。「全員」ではない。　②「メキシカンウェーブで観測される横波は，個人の簡単な体の動きで生まれるウェーブだ」…○　第３段落に一致する。　③「道路やビーチで見られるメキシカンウェーブは，サッカースタジアムのメキシカンウェーブよりも速く移動する」…×　第10段落第２文参照。道路やビーチでのウェーブはゆっくりである。　④「メキシカンウェーブは，スタジアムで見る方が，道路や誰もいないビーチで見るよりも楽しいだろう」…○　第10段落第２，３文に一致する。　⑤「サッカースタジアムでメキシカンウェーブを始めるのは私たちには難しく，危険なのでやるべきではない」…×　第11段落参照。筆者はウェーブを始めることを勧めている。

3〔長文読解総合─物語〕

≪全訳≫❶暖かい春の朝だった。私はカメラを手にとって，通りを歩いた。水曜日で，近所の市場の日だった。私は興味深い写真を撮りたかったので，急いで移動した。ズボンの上に女性用のドレスを着ている少年がいた。彼はテーブルの上に立ち，「皆さん…毎日新しいドレスを着ましょう…」と言っていた。何人かの女性は笑っていた。❷私が彼の写真を撮ろうとすると，彼はペイントした顔を両手で隠した。「俺の写真を撮るな」と彼は言った。「新聞に載りたくないんだ…故郷の村の親父が写真を見るかもしれないから。親父に『息子は都会へ出ていって…，今のやつを見てみろ！』なんて言ってほしくないんだ！」❸市場はとても混雑していた。ある女性が先週そこで買ったドレスを交換したがっていた。彼女には大きすぎたのだ。彼女は声があまりにもか細いので，私に助けてほしがっていた。さっきの少年はこう言った。「どうしても写真を撮りたいなら，後ろから撮ればいい。ただ，俺の顔は写さないでくれ」❹そのとき，誰かが後ろから私に話しかけてきた。私が振り返ると，背が高く浅黒い少年と目が合った。彼はテーブルの後ろに立ち，中古品を売っていた。「あなたはジャーナリストですか？」と彼は尋ねた。「兄が何か食べに行ったので，僕が彼の代わりをしているんです。何か質問があれば，僕にきいてください」　彼の家族は皆，中古品を売っていた。古道具をゴミ(捨て場)や職場や工場から集めていたのだ。❺「兄と僕は，古い物をこの近所の３つの通りから集める担当なんです。他の誰も，僕たちの古道具には触りません」「人々が捨てた物からどうやってお金を稼ぐんだい？」と私は尋ねた。「中には壊れている物もあるじゃないか！」　彼は驚いた様子だった。「(2)あなたは人々が何を捨てるかわかっていないですね！　ドライヤー，CD プレーヤー，ラジオ，携帯電話，照明，ソファー…あなたが考えられるあらゆる物ですよ…父は先日，2000リラを手にしたんですよ。ある女性のバッグが悪い連中に盗まれたんです。そいつらは金をバッグから抜き取って，それを捨てた。父がそのバッグを見つけて，女性に電話しました。彼女はとても重要な書類をそのバッグに入れていたんです。父に2000リラを渡して，ありがとうと言ったんです」❻紺の帽子をかぶった少女が，私たちの話を聞いていた。彼女は暑そうな様子で，目は青かった。彼女はタマネギやパセリを売っていた…私がカメラを持って彼女の方を向くと，急に恥ずかしがった。「お願いです」と彼女は言った。「私は太陽の下でずっと働いているので，顔中シミだらけです。お願いだから私の写真を撮らないでください」❼彼女は赤くなった固い手をポケットに隠した。「タマネギを切っていて，手がダメになってしまったんです。この２年間，タマネギで大損をしてきましたが，今年のタマネギは豊作です。でも，ここに残って，こうしてはいられないんです。学校が再び始まったら，街に戻ります。そうすれば，これは全部忘れられますから」❽誰かが１杯のお茶を私に手渡した。それはさっきの少年だった。彼は顔にペイントをして，女性用のドレスを着ていた。「支払う必要はないよ。俺のおごりだから」と彼は言った。彼は身をかがめ，私たち２人だけにしか聞こえないように，私の耳元にそっと話しかけた。「さっきはあんなこと言ってすみません…俺は生活が大変なんだ…５年生のときに学校を辞めて…親父には夏休み中は羊の世話をしろって言われてるんだ。山の中で１人で羊の世話をして，夜は外で寝なくちゃいけないし…でも，最悪だったのは，その後で…親父がある晩，俺がいた山にやってきて，俺に銃を渡して…親父は俺に誰かを殺してほしいと思ってたんだ…俺は家から逃げて，この街に来た…仕事をいろんな市場で見つけた…ここは俺のいる場所じゃない。俺はただ，ここで働いているだけだ…このショーをやって，金を稼いでるのさ。この服を着て，顔にペイントして，踊ってるんだ。四六時中，親父が銃を持って追いかけてくるんじゃないかっておびえてる…なんで俺がおびえてるのか，わかるだろ？」　彼は話し続けた。❾私はうなずきながら聞いていた…お茶は冷めてきた。タマネギを売っている少女が，ドレスを着た少年に手を振って，両手で合図をした。少年は顔を赤らめて，静かに離れていき，決まりが悪くて私の顔を見られなかった。黒いジャケットを着た大男が，ドレスを着た少年にほほ笑んだ。男は少年の見た目をよくして，彼がテーブルに上がるのを手伝った。彼は再び踊り始めた。「あれは彼のお父さんですよ」と中古品を売っていた少年が言った。「２人で毎週日曜日に一緒に歩いているんです…父と子で…こんな具合で順調に仕事をしているんですよ」❿私はほほ笑んだ。お茶は飲めなかった。私はただそこの全てを後にして，プールサイドにいる猫の写真を撮りに公園の方へ向かった。

問１＜適語選択＞最初の空所の後に take some interesting pictures とある。また，少年や少女が「私」に対して D(d)on't take my picture. と言っている。

問２＜適語選択＞直後の My dad back in the village may see the photo.「故郷の村の親父が写真を見るかもしれない」という表現は，自分の写真が「新聞」に載って広く知れ渡ることを示している。

問３＜適語補充＞１つ目の空所と２つ目の空所の直後に続く Just don't show my face「顔を写すな」，I turned around「私は振り向いた」という表現から判断できる。from behind で「後ろから」。この behind は副詞で，このように from は後ろに副詞や前置詞句をとることができる。最後の空所に入る behind は「～の後ろに」という意味の前置詞。

問４＜適語選択＞カメラを持って写真を撮ろうとしている人の職業を考える。　carpenter「大工」

問５＜書き換え―適語補充＞take ～'s place は「～の代わりをする」という意味。　instead of ～「～の代わりに」

問６＜整序結合＞「私」がした「人々か捨てた物からどうやってお金を稼ぐんだい？」という質問を聞いて少年は驚いている。この後，少年は捨てられている高価な物を列挙し，拾った物が大金になった話をしていることから，「私」が事情をわかっていないことを伝えたのだと考えられる。「私」を指す You を主語にして have no idea ～「～がわからない」を続け，残りは‘疑問詞＋主語＋動詞...’の間接疑問にまとめる。　throw out〔away〕～「～を捨てる」。　You have no idea what people throw out !

問７＜適語(句)選択＞重要な書類が入っているバッグを見つけてもらったのだから，お礼を言ったのである。　say thank you「ありがとうと言う，感謝する」

問８＜英文解釈＞on には「～のおごりで」という意味がある。これは①「お茶代は私が払う」ということ。直前の No need to pay.「支払う必要はない」から推測できる。

問９＜適語句選択＞お茶を出されてから，少年が延々と話し続けた結果を考える。　‘get＋形容詞’「～(の状態)になる」

問10＜英問英答＞「なぜ筆者はお茶を飲めなかったのか」―③「もう飲む気がしなかったから」　第８段落でお茶をおごってくれた少年の身の上話を聞いたが，第９段落でそれが客を引くための狂言だとわかって興ざめしたのだと考えられる。　feel like ～ing「～したい気がする」

問11＜内容真偽＞①「市場は毎週水曜日と日曜日に開かれていた」…×　第１段落第３文参照。水曜日のみである。　②「ドレスを着た男の子がステージの上に立っていた」…×　第１段落第５，６文参照。「ステージ」ではなく「テーブル」の上である。　③「女性はドレスのサイズが合わなかったので，交換したがっていた」…○　第３段落第２，３文に一致する。　④「中古品を売っている家族は，それらを市場から集めていた」…×　第４段落最終文参照。　⑤「紺の帽子をかぶった男の子が中古品を市場で売っていた」…×　第６段落第１文参照。紺の帽子をかぶっていたのは少女。　⑥「女の子は顔にシミがあり，そのシミが大好きだった」…×　第６段落最後の２文参照。　⑦「黒いジャケットを着た大男は，タマネギ売りをしていた自分の娘を助けた」…×　第９段落参照。大男はドレスを着て踊っていた少年の父親である。　⑧「筆者は市場の人々の興味深い写真を撮れなかった」…○　最後まで写真は撮れず，最後は猫の写真を撮りに行った。

4〔長文読解総合―伝記〕

≪全訳≫①アントニオ・カノーヴァはイタリアに住む小さな少年だった。彼の両親は亡くなっていたので，彼は貧しい祖父母と一緒に暮らしていた。祖母は祖父と少年の世話をし，祖父は石を彫って，像をつくり，金持ちに売っていた。②アントニオはあまり丈夫ではなかった。彼は町の他の少年と遊ぶのが好きではなかったが，祖父と一緒によく出かけて，石像に適した強くて美しい大きな石を探した。アントニオは祖父と一緒に仕事をするのがとても楽しかったので，祖父のように彫像をつくる方法をすぐに身につけた。「この子はいつか偉大な石の芸術家になるだろう」と祖父は言った。③毎晩，仕事の後に，祖母はアントニオに歌を歌い，彼にいろいろなお話をしてあげた。それは彼の心を，すばらしく美しいもののイメージでいっぱいにした。そして翌日，アントニオが石を探しに戻ると，そのイメージの一部を石でつくろうとした。④同じ町に1人のお金持ちがいて，彼は伯爵と呼ばれていた。伯爵はよく晩餐《ばんさん》会を開いており，他の町から金持ちの友達が彼を訪ねに来ていた。当時，アントニオの祖父はその厨房《ちゅうぼう》でよく手伝っていた。彼は料理も得意だったからだ。⑤ある日，アントニオは祖父と一緒に伯爵の大邸宅に行った。また大きな晩餐会が予定されていたからだ。アントニオは料理ができず，料理を客人に出せるほどの年齢でもなかったが，鍋やフライパンは洗えたし，頭がよくてすばやいので，他にも多くのやり方で手伝うことができた。⑥晩餐会が始まる直前，食堂から大きな音が聞こえ，１人の男が厨房に駆け込んできた。彼の顔は青ざめていた。⑦「どうしよう？　どうしよう？」と彼は泣いていた。「食卓の真ん中に置くはずの像を壊してしまった。あの像がないと食卓は見栄えが良くない。伯爵様は何と言うだろう？」⑧今やアントニオの周りの誰もが困っていた。この晩餐会は失敗してしまうのだろうか。食卓は見栄えが良くなければならなかった。伯爵はあの立派な像がないと，大いに怒るだろう。「ああ，困った！　どうしたらいいんだろう？」と全員がお互いに言い合った。⑨すると，幼いアントニオ・カノーヴァが，像を壊した男のもとへ行った。⑩「僕は像をつくれます。あなたのために１つつくってもいいですか？」⑪「坊や」と男は言った。「新しい像は，私が壊した像と全く同じサイズである必要があるんだ」⑫「大丈夫です。それは問題ありません」とアントニオは言った。「ひょっとしたら，壊れた像と同じように美しい像をつくれるかもしれません」⑬男は笑った。「君は誰だい，坊や？　どうして君は像を１時間でつくれると言えるんだ？」⑭「僕はアントニオ・カノーヴァです」と少年は言った。⑮他の全員が，アントニオが像をつくるのが得意だと知っていたので，全員が「う彼はできる！彼はできる！」と言った。⑯厨房のテーブルの上に，黄色いバターの四角い大きな塊があった。重さは100キロ近くもあった。キッチンナイフを使って，アントニオはこのバターを切って，彫り始めた。数分後，彼はそれを座っているライオンの形にした。⑰「なんて美しいんだ！」と彼らは叫んだ。「壊れた像よりもはるかに美しい」⑱像が完成すると，男は像をあるべき場所に運んだ。⑲伯爵と友人たちが晩餐会に到着したとき，最初に見たものは黄色いライオンだった。⑳「なんて美しい芸術品なんだ！」と友人たちは叫んだ。「非常に優れた芸術家にしかこのような像は彫れないが，像をバターでつくるとはおもしろいじゃないか！」　そして，友人たちは伯爵にこの芸術家の名前を教えてほしいと頼んだ。㉑「いや，実を言えば，え私もあなたたちと同じように驚いているんだ。誰がこのすばらしい像をつくったのだ？　知っている人はいるか？」㉒厨房の少年の１人が言った。「それは，ほんの１時間前に，厨房の少年によって彫られました」㉓これは客人たちにとってさらに大きな驚きであり，伯爵は少年を部屋に呼び入れた。㉔「親愛なる少年よ，君がこんなすばらしい芸術品をつくったのだね」と伯爵は言った。「君の名前は何だい，そして，君の先生は誰なんだい？」㉕「僕の名前はアントニオ・カノーヴァです」と少年は言った。「(3)僕に先生はいませんが，祖父から彫刻を石から彫る方法を習いました」㉖この晩餐会で未来の優れた芸術家に会えたので，客人全員が喜び，誇りにも思った。皆が少年と一緒に夕食をとりたがり，アントニオは喜んで食卓についた。27翌日，伯爵はアントニオの祖父に，アントニオを家に寄越すように頼み，祖父はアントニオが伯爵と一緒に暮らすように頼まれたのでとても喜んだ。国で最も優秀な芸術家たちがアントニオに彫刻の技術を教えるために，伯爵と一緒に暮らし始めた。彼はバターではなく石を彫り，数年後，アントニオ・カノーヴァは世界で最も優れた石彫芸術家の１人となった。

問１＜適語選択＞像を壊してしまった人がどんな様子になるかを考える。　pale「青ざめた」

問２＜適語選択＞直前のThe table had to look very nice.や第７段落第４文のThe table will not be pretty without the statue.といった描写から判断できる。

問３＜英問英答＞「なぜ男は笑ったのか」―②「少年が１時間で彫像をつくるとは信じられなかったから」　この後のWhy can you say you can make a statue in one hour?「なぜ像を１時間でつくれると言えるんだ？」という男の発言から，男がアントニオの言ったことを疑っている様子が読み取れる。

問４＜適文選択＞この前にあるsoは「だから」の意味を表す接続詞。このsoの前後は‘理由’→‘結果’の関係になる。アントニオが像をつくるのが得意だと知っていたから，できるできると言ったのである。

問５＜指示語＞its placeはthe statue's placeということ。第７段落第３文にa statue that should stand at the center of the tableとある。

問６＜適文選択＞友人たちにバターのライオンの作者をきかれた伯爵の返答。この後，伯爵は像の作者の名前をきき返していることから，伯爵もまた驚いていたことが読み取れる。

問７＜整序結合＞伯爵に先生が誰かをきかれたアントニオの返答なので，「祖父から彫り方を学んだ」という内容になると推測できる。まず，I learned how to carve sculpturesとまとまる。残った語句からfrom my grandfatherとout of (stone)という２つのかたまりができるが，how to carve sculptures out of (stone)「石から彫刻を彫る方法」で１つのまとまりになるので，残ったfrom my grandfatherを how の前に置く。‘learn *A* from *B*’「*A*を*B*から学ぶ」の‘*A*’が長くなったので，‘from *B*’を前に出した形である。　‘carve *A* out of *B*’「*A*を*B*から彫ってつくる」　I have no teacher but I learned from my grandfather how to carve sculptures out of stone.

問８＜適語補充＞バターでつくった像が伯爵の家で彫刻を学ぶきっかけになったアントニオだが，彫刻は本来バターからつくるものではない。伯爵の家に住むようになったアントニオはバターではなく，石を彫って彫刻を学んだのである。

問９＜内容真偽＞①「アントニオは，他の少年と一緒に屋外で遊ぶのを楽しんでいたが，あまり丈夫な少年ではなかった」…×　第２段落第２文参照。　②「アントニオの祖母は毎晩，物語を語り，アントニオは物語の絵を石に描いた」…×　第３段落参照。本文のpicturesは「イメージ」の意味であり，「絵」ではない。　③「アントニオと祖父母はよく伯爵の家に行き，厨房を手伝った」…×　第４段落参照。よく伯爵の家に行っていたのは祖父だけである。　④「像が厨房で壊れたとき，職員たちは伯爵が怒るだろうと思った」…×　第６，７段落参照。像が壊れたのはdining room「食堂」である。　⑤「像を壊した男はアントニオのもとに行き，彼にバターの像をつくってほしいと頼んだ」…×　第９～16段落参照。　⑥「アントニオは大きなバターの塊をライオンの形に彫るのにわずか数分しかかからなかった」…○　第16段落に一致する。　‘It takes＋(人＋)時間＋to ～’「(〈人〉が)～するのに(時間が)…かかる」　⑦「伯爵の晩餐会の客人たちは，誰がこのすばらしい(ライオン)の像をつくったのか知りたがった」…○　第20段落最終文に一致する。

数学解答

1 〔1〕 $2\sqrt{15}$

〔2〕 $x=-\frac{1}{2}$，$y=3$

〔3〕 $\frac{12\sqrt{22}}{11}$cm　〔4〕 $\frac{17}{36}$

2 〔1〕 (ウ)　〔2〕 $-\frac{\sqrt{30}}{3}$，$\frac{5}{2}$

〔3〕 $\frac{3}{4}$，$\frac{2+\sqrt{2}}{2}$

3 〔1〕 $\frac{3\sqrt{2}}{4}$cm　〔2〕 $\frac{63\sqrt{2}}{64}$cm

〔3〕 $\frac{63\sqrt{2}}{184}$cm^2

4 〔1〕 $\left(0,\ \frac{5}{8}\right)$　〔2〕 $y=\frac{3}{4}x+\frac{5}{8}$

〔3〕 $b=\frac{5}{4}a-\frac{15}{8}$

5 〔1〕 $\frac{1}{2}a°$　〔2〕 40cm

〔3〕 $\frac{9\sqrt{10}}{2}$cm

1 〔独立小問集合題〕

〔1〕＜数の計算＞$\frac{\sqrt{5}+\sqrt{3}}{4}=A$，$\frac{\sqrt{5}-\sqrt{3}}{4}=B$とおくと，与式$=(3A+B)^2-(A+3B)^2=(9A^2+6AB+B^2)-(A^2+6AB+9B^2)=9A^2+6AB+B^2-A^2-6AB-9B^2=8A^2-8B^2=8(A^2-B^2)=8(A+B)(A-B)$となる。$A+B=\frac{\sqrt{5}+\sqrt{3}}{4}+\frac{\sqrt{5}-\sqrt{3}}{4}=\frac{2\sqrt{5}}{4}=\frac{\sqrt{5}}{2}$，$A-B=\frac{\sqrt{5}+\sqrt{3}}{4}-\frac{\sqrt{5}-\sqrt{3}}{4}=\frac{\sqrt{5}+\sqrt{3}-(\sqrt{5}-\sqrt{3})}{4}=\frac{\sqrt{5}+\sqrt{3}-\sqrt{5}+\sqrt{3}}{4}=\frac{2\sqrt{3}}{4}=\frac{\sqrt{3}}{2}$だから，与式$=8\times\frac{\sqrt{5}}{2}\times\frac{\sqrt{3}}{2}=2\sqrt{15}$である。

〔2〕＜連立方程式＞$6x+5y=12$……①，$4x-3y=-11$……②とする。①×2より，$12x+10y=24$……①′　②×3より，$12x-9y=-33$……②′　①′−②′より，$10y-(-9y)=24-(-33)$，$19y=57$　∴$y=3$　これを①に代入して，$6x+5\times3=12$，$6x+15=12$，$6x=-3$　∴$x=-\frac{1}{2}$

〔3〕＜空間図形—長さ＞右図1で，点Aから辺BCに垂線AMを引くと，AB＝BC＝CA＝6より△ABCは正三角形だから，△ABMは3辺の比が$1:2:\sqrt{3}$の直角三角形となる。これより，AM$=\frac{\sqrt{3}}{2}$AB$=\frac{\sqrt{3}}{2}\times6=3\sqrt{3}$となるので，△ABC$=\frac{1}{2}\times$BC$\times$AM$=\frac{1}{2}\times6\times3\sqrt{3}=9\sqrt{3}$である。三角錐OABCは，△ABCを底面としたとき，高さが$4\sqrt{6}$cmだから，〔三角錐OABC〕$=\frac{1}{3}\times9\sqrt{3}\times4\sqrt{6}=36\sqrt{2}$となる。次に，点Oから辺ABに垂線OHを引く。△OABはOA＝OBの二等辺三角形だから，点Hは辺ABの中点となり，AH$=\frac{1}{2}$AB$=\frac{1}{2}\times6=3$となる。△OAHで三平方の定理より，OH$=\sqrt{\text{OA}^2-\text{AH}^2}=\sqrt{(6\sqrt{3})^2-3^2}=\sqrt{99}=3\sqrt{11}$となるので，△OAB$=\frac{1}{2}\times$AB$\times$OH$=\frac{1}{2}\times6\times3\sqrt{11}=9\sqrt{11}$である。△OABを底面としたときの三角錐OABCの高さを$h$cmとすると，体積について，$\frac{1}{3}\times9\sqrt{11}\times h=36\sqrt{2}$が成り立ち，$h=\frac{12\sqrt{22}}{11}$(cm)となる。

図1

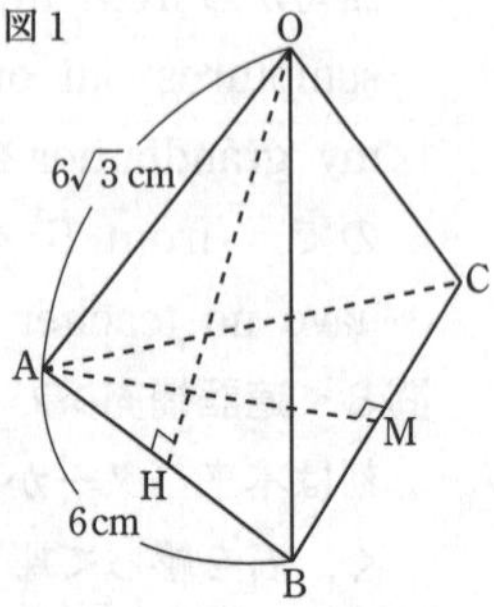

〔4〕＜確率—さいころ＞大小2つのさいころを同時に1回投げるとき，目の出方は全部で6×6＝36(通り)あるから，a，bの組は36通りある。右図2で，直線$y=\frac{a}{2}x-\frac{10}{3}$上で$x$座標が$a$の点をQとすると，直線$y=\frac{a}{2}x-\frac{10}{3}$と線分OPが交わるとき，点Pの$y$座標は点Qの$y$座標より小さくなる。

図2

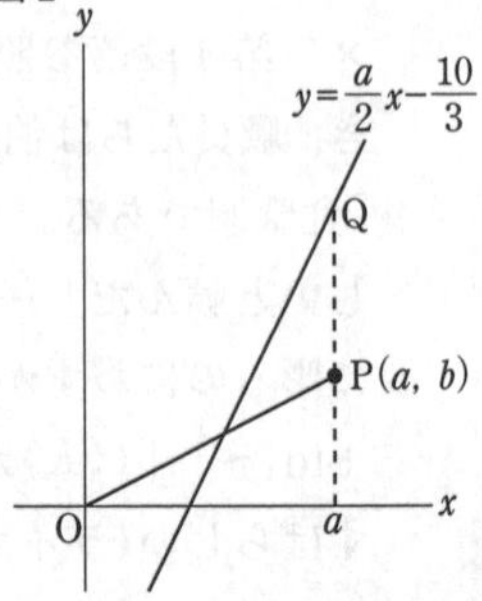

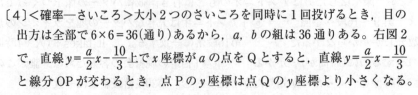

$a=1$のとき，点Qのx座標も1だから，点Qのy座標は$y=\frac{1}{2}\times1-\frac{10}{3}=-\frac{17}{6}$となる。よって，$b<-\frac{17}{6}$であるが，これを満たす$b$はない。$a=2$のとき，点Qの$y$座標は$y=\frac{2}{2}\times2-\frac{10}{3}=-\frac{4}{3}$となるが，$b<-\frac{4}{3}$となる$b$はない。$a=3$のとき，点Qの$y$座標は$y=\frac{3}{2}\times3-\frac{10}{3}=\frac{7}{6}$だから，$b<\frac{7}{6}$より，$b=1$の1通りある。$a=4$のとき，点Qの$y$座標は$y=\frac{4}{2}\times4-\frac{10}{3}=\frac{14}{3}$だから，$b<\frac{14}{3}$より，$b=1$，2，3，4の4通りある。$a=5$のとき，点Qの$y$座標は$y=\frac{5}{2}\times5-\frac{10}{3}=\frac{55}{6}$だから，$b<\frac{55}{6}$より，$b=1$，2，3，4，5，6の6通りある。$a=6$のとき，点Qの$y$座標は$y=\frac{6}{2}\times6-\frac{10}{3}=\frac{44}{3}$だから，$b<\frac{44}{3}$より，$b=1$，2，3，4，5，6の6通りある。以上より，直線$y=\frac{a}{2}x-\frac{10}{3}$と線分OPが交わるときの$a$，$b$の組は$1+4+6+6=17$(通り)あるから，求める確率は$\frac{17}{36}$である。

2〔関数―図形の移動と関数〕

〔1〕<グラフ>右図1で，点Pが線分AB，線分BC，線分CD上にあるときに分けて考える。点Pが線分AB上にあるとき，$-2\leqq t\leqq0$である。このときの2点P，QをそれぞれP_1，Q_1とする。A$(-2,\ 8)$，B$(0,\ 2)$より，直線ABは傾きが$\frac{2-8}{0-(-2)}=-3$，切片が2だから，直線ABの式は$y=-3x+2$となる。これより，$P_1(t,\ -3t+2)$と表せ，$Q_1(t,\ 2)$だから，$P_1Q_1=-3t+2-2=-3t$である。$\triangle OP_1Q_1$の底辺をP_1Q_1と見ると，高さは$0-t=-t$となるから，$\triangle OP_1Q_1=\frac{1}{2}\times(-3t)\times(-t)=\frac{3}{2}t^2$より，$S=\frac{3}{2}t^2$となる。$t=-2$のとき，$S=\frac{3}{2}\times(-2)^2=6$だから，グラフは点$(-2,\ 6)$を通る。次に，点Pが線分BC上にあるとき，$0\leqq t\leqq2$である。このときの2点P，Qをそれぞれ$P_2$，$Q_2$とする。C$(2,\ 6)$だから，直線BCは傾きが$\frac{6-2}{2-0}=2$，切片が2であり，直線BCの式は$y=2x+2$となる。これより，$P_2(t,\ 2t+2)$となるので，$P_2Q_2=2t+2-2=2t$である。$\triangle OP_2Q_2$の底辺を$P_2Q_2$と見ると，高さは$t$なので，$\triangle OP_2Q_2=\frac{1}{2}\times2t\times t=t^2$より，$S=t^2$となる。$t=2$のとき，$S=2^2=4$だから，グラフは点$(2,\ 4)$を通る。最後に，点Pが線分CD上にあるとき，$2\leqq t\leqq4$である。このときの2点P，Qをそれぞれ$P_3$，$Q_3$とする。C$(2,\ 6)$，D$(4,\ 6)$より，$P_3(t,\ 6)$となるので，$P_3Q_3=6-2=4$である。$\triangle OP_3Q_3$の底辺を$P_3Q_3$と見ると，高さは$t$なので，$\triangle OP_3Q_3=\frac{1}{2}\times4\times t=2t$より，$S=2t$となる。$t=4$のとき，$S=2\times4=8$だから，グラフは点$(4,\ 8)$を通る。以上より，グラフは右図2のようになる。

図1

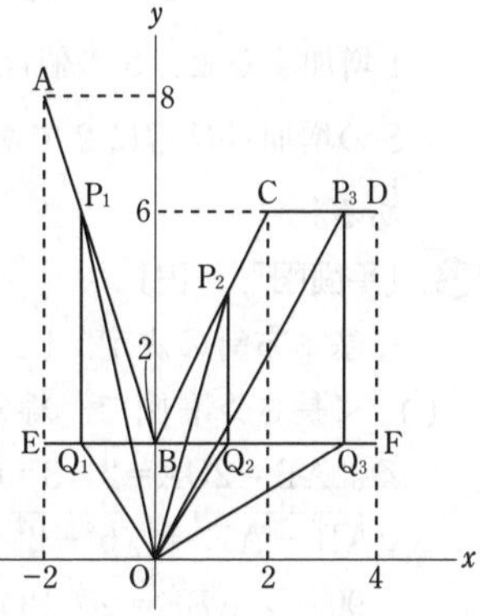

図2

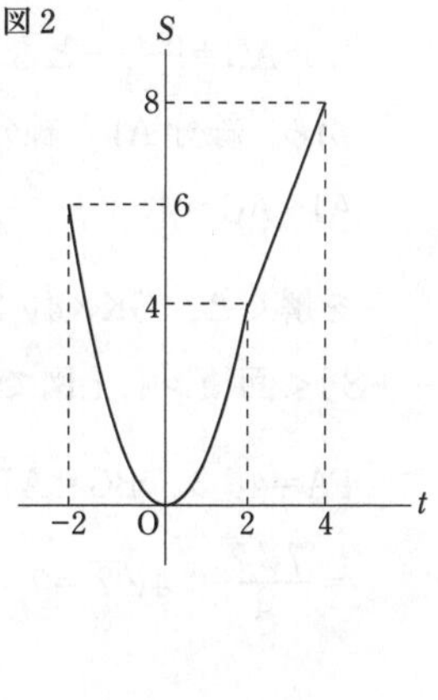

〔2〕<tの値>右図2で，$S=5$となるのは，$-2\leqq t\leqq0$，$2\leqq t\leqq4$のときにある。$-2\leqq t\leqq0$のとき，〔1〕より，$S=\frac{3}{2}t^2$だから，$5=\frac{3}{2}t^2$が成り立つ。これを解くと，$t^2=\frac{10}{3}$，$t=\pm\frac{\sqrt{30}}{3}$となり，$-2\leqq t\leqq0$より，$t=-\frac{\sqrt{30}}{3}$である。$2\leqq t\leqq4$のとき，$S=2t$だから，$5=2t$が成り立ち，$t=\frac{5}{2}$となる。以上より，求めるtの値は$t=-\frac{\sqrt{30}}{3}$，$\frac{5}{2}$である。

〔3〕＜$\boldsymbol{k}$の値＞$S=\frac{3}{2}t^2$は，$t\leqq0$においては，tの値が増加するとSの値は減少する。$k+1\leqq0$とすると，tの値がkから$k+1$まで増加したとき，Sの値は減少するので，増加量は$\frac{5}{2}$にならない。$-2\leqq k\leqq0$，$0\leqq k+1\leqq2$とすると，$t=k$のとき$S=\frac{3}{2}k^2$，$t=k+1$のとき$S=(k+1)^2=k^2+2k+1$だから，増加量が$\frac{5}{2}$より，$k^2+2k+1-\frac{3}{2}k^2=\frac{5}{2}$が成り立ち，$k^2-4k+3=0$，$(k-1)(k-3)=0$より，$k=1$，3となる。これらは，$-2\leqq k\leqq0$，$0\leqq k+1\leqq2$をともに満たさないので，適さない。$0\leqq k\leqq2$，$0\leqq k+1\leqq2$とすると，$t=k$のとき$S=k^2$，$t=k+1$のとき$S=k^2+2k+1$だから，$k^2+2k+1-k^2=\frac{5}{2}$が成り立ち，$2k=\frac{3}{2}$，$k=\frac{3}{4}$となる。これは$0\leqq k\leqq2$，$0\leqq k+1\leqq2$をともに満たすので，適する。$0\leqq k\leqq2$，$2\leqq k+1\leqq4$とすると，$t=k$のとき$S=k^2$，$t=k+1$のとき$S=2(k+1)=2k+2$だから，$2k+2-k^2=\frac{5}{2}$が成り立ち，$2k^2-4k+1=0$より，$k=\frac{-(-4)\pm\sqrt{(-4)^2-4\times2\times1}}{2\times2}=\frac{4\pm\sqrt{8}}{4}=\frac{4\pm2\sqrt{2}}{4}=\frac{2\pm\sqrt{2}}{2}$となる。$0\leqq k\leqq2$，$2\leqq k+1\leqq4$をともに満たすのは，$k=\frac{2+\sqrt{2}}{2}$である。$S=2t$は，$t$の値が1増加すると，$S$の値は2増加するから，$k\geqq2$とすると，$t$の値が$k$から$k+1$まで増加したときの$S$の増加量は常に2であり，増加量は$\frac{5}{2}$にならない。以上より，求める$k$の値は$k=\frac{3}{4}$，$\frac{2+\sqrt{2}}{2}$である。

3〔平面図形—円〕

《基本方針の決定》〔2〕 四角形AEBFは長方形である。

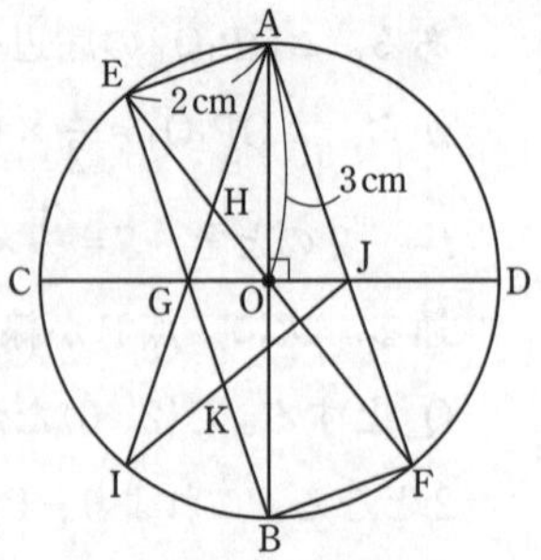

〔1〕＜長さ＞右図で，線分ABは円Oの直径だから，∠AEB＝90°となる。AB＝2OA＝2×3＝6だから，△AEBで三平方の定理より，EB＝$\sqrt{\mathrm{AB}^2-\mathrm{AE}^2}=\sqrt{6^2-2^2}=\sqrt{32}=4\sqrt{2}$となる。また，∠AEB＝∠GOB＝90°，∠ABE＝∠GBOより，△AEB∽△GOBである。よって，EA：OG＝EB：OBより，2：OG＝$4\sqrt{2}$：3が成り立つ。これを解くと，OG×$4\sqrt{2}$＝2×3より，OG＝$\frac{3\sqrt{2}}{4}$(cm)となる。

〔2〕＜長さ＞右図で，2点B，Fを結ぶと，AB＝EFであり，線分ABと線分EFはそれぞれの中点Oで交わっているから，四角形AEBFは長方形となる。EB∥AFだから，△GIK∽△AIJとなり，GK：AJ＝GI：AIである。OA＝OB，∠AOJ＝∠BOG，∠OAJ＝∠OBGより，△OAJ≡△OBGだから，OJ＝OG＝$\frac{3\sqrt{2}}{4}$となる。よって，△OAJで三平方の定理より，AJ＝$\sqrt{\mathrm{OA}^2+\mathrm{OJ}^2}=\sqrt{3^2+\left(\frac{3\sqrt{2}}{4}\right)^2}=\sqrt{\frac{162}{16}}=\frac{9\sqrt{2}}{4}$となる。同様にして，AG＝$\frac{9\sqrt{2}}{4}$となる。また，AF＝EB＝$4\sqrt{2}$である。2点G，Jは線分ABについて対称となるから，線分AIと線分AFも線分ABについて対称であり，AI＝AF＝$4\sqrt{2}$となる。これより，GI＝AI－AG＝$4\sqrt{2}-\frac{9\sqrt{2}}{4}=\frac{7\sqrt{2}}{4}$である。したがって，GK：$\frac{9\sqrt{2}}{4}=\frac{7\sqrt{2}}{4}$：$4\sqrt{2}$が成り立つ。これを解くと，GK×$4\sqrt{2}=\frac{9\sqrt{2}}{4}\times\frac{7\sqrt{2}}{4}$，GK＝$\frac{63\sqrt{2}}{64}$(cm)となる。

〔3〕＜面積＞右上図で，EB∥AFより，△EGH∽△FAHだから，GH：AH＝EG：FAである。EB＝FA＝$4\sqrt{2}$，BG＝AJ＝$\frac{9\sqrt{2}}{4}$より，EG＝EB－BG＝$4\sqrt{2}-\frac{9\sqrt{2}}{4}=\frac{7\sqrt{2}}{4}$となる。よって，GH：AH＝$\frac{7\sqrt{2}}{4}$：$4\sqrt{2}$＝7：16となるので，△OGH：△OAH＝7：16であり，△OGH＝$\frac{7}{7+16}$△OAG＝

$\frac{7}{23}$△OAGとなる。△OAG$=\frac{1}{2}\times$OG$\times$OA$=\frac{1}{2}\times\frac{3\sqrt{2}}{4}\times3=\frac{9\sqrt{2}}{8}$だから，△OGH$=\frac{7}{23}\times\frac{9\sqrt{2}}{8}=\frac{63\sqrt{2}}{184}$(cm^2)である。

4〔関数—関数 $y=ax^2$ と一次関数のグラフ〕

〔1〕＜座標＞右図1で，太陽光が反射する前の直線 $x=1$ 上の点をP，線分AB上の反射する点をQ，反射後の光が進む直線上の点をR，点Qを通り線分ABに垂直な直線をQSとする。2点A，Bは関数 $y=\frac{1}{2}x^2$ のグラフ上にあり，x 座標がそれぞれ $\frac{1}{2}$，$\frac{3}{2}$ だから，$y=\frac{1}{2}\times\left(\frac{1}{2}\right)^2=\frac{1}{8}$，$y=\frac{1}{2}\times\left(\frac{3}{2}\right)^2=\frac{9}{8}$ より，A$\left(\frac{1}{2},\ \frac{1}{8}\right)$，B$\left(\frac{3}{2},\ \frac{9}{8}\right)$となる。直線ABの傾きは$\left(\frac{9}{8}-\frac{1}{8}\right)\div\left(\frac{3}{2}-\frac{1}{2}\right)=1$ だから，その式は $y=x+c$ とおけ，点Aを通るので，$\frac{1}{8}=\frac{1}{2}+c$，$c=-\frac{3}{8}$ より，直線ABの式は $y=x-\frac{3}{8}$ となる。よって，点Qの x 座標は1だから，$y=1-\frac{3}{8}=\frac{5}{8}$ より，Q$\left(1,\ \frac{5}{8}\right)$である。点Aを通り y 軸に平行な直線と，点Bを通り x 軸に平行な直線の交点をIとすると，直線ABの傾きが1より，IA＝IBだから，△IABは直角二等辺三角形となる。PQ∥IAより，∠PQB＝∠IAB＝45°だから，∠RQS＝∠PQS＝∠SQB－∠PQB＝90°－45°＝45°となり，∠PQR＝∠RQS＋∠PQS＝45°＋45°＝90°となる。したがって，直線QRは x 軸に平行なので，y 軸と点$\left(0,\ \frac{5}{8}\right)$で交わる。

図1

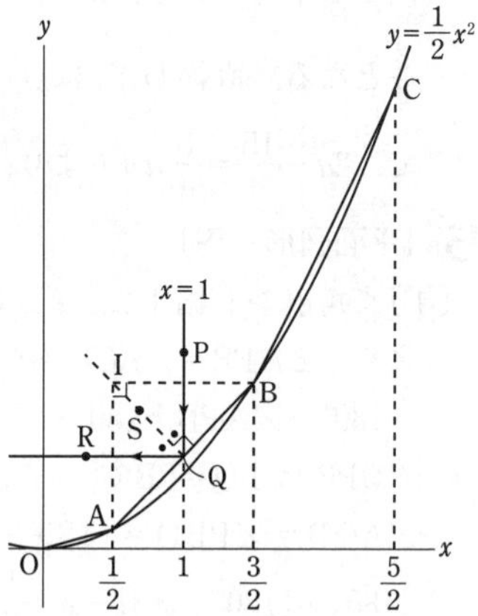

〔2〕＜直線の式＞右上図1で，点Cは関数 $y=\frac{1}{2}x^2$ のグラフ上にあり，x 座標が $\frac{5}{2}$ だから，$y=\frac{1}{2}\times\left(\frac{5}{2}\right)^2=\frac{25}{8}$ より，C$\left(\frac{5}{2},\ \frac{25}{8}\right)$となる。右図2で，〔1〕より，B$\left(\frac{3}{2},\ \frac{9}{8}\right)$だから，直線BCの傾きは$\left(\frac{25}{8}-\frac{9}{8}\right)\div\left(\frac{5}{2}-\frac{3}{2}\right)=2$ となり，その式は $y=2x+d$ とおけ，点Bを通るので，$\frac{9}{8}=2\times\frac{3}{2}+d$，$d=-\frac{15}{8}$ より，直線BCの式は $y=2x-\frac{15}{8}$ となる。点Dの x 座標は2だから，$y=2\times2-\frac{15}{8}=\frac{17}{8}$ より，D$\left(2,\ \frac{17}{8}\right)$である。これより，CH$=\frac{5}{2}-2=\frac{1}{2}$，DH$=\frac{25}{8}-\frac{17}{8}=1$ である。△DHC∽△CHEだから，DH：CH＝CH：EHより，$1:\frac{1}{2}=\frac{1}{2}:$EHが成り立ち，$1\times$EH$=\frac{1}{2}\times\frac{1}{2}$，EH$=\frac{1}{4}$ となる。点Bを通り x 軸に平行な直線と，点Fを通り y 軸に平行な直線の交点をJとすると，四角形BCEFは長方形だから，CE∥BF，CE＝BFより，△CHE≡△BJFである。よって，BJ＝CH$=\frac{1}{2}$，FJ＝EH$=\frac{1}{4}$ より，点Fの x 座標は $\frac{3}{2}-\frac{1}{2}=1$，$y$ 座標は $\frac{9}{8}+\frac{1}{4}=\frac{11}{8}$ となり，F$\left(1,\ \frac{11}{8}\right)$となる。2点D，Fの座標より，直線DFの傾きは$\left(\frac{17}{8}-\frac{11}{8}\right)\div(2-1)=\frac{3}{4}$ だから，その式は $y=\frac{3}{4}x+e$ とおける。点Fを通るので，$\frac{11}{8}=\frac{3}{4}\times1+e$，$e=\frac{5}{8}$ より，直線DFの式は $y=\frac{3}{4}x+\frac{5}{8}$ である。

図2

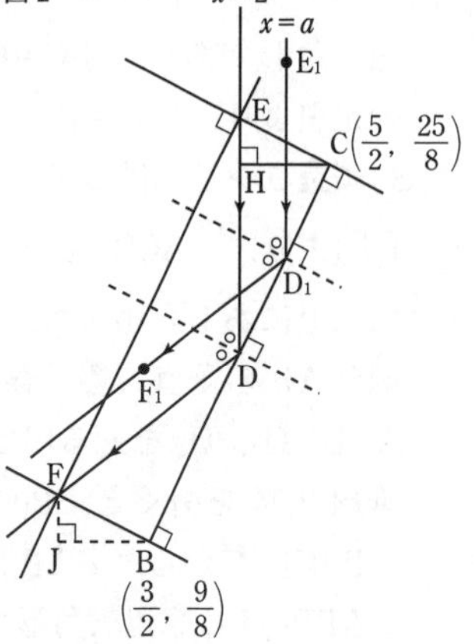

〔3〕＜y座標＞前ページの図2で，太陽光が反射する前の直線$x=a$上の点をE_1，線分BC上の反射する点をD_1，反射後の光が進む直線上の点をF_1とする。〔2〕より，直線BCの式は$y=2x-\frac{15}{8}$なので，点D_1のy座標は$y=2a-\frac{15}{8}$より，$D_1\left(a,\ 2a-\frac{15}{8}\right)$と表せる。$E_1D_1$∥EDだから，反射後に進む向きも平行であり，$D_1F_1$∥DFである。〔2〕より，直線DFの傾きは$\frac{3}{4}$だから，直線$D_1F_1$の傾きも$\frac{3}{4}$となる。直線$D_1F_1$は点$(0,\ b)$を通るので，その式は$y=\frac{3}{4}x+b$とおける。これが点$D_1$を通るので，$2a-\frac{15}{8}=\frac{3}{4}a+b$より，$b=\frac{5}{4}a-\frac{15}{8}$と表せる。

5〔平面図形―円〕

図1

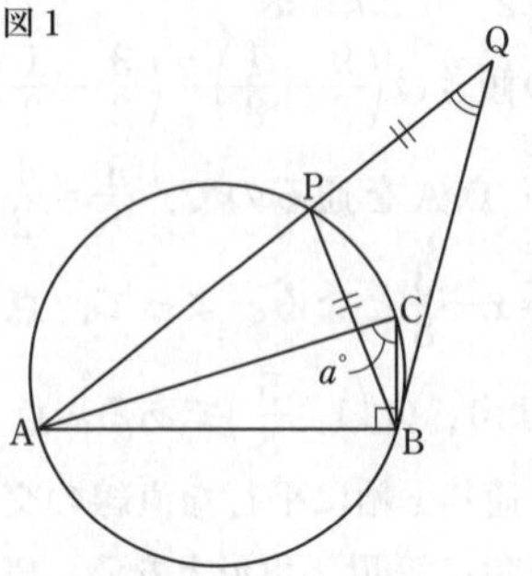

図2

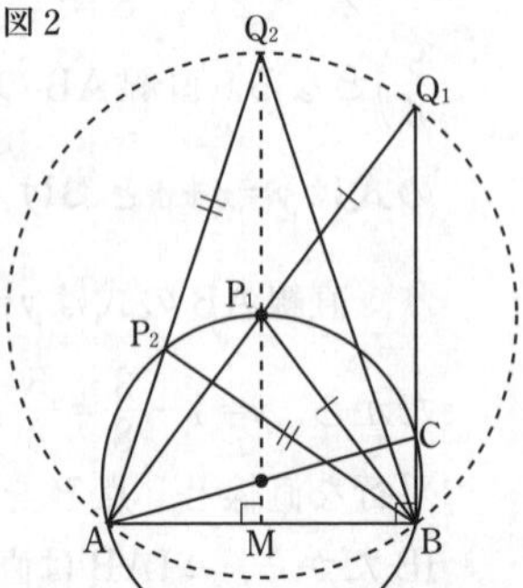

〔1〕＜角度＞右図1で，$\overset{\frown}{AB}$に対する円周角より，$\angle APB=\angle ACB=a^\circ$だから，$\angle BPQ=180^\circ-\angle APB=180^\circ-a^\circ$となる。また，△QPBはPQ＝PBの二等辺三角形だから，$\angle AQB=\angle PBQ=(180^\circ-\angle BPQ)\div 2=\{180^\circ-(180^\circ-a^\circ)\}\div 2=\frac{1}{2}a^\circ$と表せる。

〔2〕＜長さ＞右図2で，$\angle ABQ=90^\circ$となるときの2点P，Qをそれぞれ，P_1，Q_1とすると，$\angle ABC=90^\circ$より，点Q_1は辺BCの延長上にある。〔1〕より，$\angle ACB=a^\circ$とすると，$\angle AQ_1B=\frac{1}{2}a^\circ$となるので，$\triangle Q_1CA$で内角と外角の関係より，$\angle CAQ_1=\angle ACB-\angle AQ_1B=a^\circ-\frac{1}{2}a^\circ=\frac{1}{2}a^\circ$となる。これより，$\angle AQ_1B=\angle CAQ_1$だから，$\triangle Q_1CA$は二等辺三角形であり，$Q_1C=CA=25$，$BQ_1=BC+CQ_1=7+25=32$である。よって，$\triangle ABQ_1$で三平方の定理より，$AQ_1=\sqrt{AB^2+BQ_1{}^2}=\sqrt{24^2+32^2}=\sqrt{1600}=40$(cm)となる。

〔3〕＜長さ＞右上図2で，△ABQの面積が最大となるときの2点P，QをそれぞれP_2，Q_2とする。〔1〕より，$\angle ACB=a^\circ$とすると，$\angle AQ_1B=\angle AQ_2B=\frac{1}{2}a^\circ$となるから，4点A，B，$Q_1$，$Q_2$は同じ円周上にある。よって，点$Q_2$はこの円の周上で線分ABから最も距離のある点となる。この点は線分ABの垂直二等分線上にあるので，$\triangle ABQ_2$は$Q_2A=Q_2B$の二等辺三角形となる。また，4点A，B，Q_1，Q_2を通る円は，$\angle ABQ_1=90^\circ$より，線分AQ_1を直径とする円である。点P_1からABに垂線P_1Mを引くと，P_1M∥Q_1Bより，$\angle AP_1M=\angle AQ_1B$，$\angle BP_1M=\angle P_1BQ_1$となり，$\angle AQ_1B=\angle P_1BQ_1$だから，$\angle AP_1M=\angle BP_1M$となる。したがって，$\angle AP_1M=\angle BP_1M$，$P_1M\perp AB$より，$\triangle ABP_1$は二等辺三角形であり，$P_1A=P_1B$である。$P_1Q_1=P_1B$だから，$P_1A=P_1Q_1$となり，4点A，B，$Q_1$，$Q_2$を通る円の中心は点$P_1$である。$P_1M$は線分ABの垂直二等分線となるから，点$Q_2$は線分$MP_1$の延長上にある。$P_1Q_2=P_1A=P_1B=P_1Q_1=\frac{1}{2}AQ_1=\frac{1}{2}\times 40=20$，$AM=BM=\frac{1}{2}AB=\frac{1}{2}\times 24=12$だから，$\triangle P_1MB$で三平方の定理より，$P_1M=\sqrt{P_1B^2-BM^2}=\sqrt{20^2-12^2}=\sqrt{256}=16$となり，$Q_2M=P_1Q_2+P_1M=20+16=36$となる。$\triangle Q_2MB$で三平方の定理より，$Q_2B=\sqrt{Q_2M^2+BM^2}=\sqrt{36^2+12^2}=\sqrt{1440}=12\sqrt{10}$となり，$Q_2A=Q_2B=12\sqrt{10}$となる。さらに，$\triangle Q_2P_2B$と$\triangle Q_1P_1B$はともに二等辺三角形で，$\angle P_2Q_2B=\angle P_1Q_1B$だから，$\triangle Q_2P_2B\backsim\triangle Q_1P_1B$となる。これより，$P_2Q_2:P_1Q_1=Q_2B:Q_1B$だから，$P_2Q_2:20=12\sqrt{10}:32$が成り立ち，$P_2Q_2\times 32=20\times 12\sqrt{10}$，$P_2Q_2=\frac{15\sqrt{10}}{2}$となる。以上より，$AP_2=Q_2A-P_2Q_2=12\sqrt{10}-\frac{15\sqrt{10}}{2}=\frac{9\sqrt{10}}{2}$(cm)である。

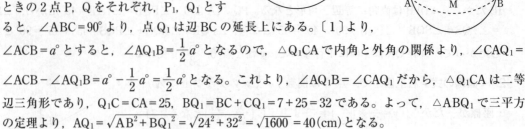

2022年度／東京学芸大学附属高等学校

社会解答

1　問1　①$_{1}$　問2　③$_{2}$　問3　②$_{3}$
問4　③$_{4}$　問5　②$_{5}$
問6　(1)…インド　(2)…⑥$_{6}$
問7　④$_{19}$　問8　①$_{20}$

2　問1　リアス海岸〔リアス式海岸〕
問2　④$_{7}$　問3　⑤$_{8}$　問4　⑤$_{9}$
問5　②$_{10}$　問6　②$_{11}$　問7　⑤$_{12}$
問8　⑥$_{13}$

3　問1　②$_{14}$　問2　清少納言
問3　(1)…北条政子　(2)…④$_{15}$
問4　③$_{16}$　問5　②$_{17}$　問6　④$_{18}$

4　問1　①$_{21}$　問2　④$_{22}$　問3　③$_{23}$
問4　②$_{24}$　問5　金本位
問6　③$_{25}$

5　問1　②$_{26}$　問2　①$_{27}$　問3　②$_{28}$
問4　①$_{29}$　問5　②$_{30}$　問6　②$_{31}$

6　問1　デジタル
問2　(1)…①$_{32}$　(2)…④$_{33}$　問3　②$_{34}$
問4　④$_{35}$　問5　④$_{36}$　問6　②$_{37}$

1〔世界地理―総合〕

問1＜正距方位図法＞正距方位図法では，中心点からの方位や距離は正しいが，中心点以外の地点からの方位や距離は正しくない。また，特にことわりのないかぎり，地図では上が北を指す。そのため，メッカは中心のタンジャの右方向なので東に，大都はタンジャの右上なので北東に位置している(①…○)。なお，タンジャから大都までの距離は約１万キロである(②…×)。中心点でないメッカからの方位や距離は正しくない(③，④…×)。

問2＜アジアの農業＞ベンガルはガンジス川下流域のバングラデシュやインド東部にあたる。この地域は，米やジュートの生産量が多い。米の生産量が多いのは，水資源に恵まれたアジアの地域であるので，③が当てはまる。なお，グラフの①はトウモロコシ，②は大豆，④は小麦の生産量の割合を表している。

問3＜ガンジス川＞文中より，「スドゥカーワーン」はガンジス川河口付近に位置しているとあるので，インド東部の②が当てはまる。

問4＜宗教＞メッカはイスラム教の聖地である。コーランはイスラム教の聖典であり，イスラム教では豚肉を食べることや酒を飲むことは禁じられているため，③が当てはまる。なお，①はキリスト教，②はヒンドゥー教，④は仏教について述べている。

問5＜国の位置と特色＞図１の[あ]の地域に現在ある国はスペイン，[い]の地域にある国はサウジアラビア，[う]の地域にある国はインド，[え]の地域にある国は中国である。[い]のサウジアラビアには砂漠が広がっていて，この４か国の中で最も人口密度が低い。なお，表の①はインド，③は中国，④はスペインを表している。

問6＜コロンブスの航海＞(1)1492年に，コロンブスは南北アメリカ大陸の東側に連なる島々に到達したが，一行はこの島々をインドと思ったため，これらの島々を西インド諸島と名づけた。　(2)コロンブスが到達した西インド諸島は，アメリカ南東部のフロリダ半島沖から，南アメリカ大陸北岸に連なっている。

2〔日本地理―近畿地方〕

問1＜リアス海岸＞図１のＸは若狭湾，Ｙは志摩半島で，山地が海に沈み込んだことによって，谷だった所に海水が入り込んだために形成された出入りの複雑な海岸線となっている。このような地形を，リアス海岸という。

問２＜琵琶湖と河川＞図１のＳは淀川で，琵琶湖から流れ出し大阪湾に注いでいる。

問３＜近畿地方の気候＞あ．の雨温図は，夏に降水量が多い太平洋側の気候の特徴を示しているのでＣの地点に，い．の雨温図は冬の降水量が多い日本海側の気候の特徴を示しているのでＡの地点に，う．の雨温図は年間降水量が少ない瀬戸内の気候の特徴を示しているのでＢの地点に当てはまる。

問４＜大都市と製造業＞製造品出荷額等が全国で最も多い中京工業地帯の中心である愛知県は，グラフのか．に当てはまり，製造品出荷額等が３都府県で最も増加している。東京都と大阪府は，都心部の地価上昇などにより，十分な工業用地の確保が難しく，製造品出荷額等は減少傾向にある。東京都は，2002年に新聞，出版業が工業統計から外れたため，2000年から2005年にかけて減少が大きいく．が当てはまる。残ったき．が大阪府である。

問５＜発電所の立地＞阪神工業地帯に位置する大阪湾沿岸には，火力発電所が多い。なお，水力発電所は河川の上中流域にダムを建設してつくられる(①…×)。原子力発電所は，比較的人口の少ない海岸沿いに多く建設されている(③…×)。地熱発電所は，火山活動の盛んな場所の近くに建設されている(④…×)。

問６＜大都市への流入人口＞大阪府への流入人口は，兵庫県，奈良県，京都府，和歌山県の順に多い。奈良県は兵庫県よりも大阪府への流入人口が少ないが，人口が少ないため，昼夜間人口比率が低い。

問７＜世界遺産＞Ｄは姫路城，Ｅは大仙古墳を含む百舌鳥・古市古墳群，Ｆは紀伊山地の霊場と参詣道に含まれる高野山金剛峯寺の位置を示している。

問８＜林業従事者の高齢化＞林業就業者は，農業や漁業の就業者とともに高齢化が進んでいる。最も割合が高いた．には60歳以上，続いて割合が高いち．には40～49歳，最も割合が低いつ．には20～29歳が当てはまる。

3〔歴史―日本の歴史〕

問１＜女性天皇＞文章中の蘇我氏によって擁立された女性の大王とは，推古天皇で592年に即位した。以後約200年の間とはおよそ６世紀末から８世紀末までを指す。７世紀後半の694年に藤原京をつくり，都を移したのは，天武天皇の皇后で，天武天皇の死後に即位した持統天皇である。なお，６世紀中頃に仏教が伝えられたのは欽明天皇の治世(①…×)，８世紀に東大寺，国分寺等の建立を命じたのは聖武天皇(③…×)，663年の白村江の戦いに敗れた後に大津宮に都を移したのは天智天皇(④…×)で，いずれも男性の天皇である。

問２＜清少納言＞女性が多くの優れた文学作品を残した平安時代に，かな文字を用いて随筆『枕草子』を著したのは，清少納言である。

問３＜承久の乱＞⑴資料は，鎌倉時代前半の1221年に起こった鎌倉幕府と朝廷の戦いである承久の乱に際して，鎌倉幕府初代将軍であった源頼朝の妻，北条政子が御家人に訴えた内容を伝えている。⑵資料は鎌倉時代前半の1221年に起こった承久の乱に関するもので，「院」とは鎌倉幕府を倒そうと挙兵した後鳥羽上皇を指している。雪舟が水墨画を完成させたのは，室町時代である。

問４＜江戸時代＞1853年のペリー来航の約60年前の1792年，ロシア使節のラクスマンが根室に来航した。その後，江戸幕府は間宮林蔵らに命じて蝦夷地や樺太，千島などを探査させた(③…○)。なお，豊臣氏が大阪の夏の陣で滅ぼされたのは，1603年の江戸幕府成立の12年後の1615年のことである

(①…×)。江戸時代前半には盛んに新田開発が行われ，耕地は拡大した(②…×)。異国船打払令が出されたのは，1853年のペリー来航の28年前の1825年のことである。1840～42年のアヘン戦争で清(中国)がイギリスに敗れたことが伝わると，幕府は異国船打払令を改めた(④…×)。

問５＜元禄文化＞この作品は，菱川師宣が元禄文化の時期に描いた「見返り美人図」である。元禄期は，江戸幕府第５代将軍徳川綱吉の時代で，生類憐みの令が出されていた。

問６＜大正時代の文化＞大正時代に，美人女性の風俗画を描いて人気を得たのは竹久夢二で，Aの作品は竹久夢二の「黒船屋」である。なお，Bの作品は，明治時代に黒田清輝が描いた「湖畔」，Cは江戸時代後半の化政文化の時期に喜多川歌麿が描いた美人画の錦絵「ポッピンを吹く女」である。

問７＜大正時代の社会＞大正時代には，都市部に水道，電気，ガスなどが普及し，ライスカレーやコロッケなどの洋食が広まった(④…○)。なお，工場労働者には，明治時代から女性が採用されていた(①…×)。女子の小学校就学率が高まり，80%を超えたのは明治時代後半である(②…×)。大正時代に洋服が広まり始めたのは都市部でのことである(③…×)。

問８＜戦後改革＞樋口一葉が登場したのは，明治時代のことである(②…×)。1946年に行われた戦後初の衆議院議員選挙では39名の女性議員が誕生した(③…×)。第二次世界大戦後，労働基準法が制定されたが，保育所の整備の基準などは含まれていなかった(④…×)。

4 〔歴史―世界の歴史〕

問１＜古代ローマ＞古代オリンピックが始まったのは，紀元前８世紀のギリシャである。

問２＜メソポタミア文明＞資料１は，メソポタミアのバビロニア王国のハンムラビ王が定めた法典である。ハンムラビ法典は粘土板にくさび形文字で刻まれていた。資料１の第196条と第198条を比べると身分による差があったことがわかる(④…○)。なお，①は中国文明，②はエジプト文明，③は古代ギリシャ文明について述べている。

問３＜元＞13世紀の中国の王朝は，モンゴル民族が支配する元だった。資料２からも読み取れるように，元ではXのような紙幣が発行されていた。なお，Yは，明の時代に発行された銅銭の永楽通宝である。

問４＜東インド会社＞東インド会社とは，17世紀初めにアジア貿易を行うためにイギリスやオランダなどが設立した会社である。スペイン，ドイツ，ロシアは東インド会社を設立していない。

問５＜金本位制＞貨幣をいつでも自由に金に交換できる貨幣制度を，金本位制という。現在では，ほとんどの国で政府が通貨の流通量を管理する管理通貨制度に移行していて，発行されている紙幣は，金や銀と交換することができない不換紙幣となっている。

問６＜第一次世界大戦＞資料４は，1914～18年に起こった第一次世界大戦の前後の時期の物価指数を示している。第一次世界大戦で敗北したドイツは，ベルサイユ条約で多額の賠償金を課せられたこともあり，戦後，激しいインフレーションに見舞われ物価が高騰した。

5 〔公民―総合〕

問１＜自由貿易＞国際分業と自由貿易によって多くの国や地域が発展していくという考え方では，輸入品に関税をかけることは物の移動の妨げとなるため，関税を引き下げる傾向がある。

問２＜国際分業＞「必要な労働力が少ない方が効率的に生産できる」ので，A国は自動車より野菜を生産した方が効率的で，B国は野菜より自動車を生産した方が効率的である。A国の全労働者が野菜の生産に従事した場合，生産できる野菜は480÷100＝4.8単位となる。なお，B国では全労働者の300人が自動車の生産に従事することになるので，300÷60＝５単位の自動車が生産できるようになる。

問３＜産業の空洞化＞産業の空洞化とは，企業が国外に生産拠点を移すことで，国内産業が衰退することを指す。具体的には，企業が生産コストを下げるために人件費の安い国外に工場などを移して国内の雇用が少なくなることで，国内産業が衰退する現象である。

問４＜社会保障制度＞年金制度は，健康保険制度や介護保険制度とともに，保険料を支払った被保険者に年金が給付される社会保険に分類される。なお，公的扶助は生活保護を中心とする制度，社会福祉は障がい者や高齢者などに対して福祉サービスを行う制度，公衆衛生は国民の健康を守るために保健所が中心となって行う感染症対策などを指す。

問５＜少子高齢化＞高齢者の雇用安定は直接，少子高齢化につながらない。少子高齢化の主な原因とされているのは，出生率が低下したことと平均寿命が延びたことである。出生率の低下の原因は，未婚者の増加，婚姻年齢の高齢化，子育ての経済的負担などが考えられる。

問６＜金融＞企業が株式や債券を発行するなどして資金を調達することを直接金融と呼ぶのに対して，銀行などの金融機関が企業などに資金を融通することを間接金融という。

6〔公民―総合〕

問１＜デジタル化＞IT 技術の進歩によって，コンピュータを使用した情報の保存，処理，伝達が進んできた。情報をコンピュータが処理できるようにすることをデジタル化といい，行政のデジタル化を進めるために2021年にデジタル庁が創設された。

問２＜基本的人権と公共の福祉＞⑴表現の自由を中心とする精神の自由は，民主主義の基本となる人権である。　⑵団体行動権は社会権に属する権利で，経済活動の自由を含む自由権には含まれない。

問３＜国債＞第二次世界大戦後，初めて赤字国債が発行されたのは，1964年の東京オリンピックの翌年のことである。また，近年，景気回復を目的に，日本銀行が積極的に国債を買い入れることによって資金を市場に供給し続けている。

問４＜戦時体制＞大日本帝国憲法下では，陸海軍に対する統帥権は天皇の大権とされていて，文民統制の仕組みはとられていなかった。

問５＜地方自治＞議院内閣制を採用しているため，行政の長である内閣総理大臣を国民が直接選挙で選ぶことができない国政と異なり，地方自治においては，行政の長である首長は，住民の直接選挙によって選ばれる。このことから議会に対する権限が国政の場合より強く，地方公共団体の首長には，議会の決定に対して再議を求める権限がある(④…○)。なお，条例を制定するのは地方議会である(①…×)。首長の命令も，違憲審査の対象となる(②…×)。副知事や副市町村長の選任には，地方議会の同意が必要である(③…×)。

問６＜直接請求権＞地方議会の解散，首長や議員の解職の請求は，有権者数が40万人を超えない場合，有権者の３分の１以上の署名を集めて選挙管理委員会に提出する(あ…正)。直接請求に必要な署名は，その地方自治体に住む有権者が行う(い…正)。代筆が認められるのは「本人が病気や障害により自力で署名を書けない場合のみ」である(う…誤)。

理科解答

1 (1) ④$_{1}$　(2) ②$_{2}$　(3) ③$_{3}$
(4) ②$_{4}$　(5) Zn^{2+}　(6) ①$_{5}$
(7) ③$_{6}$

2 (1) ア…⑥$_{7}$　イ…③$_{8}$
(2) ウ…⑤$_{9}$　エ…②$_{10}$　(3) ⑨$_{11}$
(4) ②$_{12}$

3 (1) ②$_{13}$　(2) ⑧$_{14}$　(3) ③$_{15}$
(4) ①$_{16}$　(5) 解なし
(6) シダ植物

4 (1) ⑥$_{18}$　(2) ③$_{19}$　(3) ④$_{20}$
(4) 21・22…④・⑧　(5) ③$_{23}$

5 (1) ④$_{24}$　(2) ②$_{25}$　(3) ③$_{26}$
(4) ②$_{27}$　(5) ①$_{28}$　(6) ③$_{29}$

6 (1) ①$_{30}$　(2) ②$_{31}$　(3) ④$_{32}$
(4) E…①$_{33}$　F…⓪$_{34}$　G…②$_{35}$

7 (1) ③$_{36}$　(2) 1.22倍　(3) ③$_{37}$
(4) ④$_{38}$　(5) ①$_{39}$　(6) ①$_{40}$

8 (1) ④$_{41}$　(2) ③$_{42}$　(3) ②$_{43}$
(4) (a)…①$_{44}$　(b)…⓪$_{45}$　(5) ③$_{46}$

1〔化学変化とイオン〕

(1)＜化学電池＞図２の装置でモーターが回転しているとき，亜鉛板は溶け，銅板側では水素が発生する。銅板側では，うすい塩酸中の水素イオンが電子を受け取って水素原子になり，水素原子が２個結合して水素分子となって発生している。

(2)＜電池の電極＞図２では，亜鉛が電子を放出して亜鉛イオンになり，亜鉛板に残った電子は導線を通って銅板に移動する。電子が移動する向きは亜鉛板から銅板で，電流の向きは電子が移動する向きと逆向きなので，電流は銅板から亜鉛板に流れている。よって，亜鉛板は－極として，銅板は＋極としてはたらいている。

(3)＜電解質の水溶液＞図２の実験装置が電池としてはたらいたのは，うすい塩酸が電流を流す電解質の水溶液だったからである。そのため，①～④のうち，うすい塩酸の代わりに用いたときに，実験装置が電池としてはたらくのは，電解質の水溶液である食塩水である。なお，砂糖，エタノールは非電解質であり，水（純粋な水）は電流が流れないので，実験装置は電池としてはたらかない。

(4)＜ダニエル電池＞図３は，イギリスのダニエルが発明した電池で，ダニエル電池と呼ばれる。なお，図２の電池は，ボルタが発明したボルタ電池である。また，メンデルは遺伝の法則を，ダーウィンは進化論を，ニュートンは運動の法則を，アルキメデスは浮力の原理を発見した人物である。

(5)＜亜鉛板の反応＞図３の装置でモーターが回転しているとき，亜鉛原子（Zn）が電子を２個放出して亜鉛イオン（Zn^{2+}）に変化している。

(6)＜銅板付近の反応＞図３の装置でモーターが回転するのは，亜鉛原子が電子を２個放出して亜鉛イオンになり，亜鉛板に残った電子が導線を通って銅板に移動するからである。銅板では硫酸銅水溶液中の銅イオン（Cu^{2+}）が電子を２個受け取って銅原子（Cu）になり，銅板に付着する。

(7)＜セロハンのはたらき＞セロハンの主なはたらきは，硫酸亜鉛水溶液と硫酸銅水溶液がすぐに混合するのを防ぐことである。２つの溶液が混合すると，溶液中の銅イオンが亜鉛板の亜鉛から電子を直接受け取って銅になるので，電子が導線を移動しなくなり電池のはたらきを失う。また，セロハンに開いている小さな穴をイオンが通過することにより，電圧を低下しにくくするはたらきもある。亜鉛板側は陽イオンである亜鉛イオン（Zn^{2+}）が溶液中に増えることで＋の電気に，銅板側は陽イオンである銅イオン（Cu^{2+}）が溶液中から減ることで－の電気に偏る。このままだと，－の電気を持つ電子が移動しにくくなり，電圧が低下しやすくなるが，セロハンの小さな穴を通ってZn^{2+}が銅板側に，硫酸イオン（$SO_4{}^{2-}$）が亜鉛板側に移動することで，電極の周りが電気的に偏りにくくなるため，電圧は低下しにくくなる。

2 〔電流とその利用〕

(1)，(2)＜電圧，電流＞問題の図１，図２の回路は，それぞれ右図１，右下図２のように表すことができる。図１で，10Ωの抵抗２つを並列に接続した部分の抵抗をRΩとすると，$\frac{1}{R}=\frac{1}{10}+\frac{1}{10}$が成り立ち，これを解くと，$\frac{1}{R}=\frac{1}{5}$より，$R=5$(Ω)である。よって，右図１は10Ωと５Ωの抵抗を直列に接続した回路と見ることができるので，回路全体の抵抗は10＋5＝15(Ω)である。これより，電流計ウの値，つまり，回路に流れる電流は，オームの法則〔電流〕＝〔電圧〕÷〔抵抗〕より，4.5÷15＝0.30(A)となる。さらに，電圧計アの値，つまり，電圧計アに並列につながれた10Ωの抵抗に加わる電圧は，この抵抗に0.30Aの電流が流れているので，10×0.3＝3.0(V)である。また，図２で，回路全体の抵抗は10＋10＋10＝30(Ω)より，電流計エの値，つまり，回路に流れる電流は，4.5÷30＝0.15(A)となり，電圧計イの値は10×0.15＝1.5(V)である。

図１
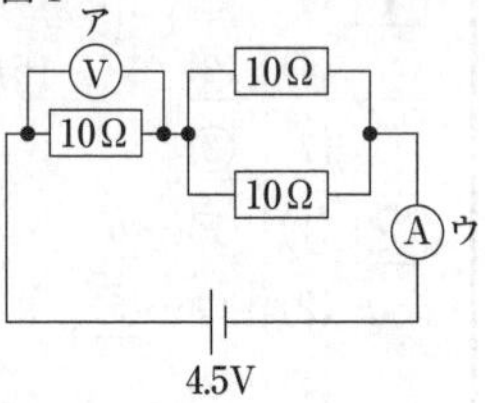

図２
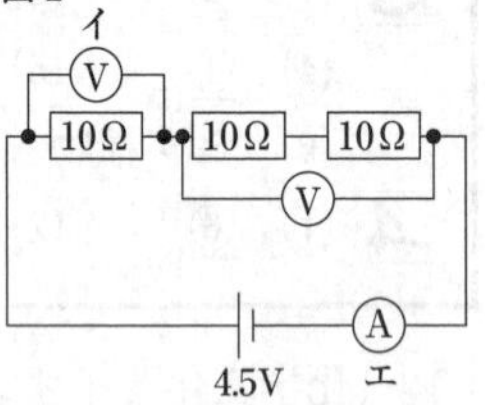

(3)＜電力＞電力は〔電力(W)〕＝〔電流(A)〕×〔電圧(V)〕で求められる。また，抵抗は全て10Ωなので，オームの法則〔電圧〕＝〔抵抗〕×〔電流〕より，最も大きな電流が流れる抵抗に最も大きな電圧が加わる。よって，消費する電力が最も大きくなるのは，最も大きな電流が流れる抵抗である。(2)より，図１では回路全体に電流が0.30A流れ，並列部分には電流が0.30÷2＝0.15(A)流れ，図２では回路全体に電流が0.15A流れるので，最も大きな電流が流れるのは，0.30Aの電流が流れる電圧計アで電圧を測定した抵抗である。したがって，この抵抗が消費する電力が最も大きく，この抵抗には3.0Vの電圧が加わるので，電力は0.30×3.0＝0.90(W)である。

(4)＜電流がつくる磁界＞問題の図３，図５では，右図３のように，エナメル線の辺B，Cに流れる電流の向きはどちらも北向きで同じになり，それぞれのエナメル線の周りにできる磁界の向きは，辺Bの下側では西向き，辺Cの上側では東向きになるため，磁界は打ち消し合い，磁針はそのまま真北を指す。一方，問題の図４では，右図４のように，エナメル線の辺Bに流れる電流の向きは南向き，辺Cに流れる電流の向きは北向きで，それぞれのエナメル線の周りにできる磁界の向きは，辺Bの下側でも辺Cの上側でも東向きになるため，磁界の影響を受けて磁針は東に大きく振れる。

図３
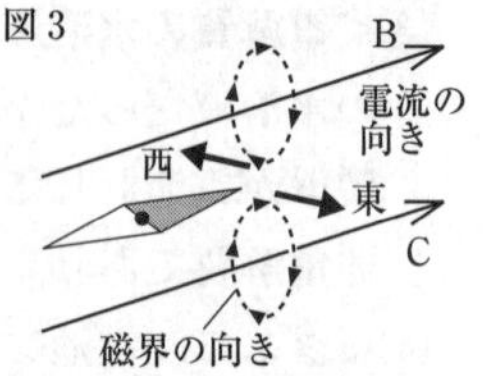

図４
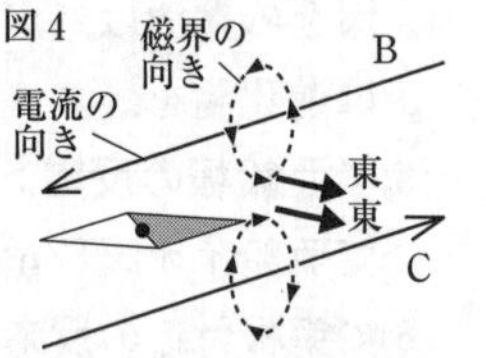

3 〔生物の世界〕

(1)＜花のつくり＞図１のイがおしべのやくにあたり，ここで花粉がつくられる。なお，アはめしべで先端の２つに分かれた部分が柱頭である。ウはがくにあたり，冠毛と呼ばれる。エは花弁で５枚が１つにくっついている。オは子房で内部には胚珠がある。

(2)＜花粉の変化＞受粉した後の花粉の変化を調べる実験では，めしべの柱頭と似た条件をつくるため，スライドガラスに10％のショ糖水溶液(砂糖水)を１～２滴落とす。そして，花粉をショ糖水溶液の上にまくと，花粉から花粉管が伸び，その中を精細胞が移動する。精細胞は，酢酸カーミン溶液などの染色液で染色し，顕微鏡で100～200倍に拡大して観察する。

(3)＜細胞の呼吸＞もやしは大豆や緑豆などの種子に光を当てずに発芽させたもので，細胞の呼吸に必要な酸素を送るために，袋に穴を空けて保存すると鮮度を保つことができる。

⑷＜種子植物＞図２で，種子をつくる植物Ａは種子植物で，種子植物は胚珠に着目すると，子房がなく胚珠がむき出しの裸子植物と胚珠が子房に包まれた被子植物に分類できる。さらに，被子植物は子葉の枚数によって分類される。よって，Ｃは被子植物で，Ｙに当てはまるのは①である。なお，Ｂは裸子植物で，Ｘに当てはまるのは③である。また，Ｆは単子葉類，Ｇは双子葉類である。

⑸解なし

⑹＜種子をつくらない植物＞図２で，種子をつくらない植物のうち，根・茎・葉の区別があるＤをシダ植物，区別がないＥをコケ植物という。

4 〔気象と天気の変化，地球と宇宙〕

⑴＜梅雨＞梅雨は，温かく湿った小笠原気団と冷たく湿ったオホーツク海気団が，日本付近でぶつかり合い，勢力が同じため停滞前線ができることで起こる現象である。よって，梅雨を示す天気図は，日本列島を停滞前線が横切っているウであり，現象を説明した文はＸである。なお，天気図アは，日本の西の大陸上に高気圧，東の海洋上に低気圧がある冬の気圧配置(西高東低)で，大陸上にあるシベリア高気圧からの寒冷な空気が，北西の季節風となって日本に吹く。天気図イは，日本が太平洋高気圧に覆われ，北に低気圧がある夏の気圧配置(南高北低)で，南東から温かく湿った季節風が吹いて蒸し暑くなる。天気図エは，日本が移動性高気圧に覆われる春や秋の天気図で，偏西風の影響で移動性高気圧と低気圧が交互に通過し，天気が変わりやすくなる。

⑵＜天の川＞天の川は，太陽系が属している銀河系の一部を地球から見たものである。よって，誤っているのは③である。なお，日本では，夏の夜には銀河系の中心の方向を，冬の夜には銀河系の端の方を見ているので，夏の方が天の川は濃く見える。

⑶＜月の見え方＞夕方に，太陽が西に沈み，月が東から昇ってくることから，太陽と月は地球を挟んでほぼ一直線に並ぶので，このときに見える月は満月と考えられる。

⑷＜雲＞④…誤り。温暖前線付近では暖気が寒気の上にはい上がるように進み乱層雲が発生する。強い上昇気流ができ，積乱雲が発生するのは寒冷前線付近である。　⑧…誤り。雷やひょうの原因は積乱雲である。積雲はわた雲とも呼ばれ，ほとんど雨は降らない。高積雲はひつじ雲とも呼ばれ，雨は降らない。　⑤…正しい。偏西風の影響で日本付近の雲は西から東に動く。　⑥…正しい。前線付近は上昇気流が発生するので雲ができやすい。　⑦…正しい。冬は大陸上のシベリア気団の冷たい空気が，北西の季節風となって日本に吹き，この季節風に沿ってすじ状の雲ができる。

⑸＜大気の厚さ＞大気の厚さ10kmは地球の半径6400kmに対して$\frac{10}{6400}=\frac{1}{640}$である。よって，半径が50cm，つまり，500mmの地球儀では，大気の厚さは$500\times\frac{1}{640}=0.78125$より，約0.8mmになる。

5 〔運動とエネルギー〕

⑴＜記録タイマー＞記録タイマーは$\frac{1}{50}$秒ごとに点を打つので，５打点打つのに$\frac{1}{50}\times5=0.1$(秒)かかる。よって，５打点分の記録テープの長さは，0.1秒間での台車の移動距離を表している。

⑵＜速さ＞図３より，５打点ごとに切った記録テープの長さはほぼ一定なので，0.1秒間での台車の移動距離はほぼ変化していない。つまり，物体が一定時間に移動する距離が速さだから，台車はほぼ一定の速さで動いていることがわかる。

⑶＜斜面上の台車の運動＞図４のように，台車が斜面上を下っているとき，台車が運動する方向には重力の斜面に平行な分力がはたらき，その大きさは一定なので，台車の速さは一定の割合で増える。よって，５打点ごとに切った記録テープの長さは，③のように一定の割合で長くなる。

⑷＜斜面の傾きと力の大きさ＞次ページの図１のように，斜面の角度をさらに大きくすると，重力の

斜面に平行な分力は大きくなる。よって，台車の速さが変化する割合も大きくなる。

図1

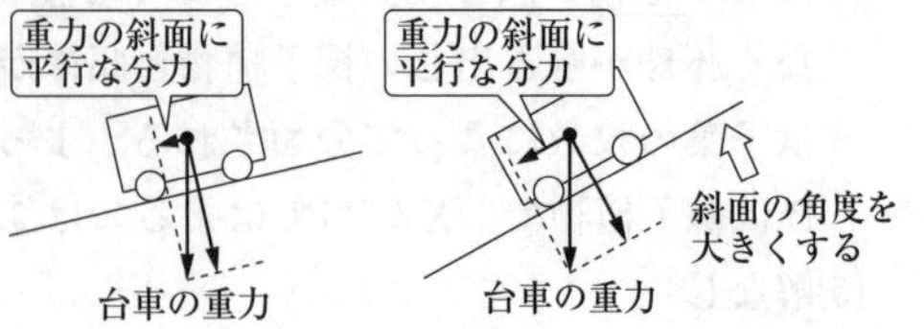

(5)＜張力＞右下図2は，手で支えて台車が静止しているときにはたらく力の関係を表している。糸が台車を引く力(X)と手が台車を支える力Fはつり合うので，大きさは等しく，(X)$=F$であり，おもりにはたらく重力Mと糸がおもりを引く力Tはつり合うので，大きさは等しく，$M=T$である。このとき，糸にはたらく力(X)と力Tの大きさは等しく，$T=$(X)となるので，(X)$=M$である。また，右下図3は，台車を支えていた手をはなしたときにはたらく力の関係を表している。おもりは落下を始めるので，おもりにはたらく重力Mよりも糸がおもりを引く力の大きさT'は小さく，$M>T'$である。このとき，力T'と糸が台車を引く力(Y)の大きさは等しく，$T'=$(Y)となるから，$M>$(Y)である。以上より，(X)＞(Y)である。

図2

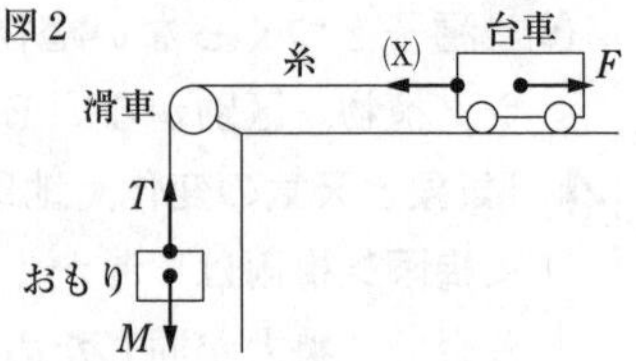

図3

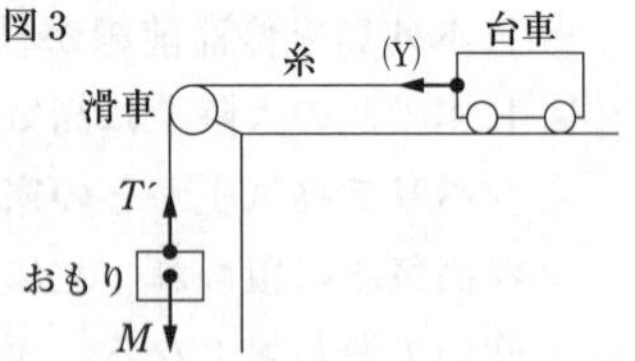

(6)＜力と運動＞手をはなした後，糸でつながれたおもりと台車は，おもりにはたらく重力によって運動する。重力の大きさは一定だから，糸が台車を引く力の大きさも一定となる。つまり，台車の運動の向きに一定の大きさの力がはたらくので，台車の速さは一定の割合で大きくなる。

6 〔物質のすがた〕

(1)＜アンモニア＞実験1，2より，刺激臭があり，赤色リトマス紙を青色に変色させるアルカリ性の試験管Aの気体はアンモニアである。アンモニアは水に非常に溶けやすく，空気より密度が小さいので，上方置換法で捕集する。

(2)＜酸素＞実験3より，火のついた線香を入れると線香が激しく燃えたので，試験管Cの気体は物を燃やすはたらきがある酸素である。酸素はオキシドール(うすい過酸化水素水)に二酸化マンガンを加えることで発生する。なお，①では，陽極から塩素，陰極から水素が発生する。③では水素が発生し，④ではアンモニアが発生する。

(3)＜二酸化炭素＞石灰水を白くにごらせる気体は二酸化炭素である。二酸化炭素は無臭で，水に少し溶けて水溶液は弱い酸性を示し，物を燃やすはたらきはないので，実験1～3より，試験管Dの気体が二酸化炭素である。また，試験管Bの気体は，刺激臭があり，赤色リトマス紙が脱色されたので，漂白作用がある塩素である。

(4)＜固体の同定＞実験4で，Eは全て水に溶けたので，5つの固体のうち水に溶ける砂糖と食塩であると考えられる。また，Fの水面に残った固体は，表1より，水よりも密度が小さいプラスチックであり，FとGの水の底に残った固体は，水に溶けにくく水よりも密度が大きい石灰石かガラスである。実験5で，Gに塩酸を加えると気体が発生したので，Gには石灰石が含まれる。実験6で加熱すると煙をあげて焦げたのは，有機物の砂糖とプラスチックだから，変化しなかったGには石灰石と，無機物である食塩かガラスが含まれる。実験7の硝酸銀水溶液は，塩化物イオンと反応して白色の沈殿が生じるので，EとGには，電離して塩化物イオンを生じる食塩が含まれる。以上より，Eには食塩と砂糖，Fにはガラスとプラスチック，Gには食塩と石灰石が含まれる。

7 〔大地の変化〕

(1)＜火山岩＞この岩石(デイサイト)は流紋岩と安山岩の間くらいの色みの火山岩であるから，比較的白っぽく，つくりは石基の中に斑晶が散らばった斑状組織である。また，比較的白っぽいことから，無色鉱物である長石(斜長石)や石英が含まれる。なお，かんらん石は有色鉱物で，玄武岩のような黒っぽい岩石に多く含まれる。

⑵＜密度＞大地さんが調べた岩石の体積を仮にVcm^{3}とすると，リカさんのものは1.10倍なので1.10Vcm^{3}と表される。それぞれの岩石の密度は2.68g/cm^{3}と2.00g/cm^{3}だから，〔質量(g)〕=〔密度(g/cm^3)〕×〔体積(cm^3)〕より，岩石の質量は，大地さんが調べたものが$2.68 \times V = 2.68V$(g)，リカさんが調べたものが$2.00 \times 1.10V = 2.20V$(g)である。よって，大地さんが調べた岩石の質量は，リカさんが調べた岩石の，$2.68V \div 2.20V = 1.218\cdots$より，約1.22倍である。

⑶＜火山ガス＞図２の岩石の表面にある細かな穴やくぼみは，マグマが冷え固まるとき，マグマに溶けていた火山ガスの成分が空気中に抜け出てできたものである。穴やくぼみが多くなると岩石の密度は小さくなる。火山ガスの主成分は水蒸気で，地下深くでは高い圧力がかかるため，マグマに水が溶けているが，地表や地表付近では圧力が下がるため，マグマに溶けている水は水蒸気となって抜け出る。

⑷＜堆積岩＞火山灰が堆積してできた岩石は凝灰岩である。なお，チャートは放散虫の死骸や海水中の二酸化ケイ素が堆積してできた岩石で，石灰岩はサンゴや貝の死骸や海水中の炭酸カルシウムが堆積してできた岩石，はんれい岩はマグマが冷え固まってできた火成岩である。

⑸＜逆断層＞断層は，プレートの運動によって大地に大きな力がはたらき，地下の岩石が破壊されてできる。逆断層は，①のように両側から押す力がはたらき，断層面に沿って地層の上側の大地がずれ上がることでできる。なお，④のように両側に引く力がはたらくと，正断層ができる。

⑹＜火山災害＞図３の火山は傾斜が急で盛り上がった形をしているので，ねばりけが強いマグマによってつくられた火山である。そのため，火口から溶岩が地表を流れ下る溶岩流の可能性は低いと考えられる。なお，ねばりけが強いマグマは，火山ガスが抜けにくく圧力が高まりやすいため激しい噴火が起こることが多く，火砕流(火山灰，火山ガスなどが一団となって火口から高速で流れ下る現象)や，噴石，火山灰による被害が起こりやすい。

8〔生物の体のつくりとはたらき〕

⑴＜血管・血液＞ヒトでは，動脈が枝分かれして体の各部に分布する毛細血管があるが，節足動物や軟体動物にはない。また，ヒトの赤血球にはヘモグロビンという赤い色素が含まれているため，血液の色は赤色だが，アメリカザリガニの血液の色は青色である。これは，アメリカザリガニの血液にはヘモシアニンという，酸素と結びつくと青色になる色素が含まれているためである。

⑵＜動物の体のつくり＞アサリなどの貝類もイカやタコと同じ軟体動物で，内臓を包む外とう膜を持つ。よって，誤っているのは③である。

⑶＜中枢神経＞中枢神経は，意識せずに起こる反応(反射)にも関わっているので，誤っているのは②である。ヒトの中枢神経は脳と脊髄からなり，末しょう神経から伝わった刺激の信号に対してどのように反応するかを判断し，命令を出す。反射では，刺激の信号が脊髄に伝えられると，その信号は脊髄から脳に伝えられるのと同時に運動神経にも直接伝えられるため，脳を経由する反応よりも早く無意識に体が動く。

⑷＜筋肉＞ⓐ…正しい。カニやエビは，外骨格の内側についた筋肉が，縮んで外骨格を引っ張ることで関節を曲げたり伸ばしたりする。　ⓑ…誤り。腕を伸ばすときは，関節を伸ばすための筋肉が縮み，曲げるための筋肉はゆるむ。

⑸＜内呼吸＞細胞内の呼吸(内呼吸)は，酸素を用いて栄養分を分解し，生命の維持に必要なエネルギーを取り出すはたらきである。よって，正しいのは③である。なお，①のえら呼吸も②の肺呼吸も外呼吸である。また，細胞内の呼吸では，二酸化炭素だけでなく水もつくられる。

2022年度／東京学芸大学附属高等学校

国語解答

一　問1　ⓐ　要因　ⓑ　はぐく　ⓒ　念頭
　　ⓓ　現象　ⓔ　混同

問2　⑤$_{1}$　問3　③$_{2}$　問4　①$_{3}$

問5　グループ間の比較の視点

問6　②$_{4}$　問7　④$_{5}$　問8　②$_{6}$

二　問1　ア…③$_{7}$　イ…④$_{8}$　問2　②$_{9}$

問3　③$_{10}$　問4　⑤$_{11}$　問5　①$_{12}$

問6　②$_{13}$　問7　④$_{14}$　問8　⑤$_{15}$

問9　④$_{16}$

三　問1　ア…②$_{17}$　イ…③$_{18}$　問2　⑤$_{19}$

問3　他人の短所を直そうとすること。

問4　④$_{20}$　問5　①$_{21}$　問6　②$_{22}$

一〔論説文の読解―政治・経済学的分野―社会〕出典；宇野重規『〈私〉時代のデモクラシー』。

≪本文の概要≫古い貴族制社会においては，人々は，同じ身分に属する他人との違いには敏感であっても，身分を越えた不平等については意識しなかった。しかし，身分制が空洞化し，社会の平等化が進むと，人々は，社会全体の不平等を意識するようになる。日本にはすでに近代化された社会制度が存在しているものの，今まさにこのメカニズムがはたらいているようである。これまでの日本では，同じ学校や会社といった，閉じた空間の中で競争が行われていた。そのため，日本人の考える不平等とは社会全体の不平等ではなく，同じ集団内で意識される不平等感でしかなかった。学校や会社といった近代社会における組織が，人々の平等の想像力を縛る「閉じた共同体的空間」として機能していたといえる。だが，現代では日本人は，学校や会社といった個々の共同体的空間に想像力を縛られなくなりつつあり，社会全体の不平等に目を向け始めた。ただし，日本人は突如として社会全体の不平等を意識し始めたせいか，平等に対する考え方が迷走している部分もある。

問1＜漢字＞ⓐ「要因」は，物事を成立させることになった主な原因のこと。　ⓑ音読みは「育成」などの「イク」。　ⓒ「念頭」は，心の中の考えのこと。　ⓓ「現象」は，形を持って現れる，人間が知覚することのできる物事のこと。　ⓔ「混同」は，区別するべきものを同じように扱ってしまうこと。

問2＜接続語＞Ⅰ．貴族制の社会で生きる人々は，異なる身分に属する人のことを「同じ人間」であるとは考えなかったので，異なる身分間で自分と比較をする発想も持たなかった。　Ⅱ．日本において，現在まで「身分制が存在していた」わけではないけれども，現在の日本にも，これまで共同体によって仕切られていた人々の平等の想像力が，仕切りを越えて展開していると指摘することはできる。　Ⅲ．親の社会階層に基づく教育の不平等については，「問題とされて」こなかったが，間違いなく，日本ではこれまで，子どもの学力差や，学力をもとにした序列化についての議論はされてきた。

問3＜文章内容＞貴族制社会に生きる人々は，同じ身分に属する人間どうしで生じている差異には敏感だった。一方，異なる身分に属する人に対しては，リアリティが感じられず，同じ人間と見なすことがなかったため，自分と比較しようとする発想を持たなかった。

問4＜文章内容＞社会の平等化が進むと，人々の想像力が身分による壁を越え，社会全体に属する多数の人間との違いを意識するようになる。その結果，貴族制社会の時代とは異なり，人々は，社会全体に存在する不平等を問題視するようになるのである。

問5＜文章内容＞日本ではこれまで，個々の子どもの学力差や，学力をもとにした序列化について議論され，「努力の平等主義」が強調されることはあっても，親の職業や学歴といった社会的階層ごとに生じる教育の差異については考えられてこなかった。苅谷氏によれば，日本の平等論においては「グループ間の比較の視点が欠如」していたというのである。

問6＜表現＞日本では，同じ会社や学校，業界といった狭い集団の中で競争が行われてきた。そのため，人々は，社会全体の不平等よりも，同じ集団内において他人と差のない処遇が受けられるかどうかを重視してきたのである。「画一性」は，全てが一様に統一されているさま。

問7＜文章内容＞これまでの日本社会は，学校や会社，業界といった狭い集団内での小さな差異を意識するばかりで，社会全体の不平等に目を向けることをしてこなかった。これは，古い貴族制社会の人々が，自分の属する身分内での違いには敏感でも，異なる身分間で生じる不平等には関心が向かなかったことと同じ構造である。

問8＜文章内容＞これまで，日本人は，学校や会社といった狭い集団，すなわち「閉じた共同体的空間」内での不平等しか意識してこなかった。現在は，社会全体の不平等が問題視されるようになりつつあるものの，いまだに「閉じた共同体的空間」内での不平等と混同されてしまう場合もあり，平等に関する議論が，さらに迷走してしまっているのである。

二〔小説の読解〕出典；池澤夏樹『スティル・ライフ』。

問1＜語句＞ア.「むきになる」は，ささいなことに対して真剣になる，という意味。　イ.「巡りあわせ」は，自分の意志とは関係なく，自然とそうなること。

問2＜表現＞Ⅰ.「ぼく」は一度，六人という大人数で騒ぎながら雨崎に行った。　Ⅱ. 草地の地面は緩く，湿っていたが，林の中の地面は湿りけがなく，靴がめり込まなかった。　Ⅲ. 音もなく降る雪を見ているうちに，「ぼく」は，世界がしだいに，静かに上昇していくかのような感覚を味わった。

問3＜文章内容＞「ぼく」は，数年前の三月の初め頃，地図で雨崎という地名を見つけて興味を引かれ，当時仲のよかったガールフレンドと一緒に訪れた。翌年の三月上旬にも，「ぼく」は雨崎をふと思い出し，行ってみることにしたのだが，それ以来毎年同じ時期に「雨崎のことが思い出され」て，そこへ行くことが恒例となった。

問4＜文章内容＞ガールフレンドは，雨崎という地名から，「いつも雨が降って」いて「決して乾かない土地」を想像していた。しかし，実際の雨崎は晴天であり，地面も乾いていたことから，ガールフレンドは，期待を裏切られて落胆したのである。

問5＜心情＞雨崎は灰色に曇っており，風はなく，寒かった。「暗鬱な重たい雲と暗鬱な色の海」を目にした「ぼく」は，辺りの重苦しい雰囲気を感じ取り，息の詰まる思いを抱いたのである。

問6＜心情＞雪の降りしきる中，身体がこわばるほどの寒さを感じた「ぼく」は，そのままあえて身体を動かさず，岩の一部となることで，無機物として静かに永い時間を味わうことができるのではないかと想像したのである。

問7＜表現＞風や音もない静けさの中，雪が空からまっすぐ「糸を伝って降りて行く」ように降りしきり，海の底へ吸い込まれていく光景が，表されている。

問8＜文章内容＞静かに雪が降る景色を眺めているうちに，「ぼく」は，「雪片に満たされた宇宙」を

「この世界の方が上へ上へと昇っている」という逆転した世界観を想像し，雪が降るというのは思い込みかもしれないと思いながら，雪を溶かしていく海を長い間見つめ続けた。

問９＜品詞＞「変わっていない」と「わからない」と「いけない」の「ない」は，打ち消しの助動詞。「降っているんじゃない」と「降るのではない」の「ない」は，補助形容詞。「一度もない」の「ない」は，形容詞。

三〔古文の読解―随筆〕出典；松平定信『花月草紙』五の巻，一〇七。

≪現代語訳≫昔から伝わる管鮑の交わりであっても，この二人が，同じ道徳心や，同じ考え方であったこともないだろう。世の中に，同じ心を持つ人がいるというのは，たいそう珍しいことであるに違いない。ただ自分の好ましいように他人を引き入れようとするのもわずらわしい。この人は，このところは長所だが，ここは大変な短所である。その短所を直そうとするのは，とても不快である。そのように思う自分自身もまた，短所を持っているにもかかわらず，違うと思うことについて，全て意見しようとするのを，友人に対する誠実なあり方だと考えるのは違っているなあ。人づき合いのうちでも，自分のことを深く理解している人はかなり珍しいものである。友人たちが進んで意見を求めるならば，もちろん(自分の考えを)伝えてもいいだろう。けれども，何度もするべきではない。浅いつき合いの友人であろうとも，友人という仲である以上は，その人の身の上の存亡に関わる過ちのことならば忠告すべきである。全てむやみにこうしよう，このように救ってやろうと，無理であってもどうにかしようと思うのは，中道に背いている(強引なやり方)といえるだろう。ただその(人の)長所を重視して友人とするならば，つき合いにくい人もおらず，自分のためにならない友人もいないであろう。友人によって自分の方が乱れるようなことがあるのは，全てその人の〈短所〉をもって友人としてしまっているからである。

問１＜現代語訳＞ア．「たがふ」は，相違する，という意味。自分自身にも短所があるにもかかわらず，何でも意見を言うことが友人への誠実さであると考えることは，筋が違っているのである。

イ．「知己」は，自分のことをよく理解してくれる人のこと。友人関係の中でも，本当に自分のことを理解している人は，めったにいないのである。

問２＜現代語訳＞「あらじかし」の「あら」は，動詞「あり」の未然形，「じ」は，打ち消し推量を表す助動詞。全体で，～はないだろう，という意味。

問３＜古文の内容理解＞どんな人にも長所と短所があるものなので，他人の短所をよい方へ引き延ばして直そうとするのは，強引な考え方であり，決してよい心がけとはいえないのである。

問４＜古文の内容理解＞意見を求められたときや，友人の身の上に関わる深刻な問題が起きたときなどは忠告をするべきである。しかし，たとえ友人が多少の過ちを犯したとしても，いちいちそのことを指摘したり，無理であってもどうにかしようとしたりするのは，友人を不愉快にさせるため，度が過ぎた行いである。

問５＜古文の内容理解＞他人の長所を見て友人関係をつくる場合，つき合いにくい人もおらず，自分に利益をもたらさない人もいない。一方で，他人の短所を見て友人関係をつくってしまうと，その友人によって自分の行いなども乱れてしまうことがある。

問６＜古文の内容理解＞どんな人であっても長所と短所がある。そのため，他人の短所を気にするよりも，各人に備わった長所を重視して友人関係を築いた方が，つき合いにくい人もなく，自分自身にとってよい結果がもたらされるのである。

Memo

Memo

2021年度　東京学芸大学附属高等学校

【英　語】（50分）〈満点：100点〉

（注意）1．この問題にはマーク式解答の問いと記述式解答の問いが含まれています。

2．解答番号 [1] ～ [33] の問いは，答えをマークシートの各解答番号のうちから1つ選んでマークしなさい。

3．[記述] の印がある問いの解答は，マークシートの裏面の指定された解答欄に記入しなさい。

[1]　[リスニングテスト]

放送を聞いて，質問に答えなさい。

＊　英文と質問は，それぞれ2回放送されます。

＊　1～4の質問の答えとして最も適切なものを，下の①～④からそれぞれ1つ選び，その番号を答えなさい。

1　[1]

① He sees a cat and it is eating something.
② He sees a cat and it is drinking something.
③ He sees his wife and she is looking at a pretty cat.
④ He sees his wife and she is looking for a plate.

2　[2]

① He tries to buy a cat because his wife likes cats.
② He tries to get a plate because it looks so precious.
③ He tries to sell a cat because his wife doesn't like cats.
④ He tries to sell a plate because it looks too old.

3　[3]

① 100,000 yen.
② 150,000 yen.
③ 1,000,000 yen.
④ 1,500,000 yen.

4　[4]

① He buys the cat, but not the plate.
② He buys the plate, but not the cat.
③ He buys both a plate and a cat.
④ He buys a new plate for the cat.

※＜**リスニングテスト放送原稿**＞は英語の問題の終わりに付けてあります。

[2]　次の英文を読んで，あとの問いに答えなさい。

A happy boy will say a cup is half-full of ice cream.　An unhappy boy will say it's half-empty.　It's all in the mind or perhaps we should say the brain.　It can give you happy or unhappy images.　You can feel like a loser or a winner.　One lady may be so rich that she can buy anything.　But she's unhappy even with so many things to do all day long.　(1)<u>It's all in the brain!</u>

John Smith used brain power to help himself.　He may be like you.　When he was thirteen, he made up his mind to hate math because he did not like the teacher. He was very bad at it. He couldn't even (2)do the easiest math problems. Then he said to himself, "This is silly. Although I don't like math, I'm going to study it. I'm going to be good at it." In fact, he studied it so hard he forgot that [あ]. He was suddenly surprised to find that he was top of the class in math. He even came to love it! And now he is a famous math professor at a university. He says, "I told myself that I was going to be good at math. Brain power (3)did the rest!"

Of course, if the brain receives a bad message, it can be very dangerous. An Australian farmer found this out when he met an Aborigine who was dying in the desert. Aborigines are the original natives of Australia and are very superstitious. The farmer drove the native to the nearest hospital. But the doctors could do (い). They were very surprised because he was a healthy young boy with (い) wrong with him. But he was dying. Finally, a native doctor came and listened to the boy's dying words, "I stole a witch doctor's chicken. He said I must die. (い) can save me." Soon the boy was dead . . . killed by [う]!

Rocky Aoki's success is also definitely because of brain power. He went to the States many years ago as a member of a university sports team. Everyone was surprised when he decided to stay on instead of going back to Tokyo. He said, "I know I can be a success in this country." His teammates could not believe him. He had no friends, no money, no talent and his English wasn't good.

Life was very difficult. He had to do many hard jobs. He was a dish washer, a room cleaner, and a truck driver. (4)As he lived very simply, [① able ② much ③ he ④ money ⑤ to start ⑥ to save ⑦ was] a small Japanese-style restaurant called 'Benihana.' Now there are 'Benihana' everywhere. (え) brain power has made Rocky rich!

One of the most amazing stories about brain power started 75 years ago. An old doctor entered a drug store. He spoke to the clerk. He made the medicines at the back of the store. The doctor had an old pot and a wooden spoon with him. He told the clerk, "There is a new kind of drink in this pot. It is sweet and delicious. You can know my secret recipe for this drink because it is written on this paper. I will sell you my secret for $500." This was all of the clerk's money, and he gave it to the doctor. The young clerk was Asa Candler. With his brain power, he could sell that drink until it gave him so much money. The drink was Coca-Cola!

（注） brain：脳　Aborigine：オーストラリアの先住民　superstitious：迷信の　witch doctor：まじない師

問１　下線部(1)を次のように言いかえるとき，空所に入る最も適切な１語を答えなさい。［記述］

The brain influences (　　) people feel!

問２　下線部(2)が表す最も適切な意味を次の①～④から１つ選び，その番号を答えなさい。［5］

① cause　② play　③ watch　④ solve

問３　空所［あ］に入る最も適切なものを次の①～④から１つ選び，その番号を答えなさい。［6］

① he thought it was easy
② he did not like it
③ he made a mistake
④ he complained to the teacher

問４　下線部(3)が表す最も適切な意味を次の①～④から１つ選び，その番号を答えなさい。［7］

① worked to be successful in math without feeling difficulties
② worked to feel relaxed when I studied very hard
③ worked to notice that math was the best subject in the world

④ worked to stop studying math because I have already understood it very well

問5 空所(い)に共通して入る1語を答えなさい。ただし，小文字で答えること。[記述]

問6 空所[う]に入る最も適切な語句を次の①～④から1つ選び，その番号を答えなさい。[8]

① a witch doctor's chicken
② lack of water in the desert
③ a powerful thought in his brain
④ people from other areas in Australia

問7 下線部(4)が意味の通る英文になるように[　]内の語句を並べかえ，次の[9]～[11]に入るものの番号をそれぞれ答えなさい。

As he lived very simply, [＿＿＿ ＿＿＿ [9] ＿＿＿ [10] ＿＿＿ [11]] a small Japanese-style restaurant called 'Benihana.'

① able　② much　③ he　④ money
⑤ to start　⑥ to save　⑦ was

問8 空所(え)に入る最も適切な語句を次の①～④から1つ選び，その番号を答えなさい。[12]

① Selfish　② Greedy　③ Sociable　④ Positive

問9 本文の内容と一致するものを次の①～⑥から2つ選び，その番号を答えなさい。[13] [14]

① A happy or an unhappy image in our mind is created by making a lot of money.
② Because John Smith was not good at math, he started to hate his teacher.
③ A young Aborigine was found by a farmer in the desert and taken to the hospital by the farmer.
④ Rocky Aoki's teammates in the university sports team believed his success and supported to open 'Benihana.'
⑤ Rocky Aoki tried many jobs such as a dish washer, a room cleaner, and a truck driver as well as a singer.
⑥ Asa Candler paid all his money to the doctor to buy the secret recipe of a drink.

3 次の英文を読んで，あとの問いに答えなさい。

Peter was a farmer from Rota, a small town in Spain not far from the Bay of Cadiz. He spent all his life on the farm and now he was more than seventy. He spent years working on his plants, perhaps touching them all forty times a day.

One year, Peter had some excellent pumpkins. They were very fat and yellow. There were forty of them. Peter knew each one perfectly and gave them all names. He was very proud of the pumpkins. The next day, he decided he would pick them. The day after that he would take them to the market and sell them. It was almost a pity to sell them. They were so beautiful!

[1]

Then Peter began to think. He knew that the person who stole the pumpkins wouldn't try to sell them in Rota. It would be too (あ). Peter would recognize the pumpkins and other farmers, his friends, would recognize them, too. The thief would take them to Cadiz. Cadiz was a big city, and it would be easier to sell them in the market there. Peter decided to go to Cadiz.

[2]

By eleven o'clock that same morning, Peter was standing before a vegetable stand in Cardiz. A police officer was with him.

"These are my pumpkins," said Peter, and pointed to the man behind the stand. "Arrest that man !"

"Why ?" asked the man with surprise. "Why arrest me ? These are my pumpkins. I bought them early this morning."

"Arrest him," said Peter. "He's a thief !"

"I am not !"

3

"I bought them from a man named Lopez. He's from the town of Rota," said the vegetable seller.

"Lopez ?" cried Peter. "Lopez, of course ! Lopez is the thief. He must be the thief ! His garden is poor. When he has no vegetables to sell, he steals from other people."

"All right," said the manager. "How do you know that these pumpkins, and not others, are yours ? All pumpkins look (い)."

"I know each one of these pumpkins. They all have names." said Peter. "I know them as well as you know your own children — if you have children. Look: This one is 'Pepita.' This is 'Yellow Beauty.' This is 'Manuela.' It always reminded me of my youngest daughter."

"That's very good," said the manager. "Perhaps you can recognize your own pumpkins. But it isn't enough. By the law, you must show it clearly."

"I can do that," said Peter. "I can show you right here. These pumpkins grew in my garden."

Peter got down on his knees. He began to open a large paper bag which he brought with him. He opened the bag slowly and carefully. Everyone was very interested. What was he going to take out of the bag ?

At this moment, another person came along. He saw the group of people and he came to see what was going on.

"Oh, it's you, Mr. Lopez," said the vegetable seller. "I'm glad that you came back. This man says that you stole his pumpkins — the pumpkins which you sold to me this morning."

Mr. Lopez turned as yellow as some of the pumpkins. He tried to leave at once, but the police officer told him to stay.

Peter stood up quickly. He looked into Lopez's face.

"We'll see who's honest," he said.

"Be careful," said Mr. Lopez. "(4)① You can't call me a thief. ② You must show it. ③ You won't go to prison for this. ④ These pumpkins are mine. ⑤ I grew them in my garden, and I brought them here this morning."

"We'll see about that," said Peter. He picked up the paper bag and opened it. He turned it over. A lot of fresh, green pumpkin stems fell onto the ground. Peter picked them that morning. He spoke to the group of people.

"The thief stole the pumpkins from these plants. He didn't need the plants so he left them behind. Look, all of you ! This stem must (う) to this pumpkin. No one can say it doesn't. This one is for this fat pumpkin here. This wide one goes there. Exactly ! Do you see ? This one goes . . ."

Peter continued to place each stem on the exact pumpkin. There were no mistakes about it: He knew the pumpkins perfectly. He knew where each stem should (う). Each one matched perfectly the pumpkin which he placed it on.

"That's right," they said. "The old man is right. Look! That stem goes here. The other goes there."

"It's very (え)," said the manager of the market.

The people were quite excited by this time. They were all laughing and talking. Peter was also excited. He began to laugh, too, but there were tears in his eyes.

Of course, the police officer arrested (お) and took him to prison. He had to give the thirty dollars which he received for the pumpkins back to Peter. Peter went back home to Rota. He was happy. On the way, he said to himself several times:

"How beautiful those pumpkins looked in the market! It was almost a pity to leave them there. Such wonderful pumpkins: 'Manuela,' 'Pepita' . . ."

（注） definite：very certain and clear

prison：a building which people who have done something wrong are kept in

pumpkin：a large round orange vegetable

stem：the long thin part of a plant that grows up out of the ground

thief：someone who steals things

（※アルファベット順）

問１ 空所 1 ， 2 ， 3 に入る(A)～(C)の英文の組み合わせとして正しいものを下の①～⑥から１つ選び，その番号を答えなさい。 15

(A)

> Several people heard the loud talking and came to see what was happening. The manager of the market was among them. The police officer explained to him what was happening.

(B)

> The next morning, the boat for Cadiz left at nine o'clock, and Peter was on it. He was prepared to find his pumpkins.

(C)

> But the next day, when Peter returned to his garden, the pumpkins were gone. All forty of them were gone! There wasn't one left. Someone came during the night and stole every pumpkin. He couldn't believe his eyes. He walked home slowly, and felt very sad.

	1	2	3
①	(A)	(B)	(C)
②	(A)	(C)	(B)
③	(B)	(A)	(C)
④	(B)	(C)	(A)
⑤	(C)	(A)	(B)
⑥	(C)	(B)	(A)

問２ 空所(あ)，(い)，(え)に入る語を下の①～④からそれぞれ１つ選び，番号で答えなさい。

１ (あ) 16

① difficult　② interesting　③ late　④ sweet

2　(い) 17

① delicious　② impressive　③ similar　④ unique

3　(え) 18

① clear　② difficult　③ easy　④ small

問3　下線部(4)の中に話の流れに合わない英文が１つ含まれている。その英文を①～⑤から１つ選び，番号で答えなさい。19

問4　空所(う)に共通して入る１語を書きなさい。記述

問5　空所(お)に入るものとして適切なものを次の①～⑥から１つ選び，番号で答えなさい。20

① Pepita　② Peter　③ the manager

④ the police officer　⑤ the vegetable seller　⑥ Mr. Lopez

問6　本文の内容と一致するものを次の①～⑧から２つ選び，番号で答えなさい。21 22

① Peter is a forty-year-old farmer and lives in a town called Rota in Spain.

② Peter has known the children of the manager well since he was young.

③ A girl called Manuela is Peter's youngest daughter in his family.

④ Peter thought the man at the vegetable stand was the thief when he arrived at Cadiz.

⑤ The man at the vegetable stand told Lopez to steal Peter's pumpkins.

⑥ When Peter was opening his bag, a man called Lopez came to see.

⑦ Although the thief was arrested, he didn't have to give the money back.

⑧ Peter took his pumpkins back to Rota because he didn't want to leave them in Cadiz.

4　次の英文を読んで，あとの問いに答えなさい。

If the Moon is so heavy, why doesn't it fall?

The Moon actually falls. Although it may seem strange, the Moon is falling all the way around the Earth as it orbits our planet. But to get a better explanation with deeper understanding, we must think much about forces.

A force is a power of pushing or pulling things. One of the most common forces is gravity. We know that gravity acts on an object on the Earth by pulling it straight down toward the center of the Earth.

However, just because there may be a force on an object, this doesn't mean that the object will go in the direction of the force.

あ

This is because the ball already had some forward movement to it before you kicked it, so the force of your kick put together with the original force changes the ball's movement only a little.

Now imagine you drop a baseball from the roof of a tall building. It will fall straight down. (1)[① force　② on　③ the only　④ acting　⑤ is　⑥ it] gravity. If you throw the baseball straight out, horizontally, it will move horizontally, but at the same time, it will start to fall a little. Remember, gravity is still pulling it down. The baseball falls at an angle that continues to change as the force of the throwing reduces.

Next time, you throw the baseball harder. It goes farther and falls more slowly at first. The force of gravity is the same, but your throwing gives the baseball greater forward speed, so it falls slower.

If you throw that ball so hard that it travels about 1.6 kilometers before it hits the ground, it will have to fall about 15 centimeters more than before. Why is that? The Earth is round. So as the ball is traveling out 1.6 kilometers, the Earth is curving down under the ball.

Now you throw the baseball much harder so it travels 10 kilometers, the Earth will curve down about 915 centimeters. Throw it 100 kilometers out, and before the baseball reaches the ground, the Earth will curve down about 800 meters away.

Finally, you have so much energy, like Superman, and you throw the baseball so hard that the Earth curves down under the ball so much that the ball [い]. It goes all the way around in a circle and may hit you in the back of the head. You have just put the baseball into orbit around the Earth.

In reality, you can't do this on the Earth, because the air will reduce the speed of the baseball. You will have to get it up quite high, about 160 kilometers, before you throw that baseball straight out. This is the way that we put satellites around the Earth. Our natural satellite, the Moon, stays in orbit for (2)the same reason. The speed of all objects are not reduced by the air and fall at the same speed, so the size or weight of the satellite does not make any difference. For the Earth, the speed you need to throw a baseball or satellite so that it neither goes out into space nor falls to the Earth is eight kilometers a second, or (3)28,800 km/h.

Gravity gets weaker as you go out farther, and so the Earth's gravity is weaker on the Moon than it is on artificial satellites like the International Space Station (ISS). Those satellites are about 320 to 800 kilometers above the surface of the Earth. On the other hand, the Moon is about 384,000 kilometers from the Earth. The Moon orbits the Earth much more slowly than those low-Earth-orbit satellites. The speed of the Moon in its orbit around the Earth is about 3,680 km/h. It takes a full month for the Moon to make an orbit around the Earth. Those artificial satellites go around the Earth at a speed of around 28,000 km/h as they take only ninety minutes to orbit the Earth.

（注） orbit：～の周りを回る，軌道　force：(物理的な)力　gravity：重力
forward：前方への　horizontally：水平に　angle：角度
curve：曲がる，湾曲する　satellite：衛星

問1　空所[あ]に，下の①～④を文脈に合うように並べかえ，その番号を順に答えなさい。注のある語もある。

[23]⇒[24]⇒[25]⇒[26]

① The bowling ball does not go straight into the gutter and does not continue in the middle of the lane orbit.

② Instead, the ball changes the way only a little and it continues rolling at an angle.

③ Imagine a bowling ball is moving straight down the middle of the lane.

④ You run up to the bowling ball and give it a kick toward the gutter.

（注） bowling：ボウリング　gutter：溝，ガター　lane：レーン

問2　下線部(1)が意味の通る英文になるように[　]内の語を並べかえ，次の[27]～[29]に入るものの番号をそれぞれ答えなさい。ただし，文頭の語も小文字で示してある。

[＿＿＿ 27 ＿＿＿ 28 ＿＿＿ 29] gravity.

① force　② on　③ the only　④ acting

⑤ is　⑥ it

問3　空所 い に入る適切なものを次の①～④から選び，番号で答えなさい。 30

① never gets any closer to the ground

② finally hits the ground 2,600 km away

③ goes out into space and comes back again

④ thrown by Superman falls soon on the ground

問4　下線部(2)が指す具体的な内容として適切なものを次の①～④から選び，番号で答えなさい。 31

① Because of the air on the Earth

② Because of the gravity of the Earth

③ Because of the speed of the Earth

④ Because of the distance from the Earth

問5　以下は下線部(3)が何の速度か説明する英文である。[ ]内の4語に3語を補いなさい。ただし，与えられた語句はそのままの形で，与えられた順に全て用いること。記述

This is the speed for ＿＿ ＿＿ ＿＿ ＿＿ ＿＿ ＿＿ ＿＿.

[objects / fall / the Earth]

問6　本文の内容と一致するものを次の①～⑦から2つ選び，番号で答えなさい。 32 33

① An object moving on the Earth will go straight down to the center of the Earth because of gravity.

② If you throw a ball straight out horizontally from the roof of a tall building, it will fall straight down.

③ If you throw a ball harder and it travels 100 kilometers, it will fall slower because it has greater forward speed.

④ If you want to put a baseball into the orbit around the Earth, you have to throw the ball and it has to travel 160 kilometers.

⑤ The Moon does not fall on the Earth because it goes around the Earth faster than the artificial satellites such as ISS.

⑥ The artificial satellites such as ISS go around the Earth at about the same speed as the Earth, so they stay at the same spot above the Earth.

⑦ The artificial satellites like ISS go around the Earth much faster than the Moon.

問題の作成上，原文の一部を改変したところがある

＜リスニングテスト放送原稿＞

Mr. Tanaka is a famous artist. He is walking through the city and sees a small pretty cat in front of a shop. It is drinking milk from a plate. The plate looks very old. He starts to shake a little when he realizes that the plate is extremely old and extremely precious.

So Mr. Tanaka slowly walks into the store and says to the store owner, "Hello, sir. I saw a pretty cat in front of your shop. I love it very much. I will buy the cat for ¥100,000.

The owner replies, "I'm sorry, but the cat isn't for sale."

The man says, "Please. My wife likes cats very much and she will be really happy if I buy her the cat. I'll pay you ¥150,000."

And the owner says, "Sold." And he picks up the cat and gives it to the man.

Mr. Tanaka continues, "Hey, for that ¥150,000, I wonder if I could have that old plate. I see the cat likes it very much, I believe, and I won't have to buy a new plate.

And the owner says, "Sorry, sir, but that's my lucky plate. So far this week, I've sold twenty-eight cats.

1. What does Mr. Tanaka notice when he is walking through the city?
2. What does Mr. Tanaka try to do to the shop owner?
3. How much does Mr. Tanaka pay to the shop owner?
4. What happens at the end?

【数　学】（50分）〈満点：100点〉

（注意）円周率はπを用いること。

1　次の各問いに答えなさい。

〔1〕$(\sqrt{2^2}+\sqrt{3}-\sqrt{2}+\sqrt{1^2})\{\sqrt{(-2)^2}+\sqrt{3}+\sqrt{2}+\sqrt{(-1)^2}\}$を計算しなさい。

〔2〕x，yについての連立方程式

$$\begin{cases} 2ax-7y=236 \\ x+2y=\dfrac{a}{7} \end{cases}$$

の解が$x=3$，$y=b$である。このとき，定数a，bの値を求めなさい。

〔3〕大小2つのさいころを同時に1回投げるとき，2つのさいころの出た目の数の積が4の倍数となる確率を求めなさい。

ただし，2つのさいころはともに1から6までのどの目が出ることも同様に確からしいとする。

〔4〕50点満点のテストを8人の生徒が受験した。その結果は次のようであった。

42，25，9，37，11，23，50，31（点）

テストを欠席したAさんとBさんの2人がこのテストを後日受験した。Aさんの得点は26点であった。また，AさんとBさんの得点の平均値が，AさんとBさんを含めた10人の得点の中央値と一致した。

このとき，Bさんの得点として考えられる値は何通りあるか答えなさい。

ただし，得点は整数である。

2　右の図のように，4点O(0，0)，A(6，0)，B(2，3)，C(0，3)がある。点Oから点(1，0)までの距離，および点Oから点(0，1)までの距離をそれぞれ1cmとする。線分ABの長さは5cmである。

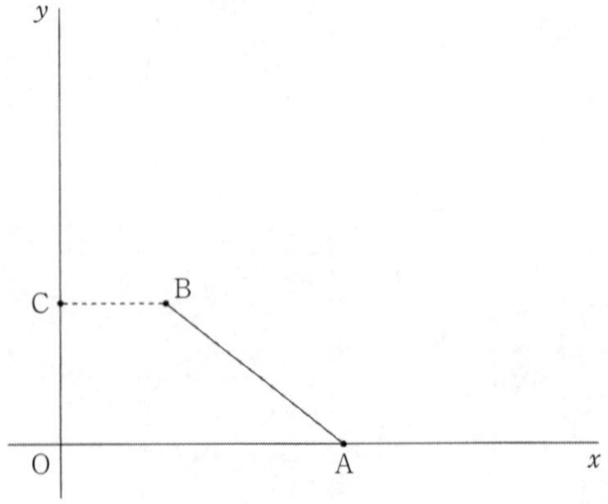

点Pは点Oを出発し，x軸上を正の方向に毎秒2cmの速さで動く。点Qは点Oを出発し，x軸上を正の方向に毎秒2cmの速さで点Aまで動き，点Aについたら線分AB上を毎秒2cmの速さで点Aから点Bに向かって動く。

点Rは点Oを出発し，y軸上を正の方向に毎秒1cmの速さで点Cまで動き，点Cについたら向きをかえ，点Oに向かって毎秒1cmの速さでy軸上を動く。

3点P，Q，Rが同時に点Oを出発してからt秒後について，次の各問いに答えなさい。

〔1〕$0<t<3$において，四角形ABRPの面積が$\dfrac{21}{4}$cm^{2}になるときのtの値を求めなさい。

〔2〕$3<t<\dfrac{11}{2}$において，△PQAの面積が$\dfrac{15}{8}$cm^{2}になるときのtの値を求めなさい。

〔3〕$3<t<\dfrac{11}{2}$において，3点P，Q，Rが1つの直線上にあるときのtの値を求めなさい。

3　右の図のように，直線 l 上に２点A，Bがあり，点Bを通り直線 l に垂直な線分BCがある。ここで，AB＝BC＝1，AC＝$\sqrt{2}$ である。

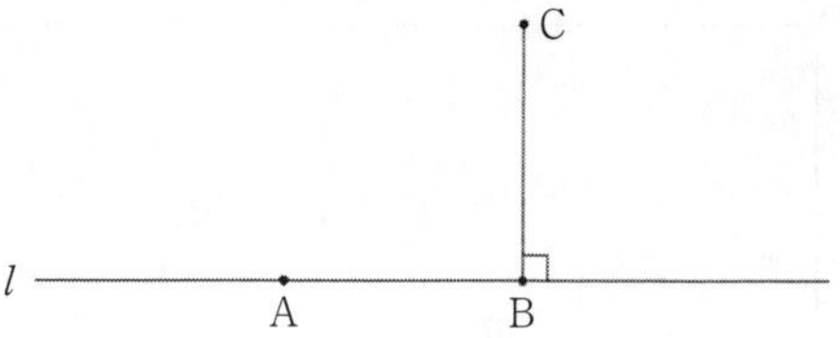

直線 l 上を動く点Pに対し，線分CP上にCP×CQ＝1となるような点Qをとる。

このとき，次の各問いに答えなさい。

〔１〕 点Pが点Aの位置にあるとき，∠QBCの大きさを求めなさい。

〔２〕 点Pが点Bとは異なる位置にあるとき，△PCBと△BCQが相似であることを次の［　　］の中のように証明した。

［(a)］にあてはまる数を答えなさい。

また，［(i)］，［(ii)］にあてはまる最も適切なものを，下の(ア)～(カ)からそれぞれ１つ選び記号で答えなさい。

［証明］

△PCBと△BCQにおいて

∠Cは共通 …①

PC：BC＝［(a)］：$\dfrac{1}{\text{［(i)］}}$＝CB：［(ii)］…②

①，②より２組の辺の比とその間の角がそれぞれ等しいので

△PCB∽△BCQである。

(ア) BC	(イ) BP	(ウ) BQ
(エ) CP	(オ) CQ	(カ) PQ

〔３〕 点Pが直線 l 上を点Aから点Bまで動いたとき，それにともなって点Qが動いてできた線と線分AC，線分BCによって囲まれる図形の面積を求めなさい。

4　右の図１のように，点A$\left(-\dfrac{2\sqrt{3}}{3},\ -1\right)$，点B$(2\sqrt{3},\ -1)$がある。

関数$y=\dfrac{1}{4}x^2$のグラフ上に２点C，Dがあり，点Aと点Cの x 座標は等しく，点Bと点Dの x 座標は等しい。また，∠ACDの二等分線と∠BDCの二等分線の交点をEとする。

このとき，次の各問いに答えなさい。

ただし，下の図２のような直角三角形PQR，直角三角形STUにおいて，PQ＝1のときQR＝1，RP＝$\sqrt{2}$であり，ST＝1のときTU＝$\sqrt{3}$，US＝2であることを利用してよい。

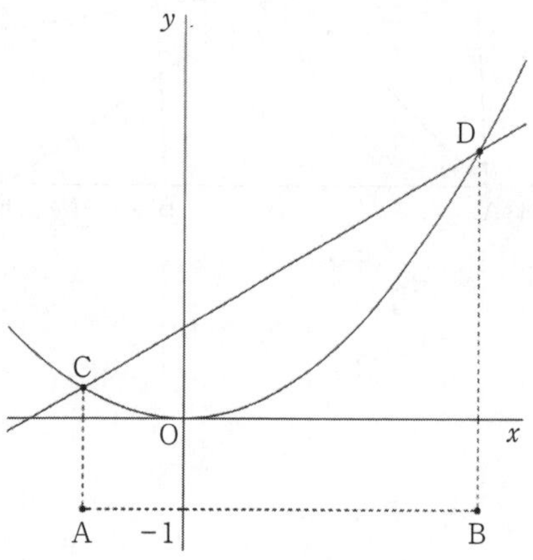

図1

〔１〕 直線CDの式を求めなさい。

〔２〕 点Eの座標を求めなさい。

〔３〕 点Cを通って直線OEに垂直な直線をひき，直線OEとの交点をHとする。また，点Dを通って直線OEに垂直な直線をひき，直線OEとの交点をＩとする。

このとき，線分CHと線分DIの長さの比CH：DIを求めなさい。

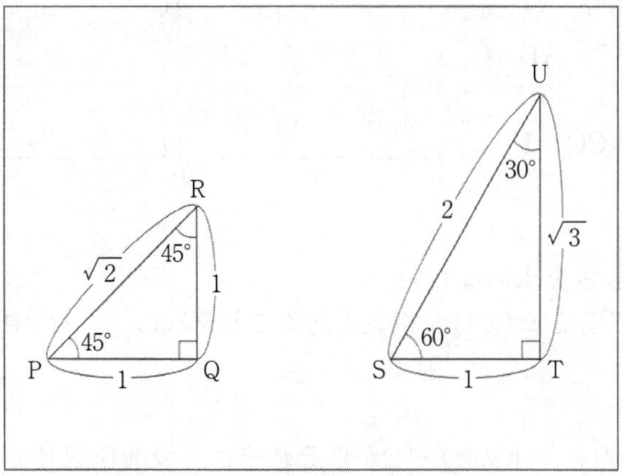

図2

5　下の図のように，一辺の長さが4 cmのひし形ABCDがある。辺ABの延長線上に点Eがあり，BE＝2cm，DE＝7cmである。点Cを通り直線DEに平行な直線と直線ABの交点をF，点Eを通り直線ACに平行な直線と直線CDの交点をGとする。また，直線CFと直線EGの交点をH，直線ACと直線DEの交点をI，直線ADと直線HIの交点をJとする。

このとき，次の各問いに答えなさい。

〔1〕 線分FHの長さを求めなさい。

〔2〕 線分AJの長さを求めなさい。

〔3〕 四角形CIEHの面積をS cm^{2}とし，四角形AFGDの面積をT cm^{2}とするとき，TをSを用いて表しなさい。

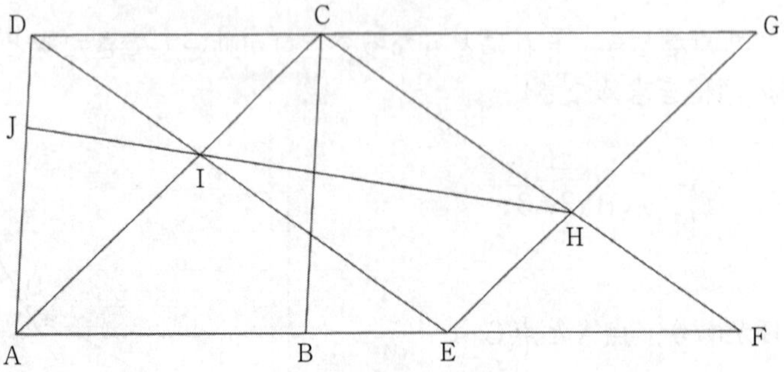

【社　会】（50分）〈満点：100点〉

（注意）　1．この問題にはマーク式解答の問いと記述式解答の問いが含まれています。

2．解答番号 [1] ～ [38] の問いは，答えをマークシートの各解答番号のうちから１つ選んでマークしなさい。

3．[記述] の印がある問いの解答は，マークシートの裏面の指定された解答欄に記入しなさい。

1　次の文章を読んで，後の問いに答えなさい。

先史時代より，人類は生活しやすい場所を求めてその活動領域を広げてきた。その人口は21世紀のうちに100億人を超えると予想されている。しかし，人口の増加は，(ア)18世紀なかごろまでは非常に少なく，人口増加率は長期的に0.1％を超えなかったといわれている。

とはいえ，古代より人類は様々な地域で文明をつくりあげ，(イ)文明の間の，また，文明の中心地域と辺境との間の交流を進めた。さらに，(ウ)辺境地域の間での交流もあった。中世・近世には，(エ)古代の遺産を継承して新たな帝国や国家があらわれ，(オ)現代までつながるような宗教・文化の土台がつくられた。

近代になると，イギリスを筆頭に産業革命を進め，国民国家形成を進める国々があらわれた。それらの国々は，その経済・軍事力をもって他の地域を従属させていき，市場経済と(カ)主権国家体制が世界を覆うことになった。産業革命は，農業革命や交通革命を伴うものであった。商業的な農産物の生産の増加と(キ)交通網の発達は，飢饉《きん》がおこった地域への緊急の食糧輸送を可能とした。また，近代は都市計画や医学の発展を含めた公衆衛生の進展がみられた時代でもあった。

19世紀はじめに９億人程度であったとされる(ク)世界人口は，(ケ)20世紀はじめには16億人を，21世紀はじめには61億人を超えていくのである。人口が増加し続ける一方で，様々な格差はなくなっていない。2021年のいま，ミレニアム開発目標とそれに続く(コ)持続可能な開発目標達成の努力が進められている。

問１　下線部(ア)の出来事の説明として**不適切なもの**を，次の①～④のうちから１つ選びなさい。[1]

①　アメリカ合衆国がイギリスから独立を宣言した。

②　オランダがスペインから独立を宣言した。

③　アダム・スミスが『諸国民の富』を著した。

④　本居宣長が『古事記伝』を著した。

問２　下線部(イ)の交易路の一つであったシルクロードは，カスピ海とペルシア湾の間の地域を通っていた。現在，その地域に存在する国を，次の①～④のうちから１つ選びなさい。[2]

①　イラン　　②　スペイン　　③　タイ　　④　モンゴル

問３　下線部(ウ)に関連して，次の資料（一部要約・現代語訳）は辺境地域の間の情報の流通を示すものである。資料中の下線部(X)の国を，図１の略地図の①～④のうちから１つ選びなさい。[3]

将門は，いやしくも武名を[注1]坂東一帯にとどろかし，戦さ上手の評判を[注2]都《と》鄙《ひ》にひろめてきた。今の世の人は，きまって勝利をおさめた者を主君と仰ぐというふうがある。たといわが国にその例がないとしても，外国にはその例が多い。たとえば去る[注3]延長年間における(X)大契丹《きったん》王のごとき，正月一日に渤海《ぼっかい》国を討ちとり，これを東丹国と改称して領有支配をしたのなど，その一例といえよう。どうして力をもって征服しないでいられようぞ。

『将門記』

注１　当時の地域の呼称で，現在の関東地方のこと。

注２　国中。

注３　元号の一つ。

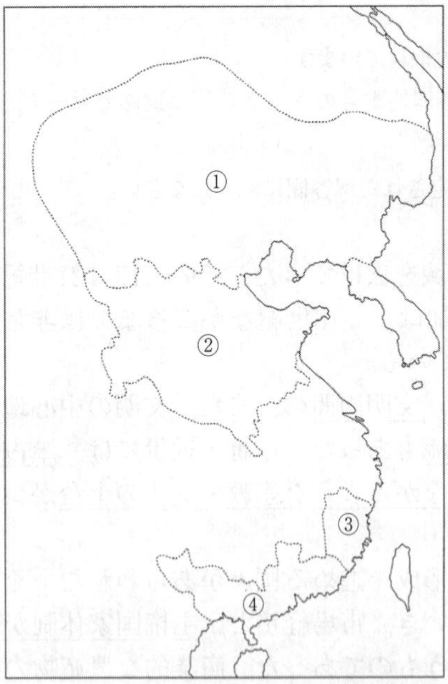

注　島の一部は省略してある。

図１

問４　下線部(エ)に関連して，東ローマ帝国時代に教会として建設された後，オスマン帝国のもとでモスクに転用された建物を，次の①～④のうちから１つ選びなさい。4

①

②

③

④

問5　下線部(オ)に関連して，宗教改革の説明として最も適切なものを，次の①～④のうちから1つ選びなさい。5

①　ルターのローマ教会批判を受け，古代ギリシア・ローマ文化を模範とするルネサンスがおこった。

②　ルターのローマ教会批判は，活版印刷を利用したパンフレットなどによって広まった。

③　批判を受けたローマ教会は，教会の資金集めのために十字軍の派遣を呼びかけた。

④　批判を受けたローマ教会は，海外布教のためにイエスの言葉を『新約聖書』にまとめた。

問6　下線部(カ)に関連して，次の資料はある条約の抜粋(現代語訳)である。その条約名を**漢字**で答えなさい。記述

> 第一条　中国は朝鮮を完全無欠の独立自主国であると認め，およそ朝鮮の独立自主体制を毀《き》損《そん》するようなあらゆるもの，たとえば朝鮮が中国に対して納めている貢献，[注]典礼などは，今後すべてを廃止することとする。
>
> 注　属国として貢物を献上し儀礼を行うこと。

問7　下線部(キ)の例として，1830年代以降に世界的に敷設が進められた鉄道がある。鉄道で蒸気機関の動力源となった燃料の名称を答えなさい。記述

問8　下線部(ク)に関連して，次の表は，1950年から2020年にかけての，主要地域別人口の推計値を抜粋したものである(数値は百万人)。この表に関する説明として最も適切なものを，下の①～④のうちから1つ選びなさい。6

	1950年	1960年	1970年	1980年	1990年	2000年	2010年	2020年
アフリカ	228	283	363	476	630	811	1,039	1,341
アジア	1,405	1,705	2,142	2,650	3,226	3,741	4,210	4,641
ヨーロッパ	549	605	657	694	721	726	736	748
[注1]ラテンアメリカ	169	220	287	361	443	522	591	654
[注2]アングロアメリカ	173	205	231	254	280	312	343	369
オセアニア	13	16	20	23	27	31	37	43

注1　南アメリカにカリブ海地域とメキシコ以南の中央アメリカを加えた地域のこと。
注2　アメリカ合衆国以北の北アメリカのこと。

United Nations, *World Population Prospects*. をもとに作成。

① 1950年～2020年にかけて，最も人口の増加率が高かったのはアジアである。
② 1950年～2020年にかけて，アフリカの人口がヨーロッパを上回ったことはない。
③ 1950年～2020年にかけて，すべての地域において，人口が減少したことはない。
④ 1950年～2020年にかけて，最も人口の絶対数が増加したのはアングロアメリカである。

問9 下線部(ケ)に関連して，1920年代の出来事の説明として**不適切なもの**を，次の①～④のうちから1つ選びなさい。 7

① 日本では，関東大震災の混乱のなか，多くの朝鮮人，中国人や社会主義者などが殺害された。
② 中国では，孫文が南京国民政府を樹立し統一を進めるとともに，共産党を弾圧し内戦を始めた。
③ イギリスの植民地インドでは，民族自決は認められず，ガンディーたちが独立運動を続けた。
④ ソ連では，レーニンの後継者となったスターリンが計画経済を推進し，社会主義建設を進めた。

問10 下線部(コ)の略称を**アルファベット4字**で答えなさい。 記述

2 次のⅠ～Ⅳの諸資料について，後の問いに答えなさい。

Ⅰ 資料1は，東大寺に天皇ゆかりの品々を納める際に作成された目録(一部要約・現代語訳)からの引用である。それらの品々は，現在，東大寺の【 あ 】に納められている。

資料1

> 今，先帝陛下のために，国家の珍宝・さまざまな遺愛の品々などを東大寺に施入し，大仏をはじめとする諸仏を供養したい。
>
> ……（品目のリスト）……
>
> 右のものは，みな先帝遺愛の宝であり，また宮廷で使っていた品々である。これらを目にすると，ありし日のことを思い出して涙がとまらない。これをつつしんで大仏に奉献する。願わくばこの善因によって仏の加護をこうむり，先帝の霊が無事に三途《さんず》の川をわたり涅槃《ねはん》の岸にたどり着かれることを。

問1 【あ】にあてはまる最も適切な語句を**漢字3字**で答えなさい。 記述

問2 【あ】に納められている品として**不適切なもの**を，次の①～④のうちから1つ選びなさい。 8

①
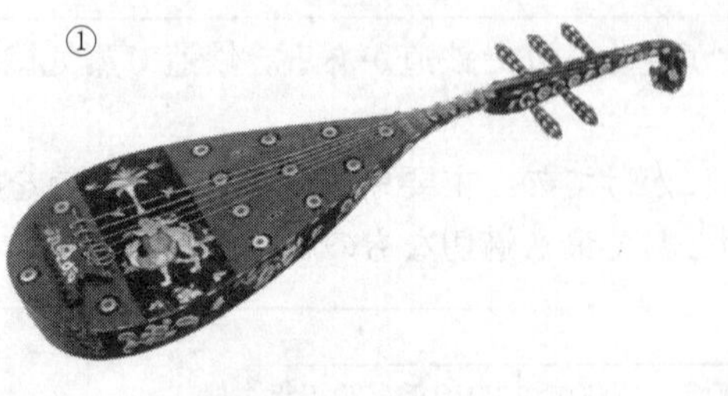

②

③

④

Ⅱ　資料２は，ある人物が明の皇帝に送った手紙(一部要約・現代語訳)で，資料３は，それに対する返書(一部要約・現代語訳)である。

資料２

> 日本の注1准三后《じゅさんごう》である某《それがし》が，国書を大明皇帝陛下にさしあげます。日本国がはじまって以来中国に対してあいさつの使いを送らなかったことはありません。某は，幸いにして国の政治を行い，国内を平和的に治めることができております。ここにとくに昔からの方式に従って，商人肥富《こいつみ》を注2祖阿《そあ》に同行させて，親交を結ぶために，日本の産物として，金千両，馬十匹，上質の鳥の子紙千帖《じょう》，扇百本，屏風《びょうぶ》三双，……を献上します。また，日本に漂着した人々を捜し求め，若干人をお返し致します。某は，心から畏れつつしみ，敬意を表して申し上げます。
>
> 注１　皇后などと同等の地位。
>
> 注２　人名。

資料３

> 朕が即位してから多くの周辺諸国の長が朝献してきた。大義にもとるものでなければすべて礼をもって接しようと思う。今ここに日本国の王たる(ア)<u>道義</u>が，明に敬意を表し，君主への忠誠を抱いて海を渡り，使者をつかわした……朕は大変嬉しく思う。……返礼に，明の道彝《どうい》・注3一如《いちじょ》を使者としてつかわす。明の暦や織物を与えよう。……
>
> 注３　明の僧侶。

問３　下線部(ア)は誰のことをさすか，**漢字４字**で答えなさい。［記述］

問４　下線部(ア)の人物が活躍した時期の文化や社会に関する説明として最も適切なものを，次の①～④のうちから１つ選びなさい。［9］

①　猿楽や田楽などの芸能から能が生まれ，幕府の保護を受けるようになった。

②　禅宗寺院の部屋の様式を住居に取り入れた，書院造が広まった。

③　武士の活躍を描いた『平家物語』などの軍記物語が生まれた。

④　堺や京都では，有力な商工業者を中心に自治組織がつくられた。

問５　資料２・資料３から読み取れる内容として最も適切なものを，次の①～④のうちから１つ選びなさい。［10］

①　資料２を送った人物は，自分が国内を平和的に治められているのは，明の皇帝の力によるものだと述べている。

②　資料２を送った人物は，自分が明の皇帝に使者を送った理由を，日本に漂着した人々が助言したからだと述べている。

③　明の皇帝は，資料２を送った人物を日本国の王と認め，そのもとに返礼の使者を送った。

④　明の皇帝は，資料２を送った人物から献上された金千両を，暦や織物の代金に充てた。

Ⅲ　資料４は，(イ)<u>ある人物</u>の回想記(一部要約・現代語訳)で，図１はその人物が中心になって翻訳した書物の挿絵である。

資料4

帰路は，前野良沢と中川淳庵と私の三人が一緒であった。途中で語りあったことは，「やれやれ，今日の死体解剖は何もかも驚くことばかりだった。しかもこれまで気づかなかったということは恥ずべきことだ」ということだった。……その時，私は，「なんとかこの『ターヘル・アナトミア』の一部を新しく翻訳したら，身体の内外の状態がわかり，今日，治療の上に大きな利益があるだろう。どんなことをしても，通訳などの手をかりないで，翻訳したいものだ」と，語った。……

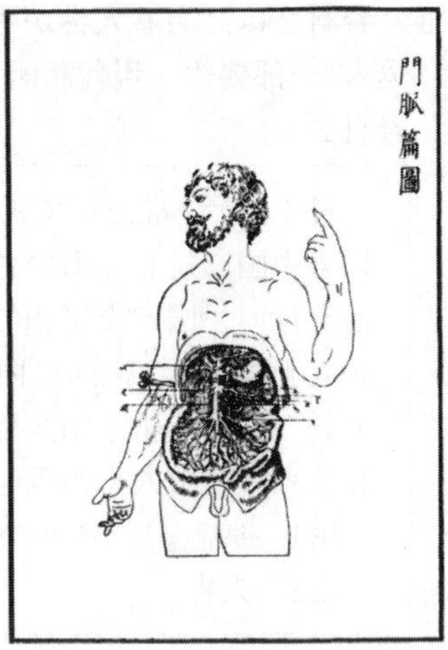

図1

問6　下線部(イ)は誰か，**漢字4字**で答えなさい。記述

問7　図1が翻訳された時代の外国との関わりに関する説明として最も適切なものを，次の①～④のうちから1つ選びなさい。11

①　幕府は，ルソン(フィリピン)，安南(ベトナム)，シャム(タイ)など海外と貿易する日本船に朱印状を与えた。

②　日本沿岸に相次ぎ外国船が接近してきたことを背景に，幕府は接近してくる外国船をためらうことなく打ち払う方針を決めた。

③　オランダ語で西洋の学問を研究する蘭学がさかんになり，その学問を学んだ平賀源内は，摩擦発電機を製作した。

④　南蛮貿易によって，ヨーロッパの天文学・医学・航海術などがもたらされ，南蛮風の服装が流行した。

Ⅳ　図2は，土地の所有者に与えられた書類(一部改変)である。

大日本帝國政府

明治九年改正

相摸國

地券

同國同郡同村

一畑九畝壱歩

地價拾八圓拾四錢

此百分ノ三金五拾四錢四厘

明治十年ヨリ
此百分ノ貳ヶ半金四拾五錢四厘

【い】　【い】

右檢査之上授與之

明治十一年六月十日　神奈川縣

神奈川縣

図2

問８　【い】にあてはまる語句を**漢字**で答えなさい。記述

問９　図２中にある「明治十年」以前の出来事として**不適切なもの**を，次の①～④のうちから１つ選びなさい。12

①　岩倉具視を大使とする使節団が，欧米に派遣された。

②　重要な輸出品である生糸を増産するため，富岡製糸場が設立された。

③　朝鮮に開国を迫るため，西郷隆盛の派遣が決定された。

④　イギリス製の最新式紡績機械を導入した，大阪紡績会社が設立された。

3　次の文章を読んで，後の問いに答えなさい。

学生時代に末《すえ》弘《ひろ》巌《いず》太《た》郎《ろう》先生から(ア)民法の講義をきいたとき「[　あ　]」という制度について次のように説明されたのを覚えています。金を借りて催促されないのをいいことにして，ネコババをきめこむ不心得者がトクをして，気の弱い善人の貸し手が結局損をするという結果になるのはずいぶん不人情な話のように思われるけれども，この規定の根拠には，権利の上に長くねむっている者は民法の保護に値しないという趣旨も含まれている，というお話だったのです。この説明に私はなるほどと思うと同時に「権利の上にねむる者」という言葉が妙に強く印象に残りました。いま考えてみると，(イ)請求する行為によって[　あ　]を中断しない限り，たんに自分は(ウ)債権者であるという位置に安住していると，ついには債権を喪失するというロジックの中には，一民法の法理にとどまらないきわめて重大な意味がひそんでいるように思われます。

たとえば，日本国憲法の第十二条を開いてみましょう。そこには「(エ)この憲法が国民に保障する自由及び権利は，国民の不断の【　A　】によってこれを保持しなければならない。」と記されてあります。この規定は基本的人権が「人類の多年にわたる自由獲得の【　A　】の成果」であるという憲法第九十七条の宣言と対応しておりまして，(オ)自由獲得の歴史的なプロセスを，いわば将来に向かって投射したものだといえるのですが，そこにさきほどの「[　あ　]」について見たものと，いちじるしく共通する精神を読みとることは，それほど無理でも困難でもないでしょう。つまり，この憲法の規定を若干読みかえてみますと，「国民はいまや【　B　】者となった，しかし【　B　】者であることに安住して，その権利の行使を怠っていると，ある朝目ざめてみると，もはや【　B　】者でなくなっているといった事態が起こるぞ。」という警告になっているわけなのです。これは大げさな威嚇でもなければ，教科書ふうの空疎な説教でもありません。それこそナポレオン三世の(カ)クーデターから(キ)ヒットラーの権力掌握に至るまで，最近百年の西欧民主主義の血塗られた道程がさし示している歴史的教訓にほかならないのです。

丸山真男『日本の思想』より一部抜粋改変

問１　[あ]にあてはまる適切な語句を，次の①～④のうちから１つ選びなさい。13

①　免除　　②　時効　　③　破産　　④　賠償

問２　【A】【B】にあてはまる適切な語句を，**漢字２字**で答えなさい。記述

問３　下線部(ア)で定められている事項として最も適切なものを，次の①～④のうちから１つ選びなさい。14

①　すべて国民は個人として尊重される。

②　犯罪を犯した少年は，基本的に家庭裁判所に送られる。

③　未成年者が高額な買い物の契約をする場合は親などの同意を必要とする。

④　満20歳未満の者の飲酒を禁止し，飲酒を知りつつも制止しなかった親権者は科料に処せられる。

問４　下線部(イ)に関連して，地方自治における直接請求権を説明した次の文章の空欄[Ｘ]と[Ｙ]に入る語句の組合せとして適切なものを，下の①～④のうちから１つ選びなさい。15

［ X ］に対して行われる条例の制定または改廃の請求は，その地方自治体の有権者のうち，［ Y ］の署名を集めることが必要となっている。

	［X］	［Y］
①	首長	50分の１以上
②	議会	50分の１以上
③	首長	３分の１以上
④	議会	３分の１以上

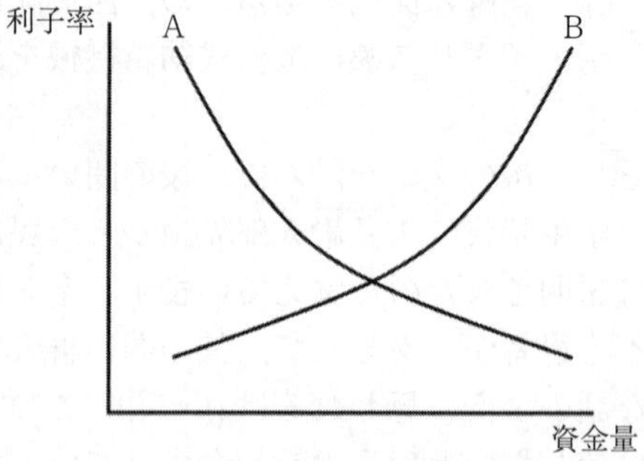

問５　下線部(ウ)に関連して，右の図はお金を貸し借りする金融市場を需給曲線で表したものである。図のＡおよびＢは債権者，債務者のいずれかを示している。この説明として最も適切なものを，次の①～④のうちから１つ選びなさい。16

①　利子率が高くなると，お金を借りる人にとって返済負担が大きくなるので，お金を借りる量は減ると考えられる。よってＡが債権者である。

②　利子率が高くなると，お金を貸す人にとって返済される金額は多くなるのでお金を貸す量は増えると考えられる。よってＢが債権者である。

③　利子率が低くなると，お金を借りる人にとって返済負担が小さくなるので，お金を借りる量は増えると考えられる。よってＡが債権者である。

④　利子率が低くなると，お金を貸す人にとって返済される金額は少なくなるのでお金を貸す量は増えると考えられる。よってＢが債権者である。

問６　下線部(エ)について，日本国憲法が保障する基本的人権として最も適切なものを，次の①～④のうちから１つ選びなさい。17

①　マスメディアが持つ個人情報の公開を求める権利。

②　国会議員や大臣の汚職事件を究明するために，証人を喚問する権利。

③　令状によらなければ，住居の捜索，所持品の押収を受けることのない権利。

④　製品の欠陥によって消費者が被害を受けた場合に，国家賠償を請求する権利。

問７　下線部(オ)に関して，民主主義と人権保障の歴史についての説明として適切なものを，次の①～④のうちから１つ選びなさい。18

①　イギリスではマグナ・カルタによって，議会制民主主義が確立した。

②　フランスの思想家モンテスキューは『法の精神』の中で専制政治を防ぐためには，権力の分立が必要だと主張した。

③　フランス革命の中で権利の請願が出され，都市の限られた富裕層である市民の自由が保障された。

④　アメリカのリンカン大統領はゲティスバーグ演説の中で，生存権の考えを初めて表明した。

問８　下線部(カ)とは「支配層の一部が，政権を奪うために非合法的な武力を行使すること」を意味する。日本の歴史でこれに該当する出来事として**不適切なもの**を，次の①～④のうちから１つ選びなさい。19

①　大化の改新　　②　二・二六事件

③　本能寺の変　　④　ポツダム宣言の受諾

問９　下線部(キ)についての説明として最も適切なものを，次の①～④のうちから１つ選びなさい。

20

① ヒットラーは，第一次世界大戦での敗戦の影響で国内の政治や経済が混乱する中で，ワイマール憲法を改正し政権を掌握した。

② ヒットラーは，世界恐慌の影響で国内の政治や経済が混乱する中で，ニューディール政策と呼ばれる経済対策を打ち出して選挙に勝利した。

③ ヒットラーは，ラジオやポスターを効果的に用いてヴェルサイユ体制の打破を世論に訴えかけ，選挙に勝利した。

④ ヒットラーは，経済の行き詰まりを打破するため，エチオピア侵略など対外進出によって経済界との結びつきを強め，権力基盤を固めた。

4 南半球の一部を示した次の略地図を見て，後の問いに答えなさい。

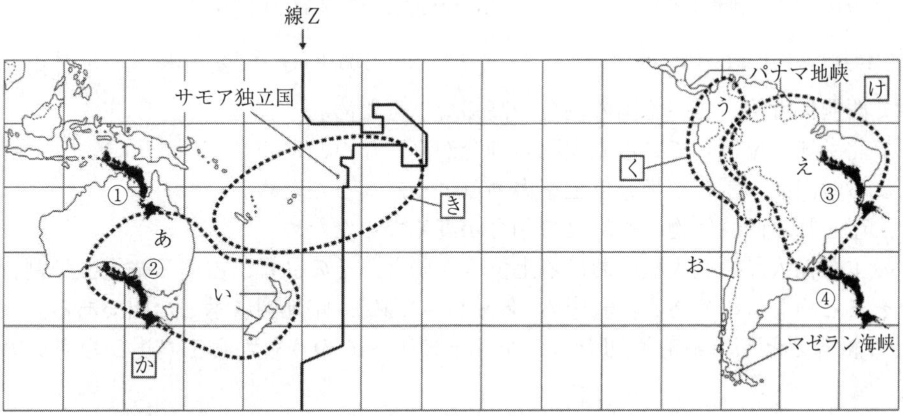

注 地図は経線と緯線が垂直に交わる図法で描かれ，経緯線は15°ずつ引かれている。

問1 地球の正反対に示された日本列島の位置として最も適切なものを，略地図の①～④のうちから1つ選びなさい。 21

問2 次の文章は，略地図の線Zについて説明したものである。これに関連して，下の(1)～(3)に答えなさい。

> 線Zは国際【 X 】線と呼ばれ，この経線の東側では－1日，西側では＋1日というように，この線を境に原理的には[A]時間分の時差を発生させている。経度[B]度の経線とほぼ一致しているが，オセアニア州の島国の分布により曲がっている。国際会議によって定められ，周辺諸国の事情によって変更されることもある。最近では，2011年12月30日0時にサモア独立国の西側に定められていた【 X 】線が，同国の東側に変更された。これによって，事実上，サモア独立国の2011年12月30日は消滅し，2011年12月29日の翌日は2011年12月31日となった。

(1) 文中の【X】に最も適切な語句を**漢字4字**で書きなさい。 記述

(2) 文中の[A]および[B]にあてはまる数字の組合せとして最も適切なものを，次の①～⑥のうちから1つ選びなさい。 22

	①	②	③	④	⑤	⑥
[A]	12	12	24	24	36	36
[B]	90	180	180	270	270	90

(3) 文中の下線部について，次の表はサモア独立国の輸出の変化についてまとめたものである（統

計年次は1983年および2003年)。これを見て,【X】線が下線部のように変更された理由のひとつを説明したものとして最も適切なものを,下の①～④のうちから1つ選びなさい。 23

	1983年		2003年	
	輸出品	輸出相手国	輸出品	輸出相手国
1位	ココナッツ油 (41.1)	アメリカ合衆国 (31.7)	電機機械 (69.5)	オーストラリア (71.4)
2位	野菜と果実 (18.6)	ニュージーランド (25.7)	魚介類 (8.2)	アメリカ合衆国 (13.1)
3位	カカオ豆 (15.4)	オーストラリア (12.2)	衣類 (7.1)	イギリス (4.5)
輸出総額	1,862万ドル		1,500万ドル	

注 「サモア独立国」は1997年まで「西サモア」であった。( )内は金額に占める割合(単位:%)を示している。

『世界各国要覧 1993年版』および『データブック オブ・ザ・ワールド 2007年版』による。

① 輸出額において西側に近接している国の割合が高くなったため。
② 輸出額において北半球に位置している先進国の割合が高くなったため。
③ 第一次産業による輸出品の割合が半分以上を占めるようになったため。
④ 熱帯において生産される商品作物の輸出品の割合が高くなったため。

問3 次の表は,日本の主な輸入品の輸入額における上位3か国と,その品目に占める輸入額の割合(統計年次は2018年)をまとめたものである。表中の あ～お の国は,略地図に示した国である。表中のa～eの輸入品の組合せとして最も適切なものを,下の①～⑥のうちから1つ選びなさい。
24

(単位:%)

	a	b	c	d	e
1位	あ (49.2)	お (55.3)	え (28.0)	お (39.1)	あ (49.6)
2位	アメリカ (43.1)	ノルウェー (21.0)	う (18.3)	インドネシア (16.1)	え (31.1)
3位	い (2.9)	ロシア (12.0)	ベトナム (16.2)	あ (14.0)	カナダ (6.6)

『データブック オブ・ザ・ワールド 2020年版』による。

	a	b	c	d	e
①	鉄鉱石	銅鉱	コーヒー豆	さけ・ます	牛肉
②	鉄鉱石	銅鉱	牛肉	さけ・ます	コーヒー豆
③	牛肉	鉄鉱石	銅鉱	コーヒー豆	さけ・ます
④	牛肉	さけ・ます	コーヒー豆	銅鉱	鉄鉱石
⑤	銅鉱	鉄鉱石	牛肉	コーヒー豆	さけ・ます
⑥	銅鉱	さけ・ます	鉄鉱石	コーヒー豆	牛肉

問4 略地図の点線で示した か～け の地域の特徴についての説明として**最も不適切なもの**を,次の①～④のうちから1つ選びなさい。 25

① か の地域に含まれる全ての国の公用語は英語であり, け の地域に含まれる全ての国の公用語はスペイン語である。

② か および く の地域には亜寒帯(冷帯)が存在せず,比較的温暖で草原や広葉樹林が分布して自

然環境が多様である。

③　き の地域では伝統的な主食としてイモ類が食べられ，く の地域では伝統的な主食としてトウモロコシが食べられる。

④　き および け の低緯度地域の海岸にはサンゴ礁やマングローブが分布し，近年では生態系の変容が注目されている。

問5　次の文章は，『種の起源』（チャールズ・ダーウィン著，渡辺政隆訳，光文社，一部改変）の一節である。文章を参考にして，下の(1)・(2)に答えなさい。

> 南半球内でも，オーストラリアと南【 Y 】，南アメリカ西部の南緯25度と35度にはさまれた広大な地域を比べると，すべての条件がきわめてよく似た土地が見つかる。ところがそれぞれの土地にすむ三種類の動物相と植物相は，ほかでは見られないほど異質である。あるいは南アメリカにおいて，南緯35度以南の生物と南緯25度以北の生物を比べてみよう。両地域の気候はかなり異なっているはずである。しかし両地域にすむ生物は，オーストラリアや【 Y 】のほぼ同じ気候の土地にすむ生物と比べた場合よりも，比較にならないほど近縁であることがわかる。それと似た事実は，海の生物についてもあげることができるだろう。……オーストラリア，【 Y 】，南アメリカの同緯度地帯にすむ生物の種類も大きく異なっている。この三地域は，これ以上ないほど互いに隔絶しているからだ。個々の大陸でも同じ事実が確認できる。高くそびえる山脈や広大な砂漠の反対側，あるいは場合によっては大河の対岸でさえ，異なる種類の生物が見つかる。もっとも，山脈や砂漠は，大陸を隔てる海洋ほどには横断不能ではないし，海洋ほど長く存在してきたとは限らない。そのためそうした障壁の反対側で見られる生物相の違いは，異なる大陸間で見られる違いほど大きくはない。海に目を向けても同じ法則が見つかる。南アメリカ及び中央アメリカの東岸と西岸ほど海生動物相が異なっている海域はない。魚，貝，カニなど，共通した種類がほとんどいないのだ。ところがこの二つの海域を隔てているのは，パナマ地峡という狭いけれど水生動物には通過できない陸地のみである。……マゼラン海峡に近い草原には，ダチョウの仲間にあたるレア属の一種がすみ，北に広がるラ・プラタの草原には同じ属の別の種がすんでいる。しかもそれらは，それぞれ【 Y 】とオーストラリアの同緯度地帯にすむダチョウやエミュとも異なっている。……水辺を見れば，ビーバーやマスクラットはいないが，南アメリカ型の齧歯《げっし》類であるヌートリアやカピバラがいる。

(1)　文中の【Y】にあてはまる地域名を**カタカナ4字**で書きなさい。 記述

(2)　文中の下線部の地域の特徴についての説明として最も適切なものを，次の①～④のうちから1つ選びなさい。 26

①　この地域はパンパと呼ばれ，綿花の栽培や乳牛の飼育が盛んである。

②　この地域はパンパと呼ばれ，小麦の栽培や肉牛の飼育が盛んである。

③　この地域はプレーリーと呼ばれ，綿花の栽培や乳牛の飼育が盛んである。

④　この地域はプレーリーと呼ばれ，小麦の栽培や肉牛の飼育が盛んである。

5　後の問いに答えなさい。

問１　図１は，北海道と本州，およびその間にある津軽海峡を示したものである。Ａは北海道と本州を結ぶ青函トンネルの位置を示している。青森市と函館市の位置を，図１の①～⑧のうちから１つずつ選びなさい。

青森市→ 27 　函館市→ 28

問２　日本の最南端にある沖ノ鳥島の緯度と最も近い緯度に首都がある国を，次の①～④のうちから１つ選びなさい。 29

①　イタリア　　②　インド
③　ケニア　　④　メキシコ

問３　図２は，関東地方の一部を示したものである。あ～え のうち，東京湾アクアラインの位置を示しているものを１つ選び，該当する番号をマークしなさい。

30

①　あ　②　い　③　う　④　え

問４　図２の①～⑦のうち，成田国際空港の位置を示しているものを，１つ選びなさい。 31

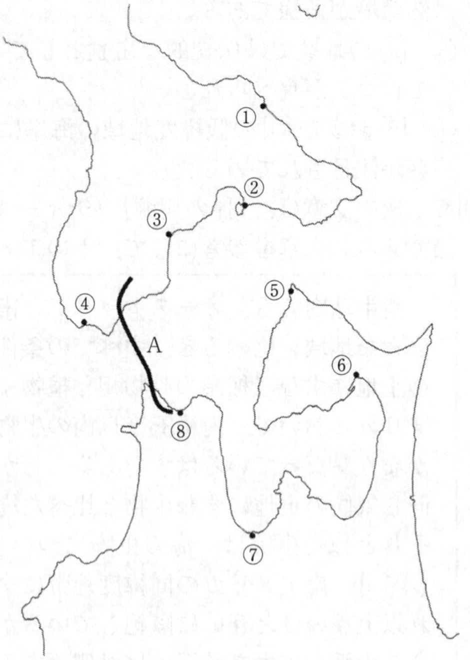

図１

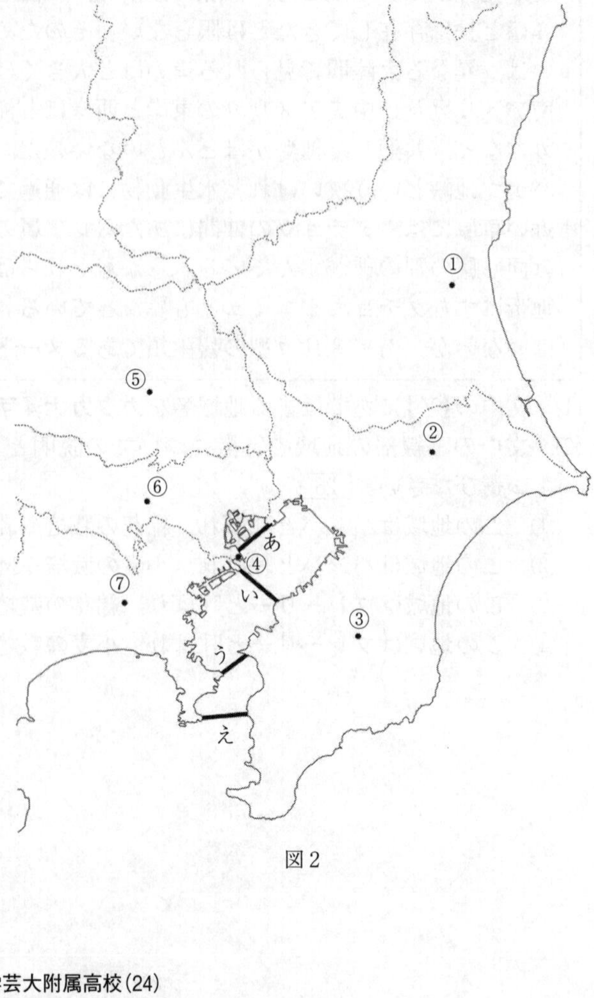

図２

問5　図3は，中部地方の一部を示したものである。図3にはBより上流の信濃川(千曲川)の本流を示している。Bから河口までの信濃川(千曲川)の流路を，次の①～④のうちから1つ選び，該当する番号をマークしなさい。32

①　か　　②　き　　③　く　　④　け

問6　図3の①～⑦のうち，日本で2番目に高い白根山(北岳)の位置を示しているものを，1つ選びなさい。33

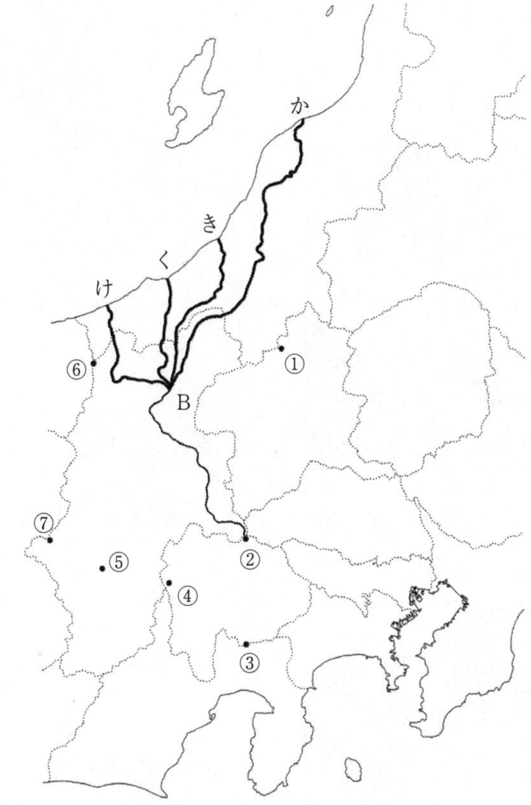

図3

問7　次の①～④は，本州の日本海側に見られる半島である。青森県から日本海に沿って山口県まで向かった時，これらの半島はどのような順で見られるか。見られる順にマークしなさい。 34 → 35 → 36 → 37

①　丹後半島　　②　能登半島　　③　島根半島　　④　男鹿半島

問8　図4は，南西諸島を示したものである。①～⑦のうち，一部が世界自然遺産に指定されている島を，1つ選びなさい。 38

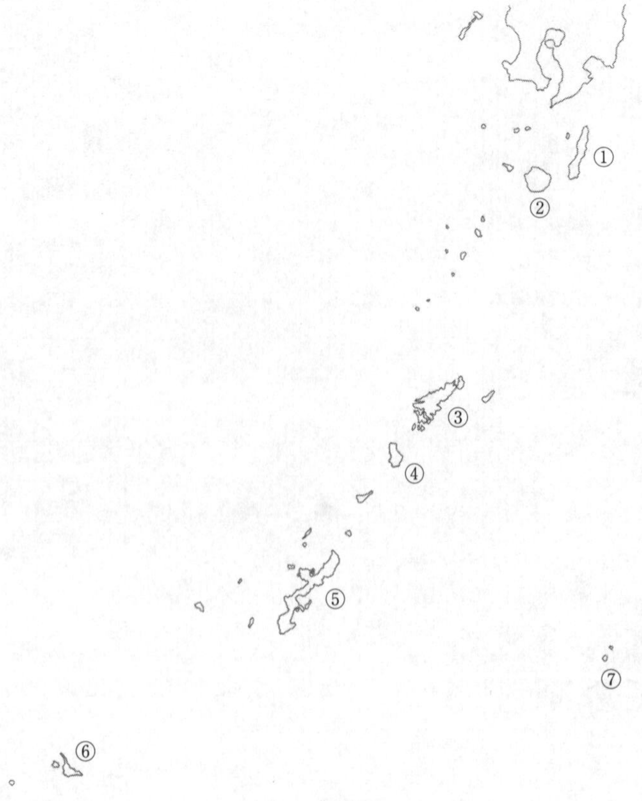

図4

【理　科】（50分）〈満点：100点〉

（注意）　1．この問題にはマーク式解答の問いと記述式解答の問いが含まれています。

2．解答番号 [1]～[46] の問いは，答えをマークシートの各解答番号のうちから1つ選んでマークしなさい。

3．[記述] の印がある問いの解答は，マークシートの裏面の指定された解答欄に記入しなさい。

[1]　4つの化合物a～dに関する次の実験1～3の説明文を読み，後の(1)～(6)の問いに答えなさい。ただし，化合物a～dは，塩化ナトリウム，炭酸水素ナトリウム，酸化銀，水酸化ナトリウムのいずれかである。

〔実験1〕　化合物a(黒色)，化合物b(白色)について，それぞれ図1のようにして別々の試験管に入れたものを加熱した。ともに気体が発生したので，火のついた線香をそれぞれの試験管の中ほどまで入れてみると，一方は線香が激しく燃え，もう一方は線香の火が消えた。

〔実験2〕　化合物cについて，少量(約0.1g)を試験管に入れ，水を加えてよく溶かした。そこに硝酸銀水溶液を加えたところ，白色沈殿が生じた。

〔実験3〕　化合物dについて，少量(約0.1g)を試験管に入れ，水を加えてよく溶かした。そこに緑色のBTB溶液を加えたところ，青色に変化した。

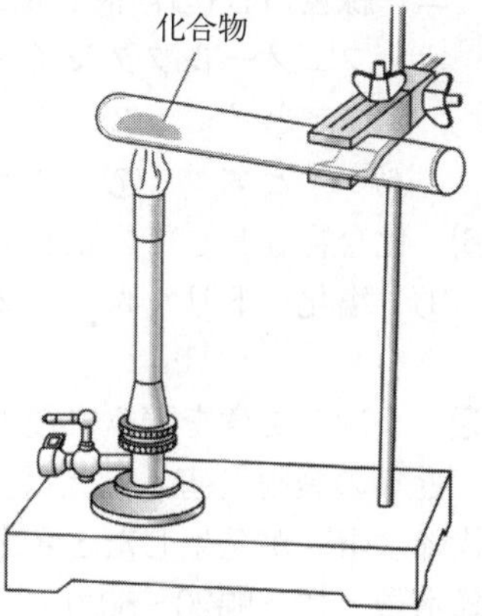

図1

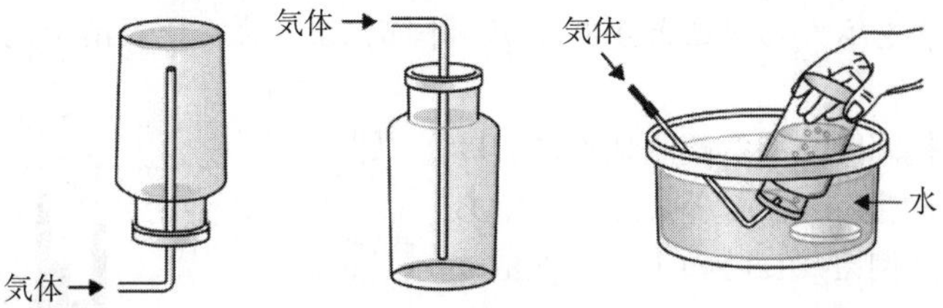

X　　Y　　Z

図2

(1)〔実験1〕で，火のついた線香を入れると火が消えた気体を集める方法として，図2に示したX，Y，Zの方法のうち最も適切なものはどれか。[1]

①　X　　②　Y　　③　Z

(2)〔実験1〕で，十分に試験管を加熱してすべて化合物aを反応させた後の試験管には，ある物質が残っていた。この物質について述べた次の文のうち，正しいものはどれか。[2]

①　赤褐色である。　　②　薬さじでこすると黒色になる。

③　磁石にくっつく。　　④　電流が流れる。

(3)〔実験1〕で，線香の火が消えた方の化合物について，その化合物の新しいものを別の試験管に少量(約0.1g)入れ，水を加えてよく溶かした。そこにフェノールフタレイン溶液を加えると何色になるか。[3]

①　無色　　②　うすい赤色　　③　濃い赤色　　④　青色　　⑤　黄色

(4)〔実験2〕で，生じた白色沈殿は何か。[4]

①　塩化ナトリウム　　②　炭酸水素ナトリウム　　③　酸化銀

④　水酸化ナトリウム　　⑤　塩化銀　　⑥　銀

(5) 〔実験3〕で用いた化合物dについて，その化合物の新しいものを別の試験管に少量(約0.1g)入れ，そこに塩化アンモニウムを少量(約0.1g)加えて図1のようにして加熱すると，刺激臭のある気体が発生した。この気体の性質として述べた文ア～オのうち，正しいものの組合せはどれか。
[5]

ア　水によく溶ける。
イ　図2のYの方法で捕集するのが最適である。
ウ　地球温暖化の主な原因物質の一つとして取り上げられている。
エ　緑色のBTB溶液を加えた水にこの気体を吹き込むと，黄色になる。
オ　フェノールフタレイン溶液を加えた水にこの気体を吹き込むと，赤色になる。

①　アとイ　②　アとウ　③　アとエ　④　アとオ　⑤　イとウ
⑥　イとエ　⑦　イとオ　⑧　ウとエ　⑨　ウとオ　⓪　エとオ

(6) 化合物bとして，正しいものはどれか。[6]

①　塩化ナトリウム　②　炭酸水素ナトリウム　③　酸化銀　④　水酸化ナトリウム

2　次の文章を読み，後の(1)～(5)の問いに答えなさい。

近年の豪雨災害，例えば，A平成29年7月九州北部豪雨や平成30年7月豪雨(西日本豪雨)では“線状降水帯”が発生したと考えられている。この語は，天気予報でも耳にするようになってきた。線状降水帯とは，幅20～50km，長さ50～200km程度の降水域が数時間にわたってほぼ同じ場所に停滞することで，大雨をもたらすものである。その成因には諸説あるが，様々なB条件が重なり，同じ場所にC雲が生じ，激しい雨を降らせる。その結果，(　　D　　)のような災害が発生する。このように，E日本の天気は私たちに大きな被害をもたらすことがあるが，季節により様々な表情を見せ，恩恵も与えてくれる。

(1) 下線部Aに関連して，図1は福岡県のある観測地点における，平成29年7月5日の1時間雨量(mm)を示したものである。この図は横軸に時刻を取り，例えば12時の1時間雨量は11時から12時までに降った総雨量を示した。

7月5日0時からの積算雨量(mm)の推移(　□-□-□　)として正しいものはどれか。なお，X時における積算雨量とは，基準となる0時からX時までに降った総雨量を示す。[7]

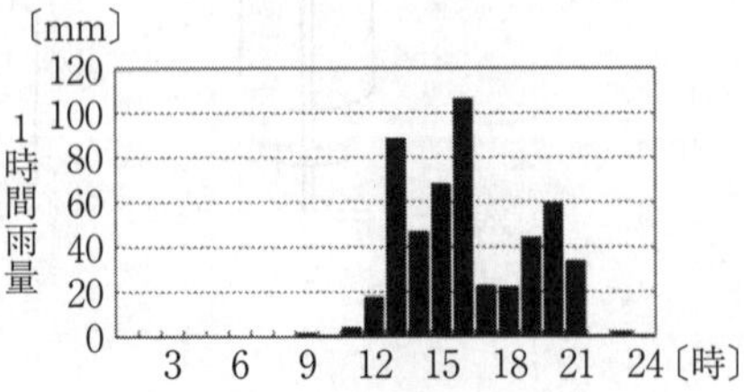

図1

①
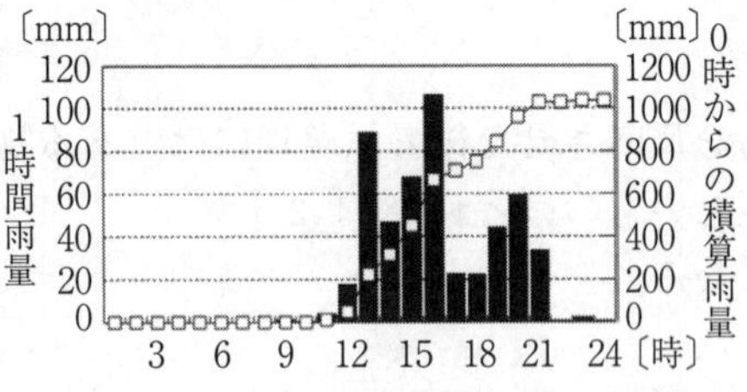

②
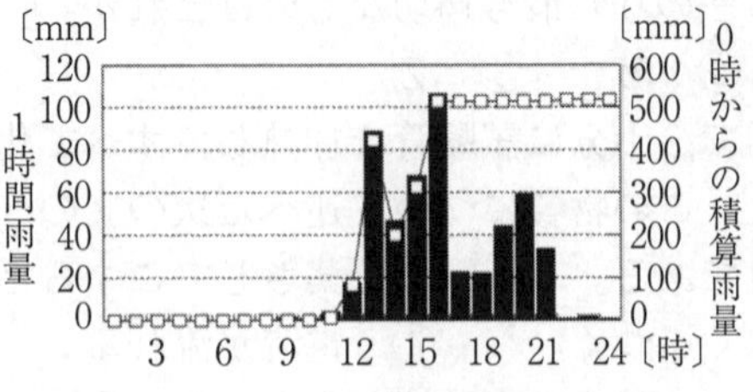

③
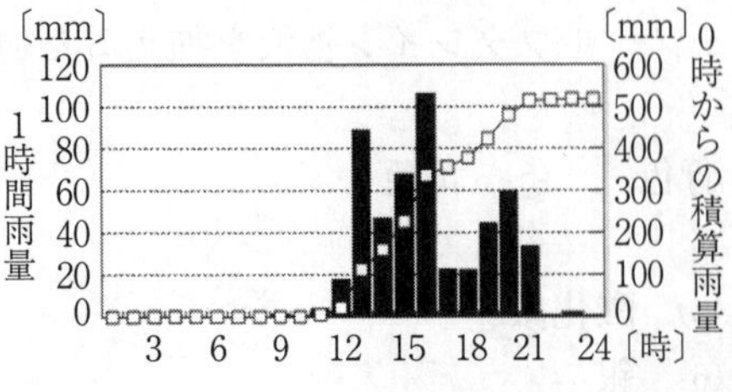

④
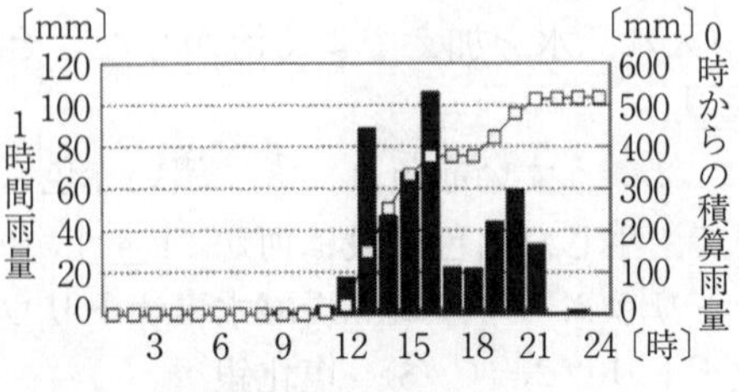

また，この豪雨での積算雨量を次の文のように表現するとき，（Y）に入る数値として最も適当なものはどれか。[8]

この観測地点では，7月5日の1日間に，平年7月1ヶ月間に降る平均降水量354mmの約（ Y ）倍の雨が降った。

① 0.5　② 1.0　③ 1.5　④ 2.0　⑤ 2.5　⑥ 3.0

(2) 下線部Bに関連して，一般的に雲が発生する要因として正しいものを2つ選べ。ただし，解答の順序は問わない。[9] [10]

① 地形　② 反射　③ 前線面　④ 気団　⑤ 紫外線

(3) 下線部Cに関連して，大気中のちりなどの微粒子があると，それを核として凝結が進み，雲が生じやすい。大気中のちり，雲粒(雲を構成する水滴)，雨粒の大きさを比較したとき，大きい順に正しく並べたものはどれか。[11]

① 大気中のちり，雲粒，雨粒
② 大気中のちり，雨粒，雲粒
③ 雲粒，大気中のちり，雨粒
④ 雲粒，雨粒，大気中のちり
⑤ 雨粒，大気中のちり，雲粒
⑥ 雨粒，雲粒，大気中のちり

(4) 文中の（D）に入る災害として**誤っているもの**はどれか。[12]

① 河川の流量が増加することによる氾濫《はんらん》
② 雨水を排水できないことによる浸水
③ 土壌に含まれる水分が増加することによる土砂崩れ
④ 雨量が増えることによる津波

(5) 下線部Eに関連して，日本の天気の特徴として**誤っているもの**はどれか。[13]

① 冬の日本は，大陸に発達したシベリア高気圧から冷たく乾いた風が吹き，日本海で水蒸気を補給し，日本海側では豪雪となる。
② 春の日本は，偏西風によって移動性高気圧と熱帯低気圧が周期的にやって来るため，同じ天気が長く続かない。
③ 梅雨の日本は，冷涼なオホーツク海気団と温暖な小笠原気団の間に停滞前線が生じ，雨の日が多い。停滞前線が南北に動くことで，雨になったり，晴れたり，天気が変化する。
④ 夏の日本は，太平洋高気圧が発達するため，高温多湿で晴れた日が多い。また，海上で台風が発生し，太平洋高気圧の縁を移動し，日本やその周辺に大雨をもたらす。

3

次の会話文を読み，後の(1)～(5)の問いに答えなさい。

太郎「先生，手回し発電機の持ち手を回転させるとなぜ発電できるのかを知りたいです。図1の手回し発電機の中にはモーターが入っていて，その軸が持ち手とつながっていることはわかったのですが，モーターの軸を回すとなぜ発電できるのでしょうか。」

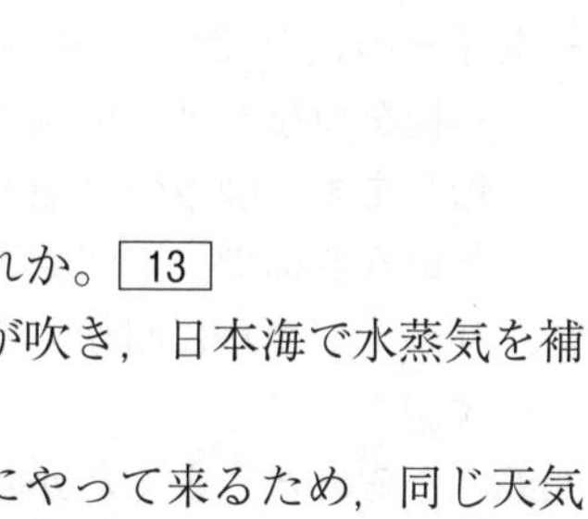

図1

先生「発電について理科の授業では，図2のように，コイルに棒磁石を近づけたり遠ざけたりして，コイルに流れる電流を検流計で測定しました。棒磁石のN極をコイルに近づけたとき，検流計の針が右(正)に振れたとすると，N極を遠ざけると（　ア　），S極を遠ざけると（　イ　）でしたね。」

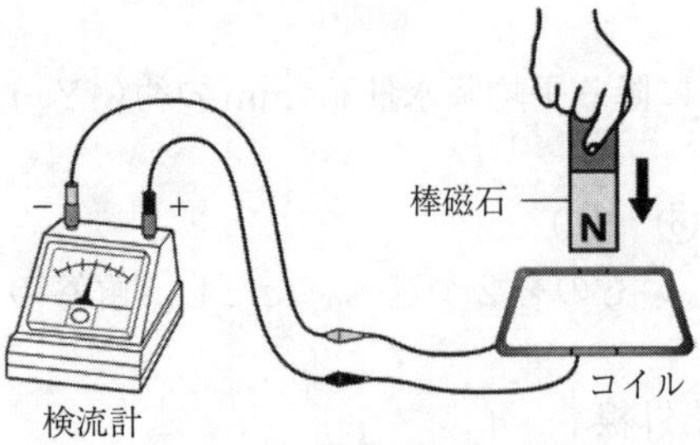

図2

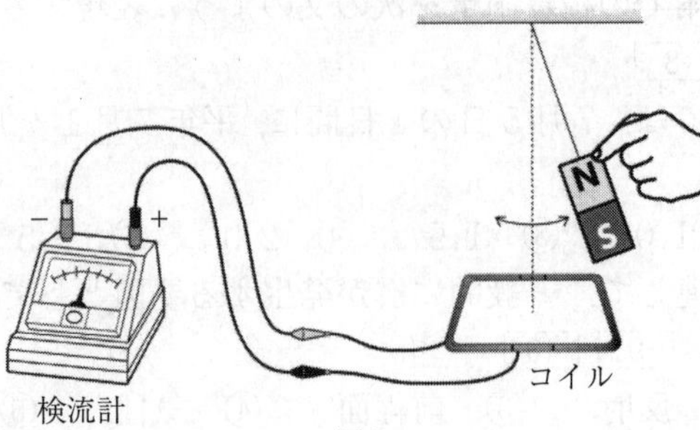

図3

太郎「そういえば実験中，(ウ)図3のように，棒磁石の代わりに小さな磁石に糸をつけて振り子を作り，コイルの上で揺らしたら検流計の針が正負に振れて面白かったです。モーターにはコイルと磁石が入っているのですか？」

先生「そうです。モーターの内部構造は図4のようになっています。軸が真ん中のコイルにつながっていて，磁石の間でコイルを回転させることで発電します。」

太郎「なるほど。図4のK点での磁界の向きは（ エ ）で，そこでコイルを回転させると，電流が流れるのですね。ところで，モーターに電流を流すと軸の部分が回転しますが，これはコイルに流れる電流が磁界から力を受けるということでしょうか。」

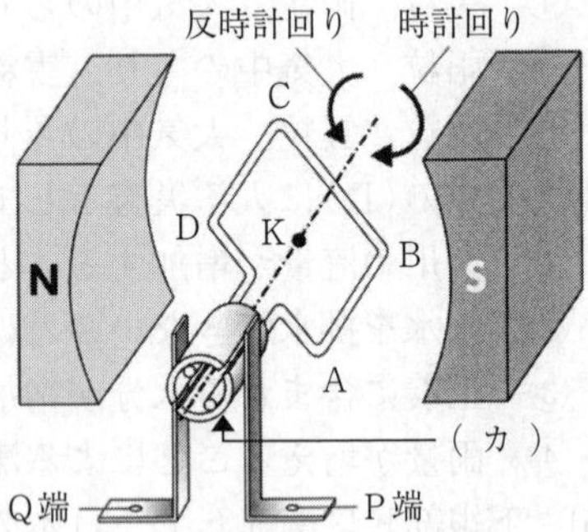

図4

先生「その通りです。図4のとき，P端に電池の＋極，Q端に−極をつなぐと，電流は（　オ　）の順に流れ，コイルが回転します。図4のP端とQ端とコイルをつなぐ部分は（ カ ）という名称で，半回転ごとにコイルに流れる電流の向きを切りかえ，つねに回転する向きに力がはたらくようにしています。」

太郎「なるほど，よくわかりました。」

(1)　(ア)と(イ)の検流計の針の振れ方はそれぞれどれか。ア 14　イ 15

①　右(正)の向き　②　左(負)の向き　③　針は振れない

(2)　下線部(ウ)について，コイルの端子にオシロスコープを接続し，図3中の手の位置で棒磁石を離し，同時にコイルに発生する電圧の計測を始めた。振り子が1往復する間の波形として正しいものはどれか。16

①
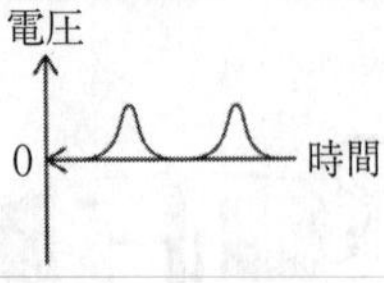

②
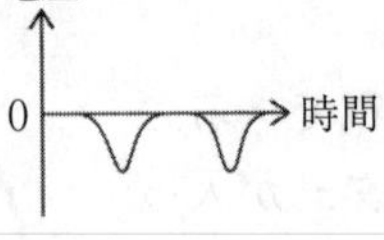

③
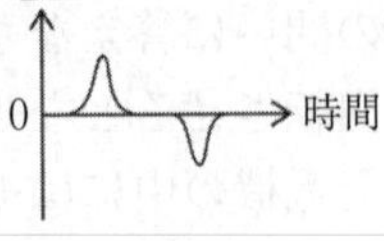

④
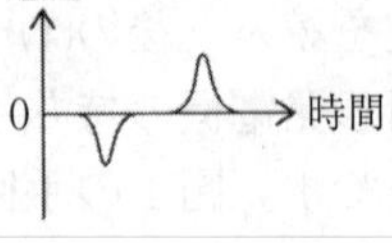

⑤
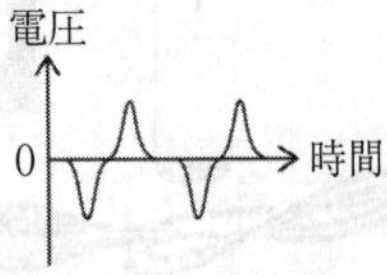

⑥
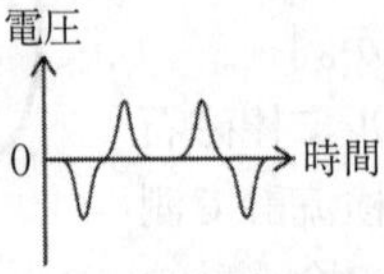

⑦
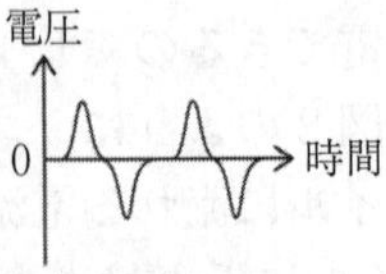

⑧
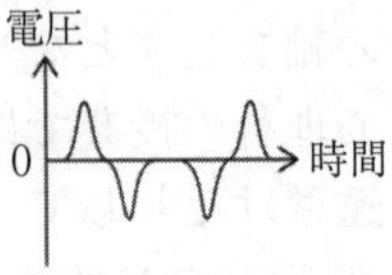

(3)　(エ)にあてはまるものはどれか。17

①　上向き　②　下向き　③　左向き　④　右向き

(4) (オ)にあてはまるものはどれか。[18]

① A→B→C→D ② D→C→B→A

(5) (カ)の名称を答えよ。[記述]

4 次の文章を読み，後の(1)～(4)の問いに答えなさい。

学くんは，「だ液に含まれるアミラーゼによるデンプンの変化の実験」を学校の授業で行った。その後の授業で，ヒトをはじめとするホニュウ類は恒温動物であることを学習した。そこで，自由研究の課題として「アミラーゼによるデンプンの変化」と「温度の関連性」を明らかにすることにした。アミラーゼがデンプンを分解することは，ヨウ素液の性質を利用して確かめた。学くんは，「体温よりも低い温度ではアミラーゼは，はたらきにくい。」という仮説を立て，実験を行った。

それぞれの試験管にデンプン溶液と水またはだ液を加えてよく振り混ぜ，2℃，10℃，40℃に保った水を入れたビーカーに15分間ひたした(図１)。その後，各試験管にヨウ素液を２～３滴加えて反応を調べた。実験の組合せと結果は，以下の通りである。

試験管	デンプン溶液	試験管に加える液	温度条件	ヨウ素液の反応
A	$5\,cm^3$	水 $2\,cm^3$	2℃	濃い青紫色になった
B	$5\,cm^3$	水 $2\,cm^3$	10℃	濃い青紫色になった
C	$5\,cm^3$	水 $2\,cm^3$	40℃	濃い青紫色になった
D	$5\,cm^3$	だ液 $2\,cm^3$	2℃	濃い青紫色になった
E	$5\,cm^3$	だ液 $2\,cm^3$	10℃	うすい青紫色になった
F	$5\,cm^3$	だ液 $2\,cm^3$	40℃	色が変化しなかった

＊ヨウ素液の反応の色のちがいは，デンプンの量が多いほど，濃い青紫色になるものとする。

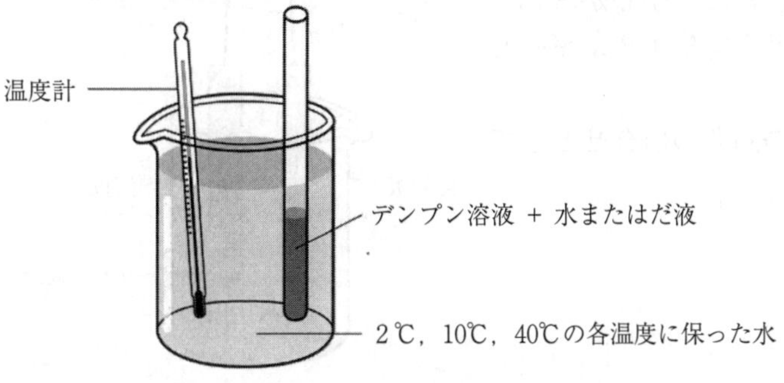

図１

(1) 学くんの自由研究の実験結果からいえることとして，**誤っているもの**はどれか。[19]

① A，B，Cの結果から，体温より低い２℃，10℃でも，体温付近の40℃でも，ヨウ素液とデンプンの反応においては，温度によるちがいはない。

② Eでは，Fに比べて変化したデンプンが多い。

③ Fでは，Dに比べて変化したデンプンが多い。

④ アミラーゼは，２℃ではほとんどはたらかない。

⑤ アミラーゼは，低温よりも体温付近の40℃でよくはたらく。

(2) さらに学くんは，デンプンがどんな物質に変化したのか調べる実験を行った。次の文章の[ア]～[ウ]に入るものとして，正しいものはそれぞれどれか。

デンプン溶液$5\,cm^3$に，だ液$2\,cm^3$を加え，40℃に15分間保った液にベネジクト液を加えて[ア]と，[イ]。また，デンプン溶液$5\,cm^3$に，水$2\,cm^3$を加え，40℃に15分間保った液にベネジクト液を加えて［ ア ］と，［ ウ ］のまま変化しなかった。

［ア］の選択肢　①　冷却する　　②　室温に置く　　③　加熱する　［20］

［イ］の選択肢　①　赤褐色の沈殿が生じた　　②　白濁した　　③　青色の沈殿が生じた　［21］

［ウ］の選択肢　①　黄色　　②　青色　　③　赤色　［22］

(3)　ヒトの消化のしくみについて述べた次の文のうち，正しいものを２つ選べ。ただし，解答の順序は問わない。［23］［24］

①　ペプシンとリパーゼは，消化酵素である。

②　デンプンと脂肪は，胃でも分解される。

③　ペプシンは，脂肪を分解する。

④　すい液には，脂肪を分解する消化酵素のみが含まれる。

⑤　胆汁は，腎臓でつくられ胆のうに運ばれる。

⑥　アミラーゼは，タンパク質を分解しない。

(4)　アミラーゼが出される消化器官は何か。［記述］

5　次の〔Ⅰ〕と〔Ⅱ〕の文章を読み，後の(1)～(4)の問いに答えなさい。

〔Ⅰ〕　亜鉛(Zn)板と銅(Cu)板と電子オルゴールを導線でつなぎ，うすい硫酸(H_2SO_4)の入ったビーカーに入れて，図１のような実験装置を作製したところ，取り付けた電子オルゴールが鳴った。このことから，電流が導線を流れたことがわかる。このとき，銅板の表面には気体が付着していった。また，亜鉛板と銅板を取り出し質量をはかると亜鉛板の質量は減少していた。したがって，ビーカーの中で化学変化が起きたことがわかる。

　この装置は，化学変化による電子の移動を電気エネルギーとして取り出す電池である。

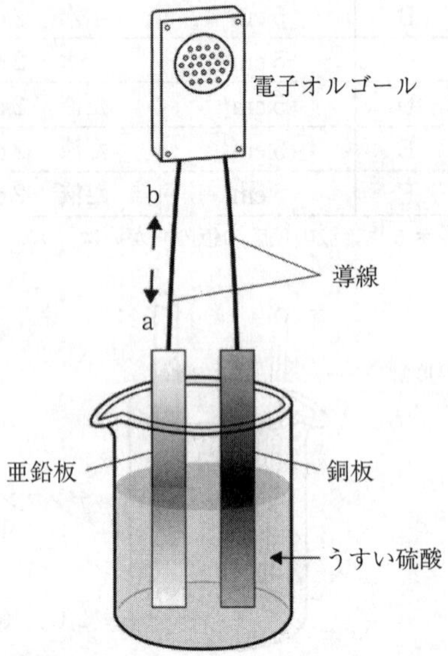

図１

(1)　図１の導線における電流と電子の移動の向きの組合せとして正しいものはどれか。［25］

	①	②	③	④
電流	a	a	b	b
電子の移動	a	b	a	b

(2)　この反応で電子を得たものと電子を失ったものの組合せとして正しいものはどれか。［26］

	①	②	③	④	⑤	⑥	⑦	⑧	⑨
電子を得たもの	Zn^{2+}	Cu^{2+}	H^+	Cu^{2+}	H^+	Zn^{2+}	H^+	Zn^{2+}	Cu^{2+}
電子を失ったもの	Zn	Cu	H_2	Zn	Cu	H_2	Zn	Cu	H_2

〔Ⅱ〕 電池の代わりに直流電源装置を使って実験を行った。中性である硫酸ナトリウム(Na_2SO_4)水溶液とフェノールフタレイン溶液を浸した細長いろ紙を用意した。そのろ紙を導線で直流電源装置とつないだクリップでとめ，水酸化ナトリウム(NaOH)水溶液をしみこませた細い糸をろ紙の中心に置いて，図2のような実験装置を作製した。

十分な電圧をかけて電流を流した後，取り出したろ紙を示したものが図3である。図3中のe，fの部分が赤く染まっていた。また，陽極側では酸素(O_2)が，陰極側では水素(H_2)が発生した。

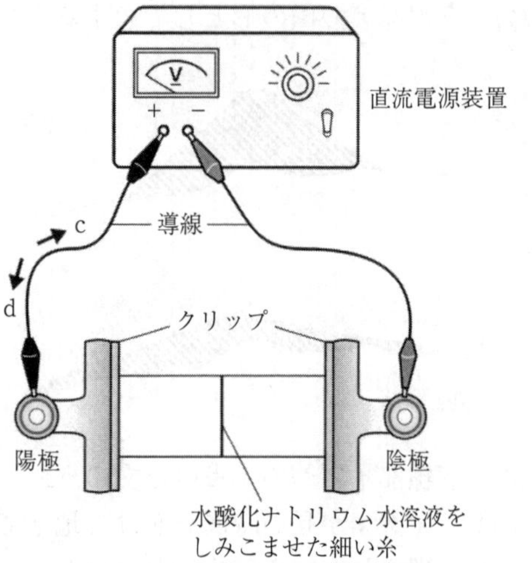

図2

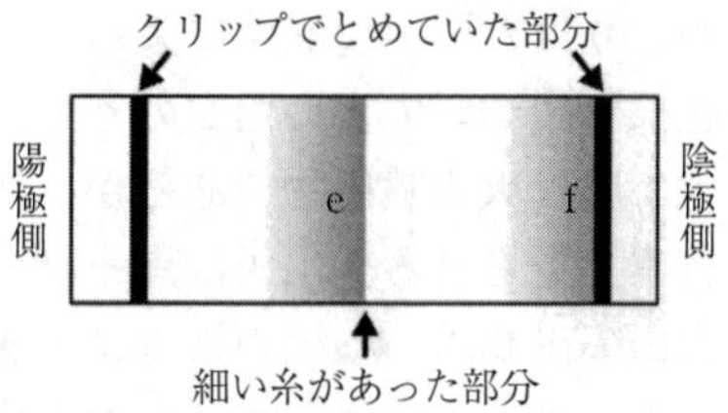

図3

(3) 図2の導線における電流と電子の移動の向きの組合せとして正しいものはどれか。 27

	①	②	③	④
電流	c	c	d	d
電子の移動	c	d	c	d

(4) 図3中のe，fの部分が赤く染まった理由として正しいものはそれぞれどれか。 e 28 f 29

① 水酸化ナトリウム水溶液のOH^-が引き付けられたため。
② 水酸化ナトリウム水溶液のNa^+が引き付けられたため。
③ 硫酸ナトリウム水溶液のSO_4^{2-}が引き付けられたため。
④ 硫酸ナトリウム水溶液のNa^+が引き付けられたため。
⑤ 水が電気分解されたため。
⑥ ろ紙が電気分解されたため。

6 わたしたちは身のまわりのことや現象のほとんどを，ふだんは気にもとめず，見過ごしている。でも，よく見てみると，いろいろなことに気づいたり，疑問がわいたりしてくる。

次の〔Ⅰ〕と〔Ⅱ〕の文章を読み，後の(1)～(6)の問いに答えなさい。

〔Ⅰ〕 日本のあるところから遠くをながめたら，ア山が見えた。横に長い山並みの後ろに，ひときわ高い火山の山頂付近が見えた。以下は，この火山を調べてわかったことである。

・日本の火山の多くが安山岩質であるのに対して，この火山はイ玄武岩質であった。
・この火山はウさまざまな火山噴出物が交互に積み重なって，美しい円すい形になっていた。

(1) 下線部アの山の形として適するものはどれか。 30

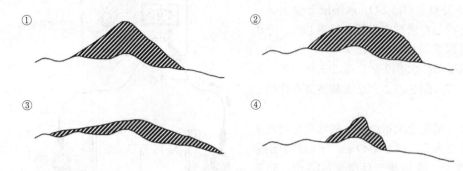

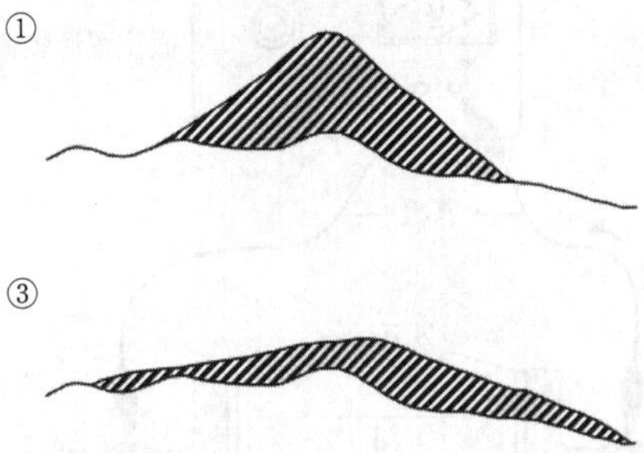

(2) 下線部イについて書いた文のうち，正しいものはどれか。 31

① マグマが長い時間をかけて地下で冷え固まった岩石である。
② 構成している鉱物ひとつひとつが大きく，同じくらいの大きさである。
③ 無色鉱物が多く，全体的に白っぽく見える。
④ ねばりけが弱いマグマによってつくられている。

(3) 下線部ウについて書いた文のうち，正しいものはどれか。 32

① 火山灰は火山噴出物であるが，溶岩は火山噴出物ではない。
② 日本で見られる火山灰は黒っぽいものに限られている。
③ 火山噴出物は，噴火のときにふき出したマグマの一部である。
④ 日本では，火山から噴出した火山灰は西側に厚く堆積することが多い。

〔Ⅱ〕 ある崖のわきから拾ったこぶし大の岩石Xを観察した。以下は，その岩石Xを観察してわかったことである。

・表面に小さな穴が多く存在していた。
・火山灰が降り積もって固まっていた。
・持ってみると，軽くてやわらかかった。

これらのことから，岩石Xは(A)であると考えられる。

エ別の岩石Yを拾ったら，何かの破片が含まれており，これは化石であると考えられる。化石に興味をもったので，博物館に行くと，サンヨウチュウ，アンモナイト，ビカリアなど，さまざまな化石が展示してあった。このうち，古生代に生息していたのは(B)で，新生代に生息していたのは(C)である。

みなさんも身のまわりのことや現象に興味・関心をもち，生じた疑問を解き明かしていってほしい。

(4) (A)にあてはまるものはどれか。 33

① 花こう岩　② 安山岩　③ チャート　④ 砂岩　⑤ 凝灰岩

(5) (B)と(C)にあてはまるものの組合せはどれか。 34

	①	②	③	④	⑤	⑥
B	サンヨウチュウ	サンヨウチュウ	アンモナイト	アンモナイト	ビカリア	ビカリア
C	アンモナイト	ビカリア	サンヨウチュウ	ビカリア	サンヨウチュウ	アンモナイト

(6) 下線部エについて書いた文のうち，**誤っているもの**はどれか。 35

① 化石によっては，地層が堆積した環境を知ることができる。

② 化石には生物の死がいだけでなく，生物の巣穴やはい跡などが残ったものもある。
③ 化石によっては，地層の堆積した年代を決めるのに役立つものがある。
④ すでに絶滅している生物が化石になるので，現在見られる生物が化石として見られることはない。

7 次の〔Ⅰ〕～〔Ⅲ〕の文章を読み，後の(1)～(4)の問いに答えなさい。

〔Ⅰ〕 図1のアのように，ばねを台につけ，ばねの右側におもりの球を取り付ける。アの台は水平で，ばねの長さは自然の長さで，伸びの長さは0cmである。イ，ウのように台を傾けてエの状態にすると，ばねの伸びの長さは10cmであった。ただし，図の●は点線の円の中心で，イとウの図は，ばねと球を省略している。また，台と球の間に摩擦はないものとする。

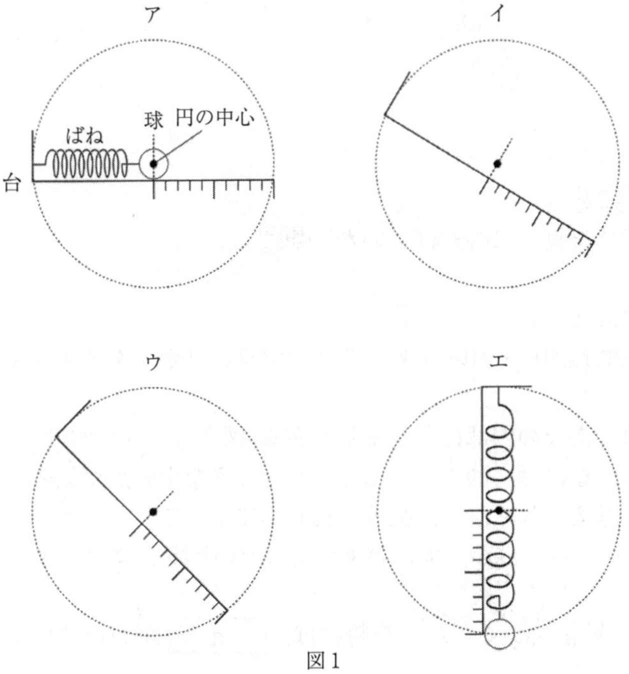

図1

(1) イとウのばねの伸びの長さはそれぞれ何cmか。もっとも近い値を答えよ。イ 36 ウ 37
① 1cm ② 2cm ③ 3cm ④ 4cm ⑤ 5cm
⑥ 6cm ⑦ 7cm ⑧ 8cm ⑨ 9cm ⓪ 10cm

〔Ⅱ〕 図2のように水を入れた水そうがある。ホースを入れて空気を送りこむと，ホースから空気の泡が出る。ホースから出た一つの泡が，水そうの中を上昇していくときの様子を考える。ただし，水そうの中での泡の通過点を，図2のように，a，b，cとする。

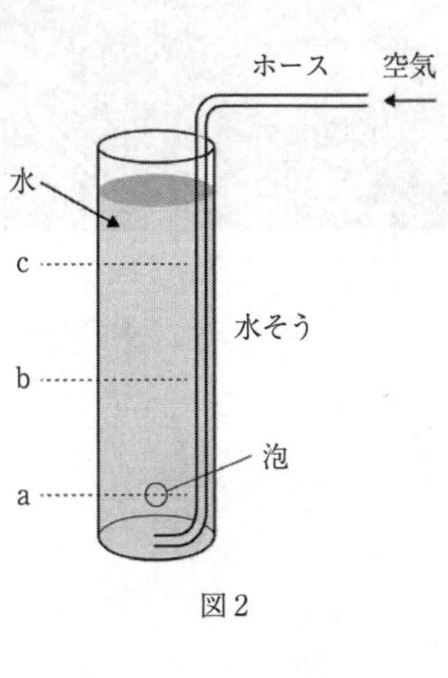

図2

(2) a，b，cにおける泡の体積を大きい順に並べたものはどれか。
また，a，b，cにおける泡の中の空気の圧力を大きい順に並べたものはどれか。体積 38 圧力 39
① a，b，c ② a，c，b
③ b，a，c ④ b，c，a
⑤ c，a，b ⑥ c，b，a
⑦ どれも同じ

〔Ⅲ〕 断面が一辺２cmの正方形で長さ20cm，重力の大きさが0.4Nの棒と，断面が一辺１cmの正方形で長さ４cm，重力の大きさが0.36Nのおもりがある。

棒とおもりを糸で連結して水そうに入れると，図３のように棒が浮いた。$100cm^3$の水の重力の大きさを１Nとし，糸にはたらく重力は考えなくてよい。

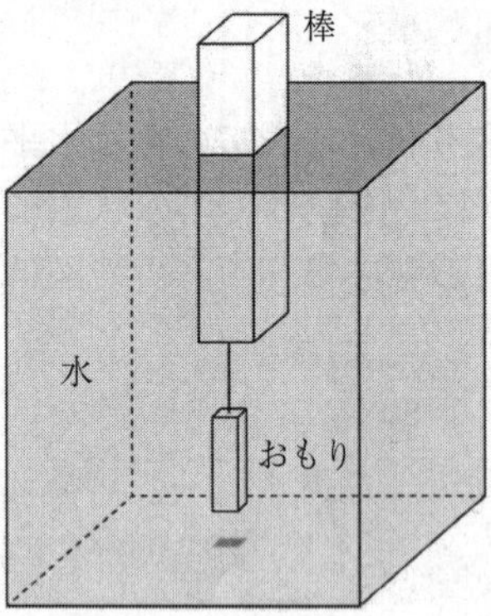

図３

⑶ 水面から出ている棒の長さは何cmか。記述

⑷ 棒が完全に沈むには，最低，何Nの力で棒を真下に押せばよいか。記述

8 次の文章を読み，後の⑴～⑸の問いに答えなさい。

マツは日本中の多くの場所に見られ，本校敷地内にも10本を超えるクロマツのほか，ダイオウマツも見られる。

マツの葉の表面には，あなが見られ（図１），あなの内部に孔辺細胞がある（図２）。$_{\mathrm{a}}$孔辺細胞はツユクサでよく観察される（図３）。マツの葉のあなには，図１の矢印で示したような黒い点が見られることがある。これは大気中の粉じんであると考えられ，もし，気孔が粉じんによってふさがってしまうと，［　b　］といった影響が出ると考えられるが，本校のマツで，その影響により木が弱くなるようなことは起こっていない。

マツの$_{\mathrm{c}}$雄花と雌花は，同じ個体に咲く。雄花でつくられる花粉には，［　d　］がついていて，風の力で遠くまで移動するのに役立っている。

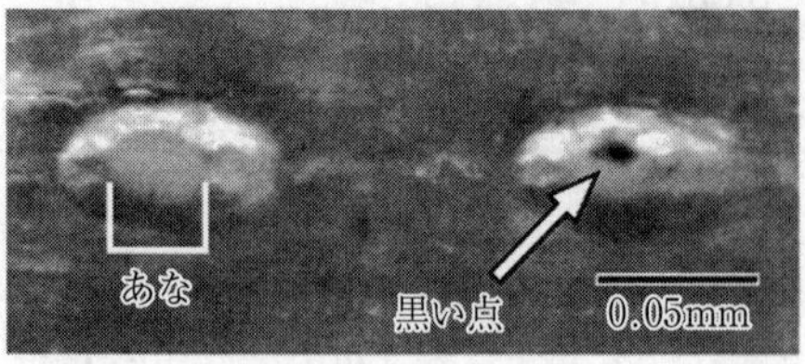

図１　マツの葉の表面

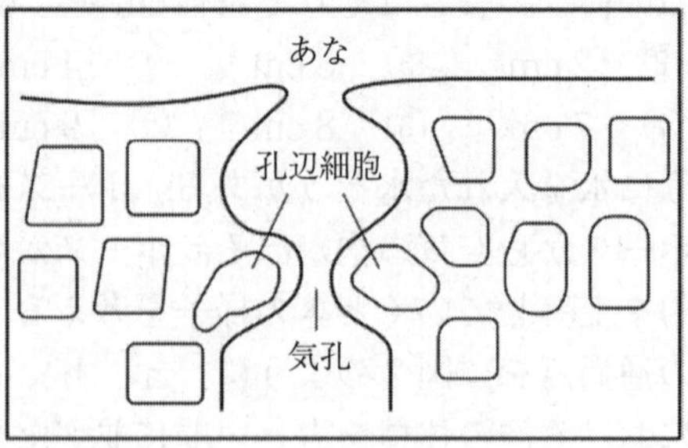

図２　断面図

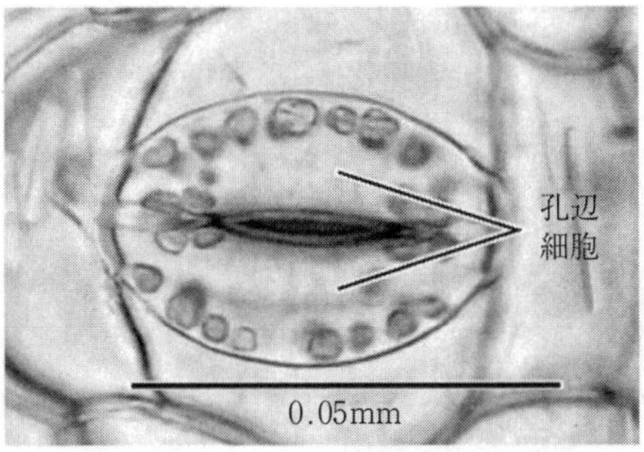

図３　ツユクサの孔辺細胞

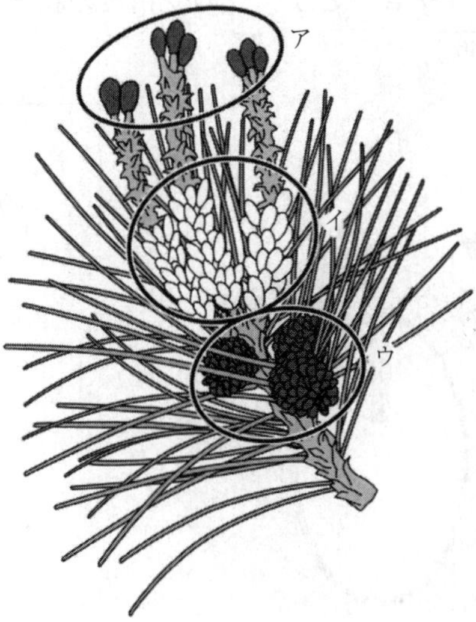

図４　マツの一部

(1)　下線部ａの観察方法として最も適するものはどれか。[40]

①　葉を手に持ってルーペで観察する。

②　葉をカミソリで切り，その断面を光学顕微鏡で観察する。

③　葉の表側の表皮を薄くはがし，一部を切り取ったものをプレパラートにして光学顕微鏡で観察する。

④　葉の裏側の表皮を薄くはがし，一部を切り取ったものをプレパラートにして光学顕微鏡で観察する。

⑤　葉の表側にマニキュアまたはボンドを薄く塗り，乾かしてからはがし，それをスライドガラスにのせて光学顕微鏡で観察する。

⑥　葉の裏側にマニキュアまたはボンドを薄く塗り，乾かしてからはがし，それをスライドガラスにのせて光学顕微鏡で観察する。

(2)　[b] に最も適するものはどれか。[41]

①　蒸散がおさえられるので，根から水が吸い上げられにくくなる

②　二酸化炭素の吸収がおさえられるので，デンプンの分解がおさえられる

③　酸素の吸収がおさえられるので，デンプンの合成がおさえられる

④　植物体内の水の移動がおさえられるので，デンプンが運ばれにくくなる

(3)　下線部ｃについて，マツの雄花と雌花のある部位を図４に示した。ア，イ，ウにあるものの組合せとして，最も適当なものはそれぞれどれか。ア [42]　イ [43]　ウ [44]

①　種子　　②　種子，果実　　③　子房，胚珠

④　胚珠，りん片　　⑤　花粉のう，りん片　　⑥　花弁，りん片，胚珠

⑦　がく，りん片，胚珠

(4)　[d] にあてはまる語句はどれか。[45]

①　胞子のう　　②　空気袋　　③　がく　　④　やく

(5)　次の図5は，イチョウとサクラの受精後の胚を含む部分である。胚珠からつくられるものの組合せはどれか。 46

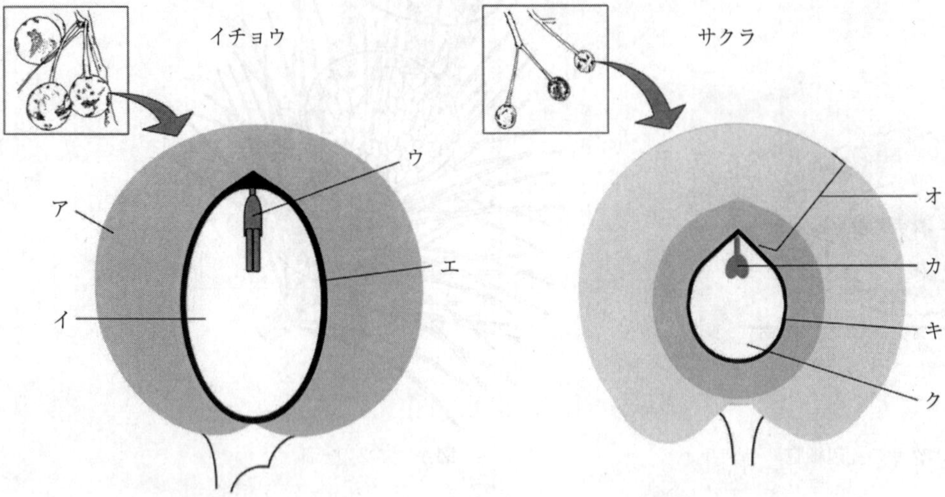

図5

①　ア，イ，ウ，エ，オ，カ，キ，ク　　②　ア，イ，ウ，エ，カ，キ，ク
③　イ，ウ，エ，オ，カ，キ，ク　　④　イ，ウ，エ，カ，キ，ク

ために殺そうとした行為。

④　姚牛が十数歳にもかかわらず、衣服などを売ってまで親の敵討ちをしようとした行為。

⑤　姚牛が罪を犯した父親をかばうために、父親の代わりに犯人として捕らえられた行為。

問5　傍線部C「遂に他無きを得。」とは、どういうことか。最も適切なものを、次の①～⑤のうちから一つ選んでマークしなさい。 21

①　姚牛は何のおとがめも受けなかったということ。

②　州や郡以外の役所の判決は受けなかったということ。

③　姚牛は手痛い刑罰を受けたが、命だけは救われたということ。

④　審理を延長し恩赦を受ける以外の方策はなかったということ。

⑤　他の部署から姚牛の件に関する長官への指示はなかったということ。

問6　傍線部D「一公の杖を挙げ馬を撃つを見る。」とあるが、老人が「杖を挙げ馬を撃」った意図と、これを見て長官がどのように感じているかについて、最も適切なものを、次の①～⑤のうちから一つ選んでマークしなさい。 22

①　老人は馬を暴走させてその隙に鹿を助けようとしたが、長官は老人が猟の邪魔をしたことに腹立たしさを感じている。

②　老人は長官が落とし穴に落ちるのを助けようとしたが、長官は追い詰めた鹿を捕り逃がしたことに怒りを感じている。

③　老人は長官を落とし穴に落とそうとしたが、長官はそれに気づかずあくまでも鹿に逃げられたことを悔しく感じている。

④　老人は長官の馬を杖でせかして鹿を捕まえやすくしようとしたが、長官は大切な馬を傷つけられたことに怒りを感じている。

⑤　老人は馬が落とし穴に落ちるのを助けようとしたが、長官は大切な馬が落とし穴に落とされそうになったことに憤りを感じている。

問7　空欄 X に入る最も適切なものを、次の①～⑤のうちから一つ選んでマークしなさい。 23

①　恩を謝す　②　願いを述ぶ
③　恨みを晴らす　④　憎しみを捨つ
⑤　喜びを分かつ

問8　傍線部E「令身ら冥事に感じ」とあるが、ここでの「冥事（あの世のこと）」とはどういうことか。最も適切なものを、次の①～⑤のうちから一つ選んでマークしなさい。 24

①　長官を危険にさらしたのは、処刑された郷里の人の怨霊《おんりょう》であったということ。

②　落とし穴に長官を誘いこもうとしたのは、姚牛の父の怨霊であったということ。

③　落とし穴が消えたのは、姚牛の父が身につけた不思議な霊力であったということ。

④　長官を危ないところで救ってくれたのは、姚牛の亡くなった父であったということ。

⑤　長官が生き返ることができたのは、命を助けた姚牛の父のおかげであったということ。

問題の作成上、原文の一部を改変したところがある。

三 次の文章を読んで、後の問いに答えなさい。

＊項県《こうけん》の民姚牛《えうぎう》、年《とし》十余歳にして、A父郷人《きやうじん》の殺す所と為《な》る。＊牛常《かつ》て衣物《いぶつ》を売りて＊刀戟《たうげき》を市《か》ひ、図りて＊報讐《ほうしう》せんと欲す。後に＊県署の前に在りて相遇《あ》ひ、手づからⓐ之《これ》を衆中に刃《き》る。＊吏《り》は捕へ得《う》るも、B＊官長深く孝節なるを矜《あはれ》み、為《ため》に其《そ》の事を＊推遷《すいせん》し、＊赦《しや》に会ひて免《まぬか》るるを得《う》。又《ま》た＊州郡の救ふことを＊論ずる為に、C遂《つひ》に他《た》無きを得。

＊令《れい》後に猟に出《い》づるに、鹿を逐《お》ひて草中に入《い》る。古き＊深穽《しんせい》数処有り、馬将《まさ》にⓑ之に趣《おもむ》かんとす。忽《たちま》ちD＊一公《いっこう》の杖《つゑ》を挙げ馬を撃つを見る。馬驚きて避け、鹿に及ぶを得ず。令怒り、弓を引きて将にⓒ之を射《い》んとす。公曰《い》はく、「此《こ》の中《うち》に穽有り。君の堕《お》つるを恐るるのみ。」と。令曰はく、「汝何人為《なんぢなんぴとた》るか。」と。＊翁《おきな》跪《ひざまづ》きて曰はく、「＊民は姚牛の父なり。君の牛を活《い》かすに感じ、故《ゆゑ》に来《きた》りて［X］。」と。因《よ》りて滅して見えず。E令身《みづか》ら冥事《めいじ》に感じ、官に在ること数年、多く民に恵《けい》す。

（『幽明録《ゆうめいろく》』による）

（注）＊項県＝河南省の県の名。
＊牛＝姚牛のこと。
＊刀戟＝刀やほこなどの武器。
＊報讐＝復讐すること。
＊県署＝県の役所。
＊吏＝役人。
＊官長＝県の長官。
＊推遷＝審理を延長すること。
＊赦＝恩赦。天子の特別の情けによって罪を許すこと。
＊州郡＝県を所管する上位の行政単位。
＊論＝判決を下す。
＊令＝「官長」と同一人物。
＊深穽＝野獣を捕獲するために掘られた深い落とし穴。
＊一公＝一人の老人。
＊翁＝「一公」と同一人物。
＊民＝ここでは「翁」の自称。わたくし。

問1 波線部「鹿を逐ひて草中に入る。」とあるが、これは「逐鹿入草中。」を書き下し文にしたものである。本文の読み方に従って、解答用紙の□の中に返り点を記しなさい。［記述］

問2 傍線部A「父郷人の殺す所と為る。」とは、どういうことか。最も適切なものを、次の①～⑤のうちから一つ選んでマークしなさい。［18］

① 父が同郷の人を殺した。
② 父の同郷の人が殺された。
③ 父が同郷の人に殺された。
④ 父が同郷の人に人殺しをさせた。
⑤ 父の同郷の人が姚牛を殺そうとした。

問3 二重傍線部ⓐ～ⓒの「之」は、それぞれ何を指すか。組み合わせとして正しいものを、次の①～⑤のうちから一つ選んでマークしなさい。［19］

① 〔ⓐ 父　ⓑ 深い落とし穴　ⓒ 鹿〕
② 〔ⓐ 父　ⓑ 鹿がいる草むら　ⓒ 老人〕
③ 〔ⓐ 役人　ⓑ 深い落とし穴　ⓒ 馬〕
④ 〔ⓐ 同郷の人　ⓑ 鹿がいる草むら　ⓒ 馬〕
⑤ 〔ⓐ 同郷の人　ⓑ 深い落とし穴　ⓒ 老人〕

問4 傍線部B「官長深く孝節なるを矜み」とあるが、官長は具体的にどのような行為を「孝節（親孝行）」だとしてあわれんだのか。最も適切なものを、次の①～⑤のうちから一つ選んでマークしなさい。［20］

① 姚牛が無実の父親を助けるために、自ら真犯人を斬りつけ役人に捕らえられた行為。
② 姚牛が父の公平な裁判をしてもらうために、不正をしている役人を斬りつけた行為。
③ 姚牛が同郷の人に申し訳なく思い、罪を犯した父親を正義の

乗り越えられるよう励ますため。

④ 「婆さん」がまだ生きていると思い込んでいる義父を気の毒に思うとともに、話題を変えることで義父を気遣い、自分の気持ちを悟られないようにするため。

⑤ あくまで「婆さん」の生前と同じように振舞おうとしている義父を哀れに感じるとともに、食事の話題を振ることで、自分が「婆さん」の代わりとなるため。

問7 傍線部E「夕飯にも、玉子焼きと手鞠麩のおつゆをつくってくれんかな」とあるが、このときの「わし」の心情として最も適切なものを、次の①〜⑤のうちから一つ選んでマークしなさい。 14

① 婆さんの不在を思い出したことで、自身の老いという現実に急激に引き戻され心細くなったため、婆さんの存在を感じることのできる料理を食べることで心の隙間を埋めようとしている。

② 今まで婆さんの代わりに家事をこなす妙子さんの存在を無意識に拒否していたが、初めて婆さんの死に納得することができたため、これからは嫁に頼って生きていこうと思い始めている。

③ 一度は婆さんの不在を納得したものの、その事実を容易には受け止めることができなかったため、婆さんが生きていた頃と同じ食生活を送ることで再び記憶の混濁の中に身を沈めようとしている。

④ 婆さんの死因を思い出したことによって、自分も本当は病を抱えていたという事実に気づき、身体の不調を改めて実感するとともに、食事にすがることで健康だった頃の自分を取り戻そうとしている。

⑤ 婆さんが死ぬまでの過程をはっきり思い出し、一度に年をとってしまったように感じるとともに、死の存在をも身近に感じて言葉にできない不安を感じたため、妙子さんに助けを求めようとしている。

問8 この小説の表現上の工夫を説明したものとして適切なものを、次の①〜⑥のうちから**二つ**選んでマークしなさい。(解答の順序は問わない。) 15 ・ 16

① 波線部iは、「わし」がふいに「婆さん」の着ている「浴衣」に気がつくという表現によって、「婆さん」の実在そのものに違和感を投げかけている。

② 波線部iiは、「笑顔のまま」であることを強調することにより、「婆さん」が本当は怒りや哀《かな》しみを心の奥に押し隠す人物であることを示唆《しさ》している。

③ 波線部iiiは、擬人法が用いられていることにより、桜が地面に舞い落ちるように、命もまたはかなく散ってしまうものであるという無常観を表している。

④ 波線部ivは、倒置法が用いられていることで、春という季節の特殊性を強調し、春だからこそ様々な出会いや別れがあるのだという真理を提示している。

⑤ 小説冒頭の「わしらは」が、波線部vでは「わしは」に変化していることで、「婆さん」の死を受け止められない「わし」の気持ちが表現されている。

⑥ 小説冒頭と波線部viではほぼ同じ文が反復されており、食事をきっかけに過去の時間が蘇り、その中をもう一度生き直す「わし」の姿を浮かび上がらせている。

問9 太線部X「ごはんを食べるのに」に含まれている「の」と同じ用法のものを、次の①〜⑤のうちから一つ選んでマークしなさい。 17

① サイズの大きいほうをください。
② 仲が良すぎるというのも困ったものだ。
③ 彼はいつも姉に対し素直になれないのだ。
④ 花の都といえばパリが思い浮かぶだろう。
⑤ ほんの少しだけ前に踏み出す勇気が必要だ。

ら一つ選んでマークしなさい。 9

① 息子のことだけでなく孫の思い出も蘇《よみがえ》り、過ぎ去ってしまった様々な出来事を懐かしく感じている。
② 記憶の間違いを正しても少しも気にしない婆さんに対し、自分の思いが伝わらないもどかしさを感じている。
③ 時の流れや人の変化に頓着することなく変わらずそこにいる婆さんを見て、その存在をありありと感じている。
④ 過去の思い出を全く気にしない婆さんを見て、遠くに行ってしまうのではないかとかすかに不安を感じている。
⑤ 昔のことを忘れてしまった婆さんを見ているうちに、自分も記憶の正しさに確証がもてなくなったと感じている。

問3 空欄 Ⅰ ・ Ⅱ に入る語句の組み合わせとして最も適切なものを、次の①～⑤のうちから一つ選んでマークしなさい。 10

① [Ⅰ からから Ⅱ けたけた]
② [Ⅰ ぽかぽか Ⅱ わなわな]
③ [Ⅰ ぬくぬく Ⅱ こそこそ]
④ [Ⅰ うらうら Ⅱ くつくつ]
⑤ [Ⅰ さんさん Ⅱ にたにた]

問4 傍線部B「少し乱暴にわしは言った。」とあるが、なぜか。その理由として最も適切なものを、次の①～⑤のうちから一つ選んでマークしなさい。 11

① 婆さんが自分の記憶違いを愉快に感じていたため、わざとおどけて見せることで一層笑わせようとしたから。
② 婆さんに記憶の曖昧さを指摘されて気恥ずかしくなるとともに、その恥ずかしさを何とか紛らせたかったから。
③ 記憶の間違いを指摘してくる婆さんを大きな声を出すことで威嚇《いかく》し、間違いをなかったことにしようとしたから。
④ ちょっとした失敗をあからさまに笑う婆さんを見て腹立たしくなり、話を遮ることで困らせてみたくなったから。
⑤ いつも食後に散歩することばかりを考えていると婆さんに指摘されて、思わず自分で自分が情けなくなったから。

問5 傍線部C「どうもそうは言えんかった。」とあるが、なぜか。その理由として最も適切なものを、次の①～⑤のうちから一つ選んでマークしなさい。 12

① 春の美しさを理解できない自分に代わって春の情景を愛《め》でる婆さんを見て、婆さんの心の美しさを羨ましく思うようになったから。
② 桜を見るのを楽しみにしていたが、桜よりも足元の雑草に春の美しさを見出《みいだ》す婆さんを見て、その感性の豊かさに思わず感動したから。
③ 雑草に興味を持つ婆さんに苛立《いらだ》ちを感じていたが、暖かな日差しの中で桜を見ているうちに、そんな苛立ちが些細《ささい》なことに感じられたから。
④ ぺんぺん草を愛《いと》おしそうに摘《つ》む婆さんを見て、婆さんは自分の気持ちをいつでも優しく受け止めてくれる存在なのだと改めて気づいたから。
⑤ 土手の桜を見るために散歩を始めたが、童心にかえったようにぺんぺん草を摘んで喜ぶ婆さんを見て、優しくあたたかな気持ちになったから。

問6 傍線部D「それよりお味、薄すぎませんでした」とあるが、このように言ったのはなぜか。その理由として最も適切なものを、次の①～⑤のうちから一つ選んでマークしなさい。 13

① まだ「婆さん」は死んでいないと頑《かたく》なに信じようとする義父を残念に思うとともに、あえて話題を変えることで「婆さん」のことを忘れさせるため。
② 「妙子さん」の手伝いを受け入れられず一人で家事をこなそうとする義父を可哀想《かわいそう》に思うとともに、食事に気を向かわせることで、義父を元気づけるため。
③ 記憶が混同している義父を心配に思うとともに、健康に気を遣う発言をすることで義父への思いやりを示し、辛い気持ちを

土手は桜が満開で、散歩の人出も多く、ベンチはどれもふさがっていた。子供やら犬やらでにぎやかな道を、わしらはならんでゆっくり歩く。風がふくと、iii花びらがたくさんこぼれおち、風景がこまかく白い模様になった。

「空気がいい匂いですねえ」

婆さんはうっとりと言う。

「ivいいですねえ、春は」

わしは無言で歩き続けた。昔から、感嘆の言葉は婆さんの方が得手なのだ。婆さんにまかせておけば、わしの気持ちまでちゃんと代弁してくれる。

足音がやんだので横を見ると、婆さんはしゃがみこんでぺんぺん草をつんでいた。

「行くぞ」

桜がこんなに咲いているのだから、雑草など放っておけばいいものを、と思ったが、ぺんぺん草の葉をむいて、嬉しそうに揺らしながら歩いている婆さんを見たら、Cどうもそうは言えんかった。背中に、日ざしがあたたかい。

散歩から戻ると、妙子《たえこ》さんが＊卓袱台《ちゃぶだい》を拭いていた。

「お帰りなさい。いかがでした、お散歩は」

妙子さんは次男の嫁で、電車で二駅のところに住んでいる。

「いや、すまないね、すっかりかたづけさしちゃって。いいんだよ、今これがやるから」

ひょいと顎で婆さんを促そうとすると、そこには誰もいなかった。妙子さんはほんの束《つか》のま同情的な顔になり、それからことさらにあかるい声で、

「Dそれよりお味、薄すぎませんでした」

と訊く。

「ああ、あれは妙子さんが作ってくれたのか。わしはまたてっきり婆さんが作ったのかと思ったよ」

頭が少しぼんやりし、急に疲労を感じて濡れ縁に腰をおろした。

「婆さんはどこかな」

声にだして言いながら、わしはふいにくっきり思いだす。あれはもう死んだのだ。去年の夏、カゼをこじらせて死んだのだ。

「妙子さん」

わしは呼びかけ、その声の弱々しさに自分で驚いた。なんですか、と次男の嫁はやさしくこたえる。

「E夕飯にも、玉子焼きと手鞠麩のおつゆをつくってくれんかな」

いいですよ、と言って、次男の嫁はあかるく笑った。

vわしは最近、ごはんを食べるのに二時間もかかりよる。いれ歯のせいではない。vi食べることと生きることとの、区別がようつかんようになったのだ。

（江國香織《えくにかおり》「晴れた空の下で」による）

（注）＊手鞠麩＝色のついた小さな麩で、吸い物などに用いられる。
＊濡れ縁＝雨戸の敷居《しきい》の外側に作り、雨に濡れるにまかせてある縁側。
＊卓袱台＝四本の短い足のついた食事用の台。

問1 二重傍線部ア「難儀して」、イ「きまりが悪くなる」の本文中の意味として最も適切なものを、後の①～⑤のうちからそれぞれ一つずつ選んでマークしなさい。ア [7]・イ [8]

ア 難儀して
① 混乱して ② 悲観して ③ 動揺して
④ 決意して ⑤ 苦労して

イ きまりが悪くなる
① 不愉快になる ② 立場がなくなる
③ 素直でなくなる ④ 照れくさくなる
⑤ 我慢できなくなる

問2 傍線部A「伏せたまつ毛を三十年も四十年もの時間が滑っていくのが見えるのだ。」とあるが、ここで「わし」はどう感じているか。その説明として最も適切なものを、次の①～⑤のうちか

二　次の文章を読んで、後の問いに答えなさい。

わしらは最近、Xごはんを食べるのに二時間もかかりよる。いれ歯のせいではない。食べることと生きることとの、区別がようつかんようになったのだ。

たとえばこうして婆《ばあ》さんが玉子焼きを作る。わしはそれを食べて、昔よく花見に行ったことを思いだす。そういえば今年はうちの桜がまだ咲いとらんな、と思いながら庭を見ると、婆さんはかすかに微《ほほ》笑《え》んで、あの木はとっくに切ったじゃないですか、と言う。二十年も前に、毛虫がついてア難儀して、お爺《じい》さん御自身でお切りになったじゃないですか。

「そうだったかな」

わしはぽっくりと黄色い玉子焼きをもう一つ口に入れ、そうだったかもしらん、と思う。そして、ふと箸を置いた瞬間に、その二十年間をもう一度生きてしまったりする。

婆さんは婆さんで、たとえば今も鯵《あじ》をつつきながら、辰夫《たつお》は来年こそ無事大学に入れるといいですね、などと言う。

「ちがうよ。そりゃ辰夫じゃない」

鯵が好物の辰夫はわしらの息子で、この春試験に失敗したのはわしらの孫、辰夫の息子なのだった。説明すると、婆さんは少しも驚いた顔をせず、そうそう、そうでしたね、と言って微笑する。まるで、そんなのどちらでも同じことだというように。すると、白い御飯をゆっくりゆっくり噛《か》んでいる婆さんの、A伏せたまつ毛を三十年も四十年もの時間が滑っていくのが見えるのだ。

「どうしたんです、ぼんやりして」

御飯から顔をあげて婆さんが言う。

「おつゆがさめますよ」

わしはうなずいてお椀《わん》を啜《すす》った。小さな＊手鞠麩《てまりぶ》が、唇にやわらかい。

昔、婆さんも、手鞠麩のようにやわらかい娘だった。手鞠麩のようにやわらかくて、玉子焼きのようにやさしい味がした。

うふふ、と恥ずかしそうに婆さんが笑うので、わしは心の中を見透かされたようでイきまりが悪くなる。

「なぜ笑う」

ぶっきらぼうに訊《き》くと、婆さんは首を少し傾けて、お爺さんだって昔こんな風でしたよ、と言いながら、箸で浅漬けのきゅうりをつまむ。婆さんはこの頃、わしが口にださんことまでみんな見抜きよる。

iふいに、わしは妙なことに気がついた。婆さんが浴衣《ゆかた》を着ているのだ。白地に桔梗《ききょう》を染めぬいた、いかにも涼し気なやつだ。

「お前、いくら何でも浴衣は早くないか」

わしが言うと婆さんは穏やかに首をふり、目を細めて＊濡《ぬ》れ縁《えん》づたいに庭を見た。

「こんなにいいお天気ですから大丈夫ですよ」

たしかに、庭は［ I ］とあたたかそうだった。

「飯がすんだら散歩にでもいくか。土手の桜がちょうど見頃じゃろう」

婆さんは、ころころと嬉《うれ》しそうに声をたてて笑う。

「きのうもおとついもそう仰有《おっしゃ》って、きのうもおとついもでかけましたよ」

ふむ。そう言われればそんな気もして、わしは黙った。そうか、きのうもおとといも散歩をしたか。婆さんは、まだ［ II ］笑っている。

「いいじゃないか」

B少し乱暴にわしは言った。

「きのうもおとといも散歩をして、きょうもまた散歩をしてどこが悪い」

はいはい、と言いながら、ii婆さんは笑顔のままでお茶をいれる。ほとほとと、快い音をたてて熱い緑茶が湯呑《ゆの》みにおちる。

「そんなに笑うと皺《しわ》がふえるぞ」

わしは言い、浅漬けのきゅうりをぱりぱりと食った。

識していること。

問4　空欄 X を補う語句として最も適切なものを、次の①～⑤のうちから一つ選んでマークしなさい。 3

① まだ名詞を使いこなせない
② まだ助数詞を正しく使えない
③ まだものを正確に数えられない
④ まだ言語の構造を理解できない
⑤ まだ名詞が形を含意することを認識できない

問5　傍線部C「言語と認知をめぐる研究は、今や『実用的』な段階に来ている。」とあるが、「言語と認知をめぐる研究」はどのような「実用的」可能性を持つと筆者は考えているか。「～という可能性。」につながるように、傍線部Cより後の本文から三十五字の部分を書き抜いて答えなさい。（句読点や記号も字数に含む。） 記述

問6　傍線部D「フィンランドにおける労災事故の、フィン語話者とスウェーデン語話者の比較が行なわれた。」とあるが、この研究が述べられる本文において、波線部「この結果は～不可能だという。」の部分はどのような役割を果たしているか。その説明として適切なものを、次の①～⑤のうちから二つ選んでマークしなさい。（解答の順序は問わない。） 4 ・ 5

① スウェーデン語話者とフィン語話者とでは社会的地位や勤務先にそもそも格差があり、それが事故率の違いにつながるのではないかという可能性を排除する役割。
② スウェーデン語話者がフィンランド国民の6％弱であるというデータを示すことで、「4割」という事故率の差が社会学的に見て意味を持つ差異であることを示す役割。
③ スウェーデン国内の労働環境がフィンランド国内におけるそれよりも先進的であることが、事故率の低さをもたらしているのではないかという可能性を排除する役割。
④ スウェーデン語話者が言葉を話さない局面では多数派のフィン語話者と区別がつかないことから、両者はそもそも民族的に共通性が高いということを示す役割。
⑤ フィンランドに暮らすスウェーデン語話者は生活習慣を含め独自の文化を持っており、そのために事故率が低くなっているのではないかという可能性を排除する役割。

問7　傍線部E「異国語の要素は一国の言語文化をより香り高い豊穣なものにするだろう。」と考えられるのはなぜか。その理由にあたる三十五字以内の一文を本文から書き抜いて答えなさい。（句読点や記号も字数に含む。） 記述

問8　本文の内容と合致しているものを、次の①～⑤のうちから一つ選んでマークしなさい。 6

① ルーシー博士が行なったマヤ語話者と英語話者の比較実験によって、物体をどのように認知するかは民族によって大きく異なり、それが言語構造の違いを生み出すということが科学的に証明された。
② 言語の構造が人間の認知に影響を及ぼすかどうかについて、言語学者の間で長く論争されてきたが、二十世紀初頭には政治の世界にまで波及して民族間の深刻な対立を引き起こした。
③ 西暦2000年にフィンランド職業健康研究所でフィンランドとスウェーデンにおける労災事故の比較研究が行なわれ、スウェーデンの方が4割ほど事故率が低いことが分かった。
④ 高等教育において初等教育で身につけるものとは別の言語体系と言えるほど異なる言語に接することで、新たな認知能力を獲得することができ、そこに高等教育の意義の大部分があると思われる。
⑤ 情報化社会において蓄積された巨大データは、社会の効率化をはかり人々の生活を向上させるために使われるべきであって、個人の自由な行動を規制するために用いられてはならない。

能犯罪や意識の操作に使われるだろう。オーウェルの＊「ニュースピーク」風に自由の抑圧に用いられるかもしれない。

存在と意識を直接につなぐ社会的媒体である「言葉」に秘められた力は、いまだ汲み尽くされていない。

いずれにせよ今後、その力のさらなる開示を、われわれが目にするだろうことは間違いない。

（全《ぜん》　卓樹《たくじゅ》『銀河の片隅で科学夜話』による）

（注）＊恣意的＝気ままで自分勝手なさま。

＊イヌイット＝カナダ北部などの氷雪地帯に住む民族。

＊神聖文字＝中米で栄えた古代マヤ文明において、古典マヤ語を表記するのに用いられていた文字。

＊「サピア＝ウォーフ仮説」＝サピア（1884―1939）とウォーフ（1897―1941）が提唱した「言語が人間の認識をかたちづくる」とする考え。

＊全体主義＝個人の権利や自由な活動を認めず国家全体の利益を優先すべきだとする思想、政治体制。

＊ディープラーニング＝機械学習において、コンピューター自らによる正確で効率的な判断を実現する技術や手法。

＊メンタル・モデル＝個人が心の中に描き出した外界や自分の行動のイメージ。

＊「ニュースピーク」＝小説『一九八四年』に出てくる、全体主義国家が国民の思考を統制するために作った新言語。

問1　二重傍線部ⓐ～ⓔのカタカナを漢字に書き改めなさい。（一点一画を正確に書くこと。）［記述］

問2　傍線部A「それを実感するには飛行機で旅立つのがよい。」のはなぜか。その理由として最も適切なものを、次の①～⑤のうちから一つ選んでマークしなさい。［1］

① 日本語が通用しない海外に行けば、日本語とは異なる言語体系でさまざまな事物を認識している人々には、自分とは違った世界が見えているのだということが分かるから。

② 言語が異なる海外の街では、「リンゴ」という文字や音列は意味のない模様や音声に過ぎず、リンゴというイメージを喚起する力がある日本語のかけがえのなさが分かるから。

③ 言語が異なる場所へ行けば、言葉とそれが指し示す事物とは必然的なつながりがなく、リンゴは日本語の体系においてたまたま「リンゴ」と呼ばれているに過ぎないことが分かるから。

④ 言葉が通じない場所では、リンゴという果物のイメージを他者と共有することができず、「リンゴ」という言葉なしでリンゴのイメージを周りへ伝えるのは難しいことだと分かるから。

⑤ 知らない言語が話されている異国の街では、リンゴという果物を手に入れたくても「リンゴ」という言葉はまったく役に立たず、周りの人々と言葉が通じないことの不便さが分かるから。

問3　傍線部B「助数詞のおかげでマヤ語では、ものを指す名詞が『形』の拘束から解放される。」とはどういうことか。その説明として最も適切なものを、次の①～⑤のうちから一つ選んでマークしなさい。［2］

① マヤ語では、助数詞がものの種類を区別するため、名詞は一つひとつの形状ではなく素材ごとのカテゴリーを表しているということ。

② マヤ語では、助数詞が形の情報を含んでいるため、名詞はものの形状よりも物質としてのもの自体を指し示す役割を担うということ。

③ マヤ語では、助数詞が形を伝える働きを持っているため、名詞は助数詞を伴うことではじめてものの形状を示すことができるということ。

④ マヤ語では、ものの種類に応じて助数詞が変化するため、名詞は種類ごとの形を示す必要はなく素材としてのあり方を表現するということ。

⑤ マヤ語では、助数詞の概念があるために人々がものの形状へ意識を向ける必要がなく、世界をひとつながりのものとして認

という言語の構造が、物体の認知に影響を及ぼしていることが、この実験ではじめて明確に証明された。

　面白いことに、この実験を7歳以下の子供で行なうと、アメリカ人にもマヤ人にも差が出ない。どちらでも形を優先して「プラスティックの小箱」が選ばれたのだ。マヤ人の子供が7歳以下では　X　事実と、これはぴったり符合する。

　言語の構造が人の認知に直接的影響をもつとの指摘は＊「サピア＝ウォーフ仮説」として知られ、言語学界ではこれをめぐる長い論争の歴史があった。20世紀初頭の＊全体主義の興隆とも絡んで論争は政治的な色彩を帯び、長らくこの問題は学派間の分断の一因となってきた。しかしその種の原理的論争は今では影を潜め、実証的研究に基づいた「言語学的相対論」、すなわち認知のⓒコンカン構造は生得的で共通だが、異言語による認知の差異はたしかに存在するとの説が、大方の言語学者の認めるところとなっている。脳科学や＊ディープラーニングなど関連分野のⓓシンテンもあって、C言語と認知をめぐる研究は、今や「実用的」な段階に来ている。

　世紀の替わり目の西暦2000年、ヘルシンキにあるフィンランド職業健康研究所で、Dフィンランドにおける労災事故の、フィン語話者とスウェーデン語話者の比較が行なわれた。ハイテク世界企業のノキアから家族経営の林業水運業まで、総計5万件の労災データが用いられた。シモ・サルミネン博士とアンテロ・ヨハンソン博士が発見したのは、スウェーデン語話者の事故率が、フィン語話者に比べて4割ほど低いという事実である。この結果は企業の規模や業種にほとんど依《よ》らなかった。ちなみにフィンランドの労働環境は先進的で、フィン語話者の労災事故率自体、欧州平均に比べて低い。

　フィンランド国民の6％弱を占める少数派のスウェーデン語話者は、6世紀以上前からの居住者である。彼らは文化的にも経済的にも、そして生活習慣の上でも、多数派フィン語話者と完全に統合されている。言葉を話さない局面で両者の区別を行なうのは、フィンランド人自身にとってもほぼ不可能だという。

　他のあらゆる要因が考察の上排除され、サルミネン、ヨハンソン両博士がたどり着いたのは、事故率の違いは言語による認知の違いに帰す以外にない、という結論であった。

　フィン語は他の欧州の言葉とは全く別ⓔケイトウで、事象の関係は名詞の格変化によって示される。たくさんの事象があるとき、それらの間の時間順序が曖昧になる傾向がある。対してインド・ヨーロッパ語族のスウェーデン語では、前置詞後置詞を駆使することで、日常会話でも事象の時間関係は常に明確である。危険を伴う複雑な作業を順次行なう場合、フィン語話者に比して、スウェーデン語話者のほうが、より時間順序の明確な＊メンタル・モデルを構築できて、労働安全上優位性があると考えられるのである。

　異なった言語を知ることは、異なった世界の見え方を会得することである。すべての日本語話者が、最も日本語から遠い言語の一つである英語を、義務教育で教わるのは決して悪いことではない。読者諸氏が学校や受験で英語学習に費やした労苦や悔しさ、そして涙は、たとえ英語の熟達した話者となれなかったとしても、決して無駄ではない。ちょうど異国の料理の導入で食文化が豊かになるように、E異国語の要素は一国の言語文化をより香り高い豊穣《ほうじょう》なものにするだろう。

　言語習得による新たな認知能力の獲得は、別に外国語に限らない。同一言語であっても、初等教育で身につけるものと高等教育で接するものとは、別の言語体系といえるほど異なっている。高等教育のメリットの大部分は、おそらくはそこに由来しており、個々の学科での新知識の獲得ではないのだろう。言語心理学界の最近の研究の一つの焦点は、異なった社会階層における言語の違いと、認知機能の違いとの関係である。

　言語と認知の関係の研究はいまだ発展途上にある。言語を含む人間活動の巨大電子データの蓄積とともに、それはより精密になっていくだろう。そして社会の安全性や利便性の向上に使われ、また知

二〇二一年度 東京学芸大学附属高等学校

【国　語】（五〇分）〈満点：一〇〇点〉

（注意）1. この問題にはマーク式解答の問いと記述式解答の問いが含まれています。

2. 解答番号 1 ～ 24 の問いは、答えをマークシートの各解答番号のうちから一つ選んでマークしなさい。

3. 記述 の印がある問いの解答は、マークシートの裏面の指定された解答欄に記入しなさい。

一　次の文章を読んで、後の問いに答えなさい。

「リンゴ」という言葉なしでリンゴを思い浮かべることができるだろうか。おそらくは無理だろう。あの独特の芳香を放つ甘い果物は、言葉で限定されてはじめて、ミカンでもないカキでもない何かとして、われわれの心の中に存在する。ところが奇妙なことに、この言葉はわれわれの内に最初からあったのではなく、外から心に注入された＊恣意的《しいてき》な記号である。リンゴという文字やそれを読み上げた音列と、リンゴの存在自体とを結びつけているのは、社会的な約束事のみである。

Aそれを実感するには飛行機で旅立つのがよい。異国の見知らぬ街に降り立って、店先でいくらリンゴと叫んでも、望みの果物は決して得られない。

言葉という社会的約束事を通さずには、事物の存在の認知すら覚《おぼ》束《つか》なくなるのである。だとすれば異国語の話者には、世界がわれわれとは違って見えているのではないか。白色に相当する何十もの言葉をもつ＊イヌイットたちには、単色の北極圏世界がずっと多彩に感じられるのだろうか。

誰しも一度は思いを馳《は》せただろう言葉と認知をめぐるこのような疑問に、最初の明確な科学的解答を与えたのが、シカゴ大学の言語心理学者のジョーン・ルーシー博士である。ルーシー博士の本来のⓐセンモンはマヤ語であった。＊神聖文字に覆《おお》われた謎の古代都市を、メキシコの緑濃いジャングルに残した人々の言葉である。古代マヤ文明の流れを汲《く》む現代のマヤ人は、今もユカタン半島で700万人ほどがマヤ語を用いて生活している。

マヤ語には「助数詞」の概念があって、ものを数えるとき、ものの種《しゅ》に応じ変化する語句を数字の後に加える。日本語で言えば、動物一匹二匹、電話一台二台と言うときの「匹」や「台」が助数詞である。ところが英語には「助数詞」に相当するものが存在しない。「ろうそく」のマヤ語は「キブ」であるが、「ろうそく1本」は「ウン・チュト・キブ」となる。「ウン」が「1」、「チュト」が「本」である。

B助数詞のおかげでマヤ語では、ものを指す名詞が「形」の拘束から解放される。固まって棒状でも溶けて板状でもろうそくは「キブ」であり、助数詞「チュト」を伴ってはじめて棒状とⓑメイジされるわけである。

対して助数詞を欠く英語では、多くの場合、ものを表す名詞自体が形の情報を含んでいる。ろうそく1本は「ア・キャンドル」であるが、「キャンドル」という名詞に棒状の形が含意されているのである。

西暦1992年、ルーシー博士は次のような実験を行《おこ》なった。被験者はまず手に乗るほどの大きさの「厚紙の小箱」を見せられる。ついで同じくらいの大きさの「プラスティックの小箱」と、「平たい厚紙」を見せられて、最初のものと似たほうを選べと告げられる。アメリカ人の被験者はほぼ常にプラスティックの箱を選び、マヤ人はかなりの割合で平たい厚紙を選んだ。

これは最初に見たものを、英語話者は形で判断して「小箱」と認識し、マヤ語話者は素材で判断して「厚紙」と認識したからだ、と考えることができる。名詞が形の情報を含む英語、含まないマヤ語

2021年度／東京学芸大学附属高等学校

英語解答

1 1 ② 2 ② 3 ② 4 ①

2 問1 how 問2 ④$_{5}$ 問3 ②$_{6}$

問4 ①$_{7}$ 問5 nothing

問6 ③$_{8}$

問7 9…① 10…② 11…⑤

問8 ④$_{12}$ 問9 ③$_{13}$，⑥$_{14}$

3 問1 ⑥$_{15}$

問2 1…①$_{16}$ 2…③$_{17}$ 3…①$_{18}$

問3 ③$_{19}$ 問4 belong

問5 ⑥$_{20}$ 問6 ④$_{21}$，⑥$_{22}$

4 問1 ③$_{23}$→④$_{24}$→①$_{25}$→②$_{26}$

問2 27…① 28…② 29…⑤

問3 ①$_{30}$ 問4 ④$_{31}$

問5 objects not to fall on〔to〕 the Earth

問6 ③$_{32}$，⑦$_{33}$

1〔放送問題〕解説省略

2〔長文読解総合―説明文〕

≪全訳≫❶幸福な少年であれば，カップがアイスクリームで半分満たされていると言う。不幸な少年であれば同じものに対して，半分が空だと言うだろう。それは全て考え方の問題であるが，ひょっとすると脳の問題と言うべきかもしれない。脳はあなたに幸福か不幸のイメージを与えることができる。あなたは敗者か勝者のように感じることができる。ある女性は何でも買えるほど金持ちであるかもしれない。しかし，彼女は１日中することがたくさんあるのに不満を持っている。それは全て脳の問題なのだ。❷ジョン・スミスは脳の力を使って自分自身を助けた。彼はあなたのような人間かもしれない。彼は13歳のとき，先生が好きではなかったので数学を嫌いになろうと決心した。彼は数学がとても苦手だった。最も簡単な数学の問題すらできなかった。それから彼はこう思った。「これは馬鹿げている。僕は数学が好きではないけど勉強しよう。数学を得意科目にしよう」　実際，彼は数学を一生懸命勉強したので，あそれが好きではなかったことを忘れてしまった。彼は自分が突然数学でクラスのトップになったことに驚いた。彼は数学が大好きになりさえしたのだ。そして今，彼はある大学の有名な数学教授である。彼はこう言う。「私は数学が得意になるんだと自分に言い聞かせました。残りは脳の力がやってくれました」❸もちろん，脳が悪いメッセージを受け取った場合，それは非常に危険なものになりうる。あるオーストラリアの農民は，砂漠で死にかけているアボリジニに会ったときにこのことを発見した。アボリジニはオーストラリアの原住民で，非常に迷信深い。農夫は原住民を最寄りの病院に車で連れていった。しかし，医者は何もできなかった。彼は健康な少年で，何も悪いところはなかったので，彼らは非常に驚いた。しかし，彼は死にかけていた。最後に，地元の医者が来て，少年の死に際の言葉を聞いた。「僕はまじない師の鶏を盗んだ。彼は僕が死ななければならないと言った。僕を救えるものは何もない」やがて少年は死んだ…自分の脳の強力な思考によって殺されたのだ。❹ロッキー青木の成功も間違いなく脳の力によるものだ。彼は何年も前に大学のスポーツチームのメンバーとしてアメリカに行った。彼が東京に戻らずそこに残ることに決めたとき，誰もが驚いた。彼は「私はこの国で成功できることを知っている」と言った。彼のチームメートは彼の言葉を信じられなかった。彼には友達もお金も才能もなく，英語もうまくはなかったのだ。❺生活は大変なものだった。彼は多くの困難な仕事をしなければならなかった。皿洗い，部屋の掃除，そしてトラックの運転手をした。(4)彼はとても質素に暮らしたので，「紅花」という小さな和風レストランを始めるためのお金をたくさんためることができた。今では「紅花」はどこにでもある。前向きな脳の力がロッキーを金持ちにしたのだ。❻脳の力についての最も驚くべき話の１つは75年前に始まった。ある年老いた医師がドラッグストアに入ってきた。彼は店員に話しかけた。そして店の奥で薬をつくった。医者は古い鍋と木のスプーンを持っていた。彼は店員に「この鍋には新しい種類の飲み物がある。それは甘くておいしい。この飲み物の秘密のレシピがこの紙に書かれているので，あなたはそのレシピを知ることができる。私の秘密を500ドルで売りますよ」 500ドルは店員の全所持金だったが，彼はそれを医者に渡した。若い店員はエイサ・キャンドラーだった。彼は脳の力を使ってその飲み物を売ることができ，ついにそれで大金を得ることができた。その飲み物はコカ・コーラだったのだ。

問１＜書き換え―適語補充＞下線部の「全ては脳の問題だ」とは，第１段落で述べられているとおり，人の気分は考え方次第だということ。つまり，脳は人が「どのように」感じるかに影響するのである。 influence「～に影響を与える」

問２＜語句解釈＞the easiest math problems「最も簡単な数学の問題」という目的語から意味を判断できる。 solve「～を解く」

問３＜適文選択＞空所を含む文は，‘so ～ that …’「とても～なので…だ」の構文(thatは省略されている)。嫌いだった数学を必死に勉強した結果，忘れたこととして適切なのは，「自分が数学を好きではなかったこと」である。

問４＜語句解釈＞did the restは「残りをした」という意味。また，brain powerとは第１段落の内容から「物事に対する考え方」である。ジョン・スミスは苦手だった数学を得意科目にしようという考え方を身につけた結果，クラスでトップになるほど数学が得意になった。これはつまり，数学に対する前向きな考え方により，後は全てうまく進んでいったということ。この内容を表すのは，①「困難を感じることなく数学で成功するために働いてくれた」が適切である。

問５＜適語補充＞少年が死んだのは，体に異常があったからではなく，脳の力がマイナスに作用した結果であることを読み取る。最初の空所は「医者は何もできなかった」，次の空所は「何も悪いところはなかった」，最後の空所は「僕を救えるものは何もない」となる。

問６＜適語句選択＞少年が死んだのは，まじない師の鶏を盗んだので死ななければならないと自分で思い込んだからである。つまり，少年を死に追いやったのは，「彼の脳の中の強力な思考」である。

問７＜整序結合＞まず，be able to ～「～することができる」がまとまるので，he was able toとなるが，toの後がstartだとその後が続かないので，ableの後にはto saveを置き，その目的語をmuch moneyとする。最後のto startはmoneyを修飾する形容詞的用法のto不定詞となる。 …he was able to save much money to start …

問８＜適語選択＞ロッキー青木は友達もお金も才能もなく，英語もうまくなかったが，アメリカで「成功できる」と思っていた。この「前向きな」考え方が，彼を成功へと導いたのである。

問９＜内容真偽＞①「私たちの脳中の幸福または不幸のイメージは，たくさんのお金を稼ぐことによってつくられる」…× 第１段落参照。幸福か不幸のイメージを与えるのは脳そのものである。 ②「ジョン・スミスは数学が苦手だったので，先生を嫌うようになった」…× 第２段落第３文参照。数学の先生が嫌いだったので，数学も嫌うようになったのである。 ③「若いアボリジニが砂漠で農民によって発見され，その農民によって病院に運ばれた」…○ 第３段落第２，４文に一致する。 ④「大学スポーツチームのロッキー青木のチームメートは彼の成功を信じ，『紅花』の開店を支援した」…× 第４段落終わりから２文目参照。 ⑤「ロッキー青木は，歌手だけでなく，皿洗い，部屋の掃除，トラック運転手など，さまざまな仕事に挑戦した」…× 歌手だったという記述はない。 ⑥「エイサ・キャンドラーは飲み物の秘密のレシピを買うために彼の全所持金を医者に支払った」…○ 第６段落後半に一致する。

3〔長文読解総合―物語〕

≪全訳≫❶ピーターは，カディス湾からそう遠くないスペインの小さな町，ロタの農夫だった。彼は一生を農場で過ごし，今では70歳を過ぎていた。彼は何年もかけて自分の植物に取り組み，おそらくその全てに１日40回は触っていた。❷ある年，ピーターはいくつかのすばらしいカボチャを育てた。それらは非常に丸々と太った黄色いカボチャだった。それらは40個あった。ピーターはその一つ一つを完全に識別でき，全てに名前をつけていた。彼はそれらのカボチャをとても誇りに思っていた。翌日は収穫することにしようと彼は決めた。その翌日はそれらを市場に持って行って売るのだ。それらを売ることは残念なことだといってもよかった。それほど美しかったのだ。❸$_1$しかし翌日，ピーターが再び庭に行ってみると，カボチャはなくなっていた。40個全てがなくなっていたのだ。１つも残っていなかった。誰かが夜中に来て，全てのカボチャを盗んでいったのだ。彼は自分の目が信じられなかった。彼はトボトボとした足取りで家に帰り，とても悲しくなった。❹それからピーターは考えた。彼はカボチャを盗んだ者がそれらをロタでは売ろうとしないことはわかっていた。それはあまりにも難しいことだ。ピーターはそれらが自分のカボチャであることがわかり，他の農夫や彼の友人たちもそれらがピーターのものであることがわかってしまうからだ。泥棒はそれらをカディスに持っていくだろう。カディスは大都市だったので，そこの市場で売るのは簡単なことだ。ピーターはカディスに行くことにした。❺$_2$翌朝，カディス行きのボートは９時に出発し，ピーターはそれに乗っていた。彼はカボチャを見つける準備ができていた。❻同日午前11時には，ピーターはカディスの野菜売り場の前に立っていた。彼と一緒に警察官がいた。❼「これらは私のカボチャだ」とピーターは言い，売り場の後ろの男を指さした。「あの男を逮捕するんだ！」❽「なぜだ？」と男は驚いて尋ねた。「なぜ私を逮捕するんだ？　これらは私のカボチャだ。今朝早く買ったんだ」❾「あいつを逮捕するんだ」とピーターは言った。「あいつは泥棒だ！」❿「私は泥棒じゃない！」⓫$_3$何人かの人が大きな話し声を聞き，何が起こっているのかを見に来た。その中には市場の支配人もいた。警察官が彼に何が起こっているのかを説明した。⓬「私はロペスという名の男からこれらを買ったんだ。彼はロタの町から来た」とその野菜の売り手は言った。⓭「ロペスだって？」とピーターは叫んだ。「そうか，ロペスか！　ロペスは泥棒だ。あいつが盗んだに違いない！　あいつの庭は貧弱なんだ。売る野菜がないとき，あいつは他人から盗むんだ」⓮「わかりました」と支配人は言った。「でもあなたは，他のカボチャではなくこれらのカボチャがあなたのものであることがどうしてわかるのですか？　カボチャはどれもそっくりです」⓯「私はこれらのカボチャの一つ一つを識別できるのだ。それら全てに名前がついている」とピーターは言った。「私にはそれらがわかるのだ，あなたが自分の子どもをわかるのと同じようにね，あなたに子どもがいればの話だが。見てくれ。これは『ペピータ』だ。これは『イエロービューティー』。これは『マヌエラ』だ。こいつを見ればいつも末娘を思い出すんだよ」⓰「よくわかりました」と支配人は言った。「おそらくあなたはご自分のカボチャがわかるのでしょう。でも，それだけでは不十分です。法律に基づいてそれをはっきりと示さなければなりません」⓱「できるよ」とピーターは言った。「今ここで証明できる。これらのカボチャが私の庭で育ったということを」⓲ピーターはひざまずいた。彼は持参した大きな紙袋を開け始めた。彼はゆっくりと慎重に袋を開けた。誰もが非常に興味を持っていた。彼は袋から何を取り出すつもりなのだろうか。⓳この瞬間，もう１人の人が現れた。彼は人々の集団を見て，何が起こっているのかを見に来たのだ。⓴「あっ，あなた，ロペスさん」と野菜の売り手は言った。「戻ってきてくれてよかった。この人が，あなたがカボチャを盗んだって言ってますよ，あなたが今朝私に売ったカボチャのことです」㉑ロペス氏は顔色がカボチャのように黄色くなった。彼はすぐに立ち去ろうとしたが，警察官が彼にとどまるように言った。㉒ピーターはすぐに立ち上がった。彼はロペスの顔をのぞきこんだ。㉓「誰が正直者かわかるさ」と彼は言った。㉔「言葉に気をつけろ」とロペス氏は言った。「私を泥棒と呼ぶことはできない。証拠を見せるんだ。これらのカボチャは私のものだ。私が庭で育て，今朝ここに持ってきたんだ」㉕「それについては，これからわかる」とピーターは言った。彼は紙袋を手に取って開いた。そしてそれをひっくり返した。たくさんの新鮮な緑色のカボチャの茎が地面に落ちた。それらはピーターがその朝摘んだものだった。彼は人々の集団に向かって語りかけた。26「泥棒はこれらの茎からカボチャを盗んでいったんだ。泥棒は茎を必要としなかったから，それらを残していった。ほら，皆さん！　この茎は間違いなくこのカボチャのものだ。そうじゃないと言える人はいない。これはここにあるこの丸々と太ったカボチャのものだ。この幅広のものはその茎だ。ぴったりだろう！　わかりますか？　このカボチャは…」27ピーターは，一つ一つの茎をそれにぴったりのカボチャの上に置いていった。それに間違いはなかった。彼はカボチャを完璧にわかっていたのだ。どの茎がどのカボチャのものかわかっていた。一つ一つの茎が，彼によってその上に置かれたカボチャと完全に一致していた。28「本当だ」と彼らは言った。「このじいさんの言うことは正しい。見てみろ！　その茎はこのカボチャだ。向こうの茎はあのカボチャだ」29「はっきりしました」と市場の支配人は言った。30人々はこのときにはかなり興奮していた。彼らは皆，笑いながら話していた。ピーターも興奮していた。彼も笑い始めたが，目に涙が浮かんできた。31もちろん，警察官はロペス氏を逮捕し，彼を刑務所に連れていった。彼はカボチャを売って得た30ドルをピーターに返さなければならなかった。ピーターはロタの家に戻った。彼は幸せだった。途中，彼は何度か自分に言い聞かせた。32「市場であのカボチャたちがどれほど美しく見えたか！　あそこに置いていくのは惜しいとさえ思えたよ。あんなにすばらしいカボチャたち。『マヌエラ』，『ペピータ』…」

問１＜適所選択＞１．次の段落にある the person who stole the pumpkins は，誰かがカボチャを盗んだことを示す(C)の内容を受けている。　２．直前で，カディスに行くことにしたピーターが，実際にカディスに行く日の朝を描いた(B)が入る。　３．(A)の第１文にある the loud talking が，第７～10段落でのピーターと野菜売りの言い争いを受けている。

問２＜適語選択＞１．この後に続く，泥棒がカボチャをロタで売るようなことをすれば，ピーターのカボチャであることがばれてしまう，という内容から判断できる。主語の It は前の文で述べた to sell them in Rota を受けている。　２．支配人が，これらのカボチャが自分のものだと言うピーターの主張に疑問を投げかけたのは，カボチャがどれも「同じ」に見えるからだと考えられる。'look＋形容詞'「～(の状態)に見える」の形。　３．ピーターの手元にある茎と盗まれたカボチャが見事に適合するのを目の当たりにした支配人の言葉。「明らか，よくわかる」という意味の clear が適切。

問３＜不要文選択＞下線部は自分が泥棒ではないと主張するロペス氏の言葉。①，②，④，⑤はその主張に沿った内容だが，③「あなたはこのことで刑務所に行くことはない」は主張から外れている。

問４＜適語補充＞ピーターが持ってきた茎とカボチャの実を適合させる場面。最初の空所の直後にある to に着目する。belong to ～ で「～の属する，～のものである」。２つ目の空所に to がないのは，疑問副詞の where があるためである。

問５＜適語(句)選択＞この段階ではロペス氏がピーターのカボチャを盗んだことは明らかである。

問６＜内容真偽＞①「ピーターは40歳の農夫で，スペインのロタという町に住んでいる」…×　第１段落第２文参照。ピーターは70歳を過ぎている。　②「ピーターは若い頃から支配人の子どもたちをよく知っていた」…×　そのような記述はない。　③「マヌエラと呼ばれる少女は，ピーターの家族の末娘だ」…×　第15段落終わりの２文参照。　'remind＋人＋of＋物事'「〈人〉に〈物事〉を思い出させる」　④「ピーターは，カディスに到着したとき，野菜売り場の男は泥棒だと思った」…○　第６～９段落に一致する。　⑤「野菜売り場の男はロペスにピーターのカボチャを盗むように言った」…×　そのような記述はない。　'tell＋人＋to ～'「〈人〉に～するように言う」　⑥「ピーターが袋を開けているとき，ロペスという男が見に来た」…○　第18～20段落に一致する。

⑦「泥棒は逮捕されたが，お金を返す必要はなかった」…×　第31段落第２文参照。　⑧「ピーターはカボチャをカディスに置いていきたくなかったので，カボチャをロタに持ち帰った」…×　第32段落第２文参照。It is a pity to ～は「～することは残念だ」という意味の形式主語構文。このalmostは「～も同然」といった意味。

4〔長文読解総合―説明文〕

≪全訳≫❶月がとても重いのなら，なぜ月は落下しないのだろうか。❷月は実際には落下しているのだ。奇妙に思えるかもしれないが，月は私たちの惑星を周回するときに地球の周りをずっと落下している。しかし，より深く理解してより良い説明を得るには，力というものについて多くを考える必要がある。❸力とは，物を押したり引いたりする力のことだ。最も一般的な力の１つは重力だ。重力は，地球の中心に向かってまっすぐ下に引っ張ることによって，地球上の物体に作用することを私たちは知っている。❹しかし，物体に力がかかるからといって，物体がその力の方向に進むわけではない。／→③ボウリングのボールがレーンの真ん中をまっすぐ動いていることを想像してみよう。／→④あなたはボウリングのボールに駆け寄り，ガターに向かってボールをキックする。／→①ボウリングのボールはガターにまっすぐ向かうわけでもなければ，レーンの真ん中を進み続けるわけでもない。／→②そうではなく，ボールは少しだけ方向を変え，斜めに転がり続ける。これはボールを蹴る前にボールがすでに前方に進んでいたため，そのもとの力と組み合わさったキックの力がボールの動きを少しだけ変化させたからだ。❺ここで，高層ビルの屋上から野球のボールを落とすことを想像してみよう。それはまっすぐに落ちるだろう。(1)それに作用する唯一の力は重力だ。野球のボールをまっすぐ，水平に投げると，水平に進むが，同時に少し落ち始める。忘れてはいけないのは，重力がまだそれを引っ張っているということだ。野球のボールは投げる力が減るにつれて，角度を変え続けながら落ちていく。❻今度は，野球のボールをもっと強く投げてみよう。それはもっと遠くまで進み，最初はよりゆっくりと落ちる。重力は同じだが，投げた野球のボールにはより大きな前進速度が与えられているため，よりゆっくり落ちていく。❼地面にぶつかる前に約1.6キロメートル進むほどボールを強く投げると，以前よりも約15センチメートル多く落ちる。なぜだろうか。地球が丸いからだ。つまり，ボールが1.6キロメートル進んでいるとき，地球はボールの下で下向きに曲がっているのだ。❽今度は野球のボールをもっと強く投げて10キロメートル進ませると，地球は約915センチメートル下に曲がる。それを100キロメートル離れたところに投げるとなると，野球のボールが地面に着く前に，地球は約800メートル曲がる。❾最後に，スーパーマンのように莫大《ばくだい》なエネルギーを持ったあなたが野球のボールを強く投げると，地球がボールの下で大きく曲がり，ボールが地面に決して近づくことはない。それは円を描いて一周し，あなたの後頭部に当たるかもしれない。野球のボールを地球の周回軌道に乗せたことになるのだ。❿実際には，空気が野球のボールの速度を低下させるため，地球上でこれを行うことはできない。その野球のボールをまっすぐ投げる前に，それをかなり高く，約160キロメートル持ち上げる必要がある。これは私たちが衛星に地球を周回させるときの方法だ。私たちの衛星である月も同じ理由で軌道上にとどまっている。全ての物体の速度が空気によって減速されず，同じ速度で落下するので，衛星の大きさや重量は関係ない。地球の場合，野球のボールや衛星を，宇宙に出たり，地球に落下したりしないように投げるために必要な速度は，毎秒８キロメートル，つまり時速２万8800キロメートルだ。⓫遠くに行くにつれて重力は弱くなるため，月の地球の重力は，国際宇宙ステーション(ISS)のような人工衛星よりも弱くなる。これらの衛星は地球の表面から約320～800キロメートル上にあるが，月は地球から約38万4000キロメートル離れている。月はそうした周回低軌道衛星よりもはるかにゆっくりと地球を周回する。地球を周回する月の速度は時速約3680キロメートルだ。月が地球の周りを周回するのに丸１か月かかる。上述したような人工衛星は時速２万8000キロメートルの速度で地球を周回し，地球を周回するのにわずか90分しかかからない。

問１＜文整序＞直前で述べた，物体が必ずしもそれにかかる力の方向に進むわけではないということを，ボウリングのボールという具体例を用いて説明している部分。まず，ボウリングのボールを使って考えることを紹介する③を置く。次に，ボールに力を加える状況を表す④を置く。この後は，力を加えられたボールの動きを示す内容になるが，②の Instead「そうではなく」に着目すれば，①ではなく②という流れになるとわかる。

問２＜整序結合＞下線部は，前の文の野球のボールがまっすぐに落ちる現象を説明する文だと考えると，The only force is gravity「その唯一の力は重力だ」という文の骨組みができる。残りは，act on ～で「～に作用する」という意味なので acting on it「それ(＝baseball)に作用する」とまとめ，the only force を修飾する現在分詞句としてその後ろに置く。 The only force acting on it is gravity.

問３＜適語句選択＞空所を含む文は‘so ～ that …’の構文が２つ組み合わさった形。第７段落から，地球が下向きに曲がっているため，ボールを遠くに投げれば投げるほど落下する距離が長くなることが述べられている。ここはその最後の例となる部分(文頭の Finally に着目)であることをふまえれば，スーパーマンのような力を持った人がボールをものすごい力で投げた結果は推測できる。直後の It goes all the way in a circle「それは円を描いて一周し」という内容からも判断できる。

問４＜語句解釈＞「同じ理由」とは，この前で述べられた，衛星が地球を周回できる理由。これはより具体的には，地上から約160キロメートルの高さに持ち上げることである。この内容を表すのは，④「地球からの距離のため」。

問５＜要旨把握＞下線部(3)を含む文の you need 以下の内容を簡潔に書き換える。objects は a baseball or satellite を言い換えたもの。与えられている for を to 不定詞の意味上の主語を表す for と考え，「物体が地球に落下しないためのスピード」という文にする。to 不定詞を否定する not は to の前に置くのが原則。下線部(3)を含む文の to throw ... は‘目的’を表す to 不定詞の副詞的用法(the speed you need to ～は，「～するために必要な速度」という意味で need to ～の形ではないことに注意)。 ‘so that＋主語＋動詞...’「～が…するように」 ‘neither *A* nor *B*’「*A* でも *B* でもない」

問６＜内容真偽＞①「地球上を進む物体は重力により地球の中心に向かってまっすぐ落下する」…× 第４段落第１文参照。 ②「高層ビルの屋上からまっすぐ水平にボールを投げると，まっすぐ下に落ちる」…× 第５段落第４文参照。 ③「ボールを強く投げ，それが100キロメートル進むと，前進速度がより大きくなるため，落下が遅くなる」…○ 第６，８段落に一致する。 ④「野球のボールを地球の周りの軌道に乗せたい場合は，ボールを投げ，それは160キロメートル進む必要がある」…× 第10段落第２文参照。160キロメートルというのは，ボールを持ち上げなければならない高度のこと。 ⑤「月は ISS などの人工衛星よりも速く地球を周回するため，地球に落下することはない」…× 第11段落参照。人工衛星の方が周回速度は速い。 ⑥「ISS などの人工衛星は，地球とほぼ同じ速度で地球を周回するため，地球の上の同じ場所にとどまる」…× そのような記述はない。 ⑦「ISS のような人工衛星は，月よりもはるかに速く地球を周回する」…○ 第11段落に一致する。

数学解答

1 〔1〕 $10+6\sqrt{3}$

〔2〕 $a=41$，$b=\dfrac{10}{7}$　〔3〕 $\dfrac{5}{12}$

〔4〕 7通り

2 〔1〕 $\dfrac{5}{2}$　〔2〕 $\dfrac{17}{4}$　〔3〕 $\dfrac{18}{5}$

3 〔1〕 45°

〔2〕 (a)…1　(ⅰ)…(エ)　(ⅱ)…(オ)

〔3〕 $\dfrac{1}{16}\pi+\dfrac{1}{8}$

4 〔1〕 $y=\dfrac{\sqrt{3}}{3}x+1$

〔2〕 $\left(\dfrac{2\sqrt{3}}{3},\ -1\right)$　〔3〕 1：9

5 〔1〕 $\dfrac{14}{5}$cm　〔2〕 $\dfrac{36}{13}$cm

〔3〕 $T=\dfrac{25}{6}S$

1〔独立小問集合題〕

〔1〕＜平方根の計算＞与式$=(2+\sqrt{3}-\sqrt{2}+1)(2+\sqrt{3}+\sqrt{2}+1)=(3+\sqrt{3}-\sqrt{2})(3+\sqrt{3}+\sqrt{2})$となるから，$3+\sqrt{3}=A$とおくと，与式$=(A-\sqrt{2})(A+\sqrt{2})=A^2-2=(3+\sqrt{3})^2-2=9+6\sqrt{3}+3-2=10+6\sqrt{3}$となる。

〔2〕＜連立方程式の応用＞$2ax-7y=236$……①，$x+2y=\dfrac{a}{7}$……②とする。①，②の連立方程式の解が$x=3$，$y=b$だから，①より，$6a-7b=236$……③となり，②より，$3+2b=\dfrac{a}{7}$，$a-14b=21$……④となる。③，④を連立方程式として解く。③×2－④より，$12a-a=472-21$，$11a=451$，$a=41$となり，これを④に代入して，$41-14b=21$，$-14b=-20$，$b=\dfrac{10}{7}$となる。

〔3〕＜確率―さいころ＞大小2つのさいころを同時に1回投げるとき，目の出方は全部で6×6＝36(通り)ある。このうち，出た目の数の積が4の倍数になるのは，(大，小)＝(1，4)，(2，2)，(2，4)，(2，6)，(3，4)，(4，1)，(4，2)，(4，3)，(4，4)，(4，5)，(4，6)，(5，4)，(6，2)，(6，4)，(6，6)の15通りだから，求める確率は$\dfrac{15}{36}=\dfrac{5}{12}$となる。

〔4〕＜資料の活用＞Aさんの得点が26点だから，Bさんの得点をx点とすると，AさんとBさんの得点の平均値は$\dfrac{26+x}{2}$点となる。Bさん以外の9人の得点を小さい順に並べると，9，11，23，25，26，31，37，42，50となる。これにBさんの得点を含めた10人の中央値は，小さい方から5番目と6番目の平均となる。これが$\dfrac{26+x}{2}$点となるので，Bさんを含めた10人の得点を小さい順に並べたとき，5番目と6番目がAさんとBさんの得点になればよい。9人の得点を小さい順に並べたときのAさんの得点は5番目であるから，Bさんの得点を含めたときにBさんの得点が5番目か6番目になる。このようになるBさんの得点は25点以上31点以下だから，$x=25$，26，27，28，29，30，31の7通りある。

2〔関数―関数と図形・運動〕

≪基本方針の決定≫〔2〕 辺APを底辺と見たときの高さを考える。　〔3〕 三角形の相似を利用する。

〔1〕＜時間＞点Pの速さは毎秒2cm，点Rの速さは毎秒1cmだから，2×3＝6，1×3＝3より，$t=3$のとき，点Pは点Aに，点Rは点Cに着く。よって，$0<t<3$のとき，点Pは線分OA上にあり，点Rは線分OC上を点Oから点Cに向かって動いている。右図1で，$\mathrm{OP}=2\times t=2t$，

図1

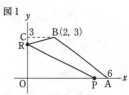

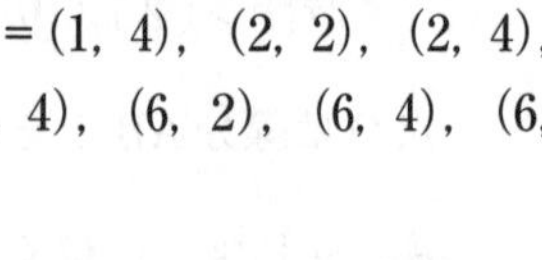

OR$=1\times t=t$であり，CR=OC−OR$=3-t$となる。また，2点B，Cのy座標がともに3より，辺BCはx軸に平行だから，四角形ABCOは台形である。したがって，〔四角形ABRP〕=〔台形ABCO〕−△OPR−△BCR$=\frac{1}{2}\times(2+6)\times3-\frac{1}{2}\times2t\times t-\frac{1}{2}\times2\times(3-t)=-t^2+t+9$と表せる。四角形ABRPの面積が$\frac{21}{4}$cm^{2}のとき，$-t^2+t+9=\frac{21}{4}$が成り立ち，これを解くと，$4t^2-4t-15=0$，$(2t)^2-2\times2t-15=0$，$(2t+3)(2t-5)=0$より，$t=-\frac{3}{2}$，$\frac{5}{2}$となる。$0<t<3$だから，$t=\frac{5}{2}$(秒)後である。

〔2〕＜時間＞OA+AB$=6+5=11$であり，点Qの速さが毎秒2cmより，$2\times\frac{11}{2}=11$だから，$t=\frac{11}{2}$のとき，点Qは点Bに着く。点Qが点Aに着くのは，点Pが着くのと同じだから3秒後である。よって，$3<t<\frac{11}{2}$のとき，点Pは線分OAの延長上を，点Qは線分AB上を動いている。右図2で，OA+AQ=OP$=2t$より，AP=OP−OA$=2t-6$，AQ=(OA+AQ)−OA$=2t-6$である。また，2点B，Qからx軸に垂線BH，QIを引くと，△BHA∽△QIAとなるから，BH：QI=AB：AQである。したがって，3：QI=5：$(2t-6)$が成り立ち，QI$\times5=3\times(2t-6)$より，QI$=\frac{3}{5}(2t-6)$となる。これより，△PQA$=\frac{1}{2}\times$AP$\times$QI$=\frac{1}{2}\times(2t-6)\times\frac{3}{5}(2t-6)=\frac{1}{2}\times2(t-3)\times\frac{6}{5}(t-3)=\frac{6}{5}(t-3)^2$と表せるから，△PQAの面積が$\frac{15}{8}$cm^{2}のとき，$\frac{6}{5}(t-3)^2=\frac{15}{8}$が成り立つ。これを解くと，$(t-3)^2=\frac{25}{16}$，$t-3=\pm\frac{5}{4}$，$t=3\pm\frac{5}{4}$より，$t=\frac{17}{4}$，$\frac{7}{4}$となる。$3<t<\frac{11}{2}$だから，$t=\frac{17}{4}$(秒)後である。

図2

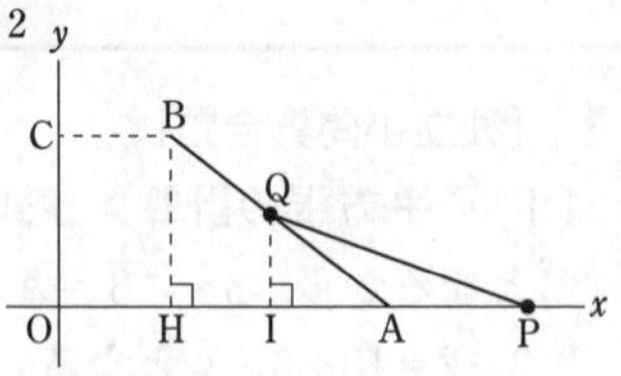

〔3〕＜時間＞〔2〕より，$3<t<\frac{11}{2}$のとき，点Pは線分OAの延長上を，点Qは線分AB上を動いている。$1\times\frac{11}{2}=\frac{11}{2}=3+\frac{5}{2}$より，$t=\frac{11}{2}$のとき，点Rは，点Cで向きを変えて$\frac{5}{2}$cm動いているから，$3<t<\frac{11}{2}$のとき，線分OC上を点Cから点Oに向かって動いている。右図3で，3点P，Q，Rが1つの直線上にあるとき，△ROP∽△QIPだから，OP：IP=RO：QIである。OP$=2t$であり，〔2〕より，QI$=\frac{3}{5}(2t-6)$である。また，△BHA∽△QIAだから，HA：IA=AB：AQである。HA$=6-2=4$だから，4：IA=5：$(2t-6)$が成り立ち，IA$\times5=4\times(2t-6)$より，IA$=\frac{4}{5}(2t-6)$となる。AP$=2t-6$だから，IP=IA+AP$=\frac{4}{5}(2t-6)+(2t-6)=\frac{18}{5}t-\frac{54}{5}$である。さらに，OC+CR$=t$だから，RO=(OC+CO)−(OC+CR)$=(3+3)-t=6-t$となる。以上より，$2t:\left(\frac{18}{5}t-\frac{54}{5}\right)=(6-t):\frac{3}{5}(2t-6)$が成り立ち，$2t\times\frac{3}{5}(2t-6)=\left(\frac{18}{5}t-\frac{54}{5}\right)\times(6-t)$となるから，両辺に$\frac{5}{6}$をかけて，$2t\times(t-3)=(3t-9)\times(6-t)$，$5t^2-33t+54=0$となる。解の公式を用いて解くと，$t=\frac{-(-33)\pm\sqrt{(-33)^2-4\times5\times54}}{2\times5}=\frac{33\pm\sqrt{9}}{10}=\frac{33\pm3}{10}$より，$t=\frac{18}{5}$，3となり，$3<t<\frac{11}{2}$だから，$t=\frac{18}{5}$(秒)後である。

図3

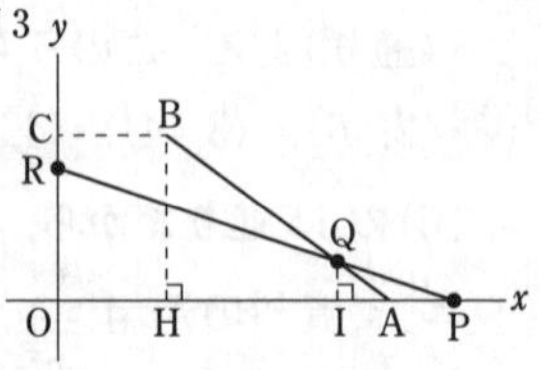

3〔平面図形〕

≪基本方針の決定≫〔3〕 ∠BQCの大きさに着目する。

〔1〕＜角度＞点 P が点 A の位置にあるとき，右図 1 で，$CP=CA=\sqrt{2}$ である。よって，$CP\times CQ=1$ より，$\sqrt{2}\times CQ=1$ となり，$CQ=\dfrac{\sqrt{2}}{2}$ である。これより，$PQ=CP-CQ=\sqrt{2}-\dfrac{\sqrt{2}}{2}=\dfrac{\sqrt{2}}{2}$ となり，PQ＝CQ である。また，△PBC，つまり △ABC は直角二等辺三角形だから，△CBQ も直角二等辺三角形であり，∠QBC＝45°となる。

図1

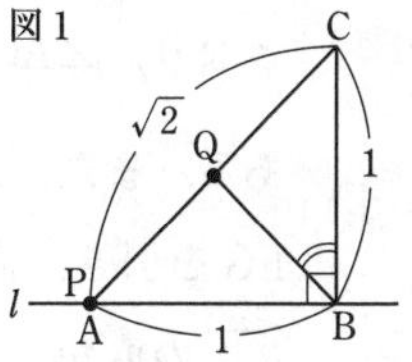

〔2〕＜論証＞右図 2 で，BC＝1 より，PC：BC＝PC：1 であり，$PC:1=\dfrac{PC}{CP}:\dfrac{1}{CP}=1:\dfrac{1}{CP}$ となる。また，$CP\times CQ=1$ より，$\dfrac{1}{CP}=CQ$ だから，$1:\dfrac{1}{CP}=CB:CQ$ となる。よって，証明の②は，$PC:BC=1:\dfrac{1}{CP}=CB:CQ$ となる。

図2

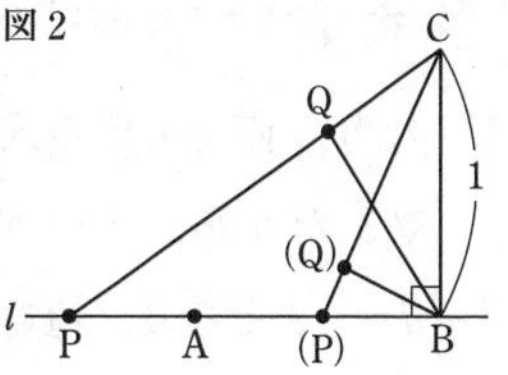

〔3〕＜面積＞右図 3 で，〔2〕より，△PCB∽△BCQ だから，∠PBC＝∠BQC である。∠PBC＝90°なので，∠BQC＝90°となる。よって，点 Q は線分 BC を直径とする円の周上の点となる。点 P が点 A にあるとき，〔1〕より，点 Q は線分 AC の中点にある。点 P が点 B にあるとき，PC＝BC＝1 だから，$1\times CQ=1$ より，CQ＝1 となり，点 Q は点 P つまり点 B の位置にある。したがって，点 P が直線 l 上を点 A から点 B まで動くとき，点 Q は，線分 BC を直径とする円の周上を，線分 AC の中点から点 B まで動く。線分 AC の中点を Q_1，線分 BC の中点を O とし，点 Q_1 と点 O を結ぶと，△ABC で中点連結定理より，Q_1O∥AB となるから，AB⊥BC より，Q_1O⊥BC である。また，$Q_1O=\dfrac{1}{2}AB=\dfrac{1}{2}\times 1=\dfrac{1}{2}$，$OB=OC=\dfrac{1}{2}BC=\dfrac{1}{2}\times 1=\dfrac{1}{2}$ だから，求める図形の面積は，〔おうぎ形 OQ_1B〕＋△OCQ_1＝$\pi\times\left(\dfrac{1}{2}\right)^2\times\dfrac{90°}{360°}+\dfrac{1}{2}\times\dfrac{1}{2}\times\dfrac{1}{2}=\dfrac{1}{16}\pi+\dfrac{1}{8}$ である。

図3

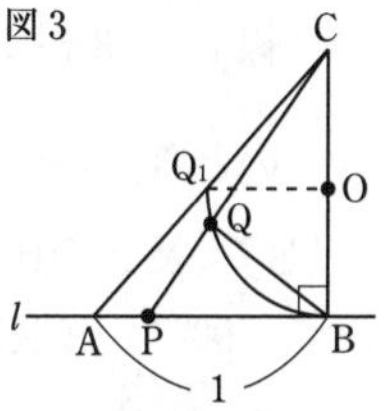

4 〔関数―関数 $y=ax^2$ と直線〕

≪基本方針の決定≫〔2〕 ∠ACD，∠CDB の大きさに着目する。 〔3〕 CH：DI が，相似な三角形の対応する辺の比であることに気づきたい。

〔1〕＜直線の式＞右図で，点 A の x 座標が $-\dfrac{2\sqrt{3}}{3}$ だから，点 C の x 座標は $-\dfrac{2\sqrt{3}}{3}$ であり，点 B の x 座標が $2\sqrt{3}$ だから，点 D の x 座標は $2\sqrt{3}$ である。2 点 C，D は放物線 $y=\dfrac{1}{4}x^2$ 上にあるから，$y=\dfrac{1}{4}\times\left(-\dfrac{2\sqrt{3}}{3}\right)^2=\dfrac{1}{3}$，$y=\dfrac{1}{4}\times(2\sqrt{3})^2=3$ より，$C\left(-\dfrac{2\sqrt{3}}{3},\ \dfrac{1}{3}\right)$，$D(2\sqrt{3},\ 3)$ である。これより，直線 CD の傾きは $\left(3-\dfrac{1}{3}\right)\div\left\{2\sqrt{3}-\left(-\dfrac{2\sqrt{3}}{3}\right)\right\}=\dfrac{8}{3}\div\dfrac{8\sqrt{3}}{3}=\dfrac{\sqrt{3}}{3}$ となるので，その式は $y=\dfrac{\sqrt{3}}{3}x+b$ とおける。これが点 D を通るから，$3=\dfrac{\sqrt{3}}{3}\times 2\sqrt{3}+b$，$b=1$ となり，直線 CD の式は $y=\dfrac{\sqrt{3}}{3}x+1$ である。

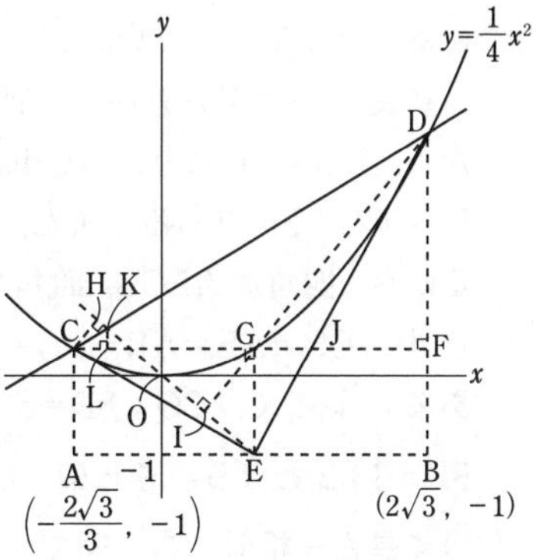

〔2〕＜座標＞右上図で，点 C から直線 BD に垂線 CF を引くと，直線 CD の傾きが $\dfrac{\sqrt{3}}{3}$ より，$\dfrac{DF}{CF}=\dfrac{\sqrt{3}}{3}$ だから，$DF:CF=\sqrt{3}:3=1:\sqrt{3}$ であり，△CDF は 3 辺の比が $1:2:\sqrt{3}$ の直角三角形となる。これより，∠DCF＝30°，∠CDF＝60°となるから，∠ACD＝∠ACF＋∠DCF＝90°＋30°＝120°

となり，$\angle ACE=\angle DCE=\frac{1}{2}\angle ACD=\frac{1}{2}\times 120^\circ=60^\circ$，$\angle ECF=\angle DCE-\angle DCF=60^\circ-30^\circ=30^\circ$である。また，$\angle CDE=\angle BDE=\frac{1}{2}\angle CDF=\frac{1}{2}\times 60^\circ=30^\circ$である。よって，点Eから直線CFに垂線EGを引き，直線CFと直線DEの交点をJとすると，△CEG，△DJFはともに3辺の比が$1:2:\sqrt{3}$の直角三角形となる。$\frac{GE}{CG}=\frac{1}{\sqrt{3}}=\frac{\sqrt{3}}{3}$より，直線CEの傾きは$-\frac{\sqrt{3}}{3}$だから，その式は$y=-\frac{\sqrt{3}}{3}x+c$とおける。これがC$\left(-\frac{2\sqrt{3}}{3},\ \frac{1}{3}\right)$を通るので，$\frac{1}{3}=-\frac{\sqrt{3}}{3}\times\left(-\frac{2\sqrt{3}}{3}\right)+c$，$c=-\frac{1}{3}$となり，直線CEの式は$y=-\frac{\sqrt{3}}{3}x-\frac{1}{3}$である。また，$\frac{DF}{JF}=\frac{\sqrt{3}}{1}=\sqrt{3}$より，直線DEの傾きは$\sqrt{3}$だから，その式は$y=\sqrt{3}x+d$とおける。これがD$(2\sqrt{3},\ 3)$を通るので，$3=\sqrt{3}\times 2\sqrt{3}+d$，$d=-3$となり，直線DEの式は$y=\sqrt{3}x-3$である。したがって，点Eは直線$y=-\frac{\sqrt{3}}{3}x-\frac{1}{3}$と直線$y=\sqrt{3}x-3$の交点だから，$-\frac{\sqrt{3}}{3}x-\frac{1}{3}=\sqrt{3}x-3$より，$-\frac{4\sqrt{3}}{3}x=-\frac{8}{3}$，$x=\frac{2\sqrt{3}}{3}$となる。このとき，$y=\sqrt{3}\times\frac{2\sqrt{3}}{3}-3=-1$だから，E$\left(\frac{2\sqrt{3}}{3},\ -1\right)$である。

〔3〕＜長さの比―相似＞前ページの図で，直線OEと直線CDの交点をKとすると，$\angle CHK=\angle DIK=90^\circ$，$\angle CKH=\angle DKI$より，△CHK∽△DIKだから，CH：DI＝CK：DKである。〔2〕より，E$\left(\frac{2\sqrt{3}}{3},\ -1\right)$だから，直線OEの傾きは$(-1-0)\div\left(\frac{2\sqrt{3}}{3}-0\right)=-\frac{\sqrt{3}}{2}$となり，直線OEの式は$y=-\frac{\sqrt{3}}{2}x$である。また，〔1〕より，直線CDの式は$y=\frac{\sqrt{3}}{3}x+1$である。点Kはこの2直線の交点だから，$-\frac{\sqrt{3}}{2}x=\frac{\sqrt{3}}{3}x+1$より，$-\frac{5\sqrt{3}}{6}x=1$，$x=-\frac{2\sqrt{3}}{5}$となり，点Kの$x$座標は$-\frac{2\sqrt{3}}{5}$である。点Kから直線CFに垂線KLを引くと，KL∥DFより，$CK:DK=CL:FL=\left\{-\frac{2\sqrt{3}}{5}-\left(-\frac{2\sqrt{3}}{3}\right)\right\}:\left\{2\sqrt{3}-\left(-\frac{2\sqrt{3}}{5}\right)\right\}=\frac{4\sqrt{3}}{15}:\frac{12\sqrt{3}}{5}=1:9$となるので，CH：DI＝1：9である。

5〔平面図形―ひし形〕

≪基本方針の決定≫〔1〕 CFの長さ，CH：FHを求める。 〔3〕 四角形CBFGが平行四辺形であることに気づきたい。

〔1〕＜長さ―相似＞右図で，四角形ABCDはひし形だから，DG∥AFより，△CHG∽△FHEとなり，CH：FH＝CG：FEである。また，AC∥EG，DE∥CFであるから，四角形AEGC，四角形DEFCは平行四辺形となり，$CG=AE=AB+BE=4+2=6$，$FE=DC=4$である。よって，$CG:FE=6:4=3:2$だから，CH：FH＝3：2となる。さらに，CF＝DE＝7だから，$FH=\frac{2}{3+2}CF=\frac{2}{5}\times 7=\frac{14}{5}$(cm)となる。

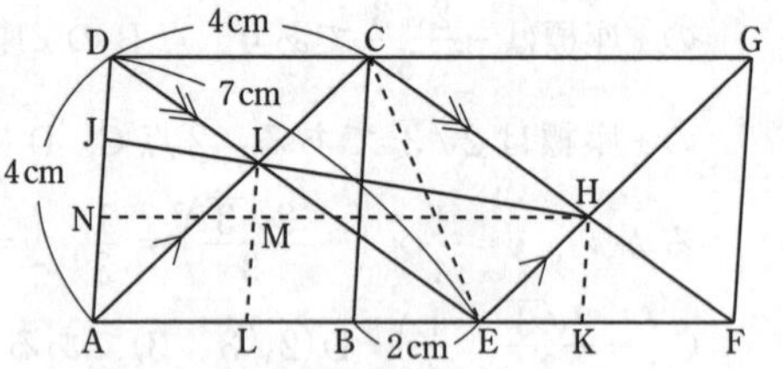

〔2〕＜長さ―相似＞右上図で，点H，点Iを通り辺DAに平行な直線と線分AFとの交点をそれぞれK，Lとし，点Hを通り辺AFに平行な直線と線分IL，辺DAとの交点をそれぞれM，Nとする。DA∥CBだから，CB∥HKであり，△CBF∽△HKFとなる。〔1〕より，CH：FH＝3：2だから，$CB:HK=CF:HF=(3+2):2=5:2$であり，$HK=\frac{2}{5}CB=\frac{2}{5}\times 4=\frac{8}{5}$である。また，BK：FK＝CH：FH＝3：2だから，$BK=\frac{3}{3+2}BF=\frac{3}{5}(BE+EF)=\frac{3}{5}\times(2+4)=\frac{18}{5}$となる。次に，△DIC∽△EIAより，$CI:AI=CD:AE=4:6=2:3$である。△CAB∽△IALだから，CB：IL＝CA：IA＝

$(2+3):3=5:3$となり，$\mathrm{IL}=\dfrac{3}{5}\mathrm{CB}=\dfrac{3}{5}\times4=\dfrac{12}{5}$である。また，$\mathrm{BL}:\mathrm{AL}=\mathrm{CI}:\mathrm{AI}=2:3$となるから，$\mathrm{BL}=\dfrac{2}{2+3}\mathrm{AB}=\dfrac{2}{5}\times4=\dfrac{8}{5}$となる。さらに，四角形NAKH，四角形MLKHは平行四辺形だから，$\mathrm{NA}=\mathrm{ML}=\mathrm{HK}=\dfrac{8}{5}$より，$\mathrm{IM}=\mathrm{IL}-\mathrm{ML}=\dfrac{12}{5}-\dfrac{8}{5}=\dfrac{4}{5}$となり，$\mathrm{NH}=\mathrm{AK}=\mathrm{AB}+\mathrm{BK}=4+\dfrac{18}{5}=\dfrac{38}{5}$，$\mathrm{MH}=\mathrm{LK}=\mathrm{BL}+\mathrm{BK}=\dfrac{8}{5}+\dfrac{18}{5}=\dfrac{26}{5}$である。DA∥ILより，$\triangle\mathrm{JNH}\backsim\triangle\mathrm{IMH}$だから，$\mathrm{JN}:\mathrm{IM}=\mathrm{NH}:\mathrm{MH}=\dfrac{38}{5}:\dfrac{26}{5}=19:13$となる。よって，$\mathrm{JN}=\dfrac{19}{13}\mathrm{IM}=\dfrac{19}{13}\times\dfrac{4}{5}=\dfrac{76}{65}$だから，$\mathrm{AJ}=\mathrm{JN}+\mathrm{NA}=\dfrac{76}{65}+\dfrac{8}{5}=\dfrac{36}{13}$(cm)である。

〔3〕＜面積の関係＞前ページの図で，AC∥EG，DE∥CFより，四角形CIEHは平行四辺形だから，点Cと点Eを結ぶと，$\triangle\mathrm{CIE}=\triangle\mathrm{CHE}=\dfrac{1}{2}$▱$\mathrm{CIEH}=\dfrac{1}{2}S$となる。$\mathrm{CI}:\mathrm{AI}=2:3$より，$\triangle\mathrm{CIE}:\triangle\mathrm{AIE}=2:3$だから，$\triangle\mathrm{AIE}=\dfrac{3}{2}\triangle\mathrm{CIE}=\dfrac{3}{2}\times\dfrac{1}{2}S=\dfrac{3}{4}S$となる。同様にして，$\mathrm{CH}:\mathrm{FH}=3:2$より，$\triangle\mathrm{CHE}:\triangle\mathrm{FHE}=3:2$だから，$\triangle\mathrm{FHE}=\dfrac{2}{3}\triangle\mathrm{CHE}=\dfrac{2}{3}\times\dfrac{1}{2}S=\dfrac{1}{3}S$となる。よって，$\triangle\mathrm{CAF}=$▱$\mathrm{CIEH}+\triangle\mathrm{AIE}+\triangle\mathrm{FHE}=S+\dfrac{3}{4}S+\dfrac{1}{3}S=\dfrac{25}{12}S$となる。また，四角形ABCDはひし形であり，$\mathrm{CG}=\mathrm{BF}=6$，CG∥BFより，四角形CBFGは平行四辺形だから，〔四角形AFGD〕＝〔ひし形ABCD〕＋▱$\mathrm{CBFG}=2\triangle\mathrm{CAB}+2\triangle\mathrm{CBF}=2(\triangle\mathrm{CAB}+\triangle\mathrm{CBF})=2\triangle\mathrm{CAF}=2\times\dfrac{25}{12}S=\dfrac{25}{6}S$となる。よって，$T=\dfrac{25}{6}S$である。

＝読者へのメッセージ＝

$\boxed{5}$では図形に補助線を引きました。補助線を引くことで問題を解く糸口が大きく開けることもありますが，引き方次第では糸口が見出せないこともあります。適切な補助線を引けるよう，経験を積むようにしましょう。

2021年度／東京学芸大学附属高等学校

社会解答

1 問1 ②$_{1}$　問2 ①$_{2}$　問3 ①$_{3}$
問4 ①$_{4}$　問5 ②$_{5}$
問6 下関　問7 石炭　問8 ③$_{6}$
問9 ②$_{7}$　問10 SDGs

2 問1 正倉院　問2 ④$_{8}$
問3 足利義満　問4 ①$_{9}$
問5 ③$_{10}$　問6 杉田玄白
問7 ③$_{11}$　問8 地租
問9 ④$_{12}$

3 問1 ②$_{13}$
問2 A…努力　B…主権　問3 ③$_{14}$
問4 ①$_{15}$　問5 ②$_{16}$　問6 ③$_{17}$
問7 ②$_{18}$　問8 ④$_{19}$　問9 ③$_{20}$

4 問1 ④$_{21}$
問2 (1)…日付変更　(2)…③$_{22}$
(3)…①$_{23}$
問3 ④$_{24}$　問4 ①$_{25}$
問5 (1)…アフリカ　(2)…②$_{26}$

5 問1 青森市…⑦$_{27}$　函館市…②$_{28}$
問2 ④$_{29}$　問3 ②$_{30}$　問4 ②$_{31}$
問5 ①$_{32}$　問6 ④$_{33}$
問7 ④$_{34}$→②$_{35}$→①$_{36}$→③$_{37}$
問8 ②$_{38}$

1〔三分野総合―人口増加を題材とした問題〕

問1＜18世紀の出来事＞オランダはスペイン領であったが，それまで大幅に認められていた自治権を奪おうとするスペインに対して16世紀後半の1568年に独立戦争を始めた。1581年にオランダはスペインからの独立を宣言し，1609年の休戦条約で事実上の独立を果たして，17世紀半ばの1648年に結ばれたウェストファリア条約で独立が承認された。なお，①と③は1776年，④は1764～98年のことである。

問2＜シルクロード＞西アジアに位置するイランは，北でカスピ海に，南でペルシア湾に面している。文明の間における重要な交易路の１つであったシルクロードは，西アジアや中央アジアのオアシスを通り，ヨーロッパと東アジアを結んでいた。また，ペルシアはイランの古い呼び名である。なお，スペインはヨーロッパ南西部のイベリア半島に，タイは東南アジアに，モンゴルは東アジアに位置している。

問3＜契丹＞契丹はモンゴル系の遊牧民族で，10世紀前半の916年に周辺の諸民族を統合して遼を建国すると，926年には中国東北部にあった渤海を滅ぼし，これを東丹国と改称した。遼は，最も大きいときで現在のモンゴル東部から中国北部，ロシア南部にまたがる地域を支配下に置いた。

問4＜モスク＞①は現在のトルコのイスタンブールにあるアヤソフィア大聖堂で，４世紀，東ローマ帝国時代にキリスト教の教会として建設されたが，15世紀にイスラム国家のオスマン帝国が東ローマ帝国を滅ぼすと，４本の尖塔を持つイスラム教のモスク(礼拝堂)に改修された。なお，②はカンボジアにあるアンコールワット，③はバチカン市国にあるサンピエトロ大聖堂，④はサウジアラビアのメッカにあるカーバ神殿である。

問5＜宗教改革＞16世紀に宗教改革が広まった背景の１つに，活版印刷を利用した聖書やパンフレットの普及があった(②…○)。なお，イタリアでルネサンスが起こったのは14世紀のことである(①…×)。ローマ教皇が十字軍の派遣を呼びかけたのは，11世紀のことである(③…×)。『新約聖書』は，イエスの弟子によってまとめられたキリスト教の聖典で，イエスの生涯や言動がまとめられている(④…×)。

問６＜下関条約＞1894年に始まった日清戦争で日本は戦勝国となり，翌1895年に講和条約として下関条約が結ばれた。この条約では日本が清に対し，朝鮮が独立国であると認めること，日本に多額の賠償金を支払うこと，遼東半島(後に三国干渉で返還)や台湾などを譲り渡すことなどが取り決められた。

問７＜蒸気機関＞蒸気機関は，水を熱して発生させた水蒸気の力で機械を動かす仕組みで，蒸気機関車を含め，当時は水を熱するための燃料として石炭が利用されていた。

問８＜世界人口＞1950年～2020年にかけて，全ての地域で人口は増加している(③…○)。なお，この期間で最も人口の増加率が高かったのはアフリカである(①…×)。2000年以降，アフリカの人口はヨーロッパの人口を上回っている(②…×)。最も人口の絶対数が増加したのはアジアである(④…×)。

問９＜1920年代の世界の出来事＞南京国民政府は1927年，蔣介石によって樹立され，共産党と対立した。孫文は1911年の辛亥革命と翌1912年の中華民国建国に大きく貢献し，1919年に中国国民党を結成した人物である。

問10＜SDGs＞2015年の国連総会で採択された「持続可能な開発目標」〔Sustainable Development Goals〕はSDGsと略され，2030年までに国際社会が達成するべき17のゴールと169のターゲット(具体的目標)が盛り込まれている。

2 〔歴史―古代～近代の日本〕

問１＜正倉院＞東大寺の正倉院は三角材を井桁に組んで壁とした校倉造の建物として知られ，聖武天皇ゆかりの品々や，遣唐使がもたらした数多くの珍しい宝物が納められた。

問２＜正倉院宝物＞東大寺の正倉院には，奈良・平安時代の宝物が納められたが，④は日本の鎌倉時代にあたる12～13世紀頃に中国の南宋でつくられたとされる，青磁筍花生と呼ばれる陶磁器である。なお，①は螺鈿紫檀五弦琵琶，②は伎楽面，③は瑠璃杯で，いずれも正倉院宝物である。

問３＜足利義満＞室町幕府の第３代将軍を務めた足利義満は，倭寇の取り締まりを求めてきた明の皇帝に対し，1401年，これに応じるとともに国交を開くことを求める資料２の国書を明に送った。明の皇帝はこれに対し，資料３にあるように，足利義満を「日本国の王」と認め，1404年から朝貢形式による日明貿易が始められた。

問４＜室町時代前期の文化と社会＞室町時代前半，観阿弥，世阿弥父子は，足利義満の保護を受け，猿楽や田楽などの伝統芸能をもとに能を大成した(①…○)。なお，書院造は，室町幕府第８代将軍足利義政の時代に栄えた東山文化において広まった建築様式である(②…×)。『平家物語』は，鎌倉時代に成立した(③…×)。室町時代後期になると，堺では会合衆，京都では町衆と呼ばれる有力な商工業者が自治を行うようになった(④…×)。

問５＜資料の読み取り＞資料３で，明の皇帝は資料２の国書の送り主である「道義」，つまり足利義満を「日本国の王」と認め，返礼の使者を送っている(③…○)。なお，資料２には①や②のような内容は書かれていない。また，「明の暦や織物」は「返礼」として与えられたもので，「金千両」がその代金であったかどうかは読み取れない(④…×)。

問６＜杉田玄白＞杉田玄白は江戸時代中期の蘭学者・医者で，前野良沢らとともにオランダ語の解剖書『ターヘル・アナトミア』を翻訳し，1774年に『解体新書』として出版した。杉田玄白がそのときの苦労などをつづったのが『蘭学事始』で，資料４はその一部である。

問７＜江戸時代後半の外国との関係＞図１は『解体新書』の一部で，この本が書かれた18世紀後半には，オランダ語を通じて西洋の自然科学や医学を研究する蘭学が発展した。平賀源内はこの頃にさまざまな発明をした人物として知られ，その１つとして摩擦発電機を製作した(③…○)。なお，朱印船貿易は，江戸時代初期の17世紀前半に盛んに行われた(①…×)。異国船打払令は，19世紀前半の1825年に出された(②…×)。南蛮貿易は，戦国時代の16世紀後半から，江戸時代初期の17世紀初めにかけて行われていた(④…×)。

問８＜地租改正＞明治時代初期の1873年，明治政府は財政の安定などを目的に地租改正を実施し，地租(税)は土地所有者が地価の３％を現金で納めることとした。図２は地価を示すために発行された地券で，地価とともに，「此百分ノ三」にあたる地租も記されている。また，地租は1877年に2.5％へと引き下げられたことから，図２の地券にはその金額も書かれている。

問９＜明治時代初期の出来事＞「明治十年」は1877年にあたる。大阪紡績会社が設立されたのは，1882年のことである。なお，岩倉使節団の派遣は1871年，富岡製糸場の設立は1872年，朝鮮への西郷隆盛の派遣決定は1873年のことである。

3 〔歴史・公民総合―憲法を題材とした問題〕

問１＜時効＞「権利の上に長くねむっている」と権利が失われ，「請求する行為」がなければ中断されないとあるので，「時効」が当てはまる。時効とは，一定期間続いた状態を尊重して，当初の事実関係に関係なく，権利を取得できたり，当初の権利が失われたりする制度である。

問２＜日本国憲法の原理＞Ａ．日本国憲法は，広く基本的人権を保障しているが，同時に，第12条で「国民の不断の努力によって，これを保持しなければならない」と規定している。　Ｂ．日本国憲法は前文や第１条で，国民が主権者であることを明記している。

問３＜民法＞民法は私人(個人)間のルールを定めた法律で，契約に関することや，家族関係に関することなどが定められている。なお，①は日本国憲法，②は少年法，④は未成年者飲酒禁止法で定められた事項である。

問４＜直接請求権＞地方自治で認められている直接請求権のうち，条例の制定や改廃は首長に請求する。条例の制定や改廃の請求には，監査請求と同じく，その地方自治体の有権者の50分の１以上の署名が必要である。なお，地方議会の解散請求や首長・議員の解職請求には，原則として有権者の３分の１以上の署名が必要で，請求先は選挙管理委員会である。

問５＜需要と供給＞お金を貸して，返してもらう権利がある人を債権者，お金を借りて，返す義務がある人を債務者という。利子率が高くなると，返済される額が多くなるので，お金を貸す量は増えると考えられる。一方，お金を借りる債務者にとっては，返済するべき額が多くなるので，お金を借りる量は減ると考えられる。したがって，利子率が高いほど資金量が少ないＡが債務者で，もう一方のＢが債権者を表しているとわかる。

問６＜基本的人権＞裁判所が発行する令状によらなければ，捜索や押収を受けることのない権利は，日本国憲法が保障する自由権のうち，身体の自由に含まれる(③…○)。なお，個人情報を公開されないプライバシーの権利は，日本国憲法制定後の社会の変化に伴って認められるようになった新しい人権の１つである(①…×)。汚職事件などを究明するために証人を喚問する権利は国政調査権の１つで，国会が行使する(②…×)。国家賠償を請求する権利は基本的人権を守るための権利として認められているが，これは公務員の不法行為によって人権が侵害された際，国や地方公共団体に賠償を請求するもので，企業が生産した製品の欠陥によって被害を受けた場合には，企業に賠償を請求することになる(④…×)。

問７＜人権保障の歴史＞フランスの思想家モンテスキューは『法の精神』を著し，権力の分立(三権分立)を主張した(②…○)。なお，1215年にイギリスで出されたマグナ・カルタは，王権の制限などを認めさせたもので，イギリスにおける議会制民主主義は，名誉革命直後の1689年に権利章典が出されたことで確立した(①…×)。人権宣言は，フランス革命中の1789年に出された。権利の請願は1628年にイギリスで出された請願書である(③…×)。生存権の考え方を初めて明文化したのは，第一次世界大戦後の1919年にドイツで制定されたワイマール憲法で，リンカン大統領が1863年にゲティスバーグでの演説で述べた「人民の，人民による，人民のための政治」という言葉は，民主政治の原理を表している(④…×)。

問８＜クーデター＞1945年８月14日，日本は同年７月に連合国が出したポツダム宣言を受け入れて無条件降伏した。これは，「政権を奪うために非合法的な武力を行使すること」であるクーデターに該当しない。

問９＜ヒットラー＞第一次世界大戦敗戦後，ヴェルサイユ条約による多額の賠償金に苦しんでいたドイツでは，世界恐慌後の混乱の中，ヴェルサイユ体制の打破を訴えたヒットラーの率いるナチスが，1933年の選挙に勝利して政権を握った(③…○)。なお，ヒットラーは政権掌握後，事実上，ワイマール憲法を停止した(①…×)。世界恐慌後，アメリカのルーズベルト大統領はニューディール政策を行って恐慌の打破を図った(②…×)。エチオピア侵略を行ったのは，ムッソリーニの率いるファシスト党が政権を握ったイタリアである(④…×)。

4〔世界地理―総合〕

問１＜日本列島の位置＞日本列島の主要部を構成する北海道，本州，四国，九州の四大島は，おおむね北緯30～45度と東経130～145度の間に位置している。また，略地図の上から２番目の横線が赤道，①に重なる縦線が東経135度を示している。北緯30～45度の正反対の点は南緯30～45度，東経130～145度の正反対の点は西経50～35度で，これは南アメリカ大陸の東，アルゼンチンの沖合にあたる。

問２＜日付変更線＞(1)太平洋の真ん中には，日付変更線と呼ばれる仮想の線が南北に引かれている。日付変更線を西から東に越えるときには日付を１日戻し，東から西に越えるときには日付を１日進める。また，国家の領域が考慮されているため，一直線にはなっていない。　(2)日付変更線の東と西とでは，時刻は同じだが日付は１日異なるので，時差は24時間ということになる。また，日付変更線は，180度の経線に沿うように引かれている。　(3)サモア独立国周辺で日付変更線が変更されたのは，サモア独立国の輸出額の割合において，日付変更線の西側に近接するオーストラリアの割合が非常に高くなったので，オーストラリアと同じ日付になることを望んだためと考えられる。なお，輸出額が高くなったオーストラリアは，南半球に位置している(②…×)。サモア独立国の輸出品は，第一次産業(農林水産業)による商品作物から，第二次産業(工業や建設業など)による工業製品へとその中心が移行している(③，④…×)。

問３＜日本の貿易＞略地図中のあ.はオーストラリア，い.はニュージーランド，う.はコロンビア，え.はブラジル，お.はチリである。牛肉は，オーストラリアとアメリカからの輸入額が９割以上を占める。寒流系の魚であるさけ・ますは，チリのほか，ノルウェーやロシアからの輸入も多い。コーヒー豆は，世界最大の生産国(2019年)であるブラジルを中心に，コロンビアやベトナムなど，産地である熱帯地域の国々から輸入している。チリは世界最大の銅鉱生産国(2019年)で，日本も約40％をチリから輸入している。鉄鉱石は，オーストラリア，ブラジル，カナダ，南アフリカ共和国が上位を占めている。

問４＜世界各地域の特色＞かの地域に含まれるオーストラリアとニュージーランドは，歴史的にイギリスとの結びつきが強いことから，英語が公用語となっている。一方，けの地域に含まれる国の多くはかつてスペインの支配を受けたため，現在でもスペイン語を公用語としているが，え.のブラジルはポルトガルの支配を受けたため，現在でもポルトガル語を公用語としている。

問５＜大陸の位置，パンパ＞⑴オーストラリア，南アメリカと同緯度にあるのは，アフリカの南部である。　⑵南アメリカ大陸のラプラタ川流域に広がる草原はパンパと呼ばれ，小麦の栽培や肉牛の放牧が盛んである。なお，プレーリーは北アメリカ大陸の中央部に広がる草原で，小麦や綿花の栽培が盛んである。

5〔日本地理―総合〕

問１＜都市の位置＞青森市は，西の津軽半島と東の下北半島に囲まれた陸奥湾の南岸に位置する。また，函館市は，北海道の渡島半島の南東部に位置し，市の南西部は砂州によって陸と島がつながった陸繋《りくけい》島になっている。なお，①は鹿部町，③は木古内町，④は松前町，⑤は大間町，⑥はむつ市，⑧は今別町の位置である。

問２＜日本の位置＞日本の最南端の沖ノ鳥島の緯度は北緯約20度，メキシコの首都メキシコシティは北緯約19度に位置している。なお，イタリアの首都ローマの緯度は北緯約42度，インドの首都デリーの緯度は北緯約29度，ケニアの首都ナイロビの緯度は南緯約１度である。

問３＜東京湾アクアライン＞東京湾アクアラインは，東京湾のほぼ中央を橋とトンネルで横断する道路で，神奈川県北東部の川崎市と千葉県中西部の木更津市を結んでいる。

問４＜成田空港＞成田国際空港は，千葉県北部の成田市に位置している。

問５＜信濃川＞日本最長の河川である信濃川は，長野県内では千曲川と呼ばれ，長野市で最大の支流である犀川と合流して北東へと流れる。新潟県に入って信濃川と名を変えた後，北へ向かって流れ，越後平野を形成して新潟市で日本海に注ぐ。

問６＜日本の山＞白根岳〔北岳〕は富士山に次いで全国で２番目に高い山(標高3193m)で，山梨県西部を走る赤石山脈〔南アルプス〕の北部に位置している。なお，①は谷川岳，②は甲武信ヶ岳，③は富士山，⑤は駒ヶ岳，⑥は白馬岳，⑦は御嶽山の位置である。

問７＜日本の半島＞青森県から日本海側を山口県まで向かうと，秋田県の男鹿半島，石川県の能登半島，京都府の丹後半島，島根県の島根半島が順に見える。

問８＜屋久島＞②の屋久島は鹿児島県の南方沖に浮かぶおおむね円形の島で，貴重な植生が見られることから，島の一部が世界自然遺産に登録されている。なお，①は種子島，③は奄美大島，④は徳之島，⑤は沖縄島，⑥は宮古島である。

2021年度／東京学芸大学附属高等学校

理科解答

1 (1) ②〔③〕$_{1}$　(2) ④$_{2}$　(3) ②$_{3}$
(4) ⑤$_{4}$　(5) ④$_{5}$　(6) ②$_{6}$

2 (1) 積算雨量の推移…③$_{7}$　Y…③$_{8}$
(2) ①$_{9}$，③$_{10}$　(3) ⑥$_{11}$　(4) ④$_{12}$
(5) ②$_{13}$

3 (1) ア…②$_{14}$　イ…①$_{15}$　(2) ⑤$_{16}$
(3) ④$_{17}$　(4) ①$_{18}$　(5) 整流子

4 (1) ②$_{19}$
(2) ア…③$_{20}$　イ…①$_{21}$　ウ…②$_{22}$
(3) ①$_{23}$，⑥$_{24}$
(4) だ液せん〔すい臓〕

5 (1) ②$_{25}$　(2) ⑦$_{26}$　(3) ③$_{27}$
(4) e…①$_{28}$　f…⑤$_{29}$

6 (1) ①$_{30}$　(2) ④$_{31}$　(3) ③$_{32}$
(4) ⑤$_{33}$　(5) ②$_{34}$　(6) ④$_{35}$

7 (1) イ…⑤$_{36}$　ウ…⑦$_{37}$
(2) 体積…⑥$_{38}$　圧力…①$_{39}$
(3) 2 cm　(4) 0.08N

8 (1) ④$_{40}$　(2) ①$_{41}$
(3) ア…④$_{42}$　イ…⑤$_{43}$　ウ…①$_{44}$
(4) ②$_{45}$　(5) ②$_{46}$

1〔化学変化と原子・分子〕

(1)＜二酸化炭素の捕集法＞4つの化合物の中で，加熱したときに気体が発生するのは，炭酸水素ナトリウムと酸化銀で，炭酸水素ナトリウムからは二酸化炭素が，酸化銀からは酸素が発生する。よって，実験1で発生した気体に線香を入れると火が消えたのは二酸化炭素であり，線香が激しく燃えたのは酸素である。二酸化炭素は，空気より密度が大きい(重い)ので，図2のYの下方置換(法)で集める。また，水に少し溶けるだけなので，Zの水上置換(法)で集めることもできる。下方置換法で集めた二酸化炭素には空気が混じっているが，水上置換法では純粋な二酸化炭素を集めることができる。なお，Xの上方置換(法)は，空気より密度が小さく(軽く)，水に溶けやすい気体を集める方法である。

(2)＜銀の性質＞4つの化合物の中で，黒色なのは酸化銀だけなので，化合物aは酸化銀である。図1のように酸化銀を加熱すると，酸素が発生して試験管に銀が残る。銀は金属なので，電流が流れやすく，熱が伝わりやすい。また，金属光沢を持つ，延性・展性を持つという金属に共通した性質がある。なお，試験管に残った銀は白色で，薬さじでこすると銀色の金属光沢が現れる。また，磁石にくっつくのは，鉄などの一部の金属の性質で，銀は磁石にくっつかない。

(3)＜炭酸水素ナトリウムの性質＞(1)より，実験1で線香の火が消えた方の化合物は炭酸水素ナトリウムである。炭酸水素ナトリウムは水に少し溶け，水溶液は弱いアルカリ性を示すので，フェノールフタレイン溶液を加えると，うすい赤色になる。なお，この化合物を加熱した後に残る固体は，炭酸ナトリウムで，フェノールフタレイン溶液を加えると，濃い赤色になる。

(4)＜白色沈殿＞硝酸銀水溶液を加えたときに白色沈殿が生じるのは，塩化物イオン(Cl^-)を含む水溶液で，生じた白色沈殿は塩化銀(AgCl)である。塩化銀は，硝酸銀水溶液中の銀イオン(Ag^+)がCl^-と結合することで生じ，水に溶けにくいため沈殿する。なお，4つの化合物の中で，水に溶けてCl^-を生じるのは塩化ナトリウムだけなので，化合物cは塩化ナトリウムとわかる。

(5)，(6)＜アンモニアの性質＞実験3で，緑色のBTB溶液を加えると青色に変化したことから，化合物dは水に溶けてアルカリ性を示す物質である。4つの化合物の中で，水に溶けてアルカリ性を示すのは炭酸水素ナトリウムと水酸化ナトリウムで，⑴，⑵より，白色の化合物ｂは炭酸水素ナトリウムだから，化合物ｄは水酸化ナトリウムである。水酸化ナトリウムを塩化アンモニウムと混合して加熱したときに生じる刺激臭のある気体は，アンモニアである。アンモニアは水に非常によく溶け，水溶液はアルカリ性を示すので，フェノールフタレイン溶液を加えた水に吹き込むと赤色になる。なお，アンモニアは水によく溶け，空気より密度が小さい(軽い)ので，図２のＸの上方置換(法)で集める。また，地球温暖化の主な原因物質は二酸化炭素である。アンモニアを緑色のBTB溶液を加えた水に吹き込むと青色になる。

2〔気象とその変化〕

⑴＜積算雨量＞図１より，11時から21時まで強い雨が降り続いているので，この間の積算雨量は増加し続ける。また，９時から24時の積算雨量は，2＋1＋4＋18＋89＋47＋68＋106＋23＋22＋44＋59＋34＋1＋2＋1＝521より，約520mmになる。よって，積算雨量の推移を表すグラフとして正しいのは③であり，７月５日の１日間の降水量は，平年７月１か月間の平均降水量354mmの，521÷354＝1.47…より，約1.5倍である。

⑵＜雲が発生する要因＞雲は上昇気流があるところで生じやすい。上昇気流は，空気が山の斜面に沿って昇るときや，寒気と暖気がぶつかる前線面で暖気が寒気の上にはい上がったり，寒気によって暖気が持ち上げられたりすることで生じる。よって，①～⑤の中で，雲が発生する要因として正しいのは，地形と前線面である。

⑶＜雲粒，雨粒の大きさ＞大気中を漂うちりなどの微粒子を核として空気中の水蒸気が凝結して雲粒となり，雲粒が互いにぶつかって合体して雨粒となる。よって，大きい順に並べると，雨粒＞雲粒＞大気中のちりとなる。

⑷＜豪雨災害＞津波は地震が起こったときに海底が大きく変動することで生じるので，豪雨災害ではない。よって，誤っているのは④である。

⑸＜日本の天気＞春の日本は，偏西風により，西から東へ移動性高気圧と温帯低気圧が周期的にやってくるので，誤っているのは②である。なお，熱帯低気圧は熱帯地方の海洋上で発生するが，このうち中心付近の最大風速が17.2m/s以上になったものを台風という。

3〔電流とその利用〕

⑴＜誘導電流＞磁石を近づけるときと遠ざけるときでは発生する電流の向きは逆になり，近づけたり遠ざけたりする磁石の極を変えても発生する電流の向きは逆になる。よって，図２のように，棒磁石のＮ極をコイルに近づけると検流計の針が右(正)の向きに振れたことから，磁石(Ｎ極)を遠ざけると発生する電流の向きは逆になり，検流計の針は左(負)の向きに振れる。また，遠ざける磁石の極をＮ極からＳ極にすると発生する電流の向きは逆になるので，検流計の針は右(正)の向きに振れる。

⑵＜電磁誘導＞オシロスコープは，測定した電圧を波形で表示する装置である。図３では，棒磁石が１往復する間に，Ｓ極がコイルに近づいてから離れ，再び近づいて離れるから，このとき流れる電流の向きは，⑴より負→正→負→正と変化する。電流がこのように流れるとき，電圧も負→正→負→正と変化するので，オシロスコープの画面に表示される波形は⑤のようになる。

⑶＜磁界の向き＞磁界の向きはＮ極→Ｓ極なので，図４のＫ点での磁界の向きは右向きである。

⑷＜電流の向き＞図４のとき，電流は電池の＋極につないだＰ端から，コイルをＡ→Ｂ→Ｃ→Ｄの

順に通って，電池の－極につないだＱ端に流れる。そして，図４の状態からコイルが半回転すると，電流はＰ端からＤ→Ｃ→Ｂ→Ａの順に通ってＱ端に流れる。

(5)＜整流子＞図４のＬ字型の部分をブラシといい，ブラシに接するコイルの端の円筒形の部分を整流子という。整流子により，コイルに流れる電流の向きは半回転するごとに変わるため，同じ向きに力がはたらき，コイルは同じ向きに回り続ける。

4〔動物の生活と生物の変遷〕

(1)＜ヨウ素液の反応＞変化したデンプンが少ないほどデンプンが多く残るので青紫色が濃くなる。表のヨウ素液の反応より，うすい青紫色になったＥでは，色が変化しなかったＦに比べて変化したデンプンが少ないことがわかる。よって，誤っているのは②である。

(2)＜デンプンの変化＞ベネジクト液の色は青色で，糖を含む液に加えて加熱すると，赤褐色の沈殿が生じる。デンプン溶液にだ液を加えて40℃に15分間保った液では，デンプンはブドウ糖分子が２つ結合した麦芽糖に変化するため，ベネジクト液を加えて加熱すると赤褐色の沈殿が生じる。一方，デンプン溶液に水だけを加えて40℃に15分間保った液では，デンプンは変化しないため，ベネジクト液を加えて加熱しても，青色のままである。

(3)＜消化＞ペプシンはタンパク質を，リパーゼは脂肪を分解する消化酵素である。また，消化酵素はそれぞれ決まった物質だけにはたらき，アミラーゼはデンプンを分解する消化酵素で，タンパク質は分解しない。よって，正しいのは①と⑥である。なお，胃で分解されるのはタンパク質だけであり，ペプシンが分解するのはタンパク質である。また，すい液には複数の消化酵素が含まれ，デンプン，タンパク質，脂肪を分解する。胆汁は肝臓でつくられる。

(4)＜アミラーゼ＞アミラーゼはだ液とすい液に含まれている。だ液はだ液せんから，すい液はすい臓から出されるので，アミラーゼが出される消化器官はだ液せんとすい臓である。

5〔化学変化とイオン〕

(1)＜電流と電子の移動の向き＞図１のように電子オルゴールを鳴らした後，亜鉛板の質量が減少していたのは，亜鉛板の亜鉛原子が電子を放出して亜鉛イオンになり水溶液中に溶け出したためである。このとき放出された電子は導線を通って銅板に移動するので，導線における電子の移動の向きはｂ，電流の向きは電子の移動の向きと逆なのでａである。

(2)＜電極で起きる変化＞図１の反応では，亜鉛板の亜鉛原子(Zn)は電子を２個放出して亜鉛イオン(Zn^{2+})になり水溶液中に溶け出すので，電子を失ったものはZnである。また，放出された電子は導線を通って銅板に移動し，銅板の表面で水溶液中の水素イオン(H^+)が電子を受け取って水素原子(H)になるので，電子を得たものはH^+である。

(3)＜電流と電子の移動の向き＞図２で，電流は電源装置の＋極から－極へ流れるので，導線における電流の向きはｄである。また，電子が移動する向きは電流が流れる向きと逆なので，電子の移動の向きはｃである。

(4)＜フェノールフタレイン溶液の変化＞水溶液がアルカリ性を示す原因となるイオンは，水酸化物イオン(OH^-)であり，フェノールフタレイン溶液は，アルカリ性の水溶液で赤色に変化する。まず，図２で，細い糸には水酸化ナトリウム(NaOH)が電離して生じたナトリウムイオン(Na^+)とOH^-が含まれている。よって，この実験で，図３中のｅの部分が赤色に染まったのは，電流を流すと－の電気を帯びたOH^-が陽極に向かって移動したためである。また，陽極側で酸素が，陰極側で水素が発生したのは，水が電気分解されたためである。このとき，fの部分が赤色に染まったのは，陰極側で水素が発生すると同時にOH^-が生じたためである。

6〔大地のつくりと変化〕

⑴＜山の形＞調べてわかったことより，この火山の形は円すい形なので，適しているのは①である。

⑵＜玄武岩＞玄武岩は，ねばりけの弱いマグマが地上や地表付近で短時間に冷え固まってできる。そのため，つくりは，細かな粒(石基)の間に比較的大きな鉱物の結晶(斑晶)が散らばった斑状組織となる。なお，ねばりけの弱いマグマには，有色鉱物が多く含まれるため，黒っぽく見える。

⑶＜火山噴出物＞火山噴出物は，噴火のときに火口からふき出したマグマがもとになってできたものである。なお，火山噴出物には，火山灰のほかに溶岩も火山ガスも含まれる。火山灰の色は含まれる無色鉱物と有色鉱物の種類と割合によって変わり，日本では白っぽいものも見られる。また，日本の上空には一年中強い西風(偏西風)がふいているため，火山灰は東側に厚く堆積しやすい。

⑷＜凝灰岩＞観察してわかったことより，岩石Xは火山灰が降り積もって固まった凝灰岩である。凝灰岩は，火山灰や軽石などが堆積して固まったもので，軽石はマグマが冷えて固まるときに中に含まれる気体がぬけたため，表面に小さな穴が多く見られる。

⑸＜示準化石＞サンヨウチュウは古生代，アンモナイトは中生代，ビカリアは新生代に生息していたと考えられる。なお，これらの化石により，地層が堆積した時代を推定することができる。このような化石を示準化石という。

⑹＜化石＞現在見られる生物でも，地層中に残された当時の生物の遺骸や生活の跡は化石となる。よって，誤っているのは④である。なお，地層ができた当時の環境を推定する手がかりとなる化石を示相化石という。

7〔身近な物理現象〕

⑴＜斜面に平行な分力＞球にはたらく重力によるばねの伸びの長さ10cmは，ア～エの円の半径にあたるから，右図のイとウのように，球にはたらく重力の大きさを円の半径と同じ長さの矢印で表す。このとき，右図のように，球にはたらく重力を斜面に平行な方向と垂直な方向に分解すると，斜面に平行な分力がばねを伸ばす力となる。よって，斜面に平行な分力を表す矢印の長さは，イでは5cm，ウでは7cmになるので，ばねの伸びの長さは，イでは5cm，ウでは7cmである。

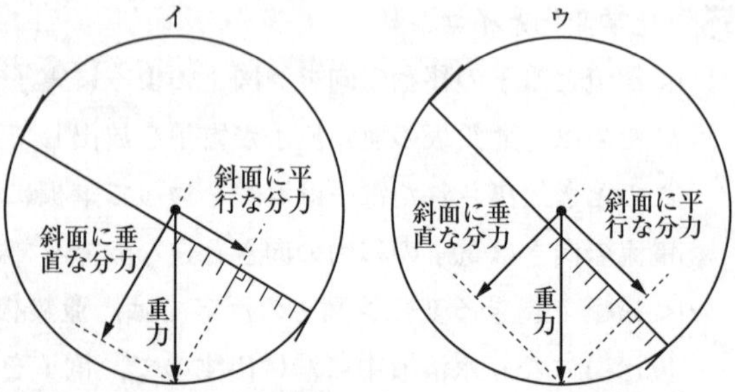

⑵＜水圧＞水中の泡にはあらゆる向きから水圧がはたらき，深さが深いほど水圧は大きくなる。また，泡にはたらく水圧が大きいほど，泡の体積は小さくなり，泡の中の空気の圧力は大きくなる。よって，図2のa，b，cにおける泡の体積を大きい順に並べると，c，b，aとなり，泡の中の空気の圧力を大きい順に並べると，a，b，cとなる。

⑶＜重力と浮力のつり合い＞水中の物体は，物体が押しのけた水の重さと等しい大きさで上向きの浮力を受ける(アルキメデスの原理)。また，図3のように，棒が浮いているのは，棒とおもりにはたらく重力と浮力の大きさがつり合っているとき，つまり，重力と浮力の大きさが等しいときである。よって，棒とおもりにはたらく重力は，$0.4+0.36=0.76$(N)だから，浮力の大きさも0.76Nである。

また，おもりの体積は$1\times1\times4=4(\mathrm{cm}^3)$で，棒の水面から出ている部分の長さを$x$cmとすると，沈んでいる部分の体積は，$2\times2\times(20-x)=80-4x(\mathrm{cm}^3)$だから，おもりと棒が押しのけた水の体積は$4+80-4x=84-4x(\mathrm{cm}^3)$となる。ここで，$100\mathrm{cm}^3$の水の重力の大きさが1Nより，押しのけた水の重さは，$(84-4x)\div100\times1=0.84-0.04x$(N)と表され，これが棒とおもりにはたらく浮力の大きさである。したがって，$0.84-0.04x=0.76$が成り立ち，これを解くと，$x=2$となるから，水面から出ている棒の長さは2cmとなる。

(4)＜力のつり合い＞棒を完全に沈めると，図3の状態から水に沈んだ部分の体積は，$2\times2\times2=8(\mathrm{cm}^3)$増えるから，押しのけられた水の体積はこの分だけ増える。よって，浮力の大きさは，水$8\mathrm{cm}^3$の重さである$8\div100\times1=0.08$(N)増えるため，棒を完全に沈めるには，最低，0.08Nの力で真下に押さなければならない。

8〔植物の生活と種類〕

(1)＜表皮の観察＞ツユクサの孔辺細胞は葉の裏側の表皮に多く存在する。そのため，孔辺細胞を観察するには，葉の裏側の表皮をうすくはがしたものをプレパラートにする。なお，表皮がはがれにくい植物では，マニキュアやボンドを利用して観察することができる。

(2)＜気孔のはたらき＞植物は，蒸散によって根からの水の吸収が盛んになるので，気孔がふさがれて蒸散がおさえられると，根から水が吸い上げられにくくなる。よって，最も適するのは①である。なお，二酸化炭素の吸収がおさえられることによりおさえられるのは，光合成によるデンプンの合成であり，酸素の吸収がおさえられることによりおさえられるのは，細胞の呼吸によるデンプンの分解である。また，デンプンは水に溶けやすい物質に変化して，師管で運ばれる。水は道管を移動するので，デンプンが運ばれにくくはならない。

(3)＜マツの花＞図4のアは雌花で，胚珠をつけたりん片が多数集まっている。イは雄花で，花粉のうをつけたりん片が多数集まっている。ウは若いまつかさで多数の種子が集まっている。なお，マツは裸子植物で，花には花弁やがくはなく，雌花のりん片に胚珠が直接ついていて子房はないため，果実はできない。

(4)＜マツの花粉＞マツの花粉には空気袋がついていて，風によって遠くまで運ばれる。

(5)＜胚珠の変化＞図5で，イチョウは裸子植物で雌花に子房はないので，ア～エは全て胚珠からつくられた種子である。一方，サクラは被子植物で胚珠が子房におおわれているので，オは子房からつくられた果実であり，カ～クが胚珠からつくられた種子である。なお，アは果実のように見えるが，外種皮と呼ばれる厚い皮で，種子の一部である。

国語解答

一
問１　ⓐ 専門　ⓑ 明示　ⓒ 根幹
　　　ⓓ 進展　ⓔ 系統
問２　③$_{1}$　問３　②$_{2}$　問４　②$_{3}$
問５　社会の安全性や利便性の向上に使われ，また知能犯罪や意識の操作に使われる［という可能性。］
問６　①$_{4}$，⑤$_{5}$
問７　異なった言語を知ることは，異なった世界の見え方を会得することである。
問８　④$_{6}$

二
問１　ア…⑤$_{7}$　イ…④$_{8}$　問２　③$_{9}$
問３　④$_{10}$　問４　②$_{11}$　問５　⑤$_{12}$
問６　④$_{13}$　問７　①$_{14}$
問８　①$_{15}$，⑥$_{16}$　問９　②$_{17}$

三
問１　（右参照）
問２　③$_{18}$　問３　⑤$_{19}$
問４　④$_{20}$　問５　①$_{21}$
問６　②$_{22}$　問７　①$_{23}$
問８　④$_{24}$

逐㆑鹿□入㆓草□中㆒。

一〔論説文の読解―芸術・文学・言語学的分野―言語〕出典；全卓樹『銀河の片隅で科学夜話』。

≪本文の概要≫言葉とそれを指し示す事物とを結びつけているのは，社会的な約束事のみであるから，異国語の話者には世界が違って見えるのではないかという疑問が起こる。1992年に行われた実験で，名詞が形の情報を含む英語と含まないマヤ語の言葉の構造の違いが，物体の認知に影響を及ぼしていることが証明され，言語と認知の問題に，最初の科学的解答が示された。そして2000年には，フィンランドにおいて，スウェーデン語話者の労災事故率がフィン語話者に比べて低いのは，事象の時間順序が曖昧になるフィン語と時間順序が明確なスウェーデン語の違いによるものであるという結論に至った。言語の構造が人の認知に影響を持つという仮説を巡っては，長く論争されたが，今では，認知の根本的な構造は共通して生まれ持ったものではあるが，異言語による認知の差異は存在するとされている。異なった言語を知ることは，異なった世界の見え方を会得することである。言語習得による新たな認知能力の獲得は，外国語に限らず，高等教育で初等教育とは異なる知識に接することでも獲得でき，そこに高等教育の意義がある。言語と認知の関係の研究は，今後より精密になり，社会の安全性や利便性の向上にも使われる一方で，知能犯罪や意識の操作，自由の抑制にも使われるおそれもある。

問１＜漢字＞ⓐ特定の分野をもっぱら研究・担当する，その学科や事項などのこと。　ⓑはっきりとわかるように示すこと。　ⓒ物事のおおもとになる，最も大切なところのこと。　ⓓ物事が進行して新しい局面が現れること。　ⓔ同じ方面や種類に属していること。

問２＜文章内容＞言語の異なる場所へ行けば，店先で「リンゴ」と叫んでも，望みの果物は得られない。このことから，「リンゴ」という言葉とリンゴの存在自体とには，絶対的なつながりはなく，リンゴは日本語でたまたま「リンゴ」と呼ぶ約束になっているだけだということ，要するに，言葉とそれが指し示す事物とを結びつけているのは，「社会的な約束事のみである」ということがわかる。

問３＜文章内容＞マヤ語では，ものを数えるとき「ものの種に応じ変化する」助数詞をつけるが，例えば，ろうそくが棒状か板状かが助数詞によって決まるように，助数詞は，ものの形の情報を含んでいる。そのため，ものを表す名詞は，形の情報を含む必要がなく，物質としてのもの自体を表す。

問４＜文章内容＞「厚紙の小箱」を，英語話者は形で判断して「小箱」と認識し，マヤ語話者は素材で判断して「厚紙」と認識すると考えられる。ところが，この実験を７歳以下の子どもで行うと結果に差が出ず，マヤ人の子どもも形を優先させて「小箱」を選んだと考えられる。この実験の結果と，マヤ人でも７歳以下では助数詞をまだ正しく使えず，形の情報を含む助数詞の概念を理解できていないため，ものの認識に形を優先させると考えられるという事実は，一致する。

問５＜文章内容＞「言語と認知の関係の研究」は，いまだ発展途上にあるが，それはより精密になっていくと考えられ，研究を実際に役立てる段階では，「社会の安全性や利便性の向上に使われ，また知能犯罪や意識の操作に使われる」という可能性もある。

問６＜文章内容＞スウェーデン語話者とフィン語話者との間で，社会的地位や勤務先の格差が，事故の起こりやすい企業規模や業種を生み出している場合も考えられるが，比較の結果が「企業の規模や業種にほとんど依らなかった」ことから，両者の社会的格差が，事故率の違いにつながる可能性はない(①…○)。スウェーデン語話者は，文化的にも，経済的にも，生活習慣の上でも「多数派フィン語話者と完全に統合されている」から，スウェーデン語話者の文化や生活習慣が，事故率の低さに影響しているという可能性はない(⑤…○)。

問７＜文章内容＞異なる言語を知ることで，母国語を通したのとは異なる世界の見え方を理解し自分のものにできるのであり，異国語を学んで得た異なる世界の見え方は，一人ひとりの使う自国語に新たな要素として加わり，そして自国語を深め，自国の言語文化をより豊かにするのである。

問８＜要旨＞高等教育では，同一言語であっても，初等教育で身につけるものとは「別の言語体系といえるほど異なっている」知識に接することで，「言語習得による新たな認知能力の獲得」ができ，そこに高等教育の意義の大部分があると思われる(④…○)。

二〔小説の読解〕出典；江國香織『晴れた空の下で』。

問１．ア＜語句＞「難儀する」は，苦労する，という意味。　イ＜慣用句＞「きまりが悪い」は，照れくさい，何となく恥ずかしい，という意味。

問２＜文章内容＞孫のことと息子のことを取り違えても，どちらでも同じことだというように気にかけることもなくそこにいる婆さんを見ていると，「わし」は，ともに過ごした何十年もの時間が流れたことを知りながらも，変わらずにそこにいる婆さんの存在を目の前にはっきりと感じた。

問３＜表現＞Ⅰ．「うらうら」は，日差しが明るく穏やかな様子。　Ⅱ．「くつくつ」は，おかしくてたまらずに声を殺して笑う様子。

問４＜文章内容＞「わし」は，昨日も一昨日も同じことを言ったと婆さんから笑われて，そんな気もしてきたが，自分の記憶があやふやなことを指摘されたのが恥ずかしくなり，少し乱暴な言い方をして恥ずかしさをごまかそうとしたのである。

問５＜文章内容＞「わし」は，もっと桜を楽しんで「雑草など放っておけばいいものを」と思う反面，ぺんぺん草を「嬉しそうに揺らしながら歩いている婆さん」を見ると，子どものように純真な婆さんに対して温かく優しい気持ちになり，やめるように言うことはできなかったのである。

問６＜文章内容＞「わし」は，「今これがやるから」と言って婆さんを促そうとした。妙子さんは，亡くなった義母がまだ生きていると思い込んでいる義父を気の毒に思って「束のま同情的な顔」になったが，自分の気持ちを義父に気づかれないよう明るい声で，わざと話題を変えたのである。

問７＜心情＞「わし」は突然，婆さんは「もう死んだのだ」ということを思い出し，それを忘れていた自身の老いを思い知って，急に弱気になった。そのため，婆さんの記憶につながる料理を食べて，婆さんの存在を感じることを，心の支えにしようとした。

問８＜表現＞現実に目の前にいる婆さんが浴衣姿であることに気づかないとは考えにくく，浴衣姿に突然気づかれるような婆さんの存在は，それ自体が不確かであることを暗に示している(①…○)。食事のときに婆さんと過ごした過去の時間を思い出し，そんな記憶の中の時間を次の食事でももう一度経験する「わし」の姿が，冒頭とほぼ同じ文の反復によって，際立っている(⑥…○)。

問９＜品詞＞「食べるのに」と「良すぎるというのも」の「の」は，～もの，～こと，という意味の準体助詞。「サイズの大きい」の「の」は，主格の格助詞。「なれないのだ」の「の」は，断定の助動詞「だ」を伴った「～のだ」という形で，事柄の様子やあり方を強調して説明する格助詞。「花の都」の「の」は，連体修飾格の格助詞。「ほんの少しだけ」の「の」は，本当にごくわずかなさまを表す連体詞「ほんの」の一部。

三〔漢文の読解〕出典；劉義慶『幽明録』。

≪現代語訳≫項県の民の姚牛は，年が十歳あまりのとき，父が同郷の人に殺された。姚牛は以前から衣類を売って刀などを買い，父の復讐をしたいと考えていた。後に(姚牛は)県の役所の前で(父を殺した同郷の人と)対面し，自分で相手を大勢の人がいる中で切り殺した。役人は(姚牛を)捕らえることができたが，県の長官は(姚牛が)親孝行であることに深く感銘を受けて気の毒に思ったため，その事件の審理を延長し，(姚牛は)恩赦になって(罪を)免れることができた。また州郡が(姚牛を)救済する判決を下したので，結局(姚牛は)何のおとがめも受けなかった。／長官が後に猟に出かけて，鹿を追って草むらに入った。(そこには)古く深い落とし穴が数か所あり，(長官の乗った)馬がこの穴に向かっていこうとする。突然一人の老人が杖を上げて馬を打つのを(長官は)見た。馬が驚いてよけ，(長官は)鹿をつかまえることができなかった。長官は怒って，弓を引いて老人を射ようとした。老人が言うには，「この草むらの中に穴があります。(その穴に)あなたが落ちるのを恐れただけです」と。長官が言うには，「お前は何者だ」と。老人がひざまずいて言うには，「私は姚牛の父です。あなたが姚牛を生かしてくださったことに感動し，そのために(あの世から)やってきて〈恩に感謝します〉」と。こう言うと(老人は)消えて(姿が)見えなくなった。長官はあの世のことに感じ入り，在官した数年間，多くの恵みを民に施した。

問１＜漢文の訓読＞「鹿」→「逐」→「草中」→「入」の順に読む。「逐」にレ点をつけて，「鹿」から「逐」に戻る。次に，「中」に一・二点の一点，「入」に二点をつけて，先に「草中」を読み，「入」に返る。

問２＜現代語訳＞「…の～するところとなる」の形で，…に～される，という受け身の意味になる。したがって，「郷人の殺す所と為る」は，郷人，つまり，同郷の人に殺される，という意味になる。

問３＜漢文の内容理解＞ⓐ姚牛は，県の役所の前で父を殺した同郷の人と対面し，自分で，同郷の人を，大勢の人がいる中で切り殺した。　ⓑ草むらの中には古く深い落とし穴が数か所あり，長官の乗った馬が，この穴に向かっていこうとした。　ⓒ長官は，鹿をつかまえることができなかったので，怒って，弓を引いて，馬を打った老人を射ようとした。

問４＜漢文の内容理解＞十歳あまりのときに父を殺された姚牛は，その若さにもかかわらず，父の敵討ちをしようと衣類を売ってまでして武器を買い，復讐を果たした。その行為を，長官は親孝行だと感心した。

問５＜漢文の内容理解＞州郡が姚牛を救済する判決を下したので，結局，姚牛は，他の罰も与えられなかった，言い換えれば，何のおとがめも受けなかった。

問６＜漢文の内容理解＞老人が，この草むらの中に穴があり，それにあなたが落ちるのを恐れただけです，と言ったように，老人が杖を上げて馬を打ったのは，長官が落とし穴に落ちるのを助けようとしたからである。しかし長官は，追っていた鹿を逃がしてしまったので，怒りを感じていた。

問７＜漢文の内容理解＞老人は，姚牛の父であり，姚牛は，長官のおかげでおとがめを受けずに済んだ。だから，老人は，姚牛を救済してくれた長官を助けて，恩に感謝するためにやってきた。

問８＜漢文の内容理解＞長官は，危うく穴に落ちそうになっていたところを，老人に助けられた。その老人は，あの世からやってきた，姚牛の亡くなった父であった。

2020年度 東京学芸大学附属高等学校

【英　語】（50分）〈満点：100点〉

（注意）1．この問題にはマーク式解答の問いと記述式解答の問いが含まれています。

2．解答番号 1 ～ 33 の問いは，答えをマークシートの各解答番号のうちから１つ選んでマークしなさい。

3．記述 の印がある問いの解答は，マークシートの裏面の指定された解答欄に記入しなさい。

1　リスニングテスト

放送を聞いて，質問に答えなさい。

＊　英文と質問は，それぞれ２回読まれます。

＊　１～４の質問の答えとして最も適切なものを，下の①～④からそれぞれ１つ選び，その番号を答えなさい。

1　1

① The man didn't live with his mother.
② The man didn't know what animal his mother liked.
③ The man didn't have much time to choose a present.
④ The man didn't have much money to buy a nice present.

2　2

① Because he knew it wasn't so expensive.
② Because he felt it wouldn't take time to buy a pet.
③ Because he realized his mother would exercise with a pet.
④ Because he thought it would become friends with his mother.

3　3

① It flew to another customer in the shop.
② It was able to speak about 5,000 words.
③ It responded when the man began talking to it.
④ It welcomed the man at the front door of the shop.

4　4

① "I'm really glad to hear that!"
② "I didn't think you would enjoy the bird in that way!"
③ "I will give you a more expensive bird next time!"
④ "I want to take you to a nicer restaurant someday!"

※**＜リスニングテスト放送原稿＞**は英語の問題の終わりに付けてあります。

2　次の英文を読んで，あとの問いに答えなさい。

You sometimes can't get a song out of your head. You hear a pop song on the radio, or even just read the song's title, and the song plays for hours over and over in your mind until you're really sick of it. The condition now even has a medical name — 'song-in-head syndrome.'

But why does the mind cause troubles to us like this? No one knows for sure, but it's probably because the brain is better at holding on to information than it is at knowing what is important.

Roger Chaffin, a scientist at the University of Connecticut says, "The human brain is designed to work like that, but in this case it can be a problem."

This condition helped our ancestors when they remembered important information in the past. Today students use it to learn new textbooks and musicians depend on it to learn difficult music. But when this useful system goes wrong, we listen to the same music many times in our brain.

The syndrome probably happens in the auditory cortex which is at the front of the brain. The auditory cortex manages both listening and playing music and other sounds in our minds. Robert Zatorre of McGill University explained this some years ago when he asked volunteers to play the theme from the TV show *Dallas* in their heads again. This study showed that the auditory cortex started to work when the people heard the song.

However, we do not remember every piece of music we have heard. The front area of the brain decides which thoughts are kept and which ones are forgotten, but when we are tired or sad, we may get 'song-in-head syndrome.' Susan Ball, a scientist at Indiana University, says that at that moment, people often suffer from song-in-head syndrome and holding other thoughts that they are not interested in at all. And once the song which you don't want to hear starts to play, it's impossible to forget it. "As you try to put a thought away, you get it more," says Ball. "We call this the pink elephant phenomenon. Even if the brain does not want to think about pink elephants, we think more about it," she says.

For people who suffer so much from this, just keeping away from certain kinds of music can help. "I know music that is 'sticky' to me, so I will not play it in the early morning so that it will not run around in my head all day," says Steve Brown, a scientist at the University of Texas now and a classical pianist before. He says he always has a song in his head and (1)his mind never seems to make it all the way through. "It has short melodies between 5 and 15 seconds long. It plays for hours sometimes and bothers me," he says.

Brown experiences music played again and again in his head, and this may show another phenomenon called 'chunking.' When 'chunking' happens, people remember a part of some music as a single unit of memory, says Caroline Palmer, a scientist at Ohio State University. However, most people who listen to music have little choice about what chunks of music they remember. Particular chunks may also be especially 'sticky' if you hear them often or if they have certain clear styles. For example, rock music uses similar types of melody that are heard many times in the songs. Palmer's research shows that if a melody follows such styles, it is easier to remember. So, you have more chances of remembering rock music than classical music that is created by J.S. Bach.

This ability is used for good purposes. Teachers can make students' memory better by setting their lessons to music. For example, some research found that students who heard the text of their history textbook as the lyrics to a popular song remembered the words better than the students who just read them in the textbook, says Sandra Calvert, a professor at Georgetown University.

(2)[① assist ② explain ③ may also ④ memory ⑤ songs ⑥ to ⑦ using] the origin of music. "Before history was written down, people remembered it in songs," says Leon James, a professor at the University of Hawaii. And perhaps music had a much more important role. "All music has a message," he says. "This message works to unite society and people can have similar ways of thinking in society."

（注） syndrome シンドローム，症候群 auditory cortex 聴覚皮質（脳の一部）

phenomenon　現象　　chunking　かたまりをつくること　　unit　単位

chunks　かたまり　　sticky　くっつく，粘着した　　lyrics　歌詞

問1　下線部(1)を次のように言いかえるとき，空所（A）～（C）に入る最も適切な1語をそれぞれ答えなさい。記述

. . . and it never (　A　) from the (　B　) to the (　C　) in his mind.

問2　下線部(2)が意味の通る英文になるように[　]内の語句を並べかえ，以下の 5 ～ 7 に入るものの番号をそれぞれ答えなさい。ただし，文頭の語も小文字で示してある。

[______ ______ 5 ______ 6 ______ 7] the origin of music.

① assist　② explain　③ may also　④ memory

⑤ songs　⑥ to　⑦ using

問3　次の1～3の各文が本文の内容と合うように，下線部に入る最も適切なものを下の①～④からそれぞれ1つ選び，その番号を答えなさい。

1　'Song-in-head syndrome' 8 .

① happens when you hear a popular song on the radio, but it never happens when you read the song's title

② probably happens in the front area of the auditory cortex that chooses information for us to remember

③ especially happens to people today and did not happen to our ancestors

④ causes many troubles such as destroying the useful system of the human brain

2　The pink elephant phenomenon 9 .

① creates clear images of a pink elephant in people's minds

② causes troubles such as thinking and saying the same thing many times

③ is a phenomenon that can happen with 'song-in-head syndrome'

④ happens when you hear classical music more often than rock music

3　'Chunking' 10 .

① happens because the human brain is designed to remember long pieces of music as a single memory unit

② happens when people listen to music such as rock music and they choose to remember interesting sections of it

③ happens only because people make rock music with similar melodies and is sometimes used to teach information

④ is used for good purposes such as learning textbooks and remembering other things with the help of music

問4　本文の内容と一致するものを次の①～④から1つ選び，その番号を答えなさい。 11

① We know the cause of 'song-in-head syndrome' thanks to many studies such as Roger Chaffin's, Robert Zatorre's and Susan Ball's.

② 'Song-in-head syndrome' probably happens because the brain is better at keeping information than at selecting important information.

③ When 'chunking' happens, the brain tries to have a part of some music as a single unit of memory, and such melodies are played for just few minutes each time.

④ 'Chunking' does not happen when we hear 'sticky' chunks of music and we forget it easily.

3 次の英文を読んで，あとの問いに答えなさい。

Mr. and Mrs. Mallard were looking for a place to live. But when Mr. Mallard saw a nice place, Mrs. Mallard always said it was no good. She thought that there were foxes in the forest or turtles in the water, and she was not going to raise a family in such a dangerous place. So they flew on and on.

When they got to Boston, they felt too tired to fly any more. There was a nice pond in the Public Garden, with an island. "That's the best place to spend the night," said Mr. Mallard. So they flew down.

Next morning they fished for their breakfast in the pond. But they didn't find much. Just as they were getting ready to start on their way, (1)a strange large bird came by. It was pushing a boat which was full of people, and a man was sitting on its back. "Good morning," said Mr. Mallard, in a polite way. The big bird was too proud to answer. But the people on the boat threw peanuts into the water, so Mr. and Mrs. Mallard followed them all round the pond and got another breakfast, better than the first. "I like this place," said Mrs. Mallard as they walked out of the pond. "Why don't we build a nest and raise our babies right in this pond ? There are no foxes and no turtles, and the people feed us peanuts. What could be better ?" "Good," said Mr. Mallard. He was very happy. At last, Mrs. Mallard liked a place to live. But — "[A]", Mrs. Mallard panicked. "This is no place for *babies*, with all those terrible things around. [B]" So they flew over Beacon Hill and round the State House, but there was no place there. They looked in Louisburg Square, but there was no water to swim in.

Then they flew over the Charles River. "This is better," said Mr. Mallard. "That island looks like a nice quiet place, and it's only a little way from the Public Garden." "Yes," said Mrs. Mallard. She remembered the peanuts there. "That looks like just the right place to have babies." So they chose a nice place near the water and began to build their nest. And only just in time, they were beginning to lose their old wing feathers. They would not be able to fly again until the new ones grew in. But of course they could swim, and one day they swam across the river, and there they met a policeman called Michael. He fed them peanuts, and after that Mr. and Mrs. Mallard visited him every day.

After Mrs. Mallard laid eight eggs in the nest she couldn't go to visit Michael anymore, because she (2)[① to ② them ③ to keep ④ sit ⑤ had ⑥ the eggs ⑦ warm ⑧ on]. She left the nest only to get a drink of water, to have her lunch, or to count the eggs and make sure they were all there.

One day the babies came out of their eggs. First came Jack, then Kack, and then Lack, then Mack and Nack and Ouack and Pack and Quack. Mr. and Mrs. Mallard were so happy. It was a lot of work to take care of so many babies, and it kept them very busy.

One day Mr. Mallard decided he'd like to take a trip (3)[see / the rest / the river / like]. So he spread his wings to leave. "I'll meet you in a week, back in the Public Garden," he said over his shoulder. "Take good care of the babies." "Don't worry," said Mrs. Mallard. "I know all about raising the children." And she did. She taught them how to swim. She taught them to walk in a line, to come when they were called, and to keep a safe distance from bikes and cars and other things with wheels. When at last she felt perfectly happy with them, she said one morning : "Come along, children. Follow me." Jack, Kack, Lack, Mack, Nack, Ouack, Pack, and Quack made a line quickly, just as they were taught. Mrs. Mallard took them into the water and they swam behind her to the opposite side. There they came out of the water and walked till they came to a wide and crowded road.

Mrs. Mallard stepped out to cross the road. "Honk, honk!" said the fast cars. "Qua-a-ack!" went Mrs. Mallard as she went back to the side. "Quack! Quack! Quack! Quack!" said Jack, Kack, Lack, Mack, Nack, Ouack, Pack, and Quack, just as loud as they could. The cars kept going by with many honks, and Mrs. Mallard and the babies kept saying "Quack! Quack! Quack!" They made a noise so loudly that Michael came. He started running, and waved his arms and blew his whistle. He stood [C] of the street, raised one hand to stop the traffic, and then waved with the other, just like policemen do. So Mrs. Mallard could cross the street.

As soon as Mrs. Mallard and the babies were safe on the other side and on their way down Mount Vernon Street, Michael ran back to his police box. He called Clancy at the big police station and said: "A family of ducks are walking down the street!" Clancy said, "Family of *what*?" "Ducks!" shouted Michael. "Send a police car, quick!"

At the same time Mrs. Mallard reached the Corner Book Shop and turned into Charles Street, and Jack, Kack, Lack, Mack, Nack, Ouack, Pack, and Quack were all walking in line behind her. Everyone looked. An old lady from Beacon Hill said, "It is amazing!" And the man who cleaned the streets said, "Well, now, that's nice!" and when Mrs. Mallard heard them she was so proud she put her nose in the air and walked along while she was swinging her tail. When they came to the corner of Beacon Street the police car was there with four policemen that Clancy sent. The policemen stopped the traffic so Mrs. Mallard and the babies could walk across the streets, and into the Public Garden. Inside the gate they all turned round to say thank you to the policemen. The policemen smiled and waved good-by.

When they reached the pond and swam across to the little island, Mr. Mallard was waiting for them, just as he promised. The babies liked the new island so much that the family decided to live there. All day long they followed the boat and ate peanuts. And when night came they swam to their little island and went to sleep.

（注） peanuts ピーナッツ　feathers 羽，羽毛　honk （自動車の）警笛の音　line 列

問１ 下線部(1)について正しく描写しているイラストを次の①～④から１つ選び，その番号を答えなさい。[12]

①

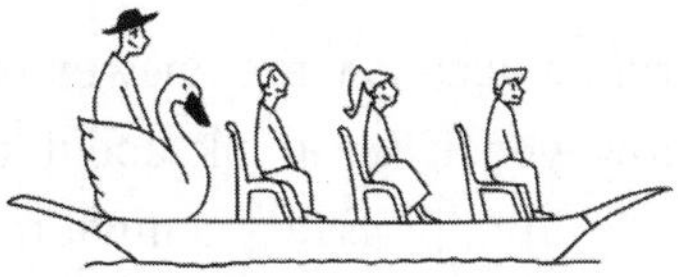

②

③

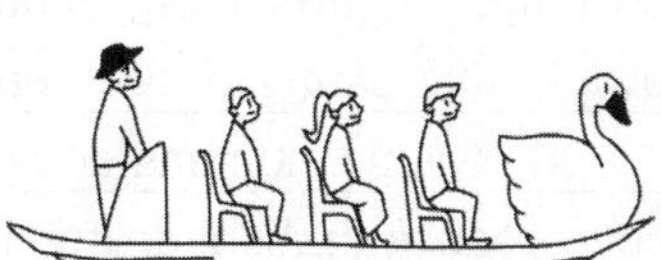

④

問2　空所 [A]，[B] に入る最も適切なものを次の①～④からそれぞれ選び，その番号を答えなさい。[A]…[13]　[B]…[14]

① Watch out!　A bike is coming!

② Oh, no!　We have nothing to eat!

③ We'll have to build a nest here.

④ We'll have to look somewhere else.

問3　下線部(2)が意味の通る表現になるように[　]の語(句)を並べかえ，以下の [15]～[17] に入るものの番号をそれぞれ答えなさい。

. . . , because she [_____ [15] _____ [16] _____ [17] _____ _____].

① to　② them　③ to keep　④ sit

⑤ had　⑥ the eggs　⑦ warm　⑧ on

問4　下線部(3)が物語の流れに合う表現になるように，[　]内の6語に4語を補いなさい。ただし，与えられた語句はそのままの形で，与えられた順にすべて用いること。[記述]

. . . to take a trip [see / the rest / the river / like].

問5　空所 [C] に入る最も適切な表現を次の①～④から1つ選び，その番号を答えなさい。[18]

① on the right side　② in the center

③ on the left side　④ in the corner

問6　本文の内容と一致するものを次の①～⑥から2つ選び，その番号を答えなさい。[19][20]

① The pond in the Public Garden was not a good place to live in because there was not enough to eat.

② The Mallard family began to visit Michael every day because he saved them when their feathers began to fall off.

③ Mrs. Mallard had to raise her babies with Michael after Mr. Mallard took a trip for a week.

④ Clancy was surprised to hear Michael was asking her to send a police car to save ducks, instead of humans.

⑤ When all of the babies were walking in line behind Mrs. Mallard, she was so proud to hear people's comments.

⑥ The Mallard family finally decided to live in the Beacon Hill because it was comfortable for them.

4　次の英文を読んで，あとの問いに答えなさい。

Where does food come from?　Although this may seem like a strange question, the answer may surprise you.　Of course, food comes from plants and animals.　However, if we think about this question a bit more deeply, we realize that food actually comes from [A].　Every animal must either eat plants or another animal (which eats plants) to live.　Animals depend on plants, and plants depend on energy from [A] to grow and to make more plants.

As we all know, every plant has a different size, shape, and taste.　In fact, we do not eat most of the plants in the world because they will make us sick, or are too tough, or aren't big enough. Grass is a good example.　(1)Although cows and horses [① allow　② eating　③ enjoy　④ have　⑤ which　⑥ stomachs　⑦ grass　⑧ to　⑨ them], humans do not.

Some plants, however, are especially good for humans because they produce carbohydrates in a very suitable package.　At the top of the list are three super plants; corn, rice and wheat.　These three plants have especially large seeds that are full of energy. (2)We have learned [① good ② how ③ in ④ them ⑤ these seeds ⑥ order ⑦ to cook ⑧ to eat ⑨ to make].

We also feed huge amounts of these seeds to cows, chickens and other farm animals, so that we can eat them later as [B]. However, when we do this, around 40% of each animal, such as their bones, isn't eaten. It goes to other products instead, or is wasted. So we wonder why we don't just eat the seeds, instead of giving them to animals that we want to eat. Why? Because the human body needs protein to grow and repair itself, and it is difficult to get enough by simply eating plants. This system is good for our bodies, although it uses up a lot of plants and the farm animals may sometimes find it hard.

When we eat a carrot, there is little waste. We use about 90% of it. We can say the same thing about many of the plants we eat. However, if we feed carrots to a chicken and then eat the chicken once it has grown, we only get back about 10% of all the food it has eaten during its life. We can also say the same thing for cows and other animals. In this sense, eating vegetables is much kinder to the Earth as there is less waste.

We can also say the same thing about fish. When one fish eats another there is the same 90% waste, and since big fish eat smaller fish that eat much smaller fish, there is much more waste. When we eat a big fish like a tuna, we are getting less than 1% of the plants and fish that are eaten on the chain.

It is easy to say that because humans are at the top of the [C] chain, this process is part of nature. However, there are now over six billion people on Earth and many of them are getting a large part of their energy from eating animals and fish. (3)That is the problem. And as we have seen, it creates a lot of waste.

As meat and fish eaters, we are all responsible for continuing this system which [D] troubles for our planet. Some people believe that in the developed world people eat over twice as much food from animals as their bodies need. If everyone eats less meat and fish, it will have a positive impact on the environment.

(注) carbohydrates 炭水化物　suitable ふさわしい　corn トウモロコシ
wheat 小麦　bones 骨　protein タンパク質

問１ 空所[A]に入る最も適切なものを次の①～④から１つ選び，その番号を答えなさい。[21]

① the moon　② the sun　③ water　④ the animal

問２ 下線部(1)が意味の通る英文になるように[　]内の語を並べかえ，以下の[22]～[24]に入るものの番号をそれぞれ答えなさい。

Although cows and horses [____ ____ [22] ____ [23] ____ [24] ____ ____], humans do not.

① allow　② eating　③ enjoy　④ have　⑤ which
⑥ stomachs　⑦ grass　⑧ to　⑨ them

問３ 下線部(2)が意味の通る英文になるように[　]内の語(句)を並べかえ，以下の[25]～[27]に入るものの番号をそれぞれ答えなさい。

We have learned [____ ____ [25] ____ [26] ____ [27] ____ ____].

① good　② how　③ in　④ them　⑤ these seeds
⑥ order　⑦ to cook　⑧ to eat　⑨ to make

問４　空所［Ｂ］に入る最も適切なものを次の①～④の中から１つ選び，その番号を答えなさい。［28］

①　meat　　②　lunch　　③　a system　　④　a custom

問５　空所［Ｃ］に入る最も適切なものを次の①～④の中から１つ選び，その番号を答えなさい。［29］

①　animal　②　key　③　food　④　gold

問６　下線部(3)の内容はどのようなことか，最も適するものを次の①～④の中から１つ選び，その番号を答えなさい。［30］

①　今や地球上における生き物が増え続け，地球における酸素の量が低下している。

②　今や地球上の人間の数が莫《ばく》大な数になり，一人当たりの摂取エネルギーが低下している。

③　今や地球上における生き物が増え続け，地球におけるエネルギー資源がなくなりつつある。

④　今や地球上の人間の数が莫大な数になり，その多くが動物や魚からエネルギーを摂取している。

問７　空所［Ｄ］に入る最も適切なものを次の①～④の中から１つ選び，その番号を答えなさい。［31］

①　is caused　　②　is causing　　③　caused　　④　causing

問８　本文で筆者が最も言いたいことを次の①～④の中から１つ選び，その番号を答えなさい。［32］

①　People should eat less meat and fish than ever before for the earth.

②　Knowing what food humans should best eat for the planet is impossible.

③　Eating animal source food is better than eating plant source food for nature.

④　People in the developed world eat three times as much food from animals as their bodies need.

問９　本文の内容と異なるものを次の①～④の中から１つ選び，その番号を答えなさい。［33］

①　Humans are able to get carbohydrates produced from plants.

②　Farm animals do not need as much meat and fish as humans do.

③　Eating any kind of fish is less efficient than eating any kind of meat.

④　Food human beings choose to eat has a great effect on the environment.

［問題の作成上，原文の一部を改変したところがある］

＜リスニングテスト放送原稿＞

A man wanted to buy his mother a nice birthday present, but he only had one day to find something.

So he went window shopping in town. Soon enough, he walked by a pet store window and thought, “Oh, that’s a lovely idea for a present！ My mother has been quite lonely recently, and she will love a pet.”

The man went into the store and saw many wonderful animals. There were sweet dogs, fluffy cats, pretty fish, and cute little hamsters. But the man didn’t think any of these were quite right. He asked the manager, “Do you have a pet that is really special？”

“Yes, I do. I have a South American bird that knows over 400 words. He can talk about the weather, about sports, and about political things. But he is very expensive, at $5,000.” “Well, he sounds just perfect. Why don’t you bring him out here？”

The manager went into the back room and brought out a wonderful green bird with bright wings and a dark, golden chest. He set the bird on a small branch and soon left to take care of a customer in another part of the shop.

The man looked at the bird and started talking to it in the usual way, "Pretty bird, pretty bird. Do you want a cracker ?"

Because the bird replied in very beautiful English, the man couldn't believe his ears. They talked about the weather, they talked about foreign international problems, and even talked about the latest soccer tournament. The man was amazed.

"I'll take him," he called the manager, and after paying for the bird, he sent it to his mother. The next evening after work, the man called his mother. He asked, "Did you get your birthday present ? Do you like it ?"

His mother replied, "Thank you very much, my dear. It was delicious."

1 What was the problem at the beginning of the story ?

2 Why did the man think giving a pet was a nice idea ?

3 Which is correct about the bird ?

4 What will the man probably think at the end of the story ?

【数　学】（50分）〈満点：100点〉

（注意）　円周率はπを用いること。

1　次の各問いに答えなさい。

〔1〕　$\dfrac{(5\sqrt{2}-2\sqrt{3})(2\sqrt{6}+7)}{\sqrt{2}}-\dfrac{(3\sqrt{2}+2\sqrt{3})(5-\sqrt{6})}{\sqrt{3}}$を計算しなさい。

〔2〕　大小１つずつのさいころを同時に１回投げるとき，２つのさいころの出た目の数の最大公約数が１より大きくなる確率を求めなさい。ただし，大小２つのさいころは１から６までのどの目が出ることも同様に確からしいものとする。

〔3〕　10人の生徒が，１，２，３，４，５，６，７，８，９，10のうち，いずれかの点数が得られるゲームを行った。

10人の生徒の点数はそれぞれ

３，１，８，10，３，９，５，２，８，x

であり，点数の平均値と中央値が等しくなった。

このとき，xの値を求めなさい。

〔4〕　右の図のように，平面上に５点O(0, 0)，A(10, 10)，B(7, 3)，C(0, 10)，D(7, 0)がある。

線分OC上に点P，線分OD上に点Qを∠APC＝∠QPO，∠PQO＝∠BQDとなるようにとる。

このとき，点Pの座標を求めなさい。

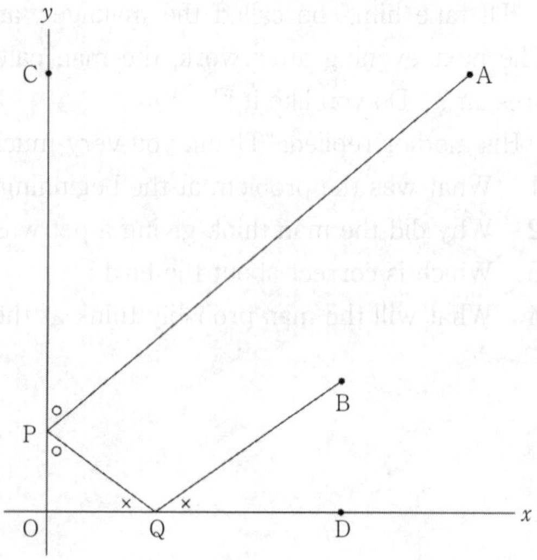

2　下の図のように，点A(−1, 0)，点B(3, 0)がある。また，関数$y=8x$のグラフ上に点Pがあり，そのx座標をtとする。ただし，$t>0$とする。

このとき，次の各問いに答えなさい。

〔1〕　PA＝PBであるときのtの値を求めなさい。

〔2〕　∠APB＝90°であるときのtの値を求めなさい。

〔3〕　∠APB＝45°であるときのtの値を求めなさい。

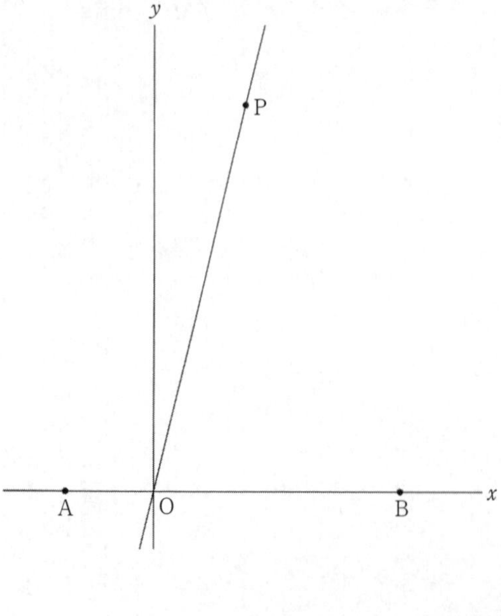

3　リョウさんとタエコさんが次の【問題】に取り組んでいる。2人の会話を読んで，それに続く各問いに答えなさい。

【問題】　下の図の△ABCにおいて，AB＞ACであり，点Dは∠Aの二等分線と辺BCの交点である。点Bを通って直線ADに垂直な直線を引き，直線ADとの交点をEとする。
AB＝9cm，AC＝6cm，AE＝7cmであるとき，線分DEの長さを求めなさい。

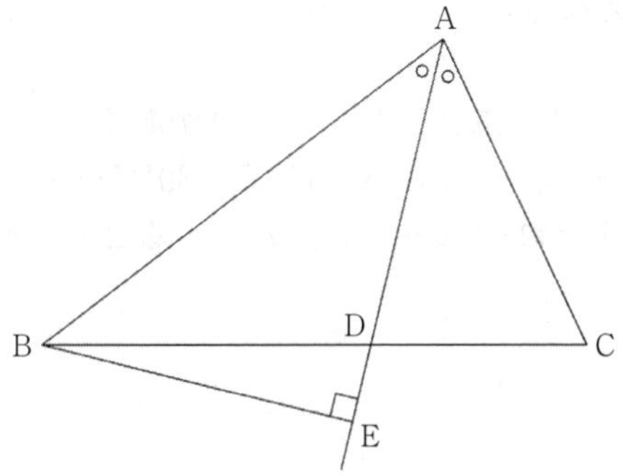

リョウ：この図だけから求めるのは難しそうだから，補助線を引いて考えてみよう。

タエコ：そうだね。直線ACと直線BEの交点をF，線分CFの中点をMとして線分EMを引くと，(i)線分EMと線分BCは平行になるよ。

リョウ：なるほど。EM∥BCであることを使うと，DE＝［(a)］cmと求まるね。

タエコ：ところで，DEの長さを求める過程を振り返ると，AB＝9 cm，AC＝6 cm，AE＝7 cmでなくても，線分ABと線分ACの長さが決まっていて，AB＞ACであれば，△ABCの形によらず線分AEの長さから線分DEの長さを求めることができそうだよ。

リョウ：そのようだね。さらに言えば，△ABCで線分ABと線分ACの長さの比が与えられていれば，線分AEと線分DEの長さの比が決まるということだね。

タエコ：確かにそうだね。では，tが1より大きいとして，線分ABと線分ACの長さの比をt：1とおくと，線分AEと線分DEの長さの比はどうなるだろう。

リョウ：【問題】を解いたときと同様に考えると，AE：DE＝［(b)］：［(c)］になることがわかるよ。

〔1〕　下線部(i)に関して，EM∥BCであることは，次のようなタエコさんの構想をもとに証明できる。次の［(ア)］～［(ウ)］にあてはまる最も適切なものを，それぞれ①～⑥から1つずつ選び，その番号を答えなさい。

タエコさんの構想

仮定よりCM＝MFである。
また，［(ア)］がそれぞれ等しいから［(イ)］であるので，［(ウ)］が成り立つ。
これらを用いるとEM∥BCが証明できる。

(ア)　①　2組の辺の比とその間の角　　②　2組の角
　　③　2組の辺とその間の角　　④　1組の辺とその両端の角
　　⑤　直角三角形の斜辺と1つの鋭角　　⑥　直角三角形の斜辺と他の1辺

(イ)　①　△ABD∽△ACD　　②　△ABD∽△ECD

　　③　△ABE∽△ACE　　　　④　△ABD≡△AME
　　⑤　△ABE≡△ACE　　　　⑥　△ABE≡△AFE

(ウ)　①　AB＝AF　　　　　　②　BE＝EF
　　③　BC＝2EM　　　　　　④　AB：AC＝BD：DC
　　⑤　∠FEM＝∠FBC　　　　⑥　∠FEM＝∠BCA

〔2〕 (a) にあてはまる数を答えなさい。

〔3〕 (b)， (c) にあてはまる t の式をそれぞれ答えなさい。

4　下の図のように，関数 $y=kx^2(k>0)$ のグラフ上に4点A，B，C，Dがある。点Aの x 座標は $-2\sqrt{3}$ であり，線分ABは x 軸と平行である。また，∠BAC＝∠CAD＝30°であり，△OABは正三角形である。ただし，点B，C，Dの x 座標をそれぞれ b， c， d とするとき，$b<c<d$ である。

　このとき，次の各問いに答えなさい。

〔1〕 k の値を求めなさい。

〔2〕 点Cの座標を求めなさい。

〔3〕 △ACDの面積を求めなさい。

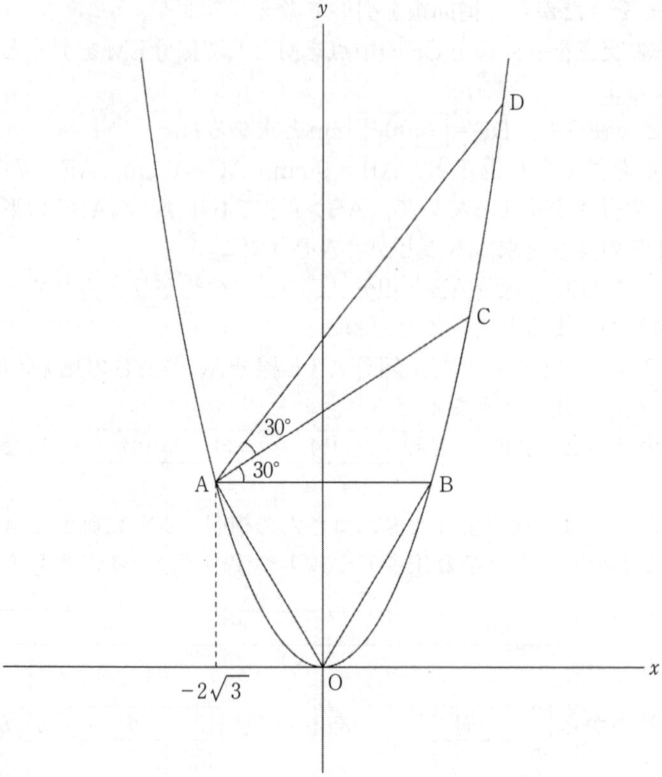

5　AB＝4，BC＝5，CA＝3の直角三角形ABCがある。

右の図は，△ABCを点Aが辺BC上の点に重なるように折って，もとにもどした図である。そのとき，点Aが重なった辺BC上の点をPとし，折り目を線分QRとする。ただし，点Qは辺AB上，点Rは辺AC上の点である。

このとき，次の各問いに答えなさい。

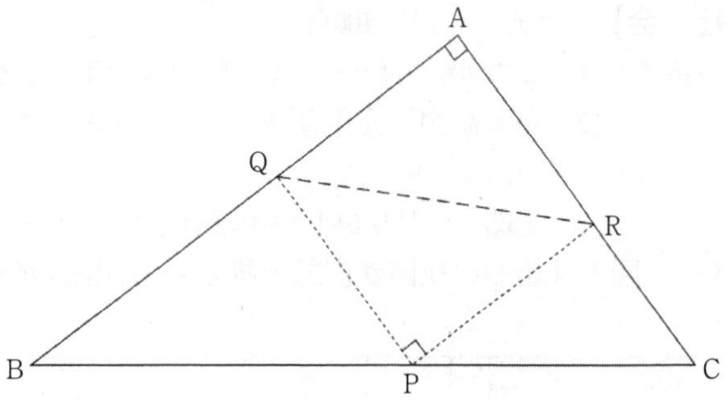

〔1〕 ∠ARP＝90°であるとき，線分CRの長さを求めなさい。

〔2〕 CR＝1であるとき，線分CPの長さを求めなさい。

〔3〕 CP＝2であるとき，線分CRの長さを求めなさい。

【社　会】（50分）〈満点：100点〉

（注意）　1．この問題にはマーク式解答の問いと記述式解答の問いが含まれています。

2．解答番号 1 〜 33 の問いは，答えをマークシートの各解答番号のうちから１つ選んでマークしなさい。

3．記述 の印がある問いの解答は，マークシートの裏面の指定された解答欄に記入しなさい。

1　図１は船舶の航路が直線で描かれる図法の略地図である。これを見て，後の問いに答えなさい。

図１

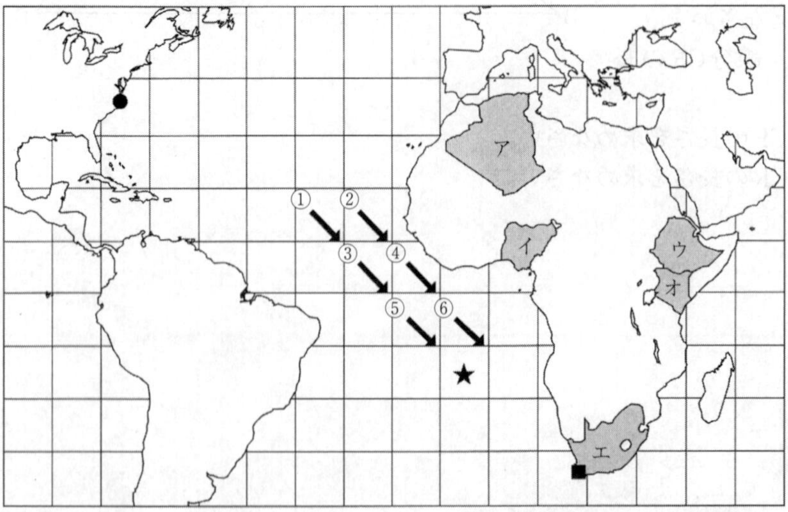

注　経緯線は10度ごとに引かれている。

問１　次の文章は，『ペリー提督日本遠征記』（M・C・ペリー 著，F・L・ホークス 編纂，宮崎壽子 監訳，角川書店，一部改変）の一節である。1852年11月24日にアメリカ合衆国のノーフォークを出発したペリー一行は，燃料と食料の供給の便を考えて大西洋を横断し，日本へ向かった。文章を参考にして，以下の(1)〜(4)に答えなさい。

> 北東貿易風は，12月30日まで吹き続けた。船がちょうど北緯６度８分，西経16度34分に達したときに東方からスコールがやってきて，風向きは南に変わり，その後やや変化はあったが，1853年１月２日に北緯１度44分，西経11度37分に達するまで吹き続けた。そしてこの日，船は南東貿易風に出会ったが，この風は波のうねりをもたらし，船の進行をかなり妨げた。……[注1]マデイラを出発したときに提督が目標としたのは，どこにも立ち寄らずに【 あ 】峰まで一気に航行することだった。帆を適切に使用すれば，（ A ）の積載量からいって，これは難なく達成できると思われたが，北東貿易風が，この季節にしては，通常よりはるかに北で止み，したがって南東貿易風が早く起こったことから，提督は[注2]セント・ヘレナ島に舵を向けるよう命令した。念のために，そこで（ A ）を補充しておくのが望ましいと思われたからである。……1853年１月３日，月曜日に，艦は西経11度１分のところで赤道を横切った。それから７日までは，やや勢いのある風が正面から吹いてきた。……(ア)1月10日の正午，艦はセント・ヘレナ島のジェームズタウンに到着した。ここで艦は，必要からというより，むしろ用心のために（ A ）を補給した。乗組員用に，水と新鮮な食料も積み込んだ。
>
> 注１　アフリカ大陸大西洋沖のポルトガル領マデイラ諸島のこと。
>
> 注２　1502年にポルトガル人に発見され，オランダ領を経て，イギリス領となった。

(1)　ペリー一行が1852年12月30日から1853年１月３日までの期間に移動したと思われる海域として

最も適切なものを，図１の①～⑥のうちから１つ選びなさい。 1

(2)　図１の■印で示した【あ】に入る最も適切な地名を**ひらがな３字**で答えなさい。 記述

(3)　次の表は主なエネルギー資源である原油，天然ガス，石炭，ウラン鉱の産出量上位５か国（統計年次は2015年）をまとめたものである。当時，船舶の航行に使用されていた，文中の（A）にあてはまる燃料のものとして最も適切なものを，次の①～④のうちから１つ選びなさい。 2

	①	②	③	④
１位	ロシア	中国	カザフスタン	アメリカ合衆国
２位	サウジアラビア	インド	カナダ	ロシア
３位	アメリカ合衆国	インドネシア	オーストラリア	イラン
４位	中国	オーストラリア	ニジェール	カナダ
５位	カナダ	アメリカ合衆国	ロシア	カタール

注　原油，石炭，ウラン鉱の単位はトン。天然ガスの単位はm^3。原油にはタールサンドからの人造油やシェールオイルなどを含む。

『世界国勢図会2018/19年版』による。

(4)　下線部(ア)に関連して，セント・ヘレナ島（図１の★）にペリー一行が到着した時の，アメリカ合衆国ノーフォーク（図１の●）の日時として最も近いものを，次の①～⑥のうちから１つ選びなさい。ただし，到着時刻は現地時間とし，時差の求め方は現在のものとする。 3

①　1853年１月９日午前０時　　②　1853年１月９日午後７時

③　1853年１月10日午前０時　　④　1853年１月10日午前５時

⑤　1853年１月10日午前７時　　⑥　1853年１月10日午後５時

問２　アフリカ大陸に関連して，次の(1)～(3)に答えなさい。

(1)　2019年現在のアフリカの国ぐにについての説明として**不適切なもの**を，次の①～④のうちから１つ選びなさい。 4

①　アフリカには54か国の独立国がある。

②　アフリカにはAU（アフリカ連合）とよばれる地域連合がある。

③　アフリカには国際連合に未加盟の国が10か国以上ある。

④　アフリカにはオリンピック・パラリンピック開催国が存在しない。

(2)　次の①～④は，図１のア～エの国ぐにの特徴を説明したものである。アの国のものとして最も適切なものを，次の①～④のうちから１つ選びなさい。 5

①　この国の南部には1982年にユネスコの世界複合遺産に登録された遺跡がある。この遺跡には１万年以上前に描かれたとされる草食動物の壁画があり，かつてこの地域が砂漠ではなくサバンナであったことがうかがえる。

②　この国はアフリカ大陸で最も人口が多い国である。この国の主要な輸出品は原油であり，輸出総額の８割以上を原油が占めている（統計年次は2016年）。20世紀には民族間の対立から紛争に発展し，首都を移転した。

③　この国の中央にある高原はコーヒー豆の原産地である。現在でも，輸出総額において最も金額が大きい輸出品はコーヒー豆である（統計年次は2016年）。この国には，アフリカで最も長い河川の水源のひとつがある。

④　この国はアフリカ大陸で最も貿易取引総額が大きい国である。現在は自動車・機械類・白金族など輸出品目は多岐にわたる（統計年次は2016年）。歴史的な経緯から人口のおよそ８割をキリスト教徒が占めている。

(3)　次のページの写真は，図１のオの国の主要な輸出品となっている農作物を栽培するようすである。オの国は，この農作物の輸出量が中国に次いで世界第２位（統計年次は2016年）である。この

農作物の名称を**漢字１字**で答えなさい。 記述

2 次の問いに答えなさい。

問１ 次の表は，北海道，宮城県，新潟県，静岡県，広島県，福岡県における人口と人口密度，道県庁所在都市の人口を示したものである。表の①～⑥のうち，新潟県と福岡県のものを１つずつ選び，新潟県は 6 に，福岡県は 7 にそれぞれマークしなさい。

	道県の人口（万人）（2018年）	道県の(注)人口密度（人/km^2）	道県庁所在都市の人口（万人）（2018年）
①	366	471	70
②	506	1,015	149
③	531	64	194
④	280	330	118
⑤	227	180	79
⑥	229	315	105

注 2018年の人口を2017年の面積で除して算出。

『データブック オブ・ザ・ワールド』2019年版による。

問２ 右の表は，2017年における北海道，広島県，福岡県における人口移動の様子を示したものである。表の**あ**～**う**にあてはまる道県の組合せを，次の①～⑥のうちから１つ選びなさい。 8

	自道県内移動者数（千人）	他都道府県からの転入者数（千人）	他都道府県への転出者数（千人）
あ	193	49	55
い	150	99	93
う	58	46	49

『データでみる県勢』2019年版による。

	あ	**い**	**う**
①	北海道	広島県	福岡県
②	北海道	福岡県	広島県
③	広島県	北海道	福岡県
④	広島県	福岡県	北海道
⑤	福岡県	北海道	広島県
⑥	福岡県	広島県	北海道

問３ 次のページの表は，2016年における北海道，宮城県，新潟県，静岡県，広島県，福岡県における米，野菜，果実，花卉《き》（切り花や球根，観葉植物など），工芸作物（茶や葉たばこ，さとうきびな

ど)，畜産物の産出額の割合を示したものである。表の①～⑥のうち，北海道と静岡県のものを1つずつ選び，北海道は 9 に，静岡県は 10 にそれぞれマークしなさい。

	米	野菜	果実	花卉	工芸作物	その他の農作物	畜産物
①	18.2	36.8	11.0	8.2	1.4	5.2	18.5
②	57.5	14.9	3.1	3.1	0.5	1.6	19.3
③	8.6	30.9	14.6	7.8	8.9	2.9	21.6
④	38.6	14.7	1.2	1.6	0.1	1.8	41.9
⑤	9.6	18.2	0.5	1.0	3.0	10.0	57.7
⑥	20.3	20.1	13.4	2.7	0.1	2.3	41.1

単位は％　『データでみる県勢』2019年版より作成

問4　右の表は，2016年における宮城県，新潟県，静岡県におけるまぐろ類，かに類，かき類(殻付きの重量)の漁獲量・収穫量を示したものである。表の**か**～**く**にあてはまる県の組合せを，次の①～⑥のうちから1つ選びなさい。 11

	まぐろ類	かに類	かき類
か	3,226	2,643	636
き	19,258	x	19,061
く	26,844	34	487

単位はトン。x は経営体数が少ないことなどにより，データが公表されていないことを示す。

『データでみる県勢』2019年版による。

	か	**き**	**く**
①	宮城県	新潟県	静岡県
②	宮城県	静岡県	新潟県
③	新潟県	宮城県	静岡県
④	新潟県	静岡県	宮城県
⑤	静岡県	宮城県	新潟県
⑥	静岡県	新潟県	宮城県

問5　次の図は，北海道，新潟県，静岡県，広島県における2016年の製造品出荷額等の割合を示したものである。図の①～④のうち，新潟県のものを1つ選びなさい。 12

①

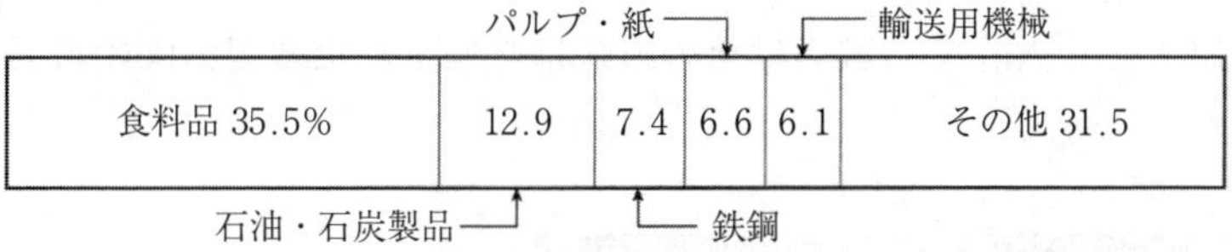

②

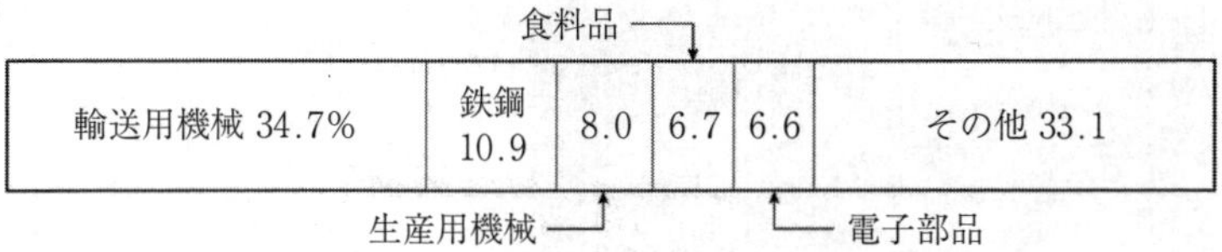

③

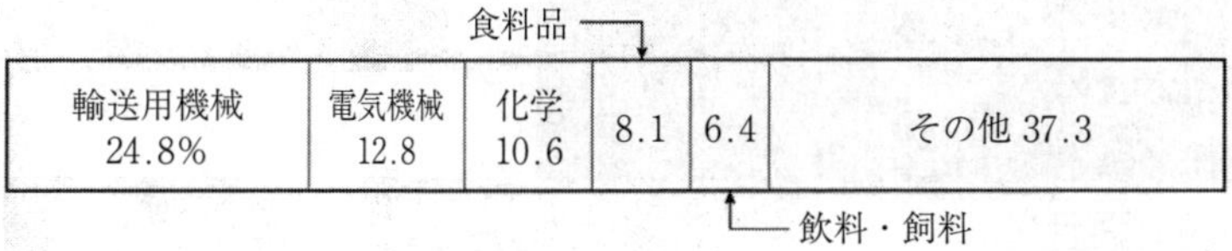

④

食料品	化学	金属製品	生産用機械	電子部品	その他
16.2%	12.1	10.7	7.5	7.0	46.5

『データでみる県勢』2019年版による。

問6　次の表は，北海道，広島県，福岡県における2017年の外国人の延べ宿泊者数の国籍の内訳を示したものである。表の**さ**～**す**にあてはまる道県の組合せを，下の①～⑥のうちから１つ選びなさい。 13

	中国	韓国	アメリカ合衆国	オーストラリア
さ	328.5	1,498.0	71.4	12.7
し	72.6	40.5	100.2	74.3
す	1,735.4	1,332.4	152.2	147.9

単位は千人。従業者10人以上の宿泊施設を対象としている。外国人とは日本国内に住所を有しない者。中国には台湾と香港を含めない。

『データでみる県勢』2019年版による。

	さ	し	す
①	北海道	広島県	福岡県
②	北海道	福岡県	広島県
③	広島県	北海道	福岡県
④	広島県	福岡県	北海道
⑤	福岡県	北海道	広島県
⑥	福岡県	広島県	北海道

3　次のⅠ～Ⅳの諸資料について，後の問いに答えなさい。

Ⅰ　図１は㋐ある遺跡の墓地から出土した人骨で，図２はその遺跡に整備された歴史公園の復元建物である。

図１

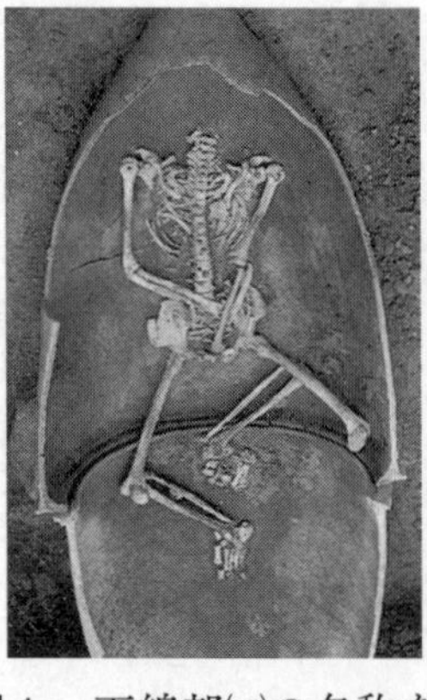

図２

問1　下線部㋐の名称を答えなさい。 記述

問2　図１・図２とその時代に関する説明として最も適切なものを，次の①～④のうちから１つ選びなさい。 14

①　図１の人骨の首は，死者がこの世に災いをもたらすことをさける呪術のため，別の場所に埋葬

されたと考えられる。

② その時代には，稲作などの農耕の開始によって食料獲得が容易になったため，集落間の関係は安定していたと考えられる。

③ 図2の二重の柵に囲まれた区画内の最も大きな建物は，政治や祭祀《し》における特別な目的のための施設だったと考えられる。

④ その時代には，小国の王が中国の皇帝に使者を送るようになり，日本列島の人びとも日常的に漢字を使うようになったと考えられる。

Ⅱ 資料1は，(イ)ある法令を制定した人物が京都にいる弟に送った手紙(一部要約・現代語訳)で，資料2はその法令の条文の一つ(一部要約・現代語訳)である。

資料1

この法令はいったい何をよりどころにしたのかと，非難をする人もきっとあろうかと思います。確かに，これといった原典があるわけではありませんが，ただ道理が指し示すところを記したのです。このようにあらかじめ定めておかないと，ある場合には物事が正しいか誤っているかという点を二の次にして，当事者が強いか弱いかによって，あるいは，ある場合には既に決定されていることを忘れたふりをして，ことをおこすでしょう。そのようなことがあるので，あらかじめ【 あ 】の基準を定めて……詳しく記録しておくのです。……この法令は，漢字は読めなくても仮名だけは分かる人が多いことを考えて……そうした武士の役に立つように定めたものなのです。これによって朝廷の決定や律令のきまりが変わるということはまったくありません。……京都の朝廷の人びとの中でこの法令を非難する人がいたら，この趣旨を心得て問答しなさい。

資料2

女性が養子をとることは，律令では許されないが，源頼朝公の時代から今日まで，子どものない女性が土地を養子に譲り与えることは，武士の慣習で，その事例は数え切れないほどある。

問3 下線部(イ)についての説明として適切なものを，次の①～④のうちから1つ選びなさい。 15

① 諸国の守護の職務は，国内の御家人を京都の警備に当たらせること，謀反《むほん》や殺人などの犯罪者を取り締まることであると定められていた。

② 諸国の守護には，荘園の年貢の半分を取り立てて，職務を行うための経費にあてることを認めると定められていた。

③ 御家人が将軍に反抗することがないように，御家人の妻子は鎌倉に居住しなければならないと定められていた。

④ 御家人同士がけんかをした場合は，いかなる理由によるものでもすべて処罰すると定められていた。

問4 【あ】にあてはまる最も適切な語句を**漢字2字**で答えなさい。 記述

問5 資料1・資料2の内容に関する説明として最も適切なものを，次の①～④のうちから1つ選びなさい。 16

① この法令を制定した人物は，道理に基づいて法令を定めたので，人びとに非難されることはありえないと考えていたことがわかる。

② この法令は，朝廷の人びとや武士のような支配者ではなく，漢字が読めない庶民の役に立つように定められたものであることがわかる。

③ この法令が定められたことによって，武士の間では朝廷の決定や律令のきまりが無視されるようになったことがわかる。

④ この法令を制定した人物が道理と考えていたことには，源頼朝の時代以来の武士の慣習が含まれていたことがわかる。

Ⅲ　図3は(ウ)江戸時代に刊行されたある作物の栽培方法などを解説した書物である。この書物のもとになった本は，【　い　】とよばれる政治改革を進めた人物に献上され，【　い　】の際には，飢饉《ききん》対策としてこの作物の栽培が奨励された。

図3

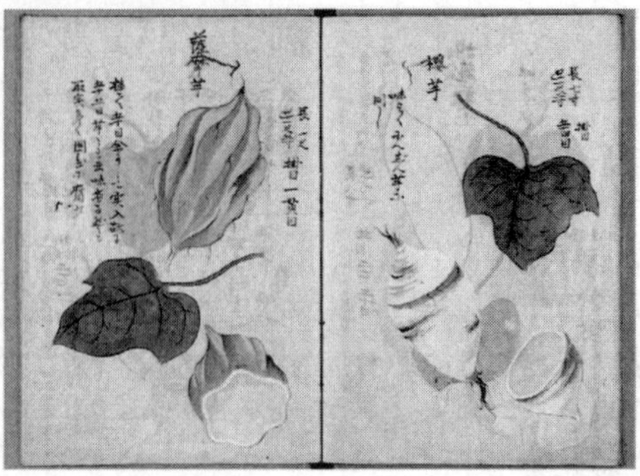

問6　下線部(ウ)に関連して，江戸時代の農業技術に関する説明として最も適切なものを，次の①～④のうちから1つ選びなさい。[17]

① 江戸時代には，江戸周辺の進んだ農業技術が西日本にも伝わり，農業のやり方を解説したさまざまな書物が刊行された。

② 江戸時代には，深く耕すことができる備中ぐわや，脱穀を効率的にする千歯こきなどが新たに使われるようになり，農業生産力が上がった。

③ 江戸時代には，栽培される作物が多様になったことから，飢饉が発生しても餓死する者はほとんどいなくなった。

④ 江戸時代には，灌漑《かんがい》用の水車や，牛馬のふんや堆肥などの肥料が新たに使われるようになり，農業生産力が上がった。

問7　【い】にあてはまる最も適切な語句を答えなさい。[記述]

Ⅳ　資料3は弟子によって書かれた(エ)ある人物の伝記(一部要約・現代語訳)で，資料4はある人物自身が書いた論説(一部要約・現代語訳)である。この人物は土佐の出身で，ルソーの思想を紹介するなどして，自由民権運動に大きな影響を与えたことで知られている。

資料3

明治二十二年春，(オ)大日本帝国憲法が発布された。全国の人びとは歓呼にわいた。先生は嘆いて言った。「われわれが与えられた憲法は果たしていかなるものだろうか，玉かそれとも瓦か。未だその内容を見ていないにもかかわらず，その名に酔っているわが国民は，なぜこのように愚にして狂なのだろうか」と。憲法の全文が届いて，先生は一度通読してただ苦笑するだけだった。

資料4

衆議院議員の一大義務とは何か。憲法について意見を述べることである。憲法なるものは国家の根幹であり基礎である。……そして，憲法なるものはかならず君主と人民もしくは人民の代表者がともに参画してこれを定めるべきものである。ゆえに，もし注国会が憲法を点検し，意見がある場合，意見を天皇陛下に申し上げる権利がないときは，これは国会といっても基礎のないものである。諸般の法律を審議して定めることはもとより大切なことである。しかし，国の根幹である憲法について一言も言うことができないのであれば，その国会は真の国会ではなく行政の諮問機関にすぎない。

注　大日本帝国憲法の制定により帝国議会が開設されたが，この論説では国会と書かれている。

問8　下線部(エ)は誰か。次の①～④のうちから1つ選びなさい。[18]

①　福沢諭吉　　②　板垣退助　　③　中江兆民　　④　幸徳秋水

問9　下線部(オ)についての説明として適切なものを，次の①～④のうちから1つ選びなさい。[19]

① 天皇は大日本帝国の統治権をすべて握っているが，その統治権は憲法の条規によって行使されると定められていた。

② 国民は天皇の臣民とされたが，公共の福祉に反しない限り，言論・出版・集会・結社・信教の自由などの権利が認められていた。

③　衆議院の解散は天皇の権限とされていたが，衆議院が内閣不信任決議案を可決した時は，原則として衆議院を解散すると定められていた。

④　帝国議会は貴族院・衆議院の二院制で，同じ議案に対する両院の議決が一致しない時は，貴族院の議決に優先権が認められていた。

問10　資料３・資料４の内容に関する説明として最も適切なものを，次の①～④のうちから１つ選びなさい。［20］

①　ある人物は，内容を見ていないにもかかわらず憲法の発布で歓呼にわく人びとを批判し，このような人びとが議員を選挙する国会には基礎がないと考えていたことがわかる。

②　ある人物は，憲法の全文を読んでその内容に満足せず，衆議院議員がその一大義務として，憲法を点検し，天皇に意見を述べるべきだと考えていたことがわかる。

③　ある人物は，憲法はかならず君主と人民もしくはその代表者がともに参画して定めるべきもので，そのような手続きを経ていない憲法はないほうがよいと考えていたことがわかる。

④　ある人物は，発布された憲法において行政の諮問機関と規定されている国会は，諸般の法律を審議して定めることに専念するべきだと考えていたことがわかる。

［4］　さまざまな地域・時代の地図について，次の問いに答えなさい。

問１　地図の描き方にも，それぞれの時代や地域の特色・世界観が表れる。図１は中世に活躍したアラブ人地理学者イドリーシーが，1154年に描いた地図である。

図１

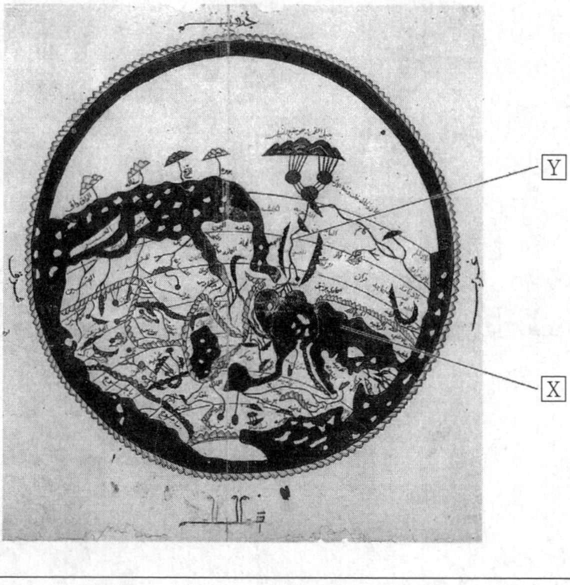

> 『世界横断を望むものの慰みの書』と題された地理書に掲載されたこの地図では，［X］の部分は地中海で，イドリーシーがシチリア王に仕えていたため，そこに浮かぶシチリア島は実際より大きく描かれている。［Y］はナイル川を描いており，その源泉は山脈であり，いくつかの大きな湖を経由するという古代ギリシア人の説を踏襲している。最も際立った特徴は，この地図ではイスラームの伝統にのっとり（　Ａ　）の方位が上にくるよう描かれていることである。ムスリムにとって地図は，巡礼や日々の礼拝のためにも欠かせないものであった。この地図の配置も聖地を含む【　あ　】半島が中心になっている。

(1)　(A)に入る方位として最も適切なものを，次の①～④のうちから１つ選びなさい。［21］

①東　②西　③南　④北

(2) 【あ】に入る半島名をカタカナで答えなさい。記述

問2　22・23ページの図2は16世紀にポルトガル人によって描かれた，日本を主題にした地図である。

(1) 図2に描かれている内容について述べた文章として**最も不適切なもの**を，次の①～④のうちか

図2

ら１つ選びなさい。 22

① 京都はMEACO(都)と表記され，大きな湖らしきものの近くに描かれている。

② 佐渡島らしき島(Sando)はあるが，蝦夷(北海道)は描かれていない。

③ 日本の周辺に，朝鮮(COREA)が大きな島らしき姿で描かれている。

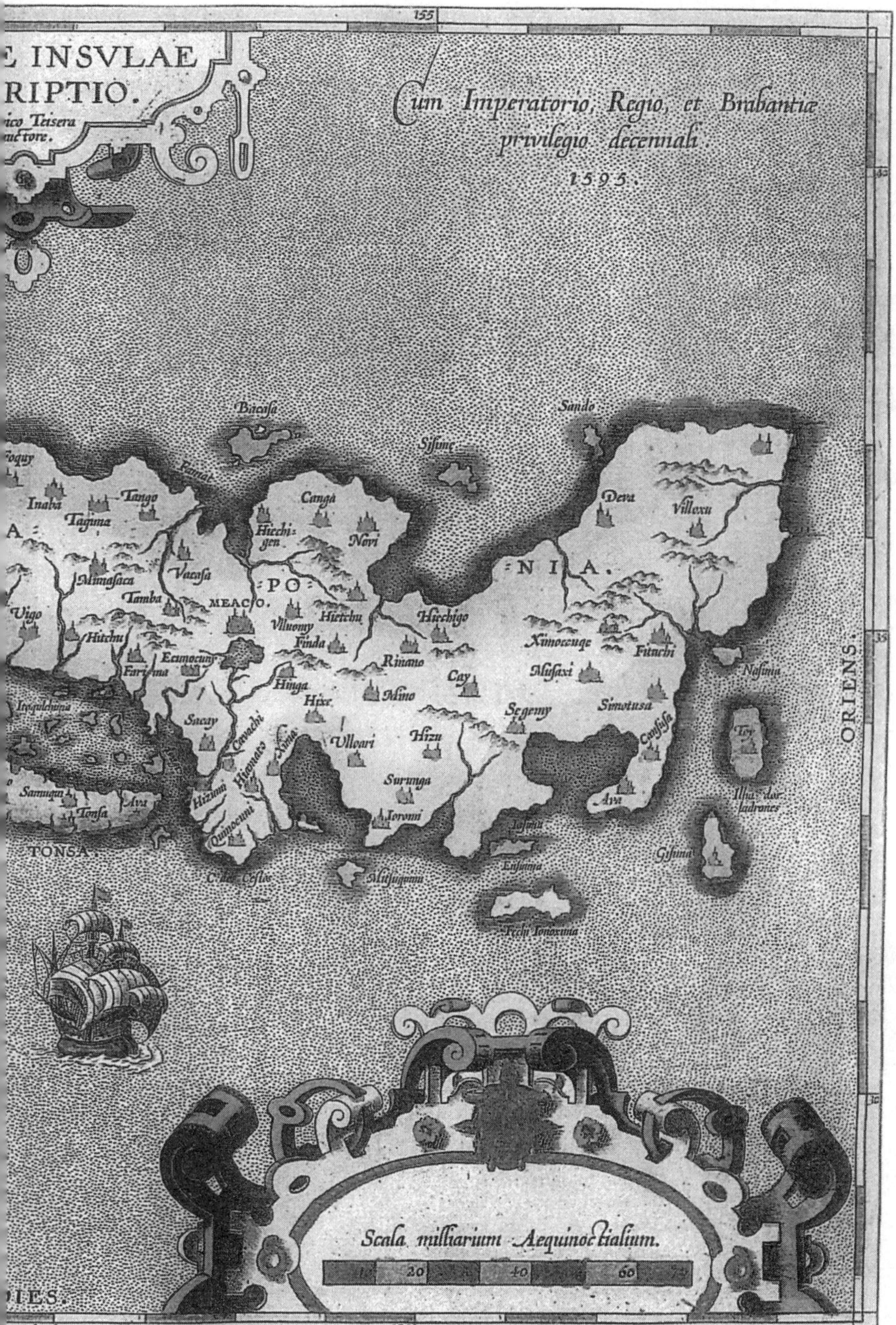

④　土佐(TONSA)の地名が書かれた四国は本州と区別されず，その一部として描かれている。

(2)　図３は，図２の四角で囲んだ部分の拡大である。Argenti fodinaというラテン語の説明書きがついたこの地域は，あるものの産出地として当時ヨーロッパでも知られていた。この産出品を**漢字１字**で答えなさい。記述

図３

問３　図４は1861年にアメリカ合衆国で出版された地図である。図４について説明した下の文章の空欄(B)(C)に入る語句の組合せとして適切なものを，後の①～⑥のうちから１つ選びなさい。23

図４

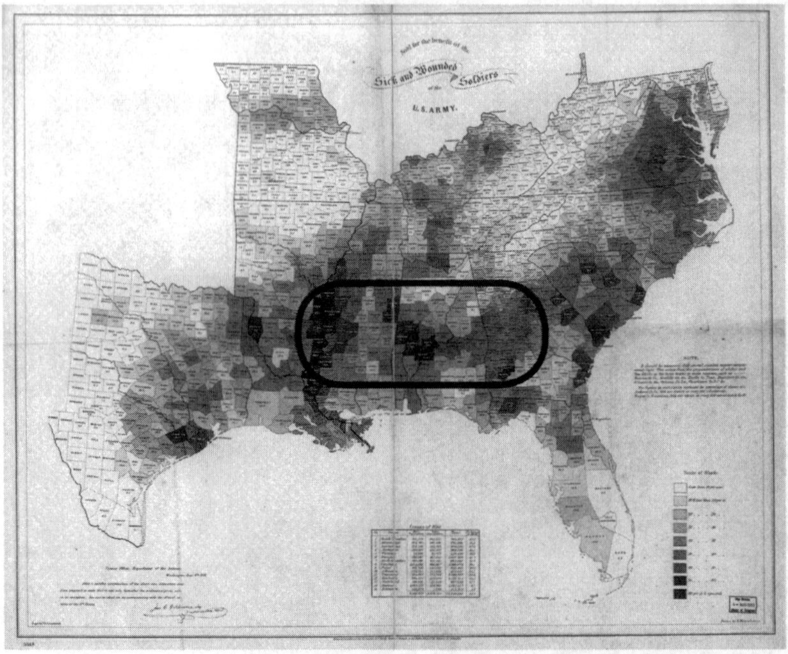

図４は当時のアメリカ合衆国の一部地域における人口に対する（　B　）の割合で色分けされており，色が濃いほど割合が高いことを示す。また図中の丸枠の地域は，（　C　）の産地として知られていた。

	(B)	(C)
①	奴隷	綿花
②	奴隷	サトウキビ
③	アジア系移民	綿花
④	アジア系移民	サトウキビ
⑤	先住民	綿花
⑥	先住民	サトウキビ

問4　図5は1886年にある国で出版され，中心部分の地図ではその国の本国と海外領土が色付けされている。周辺の図柄もこの国による海外進出をイメージしたものとなっている。図6は19～20世紀初頭の世界の工業生産に占める各国(日本・イギリス・ロシア・アメリカ・ドイツ)の割合を表したものである。図5が表している国のものを，図6の①～④のうちから1つ選びなさい。[24]

図5

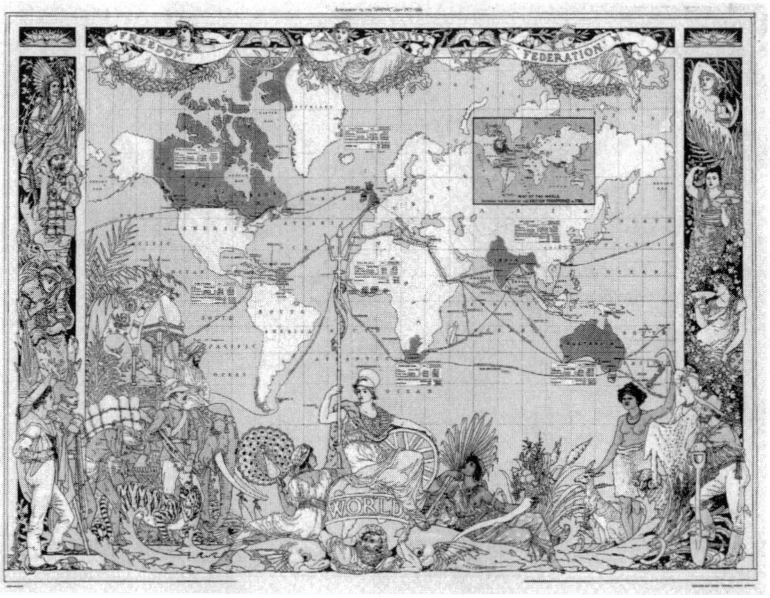

図6

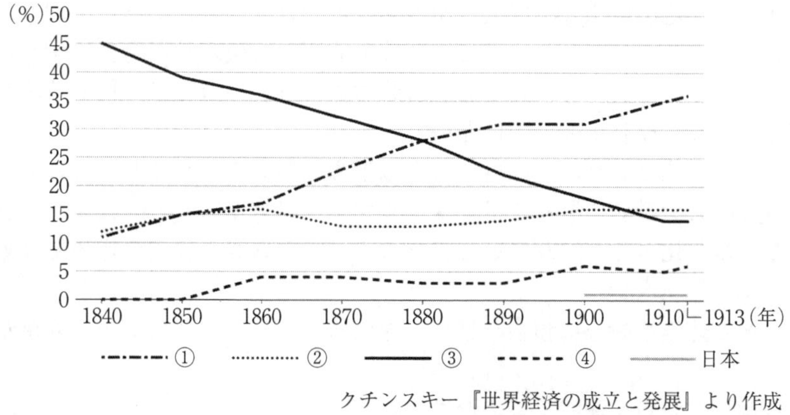

クチンスキー『世界経済の成立と発展』より作成

問5　図7はドイツで出版された，ある戦争の時期のヨーロッパを描いた地図風の風刺画である。この図の丸枠の部分には日本の姿も描かれているが，その歴史的背景を説明した次の文章の空欄【い】に入る適切な語句を**漢字4字**で答えなさい。記述

日本は【 い 】を根拠としてこの戦争に参加した。

図7

5　次の文章を読んで，後の問いに答えなさい。

(ア)デジタルマネーで，給与を払えるようにするための規制緩和が検討されている。(イ)企業による給与の支払いについて，【 あ 】法は現金を使うことを原則として定めている。現在普及している銀行口座への振り込みも法律上は例外扱いである。政府はこの例外対象にデジタルマネーを加える考えだ。デジタルマネーとは，貨幣を使わずに電子情報のみで代金を支払う仮想貨幣のことである。

政府は2019年度の実現をめざしているが，お金を預かる資金移動業者が(ウ)破綻した場合にすぐに現金を引き出せる仕組み作りが難航している。資金移動業者を所管するのは【 い 】庁で，【 あ 】法を所管するのは【 う 】省と所轄官庁が異なり調整が進んでいない。

デジタルマネーでの給与支払いが可能となれば，(エ)外国人労働者の利便性が上がると言われている。銀行口座の開設に手間のかかる外国人労働者にとってはデジタルマネーの方がスムーズに給与の支払いを受けることができる。また欧米に比べると遅れている日本のキャッシュレス決済の比率を高めることにもなる。

この規制緩和によって，給与振り込みを中心に預金を集めてきた銀行のビジネスモデルに変革がもたらされる可能性がある。

問1　【あ】～【う】にあてはまる適切な語句を**漢字**で答えなさい。記述

問2　下線部(ア)の具体例として**不適切なもの**を，次の①～④のうちから1つ選びなさい。[25]

① ATMから現金を引き出せるキャッシュカード。

② 後払いで買い物の支払いができるクレジットカード。

③ ICカードに金額分をチャージすることで現金を持たずに買い物することができる電子マネー。

④ 専用の資金決済アプリを用いて個人間の送金もできるスマートフォンの電子マネー。

問3　下線部(イ)のような規定を設けている理由として最も適切なものを，次の①～④のうちから1つ選びなさい。[26]

① 企業が自社商品の現物支給で給与を支払うのを防ぐため。

② 給与支払いの際に所得税や社会保険料などを徴収するため。

③ 使用者が労働者の意思に反して労働を強制することを防ぐため。

④ 日本銀行が景気の安定化を図る政策を実施しやすくするため。

問4　下線部(ウ)に関連して，銀行が破綻した場合の説明として適切なものを，次の①～④のうちから1つ選びなさい。[27]

① 消費者契約法によって預金してから6ヶ月以内ならば預金全額が保護される。

② PL法によって銀行経営に欠陥があったことを証明できれば預金全額が保護される。

③ 消費者庁の仲裁によって，銀行の残余財産に応じて預金は返金される。

④ 預金保険制度によって当座預金などの決済用預金は全額保護される。

問5　下線部(エ)の受け入れを拡大するため，新たな在留資格「特定技能」が創設された。右の表は閣議決定で「真に受入れが必要と認められる人手不足の分野」とされ，向こう5年間の受け入れ人数の上限を決めたものである。この表の(A)～(C)にあてはまる産業分野の組合せとして正しいものを，次の①～⑥のうちから1つ選びなさい。[28]

（ A ）分野	60,000人
外食業分野	53,000人
建設分野	40,000人
ビルクリーニング分野	37,000人
（ B ）分野	36,500人
飲食料品製造業分野	34,000人
宿泊分野	22,000人
素形材産業分野	21,500人
造船・舶用工業分野	13,000人
漁業分野	9,000人
自動車整備分野	7,000人
産業機械製造業分野	5,250人
電気・電子情報関連産業分野	4,700人
（ C ）分野	2,200人

「特定技能の在留資格に係る制度の運用に関する方針について」
(平成30年12月25日閣議決定)

	(A)	(B)	(C)
①	農業	介護	航空
②	介護	農業	航空
③	航空	介護	農業
④	介護	航空	農業
⑤	航空	農業	介護
⑥	農業	航空	介護

6　次の文章を読んで，後の問いに答えなさい。

国会や地方議会に女性議員を増やすことをめざす「候補者男女均等法」ができた。人口は男女半々なのに，(ア)日本の議会は海外の国々と比べても女性が際立って少ない。このアンバランスな状態が改善されるかどうかは，それぞれの(イ)政党の本気度合いにかかっている。

候補者男女均等法は，全ての政党の(ウ)国会議員が賛成し，2018年5月16日に成立した。正式な名前は「政治分野における男女共同参画推進法」。国会や地方議会の(エ)選挙で，候補者の数をできるだけ男女で均等にするよう，政党に努力を求めるものだ。

日本では戦争が終わった1945年，(オ)女性にも参政権が認められた。それから70年あまりたつが，いま女性議員は衆議院で1割，(カ)参議院で2割しかいない。……

「政治は男性の仕事」という考え方や，家事や育児の負担が女性に偏りがちなこと，現役の女性議員が出産のため休むことを批判する声があることなども，女性の立候補を難しくするハードルになっている。こうしたハードルを低くして，女性も議員として能力を発揮しやすい環境を整えることが求められている。

朝日中高生新聞（2018年６月10日付，「女性議員増へ，『候補者男女均等法』が成立」 文章は一部抜粋・改変）

問１　下線部(ア)に関連して，次のグラフは日本と韓国，スウェーデン，ルワンダのいずれかの国における国会の女性議員比率を示しており，下の**あ**～**う**は，表中のＡ～Ｃのいずれかの国の説明である。その組合せとして最も適切なものを，後の①～⑥のうちから１つ選びなさい。 29

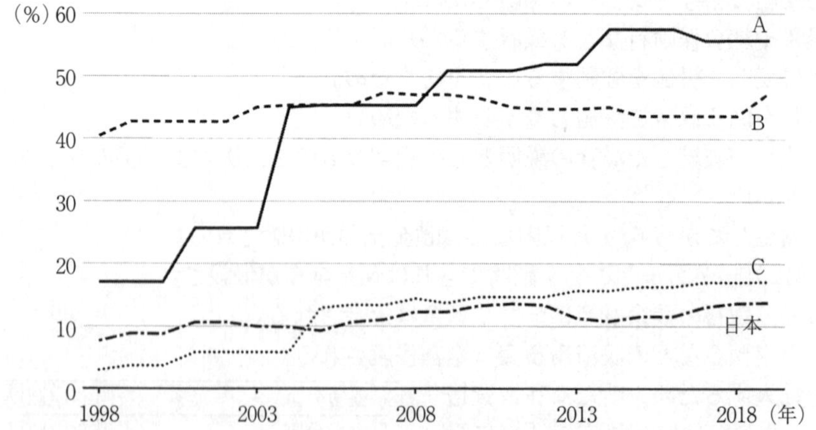

GLOBAL NOTE Webページより作成

あ　この国では民族紛争があり，1994年には虐殺も起こった。紛争後，2003年に新憲法が制定され，国会議員に占める女性の割合が，一定以上になるように定められた。

い　この国は「高福祉・高負担」の代表的な国である。選挙は比例代表制で，各党はできるだけ比例名簿の順位を男女交互になるようにしている。

う　この国では2012年に初めて女性大統領が誕生した。小選挙区では候補者の30％以上を女性に割り当てるように定められているが，罰則規定はない。

	A	B	C
①	あ	い	う
②	あ	う	い
③	い	あ	う
④	い	う	あ
⑤	う	あ	い
⑥	う	い	あ

問２　現代の日本の下線部(イ)に関する説明として最も適切なものを，次の①～④のうちから１つ選びなさい。 30

①　直近の衆議院議員選挙か参議院議員選挙で立候補する者が複数名いれば，政党助成法における政党としての要件を満たす。

②　政党助成法に基づき，各政党は国から得票や議席に応じて政党交付金を受け取ることができる。

③　日本国憲法は，政党を国民の政治的意思決定に不可欠な役割を果たすものと位置づけている。

④　政治的な中立性を担保するため，企業や団体から政党への資金提供はすべて禁止されている。

問３　下線部(ウ)は国民の代表であり，大きな責任を持つためその身分が保障されている。その内容と

して最も適切なものを，次の①～④のうちから１つ選びなさい。 31

① 法律の定める場合を除いて，国会議員の任にある間は逮捕されない。

② テレビや街頭など公の場で発言したことについて，刑事上，民事上の責任を問われない。

③ 法律の定めるところにより国庫から相当額の歳費を受け取り，交通・通信費などの経費も一定額支給される。

④ 議員を除名するためには，弾劾裁判所の裁判が必要になる。

問４ 下線部(エ)に関連して，小選挙区制によって議員が選出される議会があり，その定員が３人であるとする。この議会の選挙で３つの政党Ａ～Ｃが３つの選挙区Ⅰ～Ⅲでそれぞれ１人の候補者を立てたとき，各候補者の得票数は右の表の通りであった。この選挙区において，小選挙区制で集計するとＡ党２議席，Ｃ党１議席を獲得するが，３つの選挙区を合併して各政党の候補者が獲得した票を比例代表制(ドント式)で配分するとＡ党２議席，Ｂ党１議席となった。選挙区Ⅲで獲得した票数**あ**～**う**に入る適切な組合せを，次の①～④のうちから１つ選びなさい。 32

選挙区	Ａ党	Ｂ党	Ｃ党	計
Ⅰ	35	25	40	100
Ⅱ	50	40	10	100
Ⅲ	**あ**	**い**	**う**	100

	あ	**い**	**う**
①	20	50	30
②	60	15	25
③	50	40	10
④	40	35	25

問５ 下線部(オ)に関連して，かつて『青鞜《とう》』の中で「元始，女性は実に太陽であった。…今，女性は月である」と書き，新婦人協会を設立し婦人参政権運動をすすめた人物は誰か，答えなさい。 記述

問６ 下線部(カ)に関する説明として**不適切なもの**を，次の①～④のうちから１つ選びなさい。 33

① 参議院議員は３年ごとに半数が改選され，立候補する場合は満30歳以上であることが必要である。

② 参議院が衆議院の解散中の緊急集会においてとった措置には，事後に，内閣の同意を必要とする。

③ 参議院の定数は法律で定められており，国会の審議により定数を変更することができる。

④ 参議院議員であったとしても，国務大臣であれば，法律案について衆議院に出席し発言することができる。

【理　科】（50分）〈満点：100点〉

（注意）1．この問題にはマーク式解答の問いと記述式解答の問いが含まれています。

2．定規が必要な場合は，配付されたものを使用しなさい。

3．解答番号 [1] ～ [43] の問いは，答えをマークシートの各解答番号のうちから１つ選んでマークしなさい。

4．[記述] の印がある問いの解答は，マークシートの裏面の指定された解答欄に記入しなさい。

[1]　図１のように，12Nのおもりに伸び縮みしない糸を取り付け，滑車を通して糸の反対側を壁に取り付けた。滑車から壁までの糸は水平で，その25cm下方には物体がある。物体は床の上に置かれた台はかりの上にのせてあった。この状態で，おもりは床から高さ28cmのところにあった。物体にはフックがついており，糸をひっかけることができる。糸の水平部分を手でゆっくりと押し下げていき，図２のように物体に取り付けたところ，おもりの床からの高さは33cmとなった。後の(1)～(4)に答えなさい。

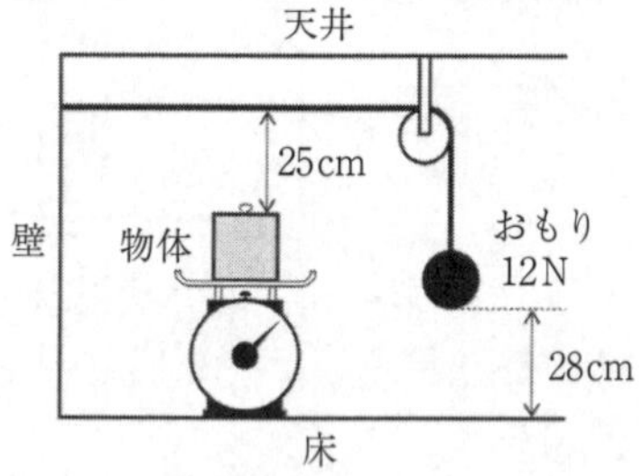

図１

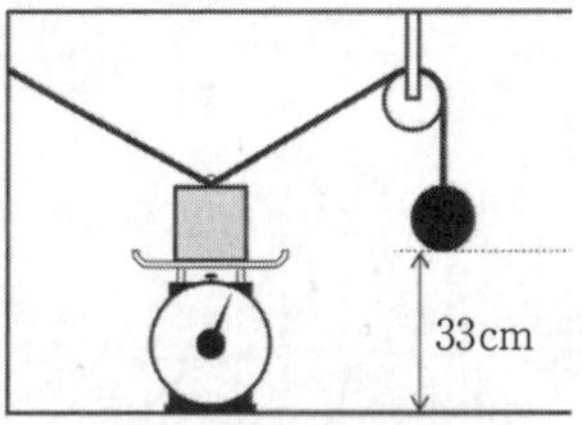

図２

(1) 糸を手で押し下げていったとき，手が感じる力はどうなっていくか。[1]

① はじめ手ごたえは小さく，だんだんと大きくなる。

② はじめ手ごたえは大きく，だんだんと小さくなる。

③ ずっと一定の手ごたえを感じる。

(2) 糸を押し下げていったときの仕事は何Ｊか。[記述]

(3) 図３のように，滑車を台はかりの方に近づけた。このとき，台はかりの指す値は近づける前と比べてどうなるか。[2]

① 大きくなる　② 小さくなる　③ 変わらない

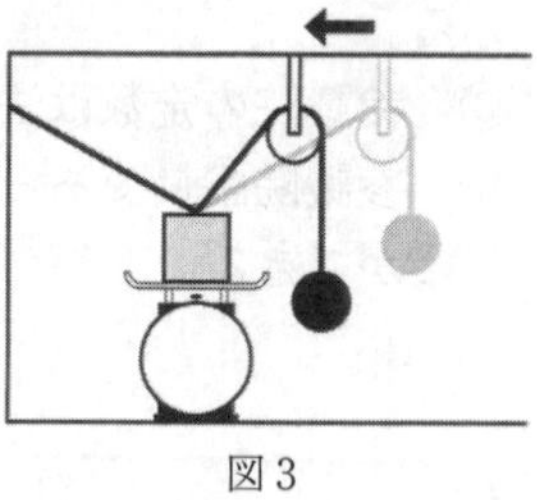
図３

(4) (3)のようになる理由として適切なものはどれか。[3]

① おもりが下がることにより，位置エネルギーが小さくなるから。

② 糸が物体を上向きに引く力が小さくなるから。

③ 滑車を動かす仕事が加わるから。

④ 台はかりが物体を上向きに押す力が小さくなるから。

⑤ おもりの質量も物体の質量も変化せず，物体は静止していて変わらないから。

[2]　次の文章を読んで，後の(1)～(4)の問いに答えなさい。

２年生のとき，由美さんは「純粋な水(精製水)は電流を流さないが，水酸化ナトリウムなどをとかすと水を電気分解することができ，水素と酸素ができる」と学んだ。また，３年生になって，電気分解がイオンと関係があることを以下の実験１を通して学んだ。

[実験１]　次のページの図１のような装置をつくり，塩化銅水溶液に約３Ｖの電圧を加え，電流を流した。電流を流しているときの，陰極や陽極の様子を観察した。

（結果）　陰極の表面に赤色の物質が付着した。陽極の表面からはプールの消毒のような臭いがする気体が発生した。

（考察）　陰極には銅が付着し，陽極には塩素が発生したことから，塩化銅水溶液の中に「銅原子のもと」と「塩素原子のもと」になる粒子があると考えられる。＋の電気と－の電気の間には，互いに引き合う力がはたらくことから，塩化銅水溶液の中にある「銅原子のもと」は（ア）の電気を帯びていて，「塩素原子のもと」は（イ）の電気を帯びていると考えられる。

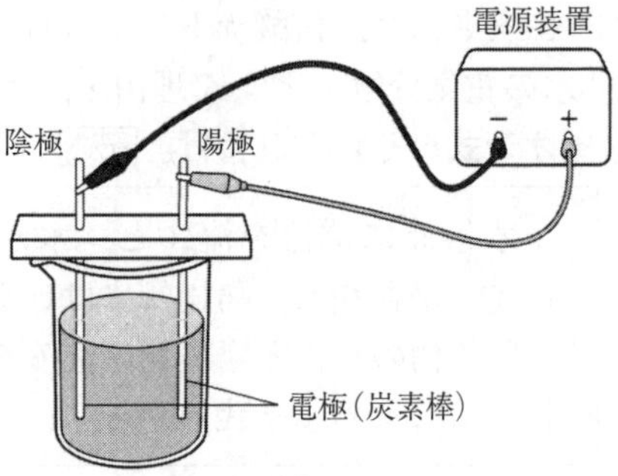

図1

3年生で学んだことを活用して，2年生で学んだ水の電気分解を探究しようと考えた由美さんは，以下のような4つの実験を行った。

実験2　硫酸ナトリウムを水にとかして，緑色のBTB溶液を加えた。

（結果）　溶液の色は緑色のままであった。

（考察）　硫酸ナトリウム水溶液は（ウ）性の溶液である。

実験3　実験2でできた緑色の溶液を，図2のような装置に入れて電流を流した。電流を流しているときの，陰極や陽極の様子を観察した。

（結果）　陰極と陽極から気体が発生した。溶液の色が陰極側では青色に，陽極側では黄色に変化した。

（考察）　電気分解をすると，陰極側は（エ）性に，陽極側は（オ）性に変化した。

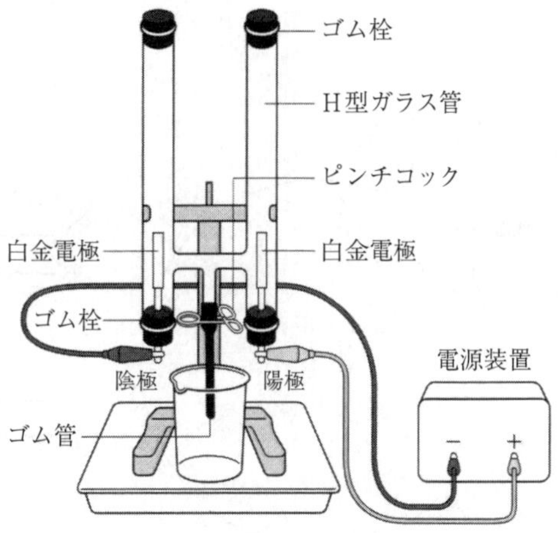

図2

実験4　陰極側の気体には，火のついたマッチを近づけ，陽極側の気体には火のついた線香を入れ，実験3で発生した気体の性質を調べた。

（結果）　陰極から発生した気体は，ポンと音を立てて燃え，陽極から発生した気体の中では，線香が炎を出して激しく燃えた。

（考察）　陰極から発生した気体は水素，陽極から発生した気体は酸素である。

実験5　実験3でできた陰極側の青色の溶液と陽極側の黄色の溶液を混ぜた。

（結果）　溶液の色が緑色になった。

(1)　(ア)，(イ)に入る語の組合せとして，正しいものはどれか。4

	①	②	③	④
ア	＋(正)	＋(正)	－(負)	－(負)
イ	＋(正)	－(負)	＋(正)	－(負)

(2)　(ウ)～(オ)に入る語の組合せとして，正しいものはどれか。5

	①	②	③	④	⑤	⑥
ウ	酸	酸	アルカリ	アルカリ	中	中
エ	中	アルカリ	中	酸	アルカリ	酸
オ	アルカリ	中	酸	中	酸	アルカリ

(3)　実験3で，陽極に集まった気体の体積は，陰極に集まった気体の体積の何倍か。6

①　0.25倍　　②　0.5倍　　③　1倍　　④　2倍　　⑤　4倍

(4) 由美さんは，硫酸ナトリウム水溶液に電流を流す実験を「硫酸ナトリウムの電気分解」とよばず，「水の電気分解」とよぶ理由を，実験の結果から次のように考えた。次の文中の(カ)～(ケ)に入る**イオン式**をそれぞれ書け。記述

> 水溶液に電流を流すと，水が水素と酸素に分解されるだけでなく，陰極側には(カ)と(キ)が存在し，陽極側には(ク)と(ケ)が存在する。
> 陰極側の溶液と陽極側の溶液を混ぜると，(カ)と(ク)は反応して水になるが，(キ)と(ケ)はそのまま残るから。

3 次の(1)，(2)の問いに答えなさい。

(1) ある細胞を顕微鏡で観察することにした。対物レンズを一番低倍率のものにして，10倍の接眼レンズをのぞきながら，反射鏡を調節して，視野全体が均一に明るく見えるようにした。ステージにプレパラートをのせ，10倍の対物レンズで観察したところ，細胞は図1のように見えた。

次に，接眼レンズはそのままの倍率で，対物レンズを40倍にして，その細胞を観察した。下の文中の(ア)～(ウ)に入るものの組合せとして，正しいものはどれか。7

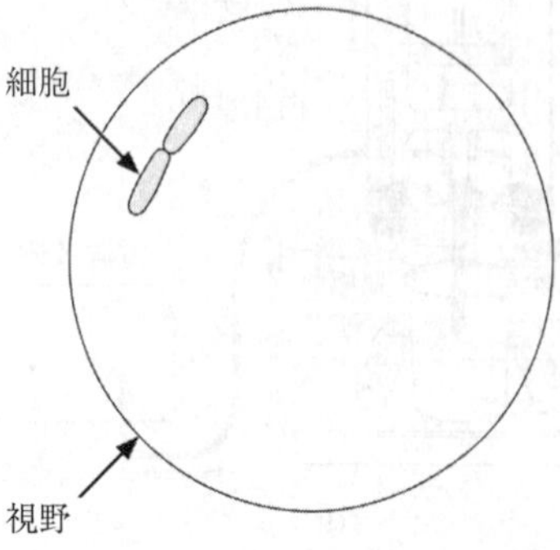

図1

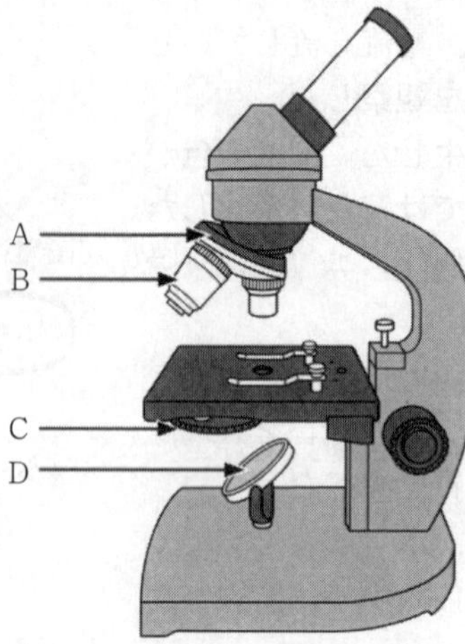

図2

図2の(ア)の部分を持って，40倍の対物レンズに替えて，ピントを合わせる。次に，その細胞が視野の中央に来るように，プレパラートを(　　イ　　)の方向に動かす。最後に，(ウ)を使って，細胞が最もはっきり見えるように調節する。

	①	②	③	④	⑤	⑥	⑦	⑧
ア	A	A	A	A	B	B	B	B
イ	右斜め下	右斜め下	左斜め上	左斜め上	右斜め下	右斜め下	左斜め上	左斜め上
ウ	C	D	C	D	C	D	C	D

(2) 世界の食糧として重要な作物にコムギ，ダイズ，トウモロコシ，イネ，ジャガイモがあげられる。これらの作物がどのような特徴をもつか，実際に育てて調べた。次の文中の(エ)～(キ)に入るものの組合せとして，正しいものはどれか。8

それぞれの茎の断面を調べたところ，維管束がバラバラに存在する植物は(エ)種類あった。また，根のつき方を調べたところ，主根と側根をもつ植物は(オ)種類あった。ダイズの種子を2つ

に割って，その断面にヨウ素溶液を数滴たらすと，子葉の部分が青紫色に変化したことから（ カ ）種子であることがわかった。ジャガイモは他の植物と異なり，種子以外の（ キ ）の部分に多くのデンプンを蓄えていた。

	①	②	③	④	⑤	⑥	⑦	⑧
エ	2	2	2	2	3	3	3	3
オ	3	3	3	3	2	2	2	2
カ	無胚乳	無胚乳	有胚乳	有胚乳	無胚乳	無胚乳	有胚乳	有胚乳
キ	根	茎	根	茎	根	茎	根	茎

4

次の文章を読んで，後の(1)～(3)の問いに答えなさい。

学くんは，オオカナダモの光合成と呼吸による二酸化炭素の出入りを比較する実験を，次の方法で行い，以下の結果を得た。

【方法】

1．青色のBTB溶液にストローをさして息を吹き込み，二酸化炭素で溶液を緑色に変化させた。

2．1．の溶液を6本の試験管に分けた。A，B，Cはオオカナダモを入れてゴム栓で密閉した。D，E，Fはオオカナダモを入れずにゴム栓で密閉した。

3．下の図のように，AとDは光の当たるところに，BとEはうす暗いところに，CとFは暗室に，それぞれ4時間置いた。また，溶液の温度はすべて同じ温度で一定に保った。

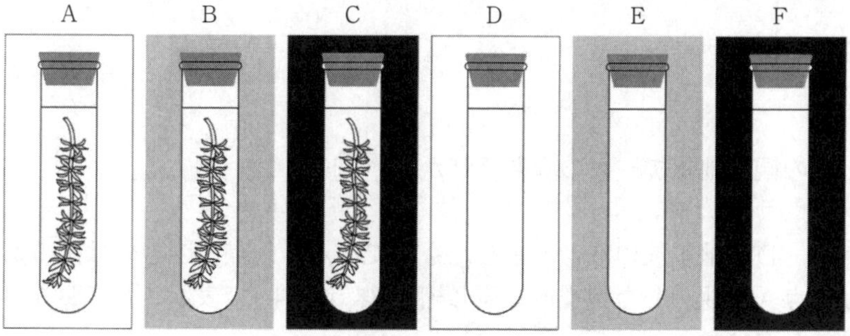

【結果】

試験管	A	B	C	D	E	F
溶液の色	青色	緑色	黄色	緑色	緑色	緑色

(1) オオカナダモの光合成のはたらきによって，試験管中の溶液の色が変化することを確かめた。比較する試験管の組合せとして，正しいものはどれか。[9]

① AとD　② AとF　③ BとD

④ BとF　⑤ CとD　⑥ CとF

(2) 試験管Bの溶液の色は変化せず，緑色のままであった。その理由として，正しいものはどれか。

[10]

① うす暗いところでは，オオカナダモが光合成によって吸収した二酸化炭素の量が，呼吸で放出した二酸化炭素の量と等しかったから。

② うす暗いところでは，オオカナダモが光合成によって吸収した酸素の量が，呼吸で放出した二酸化炭素の量と等しかったから。

③　うす暗いところでは，オオカナダモが光合成によって吸収した二酸化炭素の量が，呼吸で放出した酸素の量と等しかったから。

(3)　青色に変化した試験管Aの溶液にうすい酢を加え，再び緑色にした。この試験管Aをもう一度光の当たるところに4時間置いたが，この実験では青色に変化することはなかった。再びオオカナダモの光合成によって青色に変化させるためには，どのような操作が必要か，簡単に述べよ。ただし，うすい酢はオオカナダモに影響しない。記述

5　次の〔Ⅰ〕，〔Ⅱ〕の文章を読み，後の(1)～(6)の問いに答えなさい。

〔Ⅰ〕 ある地震に対して，図1中の点(●)で示した4地点で地震波を観測し，その結果を表1に示した。A地点における震源までの距離は50kmであった。なお，地震波の伝わり方は震源を中心に四方八方に同じ速さで理想的に伝わるものとする。また，図1に示した領域は，同じ平面で均一な地質であるものと考える。

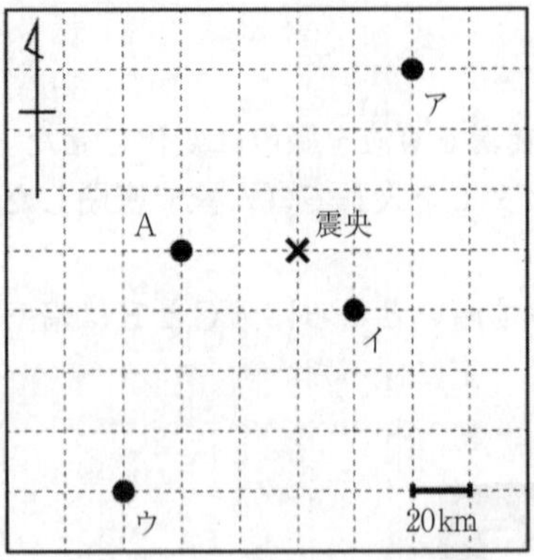

図1　震央と地震波の観測地点

表1　地震波の到着時刻

地点	P波の到着時刻	S波の到着時刻
A	9時20分25秒	9時20分32秒
B	9時20分23秒	9時20分29秒
C	9時20分31秒	9時20分41秒
D	9時20分36秒	9時20分50秒

(1)　表1中の地点Cは，図1中の観測地点ア～ウのうちどれか。11

①　ア　　②　イ　　③　ウ

(2)　次の図は，表1中の地点A～Dの地震波の波形を示したものである。地点Bのものは次の選択肢のうちどれか。なお，図は地点Aで観測した地震波と同じ縮尺(スケール)で表示されており，初期微動から主要動へ移り変わった部分のみ示している。12

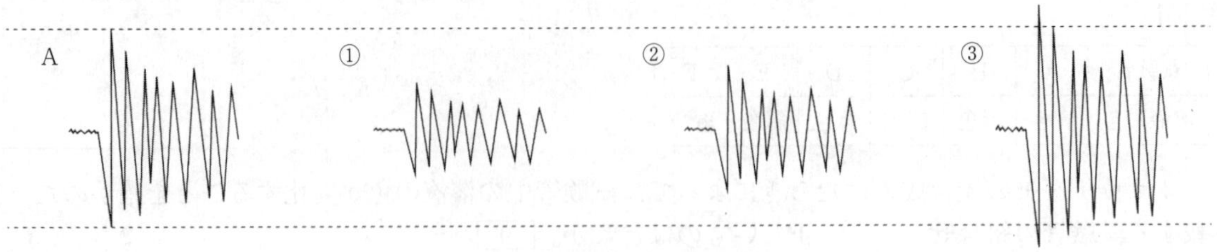

(3)　この地震の震源の深さとして，最も近いものはどれか。13

①　30km　　②　40km

③　46km　　④　53km

⑤　56km

(4)　この地震が発生した時刻として，最も近いものはどれか。14

①　9時19分30秒　　②　9時19分45秒

③　9時20分00秒　　④　9時20分15秒

〔Ⅱ〕 次の図２・３はハワイ島で撮影した写真である。

図２　マウナ・ケア山の遠景

図３　ハワイ島の溶岩

(5) 図２に示したマウナ・ケア山は，山の標高に対して，すそ野の距離が大変長いことで知られている。この火山や，この火山をつくったマグマの性質として，正しいものをそれぞれ選べ。

火山の噴火の様子 15 ① 激しく爆発的に噴火する　② 比較的おだやかに噴火する

マグマのねばりけ 16 ① ねばりけが強い　② ねばりけが弱い

(6) 図３はハワイ島で観察された溶岩である。マウナ・ケア山も同様の火成岩でできている。この火成岩の名称と，この火成岩と同様のものを顕微鏡で観察した際に見られる組織を示した図の組合せとして正しいものはどれか。ただし，A，Bは同じ倍率で観察している。 17

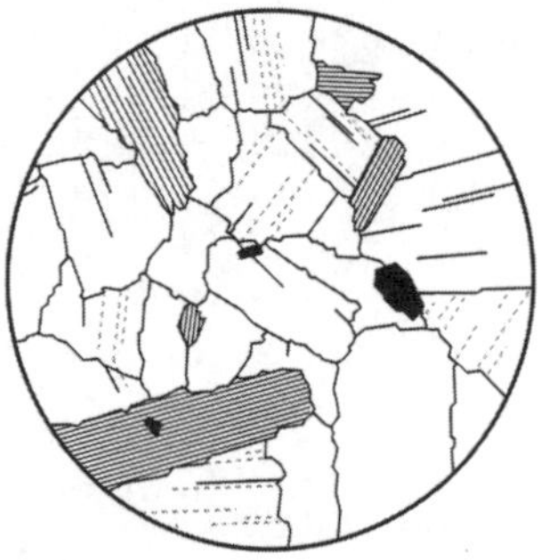

A

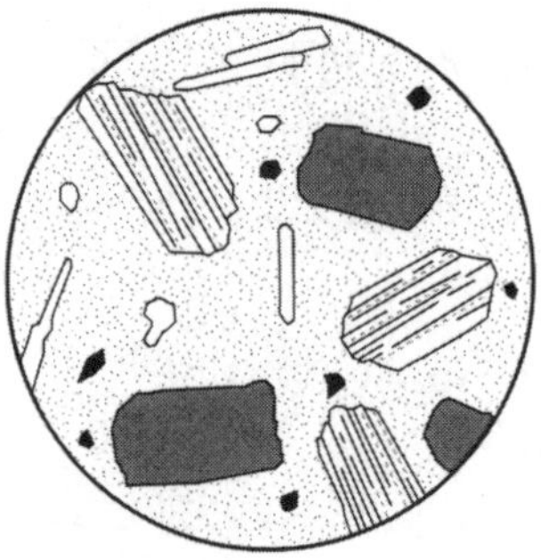

B

	①	②	③	④	⑤	⑥
火成岩の名称	流紋岩《りゅうもんがん》	流紋岩	閃緑岩《せんりょくがん》	閃緑岩	玄武岩《げんぶがん》	玄武岩
火成岩の組織	A	B	A	B	A	B

6　16Ωの電熱線Pと常温の水を用いて図1の装置を組み，電熱線Pに8Vの電圧を加えて実験すると，水の温度上昇は図2のPのグラフのようになった。

次に，抵抗値不明の電熱線Qを用いて，カップに同量の常温の水を入れ，電熱線Qに8Vの電圧を加えて実験すると，水の温度上昇は図2のQのグラフのようになった。後の(1)～(4)の問いに答えなさい。

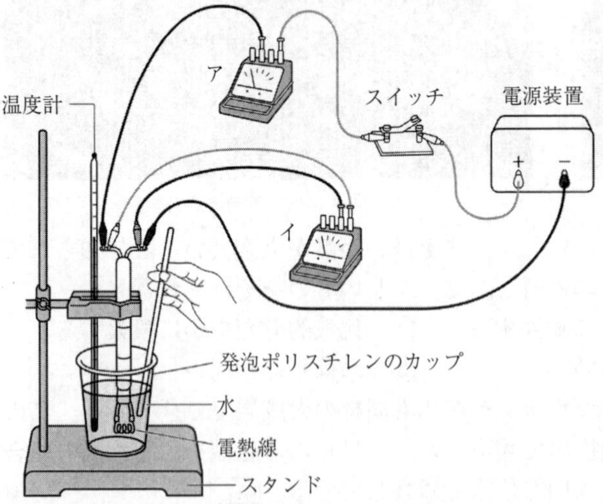

図1

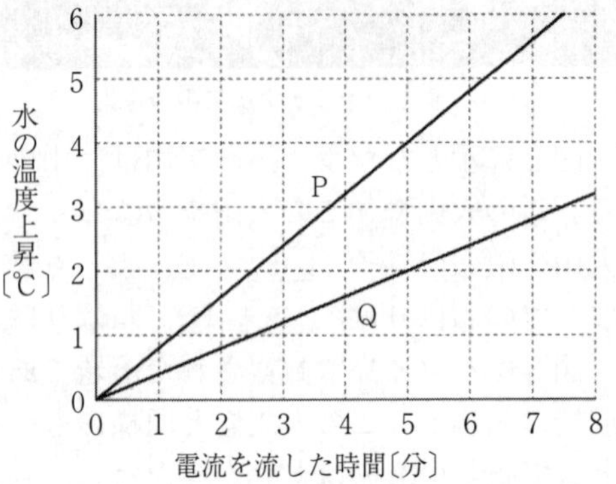

図2

(1)　図1のアとイの測定器はそれぞれ何か。ア　18　イ　19

①　電流計　　②　電圧計

(2)　次の各値を，後の①～⓪から選んでそれぞれ答えよ。

Pに流れる電流〔A〕　20

Pの消費電力〔W〕　21

Qの消費電力〔W〕　22

Qに流れる電流〔A〕　23

Qの電気抵抗〔Ω〕　24

①　0.125　　②　0.25　　③　0.5　　④　1　　⑤　2

⑥　4　　⑦　8　　⑧　16　　⑨　24　　⓪　32

(3)　5分間のPの電力量は何Jか。記述

(4)　図1の装置のカップに同量の常温の水を入れ，電熱線Pに4Vの電圧を加えて実験すると水の温度上昇はどうなるか。この場合のグラフを描け。なお，解答用紙には図2中のPのグラフが示してある。記述

7　次の〔Ⅰ〕，〔Ⅱ〕を読み，後の(1)～(5)の問いに答えなさい。

〔Ⅰ〕　水とエタノールについて，それぞれ以下のような実験を行い，温度の上昇の仕方を調べた。

実験1　密度1.0g/cm^3，10℃の水10cm^{3}を試験管に取り，ガスバーナーで加熱している湯の中に試験管を入れることで，一定のエネルギーを与え続けた。

実験2　密度0.80g/cm^3，10℃のエタノール10cm^{3}を試験管に取り，実験1と同様にガスバーナーで加熱している湯の中に試験管を入れることで，実験1と同じ量のエネルギーを与え続けた。

この実験における水とエタノールの温度変化を示したものが次のページの図1である。なお，実

験において液体が全てなくなることはなかった。

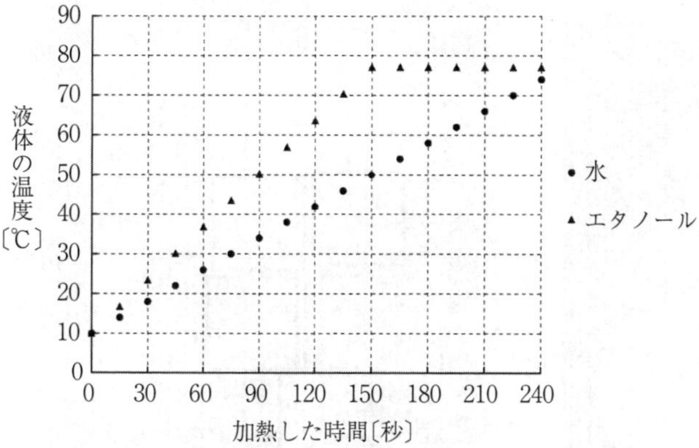

図1

(1) エタノールが沸騰《ふっとう》し始めると，液体の温度変化はみられなくなった。この理由を述べた以下の文にあてはまる語句を X は**漢字一文字**， Y は**漢字四文字**でそれぞれ書け。[記述]

与えられる X エネルギーが， Y に用いられたため。

(2) エタノールに関する記述として**誤っているもの**はどれか。[25]

① エタノールを空気中で燃焼させると二酸化炭素と水になり，熱と光が出る。
② 液体のエタノールは，固体にすると体積は小さくなり，気体にすると体積は大きくなる。
③ 温めたエタノールにアサガオの葉を入れると，アサガオの葉は脱色される。
④ エタノールを石灰岩にかけると，二酸化炭素が発生する。

(3) 液体の水やエタノールの温度が上昇するとき，加熱した時間 x と液体の温度 y との間には，図1のように $y=ax+b$ の関係がみられる。このことから言えることとして適当なものはどれか。[26]

① 液体の温度上昇は，与えられたエネルギーの量に比例する。
② 2つのグラフの傾き a の比が，同じ質量あたりの温まりやすさの違いを示す。
③ 液体に与えられるエネルギーの量を大きくすると， a の値は小さくなる。
④ 試験管内の液体の体積を2倍にして同じ実験を行うと， a の値も2倍になる。

〔Ⅱ〕 次に，1.0g/cm^3 の水と0.80g/cm^3 のエタノールをそれぞれ50cm^3 ずつ混ぜて，(a)水とエタノールの混合物をつくった。この30℃の水とエタノールの混合物を10cm^3 取り，〔Ⅰ〕と同様な加熱方法で一定のエネルギーを与えて温度変化を調べた。なお，実験において液体が全てなくなることはなかった。

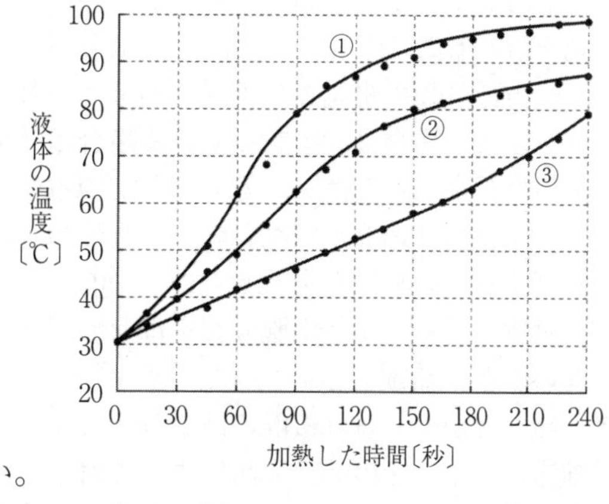

(4) 下線部(a)の水とエタノールの混合物の体積〔cm^3〕を，小数第1位まで求めよ。ただし，この水とエタノールの混合物の密度は0.92g/cm^3 であり，小数第2位の値を四捨五入せよ。[記述]

(5) この水とエタノールの混合物の温度変化を表しているグラフとして最も適当なものはどれか。[27]

8 次の文章を読み，後の(1)〜(6)の問いに答えなさい。

図1は，ダチョウとニワトリの卵の大きさを比較したものである。図2は，ダチョウの卵殻の表面の写真である。卵殻には小さなあながあいていて，酸素や二酸化炭素，水蒸気などを通すことができ

る。ニワトリの卵にも，肉眼では見えないが小さなあながあいていて，気体を通すことができる。

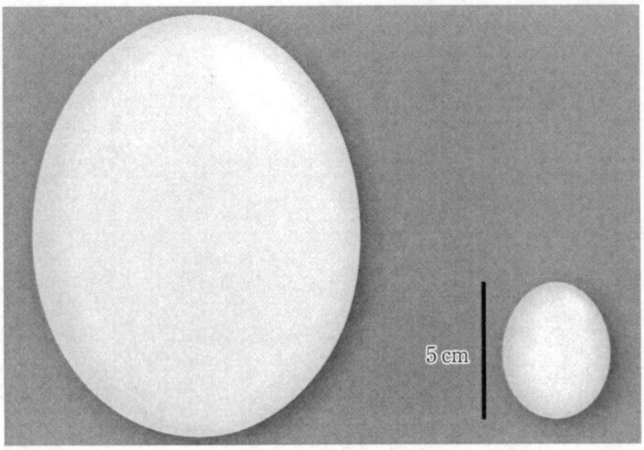

図1

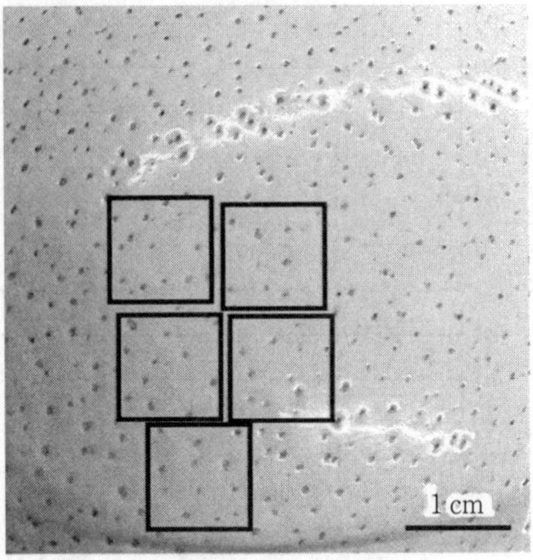

図2

(1)　ダチョウの卵を直径16cmの球形とみなし，卵の表面積を求めると，およそいくらか。ただし，円周率は3.14として計算せよ。28

①　25cm^2　②　50cm^2　③　200cm^2　④　800cm^2

⑤　2000cm^2　⑥　3200cm^2　⑦　17000cm^2

(2)　図2の卵殻の写真において，面積1cm^{2}の正方形を5ヶ所取り出し，あなの数を数えると，それぞれ14，13，15，14，14個であった。これらの平均の値と，(1)で求めた卵の表面積から，卵1個あたりのあなの数を求めると，およそいくらか。29

①　350　②　700　③　2800　④　11000

⑤　28000　⑥　45000　⑦　2380000

(3)　ある資料によると，ニワトリの卵1個あたりのあなの数はおよそ1万個であった。単位面積あたりのあなの数を，ダチョウとニワトリとで比較すると，どのようになっているか。30

①　ダチョウの方が多い

②　ニワトリの方が多い

③　ダチョウとニワトリとでは，ほぼ同じである

(4)　鳥類は産卵後，卵をあたためる行動をする。これは，現在は鳥類が行う行動であるが，一部の恐竜も行っていたと予測されている。いくつかの共通した特徴から，鳥類は恐竜から進化したという説が現在有力になっている。

一方，鳥類の祖先として長い間考えられていたものに始祖鳥がある。始祖鳥に関する次の文を読み，正しい場合は①，誤っている場合は②をそれぞれマークせよ。

(ア)　始祖鳥は，1億5000万年ほど前の古生代の地層から化石として発見された。31

(イ)　始祖鳥は，翼，羽毛といった鳥類の特徴と，歯，爪といったハチュウ類の特徴という，2つのグループの特徴を合わせもつ。32

(5)　動物の受精卵が体細胞分裂をはじめてから，自分で食物をとりはじめる前までの個体のことを何というか。記述

(6)　卵などがつくられる際の減数分裂では，親の細胞で対をなす同じ長さの染色体が，1本ずつ生殖細胞に入る。その後，受精によって対をなす染色体の1本ずつが両親から子に引き継がれる。図3は減数分裂と受精のときの染色体の組合せを模式的に示したものである。

ニワトリの雌親，雄親の染色体のうち4本ずつを，図4のように染色体A～Hとした。ABEF，

CDGHはそれぞれ同じ長さの染色体である。

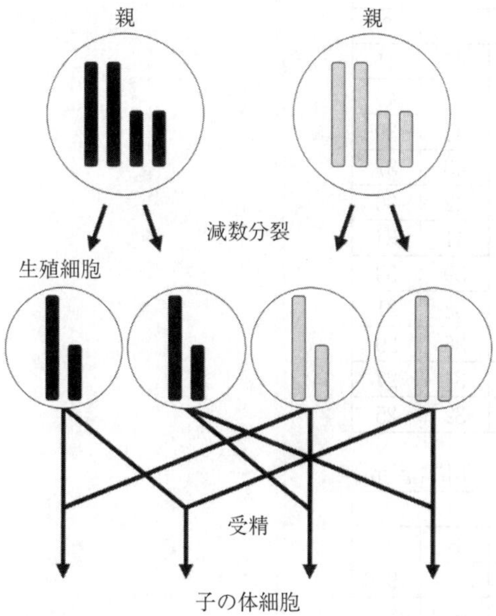

図3

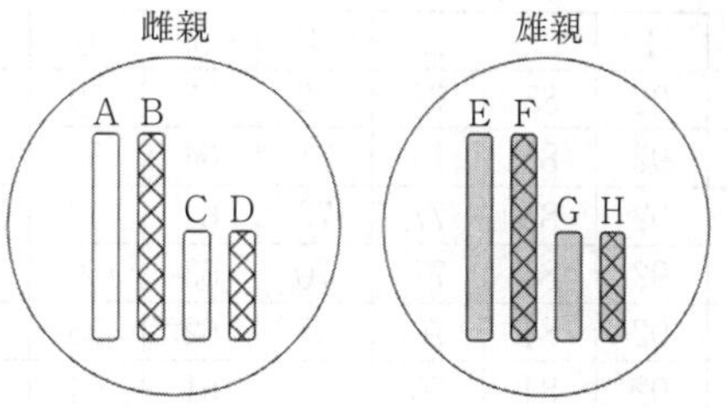

図4

図3を参考に，ニワトリの子に引き継がれる染色体の組合せとして考えられるものを2つ選べ。ただし，解答の順序は問わない。[33] [34]

① ABEF
② CDGH
③ AECG
④ AEFH
⑤ ACEF
⑥ BCEH
⑦ BDGH
⑧ CDEF

9 次の文章を読み，後の(1)～(6)の問いに答えなさい。

東京と秋田とがどれくらい離れているかを考えてみよう。ここで，地球は完全な球で，その全周は4万kmとし，東京と秋田とは同じ経度とみなして考えよう。東京と秋田とで，北極星の見える高度が4°異なっているとすると，東京と秋田とは約（ A ）km離れていることがわかる。

また，ある日の東京の気象観測の結果は次の通りであった。

風向：東北東の風　風力：1　天気：くもり

その日，秋田で乾湿計を使って，湿度を求めると，乾球25℃，湿球（ B ）℃であったので，次のページの表1をもとに求めると，湿度は84％であった。その時の天気図を見ると，秋田を温暖前線が通過していた。秋田に雨を降らせた雲は（ C ）だと考えられる。また，東京では，気温が30℃で，露点が22℃であったので，表2をもとに求めると，湿度は（ D ）％であった。その時に，東京には停滞前線がかかっていた。

表1　湿度表

		乾球と湿球との温度の読みの差〔℃〕									
		0	1	2	3	4	5	6	7	8	9
乾球の温度〔℃〕	30	100	92	85	78	72	65	59	53	47	41
	29	100	92	85	78	71	64	58	52	46	40
	28	100	92	85	77	70	64	57	51	45	39
	27	100	92	84	77	70	63	56	50	43	37
	26	100	92	84	76	69	62	55	48	42	36
	25	100	92	84	76	68	61	54	47	41	34
	24	100	91	83	75	68	60	53	46	39	33
	23	100	91	83	75	67	59	52	45	38	31
	22	100	91	82	74	66	58	50	43	36	29
	21	100	91	82	73	65	57	49	42	34	27
	20	100	91	81	73	64	56	48	40	32	25

表2　気温と飽和水蒸気量の関係　〔単位：g/m^3〕

		1℃単位における温度〔℃〕									
		0	1	2	3	4	5	6	7	8	9
10℃単位における温度〔℃〕	40	51.1	53.7	56.4	59.3	62.2	65.3	68.5	71.9	75.4	79.0
	30	30.3	32.0	33.7	35.6	37.6	39.6	41.7	43.9	46.2	48.6
	20	17.2	18.3	19.4	20.6	21.8	23.0	24.4	25.8	27.2	28.7
	10	9.39	10.0	10.7	11.3	12.1	12.8	13.6	14.5	15.4	16.3
	0	4.85	5.19	5.56	5.94	6.36	6.79	7.26	7.75	8.27	8.81

夕方，東京で西の空に惑星が見えた。この惑星は明け方か夕方にしか観測できない。また，満ち欠けをすることがわかった。この惑星を探査機から観測した時に表面に大きなクレーターが見られれば(E)で，クレーターが見られなければ(F)であると考えられる。

みなさんも，是非，気象や天体の観測を通して，さまざまなことに気づいてほしい。

(1)　(A)にあてはまる数値を整数で求めよ。ただし，割り切れない場合は，小数第1位を四捨五入せよ。記述

(2)　太陽の南中高度や季節の変化について述べた次のア～カの文が正しければ①を，誤っていれば②を選べ。

ア　春分の日の太陽の南中高度は，東京より秋田の方が高い。 35

イ　夏至の日の昼の時間は，東京より秋田の方が長い。 36

ウ　昼と夜の長さの季節変化は，東京より秋田の方が小さい。 37

エ　秋分の日の太陽は，東京より秋田の方が，真東よりやや南側でのぼる。 38

オ　冬の降水量は，東京より秋田の方が多い。 39

カ　夏の平均気温は，東京より秋田の方が高い。 40

(3)　下線部の天気図記号を解答欄に描け。記述

(4)　(B)と(C)にあてはまるものの組合せはどれか。 41

	①	②	③	④	⑤	⑥	⑦	⑧
B	25	25	24	24	23	23	22	22
C	乱層雲	積乱雲	乱層雲	積乱雲	乱層雲	積乱雲	乱層雲	積乱雲

(5)　(D)に最も近いものはどれか。 42

①　85　　②　70　　③　64　　④　57

(6) (E)と(F)にあてはまるものの組合せはどれか。 43

	①	②	③	④	⑤	⑥	⑦	⑧	⑨
E	水星	水星	水星	金星	金星	金星	火星	火星	火星
F	金星	火星	木星	水星	火星	木星	水星	金星	木星

10 2台の車が，壁Aと壁Bの間を異なる一定の速さで往復している。車は壁にぶつかると，速さを変えることなく向きだけ反対になり，はね返る。はじめ，図1のように2台の車は壁に接触した状態から同時にスタートした。スタート時の2台の距離はLであった。次に，図2のように壁Bの側から40cm離れたところで初めてすれ違った。その後，2台の車はそれぞれ壁ではね返り，図3のように壁Aの側から15cm離れたところで二度目のすれ違いが起こった。距離Lは何cmか。

記述

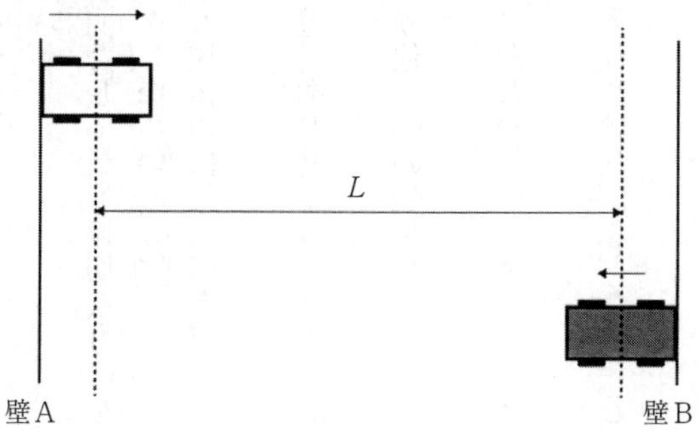

図1

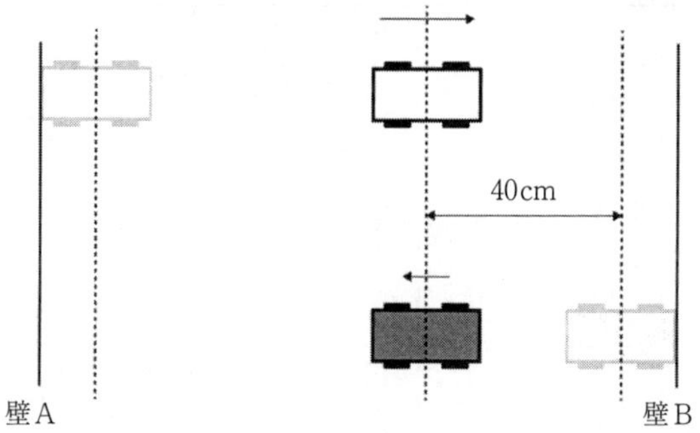

図2

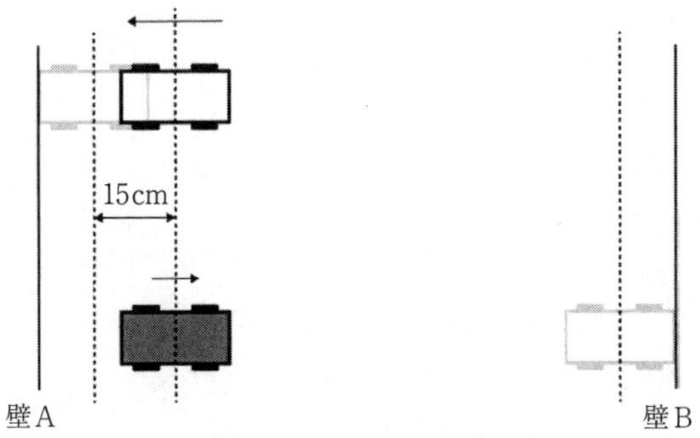

図3

④ 決して言い訳してはいけない、ということ。

⑤ よしあしを論じてはいけない、ということ。

問7　Ⅰ・Ⅱの章段に共通することの説明として最も適切なものを、次の①～⑤のうちから一つ選んでマークしなさい。23

① 充実した人生を送るためには何事も控えめに行うべきだ、ということ。

② 他人と比較することなく自分の得意分野に専念すべきだ、ということ。

③ 愚かな人ほど物事に執着するあまり他者への配慮がない、ということ。

④ 自分が究めていない領域にむやみに関わってはいけない、ということ。

⑤ 不都合な事であっても現実を受け入れなければならない、ということ。

問題作成上、原文の一部を改変したところがある。

なる誤りなるべし。＊文字《もんじ》の法師、＊暗証《あんしょう》の禅師《ぜんじ》、互ひに測りて、D己にしかずと思へる、ともに当たらず。

己が境界《きやうがい》にあらざるものをば、争ふべからず、E是非すべからず。

〈一九三段〉

（注）＊行末もなし。＝将来もない。

＊下愚の人＝最も愚かな人。

＊文字の法師＝仏教の教えを研究するが実践を伴わない僧侶。

＊暗証の禅師＝座禅の実践はするが仏教の教えに暗い僧侶。

問1　波線部a「覚えむ」・b「拙き人」の意味として最も適切なものを、後の各群の①～⑤のうちからそれぞれ一つずつ選んでマークしなさい。a [17]・b [18]

a　覚えむ

①　期待するような　②　疑われるような

③　思われるような　④　記憶しているような

⑤　悟ろうとするような

b　拙き人

①　俊敏な人　②　手堅い人

③　下手な人　④　悪賢い人

⑤　愚かな人

問2　傍線部A「あいなく見ぐるし。」は「うとましく、みっともない。」という意味である。これと対比されている表現を、Ⅰの本文中から十五字以内で抜き出しなさい（句読点を含む）。[記述]

問3　傍線部B「その趣を知りなば、おぼつかなからずしてやむべし。」の解釈として最も適切なものを、次の①～⑤のうちから一つ選んでマークしなさい。[19]

①　おおよその趣旨を理解したならば、たとえ身につかなかったとしてもあきらめるのが望ましい。

②　だいたいの様子がわかったならば、一通り不審な点がなくなったという程度でやめるのがよい。

③　風流を感じることができたならば、あいまいなままにしてはっきりさせないことが奥ゆかしい。

④　その意図を理解することができたならば、全く覚えられなかったとしても不都合なことはない。

⑤　その本質を伝え聞くことができたならば、仮に全体像が把握できなくても気にやむことはない。

問4　傍線部C「さらに当たるべからず。」は「まったく筋道にあわない。」ということだが、それはなぜか。その説明として最も適切なものを、次の①～⑤のうちから一つ選んでマークしなさい。[20]

①　ものの道理にくらいのに、自己だけを基準として他人の能力をおしはかっているから。

②　世間の人と交わらず自分の殻に閉じこもるあまり、客観的な自己評価ができないから。

③　自分の優秀さは他の分野の者には評価できないという、先入観にとらわれているから。

④　愚かな人は他人の評価をそのまま受け入れて満足し、自分で判断しようとしないから。

⑤　分野が異なるのに能力の有無を特定の専門家の判断に任せていて、客観性がないから。

問5　傍線部D「己にしかず」の意味として最も適切なものを、次の①～⑤のうちから一つ選んでマークしなさい。[21]

①　自分には足りない　②　自分には及ばない

③　自分ほど鈍くはない　④　自分ほど悪くはない

⑤　自分ほど下手ではない

問6　傍線部E「是非すべからず。」の説明として最も適切なものを、次の①～⑤のうちから一つ選んでマークしなさい。[22]

①　成否の判断をしてはいけない、ということ。

②　どうあってもしてはいけない、ということ。

③　あれこれと迷ってはいけない、ということ。

その考えが単なる偏見であったことに気づき、認識を改めさせられたということ。

② サリマの作文を読んで、感情を表す言葉を用いなくても、人間がどのように生き、何を感じているのかは表現できるのだということに気づいた英語教師は、今までの自分の教え方を反省させられたということ。

③ サリマの作文を読んで、人間は祖国に対してだいたい同じような想いを抱くものだと信じてきた英語教師は、それとは全く異なる移民の存在に気がつき、驚くと同時に自分の考え方を一新させられたということ。

④ サリマの作文を読んで、プレゼンテーションにおいては簡単な言葉で、かつ言葉数も少なくした方がかえって訴える力を生むことに気づかされた英語教師は、発表に対する指導方法の変更を迫られたということ。

⑤ サリマの作文を読んで、人間の生きる営みはどこでも同じなのだということに改めて気づかされた英語教師は、移民たちが祖国を特別視して当然だというこれまでの思い込みを、根底からくつがえされたということ。

問7 傍線部F「『サリマ』の完成である。」とはどういうことか。その説明として最も適切なものを、次の①～⑤のうちから一つ選んでマークしなさい。15

① サリマの下の息子への思いが込められた「私の故郷」は、これから離れて暮らす彼にとって、母親からのかけがえのない贈り物になったということ。

② サリマの書いた作文は、英語教師が意図していた「私の故郷」とは大きく異なり、サリマ自身の経験だけを書き連ねた特異な作品になったということ。

③ サリマが苦労して英語で「私の故郷」を作り上げていく過程を英語教師はずっと見てきたので、その努力に報いるために「サリマ」をタイトルにしたということ。

④ サリマの人柄にひかれて、ハリネズミと英語教師が協力した結果「私の故郷」が完成したので、「サリマ」こそがタイトルとしてふさわしいものになったということ。

⑤ サリマの作ったものは、英語教師の指示とは異なり視覚や聴覚に訴えるプレゼンテーションではなかったため、「私の故郷」とは言えないものになっているということ。

問8 二重傍線部「ぜひ」と同じはたらきをしている語句として最も適切なものを、破線部a～eのうちから一つ選び、その番号をマークしなさい。16

① a つまり　② b なかなか

③ c さらに　④ d なにより

⑤ e しばし

三

次のⅠ・Ⅱの文章はともに『徒然草《つれづれぐさ》』中の章段である。これを読んで、後の問いに答えなさい。

Ⅰ　ある人の言はく、年五十になるまで上手に至らざらむ芸をば捨つべきなり。励み習ふべき＊行末《ゆくすゑ》もなし。老人のことをば、人もえ笑はず。衆に交はりたるも、Aあいなく見ぐるし。大方《おほかた》、万《よろづ》のしわざはやめて、暇《いとま》あるこそ、目やすくあらまほしけれ。世俗の事に携はりて生涯を暮らすは、＊下愚《かぐ》の人なり。ゆかしくa覚えむことは、学び聞くとも、Bその趣を知りなば、おぼつかなからずしてやむべし。もとより望むことなく、羨《うらや》まざらむは、第一なり。

〈一五一段〉

Ⅱ　くらき人の、人を測りて、その智《ち》を知れりと思はむ、Cさらに当たるべからず。

b拙《つたな》き人の、碁《ご》打つことばかりに聡《さと》く巧みなるが、賢き人の、この芸に愚かなるを見て、己《おのれ》が智に及ばずと定めて、万の道の匠《たくみ》、我が道を人の知らざるを見て、己すぐれたりと思はむこと、大き

② 自分が大学に戻ることを後押ししてくれるサリマの気持ちに報いるためにも、損得抜きにして時間と労力をささげたいという思い。

③ プロジェクト・ワークにかかる費用のうちのいくらかを支払うことで、自分も「ゲストスピーカー」の一人になりたいという思い。

④ 上手なプレゼンテーションを行うために資料を集めてまとめることは、サリマよりも自分の方がたけているから任せてほしいという思い。

⑤ 大切な友人として進んでサリマに力を貸したいと思うとともに、自分がやりたくてやったことなので気をつかわないでほしいという思い。

問4 傍線部C「さらに霧深い幻の国に思えた。」とはどういうことか。その説明として最も適切なものを、次の①～⑤のうちから一つ選んでマークしなさい。 12

① 異国での生活が長くなるにつれて、言葉が通じないことからくるつらさで祖国に対する懐かしさが徐々に募り、資料に出てくる情報が先の見えない自分にとって勇気を与える存在になったということ。

② 祖国に関してこれまで知らなかった情報を資料から得て、もともとわからないことが多かった上に異国で暮らしていることも重なり、祖国が自分にとってよりいっそう不可解な存在になったということ。

③ 祖国についての資料から得られる情報は実感を伴わないものでしかなく、遠く離れて生活するうちに不確かなものになっていた祖国が、ますます自分にとって得体の知れない、遠い存在になったということ。

④ 祖国に関するイメージはおぼろげながらもずっと抱いていたが、資料で調べていくうちに独自の文化を持っていることを改めて知り、異国に住む自分にはもはや手の届かない存在になってしまったということ。

⑤ 祖国での生活の記憶が薄れかけているところに、資料からそれを取り戻そうとしても、書かれていることが本当であるかを確かめることができず、祖国はすでに自分にとって失われた存在になってしまったということ。

問5 傍線部D「同じ太陽のはずなのに、自分が見たのだけは特別だって、私は信じてた。」とはどういうことか。その説明として最も適切なものを、次の①～⑤のうちから一つ選んでマークしなさい。 13

① ハリネズミにとって、太陽は自分なりの強い思い入れがあるものだったが、それはサリマも同様であったのだと気づいた、ということ。

② ハリネズミにとって、太陽は何の感情も呼び起こさないものだったが、それはサリマにとっても同じだったことに気づいた、ということ。

③ ハリネズミにとって、太陽は誰がどこで見ても同じものだと疑わなかったが、サリマも同じように思っていたことに気づいた、ということ。

④ ハリネズミにとって、自分が見てきた太陽とサリマが見てきた太陽とは似ていると思っていたが、実は同じであったと気づいた、ということ。

⑤ ハリネズミにとって、太陽は他人とは違った見え方をしていたが、自分が描いた太陽の絵はサリマのものと似ていることに気づいた、ということ。

問6 傍線部E「長年の馴れ合いで脳裏にこびりついてしまった垢をはがされた」とあるが、「脳裏にこびりついてしまった垢をはがされた」とはどういうことか。その説明として最も適切なものを、次の①～⑤のうちから一つ選んでマークしなさい。 14

① サリマの作文を読んで、移民たちが祖国を懐かしがったり美化したりすることはやむを得ないとあきらめていた英語教師は、

た飾り気がまったくなくいきなり終わるのだが、ぶつりぶつりと、それこそ大きな肉の塊を並べ立てたようなごつごつした文章なのに、響くものがある。こうなると「私の故郷」というタイトルがしっくりしない。

教師は先端の太いフェルトペンでタイトル「私の故郷」を二重線で塗りつぶした。サリマは何が気に入らなかったのだろうとィ身のすくむ思いでペン先を見つめ、そして女教師に視線を移した。まばたきを幾度かして、彼女は一気に書き添えた。

F「サリマ」の完成である。

(岩城《いわき》けい『さようなら、オレンジ』による)

(注) *プロジェクト・ワーク＝課題に取り組みながらさまざまな技能の習得を目指す学習方法の一つ。

*英語教師＝職業訓練学校で、サリマとハリネズミに英語を教えている女性教師。

*スロット＝硬貨の投入口。

*タイプアップ＝手書きで書かれたものをワープロ等で清書すること。

*赤毛の英語教師＝(注)の2つ目の「英語教師」と同じ人物。

*朴訥＝飾り気がないさま。

問1 波線部ア・イの本文中における意味として最も適切なものを、後の各群の①～⑤のうちからそれぞれ一つずつ選んでマークしなさい。ア 8・イ 9

ア そつなく

① 美しく ② 手際よく

③ すばやく ④ 礼儀正しく

⑤ 気持ちよく

イ 身のすくむ

① 焦る ② 祈る

③ 縮こまる ④ 遠慮する

⑤ 混乱する

問2 傍線部A「あの子だってすぐにこんな若者になる。」とあるが、ここから読み取れるサリマの思いの説明として最も適切なものを、次の①～⑤のうちから一つ選んでマークしなさい。10

① いまだに親離れができないでいる下の息子をまだまだ子どもだと思い込んでいたが、この若い教師と接したことで、やがて彼も父親との生活に慣れて自立した誠実な若者に成長すると確信した。

② 生まれた時のことについて何も知らない下の息子に祖国の話をしても理解できないと思っていたが、この若い教師と接したことで、やがて彼も祖国について他人に話せる若者に成長すると確信した。

③ これまでは下の息子に祖国の実情について教えたところで想像も及ばないものと決めつけていたが、この若い教師と接したことで、やがて彼もまっすぐに現実と向き合う若者に成長すると確信した。

④ まだ幼い下の息子は祖国での貧しい生活に到底耐えられないだろうと信じて疑わなかったが、この若い教師と接したことで、やがて彼もその厳しい環境にも適応していける若者に成長すると確信した。

⑤ 学校で祖国の文化について勉強しても下の息子はそこで何も学ばないことはわかっていたが、この若い教師と接したことで、やがて彼も自分から進んでそれを学んでいける若者に成長すると確信した。

問3 傍線部B「彼女は首を横に振って無言で微笑み返した。」とあるが、この時のハリネズミの心情を説明したものとして最も適切なものを、次の①～⑤のうちから一つ選んでマークしなさい。

11

① 「ゲストスピーカー」の役割を果たせるか不安に感じているサリマに対して、料金を支払うことで主導権を握りたいという思い。

テーマでシナリオをつくり、写真などの視覚や聴覚に訴えるものも使って短いプレゼンテーションを行うというものだった。ａつまり、下準備というわけである。仕事から帰ってきてあたたかいシャワーを浴びながら、サリマは頭の中で自分の知っていることと伝えたいことをチェスのコマのように進めたり滑らせたりして作文を仕上げようとするのだが、ｂなかなかうまくいかなかった。ハリネズミに相談すると彼女はサリマを町の図書館に連れて行き、オーディオ・ビジュアル・ルームの一角にあるコンピューターでサリマの祖国について調べ始めた。あなたの国ってこんなところなの、とハリネズミは驚愕《きょうがく》のため息をつきながら青く光るディスプレイを凝視していた。そして、彼女の脇から食い入るように画面を見つめ始めたサリマのために、傍《かたわ》らのクラスメイトはプリンターの＊スロットに小銭をあるだけ落とすと、手当たり次第にプリントアウトしていった。サリマが料金を払おうとするとＢ彼女は首を横に振って無言で微笑《ほほえ》み返した。そしてホチキスでセクションごとにパチンパチンと区別し、ｃさらに蛍光ペンでサリマが欲しがっている箇所を囲み始める。丁寧でアそつなく、ｄなによりもサリマのためを思ってここまでつきあってくれていることがありがたかった。細い指先が白いコピー用紙を繰ってはそのあいだに見え隠れする、ハチドリみたいにすばやい、いかにも器用そうな十本の指をサリマはある種の感動とともにｅしばし見つめた。そして、こういう作業が好きで厭《いと》わないハリネズミを、サリマはなんとか大学へ戻してやりたかった。子供が死んだのを自分のせいにしてすっかり自信を、自分自身をなくしたハリネズミ。この自分のために時間と労力を惜しまずさしだしてくれる、この大切な友人にこんどはサリマが力になりたかった。

　夕食後、キッチンテーブルの上に息子たちが宿題を広げるその横でサリマはこの資料と戦った。けれども、哀《かな》しいことに、そこに書いてあることは、サリマがかつて知っていた生活ではなく、単なる知識でしかなかった。息子たちが寝静まってすべて読み終えたあとには、Ｃさらに霧深い幻の国に思えた。サリマは次の晩、短い作文を書いた。それは教師の添削だらけになって紙の上で窮屈そうにしていたが、ボールペンの添削にしたがって何回も真新しい紙に書き直した。それをハリネズミが＊タイプアップしてくれた。手書き文字が印刷されるとすべてが引き締まってポーズをとっていた。まだ何かが足りない気がした。そして、最後の余白に、少女のころから日々一緒だった地平線を浮き沈みする太陽を、息子のクレヨンで描いた。翌朝、ロッカー・ルームで、それをまっさきにハリネズミに見せた。黙ってページをめくったあと、彼女はとびきりいいのができた、と笑顔になった。そして最後に付け加えられた太陽と砂地の絵をもう一度開き、しばらくそれに見入った。私の国でもこんな太陽が出てた、朝夕、こんなのが。Ｄ同じ太陽のはずなのに、自分が見たのだけは特別だって、私は信じてた。

　Ｘデーを翌日に控え、サリマの作文に＊赤毛の英語教師とたったひとりのクラスメイトが教室の一角に額を寄せている。教師は作文をみせながらプレゼンテーションをさせるつもりでいたのだったが、それは不必要だった。それは、ほんとうに＊朴訥《ぼくとつ》で、幼児並みの言葉数を連ねただけなのだが、それゆえページをめくるたび訴えるものがあった。それまで英語を教えてきてありとあらゆる国籍と言語をバックグラウンドにする生徒たちに出会ったが、自分の祖国を懐《なつ》かしがったり美化したりする移民たちが多いなか、サリマにはそれがまったくなかった。「私の故郷」というテーマにもかかわらず、サリマには故郷とか国の意識がなかった。ただ彼女に起こったことだけを、サリマは書いた。「弟たちを外であそばせて自分もいっしょにあそび」「かけっこも、うたもうたった」。そこにうれしい、かなしい、さびしい、たのしい、といった心の動きを表す言葉は一語たりともなかった。いったい少女は何を考えていたのだろう。親の手伝いをして兄弟と遊び、学校へ通う。文化や宗教の違いこそあれ、人の暮らしは似たり寄ったりだということにいまさらながら気づかされた教師は、Ｅ長年の馴《な》れ合《あ》いで脳裏にこびりついてしまった垢《あか》をはがされたような気持ちになった。話の締めくくりは、これがま囲まれているので、何が本当に必要な情報なのかを判別できないということ。

問8　本文の内容と合致するものを、次の①～⑤のうちから一つ選んでマークしなさい。 7

①　見えない人が「見て」いる空間と、見える人が目でとらえている空間とは、たとえ同じ場所で一緒に過ごしていたとしても大きく異なっており、互いに理解し合うことは難しい。

②　私たちは偶然そのルートを通っている「通行人」に過ぎないため、周囲の地形や建物がそのようになっていることの必然性について、普段はほとんど考えない。

③　都市で生活していると、大型スクリーンや看板などの情報が過剰に私たちの視覚に訴えかけてきて、人間が本来持っているはずの豊かな感受性が希薄になりがちである。

④　そもそも人間の行動は周りの環境に誘発されることが多く、子どもは大人よりも環境に影響されやすいのだから、子どもの「いたずら」は抑制されるべきものではない。

⑤　資本主義システムはさまざまな視覚刺激で人の欲望をかき立てて商品を買わせようとするものなので、現代社会では情報の影響を受けて行動する度合いが高まっている。

二　次の文章を読んで、後の問いに答えなさい。

――「サリマ」はアフリカの祖国での混乱を逃れ、四年前に家族でオーストラリアへやってきた。二年半前に夫と別居し、それ以降は息子二人と暮らしてきたが、夫からの連絡をきっかけに息子たちは夫のもとに引き取られることになった。「ハリネズミ」は、サリマと職場が同じで、職業訓練学校でもいっしょに英語を学んでいるアジア人女性である。――

「お母様にお国のことを子供たちにお話ししていただけたら、と思いまして」

　下の息子の担任の教師に声をかけられたのは、息子を学校に迎えに行ったときだった。終業のベルが鳴ると同時に飛び出してくる子供たちのあとから、若い教師は背筋をまっすぐ伸ばしてサリマのまえに立った。

（中略）

　息子さんがもうすぐ転校する前に、お話をきかせていただけませんか。いま「多文化のわが国」というテーマで勉強しているものですから、サリマさんからだったら資料から学べないアフリカが伺えるのではないかと期待しております。子供たちはサリマさんのお話をもとに、＊プロジェクト・ワークを行います。仕上がったら、ぜひ、息子さんにも送ってあげてください。

　断る理由なんか見つからなかった。サリマ自身にとっても祖国なんてあるようでないような幻の存在になってしまって、故郷について息子たちには、とくに幼かった下の息子には多くを語ることはなかった。どんなに言葉を尽くしても彼らに自分たちの故郷を授けることはできないと信じて疑わなかった。しかし、このときなぜだかこれはやらなければいけない、まだ幼さが残る下の息子にはこれだけは聞かせて手放さなければならないという思いが、この若い女性の誠実な灰色の目を見つめているとこみあげてきた。

　Aあの子だってすぐにこんな若者になる。忘れもしない。あの子はどさくさのなか、汚らしい毛布の上で生まれたんだ、そう教えて何がいけないものか。

「ゲストスピーカー」として呼ばれる日まで二週間近くの時間があった。サリマは職業訓練学校の教室で、打ち明け話でもするみたいにそのことを＊英語教師とハリネズミに話し、自分の英語がどこまで子供たちに通用するものか不安であると伝えると、女教師はサリマにもプロジェクト・ワークを提案した。「わたしの故郷」というあいさつをするなどの周囲への気配りが要求されているから。

③　見える人は、個人をターゲットとする過剰な情報に踊らされがちであり、社会全体に対する視点を持つことが難しいから。

④　見える人は、目の前に次々と現れる多くの視覚情報に意識を奪われてしまい、空間の部分的な認識にとどまりがちだから。

⑤　見える人は、視覚から入ってくる情報のみで判断しがちであり、聴覚や嗅覚をも包含した総合的な世界像を持ちにくいから。

問4　傍線部C「彼らは『道』から自由だ」とはどういうことか。その説明として最も適切なものを、次の①～⑤のうちから一つ選んでマークしなさい。［3］

①　見えない人は、音の反響や白杖の感触を利用して「道」を用心深く歩くからこそ、正確な空間把握が可能になるということ。

②　見えない人は、「道」の持つ方向性のみに縛られることなく、より大局的な立場から空間をとらえることができるということ。

③　見えない人は、実際に存在する「道」に沿って歩くのではなく、勝手に想像したイメージの中を歩くことができるということ。

④　見えない人は、視覚的な「道」だけに縛られることなく、音や匂いの入り混じった空間全体を自在にとらえられるということ。

⑤　見えない人は、「道」だけを特別視する固定観念にとらわれながらも、想像力によって環境を意味づけることができるということ。

問5　空欄［X］・［Y］に当てはまる語の組み合わせとして最も適切なものを、次の①～⑤のうちから一つ選んでマークしなさい。

［4］

①　[X　物理的　Y　比喩的]

②　[X　一般的　Y　個人的]

③　[X　空間的　Y　時間的]

④　[X　視覚的　Y　触覚的]

⑤　[X　自発的　Y　強制的]

問6　傍線部D「人は多かれ少なかれ環境に振り付けられながら行動している」とあるが、「環境に振り付けられ」るとはどういうことか。その説明として最も適切なものを、次の①～⑤のうちから一つ選んでマークしなさい。［5］

①　人が、周りの自然や建築物のあり方から、おのずと行動範囲を限定されてしまうこと。

②　人が、周りの価値観に影響され、無意識のうちに社会が期待する行動を取ろうとすること。

③　人が、周りの事物に欲望を刺激されて、はからずも何らかの行動を取らされてしまうこと。

④　人が、周りとの関係性のなかを生きているがために、他者と同調して行動せざるを得ないこと。

⑤　人が、周りの情報を瞬時に把握することで、次に取るべき適切な行動を選択しようと努めること。

問7　傍線部E「私たちは日々、軽い記憶喪失に見舞われています。」とはどういうことか。その説明として最も適切なものを、次の①～⑤のうちから一つ選んでマークしなさい。［6］

①　私たちは、新しいものを求める社会の風潮に影響されていて、過去の歴史や伝統の大切さがわからなくなっているということ。

②　私たちは、常にインターネットの情報に操られていて、魅力的な商品を目にすると我を忘れてそれを買ってしまうということ。

③　私たちは、欲望を喚起する振り付け装置に踊らされているので、少し前まで覚えていた役に立つ情報をふと忘れてしまうということ。

④　私たちは、次々と現れる視覚情報に行動が誘発されていくので、もともと自分がどんな意志を持っていたかを見失いがちだということ。

⑤　私たちは、めまぐるしく更新されるインターネットの情報に

たとえば京都の＊桂離宮《かつらりきゅう》に行くと、その場所でどこを見るべきかというまなざしの行方までもが計算されていることに気づきます。人の行動をいざなう「道」が随所に仕掛けられているわけです。実際にⓔオトズれてみて、桂離宮というのはまるで＊舞踏譜のようだなとしきりに感心しました。

桂離宮ではひとつの道が明瞭《めいりょう》に引かれていますが、都市においては無数の道が縦横無尽に引かれています。しかもその多くは、人の欲望に強く訴えてくる。真夏のかんかん照りの道にコーラの看板があれば飲みたくなってしまうし、「本日三割引き」ののぼりを見ればついスーパーに入って余計な買い物をしてしまう。その欲望がもともと私の中にあったかどうかは問題ではありません。視覚的な刺激によって人の中に欲望がつくられていき、気がつけば「そのような欲望を抱えた人」になっています。

資本主義システムが過剰な視覚刺激を原動力にして回っていることは言うまでもないでしょう。それを否定するのは簡単ではないしするつもりはありませんが、都市において、私たちがこの振り付け装置に踊らされがちなのは事実です。最近ではむしろ、パソコンのデスクトップやスマートフォンの画面上に、こうしたトリガーは増殖しているかもしれません。仕事をするつもりでパソコンを開いたら買い物をしていた……よくあることです。Ｅ私たちは日々、軽い記憶喪失に見舞われています。いったい、私が情報を使っているのか、情報が私を使っているのか分かりません。

（伊藤亜紗《いとうあさ》『目の見えない人は世界をどう見ているのか』による）

（注）＊分節化＝区切ること。
＊学食＝学生食堂の略。
＊スマホ＝スマートフォンの略。
＊ビジョン＝展望。見通し。
＊トリガー＝出来事や人の行為を引き起こすきっかけ。
＊桂離宮＝広大な日本庭園およびその中にある伝統的建築物からなる施設。巡り歩くに従ってさまざまな風景が眺められるよう作られている。
＊舞踏譜＝踊りの動きを紙面に記号で書き表したもの。

問1 二重傍線部ⓐ～ⓔのカタカナを漢字に書き改めなさい。（一点一画を正確に書くこと。）記述

問2 傍線部Ａ「私はそれを聞いて、かなりびっくりしてしまいました。」とあるが、ここで「私」はどのようなことに驚いているのか。その説明として最も適切なものを、次の①～⑤のうちから一つ選んでマークしなさい。1

① アスファルトで舗装された都会の道路を歩いているのに、視覚情報が入って来ない木下さんは、自然豊かな「山の斜面」にいるのだという思いもよらない誤解をしていたこと。

② 私にとっての単なる「坂道」を木下さんは「山の斜面」だととらえており、同じ場所でともに行動しているにもかかわらず、二人の抱く空間のイメージが大きく異なっていたこと。

③ 目の見えない木下さんの方が「山の斜面」を降りていることを認識しており、道が傾いていたり曲がっていたりする空間情報は、視覚よりも身体全体でとらえる方が正確だということ。

④ 大学構内の一五メートルほどの坂道に対して「山の斜面」を下っているのだととらえる木下さんの発言が、私にはとても思いつかない、まるでスキーヤーのような独自の表現だったこと。

⑤ 大岡山の南半分は駅を「頂上」とするお椀をふせたような地形をしており、二人はその「ふもと」に向かって歩いているということを、初めてここに来た木下さんが瞬時に把握したこと。

問3 傍線部Ｂ「見える人にとって、そのような俯瞰的で三次元的なイメージを持つことはきわめて難しいことです。」とあるが、これはなぜか。その理由として最も適切なものを、次の①～⑤のうちから一つ選んでマークしなさい。2

① 見える人は、インターネットが普及した結果、スマートフォンの画面のような二次元的な情報に頼るようになったから。

② 見える人は、多くの人が行き交う都市空間において、知人に

いたわけです。

C彼らは「道」から自由だと言えるのかもしれません。道は、人が進むべき方向を示します。もちろん視覚障害者だって、個人差はあるとしても、音の反響や白杖《はくじょう》の感触を利用して道幅や向きを把握しています。しかし、目が道のずっと先まで一瞬にして見通すことができるのに対し、音や感触で把握できる範囲は限定されている。道から自由であるとは、予測が立ちにくいという意味では特殊なⓑシンチョウさを要しますが、だからこそ、道だけを特別視しない俯瞰的な＊ビジョンを持つことができたのでしょう。

全盲の木下さんがそのとき手にしていた「情報」は、私に比べればきわめて少ないものでした。少ないどころか、たぶん二つの情報しかなかったはずです。つまり「大岡山という地名」と「足で感じる傾き」の二つです。しかし情報が少ないからこそ、それを解釈することによって、見える人では持ち得ないような空間が、頭の中に作り出されました。

木下さんはそのことについてこう語っています。「たぶん脳の中にはスペースがありますよね。見える人だと、そこがスーパーや通る人だとかで埋まっているんだけど、ぼくらの場合はそこが空いていて、見える人のようには使っていない。でもそのスペースを何とか使おうとして、情報と情報を結びつけていくので、そういったイメージができてくるんでしょうね。さっきなら、足で感じる『斜面を下っている』という情報しかないので、これはどういうことだ？と考えていくわけです。だから、見えない人はある意味で余裕があるのかもしれないね。見えると、坂だ、ということで気が奪われちゃうんでしょうね。きっと、まわりの風景、空が青いだとか、スカイツリーが見えるとか、そういうので忙しいわけだよね」。

まさに情報の少なさがⓒトクユウの意味を生み出している実例です。都市で生活していると、目がとらえる情報の多くは、人工的なものです。大型スクリーンに映し出されるアイドルの顔、新商品を宣伝する看板、電車の中吊《なかづ》り広告……。見られるために設《しつら》えられたもの、本当は自分にはあまり関係のない＝「意味」を持たないかもしれない、純粋な「情報」もたくさんあふれています。視覚的な注意をさらっていくめまぐるしい情報の洪水。確かに見える人の頭の中には、木下さんの言う「脳の中のスペース」がほとんどありません。

それに比べて見えない人は、こうした洪水とは無縁です。もちろん音や匂《にお》いも都市には氾濫していますが、それでも木下さんに言わせれば「脳の中に余裕がある」。さきほど、見えない人は道から自由なのではないか、と述べました。この「道」は、［X］な道、つまりコンクリートや土を固めて作られた文字通りの道であると同時に、［Y］な道でもあります。つまり、「こっちにおいで」と人の進むべき方向を示すもの、という意味です。

人は自分の行動を一〇〇パーセント自発的に、自分の意志で行っているわけではありません。知らず知らずのうちにまわりの環境に影響されながら行動していることがⓓアンガイ多いものです。「寄りかかって休む」という行為ひとつとっても、たいていは寄りかかろうと思って壁を探すのではなくて、そこに壁があるから寄っかかってしまう。子どもの場合は特にその割合が高くなります。「いたずら」とはたいていそうしたものです。ボタンがあるから押したくなるし、台があるからよじ登ってしまう。環境に埋め込まれたさまざまなスイッチが＊トリガーになって、子どもたちの行動が誘発されていきます。

いわば、D人は多かれ少なかれ環境に振り付けられながら行動している、と言えるのではないでしょうか。

あるトリガーから別のトリガーへとめまぐるしく注意を奪われながら、人は環境の中を動かされていきます。人の進むべき方向を示す「道」とは、「こっちに来なさい、こっちに来てこうしなさい」と、行為を次々と導いていく環境の中に引かれた導線です。

二〇二〇年度 東京学芸大学附属高等学校

【国　語】（五〇分）〈満点：一〇〇点〉

（注意）1．この問題にはマーク式解答の問いと記述式解答の問いが含まれています。

2．解答番号 1 ～ 23 の問いは、答えをマークシートの各解答番号のうちから一つ選んでマークしなさい。

3．記述 の印がある問いの解答は、マークシートの裏面の指定された解答欄に記入しなさい。

一　次の文章は、筆者が全盲の木下路徳《きのしたみちのり》氏と行動を共にした経験から書かれたものの一節である。これを読んで、後の問いに答えなさい。

見えない人が「見て」いる空間と、見える人が目でとらえている空間。それがどのように違うのかは、一緒に時間を過ごす中で、ふとした瞬間に明らかになるものです。

たとえば、先ほども登場していただいた木下路徳さんと一緒に歩いているとき。その日、私と木下さんは私の勤務先である東京工業大学大岡山キャンパスの私の研究室でインタビューを行うことになっていました。

私と木下さんはまず大岡山駅のⓐカイサツで待ち合わせて、交差点をわたってすぐの大学正門を抜け、私の研究室がある西9号館に向かって歩きはじめました。その途中、一五メートルほどの緩やかな坂道を下っていたときです。木下さんが言いました。「大岡山はやっぱり山で、いまその斜面をおりているんですね」。

A私はそれを聞いて、かなりびっくりしてしまいました。なぜなら木下さんが、そこを「山の斜面」だと言ったからです。毎日のようにそこを行き来していましたが、私にとってはそれはただの「坂道」でしかありませんでした。

つまり私にとってそれは、大岡山駅という「出発点」と、西9号館という「目的地」をつなぐ道順の一部でしかなく、曲がってしまえばもう忘れてしまうような、空間的にも意味的にも他の空間や道から＊分節化された「部分」でしかなかった。それに対して木下さんが口にしたのは、もっと俯瞰《ふかん》的で空間全体をとらえるイメージでした。

確かに言われてみれば、木下さんの言う通り、大岡山の南半分は駅のカイサツを「頂上」とするお椀《わん》をふせたような地形をしており、西9号館はその「ふもと」に位置しています。その頂上からふもとに向かう斜面を、私たちは下っていました。

けれども、B見える人にとって、そのような俯瞰的で三次元的なイメージを持つことはきわめて難しいことです。坂道の両側には、サークル勧誘の立て看板が立ち並んでいます。学校だから、知った顔とすれ違うかもしれません。前方には混雑した＊学食の入り口が見えます。目に飛び込んでくるさまざまな情報が、見える人の意識を奪っていくのです。あるいはそれらをすべてシャットアウトして＊スマホの画面に視線を落とすか。そこを通る通行人には、自分がどんな地形のどのあたりを歩いているかなんて、想像する余裕はありません。

そう、私たちはまさに「通行人」なのだとそのとき思いました。「通るべき場所」として定められ、方向性を持つ「道」に、いわばベルトコンベアのように運ばれている存在。それに比べて、まるでスキーヤーのように広い平面の上に自分で線を引く木下さんのイメージは、より開放的なものに思えます。

物理的には同じ場所に立っていたのだとしても、その場所に与える意味次第では全く異なる経験をしていることになる。それが、木下さんの一言が私に与えた驚きでした。人は、物理的な空間を歩きながら、実は脳内に作り上げたイメージの中を歩いている。私と木下さんは、同じ坂を並んで下りながら、実は全く違う世界を歩いて

2020年度／東京学芸大学附属高等学校

英語解答

1　1　③　2　④　3　③　4　②

2　問1　A　plays〔goes〕
　B　beginning〔start〕
　C　end
問2　5…⑥　6…④　7…②
問3　1…②$_{8}$　2…③$_{9}$　3…④$_{10}$
問4　②$_{11}$

3　問1　①$_{12}$　問2　A…①$_{13}$　B…④$_{14}$
問3　15…①　16…⑧　17…③
問4　to see what the rest of the river was〔looked〕 like
問5　②$_{18}$　問6　④$_{19}$，⑤$_{20}$

4　問1　②$_{21}$
問2　22…⑤　23…⑨　24…③
問3　25…⑤　26…⑥　27…④
問4　①$_{28}$　問5　③$_{29}$　問6　④$_{30}$
問7　②$_{31}$　問8　①$_{32}$　問9　③$_{33}$

1〔放送問題〕解説省略

2〔長文読解総合―説明文〕

≪全訳≫❶頭の中から曲が抜けないときがある。ラジオでポップソングを聴いたり，ただその曲のタイトルを読んだりするだけで，その曲が何時間も頭の中で，本当にうんざりするまで繰り返し再生される。今や，この症状には医学名さえついている――「頭の中の歌症候群」だ。❷しかし，なぜ頭はこのように私たちにトラブルを引き起こすのだろうか。誰にも確かなことはわからないが，おそらく脳は，重要なことを知るよりも，情報を保持することの方が得意だからだろう。コネチカット大学の科学者であるロジャー・チャフィンは，「人間の脳はそのようにはたらくようにつくられているが，この場合，問題になる可能性もある」と言う。❸この状態は，祖先が過去の重要な情報を思い出すときに役立った。現在，学生は新しい教科書を学ぶためにそれを使用し，音楽家は難しい曲を学ぶためにそれに頼っている。しかし，この便利なシステムがおかしなことになると，脳で同じ曲を何度も聴くことになる。❹この症候群は，おそらく脳の前部にある聴覚皮質で起こるのだろう。聴覚皮質は，聴くことと，私たちの頭の中で曲やその他の音を再生することの両方をつかさどる。マクギル大学のロバート・ザトーレは数年前，ダラスというテレビ番組のテーマ曲を頭の中で再生するようボランティアに求めたとき，このことを説明した。この研究は，人々が曲を聴いたときに聴覚皮質がはたらき始めることを示した。❺しかし，聴いた音楽の全ての部分を覚えているわけではない。脳の前部は，どの思考が保たれ，どの思考が忘れ去られるかを決定するが，疲れていたり悲しかったりすると，「頭の中の歌症候群」になる可能性がある。インディアナ大学の科学者であるスーザン・ボールは，人はそうしたとき「頭の中の歌症候群」と，全く興味のない他の考えを抱えることに苦しむことが多いと言う。そして，いったん聴きたくもない曲が再生され出すと，それを忘れることができない。「ある考えを払いのけようとすればするほど，それを手にしてしまうのです」とボールは言う。「これを私たちはピンクの象現象と呼んでいます。たとえ脳がピンクの象について考えたくないとしても，私たちはそれについてもっと考えてしまうのです」と彼女は言う。❻これにとても苦しんでいる人にとっては，ある種の曲から遠ざかるだけで助けになる。「私は自分に『取りついている』曲を知っているので，それが1日中頭の中で駆け巡ることのないように，早朝は演奏しないようにしています」と，以前はクラシック音楽のピアニストで，現在はテキサス大学の科学者であるスティーブ・ブラウンは言う。彼は，頭の中で常に曲が流れていて，自分の頭はそれを初めから終わりまで通しで流すことはないらしい，と言う。「5秒から15秒間の短いメロディなのです。何時間も鳴り続けて，私を悩ませます」と彼は言う。❼ブラウンは頭の中で曲が何度も流れることを経験しているが，これは「チャンキング（かたまりをつくること）」と呼ばれる別の現象を示している可能性がある。オハイオ州立大学の科学者であるキャロライン・パーマーは，「チャンキング」が起こると，人々はある曲の一部を記憶の１つの単位として覚えてしまうと言う。しかし，曲を聴くほとんどの人には，自分が曲のどのかたまりを覚えてしまうかについてほとんど選択肢がない。特定のかたまりは，また，頻繁に聴く場合やある明確なスタイルがある場合，特に「取りつく」可能性がある。例えば，ロック音楽は，曲の中で何度も聴かれる似たような種類のメロディを使っている。パーマーの研究によると，メロディがそのようなスタイルをなぞると，覚えやすくなる。だから，J.S. バッハによってつくられたクラシック音楽よりも，ロック音楽を思い出す可能性が高くなる。❽このはたらきは良い目的に使われる。教師は授業に音楽を取り入れることで，生徒の記憶力を向上させることができる。例えば，ある研究では，人気のある歌の歌詞として歴史の教科書の文を聴いた学生は，教科書でただ読んだだけの学生よりも用語をよく覚えていることがわかった，とジョージタウン大学のサンドラ・カルバート教授は言う。❾(2)記憶を手助けするために歌を使うことは，また，音楽の起源を説明するかもしれない。「歴史が書きとめられる以前，人はそれを歌で覚えていたのです」とハワイ大学教授のレオン・ジェームズは言う。そして，ひょっとしたら音楽はもっと重要な役割を果たしていたかもしれない。「全ての曲にはメッセージがあります」と彼は言う。「このメッセージは社会を団結させるはたらきをし，人々は社会の中で同じような考え方を持つことができるのです」

問１＜適語補充＞下線部(1)の it は前の部分にある a song を指す。all the way で「初めから終わりまで，ずっと」，through は「通して」という意味なので，彼の頭の中では曲が初めから終わりまでは流れることはない，という内容になる。書き換える文の it も a song を指しており，play は「(音楽などが)流れる，かかる」といった意味で用いることができる。

問２＜整序結合＞音楽の有効活用について述べた第８段落に続くことと，音楽によってものを覚えていたという内容が続くことを手がかりにする。すると，動名詞を使った using songs「歌を使うこと」と assist memory「記憶を手助けする」というまとまりをつくることができ，the origin of music「音楽の起源」を目的語にとる動詞として explain が適切であると判断できる。ここから，主語は Using songs，動詞のまとまりは may also explain だとわかる。assist memory は‘目的’を表す to 不定詞の副詞的用法として to assist memory とし，Using songs の後に置いてこれを修飾する形にすればよい。　Using songs to assist memory may also explain the origin of music.

問３＜内容一致＞１．「『頭の中の歌症候群』は(　　)」─②「おそらく，私たちが記憶する情報を選択する聴覚皮質の前部で起こるのだろう」　第４段落第１文および第５段落第２文参照。　２．「ピンクの象現象は(　　)」─③「『頭の中の歌症候群』とともに起こりうる現象だ」　第５段落参照。　３．「『チャンキング』は(　　)」─④「音楽の助けを借りて教科書を学んだり他のことを覚えたりするといった良い目的に利用される」　第８段落参照。

問４＜内容真偽＞①「ロジャー・チャフィン，ロバート・ザトーレ，スーザン・ボールなどの行った多くの研究のおかげで，『頭の中の歌症候群』の原因はわかっている」…×　第２段落第２文に「誰にも確かなことはわからない」とある。　②「『頭の中の歌症候群』はおそらく，脳が重要な情報を選択するよりも情報を保持することの方が得意なために起こるのだろう」…○　第２段落第２文に一致する。　③「『チャンキング』が起こると，脳はある曲の一部を記憶の１つの単位として所有しようとし，そうしたメロディは毎回ほんの数分間しか再生されない」…×　「チャンキング」がどのようなものかは第７段落で説明されているが，メロディの再生時間に関する記述は見られない。　④「『取りついている』曲のかたまりを聴いても『チャンキング』は起こらず，簡単に忘れてしまう」…×　第６段落第２文および第７段落第１文参照。ブラウンは『取りついている』曲を経験しており，これは『チャンキング』の可能性がある，と述べられている。

3〔長文読解総合―物語〕

≪全訳≫❶マラード夫妻は住むのに適した場所を探していた。しかし，マラードさんがすてきな場所を見つけても，マラード夫人はいつも，そこは良くないと言った。森にはキツネがいるし，水の中にはカメがいるので，そんな危険な場所で子どもを育てるつもりはない，と考えたからだ。そこで彼らは，飛び続けた。❷ボストンに着いたとき，彼らはあまりに疲れていて，もうそれ以上飛ぶのは無理だと感じた。パブリックガーデンにすてきな池があり，そこには島もあった。「夜を過ごすのに最適な場所だ」とマラードさんは言った。そこで彼らは舞い降りた。❸翌朝，彼らは池で朝食用の魚を捕まえた。しかし，多くは見つけられなかった。彼らが旅立ちの準備をしているとき，見慣れない大きな鳥がやってきた。それはたくさんの人が乗ったボートを押していて，背中に男が座っていた。「おはようございます」とマラードさんは礼儀正しく言った。大きな鳥はプライドが高く，答えなかった。しかし，ボートに乗った人たちがピーナッツを水に投げ入れてくれたので，マラード夫妻は池中，ピーナッツを追いかけて回り，最初のよりも良い朝食をとることができた。「私，この場所が気に入ったわ」とマラード夫人は池から上がると言った。「この池で巣をつくって赤ちゃんを育てない？　キツネもカメもいないし，人間が私たちにピーナッツを食べさせてくれる。最高じゃない？」　マラードさんは「いいね」と言った。彼はとてもうれしかった。ついに，マラード夫人が住む場所を気に入ったのだ。しかし――「$_A$<u>気をつけて！　自転車が来るわ！」</u>　マラード夫人はパニックに陥った。「ここは赤ちゃんのいる場所じゃないわ，周りに恐ろしいものが全部あるんですもの。$_B$<u>どこか他の場所を探しましょう</u>」　それで彼らはビーコンヒルの上空を飛んで，州会議事堂をぐるりと回ったが，そこには良い場所が見つからなかった。彼らはルイバーグスクエアを見たが，泳げる水辺がなかった。❹それから彼らはチャールズ川の上空を飛んだ。「ここの方がましだね」とマラードさんは言った。「島はすてきで静かな場所のようだし，パブリックガーデンからほんの少ししか離れていない」　マラード夫人は「そうね」と言った。彼女はそこでのピーナッツのことを思い出した。「あそこは赤ちゃんを産むのにちょうどいい場所のように見えるわ」　そこで彼らは水辺近くのすてきな場所を選び，巣をつくり始めた。そして，まさにその折に合わせて，翼の古い羽毛が抜け始めていた。彼らは新しい羽毛が育つまで再び飛ぶことができなかった。しかし，もちろん彼らは泳げたし，ある日彼らは川を泳ぎ，そこでマイケルという警官に出会った。彼はピーナッツをくれ，その後，マラード夫妻は毎日彼を訪ねるようになった。❺マラード夫人は巣の中で8つの卵を産んだ後，もうマイケルに会いに行けなくなった。なぜなら彼女は卵を温めるために卵の上に座っていなければならなかったからだ。彼女は水を飲むため，昼食をとるため，または卵を数えてそれらが全てそこにあることを確認するためだけに巣を離れた。❻ある日，赤ちゃんが卵から出てきた。最初にジャック，次にカック，次にラック，次にマックとナックとワックとパックとクワックが出てきた。マラード夫妻はとても幸せだった。たくさんの赤ちゃんの世話をするためにやることが多かったので，とても忙しかった。❼ある日，マラードさんは，川の今いる場所以外がどのような所であるのかを見るために，旅に出ようと決めた。そこで，彼は翼を広げて出発した。「1週間後に，パブリックガーデンで会おう」と彼は肩越しに言った。「赤ちゃんの世話をよろしく」　マラード夫人は「大丈夫よ」と言った。「子育てについては全部わかっているから」　そして実際そうだった。彼女は彼らに泳ぎ方を教えた。彼女は，1列になって歩くこと，呼ばれたら来ること，自転車や車，その他車輪のある物から安全な距離を保つことを教えた。ついに完全に満足できたと感じたある朝，彼女は「さあ，子どもたち，一緒に来るのよ」と言った。ジャック，カック，ラック，マック，ナック，ワック，パックそれにクワックは教えられたとおり，すぐに1列に並んだ。マラード夫人は彼らを水の中に連れていき，彼らは彼女の後について向こう岸まで泳いだ。そこで彼女たちは水から出て，広く混雑した道路に着くまで歩いた。❽マラード夫人は道路を横切るために歩み出た。「プップー！」　飛ばした車がクラクションを鳴らした。「クアアック！」と言ってマラード夫人は道路脇に戻った。「クアック！　クアック！　クアック！　クアック！」　ジャック，カック，ラック，マック，ナック，ワック，パックそしてクワックは，できるだけ大きな声で言った。車はクラクションを何度も鳴らして行き来し続け，マラード夫人と赤ちゃんは「クアック！　クアック！　クアック！」と言い続けた。彼女たちがとても大きな音を立てたため，マイケルがやってきた。彼は走り出し，腕を振り，笛を吹いた。彼はちょうど警官がするように通りの中央に立ち，交通を止めるために片手を上げ，それからもう片方の手を振った。それで，マラード夫人は通りを渡ることができた。❾マラード夫人と赤ちゃんたちが反対側に無事渡り，マウントバーノンストリートを歩き始めると，すぐにマイケルは走って交番に戻った。彼は大きな警察署にいるクランシーに電話をかけ，「アヒルの家族が通りを歩いてる！」と言った。クランシーは「何の家族だって？」と言った。「アヒルだよ！」とマイケルは叫んだ。「パトカーを早くよこしてくれ！」❿時を同じくしてマラード夫人はコーナーブックショップに到着し，チャールズストリートへと入り，ジャック，カック，ラック，マック，ナック，ワック，パック，そしてクワックは皆，彼女の後ろを並んで歩いた。皆が注目した。ビーコンヒルの老婦人は「すばらしい！」と言った。そして通りを掃除している男性は「ああ，いい光景だね！」と言った。マラード夫人はそれらの言葉を聞いてとても誇らしく思ったので，鼻を空に向けて尾を振りながら歩いた。彼女たちがビーコンストリートの角に来ると，警察の車があり，クランシーが送った4人の警官がいた。警官が交通を止めたので，マラード夫人と赤ちゃんは通りを横切ってパブリックガーデンに入ることができた。門の中に入ると彼らは皆，後ろを振り返って，警官にありがとうと言った。警官はほほ笑んで，さようならと手を振った。⓫彼女たちが池に着き，小さな島まで泳いで渡ったとき，マラードさんが約束どおりに彼女たちを待っていた。赤ちゃんは新しい島をとても気に入ったので，家族はそこに住むことにした。彼らは1日中ボートの後を追ってピーナッツを食べた。そして夜が来ると，彼らは小さな島へと泳ぎ，眠りについた。

問1＜英文解釈＞「見慣れない大きな鳥」について，次の文で「たくさんの人が乗ったボートを押していて，背中に男が座っていた」と説明されている。

問2＜適文選択＞A．直後に「マラード夫人はパニックに陥った」とあることから，危険な目に遭いそうになったとわかる。　　B．マラード夫人が別の場所を探すことを提案したので，彼らはその後，あちこちを飛び回ったのである。

問3＜整序結合＞語群から，she に続く動詞が had であることや，'keep＋*A*＋*B*'「*A* を *B* に保つ」と sit on ～「～の上に座る」の形が推測できる。keep か sit のいずれかは had to ～「～しなければならなかった」，もう一方は to不定詞として用いることになるが，文脈から，keep を to不定詞の副詞的用法で用いて「卵を温めるために座っていなければならなかった」とするのが適切だと判断できる。them は the eggs を指しているので to keep them warm とまとめ，she had to sit on the eggs の後に置けばよい。　... she had to sit on the eggs to keep them warm.

問4＜条件作文＞the rest of ～で「～の残り全部」。文中の位置から，see は to see という to不定詞で，文脈から，like は動詞ではなく「～のような」という意味で用いると推測できる。また，like の後にくるべき語が与えられていないことから，この like を 'what ～＋be動詞＋like'「～はどんなものか」の形で使うと判断する。なお，what と look like ～「～のように見える」を組み合わせてもよい。　... to see what the rest of the river was〔looked〕like.

問5＜適語句選択＞マイケルが，警官がやるように手信号で交通を止めた場所として通りの②「中央」が適切。

問6＜内容真偽＞①「パブリックガーデンの池は，食べ物が十分になかったため，住むのに適した場所ではなかった」…×　第３段落後半参照。パブリックガーデンでは食べ物のピーナッツは得られたが，周りは危険なものばかりだったので，マラード夫人は住むのに適さないと考えた。　②「マラード夫妻は毎日マイケルを訪問し始めたが，それは羽毛が抜け始めたときに彼が救ってくれたからだ」…×　第４段落最後の２文参照。マラード夫妻が毎日マイケルを訪問するようになったのは，ピーナッツをくれるからである。　③「マラード夫人は，マラードさんが１週間旅に出た後，マイケルと一緒に赤ちゃんを育てなければならなかった」…×　第７段落第６～９文参照。自分だけで育てた。　④「クランシーは，人間ではなくアヒルを救うためにパトカーを送るようマイケルが頼むのを聞いて驚いた」…○　第９段落第２～５文に一致する。　⑤「赤ちゃんが全員マラード夫人の後ろに並んで歩いていたとき，彼女は人々のコメントを聞いてとても誇りに思った」…○　第10段落第１～４文に一致する。　⑥「マラードさん一家は，居心地が良かったのでビーコンヒルに住むことに決めた」…×　第３段落終わりから２文目参照。ビーコンヒルの上空を飛んだが，良い場所は見つからなかった。

４〔長文読解総合―説明文〕

≪全訳≫❶食べ物はどこからくるのか。これは奇妙な質問のように思えるかもしれないが，答えを聞いたら驚くかもしれない。もちろん，食べ物は植物や動物からくる。しかし，この質問についてもう少し深く考えると，食べ物は実際には太陽からくるとわかる。全ての動物は生きるために植物を食べるか，(植物を食べる)別の動物を食べなければならない。動物は植物に依存し，植物は成長してより多くの植物をつくるため，太陽のエネルギーに依存している。❷誰もが知っているように，全ての植物は大きさ，形，味が異なる。実際，私たちは，食べると病気になったり，硬すぎたり，大きすぎたりするといった理由から，世界中の植物のほとんどを食べない。草が良い例だ。(1)牛や馬には草を食べるのを楽しめるような胃があるが，人間にはない。❸しかし，とても適切な包みの中で炭水化物を生産するため，特に人間に適している植物もある。そのリストの最上位には，３つのスーパー植物がある。すなわち，トウモロコシ，米，小麦だ。この３つの植物には，エネルギーに満ちた特に大きな種がある。(2)私たちは，これらの種を食べるとおいしくなるようにするために，どう調理したらいいかを学んできた。❹私たちはまた，これらの種を牛やニワトリ，その他の家畜にエサとして大量に与え，後で肉として食べられるようにしている。しかし，これを行うと，１匹の動物のうち，例えば骨など約40％の部分が食べられなくなる。その部分は代わりに他の製品になるか，あるいは無駄になる。だから，食べたい動物に種を与えるようなことをせず，なぜ種だけを食べないのだろうかと思う。なぜだろうか。なぜなら，人間の体は成長し，自分の体を修復するためにタンパク質を必要とし，植物を食べるだけではその十分な量を得ることが難しいからだ。このシステムは私たちの体に適しているが，たくさんの植物を使い果たし，農場の動物はときどき植物を見つけづらくなるかもしれない。❺ニンジンを食べるとき，無駄はほとんどない。私たちはその約90％を使っている。私たちが食べる多くの植物についても同じことがいえる。しかし，ニンジンをニワトリに食べさせ，それから，成長したそのニワトリを食べると，ニワトリが一生のうちに食べた全ての食べ物の約10％しか取り戻せない。牛やその他の動物にも同じことがいえる。この意味で，野菜を食べることは無駄が少ないので，地球により優しい。❻魚についても同じことがいえる。ある魚が別の魚を食べると，同じ90％が無駄になり，大きな魚は小さな魚を食べ，その小さな魚はさらに小さな魚を食べるため，無駄はもっと多くなる。私たちがマグロのような大きな魚を食べるとき，食物連鎖で食べられる植物と魚の１％未満しか得ていないのだ。❼人間は食物連鎖の頂点にいるため，このプロセスは自然の一部だというのは簡単だ。しかし，現在地球上には60億を超える人間がおり，その多くは動物や魚を食べることでエネルギーの大部分を得ている。そこが問題なのだ。そして，これまで見てきたように，それは多くの無駄を生み出す。❽肉と魚の摂取者として，私たち全員が，この惑星に問題を引き起こしているこのシステムを継続することに責任を負っている。先進国において，人間は自分の体が必要とする量の２倍を超える動物の肉を食べていると考える人もいる。皆が食べる肉や魚が減れば，環境に良い影響を与えるだろう。

問１＜適語句選択＞２つ目の空所から，植物のエネルギーとなるものの出所が入るとわかるので，② the sun「太陽」が適切。

問２＜整序結合＞語群から，‘allow ～ to …’「～に…することを許す，～のおかげで…できる」の形が推測できる。また，cows and horses「牛や馬」が主語なので，eatingの目的語がgrass「草」だとわかり，語群にenjoyがあるのでenjoy ～ing「～するのを楽しむ」を用いたenjoy eating grassというまとまりがつくれる。ここで，「牛や馬は草を食べるのを楽しめる胃を持っている」という文が予想できるので，cows and horses have stomachsと始め，stomachsを修飾する関係代名詞のまとまりとしてwhich allow them to enjoy eating grassを続ければよい。
Although cows and horses have stomachs which allow them to enjoy eating grass, humans do not.

問３＜整序結合＞語群から，how to ～「～の仕方，方法」とin order to ～「～するために」，‘make＋*A*＋形容詞’「*A*を～にする」の形が予想できる。have learned「学んできた」の目的語としてふさわしいのはhow to cook「調理の仕方」，cookの目的語にふさわしいのはthese seeds「これらの種」である。‘make＋*A*＋形容詞’の‘*A*’にはthese seedsを指すthem，‘形容詞’にはgoodが入るので，to make them goodとまとめられる。すると，to eatはgoodを修飾するto不定詞として用いることがわかるので，in orderに続けてto make them goodとし，これに続けてto eatとすればよい。 We have learned how to cook these seeds in order to make them good to eat.

問４＜適語選択＞空所Ｂを含む文中のthemは，その前のcows, chickens and other farm animals「牛やニワトリ，その他の家畜」を指す。「私たちは後でそれらを(　　)として食べる」という内容なので，家畜からとれる① meat「肉」が適切である。

問５＜適語選択＞第６段落最終文や，空所Ｃを含む第７段落第１文では，人間を頂点とした「食べる，食べられる」という関係をchain「鎖」と表現している。food chainで「食物連鎖」。

問６＜文脈把握＞下線部(3)のThatは，現在の地球には60億を超える人間がいて，その多くは動物や魚を食べることでエネルギーの大部分を得ているという直前の文の内容を受けており，筆者はこのことが問題なのだと述べている。

問７＜語形変化＞causeは「～を引き起こす」。空所Ｄには，this system「このシステム」という主語に対応する動詞として用いられ，文全体に合わせて現在形となっているものが適する。①の受け身形では「引き起こされている」となって意味が通らないので，②の現在進行形が適する。

問８＜要旨把握＞本文の最後で筆者は，「皆が食べる肉や魚が減れば，環境に良い影響を与えるだろう」と述べている。この内容に合うのは①「人々は地球のために，これまでより肉と魚を食べる量を減らすべきだ」である。

問９＜内容真偽＞①「人間は植物がつくった炭水化物を得ることができる」…○　第３段落第１文に一致する。　②「農場の動物は人間ほど肉や魚を必要としない」…○　第４段落参照。農場の動物のえさは植物の種，つまり穀物である。　③「どんな種類の魚を食べることも，どんな種類の動物の肉を食べるよりも効率的でない」…×　魚を食べることと動物の肉を食べることにおける効率性を比較する記述はない。　④「人間が食べることを選択した食べ物は，環境に大きな影響を与える」…○　第８段落に一致する。

数学解答

1 〔1〕 19　〔2〕 $\frac{13}{36}$　〔3〕 6

〔4〕 $\left(0,\ \frac{40}{17}\right)$

2 〔1〕 1　〔2〕 $\frac{3}{13}$　〔3〕 $\frac{3}{5}$

3 〔1〕 (ア)…④　(イ)…⑥　(ウ)…②

〔2〕 $\frac{7}{5}$

〔3〕 (b)…$t+1$　(c)…$t-1$

4 〔1〕 $\frac{1}{2}$　〔2〕 $\left(\frac{8\sqrt{3}}{3},\ \frac{32}{3}\right)$

〔3〕 $28\sqrt{3}$

5 〔1〕 $\frac{9}{7}$　〔2〕 $\frac{3+2\sqrt{21}}{5}$

〔3〕 $\frac{25}{18}$

1 〔独立小問集合題〕

〔1〕＜平方根の計算＞与式$=\frac{(5\sqrt{2}-\sqrt{2}\sqrt{2}\sqrt{3})(2\sqrt{6}+7)}{\sqrt{2}}-\frac{(\sqrt{3}\sqrt{3}\sqrt{2}+2\sqrt{3})(5-\sqrt{6})}{\sqrt{3}}=\frac{\sqrt{2}(5-\sqrt{2}\sqrt{3})(2\sqrt{6}+7)}{\sqrt{2}}-\frac{\sqrt{3}(\sqrt{3}\sqrt{2}+2)(5-\sqrt{6})}{\sqrt{3}}=(5-\sqrt{6})(2\sqrt{6}+7)-(\sqrt{6}+2)(5-\sqrt{6})$とし，$5-\sqrt{6}=A$とおくと，与式$=A(2\sqrt{6}+7)-(\sqrt{6}+2)A=A\{(2\sqrt{6}+7)-(\sqrt{6}+2)\}=A(5+\sqrt{6})=(5-\sqrt{6})(5+\sqrt{6})=25-6=19$となる。

〔2〕＜確率―さいころ＞大小1つずつのさいころを同時に1回投げるとき，目の出方は全部で$6\times6=36$(通り)ある。このうち，2つのさいころの出た目の数の最大公約数が1より大きくなるのは，共通する素因数を持つときで(大，小)＝(2，2)，(2，4)，(2，6)，(3，3)，(3，6)，(4，2)，(4，4)，(4，6)，(5，5)，(6，2)，(6，3)，(6，4)，(6，6)の13通りある。よって，求める確率は$\frac{13}{36}$である。

〔3〕＜資料の活用＞10人の生徒の平均値は，$(3+1+8+10+3+9+5+2+8+x)\div10=\frac{x+49}{10}$(点)と表せる。よって，平均値は，最小が$\frac{1+49}{10}=5$(点)，最大が$\frac{10+49}{10}=5.9$(点)となる。平均値と中央値が等しいことから，中央値は，5点以上5.9点以下となる。また，10人の生徒の点数の中央値は，点数を小さい順に並べたときの5番目と6番目の点数の平均値となる。xを除いた9人の生徒の点数は，小さい順に，1，2，3，3，5，8，8，9，10となる。xを加えた10人の生徒の点数の中央値が5点以上5.9点以下になるのは，$x=5$，6のときである。$x=5$のとき，5番目，6番目がともに5点となるので，中央値は5点であるが，平均値は$\frac{5+49}{10}=5.4$(点)となり，適さない。$x=6$のとき，5番目が5点，6番目が6点より，中央値は$(5+6)\div2=5.5$(点)となり，平均値も$\frac{6+49}{10}=5.5$(点)となる。したがって，$x=6$である。

〔4〕＜関数―座標＞右図で，点Aとy軸について対称な点をE，点Bとx軸について対称な点をFとし，点Eと点P，点Qと点Fをそれぞれ結ぶ。∠APC＝∠EPCとなるから，∠APC＝∠QPOより，∠EPC＝∠QPOとなり，3点E，P，Qは同一直線上の点となる。同様にして，∠PQO＝∠BQD，∠BQD＝∠FQDより，∠PQO＝∠FQDとなるから，3点P，Q，Fも同一直線上の点となる。よって，4点E，P，Q，Fは同一直線上の点となるから，点Pは直線EFとy軸との交点である。A(10，10)より，E(−10，10)であり，B(7，3)より，F(7，−3)である。直線EFの傾きは$\frac{-3-10}{7-(-10)}=-\frac{13}{17}$だから，その式は$y=-\frac{13}{17}x+b$とおける。この直線が点Fを通るので，$-3=$

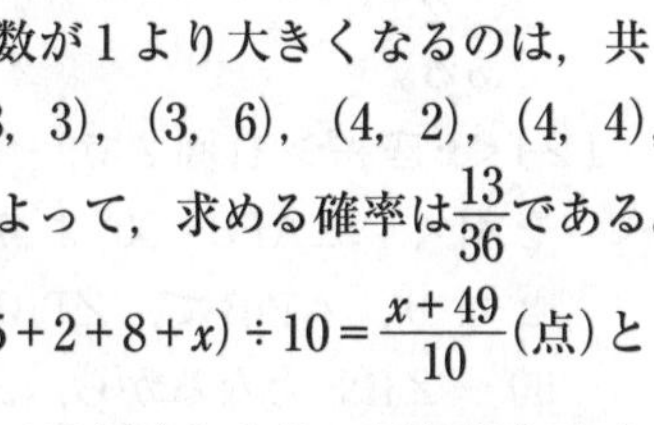

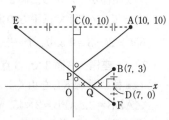

$-\frac{13}{17}\times 7+b$，$b=\frac{40}{17}$となり，$\mathrm{P}\left(0,\ \frac{40}{17}\right)$である。

≪別解≫前ページの図で，P(0，t)とおく。A(10，10)，C(0，10)だから，2点A，Cを結ぶと，線分ACはx軸に平行になる。また，B(7，3)，D(7，0)だから，2点B，Dを結ぶと，線分BDはy軸に平行になる。∠ACP＝∠QOP＝90°，∠APC＝∠QPOより，△APC∽△QPOとなるから，AC：QO＝PC：POである。AC＝10，PC＝$10-t$，PO＝tだから，10：QO＝$(10-t)$：tが成り立ち，QO×$(10-t)=10t$，QO＝$\frac{10t}{10-t}$となる。同様に，△QPO∽△QBDとなるから，QO：QD＝PO：BDである。BD＝3なので，$\frac{10t}{10-t}$：QD＝t：3が成り立ち，QD×$t=\frac{10t}{10-t}\times 3$，QD＝$\frac{30}{10-t}$となる。OD＝7だから，QO＋QD＝ODより，$\frac{10t}{10-t}+\frac{30}{10-t}=7$が成り立つ。これを解くと，$10t+30=7(10-t)$より，$t=\frac{40}{17}$となるから，$\mathrm{P}\left(0,\ \frac{40}{17}\right)$である。

2〔関数—一次関数〕

〔1〕<**x座標**>右図1で，点Pからx軸に垂線PHを引くと，PA＝PBより，点Hは線分ABの中点となる。A(−1，0)，B(3，0)より，点Hのx座標は$\frac{-1+3}{2}=1$となるから，点Pのx座標tは$t=1$である。

図1

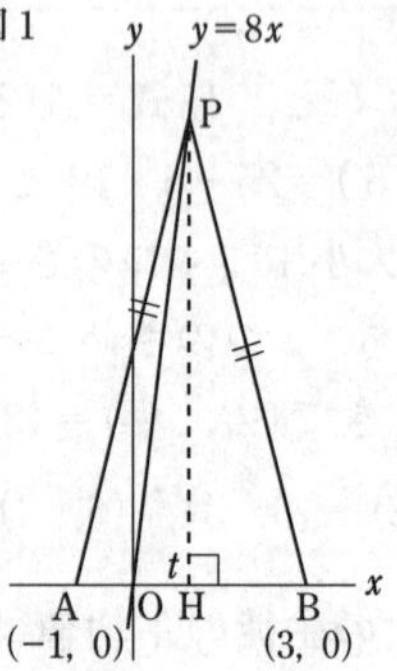

図2

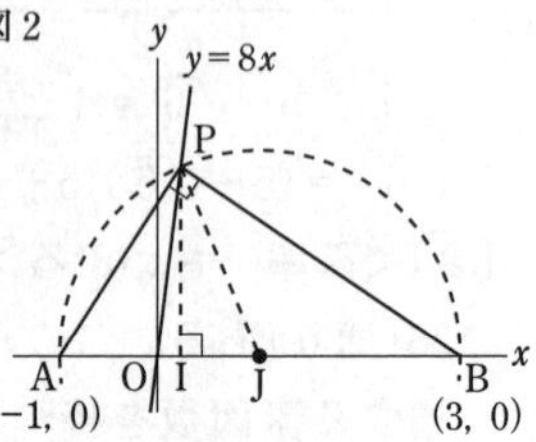

〔2〕<**x座標**>右図2で，点Pからx軸に垂線PIを引く。∠APB＝90°より，∠API＝90°−∠IPBとなり，△PIBで，∠PBI＝180°−90°−∠IPB＝90°−∠IPBとなるから，∠API＝∠PBIである。

また，∠AIP＝∠PIB＝90°である。よって，△AIP∽△PIBとなるから，AI：PI＝PI：BIである。点Pのx座標がtより，AI＝$t-(-1)=t+1$，BI＝$3-t$である。点Pは直線$y=8x$上にあるので，P(t，$8t$)であり，PI＝$8t$である。したがって，$(t+1)$：$8t=8t$：$(3-t)$が成り立ち，これを解くと，$(t+1)(3-t)=8t\times 8t$，$-t^2+2t+3=64t^2$，$65t^2-2t-3=0$より，$t=\frac{-(-2)\pm\sqrt{(-2)^2-4\times 65\times(-3)}}{2\times 65}=\frac{2\pm\sqrt{784}}{130}=\frac{2\pm 28}{130}$となり，$t=\frac{2+28}{130}=\frac{3}{13}$，$t=\frac{2-28}{130}=-\frac{1}{5}$となる。$t>0$だから，$t=\frac{3}{13}$である。

≪別解≫図2で，∠APB＝90°より，点Pは線分ABを直径とする円の周上にある。その円の中心をJとすると，JP＝JA＝$\frac{1}{2}$AB＝$\frac{1}{2}\times\{3-(-1)\}=2$となる。(1)より，上図1で，線分ABの中点Hの$x$座標が1だから，図2で，点Jの$x$座標は1である。P($t$，$8t$)だから，PI＝$8t$，IJ＝$1-t$である。よって，△PIJで三平方の定理$\mathrm{PI}^2+\mathrm{IJ}^2=\mathrm{JP}^2$より，$(8t)^2+(1-t)^2=2^2$が成り立つ。これを解くと，$65t^2-2t-3=0$より，$t=\frac{3}{13}$，$-\frac{1}{5}$となり，$t>0$だから，$t=\frac{3}{13}$である。

図3

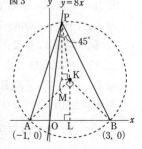

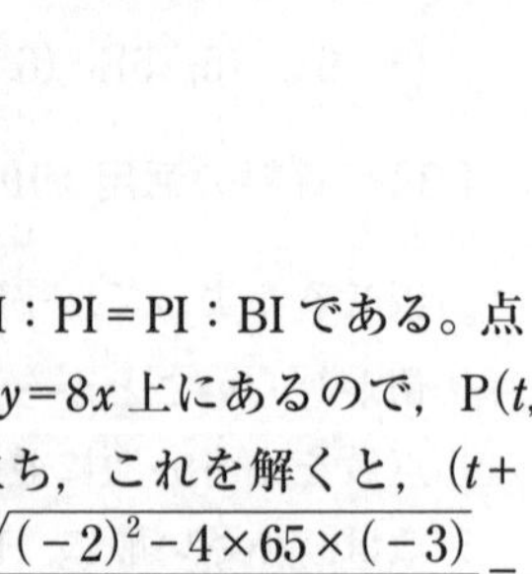

〔3〕<**x座標**>右図3で，3点P，A，Bを通る円の中心をKとし，点Kからx軸に垂線KLを引く。$\overset{\frown}{\mathrm{AB}}$に対する円周角と中心角の関係より，∠AKB＝2∠APB＝2×45°＝90°であり，KA＝KBだから，△KABは直角二等辺三角形となる。よって，AB＝3−(−1)＝4より，KP＝KA＝$\frac{1}{\sqrt{2}}$AB＝$\frac{1}{\sqrt{2}}\times 4=2\sqrt{2}$となる。また，∠KAL＝45°より，△KALは直角二等辺三角形だから，KL＝AL＝$\frac{1}{2}$AB＝$\frac{1}{2}\times 4=2$となる。A(−1，

0)だから，点Kのx座標は$-1+2=1$，y座標は2となり，K(1，2)である。次に，点Kを通りx軸に平行な直線と点Pを通りy軸に平行な直線の交点をMとする。P(t，$8t$)より，$\mathrm{MK}=1-t$，$\mathrm{PM}=8t-2$である。したがって，△KPMで三平方の定理$\mathrm{MK}^2+\mathrm{PM}^2=\mathrm{KP}^2$より，$(1-t)^2+(8t-2)^2=(2\sqrt{2})^2$が成り立つ。これを解くと，$1-2t+t^2+64t^2-32t+4=8$，$65t^2-34t-3=0$より，$t=\dfrac{-(-34)\pm\sqrt{(-34)^2-4\times65\times(-3)}}{2\times65}=\dfrac{34\pm\sqrt{1936}}{130}=\dfrac{34\pm44}{130}$となり，$t=\dfrac{34+44}{130}=\dfrac{3}{5}$，$t=\dfrac{34-44}{130}=-\dfrac{1}{13}$となる。$t>0$だから，$t=\dfrac{3}{5}$である。

3〔平面図形—三角形〕

〔1〕＜構想＞右図1の△ABEと△AFEにおいて，AE＝AE，∠BAE＝∠FAE，∠AEB＝∠AEF＝90°より，1組の辺とその両端の角がそれぞれ等しいから，△ABE≡△AFEとなる。これより，BE＝EFとなる。CM＝MF，BE＝EFより，EM∥BCが証明できる。

図1

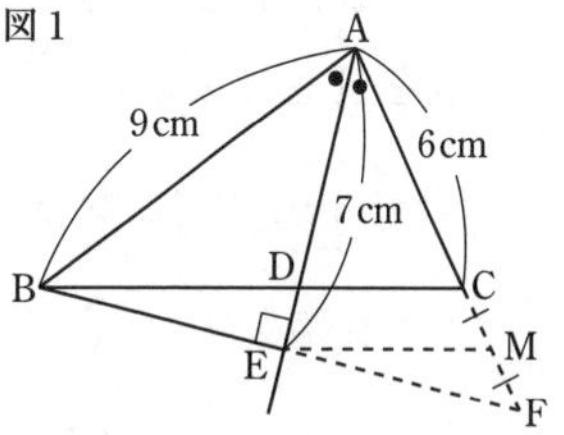

〔2〕＜長さ＞右図1で，〔1〕より，△ABE≡△AFEだから，AF＝AB＝9となり，CF＝AF－AC＝9－6＝3である。これより，$\mathrm{CM}=\mathrm{MF}=\dfrac{1}{2}\mathrm{CF}=\dfrac{1}{2}\times3=\dfrac{3}{2}$となる。よって，EM∥BCより，$\mathrm{AE}:\mathrm{DE}=\mathrm{AM}:\mathrm{CM}=\left(6+\dfrac{3}{2}\right):\dfrac{3}{2}=5:1$となるから，$\mathrm{DE}=\dfrac{1}{5}\mathrm{AE}=\dfrac{1}{5}\times7=\dfrac{7}{5}$(cm)である。

〔3〕＜長さの比＞右図2で，AB＝AFより，$\mathrm{AF}:\mathrm{AC}=\mathrm{AB}:\mathrm{AC}=t:1$だから，$\mathrm{AC}:\mathrm{CF}=1:(t-1)$となる。また，CM＝MFだから，$\mathrm{AC}:\mathrm{CM}:\mathrm{MF}=1:\dfrac{t-1}{2}:\dfrac{t-1}{2}=2:(t-1):(t-1)$となる。よって，EM∥BCより，$\mathrm{AE}:\mathrm{DE}=\mathrm{AM}:\mathrm{CM}=\{2+(t-1)\}:(t-1)=(t+1):(t-1)$となる。

図2

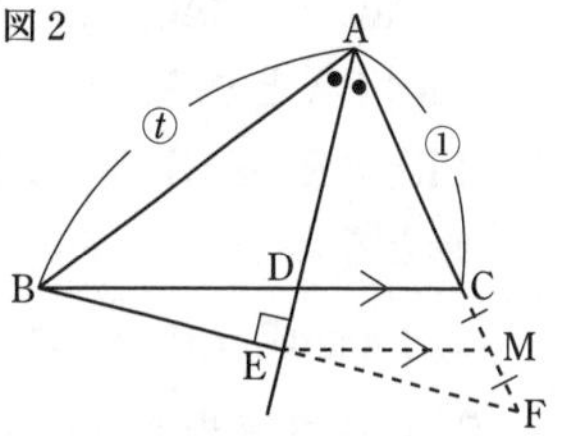

4〔関数—関数$y=ax^2$と直線〕

〔1〕＜比例定数—特別な直角三角形＞右図で，線分ABとy軸の交点をEとすると，△OABは正三角形だから，△OAEは3辺の比が$1:2:\sqrt{3}$の直角三角形となる。点Aのx座標が$-2\sqrt{3}$より，$\mathrm{AE}=2\sqrt{3}$だから，$\mathrm{OE}=\sqrt{3}\mathrm{AE}=\sqrt{3}\times2\sqrt{3}=6$となり，A$(-2\sqrt{3}，6)$である。関数$y=kx^2$のグラフ上に点Aがあるので，$6=k\times(-2\sqrt{3})^2$より，$k=\dfrac{1}{2}$となる。

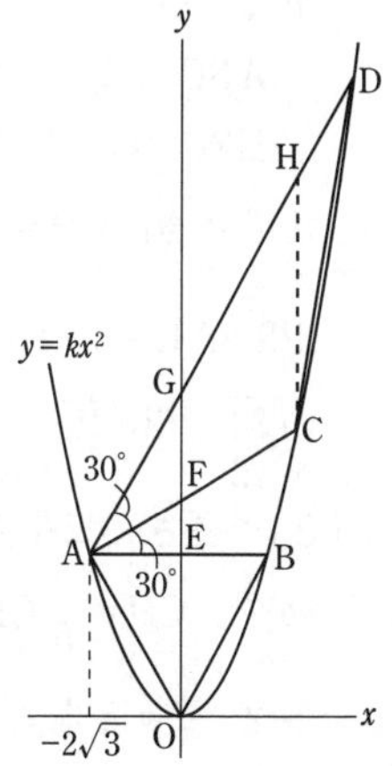

〔2〕＜座標＞右図で，線分ACとy軸の交点をFとする。∠EAF＝30°，∠AEF＝90°より，△AEFは3辺の比が$1:2:\sqrt{3}$の直角三角形だから，直線ACの傾きは$\dfrac{\mathrm{EF}}{\mathrm{AE}}=\dfrac{1}{\sqrt{3}}=\dfrac{\sqrt{3}}{3}$となる。よって，直線ACの式を$y=\dfrac{\sqrt{3}}{3}x+b$とおくと，A$(-2\sqrt{3}，6)$を通るから，$6=\dfrac{\sqrt{3}}{3}\times(-2\sqrt{3})+b$，$b=8$となり，直線ACの式は$y=\dfrac{\sqrt{3}}{3}x+8$である。点Cは関数$y=\dfrac{1}{2}x^2$のグラフと直線$y=\dfrac{\sqrt{3}}{3}x+8$の交点だから，2式から$y$を消去して，$\dfrac{1}{2}x^2=\dfrac{\sqrt{3}}{3}x+8$，$3x^2-2\sqrt{3}x-48=0$より，$x=\dfrac{-(-2\sqrt{3})\pm\sqrt{(-2\sqrt{3})^2-4\times3\times(-48)}}{2\times3}=\dfrac{2\sqrt{3}\pm\sqrt{588}}{6}=\dfrac{2\sqrt{3}\pm14\sqrt{3}}{6}$となり，$x=\dfrac{2\sqrt{3}+14\sqrt{3}}{6}=\dfrac{8\sqrt{3}}{3}$，$x=\dfrac{2\sqrt{3}-14\sqrt{3}}{6}=-2\sqrt{3}$である。したがって，点Cの$x$座標は$\dfrac{8\sqrt{3}}{3}$であり，$y=\dfrac{1}{2}\times\left(\dfrac{8\sqrt{3}}{3}\right)^2=\dfrac{32}{3}$となるから，C$\left(\dfrac{8\sqrt{3}}{3}，\dfrac{32}{3}\right)$である。

〔3〕＜面積＞前ページの図で，線分ADとy軸の交点をGとする。$\angle GAE=30^\circ+30^\circ=60^\circ$より，$\triangle AEG$は3辺の比が$1:2:\sqrt{3}$の直角三角形だから，直線ADの傾きは$\frac{EG}{AE}=\frac{\sqrt{3}}{1}=\sqrt{3}$となる。直線ADの式を$y=\sqrt{3}x+c$とおくと，点Aを通るから，$6=\sqrt{3}\times(-2\sqrt{3})+c$，$c=12$となり，直線ADの式は$y=\sqrt{3}x+12$である。点Dは関数$y=\frac{1}{2}x^2$のグラフと直線$y=\sqrt{3}x+12$の交点だから，$\frac{1}{2}x^2=\sqrt{3}x+12$，$x^2-2\sqrt{3}x-24=0$より，$x=\frac{-(-2\sqrt{3})\pm\sqrt{(-2\sqrt{3})^2-4\times1\times(-24)}}{2\times1}=\frac{2\sqrt{3}\pm\sqrt{108}}{2}=\frac{2\sqrt{3}\pm6\sqrt{3}}{2}=\sqrt{3}\pm3\sqrt{3}$となり，$x=\sqrt{3}+3\sqrt{3}=4\sqrt{3}$，$x=\sqrt{3}-3\sqrt{3}=-2\sqrt{3}$である。よって，点Dの$x$座標は$4\sqrt{3}$である。次に，点Cを通り$y$軸に平行な直線と辺ADの交点をHとする。$C\left(\frac{8\sqrt{3}}{3},\ \frac{32}{3}\right)$より，点Hの$x$座標は$\frac{8\sqrt{3}}{3}$だから，$y=\sqrt{3}\times\frac{8\sqrt{3}}{3}+12=20$より，$H\left(\frac{8\sqrt{3}}{3},\ 20\right)$となる。これより，$CH=20-\frac{32}{3}=\frac{28}{3}$となる。辺CHを底辺と見ると，3点A，C，Dの$x$座標より，$\triangle ACH$の高さは$\frac{8\sqrt{3}}{3}-(-2\sqrt{3})=\frac{14\sqrt{3}}{3}$，$\triangle DCH$の高さは$4\sqrt{3}-\frac{8\sqrt{3}}{3}=\frac{4\sqrt{3}}{3}$となるので，$\triangle ACD=\triangle ACH+\triangle DCH=\frac{1}{2}\times\frac{28}{3}\times\frac{14\sqrt{3}}{3}+\frac{1}{2}\times\frac{28}{3}\times\frac{4\sqrt{3}}{3}=28\sqrt{3}$となる。

5〔平面図形—直角三角形〕

〔1〕＜長さ—相似＞右図1で，$\angle ARP=90^\circ$のとき，$\angle PCR=\angle BCA$，$\angle PRC=\angle BAC=90^\circ$より，$\triangle RPC\backsim\triangle ABC$となるから，$CR:CA=PR:BA$となる。点Pは，線分QRで折って点Aが重なる点だから，$PR=AR$，$\angle QPR=\angle QAR=90^\circ$となる。よって，四角形AQPRは正方形となるから，$CR=x$とすると，$PR=AR=3-x$となり，$x:3=(3-x):4$が成り立つ。これを解くと，$x\times4=3\times(3-x)$，$x=\frac{9}{7}$となる。

図1

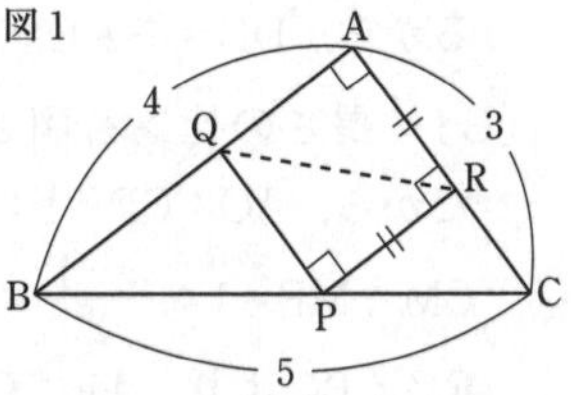

〔2〕＜長さ—相似，三平方の定理＞右図2で，点Rから辺BCに垂線RHを引く。$\angle RCH=\angle BCA$，$\angle RHC=\angle BAC=90^\circ$だから，$\triangle HRC\backsim\triangle ABC$である。$\triangle ABC$の3辺の比は$CA:AB:BC=3:4:5$だから，$\triangle HRC$の3辺の比も$CH:RH:CR=3:4:5$となる。よって，$CR=1$のとき，$CH=\frac{3}{5}CR=\frac{3}{5}\times1=\frac{3}{5}$，$RH=\frac{4}{5}CR=\frac{4}{5}\times1=\frac{4}{5}$となる。

図2

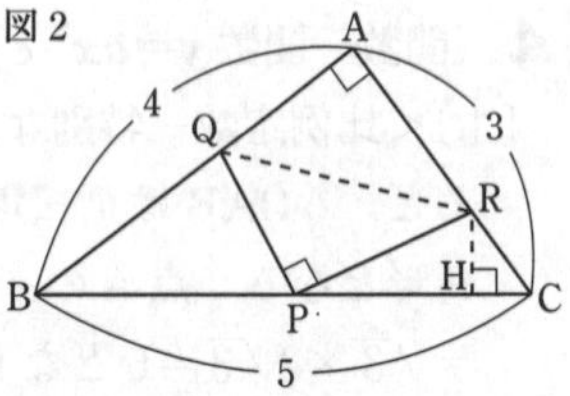

$PR=AR=3-1=2$となるから，$\triangle RPH$で三平方の定理より，$PH=\sqrt{PR^2-RH^2}=\sqrt{2^2-\left(\frac{4}{5}\right)^2}=\sqrt{\frac{84}{25}}=\frac{2\sqrt{21}}{5}$となる。したがって，$CP=CH+PH=\frac{3}{5}+\frac{2\sqrt{21}}{5}=\frac{3+2\sqrt{21}}{5}$である。

〔3〕＜長さ—三平方の定理＞右上図2で，$CR=y$とする。〔2〕より，$\triangle HRC$の3辺の比は$3:4:5$だから，$CH=\frac{3}{5}CR=\frac{3}{5}y$，$RH=\frac{4}{5}CR=\frac{4}{5}y$となる。また，$PR=AR=3-y$となり，$CP=2$より，$PH=2-\frac{3}{5}y$となる。$\triangle RPH$で三平方の定理$PR^2=PH^2+RH^2$より，$(3-y)^2=\left(2-\frac{3}{5}y\right)^2+\left(\frac{4}{5}y\right)^2$が成り立つ。これを解くと，$9-6y+y^2=4-\frac{12}{5}y+\frac{9}{25}y^2+\frac{16}{25}y^2$より，$y=\frac{25}{18}$となる。

社会解答

1 問１ ⑴…④$_{1}$ ⑵…きぼう
⑶…②$_{2}$ ⑷…⑤$_{3}$
問２ ⑴…③$_{4}$ ⑵…①$_{5}$ ⑶…茶

2 問１ 新潟県…⑤$_{6}$ 福岡県…②$_{7}$
問２ ②$_{8}$
問３ 北海道…⑤$_{9}$ 静岡県…③$_{10}$
問４ ③$_{11}$ 問５ ④$_{12}$ 問６ ⑥$_{13}$

3 問１ 吉野ヶ里 問２ ③$_{14}$
問３ ①$_{15}$ 問４ 裁判 問５ ④$_{16}$
問６ ②$_{17}$ 問７ 享保の改革
問８ ③$_{18}$ 問９ ①$_{19}$ 問10 ②$_{20}$

4 問１ ⑴…③$_{21}$ ⑵…アラビア
問２ ⑴…④$_{22}$ ⑵…銀 問３ ①$_{23}$
問４ ③$_{24}$ 問５ 日英同盟

5 問１ あ…労働基準 い…金融
う…厚生労働
問２ ①$_{25}$ 問３ ①$_{26}$ 問４ ④$_{27}$
問５ ②$_{28}$

6 問１ ①$_{29}$ 問２ ②$_{30}$ 問３ ③$_{31}$
問４ ③$_{32}$ 問５ 平塚らいてう
問６ ②$_{33}$

1〔世界地理―アフリカ大陸〕

問１＜地図と文章の読み取り，喜望峰，エネルギー資源，時差＞⑴アフリカ大陸西部に広がるギニア湾のほぼ中央を縦断し，⑥の矢印の先にある縦線が０度の経線，南アメリカ大陸のアマゾン川河口やアフリカ大陸の中央を横断し，③と④の矢印の先にある横線が赤道である。文章から，ペリー一行は示された期間中に，緯度で北緯６度８分から赤道まで，そして西経16度34分から西経11度１分まで移動したことがわかる。　⑵喜望《きぼう》峰は南アフリカ共和国西部のケープタウンにある岬で，15～16世紀の大航海時代にはバスコ＝ダ＝ガマがここを経由してインド航路を開拓するなど，ヨーロッパからアジアへ向かう航路の経由地となった。　⑶ペリーが日本に来航した19世紀半ばの蒸気船の燃料は石炭だった。2015年の世界の石炭産出量は，中国が全体の56.5％を占めて世界第１位であった。なお，①は原油，③はウラン鉱，④は天然ガスの産出量を表している（2015年）。　⑷経度差15度で１時間の時差が生じ，基準とする地点から西回りで考えるときは時刻を戻す。図１より，セント・ヘレナ島はおおむね西経５度，ノーフォークはおおむね西経75度に位置している。この２点の経度差は70度あるので，70÷15＝4.6…より，およそ５時間戻すことになる。セント・ヘレナ島に到着した現地時間は1853年１月10日正午なので，ここから５時間戻した1853年１月10日午前７時が，ノーフォークの日時に最も近い。

問２＜アフリカ大陸＞⑴2020年３月現在，国際連合に加盟しているのは193か国で，未加盟の国は，ヨーロッパのバチカン市国，コソボ共和国，オセアニアのクック諸島，ニウエの４か国で，アフリカの国は全て国際連合に加盟している。　⑵図１のアの国はアルジェリアで，南部に広がるサハラ砂漠中央には，1982年に世界複合遺産に登録されたタッシリ＝ナジェールがある。ここには，１万年以上前に描かれたと考えられる壁画が残っており，中には羊や馬などの草食動物や狩猟の場面を描いたものも見られる。ここから，この地域がかつて砂漠ではなくサバンナだったことがうかがえる。なお，②は図１のイの国にあたるナイジェリア，③は図１のウの国にあたるエチオピア，④は図１のエの国にあたる南アフリカ共和国を説明している。　⑶図１のオの国はケニアで，中国，スリランカ，インドと並ぶ世界有数の茶の輸出国である。

2〔日本地理—総合〕

問１＜都道府県の人口＞示された６道県の道県庁所在地は全て政令指定都市だが，「平成の大合併」と呼ばれる市町村合併がピークを迎えた2005～06年以降，市町村合併を伴って政令指定都市となった静岡市や新潟市は人口が100万人に満たない。表中で人口が70万人台の①と⑤のうち，日本で５番目に面積が大きい新潟県の方が，より人口密度が低いと判断できる。また，福岡県は示された６道県の中では③の北海道に次いで人口が多く，県庁所在地である福岡市も北海道庁所在地の札幌市に次いで人口が多い。北海道ほど面積が大きくないため，人口密度はかなり高くなっている。なお，④は広島県，⑥は宮城県を表している。

問２＜人口移動＞福岡県は，東京都，神奈川県，千葉県，埼玉県，愛知県，沖縄県とともに2016～17年の人口増加率がプラスになった数少ない都県の１つで，これは他都道府県からの転入者など社会的な要因が大きいので，３つの中で唯一，転入者数が転出者数を上回っているい．が当てはまる。あ．とう．のうち，全ての項目において数値が大きいあ．が北海道で，う．が広島県である。

問３＜日本の農業＞北海道は，乳用牛や肉用牛の飼養頭数が全国第１位であるなど，畜産が盛んである(2018年)。北海道では米や野菜も多く生産されているが，畜産は比較的利益率が高いことから，畜産の産出額に占める割合は６割近くになる。また，茶の生産量が全国第１位，みかんの生産量が全国第４位の静岡県は，果実と工芸作物の割合が高い(2017年)。なお，①は福岡県，②は新潟県，④は宮城県，⑥は広島県を表している。

問４＜日本の水産業＞まぐろ類は太平洋側の漁港での漁獲量が多く，遠洋漁業の基地となっている静岡県の焼津港はまぐろ類の水揚げ量が多いことで知られる。かに類は北海道や日本海側の漁港での漁獲量が多い。また，かきの養殖は，広島県や岡山県の瀬戸内海沿岸や，宮城県や岩手県など，リアス海岸が伸びる東北地方の三陸海岸で盛んに行われている。

問５＜日本の工業＞新潟県は，米を原料とした菓子などの食料品や，燕市の洋食器などを含む金属製品の生産が盛んである。なお，①は北海道，②は広島県，③は静岡県を表している。

問６＜訪日外国人＞福岡県は，地理的に近い韓国から訪れる人の割合が非常に大きい。また，多くの観光地や大自然，温泉，スキーなどが楽しめる北海道は，東京都，大阪府に次いで全国で３番目に外国人の延べ宿泊者数が多い(2017年)。

3〔歴史—明治時代まで〕

問１＜吉野ヶ里遺跡＞佐賀県の吉野ヶ里遺跡は弥生時代の大規模環濠集落の跡で，墓地からは図１のように甕棺《かめかん》に入った人骨が出土した。また，図２のように，集落の周囲が濠や柵で囲まれ，中には大型の建物や物見やぐらが建てられていた。

問２＜弥生時代＞図２に見られる大型建物は二重に囲まれた柵の中にあり，さらに高床になっていることから，集落の中心となる特別な施設だったと考えられる。なお，図２のような環濠集落がつくられた弥生時代には集落間で水利や収穫物などを巡って争いが起きるようになり，首のない人骨は戦いがあったことをうかがわせるものである(①，②…×)。漢字は，古墳時代の４～５世紀頃に日本に伝わったとされている(④…×)。

問３＜御成敗式目＞資料１と資料２が示す「ある法令」は，1232年に鎌倉幕府第３代執権北条泰時が出した御成敗式目〔貞永式目〕を指す。御成敗式目は初の武家法で，守護・地頭の職務や御家人の所領争いに関する規定などが定められていた。なお，②は守護ではなく地頭の職務に関する規定である。江戸幕府が定めた参勤交代のような③の規定や，戦国時代の分国法に見られるような④の規定は，御成敗式目にはない。

問４＜御成敗式目＞鎌倉時代には所領を巡る御家人どうしの訴訟が増加したため，幕府は御成敗式目で公平な裁判の基準を示した。

問５＜資料の読み取り＞資料２に，「源頼朝公の時代から今日まで～武士の慣習で，その事例は数えきれないほどある」とあることから，「道理」には「武士の慣習」が含まれていたことがわかる。なお，資料１には「非難する人もきっとあろうかと思います」とある(①…×)。資料１の「漢字は読めなくても仮名だけは分かる人」とは，主に武士を指している(②…×)。資料１に，「これによって朝廷の決定や律令のきまりが変わるということはまったくありません」とある(③…×)。

問６＜江戸時代の農業＞江戸時代の農業生産力の向上には，耕作用の備中ぐわや脱穀用の千歯こき，選別用の唐箕など新しい農具が開発され，農業生産力が上がった。なお，江戸時代には宮崎安貞が著した『農業全書』などの農書が刊行され，近畿地方の進んだ農業技術が各地に広がった(①…×)。江戸時代にはたびたび飢饉が発生し，餓死する者も少なくなかった(③…×)。水車や堆肥は室町時代に普及した(④…×)。

問７＜享保の改革＞江戸幕府第８代将軍徳川吉宗は享保の改革と呼ばれる幕政改革に取り組み，その中で飢饉に備えてさつまいも〔甘藷〕の栽培を奨励した。図３は吉宗に仕えた青木昆陽が著した『蕃《ばん》藷考《しょこう》』の写本である。

問８＜自由民権運動＞中江兆民は土佐(高知県)出身の思想家で，フランス人思想家ルソーの著書『社会契約論』を翻訳して『民約論』〔『民約訳解』〕として出版し，自由民権運動に大きな影響を与えた。

問９＜大日本帝国憲法＞大日本帝国憲法は，神聖不可侵な国家元首として天皇にさまざまな権限を与えたが，同時に第４条で，天皇は憲法の条文に従って統治権を行使すると定めていた。なお，国民の権利は「臣民の権利」として認められたが，法律によって制限されていた(②…×)。大日本帝国憲法には，議会が内閣不信任決議を行うことに関する規定はなかった(③…×)。大日本帝国憲法では，衆議院と貴族院の権限はほぼ対等であった(④…×)。

問10＜資料の読み取り＞資料４に「衆議院議員の一大義務」は「憲法について意見を述べることである」として，「意見を天皇陛下に申し上げる権利」について言及している。なお，国会が基礎のないものになるのは，「国会が憲法を点検し，意見がある場合，意見を天皇陛下に申し上げる権利がないとき」としている(①…×)。資料３と資料４からは，憲法制定の手続きに関する内容は読み取れない(③…×)。憲法が国会を「行政の諮問機関」と規定しているという記述は見られず，「ある人物」は国会が「行政の諮問機関」になってはいけないと主張している(④…×)。

4〔歴史—中世～近代の地図と歴史〕

問１＜中世の世界地図＞⑴ナイル川は，アフリカ大陸をおおむね南から北へ流れて地中海に注ぐが，図１ではこれが北を上として描いた一般的な地図と逆に描かれているので，南が上になっているとわかる。　⑵イスラームの聖地メッカは，アラビア半島の南西に位置する。

問２＜16世紀の日本地図＞⑴図２の日本地図において，「TONSA」の地名が書かれた四国は本州と区別され，島として描かれている。　⑵図３は中国地方の日本海側（山陰地方）を表しており，図３左下の「Hivami」は石見銀山のあった島根県西部を意味している。石見銀山は戦国時代に新技術が開発されて銀の産出量が増加し，産出した大量の銀が輸出されて中国からヨーロッパへと広がったことで，石見の名はヨーロッパにも知られるようになった。

問３＜19世紀のアメリカ合衆国＞1861年は，アメリカ合衆国で南北戦争が始まった年である。図４中の丸枠はアメリカ合衆国南部の綿花地帯を示しており，綿花栽培のための労働力として奴隷制度の維持を必要とした南部と，奴隷制の廃止を主張した北部との対立が南北戦争の原因となった。

問４＜19世紀のイギリス＞図５の中央にはイギリスが描かれている。また，カナダ，オーストラリア，インドなどイギリス連邦に属する領土が色づけされている。18世紀に世界で最初に産業革命を達成したイギリスは，19世紀半ばまで世界一の工業生産をあげて「世界の工場」と呼ばれた。しかし，18世紀後半に独立したアメリカは多くの移民を受け入れ工業が発展し，19世紀末には世界最大の資本主義国となる。その一方で，イギリスの工業は衰退していく。よって，図６の③がイギリス，①がアメリカである。なお，図６の②はドイツ，④はロシアを表している。

問５＜第一次世界大戦＞図７に1914年という年号が見られることから，「この戦争」とは1914年にヨーロッパを主戦場として始まった第一次世界大戦だとわかる。日本は，1902年にイギリスとの間で結んだ日英同盟を根拠として第一次世界大戦に参加し，中国にいたドイツ軍と交戦した。

5〔公民―経済〕

問１＜労働に関する法と機関＞あ．労働者に対する給与の支払いなど，労働者の労働条件の最低基準を定めている法律は労働基準法である。労働基準法では，給与は原則として通貨，つまり現金で支払うことが規定されている。　い．資金移動業者とは，送金や決済の為替業務を行う業者のうち，銀行以外の業者を指す。金融に関わる仕事なので，内閣府の外局である金融庁が所管する。　う．労働に関する仕事を担当し，労働基準法を所管する行政機関は厚生労働省である。

問２＜デジタルマネー＞問題文にあるように，デジタルマネーは「貨幣を使わずに電子情報のみで代金を支払う仮想貨幣」のことなので，現金を引き出すためのキャッシュカードはこれに含まれない。

問３＜労働基準法＞労働基準法が，原則として労働者の給与を現金で支払うことを義務づけているのは，労働基準法が制定された第二次世界大戦後の時期に見られた物品による現物支給を禁止するためであった。

問４＜預金の保護＞銀行が破綻した場合，預金保険制度によって，利子のつかない当座預金は全額，普通預金や定期預金などは，一人当たり合計1000万円まで保護される。

問５＜外国人労働者＞日本では，介護や農業の分野において労働者が不足しているため，在留資格を緩和するなどして外国人の受け入れ枠を拡大した。特に介護分野においては，東南アジアの国とEPA〔経済連携協定〕が結ばれ，多くの人数を受け入れる体制が整備された。

6〔公民―近現代の日本と世界〕

問１＜女性の地位＞あ．はアフリカのルワンダである。ルワンダでは内戦のため男性の人口が減少したことなどから，国会の女性議員比率が上昇した。い．は北ヨーロッパのスウェーデンである。北ヨーロッパ諸国には「高福祉，高負担」の国が多く，女性の社会的地位が高い国が多い。う．は東アジアの韓国である。2012年に女性の朴《パク》槿《ク》恵《ネ》大統領が誕生した韓国だが，日本などのアジア諸国同様，国会の女性議員比率は低い。

問２＜政党＞政党助成法における政党の要件は，国会議員が５人以上いるか，国会議員が１人以上いて直近の国政選挙で一定の得票率を得ていることと定められている(①…×)。日本国憲法には政党に関する規定はない(③…×)。企業や団体からの資金提供は，政治家個人に対するものは禁止されているが，政党が設立する政治資金団体に対するものについては，上限が定められているが禁止されてはいない(④…×)。

問３＜国会議員の身分＞日本国憲法第50条が認める国会議員の不逮捕特権は，国会の会期中のみ認められる(①…×)。国会議員は，国会内での発言や表決については刑事上，民事上の責任が問われない(②…×)。弾劾裁判所は，裁判官を罷免するかどうかを判断するために開かれる(④…×)。

問４＜選挙制度＞小選挙区制ではＡ党が２議席を獲得するのだから，選挙区Ⅲではａ党の得票数が最も多かったことがわかる(①…×)。また，比例代表制での議席配分から，３つの選挙区の得票数合計はＣ党よりＢ党の方が多かったことがわかる(②…×)。④で３つの選挙区の得票数を合計すると，Ａ党が125票，Ｂ党が100票，Ｃ党が75票となる。これをドント式に基づいて３議席配分すると，２で割った場合のＡ党の値は62.5，Ｂ党の値は50で，Ｃ党の得票数を１で割った商の75を下回るため，３つの政党が１議席ずつ獲得することになる(④…×)。

問５＜平塚らいてう＞平塚らいてうは女性解放運動の指導者で，1911年に女子のみの文学団体・青鞜社を結成して雑誌『青鞜』を創刊し，その冒頭に「元始，女性は実に太陽であった」と書いた。1920年には市川房枝らとともに新婦人協会を設立し，婦人参政権運動を進めた。

問６＜参議院＞衆議院の解散中に開かれた参議院の緊急集会における措置には，事後に衆議院の同意を必要とする。

理科解答

1 (1) ①$_{1}$ (2) 0.60J (3) ②$_{2}$
(4) ④$_{3}$

2 (1) ②$_{4}$ (2) ⑤$_{5}$ (3) ②$_{6}$
(4) カ…OH^{-} キ…Na^{+} ク…H^{+}
ケ…$SO_4{}^{2-}$

3 (1) ③$_{7}$ (2) ⑥$_{8}$

4 (1) ①$_{9}$ (2) ①$_{10}$
(3) (例)再びストローをさして息を吹き込む。

5 (1) ①$_{11}$ (2) ③$_{12}$ (3) ①$_{13}$
(4) ④$_{14}$
(5) 火山の噴火の様子…②$_{15}$
マグマのねばりけ…②$_{16}$
(6) ⑥$_{17}$

6 (1) ア…①$_{18}$ イ…②$_{19}$
(2) 20…③ 21…⑥ 22…⑤ 23…②
24…⓪
(3) 1200J (4) 右上図1

7 (1) X…熱 Y…状態変化 (2) ④$_{25}$
(3) ①$_{26}$ (4) 97.8cm^3 (5) ②$_{27}$

8 (1) ④$_{28}$ (2) ④$_{29}$ (3) ②$_{30}$
(4) (ア)…②$_{31}$ (イ)…①$_{32}$ (5) 胚
(6) 33・34…③・⑥

9 (1) 444
(2) ア…②$_{35}$ イ…①$_{36}$ ウ…②$_{37}$
エ…②$_{38}$ オ…①$_{39}$ カ…②$_{40}$
(3) 下図2 (4) ⑤$_{41}$ (5) ③$_{42}$
(6) ①$_{43}$

10 105cm

図1

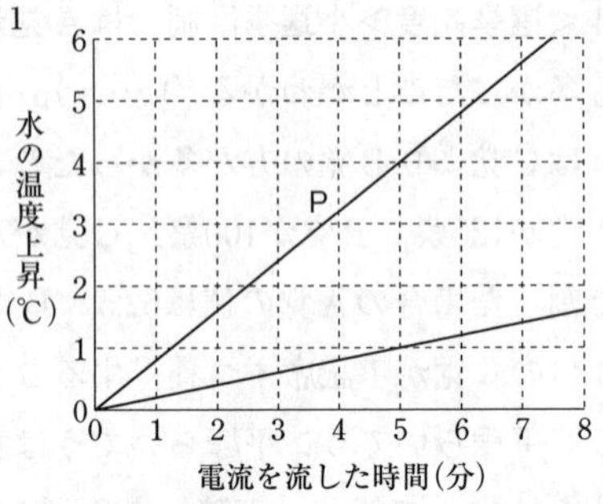

図2

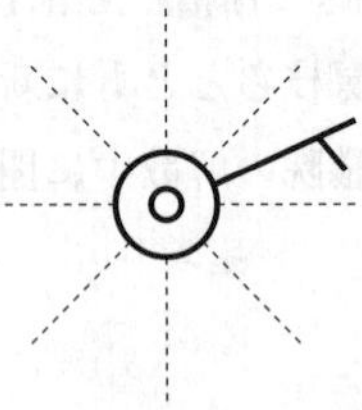

1 〔運動とエネルギー〕

(1)<力のつり合い>右図1のように，糸を手で押し下げていく点をPとする。このとき，おもりが糸を12Nの力で引き，壁が糸を同じ12Nの力で引くので，点Pには右向きに12Nの力と左向きに12Nの2力がはたらく。糸を押し下げていくと，図1のように，これらの点Pに加わる2力の合力が大きくなるため，合力とつり合う糸を押し下げる力も大きくなる。よって，手ごたえはだんだんと大きくなる。

図1

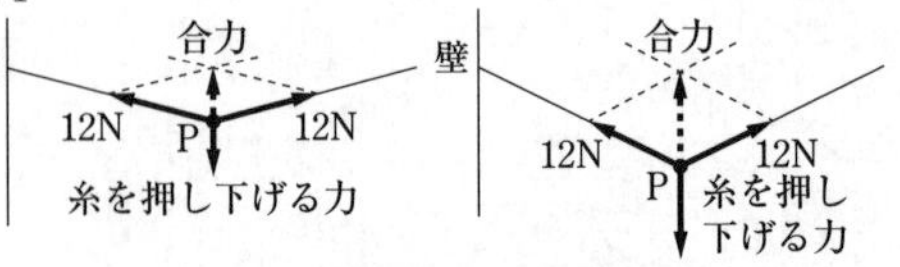

(2)<仕事>問題の図1，2より，糸を押し下げると，12Nのおもりの床からの高さは33－28＝5(cm)上がった。このとき，おもりに12Nの力を加えて5cm，つまり，0.05m動かしたことになるので，〔仕事(J)〕＝〔力の大きさ(N)〕×〔力の向きに動かした距離(m)〕より，求める仕事は12×0.05＝0.60(J)である。

(3)<力の合成>問題の図3のように，滑車を台はかりの方に近づけると，右図2のように，フックに加わる合力が大きくなる。つまり，物体を上向きに引く力が大きくなるため，物体が台はかりを下向きに押す力は小

図2

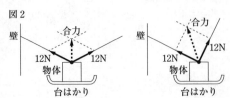

さくなり，台はかりが指す値は小さくなる。

(4)＜作用・反作用の法則＞(3)より，物体が台はかりを下向きに押す力(作用)が小さくなるので，台はかりが物体を上向きに押す力(反作用)も小さくなる。

2〔化学変化とイオン〕

(1)＜電気分解＞陰極に銅が付着したことから，「銅原子のもと(銅イオン)」は＋の電気を帯び，陽極に塩素が発生したことから，「塩素原子のもと(塩化物イオン)」は－の電気を帯びていると考えられる。

(2)＜電気分解＞BTB溶液は，酸性で黄色，中性で緑色，アルカリ性で青色を示す。硫酸ナトリウム水溶液は，実験2で緑色のBTB溶液を加えても緑色のままなので中性だが，実験3で電流を流すと，陰極側は青色に変化したのでアルカリ性，陽極側は黄色に変化したので酸性になっている。

(3)＜水の電気分解＞実験4より，実験3では水が電気分解され，陰極から水素，陽極から酸素が生じたことがわかる。このとき発生した水素の体積は，酸素の体積の2倍だから，酸素の体積は水素の体積の$\frac{1}{2}=0.5$(倍)である。

(4)＜水の電気分解＞硫酸ナトリウム(Na_2SO_4)は，水溶液中でナトリウムイオン(Na^+)と硫酸イオン(SO_4^{2-})に電離し，電流を流すと，陰極側に陽イオンであるNa^+が，陽極側に陰イオンであるSO_4^{2-}が移動する。また，陰極側がアルカリ性を示したことから，陰極側にはアルカリ性を示す原因である水酸化物イオン(OH^-)が存在し，陽極側が酸性を示したことから，陽極側には酸性を示す原因である水素イオン(H^+)が存在していることがわかる。さらに，実験5で，陰極側と陽極側の溶液を混ぜると緑色に戻ったのは，OH^-とH^+が反応して水になったためである。よって，この実験は，水が分解されたが，Na^+とSO_4^{2-}は水溶液中に残り，分解されていないため，水の電気分解と呼ばれる。

3〔植物の生活と種類〕

(1)＜顕微鏡の操作＞対物レンズを替えるときは，図2のA(レボルバー)アを持って回す。視野の中の移動の向きとプレパラートを動かす向きは上下左右が逆になるので，図1の細胞を視野の中央に来るように右斜め下に移動するには，プレパラートを左斜め上イに動かす。倍率を変えた後は，C(しぼり)ウで視野の明るさを調節して，輪郭がはっきり見えるようにする。

(2)＜被子植物の特徴＞茎の維管束がバラバラに存在するのは単子葉類だから，挙げられた5種類の作物のうち，コムギ，トウモロコシ，イネの3エ種類が当てはまる。また，主根と側根を持つ植物は双子葉類だから，ダイズ，ジャガイモの2オ種類が当てはまる。イネ，コムギ，トウモロコシの種子には，発芽に必要な養分を蓄える胚乳という部分がある。これに対して，ダイズには胚乳が無く，発芽に必要な養分が子葉に蓄えられている。胚乳がある種子を有胚乳種子，胚乳がない種子を無胚乳カ種子という。ジャガイモのいもは，茎キの一部にデンプンが蓄えられたものである。

4〔植物の生活と種類〕

(1)＜対照実験＞試験管中の溶液の色の変化が，オオカナダモの光合成のはたらきによるものであることを確かめるためには，オオカナダモが光合成を行って溶液の色が変化したものと，オオカナダモ以外の条件が同じものを比較すればよい。よって，比較するのは，光の当たる所に置いたAとDである。

(2)＜光合成と呼吸＞光合成では二酸化炭素が吸収され，呼吸では二酸化炭素が放出される。二酸化炭素を吹き込んで緑色にしたBTB溶液の色が，Bでは緑色のまま変化しなかったのは，溶液に含まれる二酸化炭素の量が変化しなかったためである。これは，うす暗い所では，オオカナダモが光合成で吸収した二酸化炭素の量と，呼吸で放出した二酸化炭素の量が等しかったためと考えられる。

(3)＜光合成＞試験管Aの溶液が青色になったのは，光合成により，溶液中の二酸化炭素が吸収されて息を吹き込む前のアルカリ性の状態に戻ったからである。酸性のうすい酢(酢酸水溶液)を加えて溶液を緑色(中性)にしても，光合成に必要な二酸化炭素が加えられていないので，溶液は青色に変化することはない。よって，再びオオカナダモの光合成によって溶液を青色に変化させるためには，息を吹き込むなど，溶液に二酸化炭素を加える操作が必要である。

5 〔大地のつくりと変化〕

(1)＜震央からの距離＞表1より，P波は，4地点をB，A，C，Dの順に到着する。震源からの距離が近い地点ほど，P波やS波は早く到着するから，P波が3番目に到着する地点Cは，図1で，震央からの距離が3番目に近い観測地点アである。

(2)＜主要動＞震源からの距離が近いほど，S波による主要動によるゆれの大きさは大きい。表1より，S波が到着する時刻は地点Bの方が地点Aよりも早いので，震源からの距離は地点Aよりも地点Bの方が近い。よって，地点Bの主要動によるゆれの大きさは，地点Aより大きいので，地点Bでの地震波の波形は③である。

(3)＜震源の深さ＞地点Aは，震源までの距離が50km，図1より震央までの距離が20×2＝40(km)である。よって，震源の深さを$x$kmとすると，三平方の定理より，$x^2+40^2=50^2$が成り立つ。これを解くと，$x^2=900$となり，$x>0$だから，$x=30$(km)となる。

(4)＜地震が発生した時刻＞表1のP波とS波の到着時刻の差から，各地点での初期微動継続時間を求めると，地点Aは32－25＝7(秒)，地点Bは29－23＝6(秒)，地点Cは41－31＝10(秒)，地点Dは50－36＝14(秒)である。これより，地点Dの初期微動継続時間は地点Aの2倍になっていて，初期微動継続時間と震源までの距離は比例するので，地点Dの震源までの距離は地点Aの2倍で，50×2＝100(km)である。地点Aと地点Dは震源までの距離の差が50kmで，P波の到着時刻の差が36－25＝11(秒)なので，震源までの距離が50kmの地点AにP波が到着した9時20分25秒は，地震が発生してから11秒後である。よって，地震が発生した時刻は9時20分14秒となるから，最も近いのは④である。

(5)＜マグマの性質＞山の標高に対してすそ野が長い火山は，広範囲にうすく溶岩が広がっているので，ねばりけが弱いマグマによってつくられたと考えられる。マグマのねばりけが弱いと，火山ガスが抜けやすいため，溶岩が穏やかに流れるように噴火する。

(6)＜火山岩＞図3のように，ねばりけが弱く，流れやすい溶岩は黒っぽい色をしている。また，マグマが地上や地表付近で短時間に冷え固まってできる火成岩を火山岩といい，細かな粒(石基)の間に比較的大きな鉱物(斑晶)が散らばったBのようなつくり(斑状組織)を持つ。よって，図3の火成岩は，黒っぽい火山岩で，玄武岩である。なお，流紋岩は白っぽい火山岩，閃緑岩は中間色の深成岩である。Aはマグマが地下の深い所で冷え固まってできる深成岩のつくり(等粒状組織)である。

6 〔電流とその利用〕

(1)＜電流計と電圧計＞電流計は測定する部分に直列に，電圧計は測定する区間に並列に接続する。図1で，アは直列に，イは並列につながれているので，アが電流計，イが電圧計である。

(2)＜消費電力＞16ΩのPに8Vの電圧を加えたので，オームの法則$〔電流(A)〕=\dfrac{〔電圧(V)〕}{〔抵抗(\Omega)〕}$より，Pに流れる電流は$\dfrac{8}{16}=0.5$(A)である。Pには，電圧を8V加え，電流が0.5A流れたので，消費電力は，〔電力(W)〕＝〔電流(A)〕×〔電圧(V)〕より，0.5×8＝4(W)である。また，同量の水を同じ時間温めたときの水の温度上昇は，消費電力に比例する。図2で，5分間の水の温度上昇はPでは4

℃，Qでは2℃なので，Qの消費電力はPの$\frac{2}{4}=\frac{1}{2}$となり，$4\times\frac{1}{2}=2$(W)である。Qに8Vの電圧を加えると消費電力が2Wになるので，Qに流れる電流は$2\div8=0.25$(A)である。よって，Qの電気抵抗は，$8\div0.25=32$(Ω)である。

(3)＜電力量＞(2)より，Pの消費電力は4Wだから，5分間の電力量は，〔電力量(J)〕＝〔電力(W)〕×〔時間(s)〕より，$4\times60\times5=1200$(J)である。

(4)＜電力と水の上昇温度＞(2)より，Pに8Vの電圧を加えると，流れる電流は0.5A，消費電力は4Wで，5分間で水の温度が4℃上昇する。Pに加える電圧を4Vと$\frac{1}{2}$にすると，流れる電流も$\frac{1}{2}$の$0.5\times\frac{1}{2}=0.25$(A)となるから，消費電力は$0.25\times4=1$(W)と$\frac{1}{4}$になる。水の温度上昇は消費電力に比例するから，消費電力が$\frac{1}{4}$になると，5分間の水の温度上昇は$4\times\frac{1}{4}=1$(℃)になる。よって，グラフは，原点と(5，1)を通る直線となる。

7〔身の回りの物質〕

(1)＜熱と状態変化＞エタノールが沸騰し始めると，与えられた熱$_X$エネルギーは液体から気体への状態変化$_Y$に用いられ，温度上昇には使われない。そのため，エタノールの温度は変化しなくなる。

(2)＜エタノールの性質＞石灰岩にかけると，二酸化炭素が発生するのは，塩酸である。

(3)＜熱と温度変化＞実験1，2では，一定のエネルギーを与え続けたので，与えられるエネルギー量は時間に比例して増え続け，液体の温度上昇も時間に比例して増えている。よって，適当なのは①である。なお，実験1，2で，水とエタノールの体積は10cm^{3}で等しいが，密度が異なるので，質量は等しくない。そのため，②は適当ではない。

(4)＜体積＞密度1.0g/cm^{3}の水50cm^{3}の質量は，$〔密度(g/cm^3)〕=\frac{〔質量(g)〕}{〔体積(cm^3)〕}$より，〔質量(g)〕＝〔密度(g/cm^3)〕×〔体積(cm^3)〕なので，$1.0\times50=50$(g)，密度0.80g/cm^{3}のエタノール50cm^{3}の質量は，$0.80\times50=40$(g)である。この水とエタノールの混合物は，密度が0.92g/cm^{3}で，質量は$50+40=90$(g)である。よって，水とエタノールの混合物の体積は，$90\div0.92=97.82\cdots$より，約97.8cm^{3}である。

(5)＜温度変化＞図1のように，エタノールだけを加熱すると80℃付近で沸騰が始まり温度が一定になるが，水とエタノールの混合物を加熱すると，エタノールの沸騰が始まる80℃付近から温度の上昇がゆるやかになる。よって，グラフとして最も適当なものは②である。

8〔動物の生活と生物の変遷，生命の連続性〕

(1)＜表面積＞円周率を3.14とするとき，半径が$16\div2=8$(cm)の球の表面積は，$4\times3.14\times8^2=803.84$より，ダチョウの卵の表面積はおよそ800cm^{2}である。

(2)＜気孔＞卵殻の表面には，細胞の呼吸に必要な気体が出入りする小さな穴が多数あり，この穴を気孔という。気孔は1cm^{2}当たりに，平均して$(14+13+15+14+14)\div5=14$(個)ある。よって，(1)より，卵の表面積は800cm^{2}なので，卵1個当たりの穴の数は，$14\times800=11200$より，およそ11000個である。

(3)＜気孔の密度＞図1より，ニワトリの卵の直径はダチョウの半分より小さく，球の表面積は半径の2乗に比例するので，ニワトリの卵の表面積はダチョウの$\frac{1}{4}$より小さい。しかし，気孔の数はおよそ1万個でダチョウとあまり変わらないので，単位面積当たりの気孔の数はニワトリの方が多い。

(4)＜始祖鳥＞(ア)…誤り。1億5000万年前は古生代ではなく，中生代である。　(イ)…正しい。始祖鳥は前あしが翼，体の表面に羽毛という鳥類の特徴と，くちばしに歯，翼の先に爪というハチュウ類の特徴を合わせ持つ。

⑸＜胚＞受精卵が体細胞分裂を始めてから，自分で食物をとり始めるまでの個体を胚という。

⑹＜染色体＞図４で，親の細胞にある２本の長い染色体のうち１本と，２本の短い染色体のうち１本が，それぞれの親から子に引き継がれる。よって，それぞれの親から子に引き継がれる遺伝子の組み合わせは，雌親がAC，AD，BC，BDの４通り，雄親がEG，EH，FG，FHの４通りあるから，全ての遺伝子の組み合わせは$4\times4=16$(通り)ある。このうち，①〜⑧の中にあるのは③と⑥である。

9〔気象とその変化，地球と宇宙〕

⑴＜緯度の差＞北極星の見える高度は観測地点の緯度と等しい。東京と秋田で，北極星の見える高度が4°異なることから，これらの地点の緯度は4°異なる。緯度4°は一周360°の$\frac{4}{360}$なので，地球の全周を４万kmとするとき，$40000\times\frac{4}{360}=444.4\cdots$より，東京と秋田は約444km離れている。

⑵＜南中高度と季節＞ア…誤り。春分の日と秋分の日には，緯度が低いほど太陽の南中高度は高い。　イ…正しい。右図のように，夏至の日は緯度が高いほど昼の時間は長くなる。　ウ…誤り。右図のように，緯度が高いほど，夏至の日は昼の時間が長くなり，冬至の日は昼の時間が短くなる。よって，昼と夜の長さの季節変化は緯度が高いほど大きくなる。　エ…誤り。秋分・春分の日には，どの地点でも太陽は真東から昇る。　オ…正しい。冬に，北西の季節風が日本海を渡るとき大量の水蒸気を含み，日本海側に雪を降らせ，水蒸気を失って乾いた空気が太平洋側に流れ込む。よって，冬の降水量は東京より秋田の方が多い。　カ…誤り。緯度が低いほど太陽の南中高度は高く，同じ面積当たりに受けるエネルギーが多いため，気温が高くなりやすい。

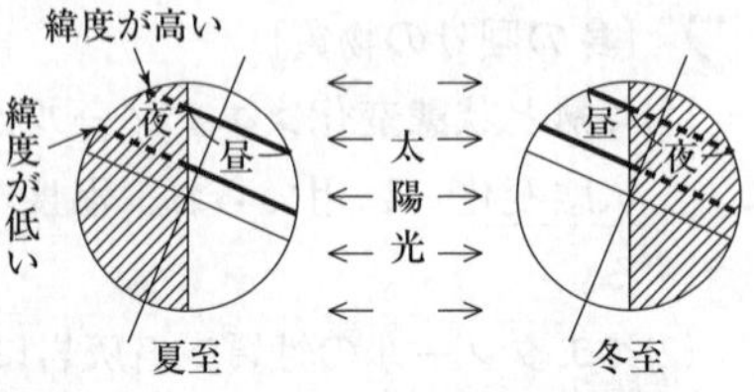

⑶＜気象の情報＞東北東の風は，風が吹いてくる東北東の方向に線を引き，風力１は１本のはねの数で表す。また，くもりの天気記号は◎で表す。

⑷＜乾湿計，温暖前線＞表１で，乾球の温度25℃，湿度84％のとき，乾球と湿球との温度の読みの差は２℃となる。湿球の温度は乾球よりも低いので，湿球の温度は$25-2=\underline{23}_B$(℃)である。また，温暖前線付近では暖気が寒気の上にはい上がるように進み，温暖前線の東側には$\underline{乱層雲}_C$のような層状の雲ができる。そのため，温暖前線が通過する地域では，穏やかな雨が長時間降り続く。

⑸＜湿度＞表２より，気温30℃での飽和水蒸気量は30.3g/m^{3}である。また，空気１m^{3}中に含まれる水蒸気量は，露点での飽和水蒸気量に等しいので，露点が22℃より，19.4g/m^{3}である。よって，〔湿度(％)〕＝〔空気１m^{3}中に含まれる水蒸気量(g/m^3)〕÷〔その気温での飽和水蒸気量(g/m^3)〕×100より，$19.4\div30.3\times100=64.0\cdots$となるから，求める湿度は約64％である。

⑹＜内惑星＞明け方か夕方にしか観測できず，満ち欠けが起きる惑星は，地球の内側を公転している内惑星で，水星か金星である。水星には大気がなく表面に大きなクレーターが見られるが，金星は分厚い大気におおわれているため，クレーターは見られない。

10〔運動とエネルギー〕

＜運動の規則性＞スタートしてから２台の車が移動した距離の和は，右図１の初めてすれ違うときはL，右図２の二度目にすれ違うときは３Lで３倍になる。２台の車は一定の速さで往復しているから，３倍の距離を走るときにかかる時間も３倍になる。よって，図１で40cm移動した車は，図２では$40\times3=120$(cm)移動しているので，$L=120-15=105$(cm)である。

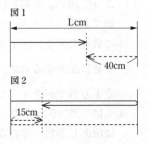

図１
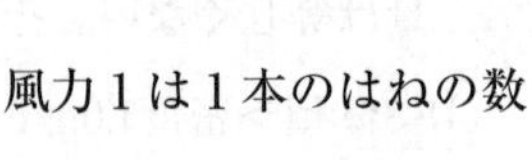

図２
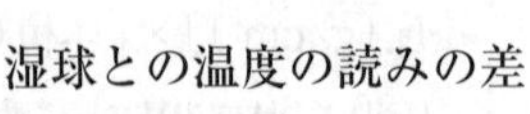

国語解答

一 問1 ⓐ 改札 ⓑ 慎重 ⓒ 特有 ⓓ 案外 ⓔ 訪
問2 ②$_{1}$ 問3 ④$_{2}$ 問4 ②$_{3}$
問5 ①$_{4}$ 問6 ③$_{5}$ 問7 ④$_{6}$
問8 ⑤$_{7}$

二 問1 ア…②$_{8}$ イ…③$_{9}$ 問2 ③$_{10}$
問3 ⑤$_{11}$ 問4 ③$_{12}$ 問5 ①$_{13}$
問6 ⑤$_{14}$ 問7 ②$_{15}$ 問8 ②$_{16}$

三 問1 a…③$_{17}$ b…⑤$_{18}$
問2 目やすくあらまほしけれ。
問3 ②$_{19}$ 問4 ①$_{20}$ 問5 ②$_{21}$
問6 ⑤$_{22}$ 問7 ④$_{23}$

一〔論説文の読解―社会学的分野―情報〕出典；伊藤亜紗『目の見えない人は世界をどう見ているのか』。

≪本文の概要≫見えない人が「見て」いる空間と，見える人が目でとらえている空間は，同じ空間でもイメージが全く異なっている。例えば，一緒に道を歩いている場合，見えない人は，足の感覚程度の少ない情報をもとに想像で補うことで，空間全体を見渡した三次元的なイメージをつくり出している。一方，見える人は，進むべき方向を示すものとしての「道」を進むうちに，目の前に現れるさまざまな視覚的情報によって意識を奪われ，空間について認識する余裕がない。現代の生活には，視覚的な注意を奪っていく情報があふれている。人は周りの環境に誘発されて行動することが多く，子どものいたずらなどは，ほとんどがそういった行動である。人が余計な買い物をするのも，視覚的な刺激によって人の中に欲望がつくられていくからである。資本主義システムは，過剰な視覚刺激を原動力にして回っており，パソコンなどの画面上に情報が増えている現代社会では，人が情報に影響を受けて行動する傾向がますます強まっている。

問1＜漢字＞ⓐ駅で乗車券などの検査・回収を行うための出入り口のこと。 ⓑ物事を行うにあたって注意深いこと。 ⓒ他にはなく，そのものだけに特に備わっている性質のこと。 ⓓ予想がはずれること。 ⓔ音読みは「訪問」などの「ホウ」。

問2＜文章内容＞「私」にとってはただの道順の一部である「坂道」でしかなかった場所を，木下さんは空間全体を「俯瞰的」にとらえ，「山の斜面」だと言った。同じ場所を一緒に歩いていたのに，二人の持つ空間のイメージは，全く異なっていたのである。

問3＜文章内容＞「目に飛び込んでくるさまざまな情報が，見える人の意識を奪っていく」ため，見える人は，自分のいる場所を他の空間から区切られた「部分」としてしか認識せず，全体を上から見たような三次元的なイメージを持つことができない。

問4＜文章内容＞見えない人は，「道だけを特別視しない俯瞰的なビジョンを持つことが」できる，つまり，「道」の持つ「人が進むべき方向」を示すという特性に制約を受けず，全体を広く見渡す立場から空間をとらえることができる。

問5＜表現＞「道」とは，「コンクリートや土を固めて作られた」，空間に位置を占めて感覚で知覚できるような存在であると同時に(…X)，目的地に至る途上であることと類似していることから，あたかも「こっち」と，「人の進むべき方向を示す」ものでもある(…Y)。

問6＜表現＞「振り付けられ」るとは，踊らされる，操られる，という意味である。人は，「知らず知らずのうちにまわりの環境に影響されながら行動している」のであり，自分の意志からではなく，周りの事物によって欲望を刺激されて，何らかの行動を取らされている。

問７＜文章内容＞私たちは，次々に現れる視覚的な刺激をきっかけにして，行動を誘発されていく。そのため，パソコンの視覚的情報に注意を奪われて，当初の仕事をしようという意志を見失い，買い物をしていた，というようなことが起こりやすい。これは，目的を忘れてしまうという点で，一種の記憶喪失といえる。

問８＜要旨＞「見えない人が『見て』いる空間と，見える人が目でとらえている空間」がどのように異なっているかが，同じ場所で一緒に過ごす際に明らかになることがあるが，その違いが互いの理解の妨げになるとは限らない(①…×)。「通行人」は，「道」を通る間に「目に飛び込んでくるさまざまな情報が～意識を奪っていく」ため，自分が歩いている地形や建物について考える余裕がない(②…×)。都市で生活していると，大型スクリーンや看板などの情報があふれていて，私たちの「視覚的な注意をさらっていく」ため，私たちには，「脳の中のスペース」，つまり，想像力のゆとりがほとんどない(③…×)。人間の行動は周りの環境に影響されることが多いが，子どもの場合は特にそういった行動の割合が高く，子どもの「いたずら」のほとんどが環境に誘発されたものである(④…×)。資本主義システムは，さまざまな視覚刺激を原動力にして人の欲望をかき立て，商品を買わせることで回っているので，パソコンやスマートフォンの画面上に情報が増えている現代社会では，情報に影響を受けて行動することがますます多くなっている(⑤…○)。

二 〔小説の読解〕出典；岩城けい『さようなら，オレンジ』。

問１＜語句＞ア．「そつない」は，不十分な点がないさま。　イ．「身のすくむ」は，恐れなどで，身が縮んで動かない，という意味。

問２＜心情＞これまでサリマは，息子たちに，特に幼かった下の息子には，どんなに言葉を尽くしても祖国について伝えることはできないと信じて疑わなかった。しかし，誠実な若い教師と接して，下の息子もこの教師のように，現実と真摯に向き合える若者に成長するに違いないと思った。

問３＜心情＞ハリネズミは，大切な友人であるサリマのためを思い，「時間と労力を惜しまずさしだし」た。プリントアウトは自分からやったのだから，料金を受け取るつもりはない，だからサリマは気にしないでほしいという気持ちから，ハリネズミは，首を横に振ってほほ笑み返した。

問４＜表現＞祖国についての資料に書いてあることは，「サリマがかつて知っていた生活では」なく，実感を伴わない単なる知識でしかなかった。離れて暮らすうちに，サリマにとって祖国は，「あるようでないような幻の存在」になっていたが，資料を読むと，さらに霧がかかっているような正体のわからない遠い存在になった。

問５＜文章内容＞ハリネズミにとって，太陽は特別な思い入れのあるものであり，太陽に対するそのような感情は，自分だけのものであると信じていた。しかし，サリマの絵を見て，太陽はサリマにとっても，自分にとってと同様に特別な存在であることを，ハリネズミは知った。

問６＜文章内容＞これまで出会ってきた移民の生徒の多くは，「自分の祖国を懐かしがったり美化したり」したため，英語教師は，移民たちは祖国を特別視していると思い込んでいた。しかし，サリマの作文を読んだ英語教師は，人の暮らしはどこでも同じなのだと気づかされ，これまでの思い込みを根本から変えさせられた。

問７＜文章内容＞英語教師は，サリマに自分の故郷をテーマに作文を書かせようと意図したが，仕上がった作文には，故郷や国の意識がなく，「親の手伝いをして兄弟と遊び，学校へ通う」といった，サリマという個人の経験だけが書かれていた。そのため，英語教師は「私の故郷」というタイトルをやめ，サリマ自身がテーマである，という意味で「サリマ」というタイトルにした。

問8＜品詞＞「ぜひ」と「なかなか」は，それを受ける語に特別な言い方を要求する陳述の副詞。「ぜひ」は「～ほしい」というような願望を表す語を，「なかなか」は「～ない」という否定を表す語を要求する。

三〔古文の読解―随筆〕出典；兼好法師『徒然草』第一五一段，第一九三段。

≪現代語訳≫Ⅰ．ある人が言うことには，五十歳になるまで上手にならないような技芸はやめるべきである。(その年では)励んで習うことのできる将来もない。(下手でも)老人のことを，(遠慮して)人も笑えない。多くの人に交わっているのも，うとましく，みっともない。だいたい，(年をとったら)いっさいの仕事はやめて，暇であるのが，見苦しくなく望ましい。世間の俗事に関わって生涯を暮らす人は，最も愚かな人だ。知りたいと思われるようなことは，学び聞いても，そのだいたいの様子がわかったならば，一通り不審な点がなくなったという程度でやめるのがよい。初めから知りたいと思うことがなく，(やっている人を)うらやむようなことがないなら，それが一番である。

Ⅱ．ものの道理に暗い人が，他人を推し測って，その人の知恵の程度がわかったと思うのは，全く筋道に合わない。／愚かな人で，碁を打つことばかりに頭がはたらいて上手な人が，賢い人で，碁の芸は下手な人を見て，自分の知恵に及ばないと決めてかかることや，あらゆる道の専門の職人が，自分の道を人が知らないのを見て，自分が優れていると思うことは，大きな間違いであろう。仏教の教えを研究するが実践を伴わない僧侶と，座禅の実践はするが仏教の教えに暗い僧侶とが，互いに相手を推し測って，(相手は)自分には及ばないと思うのは，どちらも当たらない。／自分の(専門の)領域にないものを，争うべきではないし，よしあしを論じてはいけない。

問1＜現代語訳＞a．「覚えむ」は，自然に思われる，という意味の動詞「覚ゆ」＋婉曲の助動詞「む」で，思われるような，という意味になる。　b．「拙き人」は，愚かだ，という意味の形容詞「拙し」＋名詞「人」で，愚かな人，という意味になる。

問2＜古文の内容理解＞「目やすくあらまほしけれ」は，見苦しくない，という意味の形容詞「目やすし」＋そうありたい，という意味の形容詞「あらまほし」で，見苦しくなく，そうありたいものだ，という意味になる。

問3＜古文の内容理解＞「趣」は，ここでは，様子のこと。「おぼつかなし」は，ここでは，不審である，疑わしい，という意味。五十歳を過ぎたなら，知りたいと思われることでも，あまり励まずに，だいたいの様子がわかったところでやめるのが，見苦しくないのである。

問4＜古文の内容理解＞物事の道理を知り適切に処理する能力のない人が，自分の能力を基準にして他人の能力を推し測っても，正しい比較はできないから，他人の能力の程度を知ることはできない。

問5＜古文の内容理解＞「しかず」は，～に及ばない，という意味で，「己にしかず」は，自分には及ばない，という意味になる。「文字の法師」と「暗証の禅師」が互いに相手の能力を推し測って，相手は自分には及ばない，要するに，自分の能力の方が勝っていると思うのは，的外れである。

問6＜古文の内容理解＞「是非す」は，よしあしの判断・批評をする，という意味。自分の専門領域にないもののよしあしを判断し，批評してはいけないのである。

問7＜古文の内容理解＞作者は，Ⅰでは，上手になる可能性のない技芸には携わるべきではないと述べ，Ⅱでは，自分の専門の領域にないものについて批評してはいけないと述べている。どちらの趣旨も，自分の究めていない領域に関わるべきではない，ということである。

Memo

Memo

Memo

高校を受験する生徒とご父母のための…

2025年度用 高校合格資料集

■首都圏有名書店にて今秋発売予定！

内容目次

1. まず試験日はいつ？ 推薦ワクは？競争率は？
2. この学校のことは どこに行けば分かるの？
3. かけもち受験のテクニックは？
4. 合格するために大事なことが二つ！
5. もしもだよ！ 試験に落ちたらどうしよう？
6. 勉強しても成績があがらない
7. 最後の試験は面接だよ！

※表紙は昨年のものです。

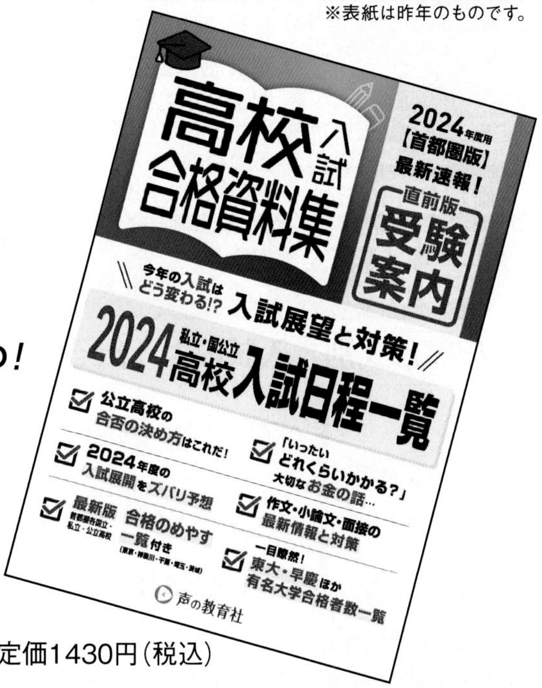

定価1430円（税込）

当社発行物の無断使用は固くお断りいたします。御使用の前はまずご相談ください。

当社発行物には500点余の首都圏中・高過去問をはじめ、6点の学校案内、そのほかいくつかの情報誌などがございます。その多くが年度版で、限られたスタッフが来るべき受験シーズン前に余裕を持って受験生へ届けられるよう、日夜作業にあたり出版を重ねております。
最近、通塾生ご父母や塾内部からの告発によって、いくつかの塾が許諾なしに当社過去問を複写（コピー）し生徒に配布、授業等にも使用していることが発覚し、その一部が紛争、係争に至っております。過去問には原著作者や管理団体、代行出版等のほか、当社に著作権がございます。当社としましては、著作権侵害の発覚に対しては著作権を有するこれらの著作権関係者にその事実を開示して、マスコミにリリースする場合や法的な措置を取る場合がございます。その事例としましては、毎年当社過去問の発行を待って自由にシステム化使用していたＡ塾、個別教室でコピーを生徒に解かせ指導していたＢ塾、冊子化していたＣ社、生徒の希望によって書籍の過去問代わりにコピーを配布していたＤ塾などがあります。

当社発行物の全部もしくは一部を無断使用することは固くお断りいたします。

当社コンテンツの中にはリーズナブルな設定で紙面の利用を許諾している塾もたくさんございますので、ご希望の方は、お気軽にご相談くださいますようお願いします。同時に、当社発行物を無断で使用している会社などにつきましての情報もお寄せいただければ幸いです。

株式会社 声の教育社

スーパー過去問の **解説執筆・解答作成スタッフ（在宅）募集！** ※募集要項の詳細は、10月に弊社ホームページ上に掲載します。

2025年度用
高校スーパー過去問

■編集人　声の教育社・編集部
■発行所　株式会社　声の教育社
〒162-0814 東京都新宿区新小川町8-15
☎03-5261-5061㈹ FAX03-5261-5062
https://www.koenokyoikusha.co.jp

禁無断使用・転載

※本書の内容についての一切の責任は当社にあります。内容・解説・解答その他の質問等は文書にて当社に御郵送くださるようお願いいたします。

公立高校過去問シリーズ

- ●東京都立高校
- ●神奈川県公立高校
- ●千葉県公立高校
- ●埼玉県公立高校
- ●茨城県公立高校
- ●栃木県公立高校
- ●群馬県公立高校

掲載全問に
わかりやすい解説つき
各教科の
出題傾向と対策

定価1100円(税込)

都立独自高校 公立高校過去問シリーズ

251 都立日比谷高校
252 都立西高校
253 都立八王子東高校
254 都立国立高校
255 都立戸山高校
256 都立国分寺高校
257 都立立川高校
258 都立新宿高校
259 都立青山高校

定価2090円(税込)

高校ベスト10シリーズ

出題形式別、入試によく出る順!!

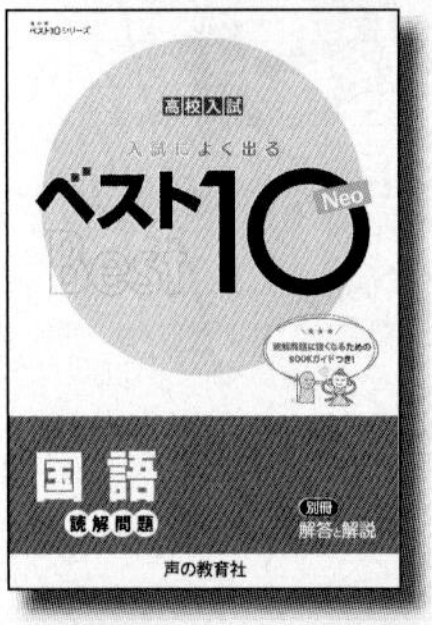

ベスト10Neo **国語** 読解問題

ベスト10Neo **数学** 図形問題

英語 文法問題ベスト10

定価990～1100円(税込)

高校受験面接ブック

別冊がウリ!! 首都圏の各高校の面接内容

本 体 質問回答例ベスト150
面接ワークシート
自己PR書の書き方とワークシート

別 冊 首都圏の私国立高校などの面接方法、時間、質問具体例
推薦・一般入試の面接内容
主要校の面接会場のようす
(各校図示)

小冊子 試験場に持って行ける
チェックBOOK
など面接対策がつまった１冊

定価1320円(税込)

図解でわかる!! 作文・小論文

本 体(88P) **合格作文の書き方**
①7日間で仕上げる基礎編
②4日間で仕上げる応用編

別 冊(52P) 首都圏の各高校の作文課題、制限時間、文字数の具体例調査
①首都圏の作文課題2000例を代表的な15パターンに分類(書き易くするため)
②着眼点、キーワード、ポイントを各パターンごとにコメント
③推薦と一般入試の作文出題校と課題例を一挙公開!!
④首都圏公立高校4年間課題調査

定価1100円(税込)

公立の漢字

公立高校の試験によく出る漢字

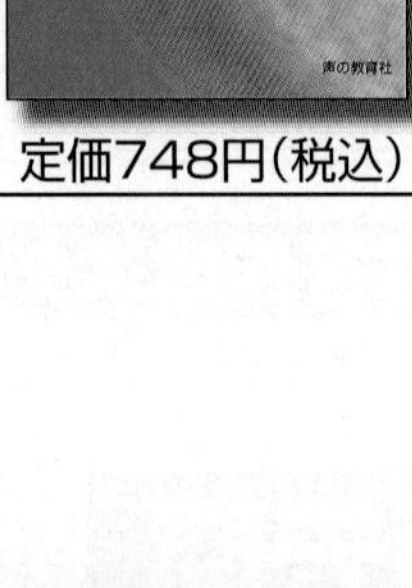

1 漢字は全都道府県で出題!!
2 公立の漢字の配点は高い!!
3 10年間の頻度をデータ化!!
4 最頻出漢字を5段階評価!!

定価748円(税込)

声の教育社 〒162-0814 東京都新宿区新小川町8-15
TEL.03(5261)5061 FAX.03(5261)5062

カコを追いかけ
ミライをつかめ
「今の説明、もう一回」を何度でも
web過去問
ストリーミング配信による入試問題の解説動画
声の教育社
詳しくはこちらから

これで入試は完璧

高校入試用

最新版 高校ベスト10シリーズ

ベスト10Neo 国語 読解問題

入試によく出る作品を著者別・作品別に分類し、出題頻度順にランキング。実際の入試問題を解きながら効率よく学習ができます。論理的文章と文学的文章を分野別に掲載した、取り組みやすい構成。学習の基礎となる読解力を着実に身につけるとともに、国語の入試問題の全体的傾向を知ることができる問題集です。

最新版 高校ベスト10シリーズ

ベスト10Neo 数学 図形問題

入試に頻出の図形問題を網羅した本書は、基礎を固めるBasic(基礎編)、テーマ別に分類し、出題ランキングを表示したStandard(標準編)、難関校レベルのChallenge(発展編)の3部構成。基礎から応用問題まで幅広く学べます。便利な別冊「らくらく解答シート」がついており、声の教育社webサイトで作図動画も公開中です。

新改訂版 高校ベスト10シリーズ

高校入試 英語 文法問題ベスト10

出題頻度の高い文法問題をパターン別に分類し、ランキング順に掲載。解法のヒントや頻出事項を確認しながら問題に取り組むことができます。さらに、他に類を見ない詳しい解説、文法用語の意味や用法といった基礎知識を分かりやすくまとめた「文法用語mini事典」もつくなど、英語の力を着実にＵＰさせる情報が満載です。

声の教育社 〒162-0814 東京都新宿区新小川町8-15
TEL.03(5261)5061 FAX.03(5261)5062

東京学芸大学附属高等学校

別冊解答用紙

丁寧に抜きとって、別冊としてご使用ください。

★合格者の学力検査最低点

年度	2024	2023	2022	2021	2020
男子	453	427	442	437	431
女子	453	427	442	435	421

※学力検査(500 点満点)、調査書(100 点満点)の 600 点満点。

注意

○ 解答用紙は、収録の都合により縮小したものや、小社独自に作成したものもあります。
○ 学校配点は学校発表のもの、推定配点は小社で作成したものです。
○ 無断転載を禁じます。
○ 解答用紙を拡大コピーする場合、表示した拡大率に対応する用紙サイズは以下のとおりです。
101%～102%＝B5　103%～118%＝A4　119%～144%＝B4　145%～167%＝A3
(タイトルと配点表は含みません)

2024年度 東京学芸大学附属高等学校

英語解答用紙 No. 1

番号		氏名		評点	/100

問題番号	解答番号	解答欄 1 2 3 4 5 6 7 8 9 0
4	32	①②③④
	33	①②③④
	34	①②③④
	35	①②③④
	36	①②③④
	37	①②③④⑤⑥
	38	①②③④⑤⑥
	39	①②③④⑤⑥⑦⑧⑨
	40	①②③④⑤⑥⑦⑧
	41	①②③④⑤⑥⑦⑧
	42	①②③④⑤⑥⑦⑧
	43	①②③④⑤⑥⑦⑧
	44	①②③④⑤⑥⑦
	45	①②③④⑤⑥⑦

問題番号	解答番号	解答欄 1 2 3 4 5 6 7 8 9 0
3	20	①②③④
	21	①②③④
	22	①②③④
	23	①②③④
	24	①②③④
	25	①②③④⑤
	26	①②③④⑤
	27	①②③④⑤
	28	①②③④
	29	①②③④⑤
	30	①②③④⑤⑥⑦
	31	①②③④⑤⑥⑦

問題番号	解答番号	解答欄 1 2 3 4 5 6 7 8 9 0
1	1	①②③④
	2	①②③④
	3	①②③④
	4	①②③④
	5	①②③④
2	6	①②③④
	7	①②③④
	8	①②③④
	9	①②③④
	10	①②③④
	11	①②③④
	12	①②③④
	13	①②③④
	14	①②③④
	15	①②③④
	16	①②③④
	17	①②③④
	18	①②③④⑤⑥⑦⑧
	19	①②③④⑤⑥⑦⑧

（注）この解答用紙は実物を縮小してあります。Ａ４用紙に115%拡大コピーすると、ほぼ実物大で使用できます。（タイトルと配点表は含みません）

受験番号			
①	①	①	①
②	②	②	②
③	③	③	③
④	④	④	④
⑤	⑤	⑤	⑤
⑥	⑥	⑥	⑥
⑦	⑦	⑦	⑦
⑧	⑧	⑧	⑧
⑨	⑨	⑨	⑨
⓪	⓪	⓪	⓪

推定配点	
1 各3点×5 2 問1 2点 問2 4点 問3～問10 各2点×9 3 問1、問2 各4点×2 問3～問5 各2点×5 問6 4点 問7、問8 各2点×3 4 問1、問2 各2点×7 問3 4点 問4 3点 問5、問6 各4点×2 問7 各2点×2	
計	100点

3

問2

he ______ accepted ______ from Pamela for the work he did

問6 ______

4

問3 ______

問5 ______

（注）この解答用紙は実物を縮小してあります。Ａ４用紙に110%拡大コピーすると、ほぼ実物大で使用できます。（タイトルと配点表は含みません）

2024年度　東京学芸大学附属高等学校

数学解答用紙

番号		氏名		評点	／100

1

〔1〕	
〔2〕	$x =$
〔3〕	
〔4〕	

2

〔1〕	$z =$
〔2〕	$\ell =$

3

〔1〕	cm
〔2〕	
〔3〕	

4

〔1〕	
〔2〕	Q（　　　，　　　）
〔3〕	Q（　　　，　　　）

5

〔1〕	ア	
	イ	
	ウ	
	エ	
	オ	
〔2〕	(△EFHの面積)：(△FGHの面積) ＝　　　：	
〔3〕	$x =$	

（注）この解答用紙は実物を縮小してあります。Ｂ４用紙に120％拡大コピーすると、ほぼ実物大で使用できます。（タイトルと配点表は含みません）

推定配点		計
	1　各５点×４　2　各７点×２ 3　〔１〕，〔２〕　各７点×２　〔３〕　８点 4　〔１〕，〔２〕　各７点×２　〔３〕　８点 5　〔１〕　アイ，ウエ　各２点×２　オ　３点　〔２〕　７点　〔３〕　８点	100点

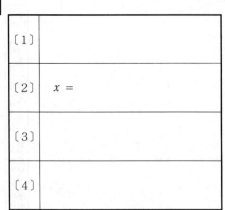

2024年度 東京学芸大学附属高等学校

社会解答用紙

番号		氏名		評点	/100

問題番号	解答番号	解答欄 1 2 3 4 5 6 7 8 9 0
1	1	①②③④
	2	①②③④
	3	①②③④⑤⑥
	4	①②③④
	5	①②③④
	6	①②③④
2	7	①②③④
	8	①②③④⑤⑥
	9	①②③④⑤⑥
	10	①②③④⑤⑥
	11	①②③④
	12	①②③④
	13	①②③④
3	14	①②③④⑤⑥⑦⑧
	15	①②③④
	16	①②③④
	17	①②③④⑤⑥
	18	①②③④
	19	①②③④

問題番号	解答番号	解答欄 1 2 3 4 5 6 7 8 9 0
4	20	①②③④
	21	①②③④
	22	①②③④⑤⑥⑦⑧
	23	①②③④
	24	①②③④⑤⑥⑦⑧
5	25	①②③④
	26	①②③④
	27	①②③④
	28	①②③④
	29	①②③④
	30	①②③④
	31	①②③④⑤⑥
6	32	①②③④
	33	①②③④
	34	①②③④
	35	①②③④
	36	①②③④
	37	①②③④⑤⑥⑦⑧

1

問3	

2

問1

4

問4		

5

問6 (1)			問7	

6

問6			

(注) この解答用紙は実物を縮小してあります。Ｂ４用紙に127%拡大コピーすると、ほぼ実物大で使用できます。(タイトルと配点表は含みません)

受験番号			
①	①	①	①
②	②	②	②
③	③	③	③
④	④	④	④
⑤	⑤	⑤	⑤
⑥	⑥	⑥	⑥
⑦	⑦	⑦	⑦
⑧	⑧	⑧	⑧
⑨	⑨	⑨	⑨
⓪	⓪	⓪	⓪

推定配点

1 問1、問2 各2点×2 問3 3点 問4～問7 各2点×4

2 問1、問2 各2点×2 問3、問4 各3点×2 問5 2点 問6、問7 各3点×2 問8 2点

3 問1、問2 各2点×2 問3～問5 各3点×3 問6 2点

4 問1、問2 各2点×2 問3、問4 各3点×2 問5 2点 問6 3点

5 問1～問5 各2点×6 問6 (1) 3点 (2) 2点 問7 3点

6 問1～問5 各2点×5 問6 3点 問7 2点

計	100点

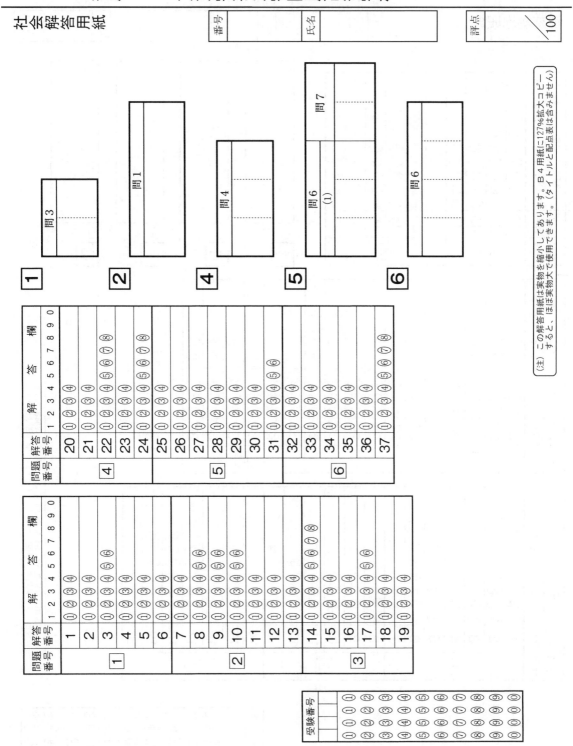

2024年度 東京学芸大学附属高等学校

理科解答用紙

番号		氏名		評点	/100

問題番号	解答番号	解答欄 1	2	3	4	5	6	7	8	9	0
1	1	①	②								
	2	①	②	③	④						
	3	①	②								
	4	①	②	③	④						
	5	①	②	③	④	⑤	⑥				
	6	①	②	③	④	⑤					
	7	①	②	③							
2	8	①	②	③							
	9	①	②	③	④						
	10	①	②	③	④						
	11	①	②	③	④						
	12	①	②	③	④	⑤					
	13	①	②	③	④	⑤	⑥				
3	14	①	②	③	④						
	15	①	②	③	④	⑤	⑥				
	16	①	②								
	17	①	②	③	④	⑤	⑥	⑦	⑧	⑨	⓪
	18	①	②	③	④	⑤	⑥	⑦			
	19	①	②	③	④	⑤	⑥	⑦	⑧	⑨	⓪
	20	①	②	③	④						

問題番号	解答番号	解答欄 1	2	3	4	5	6	7	8	9	0
4	21	①	②	③	④	⑤	⑥				
	22	①	②	③	④	⑤	⑥				
	23	①	②	③	④	⑤	⑥	⑦	⑧	⑨	
	24	①	②	③	④						
	25	①	②	③	④						
5	26	①	②	③	④						
	27	①	②	③	④						
	28	①	②	③	④						
	29	①	②	③	④						
	30	①	②	③	④	⑤	⑥	⑦	⑧		
	31	①	②	③	④	⑤	⑥	⑦	⑧		
6	32	①	②	③	④						
	33	①	②	③							
	34	①	②	③	④	⑤	⑥				
	35	①	②	③	④	⑤	⑥				
	36	①	②	③	④	⑤	⑥				
	37	①	②	③	④	⑤	⑥	⑦			

問題番号	解答番号	解答欄 1	2	3	4	5	6	7	8	9	0
7	38	①	②	③	④	⑤	⑥				
	39	①	②	③	④	⑤	⑥				
	40	①	②	③	④	⑤					
	41	①	②	③	④	⑤					
8	42	①	②								
	43	①	②								
	44	①	②	③	④	⑤					
	45	①	②	③	④	⑤					
	46	①	②	③	④						
	47	①	②	③	④						

1 (2)

4 (1)

7 (2)

8 (1)

受験番号			
①	①	①	①
②	②	②	②
③	③	③	③
④	④	④	④
⑤	⑤	⑤	⑤
⑥	⑥	⑥	⑥
⑦	⑦	⑦	⑦
⑧	⑧	⑧	⑧
⑨	⑨	⑨	⑨
⓪	⓪	⓪	⓪

(注) この解答用紙は実物を縮小してあります。Ａ４用紙に116%拡大コピーすると、ほぼ実物大で使用できます。(タイトルと配点表は含みません)

推定配点

1 各2点×6〔(1)は完答〕 2 (1)～(5) 各2点×5 (6) 3点

3 (1)～(6) 各2点×6 (7) 3点 4 各2点×6

5 (1)～(5) 各2点×5 (6)(7) 各3点×2

6 (1)、(2) 各2点×2 (3) 各1点×2 (4)、(5) 各3点×2

7 各2点×5 8 (1) 2点 (2) 3点 (3)～(5) 各2点×4

100点	計

二〇二四年度　東京学芸大学附属高等学校

国語解答用紙

番号　　　氏名　　　評点　／100

一

〔問1〕

ⓐ ヒリョウ	ⓑ 乏	ⓒ スイテイ
	し	

ⓓ ウチュウ	ⓔ テンテキ

三

〔問6〕

問題番号	問	解答番号	解答欄 1 2 3 4 5 6 7 8 9 0
一	問2	1	① ② ③ ④ ⑤
		2	① ② ③ ④ ⑤
	問3	3	① ② ③ ④ ⑤
	問4	4	① ② ③ ④ ⑤
	問5	5	① ② ③ ④ ⑤ ⑥
		6	① ② ③ ④ ⑤ ⑥
	問6	7	① ② ③ ④ ⑤
	問7	8	① ② ③ ④ ⑤
	問8	9	① ② ③ ④ ⑤
	問9	10	① ② ③ ④ ⑤ ⑥
		11	① ② ③ ④ ⑤ ⑥
二	問1	12	① ② ③ ④ ⑤
	問2	13	① ② ③ ④ ⑤
	問3	14	① ② ③ ④ ⑤
	問4	15	① ② ③ ④ ⑤
	問5	16	① ② ③ ④ ⑤
	問6	17	① ② ③ ④ ⑤
	問7	18	① ② ③ ④ ⑤
	問8	19	① ② ③ ④ ⑤

問題番号	問	解答番号	解答欄 1 2 3 4 5 6 7 8 9 0
三	問1	20	① ② ③ ④ ⑤
		21	① ② ③ ④ ⑤
	問2	22	① ② ③ ④ ⑤
	問3	23	① ② ③ ④ ⑤
	問4	24	① ② ③ ④ ⑤ ⑥
		25	① ② ③ ④ ⑤ ⑥
	問5	26	① ② ③ ④ ⑤
	問7	27	① ② ③ ④ ⑤
	問8	28	① ② ③ ④ ⑤

受験番号			
①	①	①	①
②	②	②	②
③	③	③	③
④	④	④	④
⑤	⑤	⑤	⑤
⑥	⑥	⑥	⑥
⑦	⑦	⑦	⑦
⑧	⑧	⑧	⑧
⑨	⑨	⑨	⑨
⓪	⓪	⓪	⓪

(注) この解答用紙は実物を縮小してあります。Ｂ４用紙に137%拡大コピーすると、ほぼ実物大で使用できます。(タイトルと配点表は含みません)

推定配点

一 問1 各1点×5 問2、問3 各2点×3 問4、問5 各3点×3
問6～問8 各4点×3 問9 各3点×2
二 問1 2点 問2～問7 各4点×6 問8 5点
三 問1 各2点×2 問2 4点 問3 3点 問4 各2点×2
問5 4点 問6 3点 問7 4点 問8 5点

計 100点

２０２３年度　東京学芸大学附属高等学校

英語解答用紙　No.1

番号		氏名		評点	／100

問題番号	解答番号	1	2	3	4	5	6	7	8	9	0
1	1	①	②	③	④						
	2	①	②	③	④						
	3	①	②	③	④						
	4	①	②	③	④						
	5	①	②	③	④						
2	6	①	②	③	④						
	7	①	②	③	④						
	8	①	②	③	④						
	9	①	②	③	④						
	10	①	②	③	④						
	11	①	②	③	④						
	12	①	②	③	④	⑤	⑥	⑦	⑧		
	13	①	②	③	④	⑤	⑥	⑦	⑧		
	14	①	②	③	④	⑤	⑥	⑦	⑧		
3	15	①	②	③	④						
	16	①	②	③	④						
	17	①	②	③	④						
	18	①	②	③	④						
	19	①	②	③	④						
	20	①	②	③	④	⑤	⑥				
	21	①	②	③	④	⑤	⑥				
	22	①	②	③	④	⑤	⑥				
	23	①	②	③	④	⑤	⑥	⑦			
	24	①	②	③	④	⑤	⑥	⑦			

問題番号	解答番号	1	2	3	4	5	6	7	8	9	0
4	25	①	②	③	④						
	26	①	②	③	④	⑤	⑥	⑦	⑧	⑨	
	27	①	②	③	④	⑤	⑥	⑦	⑧	⑨	
	28	①	②	③	④	⑤	⑥	⑦	⑧	⑨	
	29	①	②	③	④						
	30	①	②	③	④						
	31	①	②	③	④						
	32	①	②	③	④						
	33	①	②	③	④	⑤	⑥	⑦			
	34	①	②	③	④	⑤	⑥	⑦			
	35	①	②	③	④	⑤	⑥	⑦			
	36	①	②	③	④						
	37	①	②	③	④						
	38	①	②	③	④						
	39	①	②	③	④	⑤					

受験番号			
①	①	①	①
②	②	②	②
③	③	③	③
④	④	④	④
⑤	⑤	⑤	⑤
⑥	⑥	⑥	⑥
⑦	⑦	⑦	⑦
⑧	⑧	⑧	⑧
⑨	⑨	⑨	⑨
⓪	⓪	⓪	⓪

（注）この解答用紙は実物大です。

推定配点		計
	1　各３点×５　2　問１　３点　問２～問５　各２点×４ 問６，問７　各３点×４　3　問１　２点　問２　３点　問３　４点 問４　２点　問５，問６　各３点×２　問７　各２点×３　問８　各３点×２ 4　問１　３点　問２～問４　各４点×３　問５　３点　問６　５点 問７，問８　各３点×２　問９　４点	100点

英語解答用紙 No. ２

3

問３（い）＿＿＿＿＿＿＿＿　（う）＿＿＿＿＿＿＿＿

4

問６ ＿＿＿＿＿＿　＿＿＿＿＿＿　＿＿＿＿＿＿　＿＿＿＿＿＿

＿＿＿＿＿＿　＿＿＿＿＿＿　＿＿＿＿＿＿

＿＿＿＿＿＿　＿＿＿＿＿＿　＿＿＿＿＿＿

（注）この解答用紙は実物大です。

２０２３年度　東京学芸大学附属高等学校

数学解答用紙

番号		氏名	

評点	／100

1

〔1〕	
〔2〕	x =
〔3〕	∠CED = 　　　°
〔4〕	

2

〔1〕	cm^2
〔2〕	cm
〔3〕	cm
〔4〕	cm^2

3

〔1〕	
〔2〕	
〔3〕	

4

〔1〕		
〔2〕		
〔3〕	(i)	
	(ii)	

5

〔1〕	{ 　　　, 　　　}	
〔2〕	(i)	個
	(ii)	a =

(注) この解答用紙は実物を縮小してあります。Ｂ４用紙に128％拡大コピーすると、ほぼ実物大で使用できます。(タイトルと配点表は含みません)

推定配点		計
	1 各５点×４　2 〔１〕 ４点 〔２〕,〔３〕 各６点×２ 〔４〕 ４点 3 〔１〕,〔２〕 各６点×２ 〔３〕 ８点　4 各５点×４ 5 〔１〕 ６点 〔２〕 (i) ６点 (ii) ８点	100点

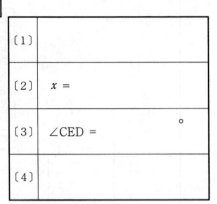

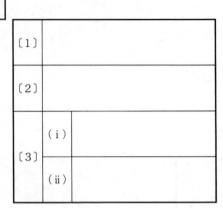

2023年度　東京学芸大学附属高等学校

社会解答用紙　No.1

番号		氏名		評点	／100

問題番号	解答番号	1	2	3	4	5	6	7	8	9	0
[1]	1	①	②	③	④						
	2	①	②	③	④						
	3	①	②	③	④						
	4	①	②	③	④	⑤	⑥	⑦	⑧		
	5	①	②	③	④	⑤	⑥	⑦	⑧		
[2]	6	①	②	③	④	⑤	⑥	⑦	⑧		
	7	①	②	③	④	⑤	⑥				
	8	①	②	③	④						
	9	①	②	③	④	⑤	⑥				
	10	①	②	③	④	⑤	⑥	⑦	⑧		
[3]	11	①	②	③	④						
	12	①	②	③	④						
	13	①	②	③	④						
	14	①	②	③	④						
	15	①	②	③	④	⑤	⑥				
	16	①	②	③	④						
	17	①	②	③	④						
	18	①	②	③	④						

問題番号	解答番号	1	2	3	4	5	6	7	8	9	0
[4]	19	①	②	③	④						
	20	①	②	③	④						
	21	①	②	③	④						
	22	①	②	③	④	⑤	⑥				
	23	①	②	③	④	⑤	⑥				
	24	①	②	③	④	⑤	⑥				
[5]	25	①	②	③	④						
	26	①	②	③	④						
	27	①	②	③							⓪
	28	①	②	③	④	⑤	⑥	⑦	⑧	⑨	⓪
	29	①	②								⓪
	30	①	②	③	④	⑤	⑥	⑦	⑧	⑨	⓪
	31	①	②	③	④	⑤	⑥				
	32	①	②	③	④	⑤	⑥				
	33	①	②	③	④						
[6]	34	①	②	③	④	⑤	⑥				
	35	①	②	③	④						
	36	①	②	③	④	⑤	⑥				
	37	①	②	③	④	⑤	⑥				
	38	①	②	③	④						
	39	①	②	③	④	⑤	⑥				
	40	①	②	③	④						

受験番号			
①	①	①	①
②	②	②	②
③	③	③	③
④	④	④	④
⑤	⑤	⑤	⑤
⑥	⑥	⑥	⑥
⑦	⑦	⑦	⑦
⑧	⑧	⑧	⑧
⑨	⑨	⑨	⑨
⓪	⓪	⓪	⓪

（注）この解答用紙は実物大です。

推定配点		計
	[1] 問1～問3　各2点×3　問4～問6　各3点×3　[2] 問1　2点 問2　3点　問3　2点　問4　(1)　2点　(2)　3点　問5　3点 [3] 問1～問4　各2点×4　問5　3点　問6～問8　各2点×4 [4] 各2点×8　[5] 問1，問2　各2点×2　問3～問5　各3点×3 問6　2点　[6] 問1～問3　各2点×3　問4，問5　各3点×2 問6　2点　問7，問8　各3点×2	100点

2023年度　東京学芸大学附属高等学校

社会解答用紙　No.2

1

問4

2

問5

3

問5

4

問5	問6	

6

問3

（注）この解答用紙は実物大です。

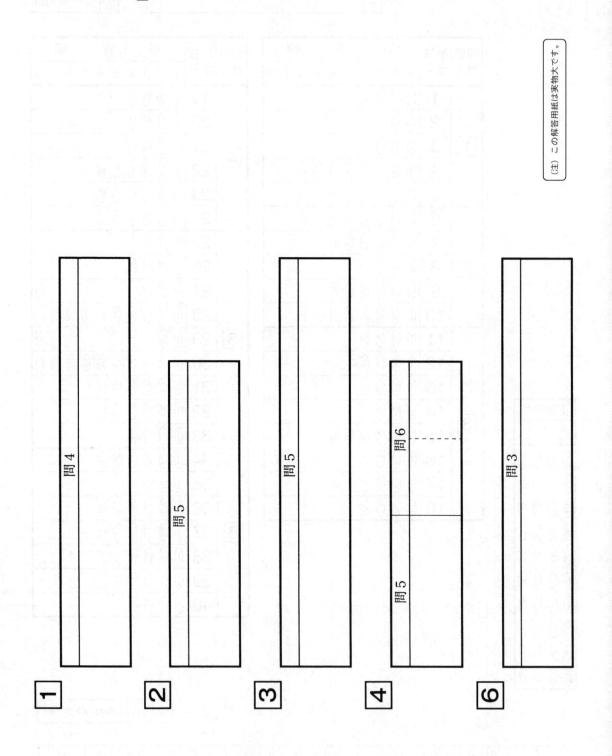

2023年度 東京学芸大学附属高等学校

理科解答用紙

番号		氏名		評点	/100

問題番号	解答番号	1	2	3	4	5	6	7	8	9	0
1	1	①	②	③	④						
	2	①	②	③	④						
	3	①	②	③	④						
	4	①	②								
	5	①	②								
	6	①	②	③	④						
	7	①	②	③							
	8	①	②								
	9	①	②								
	10	①	②								
	11	①	②								
2	12	①	②	③	④	⑤					
	13	①	②	③	④	⑤					
	14	①	②	③	④	⑤					
	15	①	②	③	④	⑤					
	16	①	②	③	④	⑤	⑥	⑦	⑧	⑨	
	17	①	②	③	④	⑤	⑥	⑦	⑧		

問題番号	解答番号	1	2	3	4	5	6	7	8	9	0
3	18	①	②	③	④						
	19	①	②	③	④	⑤	⑥	⑦	⑧	⑨	⓪
	20	①	②	③	④	⑤	⑥	⑦			
	21	①	②	③	④	⑤	⑥				
	22	①	②	③	④	⑤	⑥	⑦	⑧	⑨	⓪
	23	①	②	③	④	⑤	⑥	⑦			
4	24	①	②	③	④	⑤	⑥	⑦	⑧	⑨	⓪
	25	①	②	③	④	⑤	⑥	⑦	⑧	⑨	⓪
	26	①	②	③	④						
	27	①	②	③	④	⑤	⑥	⑦	⑧	⑨	⓪
	28	①	②	③	④	⑤	⑥	⑦	⑧	⑨	⓪
	29	①	②	③							
	30	①	②	③	④						
5	31	①	②	③	④	⑤	⑥	⑦	⑧		
	32	①	②	③	④	⑤	⑥	⑦	⑧	⑨	⓪
	33	①	②	③	④	⑤	⑥	⑦	⑧	⑨	⓪
	34	①	②	③	④	⑤	⑥	⑦	⑧	⑨	⓪
	35	①	②	③	④	⑤	⑥				
	36	①	②	③	④	⑤	⑥				
	37	①	②	③	④	⑤	⑥	⑦	⑧	⑨	⓪
	38	①	②	③	④						

問題番号	解答番号	1	2	3	4	5	6	7	8	9	0
6	39	①	②	③	④	⑤	⑥	⑦	⑧	⑨	
	40	①	②	③	④	⑤	⑥	⑦	⑧	⑨	
	41	①	②	③	④	⑤	⑥	⑦	⑧	⑨	
	42	①	②	③							
	43	①	②	③	④	⑤	⑥				
	44	①	②	③	④	⑤					
	45	①	②	③	④	⑤					
7	46	①	②	③	④	⑤	⑥	⑦			
	47	①	②	③	④	⑤	⑥	⑦	⑧	⑨	
	48	①	②	③	④	⑤	⑥				
	49	①	②	③	④	⑤	⑥				
	50	①	②	③	④	⑤					
	51	①	②	③	④						
8	52	①	②	③	④						
	53	①	②	③	④						
	54	①	②	③	④	⑤					
	55	①	②	③	④						
	56	①	②	③	④	⑤					
	57	①	②	③	④	⑤					
	58	①	②	③	④						

(注) この解答用紙は実物を縮小してあります。A４用紙に116%拡大コピーすると、ほぼ実物大で使用できます。(タイトルと配点表は含みません)

受験番号			
①	①	①	①
②	②	②	②
③	③	③	③
④	④	④	④
⑤	⑤	⑤	⑤
⑥	⑥	⑥	⑥
⑦	⑦	⑦	⑦
⑧	⑧	⑧	⑧
⑨	⑨	⑨	⑨
⓪	⓪	⓪	⓪

推定配点

1 (1) 1点 (2)〜(5) 各2点×4 (6) 各1点×4

2 (1) 2点 (2) (i) 各2点×2 (ii) 3点 (3) 各2点×2

3〜5 各2点×18〔4 (6)・(7)は両方できて2点〕

6 (1)、(2) 各1点×4 (3) 2点 (4) 各3点×2

7 (1) 2点 (2) 3点 (3)、(4) 各2点×4

8 (1) 1点 (2)〜(7) 各2点×6

100点	計

二〇二三年度 東京学芸大学附属高等学校

国語解答用紙

番号		氏名		評点	/100

一

〔問1〕

ⓐ イドウ	ⓑ キョウコ	ⓒ ジゲン

ⓓ 代物	ⓔ コショウ

〔問3〕

（注）この解答用紙は実物を縮小してあります。Ａ４用紙に115％拡大コピーすると、ほぼ実物大で使用できます。（タイトルと配点表は含みません）

問題番号	問	解答番号	解答欄 1 2 3 4 5 6 7 8 9 0
一	問2	1	① ② ③ ④ ⑤
	問4	2	① ② ③ ④ ⑤
	問5	3	① ② ③ ④ ⑤
	問6	4	① ② ③ ④ ⑤
	問7	5	① ② ③ ④ ⑤
	問8	6	① ② ③ ④ ⑤
二	問1	7	① ② ③ ④ ⑤
		8	① ② ③ ④ ⑤
	問2	9	① ② ③ ④ ⑤
	問3	10	① ② ③ ④ ⑤
	問4	11	① ② ③ ④ ⑤
	問5	12	① ② ③ ④ ⑤
	問6	13	① ② ③ ④ ⑤
	問7	14	① ② ③ ④ ⑤
	問8	15	① ② ③ ④ ⑤
	問9	16	① ② ③ ④ ⑤
三	問1	17	① ② ③ ④ ⑤
		18	① ② ③ ④ ⑤
	問2	19	① ② ③ ④ ⑤
	問3	20	① ② ③ ④ ⑤
	問4	21	① ② ③ ④ ⑤
	問5	22	① ② ③ ④ ⑤
	問6	23	① ②
		24	① ②
	問7	25	① ② ③ ④ ⑤

受験番号			
①	①	①	①
②	②	②	②
③	③	③	③
④	④	④	④
⑤	⑤	⑤	⑤
⑥	⑥	⑥	⑥
⑦	⑦	⑦	⑦
⑧	⑧	⑧	⑧
⑨	⑨	⑨	⑨
⓪	⓪	⓪	⓪

推定配点

一 問1 各1点×5 問2 2点 問3 3点 問4 5点 問5 4点
問6～問8 各5点×3 二 問1、問2 各2点×3 問3 4点
問4、問5 各5点×2 問6、問7 各4点×2 問8 5点 問9 3点
三 問1、問2 各2点×3 問3～問5 各5点×3 問6 各2点×2
問7 5点

100点	計

英語解答用紙　No.1

番号		氏名		評点	／100

問題番号	解答番号	解答欄 1 2 3 4 5 6 7 8 9 0
1	1	①②③④
	2	①②③④
	3	①②③④
	4	①②③④
	5	①②③④
2	6	①②③④
	7	①②③④
	8	①②③④
	9	①②③④
	10	①②③④⑤
	11	①②③④⑤
3	12	①②③④⑤
	13	①②③④⑤
	14	①②③④⑤
	15	①②③④⑤⑥⑦⑧
	16	①②③④⑤⑥⑦⑧
	17	①②③④⑤⑥⑦⑧
	18	①②③④
	19	①②③④
	20	①②③④
	21	①②③④
	22	①②③④⑤⑥⑦⑧
	23	①②③④⑤⑥⑦⑧

問題番号	解答番号	解答欄 1 2 3 4 5 6 7 8 9 0
4	24	①②③④
	25	①②③④
	26	①②③④
	27	①②③④
	28	①②③④
	29	①②③④⑤⑥⑦⑧⑨
	30	①②③④⑤⑥⑦⑧⑨
	31	①②③④⑤⑥⑦⑧⑨
	32	①②③④⑤⑥⑦
	33	①②③④⑤⑥⑦

受験番号			
①	①	①	①
②	②	②	②
③	③	③	③
④	④	④	④
⑤	⑤	⑤	⑤
⑥	⑥	⑥	⑥
⑦	⑦	⑦	⑦
⑧	⑧	⑧	⑧
⑨	⑨	⑨	⑨
⓪	⓪	⓪	⓪

（注）この解答用紙は実物大です。

推定配点		計
	1　各３点×５　　2　問１　２点　問２　３点　問３～問６　各４点×５ 3　問１，問２　各２点×２　問３　３点　問４　２点　問５，問６　各３点×２ 問７～問９　各２点×３　問10，問11　各３点×３ 4　問１，問２　各２点×２　問３　３点　問４　２点　問５，問６　各３点×２ 問７　４点　問８　３点　問９　各４点×２	100点

2

問２ ________________

3

問３ ________________

問５ ________________

4

問５ ________ ________ ________ ________ ________

問８ ________________

（注）この解答用紙は実物を縮小してあります。Ａ４用紙に108％拡大コピーすると、ほぼ実物大で使用できます。（タイトルと配点表は含みません）

２０２２年度　東京学芸大学附属高等学校

数学解答用紙

番号		氏名	

評点	／100

1

〔1〕	
〔2〕	$x =$,　$y =$
〔3〕	cm
〔4〕	

2

〔1〕	
〔2〕	
〔3〕	

3

〔1〕	cm
〔2〕	cm
〔3〕	cm^2

4

〔1〕	（　　，　　）
〔2〕	
〔3〕	$b =$

5

〔1〕	
〔2〕	cm
〔3〕	cm

（注）この解答用紙は実物を縮小してあります。Ｂ４用紙に119％拡大コピーすると、ほぼ実物大で使用できます。（タイトルと配点表は含みません）

推定配点		計
	1　各６点×４ 2　〔１〕　５点　〔２〕，〔３〕　各７点×２ 3　〔１〕，〔２〕　各６点×２　〔３〕　７点 4　〔１〕，〔２〕　各６点×２　〔３〕　７点 5　〔１〕，〔２〕　各６点×２　〔３〕　７点	100点

2022年度　東京学芸大学附属高等学校

社会解答用紙　No.1

番号		氏名		評点	／100

問題番号	解答番号	1	2	3	4	5	6	7	8	9	0
1	1	①	②	③	④						
	2	①	②	③	④						
	3	①	②	③	④						
	4	①	②	③	④						
	5	①	②	③	④						
	6					⑤	⑥	⑦	⑧		
2	7	①	②	③	④						
	8	①	②	③	④	⑤	⑥				
	9	①	②	③	④	⑤	⑥				
	10	①	②	③	④						
	11	①	②	③	④						
	12	①	②	③	④	⑤	⑥				
	13	①	②	③	④	⑤	⑥				
3	14	①	②	③	④						
	15	①	②	③	④						
	16	①	②	③	④						
	17	①	②	③	④						
	18	①	②	③	④	⑤	⑥				
	19	①	②	③	④						
	20	①	②	③	④						

問題番号	解答番号	1	2	3	4	5	6	7	8	9	0
4	21	①	②	③	④						
	22	①	②	③	④						
	23	①	②	③	④	⑤	⑥				
	24	①	②	③	④						
	25	①	②	③	④						
5	26	①	②	③	④						
	27	①	②	③	④						
	28	①	②	③	④						
	29	①	②	③	④						
	30	①	②	③	④						
	31	①	②	③	④						
6	32	①	②	③	④	⑤	⑥				
	33	①	②	③	④						
	34	①	②	③	④	⑤	⑥				
	35	①	②	③	④						
	36	①	②	③	④						
	37	①	②	③	④	⑤	⑥	⑦	⑧		

受験番号			
①	①	①	①
②	②	②	②
③	③	③	③
④	④	④	④
⑤	⑤	⑤	⑤
⑥	⑥	⑥	⑥
⑦	⑦	⑦	⑦
⑧	⑧	⑧	⑧
⑨	⑨	⑨	⑨
⓪	⓪	⓪	⓪

（注）この解答用紙は実物大です。

推定配点	1　問１～問５　各２点×５　問６　⑴　３点　⑵　２点 2　問１，問２　各２点×２　問３，問４　各３点×２　問５　２点　問６　３点 問７　２点　問８　３点　3　問１　２点　問２　３点　問３　⑴　３点　⑵　２点 問４～問８　各２点×５　4　問１　２点　問２，問３　各３点×２　問４　２点 問５　３点　問６　２点　5　問１，問２　各３点×２　問３～問６　各２点×４ 6　問１　３点　問２～問５　各２点×５　問６　３点	計 100点

２０２２年度　東京学芸大学附属高等学校

社会解答用紙　No. ２

1

問６				
(1)				
西				諸島

2

問１

3

問２	問３
	(1)

4

問５
制

6

問１

（注）この解答用紙は実物を縮小してあります。Ａ４用紙に104%拡大コピーすると、ほぼ実物大で使用できます。（タイトルと配点表は含みません）

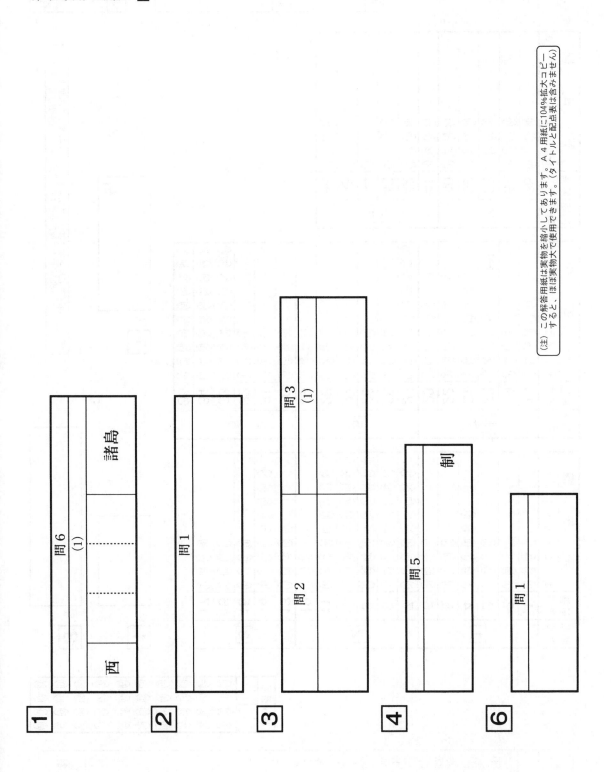

2022年度 東京学芸大学附属高等学校

理科解答用紙

番号　　氏名　　評点 /100

問題番号	解答番号	解答欄 1	2	3	4	5	6	7	8	9	0
1	1	①	②	③	④						
	2	①	②								
	3	①	②	③	④						
	4	①	②	③	④	⑤	⑥				
	5	①	②	③	④						
	6	①	②	③	④						
2	7	①	②	③	④	⑤	⑥	⑦	⑧	⑨	
	8	①	②	③	④	⑤	⑥	⑦	⑧	⑨	
	9	①	②	③	④	⑤	⑥	⑦	⑧	⑨	⓪
	10	①	②	③	④	⑤	⑥	⑦	⑧	⑨	⓪
	11	①	②	③	④	⑤	⑥	⑦	⑧	⑨	⓪
	12	①	②	③							
3	13	①	②	③	④	⑤					
	14	①	②	③	④	⑤	⑥	⑦	⑧	⑨	
	15	①	②	③	④						
	16	①	②	③	④						
	17	①	②	③	④						

問題番号	解答番号	解答欄 1	2	3	4	5	6	7	8	9	0
4	18	①	②	③	④	⑤	⑥	⑦	⑧		
	19	①	②	③	④						
	20	①	②	③	④	⑤					
	21	①	②	③	④	⑤	⑥	⑦	⑧		
	22	①	②	③	④	⑤	⑥	⑦	⑧		
	23	①	②	③	④	⑤	⑥	⑦	⑧		
5	24	①	②	③	④	⑤	⑥	⑦	⑧	⑨	⓪
	25	①	②	③	④						
	26	①	②	③	④						
	27	①	②	③	④						
	28	①	②	③							
	29	①	②	③	④						
6	30	①	②	③	④						
	31	①	②	③	④						
	32	①	②	③	④						
	33	①	②	③	④	⑤	⑥	⑦	⑧	⑨	⓪
	34	①	②	③	④	⑤	⑥	⑦	⑧	⑨	⓪
	35	①	②	③	④	⑤	⑥	⑦	⑧	⑨	⓪

問題番号	解答番号	解答欄 1	2	3	4	5	6	7	8	9	0
7	36	①	②	③	④						
	37	①	②	③	④						
	38	①	②	③	④						
	39	①	②	③	④						
	40	①	②	③	④						
8	41	①	②	③	④						
	42	①	②	③	④						
	43	①	②	③	④						
	44	①									⓪
	45	①									⓪
	46	①	②	③	④						

1 (5)

3 (6)

7 (2) 倍

(注) この解答用紙は実物を縮小してあります。A４用紙に115%拡大コピーすると、ほぼ実物大で使用できます。(タイトルと配点表は含みません)

受験番号

①	①	①	①
②	②	②	②
③	③	③	③
④	④	④	④
⑤	⑤	⑤	⑤
⑥	⑥	⑥	⑥
⑦	⑦	⑦	⑦
⑧	⑧	⑧	⑧
⑨	⑨	⑨	⑨
⓪	⓪	⓪	⓪

推定配点

1 (1) 2点 (2) 1点 (3)～(7) 各2点×5
2 (1)～(3) 各2点×5 (4) 3点
3 (1)～(5) 各2点×5 (6) 3点
4～6 各2点×18
7 (1)～(5) 各2点×5 (6) 3点
8 各2点×6

計 100点

二〇二二年度　東京学芸大学附属高等学校

国語解答用紙

番号　　　　氏名　　　　評点　　／100

一

〔問1〕

ⓐ ヨウイン
ⓑ 育　　んで
ⓒ ネントウ
ⓓ ゲンショウ
ⓔ コンドウ

〔問5〕

三

〔問3〕

問題番号	問	解答番号	解答欄 1 2 3 4 5 6 7 8 9 0
一	問2	1	①②③④⑤
	問3	2	①②③④⑤
	問4	3	①②③④⑤
	問6	4	①②③④⑤
	問7	5	①②③④⑤
	問8	6	①②③④⑤
二	問1	7	①②③④⑤
		8	①②③④⑤
	問2	9	①②③④⑤
	問3	10	①②③④⑤
	問4	11	①②③④⑤
	問5	12	①②③④⑤
	問6	13	①②③④⑤
	問7	14	①②③④⑤
	問8	15	①②③④⑤
	問9	16	①②③④⑤
三	問1	17	①②③④⑤
		18	①②③④⑤
	問2	19	①②③④⑤
	問4	20	①②③④⑤
	問5	21	①②③④⑤
	問6	22	①②③④⑤

受験番号

①	①	①	①
②	②	②	②
③	③	③	③
④	④	④	④
⑤	⑤	⑤	⑤
⑥	⑥	⑥	⑥
⑦	⑦	⑦	⑦
⑧	⑧	⑧	⑧
⑨	⑨	⑨	⑨
⓪	⓪	⓪	⓪

(注) この解答用紙は実物を縮小してあります。Ｂ４用紙に130%拡大コピーすると、ほぼ実物大で使用できます。(タイトルと配点表は含みません)

推定配点

一 問1 各1点×5　問2 3点　問3、問4 各5点×2
問5 4点　問6 3点　問7 5点　問8 6点
二 問1 各2点×2　問2 3点　問3 5点　問4 4点
問5～問8 各5点×4　問9 3点
三 問1 各2点×2　問2 3点　問3、問4 各5点×2
問5 3点　問6 5点

計 100点

2021年度　東京学芸大学附属高等学校

英語解答用紙 No.1

番号		氏名		評点	／100

問題番号	解答番号	解答欄
		1 2 3 4 5 6 7 8 9 0
1	1	① ② ③ ④
	2	① ② ③ ④
	3	① ② ③ ④
	4	① ② ③ ④
2	5	① ② ③ ④
	6	① ② ③ ④
	7	① ② ③ ④
	8	① ② ③ ④
	9	① ② ③ ④ ⑤ ⑥ ⑦
	10	① ② ③ ④ ⑤ ⑥ ⑦
	11	① ② ③ ④ ⑤ ⑥ ⑦
	12	① ② ③ ④
	13	① ② ③ ④ ⑤ ⑥
	14	① ② ③ ④ ⑤ ⑥
3	15	① ② ③ ④ ⑤ ⑥
	16	① ② ③ ④
	17	① ② ③ ④
	18	① ② ③ ④
	19	① ② ③ ④ ⑤
	20	① ② ③ ④ ⑤ ⑥
	21	① ② ③ ④ ⑤ ⑥ ⑦ ⑧
	22	① ② ③ ④ ⑤ ⑥ ⑦ ⑧

問題番号	解答番号	解答欄
		1 2 3 4 5 6 7 8 9 0
4	23	① ② ③ ④
	24	① ② ③ ④
	25	① ② ③ ④
	26	① ② ③ ④
	27	① ② ③ ④ ⑤ ⑥
	28	① ② ③ ④ ⑤ ⑥
	29	① ② ③ ④ ⑤ ⑥
	30	① ② ③ ④
	31	① ② ③ ④
	32	① ② ③ ④ ⑤ ⑥ ⑦
	33	① ② ③ ④ ⑤ ⑥ ⑦

受験番号			
①	①	①	①
②	②	②	②
③	③	③	③
④	④	④	④
⑤	⑤	⑤	⑤
⑥	⑥	⑥	⑥
⑦	⑦	⑦	⑦
⑧	⑧	⑧	⑧
⑨	⑨	⑨	⑨
⓪	⓪	⓪	⓪

（注）この解答用紙は実物大です。

推定配点		計
	1 各4点×4　2 問1　4点　問2，問3　各2点×2　問4　3点 問5　4点　問6　3点　問7　4点　問8　2点　問9　各3点×2 3 問1，問2　各3点×4　問3　4点　問4　5点　問5　2点 問6　各3点×2　4 問1，問2　各4点×2　問3，問4　各3点×2 問5　5点　問6　各3点×2	100点

2021年度　東京学芸大学附属高等学校

英語解答用紙　No. 2

2

問1 ______________________

問5 ______________________

3

問4 ______________________

4

問5 This is the speed for

__________ __________ __________ __________ __________ __________ __________ .

（注）この解答用紙は実物を縮小してあります。A４用紙に110％拡大コピーすると、ほぼ実物大で使用できます。（タイトルと配点表は含みません）

2021年度　東京学芸大学附属高等学校

数学解答用紙

番号		氏名	

評点	／100

1

〔1〕	
〔2〕	$a=$　　　，$b=$
〔3〕	
〔4〕	通り

2

〔1〕	
〔2〕	
〔3〕	

3

〔1〕	°			
〔2〕	(a)			
	(i)		(ii)	
〔3〕				

4

〔1〕	
〔2〕	E（　　　，　　　）
〔3〕	CH : DI ＝　　　：

5

〔1〕	cm
〔2〕	cm
〔3〕	T ＝

（注）この解答用紙は実物を縮小してあります。Ｂ４用紙に130％拡大コピーすると、ほぼ実物大で使用できます。（タイトルと配点表は含みません）

推定配点		計
	1 各６点×４ 2 〔１〕,〔２〕 各６点×２ 〔３〕 ７点 3 〔１〕,〔２〕 各６点×２ 〔３〕 ７点 4 〔１〕,〔２〕 各６点×２ 〔３〕 ７点 5 〔１〕,〔２〕 各６点×２ 〔３〕 ７点	100点

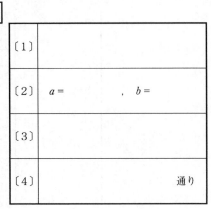

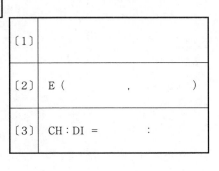

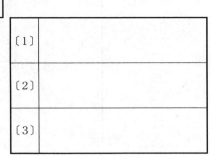

２０２１年度　東京学芸大学附属高等学校

社会解答用紙　No.1

番号		氏名	

評点	／100

問題番号	解答番号	解答欄 1 2 3 4 5 6 7 8 9 0
1	1	① ② ③ ④
	2	① ② ③ ④
	3	① ② ③ ④
	4	① ② ③ ④
	5	① ② ③ ④
	6	① ② ③ ④
	7	① ② ③ ④
2	8	① ② ③ ④
	9	① ② ③ ④
	10	① ② ③ ④
	11	① ② ③ ④
	12	① ② ③ ④
3	13	① ② ③ ④
	14	① ② ③ ④
	15	① ② ③ ④
	16	① ② ③ ④
	17	① ② ③ ④
	18	① ② ③ ④
	19	① ② ③ ④
	20	① ② ③ ④

問題番号	解答番号	解答欄 1 2 3 4 5 6 7 8 9 0
4	21	① ② ③ ④
	22	① ② ③ ④ ⑤ ⑥
	23	① ② ③ ④
	24	① ② ③ ④ ⑤ ⑥
	25	① ② ③ ④
	26	① ② ③ ④
5	27	① ② ③ ④ ⑤ ⑥ ⑦ ⑧
	28	① ② ③ ④ ⑤ ⑥ ⑦ ⑧
	29	① ② ③ ④
	30	① ② ③ ④
	31	① ② ③ ④ ⑤ ⑥ ⑦
	32	① ② ③ ④
	33	① ② ③ ④ ⑤ ⑥ ⑦
	34	① ② ③ ④
	35	① ② ③ ④
	36	① ② ③ ④
	37	① ② ③ ④
	38	① ② ③ ④ ⑤ ⑥ ⑦

受験番号			
①	①	①	①
②	②	②	②
③	③	③	③
④	④	④	④
⑤	⑤	⑤	⑤
⑥	⑥	⑥	⑥
⑦	⑦	⑦	⑦
⑧	⑧	⑧	⑧
⑨	⑨	⑨	⑨
⓪	⓪	⓪	⓪

（注）この解答用紙は実物大です。

推定配点		計
	1　各２点×10　2　問１，問２　各２点×２　問３　３点 問４，問５　各２点×２　問６　３点　問７～問９　各２点×３ 3　問１　３点　問２～問４　各２点×４　問５　３点 問６，問７　各２点×２　問８，問９　各３点×２ 4　各２点×８　5　問１　各２点×２　問２　３点 問３～問６　各２点×４　問７　３点　問８　２点	100点

2021年度 東京学芸大学附属高等学校

社会解答用紙 No. 2

1

問6	問7	問10
条約		

2

問1	問3	問6	問8

3

問2	
【 A 】	【 B 】

4

問2	問5
(1)	(1)

(注) この解答用紙は実物を縮小してあります。A４用紙に103%拡大コピーすると、ほぼ実物大で使用できます。(タイトルと配点表は含みません)

2021年度　東京学芸大学附属高等学校

理科解答用紙

番号		氏名		評点	/100

問題番号	解答番号	解答欄
1	1	① ② ③
	2	① ② ③ ④
	3	① ② ③ ④ ⑤
	4	① ② ③ ④ ⑤ ⑥
	5	① ② ③ ④ ⑤ ⑥ ⑦ ⑧ ⑨ ⓪
	6	① ② ③ ④
2	7	① ② ③ ④
	8	① ② ③ ④ ⑤ ⑥
	9	① ② ③ ④ ⑤
	10	① ② ③ ④ ⑤
	11	① ② ③ ④ ⑤ ⑥
	12	① ② ③ ④
	13	① ② ③ ④
3	14	① ② ③
	15	① ② ③
	16	① ② ③ ④ ⑤ ⑥ ⑦ ⑧
	17	① ② ③ ④
	18	① ②

問題番号	解答番号	解答欄
4	19	① ② ③ ④ ⑤
	20	① ② ③
	21	① ② ③
	22	① ② ③
	23	① ② ③ ④ ⑤ ⑥
	24	① ② ③ ④ ⑤ ⑥
5	25	① ② ③ ④
	26	① ② ③ ④ ⑤ ⑥ ⑦ ⑧ ⑨
	27	① ② ③ ④
	28	① ② ③ ④ ⑤ ⑥
	29	① ② ③ ④ ⑤ ⑥
6	30	① ② ③ ④
	31	① ② ③ ④
	32	① ② ③ ④
	33	① ② ③ ④ ⑤
	34	① ② ③ ④ ⑤ ⑥
	35	① ② ③ ④

問題番号	解答番号	解答欄
7	36	① ② ③ ④ ⑤ ⑥ ⑦ ⑧ ⑨ ⓪
	37	① ② ③ ④ ⑤ ⑥ ⑦ ⑧ ⑨ ⓪
	38	① ② ③ ④ ⑤ ⑥ ⑦
	39	① ② ③ ④ ⑤ ⑥ ⑦
8	40	① ② ③ ④ ⑤ ⑥
	41	① ② ③ ④
	42	① ② ③ ④ ⑤ ⑥ ⑦
	43	① ② ③ ④ ⑤ ⑥ ⑦
	44	① ② ③ ④ ⑤ ⑥ ⑦
	45	① ② ③ ④
	46	① ② ③ ④

3 (5)

4 (4)

7 (3) cm

(4) N

(注) この解答用紙は実物を縮小してあります。Ｂ４用紙に119%拡大コピーすると、ほぼ実物大で使用できます。(タイトルと配点表は含みません)

受験番号			
①	①	①	①
②	②	②	②
③	③	③	③
④	④	④	④
⑤	⑤	⑤	⑤
⑥	⑥	⑥	⑥
⑦	⑦	⑦	⑦
⑧	⑧	⑧	⑧
⑨	⑨	⑨	⑨
⓪	⓪	⓪	⓪

推定配点

1 (1)～(4) 各2点×4　(5) 3点　(6) 2点
2 (1) 各3点×2　(2) 各1点×2　(3)～(5) 各2点×3
3 (1)～(4) 各2点×5　(5) 3点
4 (1)、(2) 各2点×4　(3) 各1点×2　(4) 3点
5 (1)～(3) 各2点×3　(4) 各3点×2
6 (1)～(3) 各2点×3　(4) 1点　(5)、(6) 各2点×2
7 (1)、(2) 各2点×3〔(2)は完答〕　(3)、(4) 各3点×2
8 (1) 2点　(2) 3点　(3) 各1点×3　(4)、(5) 各2点×2

計　100点

二〇二二年度 東京学芸大学附属高等学校

国語解答用紙

番号

氏名

評点 ／100

一

〔問1〕

ⓐ センモン

ⓑ メイジ

ⓒ コンカン

ⓓ シンテン

ⓔ ケイトウ

〔問5〕

という可能性。

〔問7〕

三

〔問1〕

逐□鹿□入□草□中□。

問題番号	問	解答番号	解答欄 1 2 3 4 5 6 7 8 9 0
一	問2	1	① ② ③ ④ ⑤
	問3	2	① ② ③ ④ ⑤
	問4	3	① ② ③ ④ ⑤
	問6	4	① ② ③ ④ ⑤
		5	① ② ③ ④ ⑤
	問8	6	① ② ③ ④ ⑤
二	問1	7	① ② ③ ④ ⑤
		8	① ② ③ ④ ⑤
	問2	9	① ② ③ ④ ⑤
	問3	10	① ② ③ ④ ⑤
	問4	11	① ② ③ ④ ⑤
	問5	12	① ② ③ ④ ⑤
	問6	13	① ② ③ ④ ⑤
	問7	14	① ② ③ ④ ⑤
	問8	15	① ② ③ ④ ⑤ ⑥
		16	① ② ③ ④ ⑤ ⑥
	問9	17	① ② ③ ④ ⑤
三	問2	18	① ② ③ ④ ⑤
	問3	19	① ② ③ ④ ⑤
	問4	20	① ② ③ ④ ⑤
	問5	21	① ② ③ ④ ⑤
	問6	22	① ② ③ ④ ⑤
	問7	23	① ② ③ ④ ⑤
	問8	24	① ② ③ ④ ⑤

受験番号

①	①	①	①
②	②	②	②
③	③	③	③
④	④	④	④
⑤	⑤	⑤	⑤
⑥	⑥	⑥	⑥
⑦	⑦	⑦	⑦
⑧	⑧	⑧	⑧
⑨	⑨	⑨	⑨
⓪	⓪	⓪	⓪

(注) この解答用紙は実物を縮小してあります。Ａ３用紙に152%拡大コピーすると、ほぼ実物大で使用できます。(タイトルと配点表は含みません)

推定配点

一 問1 各1点×5 問2 4点 問3、問4 各3点×2 問5 5点
問6 各3点×2 問7 4点 問8 5点
二 問1 各2点×2 問2 4点 問3 2点 問4～問6 各4点×3
問7 5点 問8 各3点×2 問9 2点
三 問1～問3 各4点×3 問4 3点 問5 4点 問6 3点
問7、問8 各4点×2

100点 計

２０２０年度　　東京学芸大学附属高等学校

英語解答用紙　No.1

番号		氏名		評点	／100

問題番号	解答番号	1	2	3	4	5	6	7	8	9	0
1	1	①	②	③	④						
	2	①	②	③	④						
	3	①	②	③	④						
	4	①	②	③	④						
2	5	①	②	③	④	⑤	⑥	⑦			
	6	①	②	③	④	⑤	⑥	⑦			
	7	①	②	③	④	⑤	⑥	⑦			
	8	①	②	③	④						
	9	①	②	③	④						
	10	①	②	③	④						
	11	①	②	③	④						
3	12	①	②	③	④						
	13	①	②	③	④						
	14	①	②	③	④						
	15	①	②	③	④	⑤	⑥	⑦	⑧		
	16	①	②	③	④	⑤	⑥	⑦	⑧		
	17	①	②	③	④	⑤	⑥	⑦	⑧		
	18	①	②	③	④						
	19	①	②	③	④	⑤	⑥				
	20	①	②	③	④	⑤	⑥				
4	21	①	②	③	④						
	22	①	②	③	④	⑤	⑥	⑦	⑧	⑨	
	23	①	②	③	④	⑤	⑥	⑦	⑧	⑨	
	24	①	②	③	④	⑤	⑥	⑦	⑧	⑨	
	25	①	②	③	④	⑤	⑥	⑦	⑧	⑨	
	26	①	②	③	④	⑤	⑥	⑦	⑧	⑨	
	27	①	②	③	④	⑤	⑥	⑦	⑧	⑨	
	28	①	②	③	④						
	29	①	②	③	④						
	30	①	②	③	④						
	31	①	②	③	④						
	32	①	②	③	④						
	33	①	②	③	④						

受験番号			
⓪	⓪	⓪	⓪
①	①	①	①
②	②	②	②
③	③	③	③
④	④	④	④
⑤	⑤	⑤	⑤
⑥	⑥	⑥	⑥
⑦	⑦	⑦	⑦
⑧	⑧	⑧	⑧
⑨	⑨	⑨	⑨

（注）この解答用紙は実物大です。

推定配点		計
	1　各３点×４　　2　問１　７点　問２～問４　各４点×５〔問２は完答〕 3　問１，問２　各３点×３　問３　４点　問４　７点　問５　２点 問６　各４点×２　　4　問１　３点　問２，問３　各４点×２　問４　２点 問５　３点　問６　４点　問７　３点　問８，問９　各４点×２	100点

２０２０年度　東京学芸大学附属高等学校

英語解答用紙　No. 2

2

問１　A ____________________

B ____________________

C ____________________

3

問４　... to take a trip

________ ________ ________ ________ ________ ________

________ ________ ________ ________ .

（注）この解答用紙は実物大です。

２０２０年度　東京学芸大学附属高等学校

数学解答用紙

番号		氏名	

評点	／100

注意　円周率は π を用いること。

1

〔1〕	
〔2〕	
〔3〕	
〔4〕	P（　　　　,　　　　）

2

〔1〕	
〔2〕	
〔3〕	

3

〔1〕	(ア)	(イ)	(ウ)
〔2〕			
〔3〕	(b)		
	(c)		

4

〔1〕	
〔2〕	C（　　　　,　　　　）
〔3〕	

5

〔1〕	
〔2〕	
〔3〕	

（注）この解答用紙は実物を縮小してあります。Ｂ４用紙に120％拡大コピーすると、ほぼ実物大で使用できます。（タイトルと配点表は含みません）

推定配点		計
	1　各５点×４ 2　〔1〕　６点　〔2〕,〔3〕　各７点×２ 3　〔1〕　６点　〔2〕,〔3〕　各７点×２ 4　〔1〕　６点　〔2〕,〔3〕　各７点×２ 5　〔1〕　６点　〔2〕,〔3〕　各７点×２	100点

2020年度　東京学芸大学附属高等学校

社会解答用紙　No.1

番号		氏名		評点	／100

問題番号	解答番号	解答欄 1 2 3 4 5 6 7 8 9 0
1	1	① ② ③ ④ ⑤ ⑥
	2	① ② ③ ④
	3	① ② ③ ④ ⑤ ⑥
	4	① ② ③ ④
	5	① ② ③ ④
2	6	① ② ③ ④ ⑤ ⑥
	7	① ② ③ ④ ⑤ ⑥
	8	① ② ③ ④ ⑤ ⑥
	9	① ② ③ ④ ⑤ ⑥
	10	① ② ③ ④ ⑤ ⑥
	11	① ② ③ ④ ⑤ ⑥
	12	① ② ③ ④
	13	① ② ③ ④ ⑤ ⑥
3	14	① ② ③ ④
	15	① ② ③ ④
	16	① ② ③ ④
	17	① ② ③ ④
	18	① ② ③ ④
	19	① ② ③ ④
	20	① ② ③ ④

問題番号	解答番号	解答欄 1 2 3 4 5 6 7 8 9 0
4	21	① ② ③ ④
	22	① ② ③ ④
	23	① ② ③ ④ ⑤ ⑥
	24	① ② ③ ④
5	25	① ② ③ ④
	26	① ② ③ ④
	27	① ② ③ ④
	28	① ② ③ ④ ⑤ ⑥
6	29	① ② ③ ④ ⑤ ⑥
	30	① ② ③ ④
	31	① ② ③ ④
	32	① ② ③ ④
	33	① ② ③ ④

受験番号			
①	①	①	①
②	②	②	②
③	③	③	③
④	④	④	④
⑤	⑤	⑤	⑤
⑥	⑥	⑥	⑥
⑦	⑦	⑦	⑦
⑧	⑧	⑧	⑧
⑨	⑨	⑨	⑨
⓪	⓪	⓪	⓪

（注）この解答用紙は実物大です。

推定配点		計
	1 問１　各２点×４　問２　⑴，⑵　各２点×２　⑶　３点 2 問１　各２点×２　問２　３点　問３　各２点×２　問４～問６　各３点×３ 3 各２点×10　4 問１～問４　各２点×６　問５　３点 5 問１，問２　各２点×４　問３　３点　問４　２点　問５　３点 6 問１　３点　問２，問３　各２点×２　問４　３点　問５，問６　各２点×２	100点

２０２０年度　東京学芸大学附属高等学校

社会解答用紙　No. 2

1

問1				問2
(2)				(3)
			峰	

3

問1	問4		問7
遺跡			

4

問1	問2	問5			
(2)	(2)				
半島					

5

問1		
【 あ 】	【 い 】	【 う 】
法	庁	省

6

問5

(注) この解答用紙は実物を縮小してあります。Ａ４用紙に106%拡大コピーすると、ほぼ実物大で使用できます。(タイトルと配点表は含みません)

2020年度　東京学芸大学附属高等学校

理科解答用紙　No.1

番号	
氏名	

評点
/100

問題番号	解答番号	解答欄 1 2 3 4 5 6 7 8 9 0
1	1	①②③
	2	①②③
	3	①②③④⑤
2	4	①②③④
	5	①②③④⑤⑥
	6	①②③④⑤
3	7	①②③④⑤⑥⑦⑧
	8	①②③④⑤⑥⑦⑧
4	9	①②③④⑤⑥
	10	①②③
5	11	①②③
	12	①②③
	13	①②③④⑤
	14	①②③④
	15	①②
	16	①②
	17	①②③④⑤⑥

問題番号	解答番号	解答欄 1 2 3 4 5 6 7 8 9 0
6	18	①②
	19	①②
	20	①②③④⑤⑥⑦⑧⑨⓪
	21	①②③④⑤⑥⑦⑧⑨⓪
	22	①②③④⑤⑥⑦⑧⑨⓪
	23	①②③④⑤⑥⑦⑧⑨⓪
	24	①②③④⑤⑥⑦⑧⑨⓪
7	25	①②③④
	26	①②③④
	27	①②③
8	28	①②③④⑤⑥⑦
	29	①②③④⑤⑥⑦
	30	①②③
	31	①②
	32	①②
	33	①②③④⑤⑥⑦⑧
	34	①②③④⑤⑥⑦⑧

問題番号	解答番号	解答欄 1 2 3 4 5 6 7 8 9 0
9	35	①②
	36	①②
	37	①②
	38	①②
	39	①②
	40	①②
	41	①②③④⑤⑥⑦⑧
	42	①②③④
	43	①②③④⑤⑥⑦⑧⑨

(注) この解答用紙は実物を縮小してあります。A４用紙に114%拡大コピーすると、ほぼ実物大で使用できます。(タイトルと配点表は含みません)

受験番号			
①	①	①	①
②	②	②	②
③	③	③	③
④	④	④	④
⑤	⑤	⑤	⑤
⑥	⑥	⑥	⑥
⑦	⑦	⑦	⑦
⑧	⑧	⑧	⑧
⑨	⑨	⑨	⑨
⓪	⓪	⓪	⓪

推定配点

1 (1) 2点　(2) 3点　(3) 1点　(4) 2点　2 (1)～(3) 各2点×3　(4) 各3点×2〔カ・キ、ク・ケはそれぞれ完答〕　3 (1) 3点　(2) 2点　4 (1)、(2) 各2点×2　(3) 3点　5 各2点×6〔(5)は完答〕　6 (1)、(2) 各1点×6〔(1)は完答〕　(3)、(4) 各3点×2　7 (1) 3点　(2)、(3) 各2点×2　(4)、(5) 各3点×2　8 (1)～(3) 各2点×3　(4) 各1点×2　(5) 2点　(6) 3点　9 (1) 2点　(2) 各1点×6　(3) 2点　(4)～(6) 各1点×3　10 5点

計
100点

1 (2) J

2 (4)
カ
キ
ク
ケ

4 (3)

6 (3) J

(4)

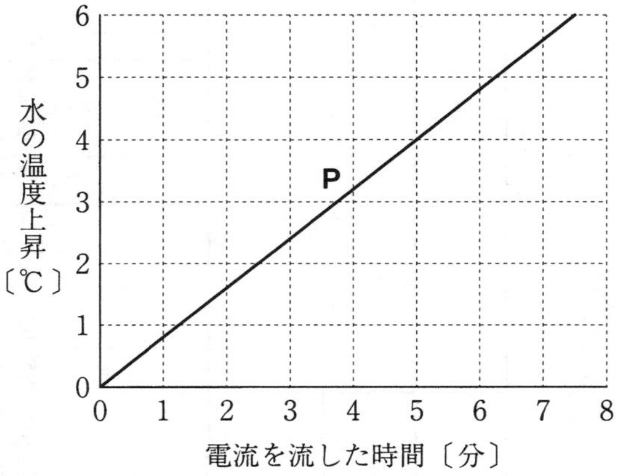

7 (1) X　Y

(4) cm^3

8 (5)

9 (1)

(3)

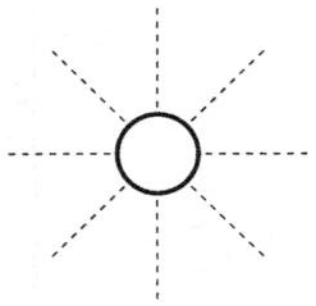

10 cm

（注）この解答用紙は実物を縮小してあります。Ａ４用紙に111％拡大コピーすると、ほぼ実物大で使用できます。（タイトルと配点表は含みません）

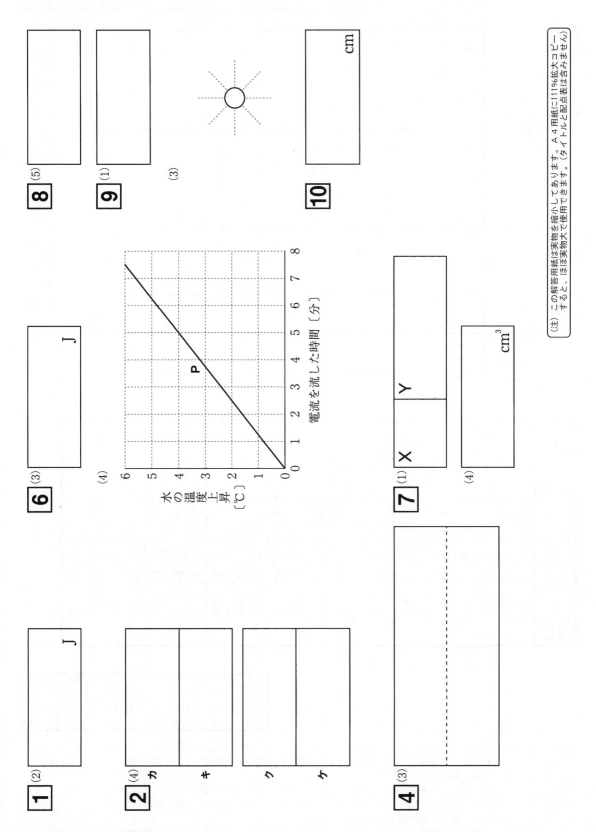

二〇二〇年度　東京学芸大学附属高等学校

国語解答用紙

番号		氏名		評点	/100

一

〔問1〕

ⓐ カイサツ	ⓑ シンチョウ	ⓒ トクユウ	ⓓ アンガイ	ⓔ オトズ　れ

三

〔問2〕

（注）この解答用紙は実物を縮小してあります。A４用紙に114%拡大コピーすると、ほぼ実物大で使用できます。（タイトルと配点表は含みません）

問題番号	問	解答番号	解答欄 1	2	3	4	5	6	7	8	9	0
一	問2	1	①	②	③	④	⑤					
	問3	2	①	②	③	④	⑤					
	問4	3	①	②	③	④	⑤					
	問5	4	①	②	③	④	⑤					
	問6	5	①	②	③	④	⑤					
	問7	6	①	②	③	④	⑤					
	問8	7	①	②	③	④	⑤					
二	問1	8	①	②	③	④	⑤					
		9	①	②	③	④	⑤					
	問2	10	①	②	③	④	⑤					
	問3	11	①	②	③	④	⑤					
	問4	12	①	②	③	④	⑤					
	問5	13	①	②	③	④	⑤					
	問6	14	①	②	③	④	⑤					
	問7	15	①	②	③	④	⑤					
	問8	16	①	②	③	④	⑤					
三	問1	17	①	②	③	④	⑤					
		18	①	②	③	④	⑤					
	問3	19	①	②	③	④	⑤					
	問4	20	①	②	③	④	⑤					
	問5	21	①	②	③	④	⑤					
	問6	22	①	②	③	④	⑤					
	問7	23	①	②	③	④	⑤					

受験番号			
①	①	①	①
②	②	②	②
③	③	③	③
④	④	④	④
⑤	⑤	⑤	⑤
⑥	⑥	⑥	⑥
⑦	⑦	⑦	⑦
⑧	⑧	⑧	⑧
⑨	⑨	⑨	⑨
⓪	⓪	⓪	⓪

推定配点

一　問1　各1点×5　問2　5点　問3、問4　各4点×2　問5　2点
問6～問8　各5点×3
二　問1　各2点×2　問2、問3　各4点×2　問4～問7　各5点×4
問8　3点　三　問1、問2　各3点×3　問3、問4　各5点×2
問5、問6　各3点×2　問7　5点

計　100点

社会情勢の影響で中止の可能性がございます。必ず弊社HPをご確認ください。

◯首都圏最大級の進学相談会

1都3県の有名校が参加!!

第43回　中・高入試
受験なんでも相談会

主催　声の教育社

会場　新宿住友ビル三角広場

交通●ＪＲ・京王線・小田急線「新宿駅」西口徒歩8分
●都営地下鉄大江戸線「都庁前駅」A6出口直結
●東京メトロ丸ノ内線「西新宿駅」2番出口徒歩4分

日時　6月22日㈯…　中学受験のみ
6月23日㈰…　高校受験のみ

中学受験　午前・午後の2部制
高校受験　90分入れ替え4部制

特設ページ

入場予約6/8～（先行入場抽選5/31～）
当日まで入場予約可能（定員上限あり）
詳しくは弊社ＨＰ特設ページをご覧ください。

新会場の三角広場は天井高25m、
換気システムも整った広々空間

●参加予定の中学校・高等学校一覧

22日（中学受験のみ）参加校
麻布中学校
跡見学園中学校
鷗友学園女子中学校
大妻中学校
大妻多摩中学校
大妻中野中学校
海城中学校
開智日本橋学園中学校
かえつ有明中学校
学習院女子中等科
暁星中学校
共立女子中学校
慶應義塾中等部（午後のみ）
恵泉女学園中学校
晃華学園中学校
攻玉社中学校
香蘭女学校中等科
駒場東邦中学校
サレジアン国際学園世田谷中学校
実践女子学園中学校
品川女子学院中等部
芝中学校
渋谷教育学園渋谷中学校
頌栄女子学院中学校
昭和女子大学附属昭和中学校
女子聖学院中学校
白百合学園中学校
成城中学校
世田谷学園中学校
高輪中学校
多摩大学附属聖ヶ丘中学校
田園調布学園中等部
千代田国際中学校
東京女学館中学校
東京都市大学付属中学校
東京農業大学第一中等部
豊島岡女子学園中学校
獨協中学校
ドルトン東京学園中等部
広尾学園中学校
広尾学園小石川中学校
富士見中学校
本郷中学校
三田国際学園中学校
三輪田学園中学校
武蔵中学校
山脇学園中学校
立教女学院中学校
早稲田中学校
和洋九段女子中学校
青山学院横浜英和中学校
浅野中学校
神奈川大学附属中学校
カリタス女子中学校
関東学院中学校
公文国際学園中等部
慶應義塾普通部（午後のみ）
サレジオ学院中学校
森村学園中等部
横浜女学院中学校
横浜雙葉中学校
光英VERITAS中学校
昭和学院秀英中学校
専修大学松戸中学校
東邦大学付属東邦中学校
和洋国府台女子中学校
浦和明の星女子中学校
大妻嵐山中学校
開智未来中学校

23日（高校受験のみ）参加校
岩倉高校
関東第一高校
共立女子第二高校
錦城高校
錦城学園高校
京華商業高校
国学院高校
国際基督教大学高校
駒澤大学高校
駒場学園高校
品川エトワール女子高校
下北沢成徳高校
自由ヶ丘学園高校
潤徳女子高校
杉並学院高校
正則高校
専修大学附属高校
大成高校
大東文化大学第一高校
拓殖大学第一高校
多摩大学目黒高校
中央大学高校
中央大学杉並高校
貞静学園高校
東亜学園高校
東京高校
東京工業大学附属科学技術高校
東京実業高校
東洋高校
東洋女子高校
豊島学院・昭和鉄道高校
二松学舎大学附属高校
日本大学櫻丘高校
日本大学鶴ヶ丘高校
八王子学園八王子高校
文華女子高校
豊南高校
朋優学院高校
保善高校
堀越高校
武蔵野大学附属千代田高校
明治学院高校
桐蔭学園高校
東海大学付属相模高校
千葉商科大学付属高校
川越東高校
城西大学付属川越高校

22・23日（中学受験・高校受験）両日参加校
【東京都】
青山学院中等部・高等部
足立学園中学・高校
郁文館中学・高校・グローバル高校
上野学園中学・高校
英明フロンティア中学・高校
江戸川女子中学・高校
学習院中等科・高等科
神田女学園中学・高校
北豊島中学・高校
共栄学園中学・高校
京華中学・高校
京華女子中学・高校
啓明学園中学・高校
工学院大学附属中学・高校
麴町学園女子中学校・高校
佼成学園中学・高校
佼成学園女子中学・高校
国学院大学久我山中学・高校
国士舘中学・高校
駒込中学・高校
駒沢学園女子中学・高校
桜丘中学・高校
サレジアン国際学園中学・高校
実践学園中学・高校
芝浦工業大学附属中学・高校
芝国際中学・高校
十文字中学・高校
淑徳中学・高校
淑徳巣鴨中学・高校
順天中学・高校
城西大学附属城西中学・高校
聖徳学園中学・高校
城北中学・高校
女子美術大学付属中学・高校
巣鴨中学・高校
聖学院中学・高校
成蹊中学・高校
成城学園中学・高校
青稜中学・高校
玉川学園　中学部・高等部
玉川聖学院中等部・高等部
中央大学附属中学・高校
帝京中学・高校
東海大学付属高輪台高校・中等部
東京家政学院中学・高校
東京家政大学附属女子中学・高校
東京成徳大学中学・高校
東京電機大学中学・高校
東京都市大学等々力中学・高校
東京立正中学・高校
桐朋中学・高校
桐朋女子中学・高校
東洋大学京北中学・高校
トキワ松学園中学・高校
中村中学・高校
日本工業大学駒場中学・高校
日本学園中学・高校
日本大学第一中学・高校
日本大学第二中学・高校
日本大学第三中学・高校
日本大学豊山中学・高校
日本大学豊山女子中学・高校
富士見丘中学・高校
藤村女子中学・高校
文化学園大学杉並中学・高校
文京学院大学女子中学・高校
文教大学付属中学・高校
法政大学中学・高校
宝仙学園中学・高校共学部理数インター
明星学園中学・高校
武蔵野大学中学・高校
明治学院中学・東村山高校
明治大学付属中野中学・高校
明治大学付属八王子中学・高校
明治大学付属明治中学・高校
明法中学・高校
目黒学院中学・高校
目黒日本大学中学・高校
目白研心中学・高校
八雲学園中学・高校
安田学園中学・高校
立教池袋中学・高校
立正大学付属立正中学・高校
早稲田実業学校中等部・高等部
早稲田大学高等学院・中学部
【神奈川県】
中央大学附属横浜中学・高校
桐光学園中学・高校
日本女子大学附属中学・高校
法政大学第二中学・高校
【千葉県】
市川中学・高校
国府台女子学院中学・高等部
芝浦工業大学柏中学・高校
渋谷教育学園幕張中学・高校
昭和学院中学・高校
東海大学付属浦安高校・中等部
麗澤中学・高校
【埼玉県】
浦和実業学園中学・高校
開智中学・高校
春日部共栄中学・高校
埼玉栄中学・高校
栄東中学・高校
狭山ヶ丘高校・付属中学校
昌平中学・高校
城北埼玉中学・高校
西武学園文理中学・高校
東京農業大学第三高校・附属中学校
獨協埼玉中学・高校
武南中学・高校
星野学園中学校・星野高校
立教新座中学・高校
【愛知県】
海陽中等教育学校

※上記以外の学校や志望校の選び
方などの相談は

スーパー過去問をお買い上げいただいた方に

声教からのお知らせ

どうしても使ってほしい3冊!!

声の教育社では，高校入試のスタンダード(定番)として，高校受験案内／学校別スーパー過去問／都立・公立高校スーパー過去問をご用意しています。知っておきたい学校情報や，解いておきたい珠玉の頻出問題が満載です!!

充実のラインアップ!!
受験案内+公立過去問+私立過去問

東京都高校受験案内：定価2310円(税込)
東京都立高校スーパー過去問：定価1100円(税込)
3～10年間スーパー過去問：定価2200～2530円(税込)

各県高校受験案内：定価2310円(税込)(茨城県は定価1650円(税
各県公立高校スーパー過去問：定価1100円(税込)
3～10年間スーパー過去問：定価2200～2530円(税込)

声の教育社
〒162-0814 東京都新宿区新小川町8-15
TEL 03(5261)5061 FAX 03(5261)5062
https://www.koenokyoikusha.co.jp

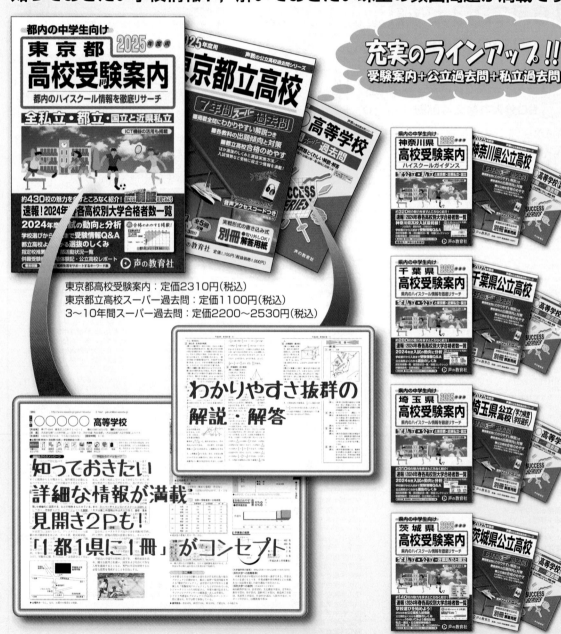